普通高等教育创新创业规划教材

创业基础

王晓光 葛红岩／主编

图书在版编目(CIP)数据

创业基础 / 王晓光,葛红岩主编. —上海:立信会计出版社,2020.12
ISBN 978-7-5429-6595-0

Ⅰ.①创… Ⅱ.①王… ②葛… Ⅲ.①大学生-创业 Ⅳ.①G647.38

中国版本图书馆 CIP 数据核字(2020)第 242566 号

责任编辑　　余　榕
封面设计　　南房间

创业基础
Chuangye Jichu

出版发行	立信会计出版社			
地　　址	上海市中山西路 2230 号	邮政编码	200235	
电　　话	(021)64411389	传　　真	(021)64411325	
网　　址	www.lixinaph.com	电子邮箱	lixinaph2019@126.com	
网上书店	http://lixin.jd.com	http://lxkjcbs.tmall.com		
经　　销	各地新华书店			
印　　刷	上海天地海设计印刷有限公司			
开　　本	787 毫米×1092 毫米　　1/16			
印　　张	23.5			
字　　数	588 千字			
版　　次	2020 年 12 月第 1 版			
印　　次	2020 年 12 月第 1 次			
印　　数	1—3 100			
书　　号	ISBN 978-7-5429-6595-0/G			
定　　价	59.00 元			

如有印订差错,请与本社联系调换

前　言

本教材结合当前国内创新创业活动的实践特点和发展趋势，基于高校创业课程教学需要，运用国内外创新创业管理理论研究的最新成果，根据新形势下当代大学生创业的特点，对创业过程中的关键理论和操作实务进行系统阐述，旨在使大学生树立科学的创业观，主动适应国家经济社会发展和人才培养的需要，正确理解创业与职业生涯发展的关系，自觉遵循创业规律，积极投身创业实践。

本教材从培养大学生创新创业精神等方面入手，系统地介绍了在当今新经济环境下，大学生该如何进行创业。通过本教材的学习，大学生可以掌握开展创业活动所需要的基本知识，认知创业的基本内涵和创业活动的特殊性，辩证地认识和分析创业者、创业机会、创业资源、创业计划、创业项目和创业风险，掌握创业资源整合与创业计划书设计撰写的方法，熟悉新企业开办与经营管理，提高创业能力。

本教材是一本融理论、技能、案例、实训于一体的适合普通高等教育的应用型特色教材。本教材的特点主要体现在以下三个方面。

一、新形态一体化教材

本教材属于新形态一体化教材，是"互联网＋"时代教材功能升级和形式创新的成果。它是以纸质教材为载体，通过互联网尤其是移动互联网，将多媒体与纸质教材相融合的一种教材建设新形态。在纸质文本之外，本教材获得在线数字课程资源支持，实现"线上线下互动，新旧媒体融合"的整体解决方案。本教材是将课程内容动态复制的成果，是以互联网为基础的数字资源和纸质教材的有机融合体，主要目的是使教材的内容更丰富、更生动、更直观，更符合学生的学习心理和认知规律。

本教材在每章均配有核心知识点和技能点的微视频等资料，并以二维码形式融入教材。学生可以通过手机终端实现课上和课下结合学习，提升学习质量和效果，促进个性化教育的实现；教师可以应用"互联网＋"等信息化教学手段，采用案例教学、翻转课堂方法来创新教学模式，实现"线上线下"混合教学，使得教材"动起来"，增强教学互动，既丰富课堂教学，有助于案例教学、翻转课堂等教学方法的实施，又能更好地提高教学效果。

二、产教融合、校企双元开发

本教材具有产教融合、校企双元开发的特点，在编写中注重吸收创业者和行业、企业相关专家共同参与教材编写。本教材坚持面向市场、服务发展、促进就业的办学方向，紧跟我国创业发展的现实与发展趋势，及时将创业的新理念、新知识、新技能、新规范纳入教材内容。

三、以新理念引领教育现代化

当今时代，创业教育与经济社会发展的结合更加紧密，以学习者为中心，注重能力培养，促进人的全面发展，全民学习、终身学习、个性化学习的理念日益深入人心。本教材在内容和体例上进行了创新尝试。首先，在内容上，本教材坚持职业特色，突出质量为先，遵循应用型人才的成长规律，知识传授与技术培养并重，强化学生职业素养养成和专业技术积累，将专业精神、职业精神和工匠精神融入教材内容中，具有注重创新、强调实用、紧扣时代脉搏等特点；其次，在体例上，本教材力求新颖独特，每章由引导案例、延伸阅读、本章小结、实践环节、重点思考和课后分析案例构成，并在正文知识讲解部分融入了大量的丰富实用、内容新颖的拓展案例，突出了"练中学""学中练""学做一体"的教学理念，以期能更好地满足应用型人才培养的需要。

本教材由王晓光、葛红岩担任主编，负责教材的总体设计、统稿和总纂。整本教材共分为十章，其中葛红岩编写第一章，赵荔编写第二章，李康编写第三章，苏靖编写第四章，文丰编写第五章，王晓光编写第六章，李丹编写第七章，肖肖编写第八章，杨敬舒编写第九章，彭博、花常花编写第十章。教材中的视频分别由葛红岩、陈志成、李康、陈志等录制。上海君富投资管理有限公司的创始人兼CEO王进对本教材的整体框架及第一章至第五章的内容提出了修改意见；交通银行总行金融市场部高级客户经理崔韬对本教材的第六章至第十章的内容与案例进行了大量的指导，并参与了创业融资内容的编写工作。

为编好本教材，编者深入企业调研，创业者和管理人员给我们提供了许多宝贵的案例与建议，对此我们表示衷心的感谢。同时，立信会计出版社余榕编辑的鼎力支持，使本书得以面世，对此我们也表示诚挚的谢意。本教材在编写过程中参考了国内外创业理论研究与实践总结的大量成果，虽在各章末的参考文献中已尽量列出，但也难免遗漏，在此我们对这些成果的作者一并表示衷心的感谢。

本教材不仅适合作为高校大学生创业课程教学、培训用书以及创业者和创业相关领域学习者的参考书，也适合有志于进行创业和从事新创企业管理的广大读者学习参考，还可作为大学生创业计划大赛项目的培训指导用书。

我们衷心希望本教材能够得到广大读者的认同，能为读者的学习、工作提供有益的帮助。但是，由于我们水平有限，书中难免存在疏漏与不妥之处，敬请读者批评指正，以便在教材的修订时进行完善。

另外，为了方便教师的教学，本教材备有教学用的教学大纲和课件，需要者请与本教材责任编辑（victoria_tysx@126.com）或作者（1664155580@qq.com）联系。

编　者

2020年12月

二维码视频导航

第一章　创业、创业精神与人生发展
　　1-1　李佳琦与网红经济 / 1
　　1-2　创业概述 / 4
　　1-3　创业精神 / 14
　　1-4　知识经济发展与创业 / 26
　　1-5　创业与职业生涯发展 / 31

第二章　创业者与创业团队
　　2-1　创业者的概念 / 51
　　2-2　创业者的特质与动机 / 52
　　2-3　创业团队 / 59

第三章　创业机会
　　3-1　创业机会的概念与来源 / 83
　　3-2　创业机会的评估 / 94
　　3-3　创业机会的开发与利用 / 102

第四章　创业风险
　　4-1　引导案例 / 119
　　4-2　创业风险的定义与类型 / 119
　　4-3　创业风险的来源与特点 / 120
　　4-4　创业风险的识别 / 122
　　4-5　创业风险管理 / 126

第五章　创业资源
　　5-1　创业资源概述 / 142
　　5-2　创业资源的识别与获取 / 154
　　5-3　创业资源的整合与开发利用 / 161

第六章　创业融资
　　6-1　马云的创业融资经历 / 175
　　6-2　资金测算与估值 / 181
　　6-3　创业融资渠道 / 185

第七章　商业模式
　　7-1　商业模式概述 / 201
　　7-2　设计商业模式的思路与方法 / 208
　　7-3　商业模式创新与评估 / 215

第八章　创业计划
　　8-1　创业计划的含义与作用 / 227
　　8-2　创业计划如何写 / 238
　　8-3　创业计划如何展示 / 262

第九章　新创企业的设立和成长管理
　　9-1　确定企业的组织形式 / 281
　　9-2　新创业企业的选址 / 287
　　9-3　企业注册流程 / 291
　　9-4　新创企业的成长管理之一 / 295
　　9-5　新创企业的成长管理之二 / 300

第十章　创业营销
　　10-1　创业营销理念与规划 / 323
　　10-2　创业市场环境与机会分析 / 328
　　10-3　创业 STP 战略 / 337
　　10-4　创业营销组合战略 / 345

目 录

第一章　创业、创业精神与人生发展 …………………………………………… 1
　第一节　创业与创业精神 …………………………………………………… 3
　第二节　知识经济发展与创业 ……………………………………………… 26
　第三节　创业型人才与个人职业生涯发展 ………………………………… 31

第二章　创业者与创业团队 …………………………………………………… 50
　第一节　创业者 ……………………………………………………………… 51
　第二节　创业团队 …………………………………………………………… 59

第三章　创业机会 ……………………………………………………………… 82
　第一节　创业机会识别 ……………………………………………………… 83
　第二节　创业机会的评估 …………………………………………………… 94
　第三节　创业机会的开发与利用 …………………………………………… 102

第四章　创业风险 ……………………………………………………………… 119
　第一节　创业风险概述 ……………………………………………………… 119
　第二节　创业风险识别 ……………………………………………………… 122
　第三节　创业风险防范 ……………………………………………………… 126

第五章　创业资源 ……………………………………………………………… 140
　第一节　创业资源概述 ……………………………………………………… 142
　第二节　创业资源的识别与获取 …………………………………………… 154
　第三节　创业资源的整合与开发利用 ……………………………………… 161

第六章　创业融资 ……………………………………………………………… 175
　第一节　创业融资分析 ……………………………………………………… 176
　第二节　创业所需资金的测算 ……………………………………………… 181
　第三节　创业融资渠道 ……………………………………………………… 185
　第四节　创业融资的选择策略 ……………………………………………… 190

第七章　商业模式 …… 200
第一节　商业模式概述 …… 201
第二节　设计商业模式的思路与方法 …… 208
第三节　商业模式的创新与评估 …… 215

第八章　创业计划 …… 225
第一节　创业计划的概念与作用 …… 227
第二节　创业计划的框架与要素 …… 238
第三节　创业计划的演示与推介 …… 262

第九章　新创企业的设立和成长管理 …… 280
第一节　确定企业的法律形式 …… 281
第二节　新创企业的选址 …… 287
第三节　企业注册流程 …… 291
第四节　新创企业的成长管理 …… 295

第十章　创业营销 …… 322
第一节　创业营销理念与规划 …… 323
第二节　创业市场环境与机会分析 …… 328
第三节　创业 STP 战略 …… 337
第四节　创业营销组合战略 …… 345

第一章　创业、创业精神与人生发展

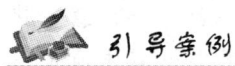
引导案例

网红李佳琦年收入打败60%上市公司

一、网红直播到底有多火爆

在年轻一代的消费者群体中,李佳琦和薇娅几乎是"无人不知,无人不晓"的存在。

1-1　李佳琦与网红经济

在网络直播上,频频登上热搜的"口红一哥"李佳琦,曾经1分钟售罄14 000支口红,创造了吉尼斯世界纪录;单场2小时带来销售额2.67亿元的带货女王薇娅,也是直播界的传奇。难怪众多女生纷纷感慨:"佳琦一声'Oh! My god',我欠花呗一万八。"

2020年1月5日晚上,李佳琦在"所有女孩"面前推销了金字火腿旗下产品"麻辣香肠",5分钟狂卖10万多包,总计销售额突破300万元,累计观看人次1 677万。5分钟的直播,带动上市公司市值增加了5亿元!股民们大呼:"我不敢信,这是什么逻辑?"

李佳琦的爆红,让网红直播的电商模式真正进入大众视线。

二、迈入2020年,网红直播成为第一个风口

"口红一哥"李佳琦与上市公司金字火腿合作直播的这5分钟,除了彰显李佳琦的带货能力外,也令金字火腿股价大涨,市值飙升7亿元人民币。

自2019年"6·18"后,淘宝开始要求所有店铺开设直播间。随后,整个直播电商行业进入了高速发展期。

天眼查数据显示,上海蹦果文化在2016年进行了A轮融资,金主便是中路股份旗下全资子公司中路投资。据中路股份2019年6月回复年报问询函时披露,公司持有蹦果文化20%的股权,投资成本为200万元,截至2018年年末,蹦果文化尚未盈利。直到3年后的2019年,这个行业才火爆起来。

2019年对于直播电商行业而言可谓是真正的元年。数据显示,2017年淘宝直播GMV(一定时间成交总额)只有区区200亿元,到了2018年增长至1 000亿元,而进入2019年后,这一规模飙升至4 000亿元。

迈入2020年,网红直播成为今年第一个风口。但凡与"网红直播"题材沾边,股价就会扶摇直上。一些有远见的资本则已抢先布局。资本爆炒的背后,许多上市公司早已提前布局。

三、网红经济催生新业态、新职业、新商业模式

网红就如同昔日店家挂在门口的招牌,谁的招牌有新意、吸引人,谁就能揽到更多的

生意。

在新经济发展的浪潮下,网红带货成了电商行业的新型销售模式。《中国互联网发展报告2019》指出,"数字经济的蓬勃发展催生了大量新业态、新职业",网络直播、共享经济等数字经济新模式拉动灵活就业人数快速增加。

据机构统计,截至2018年,国内MCN机构数量达到了5 800家,较2017年增长252%。其中34%的机构营收达到了5 000万元以上。

MCN全称为Multi-Channel Network,是个舶来品,源于国外成熟的网红经济运营。其中文意为多频道网络,按照字面意思理解,MCN是指掌握多频道资源的机构。其本质是一个多频道网络的产品形态,将PGC(专业内容生产)内容联合起来,在资本扶持下,保障内容的持续输出,从而最终实现商业的稳定变现。这其中机构孵化的大量KOL(关键意见领袖)便是内容生产的中坚力量,即"网红主播"。

数据显示,2019年的天猫"双十一"购物节,有超过10个直播间引导成交过亿元。主播李佳琦的直播在线观看人数有4 300多万人。除了网红本身自带的流量效应,网络直播的"低门槛、高收入",也让它成了电商营销推广的首选。流量为王的时代,"网红带货"在慢慢改变社会固有的商业模式。

知名招聘网站智联招聘发布相关数据,直播行业的平均薪酬为9 423元/月,短视频为7 454元/月。可见2019年是网红经济大火的一年,不仅仅是整个行业备受追捧,还催生出了很多顶级网红,而这些顶级网红也创造出一个个收入"神话",让人感叹网红经济原来这么赚钱。

网红经济的快速发展,在粉丝流量及电商的双重加持下,一大批网红单个人的挣钱能力就超过拥有员工几百甚至上千人的上市公司。

据公开数据显示,2019年"口红一哥"李佳琦收入接近2亿元人民币,而另外一名知名网红李子柒的收入也有1.6亿元人民币。有这么一则有趣的数据对比,那就是这两位顶级网红各自1年的收入,竟然要比2018年2 123家上市公司净利润还要高。也就是说,全国60%的上市公司,其盈利水平都不及一个网红。

带货模式是先有认知,再有流量,从而产生网红,最后产生生意,这一逻辑不可或缺。其本质就是将受众的价值观和注意力资源进行货币化。

这种模式挤占传统媒体的广告资源,实现企业与消费者之间的快速双向沟通,让企业获得"爆量"和提升变现能力。

另外,更多的人可以在工作之外找到其他的收入来源,这就是典型的互联网思维。

四、明星网红化,网红明星化

主持一姐李湘很早就做起了直播,每周至少一次,直播时长大概3小时,每次销售额都能突破千万元。在明星的直播带货数据中,李湘位居榜首,成了圈内少有的带货强人。

郭富城和快手主播一起直播,有110万人实时观看,5万件限量商品5秒售空,销售额近400万元。

柳岩快手直播首秀,50%的商品订单过万,最高进店转化率达47.2%,预估总销售额超1 000万元。

王祖蓝直播销售了7款商品,其中66元/盒的进口品牌面膜,在12分钟内卖出了10万件,成交额高达660万元。

前一阵子,刘涛做客李佳琦的直播间,一起帮品牌方宣传。

大牌明星与网红一起做直播,他们不是自降身价,而是多维发展,扩展人生的另一种可能。

网红和明星正在日益频繁的相互渗透,两者的边界也越来越模糊。明星网红化、网红明星化的现象正在同时发生。

20年前,有一位名叫陆步轩的北大高才生,因为毕业后卖猪肉,几乎被所有人口诛笔伐,大家给他的绰号是"北大屠夫"。回母校给学弟学妹分享"创业"经验时,他的第一句话是:"我给母校抹了黑、丢了脸",言语间是抑制不住的哽咽和难过。

曾经卖猪肉被骂惨的"北大屠夫",现在是身价上亿元的知名商人;曾经不被重视的行业,现在是互联网巨头争相涌进的商业风口。

在这个竞争激烈的时代,只要你比别人多一样技能,或多一门特长,就能比别人拥有更多的机会。能者达人所不达,智者达人所未见,网红经济说的也是这个道理。

资料来源:银行系攻略.42岁刘涛直播卖货,网红李佳琦年收入打败60%上市公司[EB/OL].(2019-01-11)[2020-08-08]. https://baijiahao.baidu.com/s?id=1655423359852778121&wfr=spider&for=pc.

案例解析:网红即网络红人,是指在现实或者网络生活中因为某些事件或行为被网民关注而走红的人。网红经济是指依托互联网特别是移动互联网传播及其社交平台推广,通过大量聚集社会关注度,形成庞大的粉丝和定向营销市场,并围绕网红IP(intellectual property)衍生出各种消费市场,最终形成完整的网红产业链条的一种新经济模式。其本质是注意力延伸的经济行为——以用户变现为方式的直接经济行为(打赏、道具、付费问答等)和间接经济行为(广告、品牌、代言等)。网红经济是顺应时代发展而创新的产物,它将传统产业进行电商化转型,让企业之间的竞争从线下市场资源的争夺转移到线上信息资源的占用。

创业本身就是一种创新的过程,只要创业者具备求新、求变、求发展的心态,以创造新价值的方式为新企业创造利润,那么我们就能说在这一过程中充满了创业精神,也可以说创业精神是促成新企业形成、发展和成长的原动力。

第一节 创业与创业精神

教育担负着开启年轻人心智、培养年轻人成长的重任;而创业就是把想法变成现实的过程。任何社会的变革和发展,都终将会通过教育和创业的发展来带动周边领域的发展。因此,创业的创新意识和创业精神教育确实可以帮助很多人创造他们的未来。进入21世纪,创业已成为全球经济发展的重要推动因素,也是促进中国经济持续快速发展的重要原动力。创业知识和技能的培养对于任何人都十分重要,无论是否打算创业,有关创业的知识和技能都值得人们去学习。

一、创业的含义、特点与功能

(一) 创业的含义

从字义上看,"创业"一词由"创"和"业"组成。"创"是指创建、创新、创立、创造、创意;"业"是指学业、专业、就业、事业、家业、企业。早在两三百年前,"创业"一词就出现在经济学文献中。诸葛亮的《出师表》中也有"创业"一词:"先帝创业未半,而中道崩殂。"因此,在《辞海》中,创业被解释为创立基业,泛指一切开创性的社会活动,包括个人、集体、国家和社会的各项事业。

关于创业的内涵,国内外学者、专家可谓众说纷纭。约瑟夫·熊彼特(Joseph Schumpeter)认为,创业者具有创新的功能,创新通过克服自由系统(liberal system)的矛盾而使之延续;创业者是一个创新者,是一个以某种相对异常的行为在某种程度上改变经济的人。彼得·德鲁克(Peter Drucker)认为,仅仅满足需求而不是创造新的需求的行为不是创业行为,其行为者也不能称为企业家。我国学者张健等人认为,创业的内涵包括开创新业务,创建新组织,利用"创新"这一工具实现各种资源的新组合,通过对潜在机会的发掘而创造价值。目前,研究者倾向于认为,创业是发现和利用机会,负责创造新价值(一项创新或一个新的组织)的过程,即个体创造新价值的过程。正如杰弗里·蒂蒙斯(Jeffry Timmons)所著的创业教育领域的经典教科书《新企业的创建》(New Venture Creation)的定义:创业是一种思考、推理和行为方式,它为机会所驱动,需要在方法上全盘考虑并拥有和谐的领导能力。

综上所述,本教材认为,狭义的创业可定义为创建一个新企业或实体的过程。本教材主要是从狭义的角度去阐明创业。广义的创业是指创业者对自己所拥有的资源进行优化整合,寻求机会、进行价值创造的行为过程。它主要包括组建新企业和企业内部创业两种。

1. 组建新企业

创业是创建新企业的过程。创业需要一个承担创业的实体,通常这个实体就是企业。创业者依据所在的国家或地区的相关法律、法规进行注册登记是创业过程的一个重要标志。创业是一种创建企业的过程,或者说是一种创建企业的活动。尽管创业活动必然涉及创新,但创新并不必然是创业活动。

2. 企业内部创业

创业不代表一定要拥有完全属于自己的公司,职业经理人的道路也是一种创业,企业的管理者或员工在企业内进行开拓新市场、发明新产品、创造新技术、采用新战略、实行新管理等都可称为企业内部创业。例如,大企业中"事业部"的形态就是典型的企业内部创业的范例,依托企业的平台和资源,事业部独立核算。这样,我们就可以把创业理解为:创业者对自己拥有的资源或通过努力,能够把所拥有的资源进行优化整合,从而创造出更大经济或社会价值的过程。企业内部创业又称为二次创业,是指在现有企业的框架内,通过在观念、技术、市场、制度、管理等方面的创新,创造新的价值,使企业产生更大活力的过程。

广义创业的概念与狭义创业的概念是包涵与被包涵的关系,如图 1-1 所示。

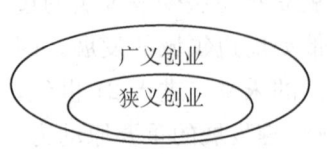

图 1-1 广义创业与狭义创业的关系

（二）创业的特点

通过上述对创业含义的分析可知，创业主要有以下三个方面的特点。

1. 自主性

创业者可自主选择自己合适的行业和项目进行创业，也可以选择适合的时间、地点、合作伙伴等进行创业。自主性对创业者而言既是自我选择的权力，也是一项极强的挑战。

2. 开创性

创业是一个创造价值、增值财富的过程，因此创业具有创造的属性。创业者的创业活动可为市场带来新的产品、新的技术，甚至产生新的产业，在满足消费者需求的同时，创业者获得创业的个人收益，实现创业者个人与社会价值的同步增加。创新与创业密不可分，创新是创业企业有效的市场竞争手段和创业发展的内在动力。创业者唯有重视创新，才能实现成功的创业。拥有或继承前人的事业，按原有的管理模式管理已有的企业都不是创业。创新有多种途径，既包括技术创新，也包括生产工艺、原材料、分销渠道、商业模式等方面的创新。

3. 风险性

创业是一个发现、创造和利用商业机会，组合生产要素并创造价值以获得商业成功的过程。然而，这一过程，本身带有巨大的不确定性风险。由于新创企业资源、经验不足，市场环境不稳定，创业者往往面临较大的经营风险。大多数成功的创业者能努力通过计划或准备将风险最小化，从而更好地控制他们的命运。

（三）创业的功能

在企业管理领域，著名的创业学家拉里·法拉尔曾经在《创业时代》一书中指出："无数企业的兴衰告诉我们，现行的管理经验并非企业早年得以增长的要素，而恰恰是导致他们衰败的原因，企业成功的真正基础正是所谓的创业精神。""是创业精神，而非管理技术，驱动着所有公司的成功和高增长。"因此，创业具有增加就业、促进创新、创造价值等功能，同时也是解决社会问题的有效途径之一。社会人员和当代大学毕业生自主创业是社会发展的内在需求，也是改善就业结构和缓解社会就业压力的重要途径。创业无论是对社会还是对个人，都有重要的意义。

1. 有利于培养国民的冒险精神与创新意识

创新是一个民族的灵魂，是一个国家兴旺发达的不竭动力。与西方发达国家相比，我国人民受传统文化的影响，缺乏冒险精神与创新意识。例如，"枪打出头鸟""树大招风"等谚语都传递出规劝人们安于现状、不要创新、不要标新立异的理念。我国传统教育在大学生创业教育方面严重缺失。据国际教育界预测，21世纪全世界将有过半的中专生和大学生要走自主创业之路。因此，我国必须尽快转变整个社会的传统教育理念，深化高校人才培养模式改革，从就业教育转向创新创业教育。当前，我国提倡和鼓励大学生自主创业，并为此出台了一系列包括工商、税务等方面的优惠政策，但更重要的是引导大学生培养勇于开拓的创业精神。

习近平总书记强调，青年最富有朝气、最富有梦想，青年兴则国家兴，青年强则国家强。广大青年要坚定理想信念，练就过硬本领，勇于创新创造，矢志艰苦奋斗，锤炼高尚品格，在实现中国梦的生动实践中放飞青春梦想，在为人民利益的不懈奋斗中书写人生华章。青年的素质，关系我们国家和民族的长远发展。事业无止境，知识无穷尽。青年应该坚持不懈地学习、学习、再学习。国与国之间的竞争，归根到底是人才的竞争，是创新能力的竞争。一个民族如果不能创新,只是步人后尘,势必受制于人。历史上,原先落后的民族,经过自强不息、奋起直追而实现后来居上的例子很多;反过来,原先先进的民族,由于故步自封、失去创新精神而落伍的例子也不少。自古英雄出少年,青年人思维敏捷,风华正茂,最富有创新的活力。古往今来,许多有作为的人往往都是在青年时期就做出了一番事业。青年人应珍惜光阴,学而不倦,努力从中华民族的优秀文化和人类创造的一切优秀文明成果中,从不断发展的社会实践中汲取知识和智慧,把创新精神与科学态度结合起来,把胸怀大志同脚踏实地结合起来,敢于和善于推陈出新,不断地为祖国的现代化建设建功立业。

2. 创造新的就业机会,缓解就业压力

创业既包括社会人员的创业,也包括大学毕业生的创业。无论创业的主体是社会人员或是大学毕业生,新创企业都为社会创造了新的就业机会,缓解了就业压力。

随着高等教育从"精英教育"向"大众教育"转化,高校毕业生的数量呈现出逐年增加的趋势,将远远超过空缺岗位的数量。在当今社会就业形势严峻的情况下,强化创业教育,增强大学生的创业能力,有利于解决大学生就业难的问题。创业能力是一个人在创业实践活动中的自我生存、自我发展的能力。一个创业能力很强的大学毕业生不但不会成为社会的就业压力,相反还能通过自主创业活动来增加就业岗位,以缓解社会的就业压力。正因为如此,各国政府在通过公共政策增加就业机会的同时,把鼓励大学生自主创业也作为一个促进就业的基本政策取向。

3. 有利于促进中小企业的快速发展

创业者在创业初期往往受资金、风险、销售渠道等因素的限制,往往选择创立中小企业。这些中小企业是现有大型企业的有益补充,为政府增加财政收入提供了重要来源,还可以通过政府的引导,解决部分下岗人员、困难人员就业,可以说能够形成一种多赢的局面。这些中小企业所采取的灵活的管理模式,使得其在激烈的竞争中能够及时调整方向,适应社会需求。例如,浙江省中小企业量大面广,数量占全省企业99%以上,为浙江省提供了主要的就业岗位,创造了大部分地区生产总值,是经济社会发展的关键支撑、优势所在和活力之源。①

4. 把兴趣与职业紧密结合,满足自我需求,实现人生价值

创业的本质是一种生活方式,创业就是某一个人或团队通过寻求机会、整合资源,创造价值、实现价值的过程。因此,创业可以挖掘个人潜力,把自身优势发挥得淋漓尽致,从而体现自身价值。

美国人本主义心理学家马斯洛在1945年提出了"人类需求层次理论",他把人的需求从低到高分成了五个层次,如图1-2所示。从马斯洛的人类需求层次理论来看,处于不同层次的创业者都有自己不同的追求。创业初期的创业者往往追求的是解决温饱问题的生理需求,随着所创企业的发展,创业者的需求逐渐向安全、社交、尊重需求转化。在这个理论中,马斯洛把"自我实现需求"看作是区别于其他四种需求的最高级别。自我实现也可以称为"实现自身价值",是人类充分利用外在和内在条件,发挥自身潜力的心理需求,是一种要把人的潜力发挥到极致的根本欲望。而人们追求成功的动机,正是来源于"自我实现"的需求。恰恰是追求出类拔萃、追求自我实现的心理需求,作为一种内生的动力,不断激励创业者战

---

① 《浙江省人民政府关于促进中小企业加快创业创新发展的若干意见(浙政发〔2010〕4号)》。

胜困难、超越自我、冲破逆境，进而实现自身的价值。成功的创业者往往最终能够得到社会的认可与尊重，实现了自我价值，内心的成就感较强。

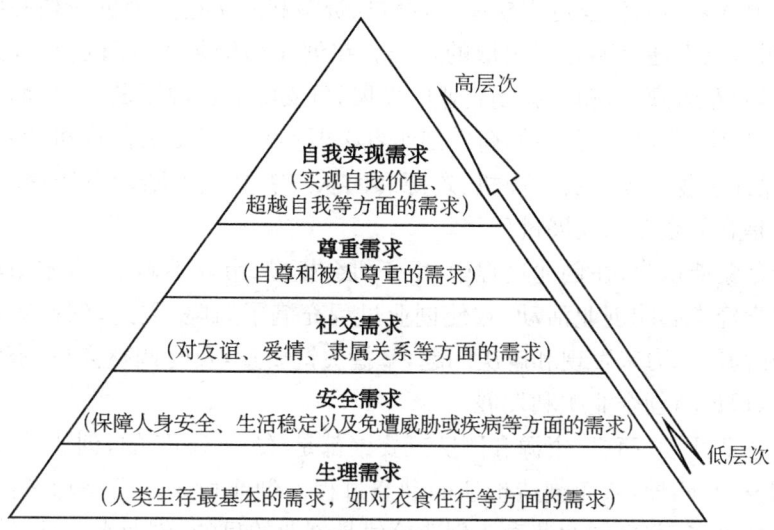

图 1-2　马斯洛人类需求层次理论

二、创业的要素与类型

了解创业的要素与类型是创业者把握创业的关键所在，选择最适合自己的创业方式和模式，对创业者来说，有着重要的意义。

（一）创业的要素

美国百森商学院的杰弗里·蒂蒙斯教授于1999年在其名为《新企业的创建》的书中提出了一个创业过程模型，如图 1-3 所示。在此模型中，杰弗里·蒂蒙斯认为，创业的三要素是商机、资源、团队。

1. 商机

杰弗里·蒂蒙斯认为，商机是创业过程的核心要素，创业的核心是发现和开发机会，并利用机会实施创业。因此，识别与评估市场机会是创业过程的起点，也是创业过程中的一个关键阶段。

2. 资源

资源是创业过程不可或缺的支撑要素，为了合理获取、利用和控制资源，创业者往往要制定设计精巧、用资谨慎的创业战略，这种战略对创业具有极其重要的意义。

3. 团队

杰弗里·蒂蒙斯认为，团队是实现创业

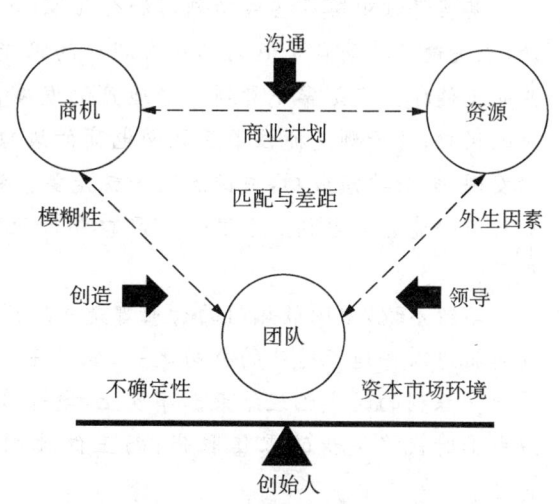

图 1-3　蒂蒙斯创业过程模型

这个目标的关键组织要素。创业者或团队必须具备善于学习、从容应对逆境的品质,具有高超的创造、领导和沟通能力,但更重要的是具有柔性和韧性,能够适应市场环境的变化。

在杰弗里·蒂蒙斯的创业过程模型中,商机、资源和团队这三个创业核心要素构成一个倒立三角形,团队位于这个倒立三角形的顶部。在创业初始阶段,商机较大,而资源较为稀缺,于是三角形向左边倾斜;随着新创企业的发展,可支配的资源不断增多,而商机则可能会变得相对有限,从而导致另一种不均衡。创业者必须不断寻求更大的商机,并合理地使用和整合资源,以保证企业平衡发展。商机、资源和团队三者必须不断动态调整,以最终实现动态均衡。这就是新创企业的发展过程。

杰弗里·蒂蒙斯认为,在创业过程中,由于机会模糊、市场不确定、资本市场风险和外部环境变化等因素经常影响创业活动,致使创业过程充满了风险,因此,创业者必须依靠自己的领导、创造和沟通能力来发现和解决问题,掌握关键要素,及时调整商机、资源和团队三者的组合搭配,以保证新创企业顺利发展。

对于任何创业活动,商机、资源和团队三要素都是"缺一不可"的,创业是商机、资源和团队的相互作用,相互匹配,从而创造价值的动态过程。创业长久之道是动态把握创业过程,抓住创业过程关键点,踩准创业节奏。创造价值是创业的目的,创业者创业的个人动机尽管不一致,但是成功的创业者主要是为了创造价值,将商机转化为社会需要的产品或服务。

拓展案例 1-1

马云投资 400 亿元,王健林狠砸 1 500 亿元,新的行业风口已经来了吗

中国是人口大国,这一点世人皆知,人口数众多,自然就会诞生很多优秀的人才,从改革开放至今,我国出现了很多优秀的实干家、企业家,他们在创造财富神话的同时,对拉动国民经济的发展起到了重要作用,而他们的创业故事也成了佳话,他们被人们视为楷模,后辈创业者们也在追随这些成功人士的步伐。

其实仔细观察那些成功创富的企业家,我们就会发现,他们除了拥有超强的经商能力之外,最关键的共同点是他们都具有超前的眼光,他们一定都是其行业的先行者。例如,房产业的王健林一定是率先看到了房地产的发展前景;腾讯公司马化腾也一定是抓住了网络社交的风口;马云则是抓住了互联网电商的风口,一举成为中国首富。通过这些案例,我们可以发现,创业要想成功,关键点之一就是要找到一些行业新风口,只要先人一步占领风口,才有可能快速完成盈利。不过任何风口和行业,都有红利期,红利期一过,再想赚大钱就很困难了。

不得不说,中国最热门的行业曾是房地产业。由中国前首富王健林创立的万达集团,作为首批进入房地产行业的公司之一,赚了不少钱。现在,房地产已经进入了一个新的周期,房地产暴利的时代已经结束。事实上,电子商务和房地产都不再是热门行业。马云直言传统电商时代将被新的零售取代;而王健林则是要卖掉自己执掌的万达集团,退出房地产行业。

对马云和王健林而言,电子商务和房地产的红利时代已经结束。既然未来这两个行业都不太可能取得突破,那么下一个风口是哪个行业呢?从马云和王健林的投资版图来看,我

们似乎找到了答案——大健康产业。

一、大健康产业基本情况分析

我国健康产业在医疗、卫生、保健、生命科学等领域取得了重大的成就，我国健康产业也开始步入了快速发展的高速路。在快速发展的同时，我国健康产业也正面临着发展的新趋势。

大健康产业包括医疗服务、医药保健产品、营养保健产品、医疗保健器械、休闲保健服务、健康咨询管理等多个与人类健康紧密相关的生产和服务领域。大健康产业不同于传统医疗产业发展模式，是一种从单一救治模式转向"防—治—养"一体化模式。

目前，我国主要健康产业以医药产业和医疗保健产业为主，市场份额分别为50.05%和33.04%。卫生管理服务占比最小，仅为2.71%。马云在退休前曾说过，只有大健康行业的人才能在未来超越自己，这表明了他对大健康行业未来前景的态度。

二、马云投资400亿元

2014年，马云首次涉足大健康产业。当时，马云斥资近10亿元收购中信，然后将公司名称改为"阿里健康"。到目前为止，已有近400家大中型医院加入阿里健康的互联网"未来医院"，覆盖全国90%的省份。值得注意的是，阿里健康的市值为900亿港元。除了阿里健康，马云还在医疗零售领域进行了多项投资，投资了多家大型医疗连锁零售商。他在医疗器械、智能医疗、医药产业等领域累计投资400亿元，并取得了丰厚的回报。

其中最引人注目的是阿里健康已经成为中国医疗电商领域的"第一玩家"。据年报显示，2018年，在阿里健康购买的天猫健康产品和健康食品电商服务总交易额超过300亿元，天猫健康设备业务年交易额达205.61亿元。至此，阿里健康已经掌握了500多亿元医疗器械和保健品的进口，而国内医疗电商的总规模刚刚超过1 000亿元。换句话说，在"互联网+药品"流通中，阿里健康有了呼风唤雨的力量。

三、王健林投资1 500亿元

2019年年初，王健林在万达集团年会上宣布，万达集团正式进入大健康产业，以顶级医院为重点，整合医药、医疗、商业、培训等多个行业，采用健康产业创新的新模式。此外，王健林还对万达大健康产业的规划布局提出了具体的方向：2019年将建成广州、成都等5个城市的大健康国际医院，至少启动3个项目；将尽快完成单一的国际医院管理合同模板，设计一流的花园国际医院，体现世界最新的研究成果，打造智慧医院。

虽然王健林进入大健康行业的时间比马云晚，但他对大健康的关注度丝毫不亚于马云。自2017年创办万达大健康产业集团有限公司至今，王健林已经在大健康产业投资了近1 500亿元，相当于万达集团2018年收入的60%。但与马云专注于医药零售不同，王健林的大健康产业以高端养老为主导，以"私人诊所+酒店管理"为主要模式。

2018年9月30日，万达集团与美国匹兹堡大学医疗中心签署协议，共同投资建设中国综合医院，全面引进UPMC的医院品牌、管理团队、技术骨干、医疗培训等整体医疗体系。接下来的几个月，万达集团UPMC国际医院项目进展迅速。成都医院项目是第一个获得土地并开始设计的项目。2018年12月底，占地约200亩、总投资约60亿元的广州万达UPMC国际医院正式签约落户黄埔。

据未来产业研究院预测，到2020年，中国大型健康产业规模将达到10万亿元。随着人们生活水平的提高,不仅老年人需要健康,年轻人也很注重健康。如今,亚健康已成为常态。由于不健康的生活习惯,许多年轻人容易出现各种健康问题。因此,在未来,大健康产业的目标人群将更加广泛,前景之大不言而喻,创造财富的能力将是自然的。可见,大健康产业发展潜力巨大。

随着社会的发展,人们生活水平的普遍提高和生活方式的改变,人们对健康的需求必然会大幅增加,因此大健康无疑将成为下一个行业的"风口"。大型健康产业能像电子商务和房地产一样,在未来创造出一个新的首富吗?让我们拭目以待吧!

资料来源:财富分享官.马云投资400亿,王健林狠砸1 500亿,新的行业风口已经来了吗?[EB/OL]. (2019-12-16)[2020-08-08]. https://baijiahao.baidu.com/s?id=16530503333302712383&wfr=spider&for=pc,2019.12.16.

(二)创业的类型

创业者会因为许多的动机而走上创业的道路,个人背景、生活经历等方面的差异会让他们选择不同的创业类型,即不同的起步方式。依据不同的划分标准,创业可以分为不同的类型。

1. 按照创业对市场和个人的影响程度划分

克里斯琴(Christian,2000)认为,创业依照其对市场和个人的影响程度,可以分为以下四种类型:

(1)复制型创业。复制型创业采用复制原有公司的经营模式,创新的成分很低。例如,某人原本在餐厅里担任厨师,后来离职自行创立一家与原服务餐厅类似的新餐厅。新创公司中属于复制型的比率虽然很高,但由于这种创业类型的创新贡献太低,缺乏创业精神的内涵,不是创业管理主要研究的对象。

(2)模仿型创业。模仿型创业虽然也无法给市场带来新的价值,创新的成分也很低,但它与复制型创业的不同之处在于,对于创业者而言创业过程具有很大的冒险成分。例如,某家装公司的经理辞掉工作,开设一家当今流行的网络咖啡店。这种创业类型具有较高的不确定性,学习过程长,犯错机会多,代价也较高昂。这种创业者如果具有适合的创业人格特性,具备一定的创业能力,掌握适当的市场进入时机,获得成功的机会还是很大的。

(3)安定型创业。安定型创业虽然为市场创造了新的价值,但对于创业者而言,本身并没有太大的改变,做的也是比较熟悉的工作。这种创业类型强调的是创业精神的实现,也就是创新的活动,而不是新组织的创造。企业内部创业即属于这一类型。例如,研发单位的某小组在开发完成一种新产品后,继续开发另一种新产品。

(4)冒险型创业。冒险型创业是一种难度很高的创业类型,典型的就是高科技创新创业,它不仅对社会具有很高的科技创新贡献,给创业者本身也带来极大改变,创业者个人前途命运的不确定性也很高,创业之路将面临很高的失败风险,可一旦成功,创业者所得的回报也很惊人。这种类型的创业者想要获得成功,必须在创业能力、创业时机、创业精神、创业管理、创业模式和策略等各方面都要处理得很好,并且创业者需具备出色的创业素质和潜质。

2. 按照创业者的创业动机划分

有研究表明,中国80%的创业者是生存型创业者,因为他们没有更好的职业选择;而美国 90% 为机会型创业者,他们创业是因为洞察到巨大的市场需求和高额的市场回报。中国的创业者总是在寻求一种改善现状的方式;而美国的创业者更具有冒险精神①。

按照创业者的创业动机,创业可以分为以下三种类型:

(1) 主动式创业。这种类型的创业者喜欢创业,也适合创业,他们有强烈的创业激情和冲动,甚至把创业作为一种生活方式。他们清楚地意识到自己的长处,也知道自己的人生目标,因此他们毫不犹豫地去做了。这种人是创业者中的佼佼者,成功的可能性最大,很多人可以把事业做得很大。当然,这种人可能不会很多,那么退而求其次,有些人可以没有多少文化、多少经验,可以暂时不知道自己的目标和自己的长处,可以没有创业的初始资源,但是他们有激情、有勇气、有胆识、敢实践、能吃苦,再加上一点创业的理性,他们可能同样也能获得成功。

(2) 被动式创业。这种类型的创业者并没有多少创业的欲望,创业是迫不得已的选择。这些人或许是因为下岗了找不到工作,或者是因为家里的经济负担太重,希望选择自己创业,杀出一条血路,总之,其创业的原因各种各样。对他们而言,创业是一个痛苦无奈的选择。他们一般从小项目开始起步,因为别无选择,只好努力去做。有些人虽然没有知识和经验,但能吃苦,于是他们中的很多人也成功了。很多人甚至会发现,创业原来就这么简单,别人能做的事情他们也能做,只要敢于实践。

(3) 温饱型创业。这种类型的创业者开始并没有大的创业欲望和理想,只是做着小本生意。他们把自己做小本生意当作一种职业。在他们眼里,他们的职业和普通的上班族并没有什么不同,都是为了混口饭吃。现在的个体工商户大多属于这一类型。但是因为他们是自己做生意,他们比上班族有更多的发展机遇,也有更多的发展可能性。于是,他们中的一部分人,从小本生意起步,或者通过自己的努力不断积累资本和经验,或是因为机遇,事业逐渐发展并壮大。

3. 按照创业的基础或起点划分

按照创业的基础或起点,创业可以分为创建新企业和企业内部创业两种类型。

三、创业过程与阶段划分

(一) 创业过程

创业过程是创业者通过机会识别,整合资源并建立企业,合理经营进而不断创造价值的过程。创业过程是一个动态的概念,通过在创业过程中不断地失败与成功,创业者逐步积累经验,并建立学习曲线,形成学习型组织,积极地应对机会与挑战,根据结果对已有的战略进行调整,以适应企业的长期发展,促进企业在变化中逐渐成长的战略顺利实现。根据时间的先后顺序,创业过程一般分为四个阶段:机会的识别、评估与开发,准备并撰写创业计划书,获取创业所需资源,管理新创企业。创业过程的四个阶段如图1-4所示。

1. 创业机会的识别、评估与开发

创业机会的识别,是指创业者从众多的商业机会中寻找能为己所用的创业机会。在机会选择评价过程中,创业者也应对创业风险进行评估,其关键环节在于对风险的预期以及所

---

① 数据源自 KAB 创业教育资料。

采取的风险应对策略。创业机会可以通过创立新的企业来开发，也可以在现存企业内部进行开发。通常，创业者更倾向于创立新的企业，通过一个具体的企业组织来推动商业概念转换成可销售的产品或服务。在这个阶段，创业者拥有的不再是一个商业概念，而是一种现实产品或服务。

对创业机会的评价估计是继发现创业机会后，创业者必须要做的事。创业者初创企业的动力往往是发现了一个新的市场需求或者发现市场需求大于市场的供给能力，或者认为新产品能够开启新的市场需求。但是，这样的市场机会并非只有创业者自身才能认识到，其他的竞争者也许同样准备加入这个行列。因此，并不是每个市场机会都需要付出行动去满足它，而是评估这个机会所能带来的回报和风险，评估这个市场机会所创造的服务以及产品的生命周期，它能否支持企业长期的获利，或者能够在适当的时候及时推出。

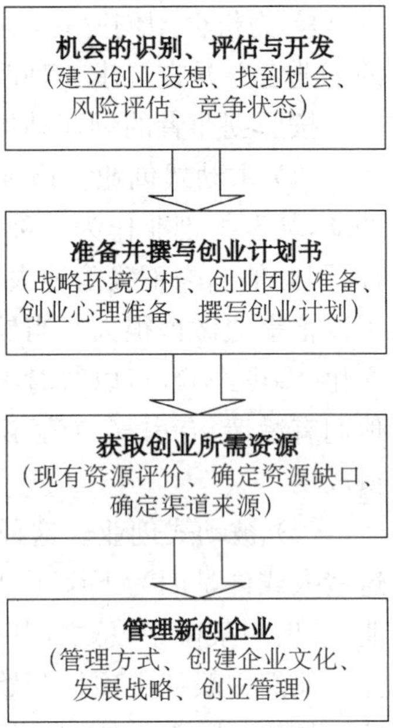

机会的选择应以创新度和创新潜在的市场需求范围为主要的衡量标准，通过合理的技术评价，尽量缩小机会的估计值与实际值间的误差。机会的选择具有一定的风险性，而对创业机会在识别和选择过程中，预期收益的评价也就显得尤为重要。机会的选择在创业过程中可能和创业者的个人技能和目标密切相关，当然，机会所处的竞争环境对机会选择的影响也是不容忽视的，所以，在机会识别和评估的过程中，创业者要依据企业本身的特征及市场和创业者的相关影响综合考虑。

图 1-4　创业过程的四个阶段

2. 准备并撰写创业计划书

创业计划书是创业者叩响投资者大门的"敲门砖"，一份优秀的创业计划书往往会使创业者达到事半功倍的效果。创业计划书是创业者计划创立的业务的书面摘要。创业计划书是创业者在对战略环境做出相对比较准确的分析的基础上制作的。它用于描述与拟创办企业相关的内外部环境条件和要素特点，为业务的发展提供指示图和衡量业务进展情况的标准。通常，创业计划书是市场营销、财务、人力资源、生产运营等职能计划的综合。一般来说，创业计划书应该包括创业的种类、资金规划及来源、资金总额的分配比例、阶段目标、财务预估、营销策略、风险评估、创业的动机、股东名册、预定员工人数等。

创业者通过编写创业计划书，可以认真分析创业过程必须获得的创业资源，了解自己已经获取的资源，需要获取的资源，以及获取这些资源的途径和方法；在创业之前能够对整个创业过程进行有效地把握，对市场机会的变化有所预警，从而降低进入新领域所面临的各种风险，提高创业成功的可能性。

3. 获取创业所需资源

创业者在对现有资源进行梳理和协调的基础上，依照创业计划书的合理预期，明确创业资源的缺口，依据所需要资源的形式与特点，采取相应的措施，获得所需资料。例如，创业者可以通过银行贷款或风险基金来补充短缺的创业资本；通过从外部招募的方式来补充有用的人才；购置或租赁实物资产，主要包括生产设备、机器、建筑物和机械工具等；补充所缺的无形资产,包括商标、企业声誉、顾客关系等。所有的这些都有可能是创业者在创业过程中所必需的资源要素。因此,有效地获得创业资源并进行评价的过程是创业者成功创业的重要保障。

4. 管理新创企业

新创企业在建立初期,无论是与外部的供应商、竞争者或是消费者,还是内部管理者之间、管理者与员工之间等都需要有一个磨合期。企业在建立初期没有经验可循,很多时候可能是摸着石头过河,困难重重。管理创新企业的过程主要包括明确管理方式、搭建组织架构、制定企业发展战略规划、建设管理制度等。创业初期的工作重点往往会集中在市场拓展、产品设计和规划、财务和售后服务体系建立等业务领域方面。

简言之,管理新创企业的过程也就是创业者依据创业计划,对企业的资源进行整合并使其不断增值的过程。随着企业的成长,其运作方式和体系会不断发展,企业内的每个人都有不同的作用,创业者需要建立相应的管理机构,将具体职责划分到专门的部门中,使企业逐渐形成自己的发展轨道,为企业的成长奠定基础。

(二) 创业的阶段划分

企业存在一个生命周期。换句话说,一个企业要经历从筹备到建立、起步、发展、成熟、衰退乃至灭亡的过程。尽管每个创业者都希望自己创建的企业基业长青,但更多的企业却在成长过程中夭折,能够称得上是"百年企业"或者"老字号"的企业更是凤毛麟角。所以,在创业的过程中,创业者要注重企业成长的内在规律,根据各成长阶段的特点实施行之有效的管理。这里,对新创企业成长阶段的研究侧重于从企业筹备到成熟之前的阶段,而不是企业的整个生命周期。

新创企业的成长阶段是指从筹备到成熟的各个时期,可以分为种子期、起步期、成长期和成熟期。各阶段不仅具有不同的特征,而且所承担的任务和存在的风险也各不相同。

1. 第一阶段——种子期

种子期即新创企业的萌芽期,是创业者为成立企业做准备的阶段。这一阶段的主要特征有:企业的事业内容是作为"种子"的创意或意向,即此时企业尚处于"构想"之中,尚未形成商业计划;产品(服务)、营销模式都没有确定下来;创业资金也没有落实;创业者之间虽然已经形成合作意向,但是并没有形成创业团队。

新创企业在种子期的风险主要有决策风险和机会风险两种,两者的区别表现在对项目的选择上。决策风险是指因为错误地选择项目导致创业失败的风险。由于新创企业在人力、物力和财力方面的资源匮乏,获取市场信息的渠道有限,一旦项目选择失败,就意味着创业努力付诸东流。而机会风险是指做出一种选择而丧失其他选择的机会。创业者一旦选择创业,就会失去其他的机会,如放弃原有的工作、失去在其他方面的发展机会等。由于种子期企业尚未成立,这一阶段在经济方面的风险相对较小。

2. 第二阶段——起步期

新创企业成长的第二阶段为起步期,以完成注册登记为开始标志。在这一时期,企业已经确定业务内容,并按照创业计划向市场提供产品和服务,但是业务量较小,市场对产品和企业的认知程度较低。该时期创业活动的特征有:企业已经注册成立;产品(服务)已经开发出来,处于试销阶段;商业计划书已经撰写完成,并开始进行融资;人员逐渐增多,创业团队的分工日益明确等。

与上述特征相对应,新创企业在起步期的创业活动主要围绕着以下几个方面进行:根据试销情况进一步完善产品(服务),确立市场营销管理模式;形成管理体系,扩充管理团队;撰写商业计划书,筹集起步资本等。

新创企业在起步期的风险与种子期相比会明显增加,甚至会危及企业的健康发展。这一时期的风险主要表现在以下几个方面:一是市场风险,因为需求量、价格等方面的原因导致企业的产品和服务得不到消费者的认可;二是管理风险,由于管理方面的原因导致效率低下、成本上升,从而使企业的产品和服务失去竞争力;三是财务风险,由于尚未形成规模,加上在产品的研制与开发、市场调研、广告、公共关系等方面投入较大,很难形成正现金流,如果不能进行有效地会计控制,势必会使企业的经营活动陷入困境。

3. 第三阶段——成长期

新创企业的成长期是指从完成起步到走向成熟的时期。成长期的特征主要表现在以下几个方面:产品进入市场并得到认可,生产和销售均呈现上升势头,产量提高导致生产成本下降,而市场对产品或服务的认可又能够促进销售,从而形成良性循环;管理逐渐系统化,随着企业规模的扩大和人员的增加,各个部门之间的分工越来越明确;企业的研究开发和技术创新能力不断增强,部分企业开始实施多元化战略;企业的产品和服务形成系列,并逐渐形成品牌;企业的声誉和品牌价值得到提升等。

该时期的创业活动主要围绕以下几个方面进行:根据市场开发情况,尽快确定相对成熟的市场营销模式;适应不断扩张的市场规模和生产规模的需要,进一步完善企业管理,并考虑企业系列产品的开发或进行新产品开发;根据企业的实际情况,及时调整企业的经营战略;募集营运资本等。

成长期的风险主要有冒进风险、技术风险、管理风险等。冒进风险是指企业进入快速成长期之后,因为急于求成而盲目地扩大生产规模,导致资源分散,引起财务状况的恶化的风险;技术风险是指由于技术的普及和竞争对手的模仿使得新创企业原有的技术优势逐渐丧失的风险;管理风险是指企业规模扩大后容易出现一些问题(如组织机构臃肿、人工成本上升、沟通渠道不畅、创新精神衰退等)的风险,这也就是通常说的"大企业病",如果不能克服这些问题,企业就会走向衰退乃至灭亡。

4. 第四阶段——成熟期

新创企业从起步到成熟不是一蹴而就的,而是一个逐步发展的过程。一般来说,当企业经过起步期之后,随着产品市场占有率的上升,会有一个快速成长的过程;但是快速成长并不会一直持续下去,当企业成长开始稳定之后,企业就开始走向成熟期。此时,企业呈现出产品在市场上的影响逐步扩大,产品品牌优势形成,企业资金雄厚、技术先进、人才资源丰富、管理水平提高,具有较强的生存能力和竞争能力等特征。

四、创业精神

(一)创业精神的内涵

创业精神作为一种奋发向上、积极创新、追求进步、建功立业的精神状态,充分体现着一个创业者自强不息的坚定意志,展现着一个社会蓬勃发展的强劲

1-3 创业精神

势头。创业精神是社会进步的强大的精神力量,是中华民族伟大复兴的不竭动力。深入研究创业精神的本质和来源,将有助于我们科学地理解和培育创业精神,为建设中国特色社会主义的伟大创业实践,注入强大的精神动力。创业精神,简而言之,就是开创事业的思想和理念。

 延伸阅读 1-1

你可以不创业,但一定要有创业精神

这是一个创业的好时代,身边创业者比比皆是,也说不清是人成就了环境,还是环境造就了人。这种全民创业的氛围很容易让身在职场的朋友蠢蠢欲动,一言不合就离职,把欲望当作梦想,一头扎进创业大潮。

甚至有些人为了创业而创业,美其名曰"没有经历过创业就不足以谈人生"。但就像那句玩笑话所说:"亏钱的才说自己在创业,赚钱的都叫做生意"。创业本身是一种九死一生、成功概率很小的行为。我们身边不乏这样的例子:有些人创业几年无所成,不得不迫于生计,又心不甘情不愿的回归职场,却发现曾经沧海难为水,再难找回曾经的拼劲儿,反倒把生活过得不尴不尬。

我们要先把创业和创业精神分清楚,才更容易找到适合自己的路。什么是创业呢?LinkedIn 联合创始人雷德·霍夫曼说:创业好比是从悬崖一跃而下,在落地前装好一架飞机起飞。没有这种向死而生的精神,那就别谈创业。创业的成功不仅仅取决于创业者本人的实力和坚持,还受方向的选择、资本的助力、天时、地利、人和等太多内外部因素的左右。

而创业精神又是什么呢?其定义包括以下三个重要的主题。

一、把握机会

创业精神是追求环境的趋势和变化,而且往往是尚未被人们注意的趋势和变化,要把握住一切机会。

二、坚持创新

创业精神包含自我创造、变革、革新、转换和引入新方法(即新产品、新服务或者是做生意的新方式)。

三、追求增长

创业精神体现在不满足于停留在小规模或现有的规模上,勇于挑战现状,追求尽可能的增长,能够拼命工作,不断寻找新趋势和机会。

如果你用创业的心态在打工,无论这个"业"的拥有者是不是你自己,你都是在创业,这个过程中,获得最大的成长和价值的人就是你自己。

怀才如怀孕,若真有货早晚会被看出来,所以几乎没有什么真正的怀才不遇。如果你的价值还不足以让你被发现,那么潜心修炼,踏踏实实让自己增值才是正道。

而用"打工"心态创业的人,不过是换了种"打工"的形式,事实上还习惯性地把自己当成受害者,不是抱怨手下无能,就是抱怨市场太乱,或竞争对手捣乱。这两者之间的本质区别就是有没有创业精神。

关于这点,傅盛曾说:打工得有创业的心态,不然浪费的是自己。所谓创业心态,就是创业精神,最重要的是解决问题。为了解决问题,你会发动每一个脑细胞,试过每一种方法,用尽每一个人脉,然后在事情搞砸之前成功搞定。这种支撑着你坚持到最后,把自己榨干的"创业精神"是一种内在力量,无关于任何外部的激励或刺激。

其实,并不只是在创业这件事上,任何有梦想并愿意将之付诸行动的人,都应该具备这种精神。很多时候,我们的创业精神在格局中体现,所谓格局,就是用更长的时间维度来衡量自己的收益:按小时计算收益的人是钟点工;按天计算收益的人打零工;按月计算收益的是职场工薪阶层;按年计算收益的人是高管;按十年计算收益的是投资人;按百年计算收益的是教育家或政治家;按千年计算收益的那是圣人。往往一个人计算收益的时间越长,他对社会的价值也就会越大。在现实中过于短视的人,是没办法具备创业精神的。

如果你跟得上这个时代,这就是一个最好的时代;如果你跟不上这个时代,这就是一个最坏的时代。或许这个时代不需要那么多创业者,但一定需要更多拥有创业精神的人。

资料来源:吹拂梦到西洲.你可以不创业,但一定要有创业精神,你能做到以下几点吗?[EB/OL].(2018-09-21)[2020-08-08].http://mini.eastday.com/mobile/180921125841009.html.

1. 创业精神的哲学解读

按照黑格尔哲学,人的意识包含精神和思维两个部分。其中,精神是意识的一部分,精神又包含人的情感、意志等心理状态。

美国学者威廉·詹姆斯曾经说过:"人的思想是万物之因。播种一种观念就收获一种行为,播种一种行为就收获一种习惯,播种一种习惯就收获一种性格,播种一种性格就收获一种命运。"

思想决定行为,行为决定命运。要改变命运,就要先改变行为;而要改变行为,就要先改变思想。改变自己要从思想开始。

精神决定论认为,决定事物(人)发展的是精神因素而不是其他因素。这一理论的根本特点就是强调精神的能动性。人们常说的主观(自觉)能动性实际上就是精神能动性。

因此,创业精神是创业行为、创业结果的内在驱动因素。

2. 创业精神的五力模型

北京大学光华管理学院博士后、北大1898咖啡馆联合创始人韩树杰于2019年12月7日发表了题目为《什么是创业精神?》的博文。他认为创业精神就是面对问题、解决问题的意志和心态。创客精神、创业精神、创业家精神、企业家精神,这些不同的表达略有些内涵上的差异,抛开其差异找共性,有五种共性要素——迎接挑战、创新突破、激发潜能、调动资源、解决问题。这五种要素的背后,代表着三个维度的五种力量:

第一个维度是心力(迎接挑战)和智力(创新突破)。

第二个维度是内力(激发潜能)和外力(调动资源)。

第三个维度是合力(解决问题)。

这就是创业精神的五力模型,如图1-5所示。

(1)创业需要"迎接挑战"的心力。创业维艰,九死一生,创业者需要面对和解决许多超乎想象的、艰难复杂的问题,需要具备极强的抗压、抗挫折、抗打击、抗干扰的能力,非心力强

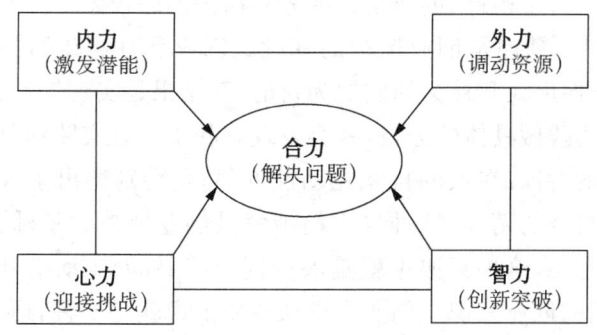

图 1-5　创业精神的五力模型

大者不足以应对。

(2) 创业需要"创新突破"的智力。在一个经济丰裕、法制健全、竞争激烈、唯快不破的创业时代,没有极致认真的创新精神、创新产品或模式,创业就很难有成功的机会。

(3) 创业需要"激发潜能"的内力。创业要向内求,迅速地学习和成长,充分挖掘和调动自身的内在能量和潜力。

(4) 创业需要"调动资源"的外力。创业还要向外求,在不违背法律与道德的前提下,整合和调动一切可以利用的资源。这通常需要放下身段和面子。

(5) 创业需要"解决问题"的合力。回归创业本质,创业要聚焦问题,解决问题。无论是心力、智力,还是内力、外力,最终都需要形成解决问题的合力。

这五种力量相互交叉、相互制约、相互弥补,共同构成了创业精神。

没有创业精神,创业之路是很难走下去的。因为,在创业者的整个创业生涯中,其可能要面对许多超乎想象的难题:大量负债包括个人负债及担保;官司缠身及处理各种困扰和纠纷;发不出工资;借不到钱,融不到资;工作繁忙及经济压力导致家庭关系危机;大量的负面评论;被列为"老赖",限制高消费;身体消耗及精神压力巨大;异常孤独等。

现实中,创业者被羁押入狱、过劳猝死、甚至自杀等也时有发生。创业者要具备超凡的精神能量,充分的思想准备,控制风险,避免盲目乐观。

(二) 创业精神的本质与来源

1. 创业精神的本质

创业精神的主要含义为创新,也就是创业者通过创新的手段,将资源更有效地利用,为市场创造出新的价值。虽然创业常常是以开创新公司的方式产生,但创业精神不一定只存在于新企业。一些成熟的组织,只要创新活动仍然旺盛,该组织依然具备创业精神。创业精神类似于一种能够持续创新成长的生命力,它一般可区分为个体的创业精神和组织的创业精神。所谓个体的创业精神,是指以个人力量,在个人愿景引导下,从事创新活动,并进而创造一个新企业的创业精神。组织的创业精神则是指在已存在的一个组织内部,以群体力量追求共同愿景,从事组织创新活动,进而创造组织的新面貌的创业精神。创业精神所关注的在于"是否创造新的价值",而不在于是否设立新公司,因此创业管理的关键在于创业过程能否"将新事物带入现存的市场活动中",包括新产品或服务、新的管理制度、新的流程等。因此我们可以说,创业精神是促成新企业形成、发展和成长的原动力。

创业精神的本质是自主精神、创新精神和务实精神的综合体现。

（1）自主精神。自主精神是创业精神的基础。创业具有实践的各种特征，它以自然和社会为活动的客体，以促进人和社会的发展为目的，其结果是实现人和社会的共同发展和改造。如果我们对创业实践做具体的分析，就会发现它除了具有实践活动的普遍性外，还具有高于一般的实践活动的特征：在人的自觉能动性方面，它特别突出了人的自主精神，即自由创造、自主创业、自立自强的精神，这种自主精神就是创业精神的基础。创业精神的强弱取决于人们自主创业的意愿，这种意愿也就是人的创业需要、创业动机，以及由此升华而成的创业理想，它构成人们的创业意识。创业意识从本质上说就是一种自强自立的精神，它是人们创业的内在动力，是创业精神的基础内容。需要越强烈，动机越纯正，理想越切合实际，信念越坚定，创业精神就越持久、越稳定，有了这种持续稳定的精神支持，创业者进行创业活动才会持之以恒，愈挫愈奋。

（2）创新精神。创新精神是创业精神的核心。创新精神之所以成为创业精神的核心，归根到底是由创业活动的开拓性所决定的。由于创业是一种创造性的活动，它本身就是对现实的超越，是一种创新。因此，创业离不开创新。美国著名管理学家德克鲁认为："创业就是要标新立异，打破已有的秩序，按照新的要求重新组织。"因为"理论、价值以及所有人类的思维和双手创造出来的东西都会老化、僵死，我们需要的是一个创业的社会，在这个社会中，创新和创业精神是正常、稳定和持续的。正如管理已成为所有现代机构的特有机制，成为组织社会的主体职能一样，创新和创业精神也必须成为维持我们组织、经济和社会之生存所不可或缺的活动。"①的确，创业就意味着创新，创新就意味着突破。具体到精神领域，创业则意味着要形成将变革视为正常、有益的现象的精神，形成一种寻找变革，适应变革，并将变革当作开创事业机会的精神，形成一种赋予资源以新的价值的创造性行为能力，这就是创新精神，它是创业精神的核心。

（3）务实精神。务实精神是创业精神的归宿。创业就是要创立一番事业，它是一种实实在在的实践活动，要扎扎实实地付出艰苦的努力。因此，讲求实效、注意结果、踏实干事等务实精神，是创业精神的最终归宿。创业者有了创业的意识和创业的目标，拥有了知识、才能和品德，只说明其是拥有了一种潜在的精神，只能说这种精神具有了某种内在的价值，要使这种内在的价值转化为外在的价值，还必须靠脚踏实地的、创造性的劳动。没有这种务实的劳动，人就无法确定创业的精神与社会需要之间的价值关系，就无法使创业的理念变成现实，使创业的计划变成财富，也无法实现其创业的根本价值。

延伸阅读 1-2

一位天使投资人的感悟：何谓创业精神

最近跟一个曾经的社交领域狂人/互联网超资深玩家/天使投资人聊天，此人大情大性。他最近又做出了一个壮举，在一个月的时间内把半年要投出去的钱都投出去了。他说出了这一段时间以来对中国几十个创业者的感悟，虽然可能选取的标本不算多，但是希望能给大

---

① 彼得·F·鲁德克.创业精神与创新[M].北京：中国工人出版社，1989：30，308.

家一些启发。

"中国互联网创业，做什么都能成功。"——坚持很困难

也许很多人看到这里觉得这是一篇成功学，或者是一篇心灵鸡汤。很遗憾地告诉你，不是，在他说完这句话以后，就为这一切做出了更加准确的诠释。"主要是要看团队的信念，这一群人要有共同的信念，能够坚持下来，而不是轻而易举地就放弃，或被挖走，离开。"

相信大家在很多互联网大佬的采访中都听到过"坚持"这两个字。对于非创业者而言，坚持是很容易做到的，相较于他们认为的"资金""人才""大环境"来说简单得多。但作为一个几家创业公司的亲历者的笔者来说，坚持，真的很困难。困难的程度是毫无疑问排第一位的。

如果说对于"坚持"这个概念大家还没有直接的了解的话，下面给大家举个例子：在一家稳定的大公司，BAT[BAT是中国互联网公司百度公司（Baidu）、阿里巴巴集团（Alibaba）、腾讯公司（Tencent）三大互联网公司首字母的缩写]这种类型的，如果有一天你的领导跟你说，"小陈，这个月公司有困难，你就不拿这个月工资了吧。"你会答应吗？相信任何在大公司工作过的人都不会答应，更有甚者，公司每月10日发工资的，晚了个两三天，员工就快要跟财务切磋一番了。这就是打工精神，拿多少钱，干多少事，而且只可同甘，不曾共苦。

而创业公司的做法则是非常的简单粗暴。创业公司CEO（整个公司就10个人）跟你说："小陈，这个月不太行，顶一顶，下个月一起发行不？"小陈说："没问题，我懂得。"一句"我懂得"，就是这个坚持最直接的解释，创业公司的领导和员工组成一个强大的利益共同体，而不是各怀异心，为了达成这个想得很美的目标，一个月不拿工资，两个月，三个月，半年。为了一份没有上市、没有盈利等同于一纸空文的股权而努力，这就是创业者的精神，这份坚持，才是"中国互联网创业，做什么都能成功"的精神所在。这其中布满了很多艰辛，痛苦，难以言表。

"所谓的蓝海市场，根本不存在，更多的是做而不专的市场。"——做巨头不屑的事

在中国的互联网，是不存在蓝海的，在我们看到的情况下，大公司的布局是数得清的。但是在我们看不到的情况下，大公司的项目可能有几十个，甚至是几百个，或者可以说，几乎一切项目在大公司内部都有雏形，只不过这个领域是不是能达到他们公司内部的认可，能否成为战略点，这很难确定。

更多时候创业者面对的是大公司做而不专的市场，大公司可以做，也想过做，但是不会投入大精力，甚至可以说对这个市场不屑。最鲜明的例子莫过于58同城，其几千人的地推团队，每天接触成千上万的小商家，这种体力活可能对于大公司来说就是不太重要的一环。再者，几家婚恋公司，如百合网、珍爱网、世纪佳缘等，对于婚恋的刚需，大公司也不是不知，但是在这个业务上投入产出比不能达到一个强大的增速，市场不够大，投入过后可能需要快速地降低成本规模，这一点，大公司也做不到。

做而不专的市场有很多很多，这也是和上文那句"做什么都能成功"相呼应，很多"准创业者"总是想像乔布斯一样，想出一个能够改变世界的想法，在准创业的过程中，甚至耗费了很多金钱、时间在探索这个无懈可击的想法上面，但是他依然没有踏出这一步。当有一天他真的想到了自己心目中的那个想法的时候，已经迟了人家一大步。创业需要的更多的是落地，而不是空想。各位准创业者，不要再想什么蓝海市场了，沉下心来先干吧。

创业基础

"成功的创业者都不是一步到位的,而是在创业过程中不断试错、实践。"——中国有太多的准创业者

现在中国互联网创业浪潮中,更多的是"准创业者"而不是创业者。"准创业者"的特征是:害怕失败,理想丰满,知行不合一,道听途说,每天都有一个新想法,有一份不错的工作,没有冒险精神。如果你有其中一项特征,很抱歉地告诉你,其实你不太适合成为一名真正的创业者。

你可能永远都只是一名"准创业者",一直想着把创业作为一个兼职,而迟迟不肯下决心把自己现有的生活给颠覆掉,把自己从一个每天按点上下班、领工资的打工者,变成一个三餐不定、上下班时间不定、收入支出不知的创业者。试问你连自己的生活都不敢去颠覆,谈什么颠覆互联网,颠覆传统行业,颠覆整个世界呢?

成功的创业者更多的是,当他心里有一个小想法的时候,他已经开始做了,无论是在线旅游、车联网、手游,或者是做软件外包、设计外包,甚至是修理手机。这都能成为其创业的一个点,而不是动辄嚷嚷自己是微信第二、淘宝第二、京东第二、小米第二这种不靠谱的空喊,在自己一步一个脚印的节奏上,以最初的目标作为切入点,在创业过程中不断"试错—实践—修正—试错—实践—修正"。做一个良性的循环,而这一切在互联网创业家中体现得淋漓尽致。

奇虎的周鸿祎从雅虎出来,还是想做一个搜索社区,还包括像现在百度百科一样的问答式搜索,但是在创业探索过程中,他以一个查杀流氓软件插件作为切入点,改变路径,以免费杀毒直接颠覆了这个价值几十亿元的"收费杀毒"市场,也成了BAT之外最具影响力的互联网企业之一。

久邦数码的张向东,从3G门户(WAP网站)到"手机心脏"(塞班系统的手机软件),再到"GO桌面"(安卓端的App),当年笔者学生时期,3G门户观看火箭图文比赛的百万用户在线,也未能给久邦数码带来太大的利益,直到"GO桌面",在试错,走过弯路之后,以一款应用从海外开始,终于成功上市。

博雅互动的张伟,死磕腾讯坚持做了7年聊天室,最终转身投向棋牌游戏的怀抱,坚持了7年的东西,谁又能轻易做到放弃,但是团队还在,大家信念一致,再次转换战场,从facebook的第一转回到国内移动端棋牌游戏的老大,最终实现在香港上市。

说这三个例子并不是告诉大家,创业最终上市了才是成功,而是这几个例子在"试错—实践—修正—试错—实践—修正"这个路径中更具有代表性,我想和那位天使投资人朋友共同表达一点,创业的成功,是否上市从来不是标准。成功有大成,也有小成,当一家创业公司每月的净利润达到200万元的时候,在我的理解里,他们十几个人的团队,已经活得非常滋润,能养活自己,并有多余的资金,能做一些更加不同的创新,这也是创业公司成功的一种。任何成功的创业公司,都在改变中成功,你不变,在这个瞬息万变的互联网时代,就已经落后了许多。

相信很多"准创业者"需要好好地想想自己的出路了,你们真的不适合创业,即使"流血创业"也不会成功;相反,那些满足以上严苛条件的创业者,如果现在一时的困难,请坚持下去,你们会是未来互联网的中坚势力。

资料来源:嘉兴楼友会.一位天使投资人的感悟:何谓创业精神[EB/OL].(2017-07-06)[2020-08-08]. https://www.sohu.com/a/154957223_99916873.

2. 创业精神的来源

创业精神的来源有内在来源与外在来源两个途径。

（1）内在来源。内在来源就是创业者内心自发具有的自主创业的坚定意志。内在来源与创业者的个性特征、素质与能力、资源等有着密切的联系。

（2）外在来源。外在来源就是创业者受外部环境的刺激或影响而产生的创业意愿，并逐渐积累升华为不懈追求开创新事业的理想与信念。外在来源受创业者所处的微观环境与宏观环境的影响。第一，微观环境的影响就是创业者受自身周围环境中的创业者的影响。例如，受亲戚朋友等熟识的人的创业经历所刺激，温州、福建等地的一些创业者的创业精神很多是受这种微观环境的影响；受创业者所处的公司的影响与激励，很多公司注重培养公司的创新文化，通过制度激励员工，培育公司的创业精神，从而激励了员工的创业精神。第二，宏观环境对创业精神的影响主要来源于创业者所处的国家和地方政府。如果这个国家和地方政府积极地倡导、鼓励并支持人民创新创业，这就引导、影响、刺激了人民的创业积极性，形成了创业精神的外在来源；反之，如果一个国家的宏观环境不支持或反对人民进行创新创业，那么这个国家很难会涌现出大量的创业者。

创业精神的内在来源与外在来源有着重要的联系。内在来源是内因，外在来源是外因。根据唯物辩证法观点：事物的发展是内、外因共同起作用的结果，内因是事物发展的根本，它是第一位的，它决定着事物发展的基本趋向；外因是事物发展的外部条件，它是第二位的，它对事物的发展起着加速或延缓的作用，外因必须通过内因而起作用。也就是说，创业精神来源于创业者内心与外在的环境，而外在环境是可以营造的，这就说明了从政府、组织层面倡导培育创业精神、扶持创业的重要性。

 拓展案例 1-2

柳甄：做一个有创业精神的人

创业者往往是社会上最具活力的一批人，如何向他们学习，做一个有创业精神的人？2017 年 12 月 13 日，"今日头条"高级副总裁柳甄在清华大学《全球经济、金融和能源前沿》大讲堂中与清华师生共同分享了关于创业精神的主题讲座。

"创业是一项分母大、分子小的事业"，柳甄以一个形象的比喻切入正题，"调查数据显示，在硅谷成功拿到天使轮融资的高科技企业中只有 1% 的企业能够坚持到 C 轮融资，而在这 1% 的企业中又只有 5% 的企业能够实现资本的成功退出，可见创业成功的概率是很低的。支持创业者们一路走下去的，正是他们身上的创业精神，这种精神不光只存在于创业家身上，也可以存在于我们每个人的身上，并激励我们。正如'今日头条'始终创业的企业文化，这种精神激发着其每位员工身上的创造力。"

"今日头条"对员工的激励不光体现在口号上，更反映在期权激励计划中。"在'今日头条'，我们希望每一位员工都能拿到公司的期权"，柳甄介绍到今日头条的阳光普照计划。"未来能以现在约定的价格购买公司股票的一种权利，员工通过持有期权就能够享受到公司发展所带来的红利，与公司共同成长。无论是在 Uber、'今日头条'，还是美国很多的高科技企业中，都广泛采取了期权激励制度，让公司的每一个人都成为公司的拥有者，有利于充分调动大家的积极性和创业热情。"

这样的期权激励制度是科技公司在过去高速发展的一个重要原因。在过去20年间,美国大盘股公司的市值平均翻了4倍,科技类公司的市值平均翻了7倍,而其中的代表FLAG(Facebook、LinkedIn、Amazon、Google)则翻了129倍。2011—2012年是中国移动互联网爆发的年份,"今日头条"抓住了这一发展机遇,颠覆了传统媒体编辑、组织和分发信息的模式,创新地利用了机器学习算法,根据文章内容和用户的阅读特点,达到了信息的准确推送,从而迅速发展壮大。

那么什么样的人可以在快速发展的科技企业中站稳脚跟呢?柳甄结合自己的成长经历,给出了三点建议。

第一,"不要给自己设限制(Be a problem solver, value add)。"柳甄先前在美国硅谷做律师已近十年,主要做互联网创业公司的法律咨询。后来,他加入Uber中国并开始了在中国的创业,直到Uber与滴滴成功合并,再到现在在"今日头条"担任高级副总裁。加入Uber之后,柳甄的角色也由之前纯粹的律师开始不断变化。由于创业初期团队不是很齐整等原因,需要的能力是多方面的。这也是人与AI(人工智能)的一大区别,机器可以在某一特殊领域做到世界级水平,但是却无法拥有人的全方位综合能力。"今日头条"在做并购时,不仅仅看财务数据的合理性,更重要的是看人才、文化以及并购后的协同效应,这样的判断需要一个人才的综合能力,因此不要给自己设限制。

第二,"执着真相,不畏权威(Relentlessly finding the truth, meritocracy)。"当我们做出判断时,往往会陷入过分相信以往经验的误区,我们应该执着于发现真正的数据。"今日头条"先前与美国音乐版权公司谈判时,曾向一位美国的资深专家咨询,该专家根据自己的从业经验,认为这三大版权公司在中国具有垄断地位。然而,经过随后的调研发现,这三大版权公司在中国的市场份额不到20%,如果盲目相信专家的经验,"今日头条"在谈判中将丧失巨大的筹码。不盲目相信权威,不照搬经验,而是要保持始终探索,寻求真相的态度。

第三,"敢于冒险,追求极致(Take risk and make magic)。"柳甄刚刚加入Uber中国时,其在中国的业务就受到了一系列的挑战,而这些都是柳甄从来没想到会遇到的问题,能在这种情况下坚持下来的人是真正具有冒险精神的人,Uber中国后来的成功离不开当时的坚持。

资料来源:创业邦.柳甄:做一个有创业精神的人[EB/OL].(2017-12-18)[2020-10-19]. https://www.sohu.com/a/211198778_403354.

(三) 创业精神的作用与培育

创业精神是支撑民族发展、国家兴旺发达的重要力量,将持久地影响一个人一生的事业发展。创业精神是创业行动的前提和保证。政府和组织都应该认识到创业精神的重要意义,并加以培育。

1. 创业精神的作用

创业精神作为一种积极的思想观念和精神状态,对个人的进步和社会的发展具有积极的推动作用。这就是创业精神的基本作用。

(1) 创业精神具有促进人的全面自由发展的作用。促进人的全面自由发展,这是马克思主义关于建设社会主义新社会的本质要求。所谓人的全面自由发展,一是指人的性格和智慧得到全面、合理的发展,二是指人的个性和才能得到自由、自主的发展。这与我们弘扬创业精神在本质上是一致的。首先,弘扬创业精神要求人们追求独立自主,自主选择,自由创造,自我实现,自由自在地创业,自由自主地发展;其次,弘扬创业精神要求人们锻造全面的素质,培养强烈的事业心和责任感,培养多元意识和创新能力,培养坚定的信念和坚强的毅力,成为智商、情商、意志相统一的人。显然,从一定的意义上说,弘扬创业精神就是弘扬自由创造的精神,就是培养全面发展的新人,这是促进人的全面与自由发展的重要内容。

(2) 创业精神具有培育伟大的民族精神的作用。我国各族人民在建设美好家园、克服艰难险阻的奋斗历程中,不断培育和发展着中华民族的民族精神。可以说,我们的民族精神包含了创业精神,艰苦创业的精神是我们中华民族精神的重要组成部分,民族精神和创业精神之间的关系是整体和部分的关系。所以,我们要培育民族精神,弘扬创业精神。而且,民族精神的内容是在实践中不断地丰富和发展的,我们要在新的形势下加以继承和发扬,并结合时代和社会的发展要求,不断为之增添新的内容。具体地说,在每个历史时代,我们应该根据这个时代的鲜明特征,总结出有特色的时代精神,再从中提炼出某些具有普遍意义的思想精华,融入我们的民族精神之中。新的时代是创业的时代,创业精神代表了时代精神,因此,我们要对它进行总结和概括,并且通过弘扬这种新时代的创业精神,培育和发展伟大的民族精神。

(3) 创业精神具有推动改革开放和现代化建设的作用。建设中国特色的社会主义事业,是一项充满艰辛、充满创造的壮丽事业,它需要伟大的创业精神,也将产生伟大的创业精神;而创业精神这种崇高的精神,将成为建设中国特色社会主义事业的精神支柱,将成为改革开放和现代化建设的精神动力。改革开放是一种创新的活动,需要有一种创新的精神来支撑和推动;现代化建设是一种创造性的活动,需要有一种创造的精神来支撑和推动。创新的精神,创造的精神,都属于创业精神的范畴,它们是全党和全国人民奋发向上、开拓前进的精神支柱,是改革开放和现代化建设的强大动力。有了这种精神,我们的人民将精神抖擞,我们的事业将蓬勃发展,我们的国家将兴旺发达。所以说,弘扬伟大的创业精神是推动改革开放和现代化建设的一项有力措施。

2. 创业精神的培育

各级政府和组织应采取多种方式,真正做到在创业精神培养中,开展形式多样、富有实效的活动,为培养和激发潜在的创业者的创业精神搭建平台、创造条件。创业精神的培育可以从公司内创业精神的培育和社会个体创业精神的培育两个方面进行分析。

(1) 公司内创业精神的培育。营造创业驱动的公司内部环境对培育公司的创业精神至关重要。公司的激励控制系统管理支持、文化和组织结构等变量影响了内部环境,决定了对公司创业的支持和兴趣程度。

第一,薪酬激励创新或创业。以往的研究表明,促进公司创业的有效薪酬机制必须考虑目标、反馈,强调个体责任和目标导向的激励机制。公司正确利用薪酬机制,能够鼓励员工承担与创业相关的风险,参与创新行为;同时,公司必须奖励有创新性的行为,为创新者提供挑战,给予其更大的责任,使其他部门和领导了解他的创新思想。

第二,管理者的倡导与支持。这意味着管理层倾向于推动公司的创业活动,这些支持可以采取多种形式,包括拥护有创意的思想、提供人力和技术资源的支持、启动创业项目等。

管理层鼓励员工进行创新,具体反映的细节包括:对员工的思想进行反馈,识别有创意的员工,支持实验性的项目和寻求资金来启动项目。管理者应该关注具有创业潜力的个体特质。虽然,在客观上,很多公司没有测量在职或潜在员工的个性特质,但是,识别个体差异对创新性行为的影响却很重要,具有创业潜力的个体在被识别之后可加以培训,提供其进行创新性活动的机会。

第三,资源的可获得性。员工能够察觉资源(包括时间)的可获得性和多种资源的可利用性,公司鼓励员工进行创新性的试验并承担风险。新创意思想的培育需要员工有一定的时间来孵化,公司必须减缓员工的工作负担,避免对员工的工作进行全面的时间限制,同时让员工进行内部的相互合作来解决问题。

第四,调适组织结构。支持性的组织结构将构建评估、筛选和实施创新思想的管理机制。员工具有一定的自主性来决定他们认为最有效的工作方法,公司应该允许他们对业务流程进行抉择,避免因为创新所产生的小错误而批评员工。

第五,风险取向。这意味着公司愿意承担风险和忍受不确定性。在诸如引进新产品和服务,操作流程和管理方法等这样一些关键业务领域,公司是试图领导而不是跟随竞争者,公司愿意承担一定的风险,这些将体现在管理高层的活动和取向上。

通过上述因素的分析,我们可以在公司内部采取多种程序和策略的组合来塑造公司的创新文化,激励员工,培育公司的创业精神,进行公司创业,从而获取优势竞争力。

(2)社会个体创业精神的培育。

第一,大力弘扬和培育创业精神,为创业提供全方位的服务。国家或地方政府要大力培育和弘扬创业精神,营造自主创业的宽松环境;鼓励社会人员自主创业,增强全社会的创业能力。相关部门要积极提供支持自主创业的政府服务;要大力促进民营经济的成长壮大,集中整治对企业的乱收费、乱罚款和乱摊派,为民营经济的发展创造良好的环境;要为创业者提供更多可操作性强的创业项目和信息,增加经销代理、网购、团购和小规模创业投资等项目;要为民间资本提供投资机会。市场监管、税务、财政等部门和金融机构要将支持工作落实到行动中,在创业支持服务上,切实为创业者提供有效快捷的服务。

第二,大学生创业精神的培育。创业精神的培育关键在于创业者的科学素养和能力的培育。大学毕业生的创业教育应该全程贯穿大学各个阶段与环节。

首先,搭建创新人才成长的舞台。高校应开展创新教育,培养大学生发散性思维,熟练掌握创造原理和技法;积极开发学生创造潜力,促使大学生创造成果形成,指导学生将发明创造及时申报专利,并帮助学生寻求市场支持,促进创新与创业形成良性互动,为社会主义市场经济提供智力资源和智力支持;形成争先创优的创新氛围,培养大学生敢想、敢干、敢于创造的竞争环境,充分利用学分制中的创新学分培养机制,积极鼓励学生参与校园科技文化创新活动,激发学生创新与创造激情。例如,风靡全国各高校的"互联网+大学生创新创业大赛""'挑战杯'大学生创业计划竞赛""大学生数学建模竞赛""大学生电子设计竞赛"以及各高校因地制宜、因势利导开展的"小制作""金点子""硬件DIY"等丰富多彩的科技文化创新创造活动,营造创新氛围,搭建学生创造力施展的舞台。

其次,注重实践,锻炼创新与创业能力。高校可开展"霍兰德职业人格能力测评"和"卡特尔16PF人格测试",指导学生扬长避短,分析利弊,弥补知识和能力的不足,有针对性地选择创新与创业方向。这正如著名的"木桶理论",决定一桶水容量大小的,不是最高最长的木板,而是最短的木板,由此引导学生注重科学文化素养的培养,从学习中创造,从实践中培养创新与创业能力。大学生要充分利用暑期社会实践,深入社会调查研究,实地到企业实习锻炼,观察、分析企业运作过程,大胆设想,小心论证,在多次实践中找准职业定位,并把实践中所体会到的知识与能力的欠缺,在学习中弥补,进而不断提高和完善自己的科学文化素养和创新能力。

最后,培养学生的敏锐观察力,把握良好机遇。做事要成功,离不开天时、地利、人和三者的统一。大学生要创业成功,需要有商海拼搏的知识和能力、企业家艰苦奋斗的气魄和将帅的才干,更需要有良好的机遇——天时和地利。机遇垂青有准备的人,机遇之门经常虚掩,高校应培养大学生敏锐的观察力,把握好创新与创业良机。

大学生创业是时代发展的产物,体现了这个时代所赋予大学生的精神面貌。加强大学生创业精神的培养,既是时代的要求,也是高校教育服务和社会服务功能的体现,由此高校从其在知识经济社会中的边缘地位进入举足轻重的中心地位,使得中国由人口大国向人力资源大国转变,提高中国的国际竞争力,完成中国对世界先进发达国家的经济追赶。提高国际竞争力核心在于提高国民求实创新的素质以及国家经济实力和企业管理竞争力,培养当代大学生的创业精神正是中华民族伟大复兴的希望和永不枯竭的精神动力。

延伸阅读 1-3

最好的创业精神是愿为梦想踏实奋斗

"创业者都要有远大的理想,有改变行业的信心。但创业者要坚守商业底线,要有担当,要为社会创造价值,要有创新更要有信心。"北大青年 CEO 俱乐部首届理事长、北京爸爸的选择科技有限公司 CEO 王胜地讲自己理解的创业。

每一个创业者最愿意和人谈起自己的梦想,可要实现梦想唯有努力奋斗。2018 年 1 月 20 日,在北大青年 CEO 俱乐部举办的以"相信奋斗的力量"为主题的首届年会上,近 20 位创业者谈起了自己的梦想和自己理解的创业精神。

从小在农村和县城上学的张金荣有感于教育资源不均衡的现状,他希望能给农村孩子一个较为公平的起跑线。为此,他整合教育资源,聚合学科竞赛和自主招生的专家,通过科学的方法制作成"教育中央厨房",向较为薄弱的一些学校提供自己的解决方案。他的梦想是不让光脚的孩子无路可走,创办的"爱培优"正在身体力行地为教育公平努力。

"好孕妈妈"创始人肖哲文选择进入的是最容易也是最复杂的母婴家庭服务行业。他发现,最大的问题是如何让客户满意。行业内普遍的服务现状是不乐观的,他想要提升从业人员的职业化能力,用自己的师资进行不间断培训。该公司仅 2017 年 1 年内就培训了超过 1 万名月嫂、育儿嫂,还搭建了医护团队,并开发了互联网全服务过程管理的系统。肖哲文的秘诀很简单,只有用心才能得到顾客认可。

胡显河在选择出行领域创办"悟空租车"时,遇到了滴滴、快的等强劲的对手,连投资人都说他疯了。可是他并没放弃,在夹缝中生存,3 年内做到了覆盖全国所有省份,共计 200 个城市和 2 000 多个网点,拥有了几万台车。他不怕激烈的市场竞争,他认为"竞争越激烈的

地方,越能彰显创业者的本色,越能彰显奋斗的力量"。

王胜地从北大毕业时,身边的同学都以拿到外企的 Offer 为荣,而他的梦想是创造一个"世界 500 强的日化企业"。为此,他卖掉了北京二环边唯一的房子作为启动资金,创业后他曾经因累倒、病倒被送去急救,但公司业绩却是节节升高,不仅在日本建立研发中心,还建立了亚洲最大的纸尿裤单体生产基地,成为第一个走出国门的中国国产母婴品牌,获得了国人和外国人的"点赞"。

王胜地说:"创业者都要有远大的理想,有改变行业的信心。哪怕在落魄的时候、遭遇瓶颈的时候,无论其他人怎么嘲笑,心中仍然要有一个梦,支撑你前行。"他认为,衡量一个创业者成功的标准不是看他得到了多少金钱,而是看他能够生产多少价值,给社会多少回馈。

面对在场的创业者,王胜地发出了"奋斗不已,青春无悔"的号召。他表示,作为新时代企业家,尤其作为北大优秀青年 CEO,要有理想、有信心、有担当,要有敢为天下先的勇气和坚忍不拔的毅力,要敢于冒险和创新,做对社会、对行业有益的事业,要"向死而生,相信奋斗的力量"。同时他也表示,愿与更多的北大杰出 CEO 携手,为行业振兴、国家发展而共同奋斗。

当天,北大青年 CEO 俱乐部还举行了揭牌仪式,来自医疗健康、科技金融、教育、大数据、人工智能等不同领域的各位北大青年 CEO 们分别以"我的创业梦"为主题举行了青年创享会。

资料来源:陈璐.最好的创业精神是愿为梦想踏实奋斗[EB/OL].(2018-01-30)[2020-08-08].http://zqb.cyol.com/html/2018-01/30/nw.D110000zgqnb_20180130_4-12.htm.

第二节 知识经济发展与创业

1-4 知识经济发展与创业

当今时代,全球创业活动比以往任何时候都更为活跃,国家和地区之间的竞争日益聚焦在他们的创业水平和创业成果上,创新和创业已经成为科学技术转化为现实生产力的桥梁,成为经济发展和社会进步日益重要的推动力。

创业不是天才的独创,也不是普通人的妄想,而是每个社会成员改变命运、追求卓越的一种途径,是每个企业不断成长的方式,是一个国家取得核心竞争力的关键。

一、知识经济的内涵

(一)知识经济的定义

当人类虽然有知识,但知识还相当贫乏,贫乏到需要 80% 的劳动力从事农业,解决人类的吃、穿问题的时候,我们称这个时代为农业经济时代。

随着科学技术的发展,当人类把 80% 的劳动力转向工业,解决人类的用、住、行等问题,也就是只需要 20% 的劳动力就可以解决人类的吃饭问题的时候,人类就进入了工业经济时代。

随着科学技术的进一步发展,当人类又把 80% 的劳动力转向以知识为中心的服务产业,也就是只需要20%的劳动力就足以生产出人类所需要的工业和农业等物质产品的时候,人类便进入了知识经济时代。可见,知识经济产业不仅仅是一个新兴的产业,而且是一个经济时代的标志;同时知识经济也是工业经济高度发达时代的产物。

知识经济(knowledge economy)是以知识为基础的经济,是与农业经济、工业经济相对应的一个概念,是一种新型的富有生命力的经济形态。工业化、信息化和知识化是现代化发展的三个阶段。创新是知识经济发展的动力,教育、文化和研究开发是知识经济的先导产业,教育和研究开发是知识经济时代最主要的部门,知识和高素质的人力资源是知识经济时代最为重要的资源。

知识经济通俗地说就是以知识为基础的经济(the knowledge-based economy)。这里的"以知识为基础"是相对于现行的"以物质为基础的经济"而言的。现行的工业经济和农业经济虽然也离不开知识,但总的说来,经济的增长取决于能源、原材料和劳动力,即以物质为基础。

知识经济是人类知识,特别是科学技术方面的知识,积累到一定程度,以及知识在经济发展中的作用,增加到一定阶段的历史产物。

知识经济与信息经济有着密切的联系,也有一定的区别。知识经济的基础是信息技术。知识经济的关键是知识生产率,即创新能力。只有信息共享,并与人的认知能力——智能相结合,才能高效率地产生新的知识。所以,知识经济的概念更突出人的大脑,人的智能;反过来,人的智能只有在信息共享的条件下,才能有效地产生新的知识。所以,信息革命——数字化、网络化、信息化——为信息共享以及高效率地产生新的知识打下了坚实的技术基础。这就是说,信息革命,信息化与知识经济有着密不可分的关系。在国际上,知识经济、信息经济、智能经济等称谓往往还在同时使用。

(二)知识经济的特征与功能

1. 知识经济的特征

(1) 资源利用智力化。从资源配置来划分,人类社会经济的发展可以分为劳力资源经济、自然资源经济、智力资源经济。知识经济是以人才和知识等智力资源为资源配置第一要素的经济,节约并更合理地利用已开发的现有自然资源,通过智力资源去开发富有的、尚待利用的自然资源。

(2) 资产投入无形化。知识经济是以知识、信息等智力成果为基础构成的无形资产投入为主的经济,无形资产成为发展经济的主要资本,企业资产中无形资产所占的比例超过50%。无形资产的核心是知识产权。

(3) 知识利用产业化。知识形成产业化经济,即技术创造了新经济。知识密集型的软产品,即利用知识、信息、智力开发的知识产品所载有的知识财富,将大大超过传统的技术创造的物质财富,成为创造社会物质财富的主要形式。

(4) 高科技产业支柱化。高科技产业成为经济的支柱产业,但并不意味着传统产业彻底消失。

(5) 经济发展可持续化。知识经济重视经济发展的环境效益和生态效益,因此采取的是可持续化的、从长远观点有利于人类的发展战略。

(6) 世界经济全球化。高新技术的发展,缩小了空间、时间的距离,为世界经济全球化创造了物质条件。全球经济的概念不仅指有形商品、资本的流通,更重要的是知识、信息的流通。以知识产权转让、许可为主要形式的无形商品贸易大大发展。各国综合国力的竞争在很大程度上转化为人才、知识、信息的竞争,集中表现为知识产权的竞争。全球化的经济与知识产权保护密切联为一体。

(7) 企业发展虚拟化。在知识经济时代,企业发展主要是靠关键技术、品牌和销售渠道,通过许可、转让方式,把生产委托给关联企业或合作企业,充分利用已有的厂房、设备、职工来实现的。

(8) 人均收入差距扩大。这是针对发达国家与发展中国家、发达地区与落后地区之间而言的,是知识经济带来的负面效应之一,也是在知识经济时代须掌握第一流知识和信息,占领经济制高点的重要性、紧迫性所在之处。

(9) 营销方式多元化。随着知识经济与信息化时代的发展,网络技术新的崛起,信息化、大数据、云计算、数字化极大地颠覆了传统的营销方式,呈现出多元化的销售趋势。企业越来越多地倾向于绿色营销、整合营销、网络营销、直复营销等新型的营销方式。尤其是网络营销,作为21世纪新的营销方式,其发展势不可挡,将成为全球企业竞争的锐利武器。

2. 知识经济的功能

知识经济的兴起,使知识上升到社会经济发展的基础地位。知识成了最重要的资源,"智能资本"成了最重要的资本,在知识基础上形成的科技实力成了最重要的竞争力。国家的富强、民族的兴旺、企业的发达和个人的发展,无不依赖于对知识的掌握和创造性的开拓与应用,而知识的生产、学习、创新,则成为人类最重要的活动,知识已成为时代发展的主流,尤其是以高科技信息为主体的知识经济体系,其迅速扩展令世人瞩目。

知识和技术创新是人类经济、社会发展的重要动力源泉。知识经济可以给国家的经济发展与社会发展注入更大的活力和带来更好的际遇。大力发展知识经济,有利于优化经济结构、合理利用资源、保护生态环境、促进协调发展、提高人口素质、彻底消除贫困等,有利于建设国家创新体系,通过营造良好的环境,推进知识创新、技术创新和体制创新,提高全社会创新意识和国家创新能力。

二、经济转型掀起创业热潮

当今时代的一个显著特征就是知识成为比土地、劳动、资金更有意义的关键性生产要素,同时物质资本的地位相对下降,人力资本的地位相对上升,而创业者则是稀缺的知识和人力资本的杰出拥有者和创造者。因此,经济转型是创业热潮兴起的深层次原因。中国的经济发展,需要更多的创业英雄,需要越来越多的创业型组织,需要营造创业型经济环境。每一个大学生都应该了解创业,并且至少可以将其视为一种职业、一种生活方式的选择。

从1984年算起,我国至少有五波创业大潮,每一波大潮都有一个从上而下的过程,离不开政府和政策的引导,更是与中国经济结构的调整息息相关,早年的创业潮更是带有中国从计划经济走向市场经济的转型烙印。经济社会发展的不同阶段,其创业活动的特征也不同,但相同的是,创业者每一次的创业活动都是与社会经济发展、祖国命运紧密相连的。

(一) 第一波创业潮

中华人民共和国的第一波创业潮发生在1984年春天,邓小平去南方视察了深圳、珠海等特区,以及《中共中央关于经济体制改革的决定》的出台,为这波创业潮注入了催化剂。那时人们把创业称为"下海"。柳传志曾这么评价他的创业时代:"'下海'确实很被人看不起,这是那些勇敢者做的事情,这些勇敢者在过去就是在社会上没有地位的人。"那个年代,主流的创业者以个体户为多,大多是城镇待业人员被逼无奈自谋生计,他们算是被动创业者。这一波创业潮是以打破计划经济下的平均主义和解放思想、搞活商品经济为主旨的体制内的创业。1984年的创业应该说是一次勇敢者玩的拓荒游戏。

(二)第二波创业潮

1992年的创业土壤和气候同样与中国改革开放总设计师邓小平息息相关。1992年春天,邓小平再次去南方视察,与1984年的低调慎言不同,这一次邓小平发表重要讲话。同年2月28日,中共中央将此次讲话以中央第二号文件的形式向全国传达。国务院还修改和废止了400多份约束经商的文件,《人民日报》甚至还发表了《要发财,忙起来》的文章鼓励人们下海经商。

1992年的创业潮则更像一个社会精英的掘金潮。据《中华工商时报》的统计,当年全国至少有10万党政干部主动下海经商,这年的创业者被冠以"92派"之称。"92派"的代表人物有陈东升(也是"92派"一词的发明者)、田源、毛振华、郭凡生、冯仑、王功权、潘石屹、易小迪等,他们原本是政府机构、科研院所、大专院校的知识分子。1992年,全国房地产完成开发投资732亿元,比1991年猛增117%。第二波创业潮是以官员下海为特征、以席卷全国的"圈地运动"为契机的。

这一批人是中国的现代企业制度的试水者,和之前的创业者相比,他们是中国改革开放以来最早具有清晰、明确的股东意识的企业家代表。他们普遍具有现代企业管理意识,具有较强的资源整合能力,尤其懂得资本运作,对宏观环境变化有灵敏的嗅觉。郭广昌创立的复星集团可谓是"92派"企业的一个代表。

(三)第三波创业潮

1997年,江泽民在中共十五大报告中指出,鼓励留学人员回国工作或以适当方式为祖国服务。同年,国家教委全面启动鼓励和支持留学生短期回国服务的"春晖计划"。1999年国庆,"春晖计划"支持了25名留学生参加中华人民共和国成立50周年的阅兵仪式。这25人中就包括李彦宏和邓中翰,此后他们回国分别创立了百度和中星微。

第三波创业潮是以海归创业形成的一股潮流。典型人物是以张朝阳、李彦宏等为代表的在互联网领域创业的海归留学生。他们在创业成功后被称为互联网时代的英雄。同前两波创业潮一样,他们回国创业也有一个政策大环境。

在海归群体的示范下,本土的创业者也越来越多,也有不少人在互联网领域取得了辉煌成功,如创立盛大的陈天桥、创立网易的丁磊和创立阿里巴巴的马云等。这些互联网的创富英雄被称为"阳光富豪",他们的出现首次打破了此前存在于中国企业家群体的"原罪"魔咒。

(四)第四波创业潮

2008年的全球经济危机,让新一轮海归创业潮和全民创业潮出现了叠加。其中,新一轮海归创业潮以中组部部长李源潮倡导的"千人计划"为标志,在全国各地展开引进海外高层次人才回国创业的活动,其创业范围不再以互联网为主,而是涵盖新能源、新材料、生物医药、汽车制造、文化创意等多领域;全民创业潮的新推动者则包括各级地方政府,他们倡导

"回乡创业"和"大学生创业",并出台了一系列扶持政策。

这新一波海归创业潮和全民创业潮是中国经济转型和升级的发动机,其主题词是创新、创意。正如2010年8月21日温家宝考察深圳时所言:"年轻人富有朝气,没有框框,敢想别人不敢想的事,敢做别人不敢做的事,反映在工作上就是勇于创新,打破框框。"

(五)第五波创业潮

"大众创业,万众创新"(简称"双创")出自2014年9月夏季达沃斯论坛上李克强总理的讲话。李克强提出,要在960万平方公里土地上掀起"大众创业""草根创业"的新浪潮,形成"万众创新""人人创新"的新势态。2015年,李克强总理在政府工作报告又提出了"大众创业,万众创新"。他政府工作报告中如此表述:"推动大众创业、万众创新,既可以扩大就业、增加居民收入,又有利于促进社会纵向流动和公平正义。"在论及创业与创新文化时,他强调"让人们在创造财富的过程中,更好地实现精神追求和自身价值"。2015年8月15日,国务院办公厅发布《关于同意建立推进大众创业万众创新部际联席会议制度的函》(国办函〔2015〕90号):"国务院同意建立由发展改革委牵头的推进大众创业万众创新部际联席会议制度。联席会议不刻制印章,不正式行文,请按照国务院有关文件精神,认真组织开展工作"。2018年9月18日,国务院下发《关于推动创新创业高质量发展打造"双创"升级版的意见》。近年来,我国"大众创业,万众创新"热潮不断兴起,呈现出聚焦生产领域、技术要素深度融合、成果转化更为活跃、与产业升级结合紧密、创新创业生态更加完善等趋势特征,创新创业与技术创新、效率变革、产业升级、现代化经济体系建设结合得更为紧密,为促进经济增长、提高劳动生产率和全要素生产率提供了有力支撑。

三、知识经济时代下创业的意义

(一)创业成为经济发展的重要基础

在知识经济时代,创业在经济发展中的地位和作用更加突出,日益成为经济发展的主要动力。创意产业正是在知识经济时代新崛起的产业,创意和创新从来都是跟创业分不开的。创意一般都具有创新的特征,而任何创新都需要经过创业来实现。任何一个新企业的诞生,无疑都会带来新的就业岗位,创造新的价值。

(二)创业是经济发展的主要动力

21世纪是知识经济时代,知识经济是以"知识为基础的经济"。在知识经济时代,创业是经济发展的主要动力。知识经济的基本特征是知识型企业大量出现,并在经济活动中起着越来越重要的作用。知识经济使人类的社会生产、产业组织形式、企业的组织与运行方式都发生巨大变化。在知识经济时代,由于中小企业的作用加大了,创业成为经济运行中一种越来越重要的动力。面对瞬息万变的市场和不断变革的技术,许多企业常常因不能及时跟上技术和市场变化而失去活力,走向"衰老";与此同时,通过创业而形成的中小企业乘机切入市场,广泛存在,其中的佼佼者由于创新有力、紧跟时代而成为成功的大企业。

(三)创业是技术创新的主要实现形式

在知识经济时代,计算机网络等通信手段更加发达,知识的生产、传播、转移加快,人们将更广泛、更及时地实现知识、信息、资源共享。因为信息流动性加大,整个社会交易成本降低,致使中小企业作用加大,创业更加容易,新创办企业将为社会经济活动提供大量的新鲜血液。创业成为知识经济时代技术创新的主要实现形式。中国的互联网公司,如百度公司(Baidu)、阿里巴巴集团(Alibaba)、腾讯公司(Tencent)等就是知识经济时代创业的成功典范。

总之,创业推动经济发展的作用是非常明显的,它不仅可以推动科技创新,而且可以推动新发明、新产品的出现,从而推动经济发展。创业对于市场体系的完善、市场竞争主体结构的合理化、企业创新能力的提高、企业核心竞争力的获得和强化等都有着非常重要的作用。

第三节 创业型人才与个人职业生涯发展

1-5 创业与职业生涯发展

一、创业型人才的概念、特征与素质要求

明确创业型人才的概念与特征,才能明确人才培养的方向与规格。

(一)创业型人才的概念

创业型人才是指能在社会和生产实践过程中把知识、科技创新的成果物化为一种新产品、新服务,开发出一种新的市场需求,创造出一种新的工作岗位,乃至创建出一种新的企业人才。创业型人才要有强烈的成就感,有开发市场需求、创造新岗位、创建企业、发展企业的冲劲、热情和意志,敢想敢做、不怕风险,既有创新能力和企业管理能力,又有良好的人际关系与合作精神和感召力,能在实践中通过锻炼逐步成为企业的领袖人物。创业型人才除具备知识创新、科技创新的能力和素质外,还兼有生产者、管理者、发明家和社会活动家角色所具有的能力和素质。

在了解了创业的含义后,创业型人才的内涵就不难理解了。这里要区分"创业型人才"与"创业人才"的联系与区别。创业型人才不等同于创业人才。创业人才是指已经在从事创业的人;而创业型人才是潜在的创业人才,他们具有创业意识和创业精神,具备一定创业知识与创业技能,能够发现创业机遇并有勇气敢于承担风险去抓住机遇,而不管其目前在不在创业或将来会不会创业。

(二)创业型人才具有的特征

与一般的人才相比较,创业型人才是那些富有创新精神、创业意识和创业能力,具有相应的技术、社交、管理技能,在不同的社会领域和行业中,依靠自己的知识和能力创造新知识、新价值和新财富,对社会进步和经济发展做出贡献的人。国内外学者认为创业型人才具有的特征包括:有创业的激情,眼光敏锐,善于发现机会、把握机会,具有冒险精神,百折不挠等。本教材认为创业型人才主要具有以下四个方面的特征。

1. 创业精神

具有创业精神的人,最明显的特征就是具有坚定的信心和持久的毅力,有强健的体魄和敏捷的反应能力,善于抓住机遇,整合资源。这是创业型人才区别于一般人才最重要的特征。他们能够在工作中始终保持积极主动、勇于进取的态度,而且能够在社会角色的冲突中构建新的人格。他们具有事业心、进取心和开拓精神,善于适应环境,并根据自己的爱好和兴趣、特长和优势,自主地选择事业目标和人生理想,发挥自身的主观能动性,为实现这个目标和理想而奋斗、拼搏。创业精神是任何一个领域和岗位的创业者所必备的。

2. 创新精神

创新是创业型人才的灵魂。创新与创业之间存在密不可分、相互契合的关系。首先,创业通过创新拓宽商业视野、获取市场机遇、整合独特资源、推进企业成长。其次,创新是创业的基础和关键,而创业可以推动新发明、新产品或新服务的不断涌现,创造出新的市场需求,从而进一步推动和深化科技创新。因此,两者是相互促进、协调发展的。创新内含于创业型人才的特质之中,这是由创新与创业的特定关系所决定的。创业型人才往往具有敏锐的洞察力,善于利用创新的思维和手段解决新问题,善于开拓事业的新领域,善于将所掌握的知识进行创新性地应用,开发新的项目。创新的结果是使他们的事业始终保持竞争优势。

创业型人才往往具有很强的创新意识和很高的成就欲望,这些又变成他们付诸行动的强烈愿望。成就欲望又激发了他们挑战困难和危险的勇气,因而他们不怕挫折和困难,并经常把挫折和困难看成是对自己意志的考验和磨砺,将克服困难作为一种乐趣。所以他们在失败面前表现得愈挫愈勇。

3. 学习精神

持续不断的学习是创业型人才的一个外显特征。当今社会是一个知识更新速度飞快的时代。事业发展较好的人具有一个共同的特点,就是坚持不断地学习,以保持自身不落后于知识的发展。这是一种在创业型人才身上表现出来的危机意识。不学习,事业的持续发展就缺少动力。反过来看,也有很多成功的创业者,由于未能及时的补充事业发展所需要的各种知识,以至于出现事业衰败或失败的局面。因此,创业型人才最为明显的特征就是善于学习,善于持续不断地学习。创业型人才不但善于创造新事业,而且勇于推进新事业。

4. 冒险精神

由于市场不确定性因素和竞争的作用,创业者在创业和经营的过程中必须具备冒险精神。《哈佛商业评论》的一篇关于创业人才的文章认为,创业型人才往往具有好奇心强、追求新的体验的特征。也就是说,对新体验保持开放的心态,才是创业者独有的特质。这种特征不仅会让创业者主动进入无法预知的环境,还能让他们在面对没接触过的领域时,产生兴奋感,而不是焦虑感。成功的创业者往往能够不惧风险,认识和了解风险,衡量与分析风险,创造性地处置风险。

(三)创业型人才的素质要求

创业是极具挑战性的社会活动,是对创业者自身智慧、能力、气魄、胆识的全方位考验。一个人要想获得创业者的成功,必须具备基本的创业素质。创业基本素质包括创业意识、创业心理品质、创业精神、竞争意识、创业能力。培养高素质的创业型人才是我国高等教育的一种全新的教育模式和培养体系,高校应教育和引导大学生主动培养创造能力和创新精神。

1. 强烈的竞争意识、创业意识与创业精神

(1) 竞争意识。竞争是市场经济最重要的特征之一,是企业赖以生存和发展的基础,也是立足社会不可缺乏的一种精神。随着我国社会主义市场经济从低级向高级发展,竞争愈来愈激烈,从小规模的分散竞争,发展到大集团集中竞争;从国内竞争发展到国际竞争;从单纯产品竞争,发展到综合实力的竞争。因此,创业者如果缺乏竞争意识,实际上就等于放弃了自己

的生存权利。创业者只有敢于竞争,善于竞争,才能取得成功。创业者创业之初面临的是一个充满压力的市场,如果创业者缺乏竞争的心理准备,甚至害怕竞争,就只能一事无成。

(2) 创业意识。要想取得创业的成功,创业者必须具备自我实现、追求成功的创业意识。强烈的创业意识能帮助创业者克服创业道路上的各种艰难险阻,将创业目标作为自己的人生奋斗目标。创业的成功是思想上长期准备的结果,事业的成功总是属于有思想准备的人,也属于有创业意识的人。

(3) 创业精神。自信、自强、自主、自立的创业精神对创业成功与否至关重要。自信就是对自己充满信心,自信心能赋予人主动积极的人生态度和进取精神。要成为一名成功的创业者,必须坚持信仰如一,拥有使命感和责任感,信念坚定,顽强拼搏,直到成功。信念是生命的力量,是创立事业之本,更是创业的原动力。只要相信自己有能力、有条件去开创自己未来的事业,相信自己能够主宰自己的命运,你就能成为一名成功的创业者。自强就是在自信的基础上,不贪图眼前的利益,不依恋平淡的生活,敢于实践,不断增长自己各方面的能力与才干,勇于使自己成为生活与事业的强者。自主就是具有独立的人格,具有独立性思维能力,不受传统和世俗偏见的束缚,不受舆论和环境的影响,能自己选择道路,善于设计和规划自己的未来,并采取相应的行动。自主还要有远见、有敢为人先的胆略和实事求是的科学态度,能把握住自己的航向,直至达到成功的彼岸。自立就是凭借自己的头脑和双手,凭借自己的智慧和才能,凭借自己的努力和奋斗,建立起自己生活和事业的基础。

 拓展案例 1-3

王胜地:400万元卖房创业做纸尿裤,2年后收获1亿元

90%北漂从业者表示:"有房有车是我在北京立足的唯一标志。"但是自从国家出台的限购政策"外地人在京购房必须要缴纳5年社保才可以拥有购房资格",以及购车除需连续缴纳社保和个人所得税外还要参加摇号(中奖率千分之六),外地人在京买房买车更是难上加难。买房条件还没达到,钱还没攒够,房价却每天都在疯涨,连二环的一个卫生间都是钻石价,于是在帝都有房有车的都被称为"天之骄子"。而在偌大的北京城,有一个逆袭人生的创业客,他执意卖房创业,只想做一个追求梦想的不死鸟,他叫王胜地。

在北京皇城根下(二环)有家的感觉一定是让王胜地回味很久的:交通便利,环境繁华,古城气息浓重,开着沃尔沃S90出城兜一圈畅快无比。对于出身寒门的王胜地来说,一路向上比常人经历了更多的曲折:他出身于贫寒家庭,只能靠学习改变自己的命运。他努力考上北大,去长江商学院研修,利用奖学金留学深造,再回到帝都拼命赚钱买房买车。这一切意味着今日舒适生活的来之不易。不过对189 cm身高的王胜地来说,他的体格就好像他的思维,看似风淡云清,实则体内蠢蠢欲动的宏图时刻侵袭着他:"有房有车不是梦想,我还可以做得更好"。

一、人生没有白走的路,每一步都算数

2014年年底,互联网行业风生水起,而实体经济被电商冲击的七摇八拐,转型迫在眉睫。那时候的跨境电商热火朝天,一二线城市的妈妈们集体进军海淘,跨国购已经成为母婴行业最靓丽的一道风景。"如果是日本本土的花王纸尿裤,给我来一个集装箱都可以,我们

小区的妈妈们一起分。""有人担心电商以次充好,那就直接找国外友人代购吧,多给点辛苦钱。"甚至还有中国妈妈组团去日本旅游,然后狂扫超市货架上的纸尿裤,场面非常壮观,一度让日本的母婴店紧急出台限购政策,一人只能购买两包纸尿裤。为了孩子,中国的妈妈们已经到了"丧心病狂"的程度。

而国产的品牌纸尿裤只能整齐的陈列在一二线城市母婴店的橱窗里,无人问津。

从日本出差回来的王胜地多次现身首都机场,全身都挂着大包小包纸尿裤,像个农民工,差点被海关点名询问是不是专业代购。

因为朋友的委托让他经常帮忙从国外带纸尿裤,这让接受过中西文化熏陶的王胜地也被一股爱国热情激发了,中国14亿人口,70%的妈妈们钟爱花王、好奇和帮宝适等国外品牌,就没有一款国产品牌让妈妈们竞相抢购吗?妈妈们甚至要花费比纸尿裤价格高好几倍的成本和精力去采购纸尿裤,这是一件多么让人惊叹的事情。王胜地的直觉告诉他:这是一场商机,而在商机的背后让王胜地更兴奋的是这场梦想创业是和民族荣誉息息相关的。于是王胜地毅然决然地选择实体创业:做一款质量坚挺的爱国纸尿裤,把花王赶出中国。

基因里太有主张的王胜地为了凑够创业的初始资金,坚决不愿意被资本牵着鼻子走,尽管长江商学院毕业的他有一定的人脉和资源,但是他没有选择去求助融资,而是决定卖掉二环的"乌托邦"房子,看着银行账户里买家打过来的400万元,他眼角湿润,紧了紧风衣,拉着行李箱,搬到了东五环的齿轮厂创业,等在门口的合伙人崔翔紧紧地拥抱了他,这一段创业是成功还是失败,谁也不知,但是梦想的激情已经开始熊熊燃烧,他们给纸尿裤取名为"爸爸的选择"。

二、以消费者体验为支点,融入社群互动营销

王功权说过,经济发展和财务积累应该是有基本逻辑在的,个别有奇迹性的增长和奇迹性回报的案例,往往都是出现了重大的技术性突破和应用变革。世界上绝大部分的产业平均回报只有10%～20%。而王胜地却打破了这个常规,从2014年的400万元到2016年的1亿元,2年的品牌积淀价值,让王胜地这次卖房收获了几十倍的经济回报。在实体经济被唱衰的年代里,"爸爸的选择"大获成功。

"做'爸爸的选择'纸尿裤之前,我是北大化学系毕业的,对高分子材料的研究非常深入。很多人说纸尿裤门槛太低,随便找个代工厂就可以做,那是错误的。这是一门高科技产业,'舒适''透气''吸水''安全'这几个词概念很深厚,需要融入重大的技术性突破,所以我的创业资金需要1 000万元,因为一半以上的经费必须投入纸尿裤研发中。"

质量可以比拼了,那服务呢?让"爸爸的选择"纸尿裤能全面赶超日本花王,成为国货品牌新标志,是王胜地的终极目标。这不仅是因为日本花王的质量过硬,更是因为日本花王对消费者的开诚布公,以人为本的品牌都会受到消费者的喜爱和信任。于是"爸爸的选择"投入了上千万元,成立了卷福实验室。

自然在齿轮文化产业园的卷福实验室也迎来了一波又一波的妈妈观光团,她们在"爸爸的选择"首席科学家曹倩的专业解说下,了解到"爸爸的选择"纸尿裤背后的故事,并迅速成了这一品牌的发烧友,自发成为推广大使,除了自己的孩子使用之外,还在朋友圈和微信群扩散"爸爸的选择"纸尿裤的好质量,不计回报,被称为绝对的真爱粉。

线上微信社群互动营销、线下渠道培训引流是"爸爸的选择"打赢这场纸尿裤大战的主要原因。对消费者群体进行量化停留时间、购买习惯等大数据分析,让妈妈成为体验者和传播者,这是其他纸尿裤品牌在移动社交工具的营销上所欠缺的。而与消费者的互动和场景化营销是"爸爸的选择"销量暴增的杀手锏。

重视用户的消费体验让王胜地的五个手机充当了首席客服的第一使命,除了必须在24小时内快速处理售后问题,还要负责在社群里和妈妈们聊家常,甚至还有消费者妈妈专门给王胜地打电话来聊自己的婆媳关系,希望得到王胜地的支持。更有甚者,有一位妈妈心疼王胜地当客服太辛苦,为他在社群里打抱不平,要求"爸爸的选择"公司员工积极点,不要让大BOSS太劳累。这让王胜地对成为"妇女之友"的角色很受用。

三、创业有魂魄,匠人自恭谦

房价一直在疯涨,北京二环的一套房子如今也达到上千万元了,但是对一个创业2年销售额就突破1亿元的纸尿裤公司来说已经不足为奇了。因为王胜地用破釜沉舟的极客创业精神收获了比房价更深远的东西,那就是事业上的成功。

"用匠人精神做出一款让中国人放心使用还好用的纸尿裤是很难的,做成了,后面出来的任何产品都会很顺利。越是收获喜悦,越要冷静分析,这是我的风格,前段时间不敢招代理,不敢再做品牌营销,因为自然流量猛速发展,已经到了销量月月翻倍的程度。这是一个生产和销售合理配比的关键时刻,而且产品质量的把关是最紧要的,我们需要休养生息,完善渠道管理体系,大力挖掘精英渠道商的潜能,让品牌保持良性发展,这是我们目前最需要做的。"王胜地面对抢购一空的销售热潮出奇的冷静。

"很多企业死在销量直线上升、质量无暇顾及的阶段,直到出现爆仓,售后问题成灾,最后整个企业消失匿迹,我是经历过多次创业的人,深知企业经营之道,这承载着企业变速车道能否加速行驶的问题。"于是,2016年年初,王胜地召集了1 000多名全国各地的经销商来京开会,连续1周的培训和强化营销思维训练,让代理商脑洞大开。王胜地果断地砍掉了没有销售额的代理,并整合了精英代理们来提升实体店的销量,这样的经销商大会1年里连续开了15场,这让"爸爸的选择"品牌深入千家万户。

前几天,王胜地接到了一个消费者的电话,说在自己老家的母婴店看到了"爸爸的选择"纸尿裤的海报,母婴店里的货都被抢购一空了,只有一张海报,他只能通过百度搜索"爸爸的选择"找到王胜地的电话,并坚定地要做纸尿裤的代理。与其说是王胜地的爱国感染了他们,不如说是每个人的心中都有一个爱国梦,国货当自强,这是每个人心中最基本的渴求,哪怕他是一个商人。

如今"爸爸的选择"已经成为中国宝妈首选的国产纸尿裤品牌,它每个月的销量节节向上,预计今年的销售额会突破3亿元。这款纸尿裤没有明星代言,没有广告轰炸,只凭高质量把关和一腔爱国情怀创造了一个又一个销售奇迹。

创业者王胜地一步一个脚印,从刚开始卖房子创业的坚定,到现在走遍大江南北、融合线上线下互动营销闯荡出来的国货品牌,与其说这是实体经济民族品牌的觉醒,还不如说这是有互联网基因的高知创业者们的一次爱国觉醒。

资料来源:母婴首条.王胜地:400万卖房创业做纸尿裤,两年后收获1个亿[EB/OL].(2017-04-06)[2020-08-08]. https://www.sohu.com/a/132351465_632190.

2. 良好的心理素质和坚忍的意志品质

创业之路是充满艰险与曲折的，自主创业就等于是创业者直接去面对变化莫测的激烈竞争以及随时出现的需要迅速正确解决的问题和矛盾，这需要创业者具有非常强的心理调控能力，能够持续保持一种积极、沉稳的心态，即有良好的创业心理品质。它是对创业者的创业实践过程中的心理和行为起调节作用的个性心理特征，它与人固有的气质、性格有密切的关系，主要体现在人的独立性、敢为性、坚韧性、克制性、适应性、合作性等方面，它反映了创业者的意志和情感。创业的成功在很大程度上取决于创业者的创业心理品质。正因为创业之路不会一帆风顺，所以，如果不具备良好的心理素质、坚忍的意志，一遇挫折就垂头丧气、一蹶不振，那么，在创业的道路上是走不远的。宋代大文豪苏轼说："古之成大事者，不唯有超世之才，亦必有坚韧不拔之志。"只有具有处变不惊的良好心理素质和愈挫愈强的顽强意志，才能在创业的道路上自强不息、竞争进取、顽强拼搏，才能从小到大，从无到有，闯出属于自己的一番事业。

3. 创新进取，永葆挑战的创业激情

创新是创业者必备的素质，但创新来源于永不停步地学习，学习是创新的基础。任何事业需要不断学习新知识、新经验、新技能，补充自己不足，为创业做好充足的准备。好奇心和求知欲是创业者创新思维的源泉，任何的创业实践都充满着竞争和冒险，创业者只有靠创新突破常规，赢得先机，才能在市场中脱颖而出，获取理想的经济收益，让自己的创业品牌持续发展。信息社会的显著特征就是世界信息瞬间万变、科技日新月异、消费者需求永无止境，要适应市场，唯有不停地创新与创造，才能跟上时代的步伐，才能在异常激烈的竞争中站稳脚跟，求得一席之地。

创业者作为创业团队的领导人，应当对团队最终的结果负全部责任，勇于面对挑战，主动迎接挑战，只有知难而进，才能战胜对手，走出困境获得重生。而大学生在创业者中，很多人一开始并没有做好创业的心理准备。一些创业者在刚开始创业的时候还是具有比较强的拼搏进取精神的，但遇到一点危机就退缩不前半途而废；也有一些创业者在有了一点成就之后，就不愿再承受更多的压力和责任，产生贪图享受、不思进取的心理，失去了刚刚创业时期的那种敏锐和忧患意识，而真正的危机恰恰就在这时降临，最终其在残酷的市场竞争中败下阵来，追悔莫及。

4. 发现机遇和把握市场机会的敏锐性

从创业成功者的实践可以看出，伟大的事业都源于伟大的梦想，有梦想的创业者会积极地寻找、捕捉机遇，并将机遇转化为恒久追求的事业。每个创业的机会都客观存在于市场当中，只有那些具有敏锐的市场嗅觉的人，才能及时发现，成为商机的先行者。可见，分析决策能力、预见能力对创业的成功起到决定性的作用。

大量创业型成功人士对自身的发展都有过反思，他们普遍认为，对创业机会的识别和把握的能力是他们成功的重要因素。因为"创业机会识别是创业领域的关键问题之一。从创业过程的角度来说，它是创业的起点。创业过程就是围绕着机会进行识别、开发、利用的过程"。他们善于观察，善于倾听，主动捕捉市场各类稍纵即逝的信息，并迅速加以综合分析与判断，最终萌发了投资创业的决策冲动，进而克服一个个困难。

5. 勇于担当,具有足够承担风险的勇气和信心

创业没有轻轻松松成功的,创业者在创业过程中承受的心理压力是别人难以想象的,只有强烈的责任感和使命感,才能战胜困难成就事业。责任感对每个人都很重要,一个对自己有责任感的人能善其身,一个对家庭有责任感的人能善其家,一个对社会有责任感的人方能创千秋伟业,惠及天下。创业的不同时期,经常要面对发展机遇、陷阱诱惑、市场竞争、经营风险等关键时刻,创业者想要闯关成功,就必须始终保持一种清醒和理智,或慷慨激昂、或热情奔放、或沉着冷静、或坚忍不拔、或果敢无畏的心态,做到"力所能及之事全力以赴,力所不及之事泰然处之"。唯有如此,创业者方能处变不慌、宠辱不惊、成败不囿,排除外在的干扰或诱惑,朝认定的方向和目标奋进。

创业是一项充满风险的活动,创业过程中难免遇到资金、人才等资源不足,或国家经济政策调整与个人创业相冲突的矛盾,甚至还会遭遇经济危机的打击。这就特别要求创业者具有足够的抗挫能力(或称为挫折容忍力)。观察表明:创业者一般都能在困难面前保持足够的信念,坚信"人在,一切都会在"。不少创业者还形成了这样的现实感——"无论多么痛苦的事情,都是逃不脱的。你只能勇敢地面对它、化解它、超越它,最后和它达成和解"。

6. 扎实的专业知识结构与技术能力

创业者的专业知识对于创业者确定创业目标及成功创业有直接作用。纵观当今在高科技领域获得成功的创业者,无一不具备深厚扎实的专业知识。当然光有专业方面的知识还远远不够,创业者还应完善知识结构,掌握与经营管理相关的非专业知识(如政策法律法规、市场营销、财务会计、财政金融、国际贸易、人文素质等方面的知识)。

专业技术能力是创业者掌握和运用专业知识进行专业生产的能力。专业技术能力的形成具有很强的实践性。无论在哪个领域创业,创业者都需要有一定的专业技能。农业、工业、商业、金融财贸、旅游、餐饮服务、文化等行业都有自己的专业岗位技能和行规。创业者只有掌握了这些技能和行规,才能在这些行业中有立足之地。许多专业知识和专业技巧要在实践中摸索,逐步提高发展、完善。创业者要重视创业过程中知识积累的专业技术方面的经验和职业技能的训练,对于书本上介绍过的知识和经验在加深理解的基础上予以提高、拓宽;对于书本上没有介绍过的知识和经验要探索,在探索的过程中要详细记录、认真分析,进行总结、归纳,上升为理论,形成自己的经验特色,积累起来。只有这样,专业技术能力才会不断提高。

7. 自如的协调交往与管理能力

创业不同于就业,一切都得从头开始。申办公司、注册商标、筹集资金、招聘人才、推销产品,这些工作需要与市场监督管理部门、财税部门、环保管理部门、城市管理部门以及企业员工、客户等方方面面打交道,没有一定的人际沟通能力是无法完成的。事实反复证明,一个内向或腼腆得连大门也不敢迈出的人,绝不可能积极创业,更不可能取得创业的成功。

协调交往能力是指能够妥善地的处理与公众(政府部门、新闻媒体、客户等)之间的关系,以及能够协调下属各部门成员之间关系的能力。创业者应该做到妥当地处理与外界的关系,尤其要争取政府部门、市场监管部门和税务部门的支持与理解,同时要善于团结一切可以团结的人,团结一切可以团结的力量,求同存异、共同协调地发展,做到不失原则、灵活有度,善于巧妙地将原则性和灵活性结合起来。总之,创业者搞好内外团结,处理好人际关

系，才能建立一个有利于自己创业的和谐环境，为成功创业打好基础。

协调交往能力在书本上是学不到的，它实际上是一种社会实践能力，需要在实践活动中学习，不断积累、总结经验。这种能力的形成：一是要敢于同不熟悉的人和事打交道，敢于冒险和接受挑战，敢于承担责任和压力，对自己的决定和想法要充满信心、充满希望。二是养成观察与思考的习惯。社会上存在着许多复杂的人和事，在复杂的人和事面前要多观察、多思考，观察的过程实质上是调查的过程，是获取信息的过程，是掌握第一手材料的过程，观察得越仔细，所掌握的信息就越准确。观察是为思考做准备，观察之后必须进行思考，做到三思而后行。三是处理好各种关系。可以说，社会活动是靠各种关系来维持的，处理好关系要善于应酬。应酬是职业上的"道具"，是为人处事、待人接物的表现。心理学家称：应酬的最高境界是在毫无强迫的气氛里，把诚意传达给别人，使别人受到感应，并产生共识，自愿接受自己的观点。搞好应酬要做到宽以待人，严于律己，尽量做到既了解对方的立场又让对方了解自己的立场。协调交往能力并不是天生的，也不是在学校里就形成了的，而是走向社会后慢慢积累社会经验，逐步学习社会知识而形成的。

经营管理能力是指组织的管理者对组织的内部条件及其发展潜力在内的经营战略与决策能力，以及组织上下各种生产经营活动的管理能力的总和。创业，无论摊子大小，创业者手中都有一定数量的人、财、物，创业者的管理协调能力是将知识与技艺有机地融为一体，去影响创业活动的每一个环节，使创业活动得以顺利开展的能力。为此，创业者必须了解自己的员工和财物，努力协调和处理好公司员工之间、员工与财物之间、财物与财物之间的相互关系，以确保人财物资源的充分与有效利用。经营管理能力是一种运筹规划能力，是较高层次的综合能力，它既涉及人员的选择、使用、组合和优化，也涉及资金聚集、核算、分配、使用、流动。经营管理能力的形成要从学会经营、学会管理、学会用人、学会理财等方面去努力。

 拓展案例 1-4

俞敏洪：成功创业者需要具备的 5 种精神内涵、8 种基础能力

一、成功创业者的精神内涵——"五心"

从我自己 20 多年的创业，加上这几年投资了上百家各种创业公司，通过我对这一代已经被称为"大企业"和"大企业家"的人的观察，我觉得这些人身上体现的精神内涵主要有"五个心"。

（一）改变心

大家发现这个世界在不断改变，而且日新月异。我说的这个"改变"是个人自己的改变，自己愿意改变。

我曾经碰上过一些成功人士，并且自己愿意坚守各种东西的成功人士，但是我总觉得他们已经落后了。因为我看到了一个标准，他们常常以不玩微信，甚至不玩智能手机为骄傲，说在坚守一片清静的心灵。我觉得你可以走进庙里，完全不用外在的联络方式。不用微信、不用智能手机就好像坚守了某种俗套的心理状态？

我一直认为那些到现在为止还不用智能手机、不玩微信、不玩各种社交媒体的人，是在

信息接收方面,不管是时间差上还是地理空间上面,一定是远远落后于周围的人,落后于时代。我发现跟这些人越来越没话说。

事实也证明了我周围有几个刚才我说的那种类型的人,他们的生意很多情况下真的是做得越来越不好,因为他们已经不知道现在年轻人在想什么。你不知道年轻人在想什么,就意味着你已经放弃了中国这个大市场中间最有消费欲望的至少是三分之一以上的群体。当然,改变自己还意味着任何时候愿意改变自己对待某种事情的态度,保持自己的进步。

我举个自己的例子:

第一个例子,徐小平、王强回到中国以后,把他们在西方所看到的、感受到的企业的管理、西方做事情的方式方法融合起来,要求新东方推动发展,直接导致了我从一个带有农民色彩的创业者,变成了一个愿意跟国际思想接轨的人。尽管这个接轨本身非常痛苦,因为在某种意义上是被外力推动的改变。

第二个例子是一个改变,新东方上市。我曾经说过我其实很不愿意,因为我觉得我这样的一个书生,就是自己喜欢读书、旅游,没事喝杯茶,高兴起来请朋友喝酒唱歌,如果再有点时间就到草原上骑马。但是后来我又一想,如果人生中间有一次机会让你去经历你从来没有经历过的事情,并且这样的事情可能会给你带来从头到脚的改变,这件事情你愿不愿意做?当然最后的答案是肯定的。

从今天的角度来看,你可以用多种方式来当上市公司的CEO。你可以上市后把股票卖掉,可以把整个公司都卖掉,可以到美国,也可以到中国上市,有多种多样的玩法。

毫无疑问,我觉得对于一个创业者来说,你会经历各种大的心理挑战。在这个过程中你要不断地改变。

(二) 好奇心

好奇心更加是一种内在的渴望,是对于世界上所发生的任何事情的追逐和了解。

比如说像我这样的一个完全跟科技没有任何缘分的人,本来应该跑到哈佛大学、耶鲁大学读文学或历史学。但现在我到美国一定是在洛杉矶、旧金山,一定是走进那些硅谷、斯坦福这样的地方,去寻找有可能改变世界的各种创业项目。原因很简单,因为你如果没有这样的好奇心,你就会被这个时代所落下。

推到中国的教育,中国大量的老师跟家长是一模一样的态度,当学生给出的答案不是老师心中设想的标准答案的时候,中国老师只有一句话"你错了",如果学生想争辩的时候,"你给我闭嘴",这就是中国的生态环境。

所以我觉得中国的创业者应该得到保护,其根本原因是我觉得中国的创业者群体是中国人群中最有好奇心的一帮人。好奇心体现在了任何新的书都愿意去读,不管是刘慈欣的《三体》,还是某种新的商业模式的探索。

我曾经在老企业家群体中做了一个调研,问多少人用过摩拜单车和ofo单车,结果三分之二的人完全没用过,说没有机会用,因为出门就是汽车。我问为什么你不用呢?因为没有必要。

因为"没有必要",就对一个产生的商业模式不体验,我觉得是错失这个世界上正在发生的改变的一种方式。对这两种单车,我有机会就去玩一玩,我甚至想试着破解ofo单车的密码锁。

我觉得保留好奇心使你面向未来的世界，愿意做出改变，并且去寻求这个世界的奥秘，在这个奥秘中间占有你的一席之地。好奇心非常的重要。

（三）渴望心

第一是渴望成功，怎么定义这个成功都可以。因为成功是没有终极定义的。我们今天站在这儿给大家演讲，表明我们是成功人物，也表明我们什么都不是。因为你们任何人可能把我们任何人都能颠覆掉。所以，成功更多的是心态，更多的是你站起来愿意往前走，你愿意面对商业模式的挑战，愿意变革和革新自己，并且愿意投入自己，从这个意义上来说我是成功人士。如果一个创业者没有这样对成功的渴望，只是为了玩一玩、试一试，那是不行的。

第二，我觉得成功还包括对于世俗东西的渴望，尽管物质的渴望不是人类终极的渴望，但是对于物质的渴望一定会刺激人类的创造能力，希望有更加舒适的生活，有更大的房子、更豪华的车，甚至有私人飞机，渴望自己有更多的钱，跟李开复、汪潮涌平起平坐……这些渴望很世俗，但是力量非常强大。

我只希望所有人在对财富渴望的那一刻，不要把自己陷入财富不断的比较和增长中间，但是让自己赢得财富上的事情，使得自己拥有更多的财富，发挥自己更大力量的渴望，心中永远要有。

这种成功、这种渴望心必须在心中变成你的一种实时的动力，你的创业才不至于中途停下，你也不至于最后半途而废。

（四）无畏心

不害怕，不恐惧。在创业道路上遇到的最多的就是失败和艰难险阻，遇到的是各种各样的社会变革、颠覆、创新，不管是科技的创新还是商业模式的创新，你面对的是被自己的成功所弄到最后失败的局面。

比如说前几年新东方很成功，但是2013年和2014年新东方很失败，就是因为更早前的成功使新东方不愿意摆脱最早的模式，导致了新东方的失败。

自己在做企业的过程中面对现实的困难必须产生勇气。这就是为什么不管是长江、中欧等的MBA开课第一件事就是跑到沙漠徒步10天。内心的无畏心理才会导致你敢于走向未来，突破局限，打破别人所不敢打破的规矩。

再举个例子，新东方到美国上市的前夜，教育部和政府都告诉我不能去，因为中国的教育没有上市的先例，而且现在国家的政策是反对教育产业化。我说新东方按规矩交税，按公司运作办事，新东方的上市对国家不会带来任何的损失，为什么不能去呢？最后还有几个领导心里有犹豫，我就想我先上了市再说，实在不行我就退市。

新东方上市这个举动带动了中国整个教育产业的变革，但是那条红线如果你不踩过去，新东方今天依然是培训机构，甚至中国的教育培训公司没有一家可以上市，这就是突破。

你不能等待所有人把事情给你做好以后，你再说这件事情我也可以做。正因为没人做过，所以才要你做，你才显得真正的无畏和伟大。

（五）伟大心

你还要想到未来你能为人类到底做些什么事情。我觉得任何的创业如果只是你赚钱，不管别人的死活，比如说中国现在大量的工厂一边创造着人们所需要的产品，一边在工厂背后不断的排放各种污染的物质，浓烟和污水，甚至把污水注入地下水中，这样的创业者或者企业家在中国越少越好。

二、创业者要有八种基础能力

创业24年,我总结了创业者必备的八种基础能力:目标能力,专业能力,营销能力,转化能力,社交能力,用人能力,把控能力,革新能力。

(一)目标能力

你得问自己:为什么要创业?你有什么样的目标?想把它做成什么样的状态?

如果说你都没有目标,只是一时冲动,只是觉得你应该去干点什么,并且对所干的事情又没有太多的热爱,那创业就只不过成为一种风气,而不是现实,你也不一定能做成大的事情。

我们不是为了创业而创业,而是为了做好、做大一件事情。

我觉得目标能力对创业来说非常重要,而且全心全意热爱这个目标也非常重要。除此之外,需要注意的一个问题是:你的这个目标一定是能做大的,而不仅仅是为了自娱自乐。比如说你喜欢书法,就一下子去创立一家书法公司,这不太容易。

(二)专业能力

如果你一点专业都不懂就去创业,失败的可能性也很大。

例如,你开了一家饭店,你自己不是厨师,又没有太雄厚的资金,一下子请很多大厨师,就很难把控你这家饭店的质量,而且很容易被大厨师炒鱿鱼。

又如,你请了一个大厨师,他做的饭很好,招来很多顾客,这时候他一看自己的地位很重要,就反过来跟你要价,说不给更多的钱就不干,你一生气把他开了。这样一来,你饭店的菜也做不好了,最后面临倒闭的局面。

所以,当你白手起家、身无分文或者资金有限时,有一个重要前提:你必须是这个领域的专家,是一个能控制住专业局面的人。比如你开一家软件设计公司,自己都不懂软件,你首先把控不了质量,其次把控不了人才,会很麻烦。

只有你对想创业的这个领域具备相当的专业知识,达到专业水平,才能有对专业的把控能力。

(三)营销能力

比如你的公司开了,产品也造出来了,如果产品造出来没人买的话,公司就白开了。有无数公司都是开起来最后却关门了,其根本原因之一就是他们不懂如何推销自己的产品,如何推销自己的公司品牌。

因此,我们要做的是把公司"卖"出去,一个是卖公司的产品,另一个更重要的是随着产品的销售,卖出公司的品牌,就是说让大众认可你公司的品牌,让大家都知道这个产品是从你的公司卖出来的。

这就涉及两部分营销:实的营销和虚的营销。

所谓实的营销,比如我做新东方,营销的是新东方的课程,告诉学生为什么要来上这个课,上完课能有什么收获。但是无数培训机构一直以来也在营销课程,却始终只是小机构,而新东方能做大,为什么?很简单,因为我们营销了品牌。

那么,虚的营销是什么?新东方从开始不断有内涵,到最后人们不是因为听到新东方有什么课程而来上课,而仅仅只是听到"新东方"三个字就来上课,这个时候品牌营销就算成功了。

在中国做企业,品牌营销往往还跟个人营销结合在一起,就是说你个人的形象有时候能

代表企业形象,所以往往要把个人的道德、行为和企业的道德、行为结合起来。比如很多人讲到新东方的时候会说,新东方就是俞敏洪,俞敏洪就是新东方;讲到联想的时候会说,联想就是柳传志,柳传志就是联想。

因此,在中国,个人品牌的成长在很大程度上就是企业品牌的成长,而企业品牌的成长反过来也带动个人品牌的成长,加上你的产品本身也能被老百姓接受,这样产品才会有价值。

所以,一家企业要成功,品牌营销有时候甚至比产品营销还要重要,品牌营销的价值是无限的,利用营销能力把产品推销出去,把品牌推销出去,把自己推销出去,变成了企业发展的一个重要手段,也是创业者必须具备的能力。

(四)转化能力

第一种转化能力是把科学技术转化成生产力,这是我们常说的一句话。

如果比尔·盖茨一辈子待在实验室,我估计他就是个穷光蛋。他把自己的研究成果转化成了微软产品,推销到全世界,他就成了全世界的首富。

第二种转化能力是转化个人的能力。在一般情况下,知识分子创业都有一个前提条件,就是能把在大学里学的专业知识转化为社会能力、管理能力。

比如我从北大出来,完全不知道社会是什么样子,如果抱着书生意气,抱着在学校里的那种单纯思想和行为方式去干事情,难度会比较大,即使在西方社会也是这样,更不用说在中国这样一个复杂的综合体里。

而这种转化要经历很痛苦的过程,但能力是能成长的,人的能力是在不断转化的,关键是你自己要努力去转化。

(五)社交能力

要创业,就要进入社会,你要先理解社会,要理解别人为什么要这么做。比如我刚开始创办新东方的时候,跟社会打交道的时候特别吃力,处处受制于人,一会儿居委会来把我骂一顿,一会儿城管的人来了又把我罚一通,我慢慢学会了心态平和,去理解这些社会上的人。

"大隐隐于市,小隐隐于山"就是这个概念,小的隐士、没有什么出息的隐士才跑到山里隐居起来,不愿意跟社会打交道,那些大的圣人、智者都是在社会中跟人打交道而思想境界又超于社会的人。

做企业也是这样,一个企业家如果不能和社会同存又不能超越社会,就会很麻烦。所以,我觉得社交能力对一个企业家或创业者来说十分重要。

(六)用人能力

仅仅一个人做事情不能叫创业,要想创业的话,就得找一帮人,你的合作伙伴、你的同事、你的下属……这些人从一开始你就得用对了,把人招进来了就得让人服你,因此就得展示你的个人魅力,还得展示你的判断能力、设计能力,让大家觉得跟着你走是有前途的,哪怕在最艰难的时候,大家也愿意跟着你。

阿里巴巴的马云之所以能成功,很大程度要归因于他的个人魅力,他有能力把一帮人聚在一起,给他们不高的工资,给他们承诺未来,这个未来到最后不知道能不能实现,但大家会有一个期盼。所以,用人能力是有巨大力量的,是领导能力的一个典型体现。

(七)把控能力

把控能力包括几个方面:首先是对企业的把控。企业的发展速度是什么?发展节奏是什么？什么时候该增加投入？什么时候应该对产品进行研发等？其次是对人的把控。当一个人走进你的公司之后，他会根据自己的能力和贡献每天衡量自己到底应该得到什么，人与人之间永远会寻找一种平衡关系。而这种平衡需要你对人性进行很深刻的了解，并且随时把握每个人的动向，满足他们的需求，同时还能压制住他们不合理的要求和欲望，能让他们跟你一条心，不断往前走。

其实，对人的把控能力、对环境的把控能力、对企业发展步骤的把控能力，构成了你创业是否成功的重要条件。

（八）革新能力

所谓革新能力，就是 reform（改革）、renovation（革新）等能力，也就是需要你不断把旧的东西去掉，把新的东西引进来，进行体制上的革新、制度上的革新、技术上的革新和思想上的革新。

从我自己做事情的过程来看，一个人或者一个企业家成长的过程，就是不断否定自己的过去，承认自己的现在，追求自己的未来的过程。

也许你觉得企业现在已经很好，所以每一次的改革都伴随着阵痛，但也伴随着发展。而改革还得把握好步骤，如果改得不好，改得太猛了，企业也有可能崩溃；但如果停滞不前，也会崩溃。

因此，每走一步都要小心，又不能不走。对创业的改革也非常重要，比如在技术方面，你不更新的话，最后就会失去市场，也会失去机会。

在这一点上，我个人非常佩服 Steve Jobs（史蒂夫·乔布斯）——苹果公司的老总，他刚开始在苹果公司，后来被苹果公司弄出去之后做动画片，电影也做得很好，后来又开始研究 iPod，当 iPod 还在热销的时候，他又开始研究 iPhone，现在 iPhone 也在全世界热销。所以每走一步，他的思想都是超前的。

三、在不断反思中创业

以下思考供创业者和想要创业的年轻人参考：

(1) 痛点 4 要素：发现痛点、判断是否真实、是否创造更大痛点、市场是否足够大。

(2) 解决用户痛点一定要真诚，口碑一旦变差再翻身就必须经历脱胎换骨的变革。

(3) 创业一定是一场冷静投入和计算的过程，金钱、时间、精力、能力每一项都要精打细算。

(4) 创业者要像刘邦，找到比自己厉害、能帮助自己往前走的人；不能学项羽，纯个人英雄主义肯定没有出路。

(5) 创业者 5 大核心能力：洞察、专注、团队、文化、利益分配。

(6) 高科技只是实现商业本质和逻辑的一种捷径，不要本末倒置。

(7) 创始人赋予公司怎样的精神、文化、意义，是企业的终极追求。

(8) If you can't measure it, you can't manage it.（你无法管控自己不能衡量的事情。）

(9) A better you, a bigger world.（你若变更好，世界更宽广。）

资料来源：创投孵化器.俞敏洪：成功创业者需要具备的 5 种精神内涵、8 种基础能力[EB/OL].(2017-10-08)[2020-08-08].https://www.sohu.com/a/196820822_99917889.

二、创业能力对个人职业生涯发展的积极作用

职业生涯规划是指个人和组织相结合,在对一个人职业生涯的主客观条件进行测定、分析、总结研究的基础上,对自己的兴趣、爱好、能力、特长、经历及不足等方面进行综合分析与权衡,结合时代特点,根据自己的职业倾向,确定其最佳的职业奋斗目标,并为实现这一目标做出行之有效的安排。

对年轻人而言,职业选择是否适当,将影响其将来事业的成败以及一生的幸福;对社会而言,个人择业是否适当,能决定社会人力供需是否平衡。如果每个人都适才适所,那么,不仅每个人都有发展的前途,而且社会亦会欣欣向荣;相反,则个人贫困,社会问题丛生。因此,职业选择对一个人及社会都有极重大的影响。创业也是职业生涯中的一种选择。因此,创业者在创业前必须设立一个创业规划,最好是一个具体的计划或时间表,把每个阶段的大目标分解成为几个小目标,一个一个地去实现,循序渐进地迈向成功。

创业是一项实践性很强的过程,创业者需要自我管理、自我决策、自我规划。这就要求创业者不仅要拥有创业精神、创新意识,同时还要具备足够的创业能力。创业能力与新创企业成败直接相关,创业能力强,则创业成功率高;反之亦然。任何一个职场上的成功人士,在成功之前都是普通人,与常人不同的是,他们拥有创业能力。创业能力是可以在实践中提升和培养的,而提升创业能力的途径就是学习和实践。

创业成功是可以规划的,创业能力对个人职业生涯发展起着积极作用。因此,在选择创业前,创业者应该进行创业实践训练,向成功的企业家学习,在实践中提升和练就自己发现问题、解决问题的创业能力,然后再去创业,无疑可以大大提高创业的成功率和成就感。创业者在职业生涯发展的过程中经常会面临各种选择,需要做出正确的决策,结合主客观条件来确定职业的方向、目标、战略以及实施,都需要决策力。因此,无论是否自主创业,创业能力都对个人的职业生涯规划具有积极的推进作用。

本章小结

本章对创业与创业精神做了总体的概括介绍。全章分为三节内容:第一节介绍了创业的含义、特点与功能,对创业的过程与阶段进行了划分,并分析了创业精神的本质、来源和作用,提出了培育创业精神的方法;第二节介绍了知识经济的内涵,分析了经济转型的时代背景下掀起的历次创业热潮,提出了当今知识经济时代下创业的意义;第三节分析了创业所需要的创业型人才的概念、特征与素质要求,以及提高创业能力对个人职业生涯发展的意义。

通过本章的学习,学生对创业的含义与作用有了基本的了解,认识到创业与创业精神的重要性,自觉将自己与创业型人才素质比照:提高自己的竞争意识、创业意识与创业精神;培养良好的心理素质和坚忍的意志品质;创新进取,永葆挑战的创业激情;具有发现机遇和把握市场机会的敏锐性;勇于担当,具有足够承担风险的勇气和信心;扎实的专业知识结构与技术能力;具备一定的协调交往与管理能力。

实践环节

1. 实训目标

通过训练,学生能认识到创业的重要意义。

2. 实训内容

以"成功的创业案例分析"为主题,进行社会调查。

3. 实训要求

(1) 调查的内容:至少应该包括创业机会的识别与把握、创业过程、创业者需要具备的素质。

(2) 调查的形式:可以采用调查问卷的方式,直接向社会上成功的创业者调查,也可以通过网络调查、电话调查、文案调查等方式进行。

(3) 以小组为单位,将调查内容做成PPT,在下一次的课堂上讲解。

 ## 重点思考

1. 创业的含义是什么?
2. 创业的功能有哪些?
3. 创业精神的本质是什么?
4. 知识经济时代下创业的意义有哪些?
5. 创业能力对个人职业生涯发展有什么意义?

 ## 课后分析案例

阿里巴巴集团创始人:马云的创业故事

阿里巴巴网络技术有限公司(以下简称"阿里巴巴集团")是一家主要提供电子商务在线交易平台的公司,于1999年在杭州创立。

阿里巴巴集团经营多项业务,业务和关联公司的业务包括淘宝网、天猫、聚划算、全球速卖通、阿里巴巴国际交易市场、1688、阿里妈妈、阿里云、蚂蚁金服、菜鸟网络等。

马云是阿里巴巴创始人,被称为"创业教父"。他白手起家,一次成功,几乎很少走弯路,10年间成为屹立世界的企业巨人。曾经的创业艰辛、如今的荣耀辉煌,使得这位卓越企业家身上有散发不完的光环在萦绕。

一、求学时代是个顽童

马云在求学时代确实是个顽童,从小喜欢替朋友出头打架,成绩让老师很头痛。连马云也曾笑言自己小学考重点中学,考了三次没有考上,大学也是考了三次才最终如愿。

不过,多年后能在世界各地演讲时用英文侃侃而谈的马云,却在12岁时就自觉地开始打英语基础。1979年刚改革开放那阵儿,到杭州旅游的外国人多起来,马云一有机会就在西湖边逮着人家开练。这对他日后的发展大有裨益。

二、从老师到创业者的转变

1988年，马云去杭州电子工业学院教外语，这是他的第一份工作。当时工资大约为每月110元。不甘寂寞的他找了不少兼职，并利用课余时间为到杭州观光的外国游客担任导游。西湖边的第一个英语角就是马云发起的。

1992年，马云和朋友一起成立了杭州最早的专业翻译社"海博翻译社"，课余四处活动接翻译业务。当时经营挺艰难，1个月的营业额是200多元人民币，可光是房租就要700元。第一年实在不行了，马云就背着口袋到义乌、广州去进货，卖礼品、包鲜花，用这些钱养了翻译社3年，翻译社才开始收支平衡。马云后来说："我一直的理念，就是真正想赚钱的人必须把钱看轻，如果你脑子里老是钱的话，一定不可能赚钱的。"

到1995年，钱没赚多少的马云，却凭超强的活动能力为自己带来了不小的名气。一家和美商合作承包建设项目的中国公司，聘马云为翻译到美国收账。接下来的一切就像好莱坞影片中的情节一样：美国商人想赖账，掏出一把枪将马云禁闭在房间中长达2天。马云在惊恐不安中被释放，又丢失了随身行李，只得在拉斯维加斯的赌场挣了600美元回国。

三、第一次接触互联网

回国之前，马云去西雅图看了一个朋友，在此马云第一次接触了互联网。西班牙《国家报》生动地描述了马云当时的心情——"我甚至害怕触摸电脑的按键。我当时想：谁知道这玩意儿多少钱呢？我要是把它弄坏了就赔了。"

对马云有触动的是，他好奇地对朋友说在搜索引擎上输入单词"啤酒"，结果只找到了美国和德国的品牌。当时他就想应该利用互联网帮助中国的公司为世界所熟悉。

就这样，作为"杭州十大杰出青年教师"之一的马云辞了职，借了2 000美元，1995年4月开办了"中国黄页"，这是中国第一批网络公司之一。1997年年底，马云和他的团队在北京开发了外经贸部官方站点、网上中国商品交易市场等一系列政府站点。不过由于许多原因，马云于1999年年初决定放弃这些在北京的生意，他拒绝了雅虎、新浪的高薪邀请，决定回到杭州创办一家能为全世界中小企业服务的电子商务站点。

四、18位"创业罗汉"共患难共创业

"从我外婆到我儿子，他们都会读阿里巴巴"。于是，马云从别人手里买下了阿里巴巴这个域名。阿里巴巴的成立大会被安排在马云家里——当然，此时谁也不会想到，几年之后，他们居然能一口吃下声名赫赫的雅虎中国。

18位"创业罗汉"在"不向亲戚朋友借钱"的前提下，筹了50万元本钱。这其中包括马云的妻子、当老师时的同事和学生、患难朋友，当然还有被他的人格魅力吸引来的业界精英，如阿里巴巴首席财务官蔡崇信，当初抛下一家投资公司年薪75万美元的副总裁职位，来领马云几百元的薪水。

马云下了死命令，每个员工必须把房子租在离他家5分钟可以到达的路程之内。那时候的工作是不分日夜的，而大家最开心的时候，就是马云亲自为大家下厨，端上一桌好菜。

其后的6年，阿里巴巴的故事尽人皆知——马云6分钟说服投资基金软银，拿到第一笔风险投资。其后，各路投资纷纷进入。其股东不乏高盛、富达、软银等国际大财团的身影，前WTO组织主席彼德苏德兰也位列董事会成员中。现在，数以百万计的全球商人在阿里巴巴

上交换信息。此外,马云和投资者还在2003年7月推出为消费者服务的淘宝网,2004年推出网络交易支付工具——支付宝。

五、阿里巴巴的发展历程

- 1999年9月,马云带领下的18位创始人在杭州的公寓中正式成立了阿里巴巴集团,集团的首个网站是英文全球批发贸易市场阿里巴巴。
- 2000年1月,阿里巴巴集团从软银等数家投资机构融资2 000万美元。
- 2003年5月,购物网站淘宝网于马云公寓内创立。
- 2004年12月,阿里巴巴集团关联公司的第三方网上支付平台支付宝推出。
- 2005年10月,阿里巴巴集团接管中国雅虎。
- 2007年11月,阿里巴巴网络有限公司在香港联交所主板挂牌上市。
- 2008年4月,淘宝网推出专注于服务第三方品牌及零售商的淘宝商城。
- 2010年8月,阿里巴巴手机淘宝客户端推出。
- 2011年6月16日,阿里巴巴集团宣布将淘宝网分拆为三家公司——淘网、淘宝网、淘宝商城。
- 2011年10月,聚划算从淘宝网分拆,成为独立平台。
- 2012年1月11日,淘宝商城正式更名为"天猫"。同月,阿里巴巴集团成立阿里巴巴公益基金会并向该会拨款,以支持不同范畴的公益活动。
- 2012年6月20日,阿里巴巴网络有限公司(代码1688)在香港联交所退市,市场瞩目的阿里巴巴私有化落幕。
- 2012年7月23日,阿里巴巴集团宣布将调整公司组织架构,从原有的子公司制调整为事业群制,把现有子公司的业务调整为淘宝、一淘、天猫、聚划算、阿里国际业务、阿里小企业业务和阿里云七个事业群。
- 2012年1月,淘宝商城宣布更改中文名为天猫,加强其平台的定位。
- 2014年9月19日,阿里巴巴集团于纽约证券交易所正式挂牌上市,股票代码"BABA"。
- 2015年9月24日,斯坦福商学院校友会宣布,2015年ENCORE奖授予阿里巴巴集团。这是ENCORE奖第一次颁给中国公司,阿里巴巴集团是ENCORE奖历史上第38个获奖的公司,也是全球第一个获奖的非美国本土公司。
- 2015年11月6日,阿里巴巴集团和优酷土豆集团宣布,双方已经就收购优酷土豆股份签署并购协议,根据这一协议,阿里巴巴集团将收购优酷土豆集团。
- 2015年12月17日,阿里巴巴集团斥资12.5亿美元,成为饿了么第一大股东。
- 2016年6月15日,阿里巴巴集团CEO张勇宣布,正式成立"阿里巴巴大文娱版块"。该版块囊括了阿里巴巴集团旗下的阿里影业、合一集团(优酷土豆)、阿里音乐、阿里体育、UC、阿里游戏、阿里文学、数字娱乐事业部。
- 2018年5月30日,菜鸟网络和中通快递宣布达成战略投资协议,阿里巴巴、菜鸟等向中通快递投资13.8亿美元,持股约为10%,双方将共同探索新物流机遇,推动行业数字化升级。
- 2019年9月10日,马云卸任阿里巴巴集团董事局主席职位,该职位由CEO张勇接任。
- 2019年11月26日上午9:30,阿里巴巴集团(09988.HK)正式在港交所挂牌上市,开盘作为187港元,成为首个同时在美股和港股上市的中国互联网公司。
- 2020年1月3日,阿里巴巴集团上榜2019年上市公司市值500强,排名居第一位。

六、总结

作为一家创始于"中国创意"、根植于"中国需求"、仰仗"国际融资"的企业,阿里巴巴集团今日的成功体现了创新、技术和资本的完美结合,而根植于中国这片广阔的市场以及搭上中国改革的快车更是这家企业实现快速发展的重要因素。

创新,在当今许多人看来就是科技上的硬突破,然而又有多少企业,死抱着硬创新中上万的专利走向没落?柯达、诺基亚、摩托罗拉……名单还在不断拉长。

其实,阿里巴巴集团不少小玩闹似的创新,其核心技术都是现成的,并非大突破。只要开发者根据用户心理需求,加以创新利用,就会变得竞争力十足。这样的创新,何乐而不为?正如阿里巴巴集团创始人马云所说:"活出来的才是好技术。创造社会价值,让无数人受益才是好技术。"

互联网技术为阿里巴巴集团这样的新兴企业腾飞插上了翅膀。阿里巴巴集团兴业之初的20世纪90年代末,互联网技术及其商业应用在中国尚处于起步阶段。线上经营的特点使阿里巴巴集团得以超越实体店的种种局限,轻装上阵,集中力量做强技术与渠道。

于是,同一时期中国商界上演了戏剧性一幕:当家乐福、沃尔玛等国际零售巨头凭借强大的资本实力和公关能力鲸吞蚕食大型零售卖场之际,阿里巴巴集团等电商却在润物细无声地缔造和经营一个由万千小微构成的线上商业帝国。

马云及其企业对互联网技术有着深刻的理解。在他看来,互联网不仅仅是一种技术,一种产业,更是一种思想,一种价值观。它比以往更为开放,更懂得分享,更懂得承担责任,更是透明。所以它是一种价值,是一种文化。马云坚信,这种先进的价值体系、先进的文化、先进的产业技术一定会引领未来。

阿里巴巴集团今日的成功归于中国创业者开拓进取的创新实践,归于国际投资者的精明与远见。但更重要的是,它借助于市场力量、中国需求和创新精神的巨大能量,与中国市场经济繁荣、中国需求不断扩大、营商环境优化的机缘与必然紧密地联系在一起。

当前,中国决策层正大力推进简政放权改革,先照后证试点,取消或下放行政审批事项,减轻企业税费负担,减少实体经济的融资成本等改革措施。其目的就是让中国经济容纳、滋养更多像阿里巴巴集团一样的创新型企业,破除一切不必要的体制束缚,鼓励技术创新、组织创新、管理创新。

阿里巴巴集团的成功,对中国成千上万的中小创新型企业来说既是激励,也是梦想。中国政府通过简政放权,对小微企业、新兴产业、高技术产业提供政策和资金上的倾斜,为这些企业和产业发展提供了新的动力。汹涌而至的改革大潮扑面而来,类似马云和阿里巴巴集团成功的故事仍将在延续。

结束语:中国大部分想创业的人都是一样,晚上想想千条路,早上起来走原路。他们比马云聪明多了,能想出非常多的创业好点子来,但是他们从来没有去执行过。因为他们有着太多的借口和理由。"我没有钱。"他们都这样想。于是,他们继续过他们平庸的生活。而马云创业的故事告诉我们,抓住机遇,要做就做,不要畏惧困难,努力坚持,放手一搏,终有一天能够成功。

资料来源:改编自阿里巴巴网站及其他网络资料。

问题:结合本章内容,谈一谈马云的创业故事给你的启发。

参考文献

1. 王晓光.创业基础[M].北京:高等教育出版社,2014.
2. 周跃辉.大众创新创业打造经济转型升级引擎[J].中国中小企业,2017(9).
3. 常萌萌.经济转型升级背景下公司创业精神培育的几点思考[J].特区经济,2013(9).
4. 朱子婧,等.创业对经济增长的促进作用——基于不同产业的实证研究[J].商业经济研究,2019(12).
5. 邱水才,等.大学生创新能力提升与创业精神培育探讨[J].广东化工,2019(9).
6. 单许昌.创新创业是中国经济转型的关键动力[N].成都日报,2015-11-11.

第二章 创业者与创业团队

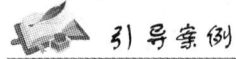

"好哥们"一起创业

他叫杜鲁飞,今年27岁,有着黝黑的皮肤和憨厚的笑容。2005年,杜鲁飞考入威海职业学院,学习韩语专业,在校成绩优秀,毕业后曾在威海、大连等地的造船厂工作,月工资6 000元左右。

他叫张晓伟,今年28岁,曾在山东科技职业学院就读建筑技术专业,毕业后从事工地建筑施工等工作,河南、深圳、苏州很多城市都留下过他的脚印。2010年,他回到菏泽改行做起农药、酒水等销售工作,月工资最高时领过10 000多元。

这两个人既是初中同学,又是高中同学,共同的创业想法——卖猪蹄,让他们走到了一起。

说起开始创业的决定时,杜鲁飞兴奋地说:"上大学的时候就想过自己创业,不甘心一辈子为别人打工,老家在牡丹区大黄集镇经营着一家饭店,店里的一道拿手菜——秘制猪蹄倍受大家欢迎,所以才有了卖猪蹄的这个创业想法。"

张晓伟也说:"在四川卖拌猪蹄的杨成曾,每天能卖200多只猪蹄,一天有6 000多元的营业额,月营业额20万元左右。他的创业故事着实激励了我,我觉得只要我踏踏实实干,也一定能成功。"

对于儿子的决定,杜鲁飞的父母起初是坚决不同意的。但胳膊拗不过大腿,杜鲁飞和张晓伟说干就干。他们先是跟杜鲁飞老家饭店里的张师傅学习制作猪蹄,张师傅开始还以为他们只是一时心血来潮。但他们铁定了心跟张师傅学,进货、去毛、上色、过油、小火炖,认认真真。自以为学得差不多了,杜鲁飞和张晓伟就买来生猪蹄自己尝试着做,做好了就邀请张师傅和朋友们来品尝,提建议。他俩刚开始时做的味道真不行,一次不行两次,两次不行三次,就这样,经过10多次尝试,张师傅被感动了,把从来不外传的汤料秘方传授给了他们。

从选址、装修、考察市场,两个大学生冒着酷暑跑遍菏泽的大街小巷。选好地址后,他们从积蓄中拿出13 000元作为启动资金,购买了冰柜、原材料等必备品。2013年7月26日,"猪蹄控"店在二人的憧憬中正式开业。有过销售经验的张晓伟在开业前期还拿出200元来印发5 000份宣传单,为自己的"猪蹄控"做宣传。开业当日,"猪蹄控"店就卖出去140多个猪蹄,被硬拉来帮忙的杜鲁飞爸爸看到市民抢购的场面吃惊不小,逐渐由原来的反对改为支持。

"很辛苦,每天6点起床,晚上11点多才能回家,忙起来吃饭也没个点。但这份创业给我们带来的成就感是无比自豪的,现在只是刚开始,以后我们还希望能和酒店、超市联合,甚至开自己的连锁店。"张晓伟这样告诉记者。

资料来源:好项目加盟网.大学生放弃工作卖猪蹄,相信努力会有成就[EB/OL].(2013-08-02)[2020-10-20].http://hao.kujiameng.com/news/20130802/7562.shtml.

案例解析: 共同的想法让杜鲁飞和张晓伟走到了一起,开始了合伙创业之路。根据你对身边从事创业的人的观察,你觉得那些成功的创业者是否存在一些典型的特点?如果有,是什么?

第一节 创 业 者

2-1 创业者的概念

一、创业者

创业者对应的英文单词是"entrepreneur",有两个基本的意思:一是企业家,通常是指在一个已经成型的企业中负责经营和决策的领导人;二是创办人,通常是指即将创办新企业或者是刚刚创办新企业的领导人。无论是企业家还是创办人,本质上都是创业者。创业者与企业家的区别和联系主要在于:早期的企业家是创业者;企业家是创业成功的代表,是创业者的终极目标;创业者需要伴随着新创企业的成长而逐渐向真正的企业家角色转换,而企业家应该是那些在现有企业中具有创业心态和创业行为的领袖型人物。有时候,我们将创办人、创业者、企业家等概念混合使用。但有一点必须明确,创业者与企业中执行日常管理功能的普通经理人员是有明显差别的。在一个企业组织中,可能不存在大量的企业家,但却可以有大量的经理人员。

法国经济学家理查德·坎蒂隆(Richard Cantilion)于1730年首次使用"创业者"这个词来称呼从事创业活动的人,并将其定义为"在商业活动中承担风险的经营者或组织者"。

美国经济学家弗兰克·H·奈特(Frank H. Knight)于1921年在其著作《风险、不确定性与利润》中指出,创业者扮演着不确定性决策者的角色,并承担不确定性所带来的风险。

美籍奥地利政治经济学家约瑟夫·A·熊彼特(Joseph A. Schumpeter)则在其著作《经济发展理论》中将创业者描述为"创新的灵魂"。

美国纽约大学教授伊斯雷尔·M·柯兹纳(Israel M. Kirzner)的"创业发现"理论认为,创业者能够敏锐地发现市场不均衡所带来的机会,从而采取行动从中谋利,这种洞察力是一般人所不具有的。

国内学者对创业者的定义也各不相同。例如,陈建安、邢毅闻和陈武(2019)将创业者定义为"能够冒着自身资本、时间或声誉丧失的风险来追求商业利益的个体"。林强、姜彦福等(2001)认为,创业者既可以指新创企业的创办人,也包括现有企业中的具有创业精神的企业家。狭义上的创业者主要是指创业过程中的核心成员;广义上的创业者则包含创业过程中具有创新精神的所有成员。综合来看,不同研究者根据自身研究需要,从不同角度来界定创业者,但基本围绕着"承担风险""不确定性决策""创新""抓住机会"等词语。本教材沿用林强、姜彦福等(2001)的界定,创业者既包括新创企业的创办人,也包括现有企业中的具有创业精神的企业家。这个定义将现有已经存在的企业中具有创新心态和创业行为的人也纳入创业者的范畴。

二、创业者的特质

创业者作为发现、评价和利用创业机会的主体,其人格特质被认为是影响创业成功的关键要素,与创业过程及创业产出存在不可分割的关系。

2-2 创业者的特质与动机

(一) 特质论

约瑟夫·A·熊彼特认为,创业者是一小部分具有独特特征的人。自熊彼特之后,许多学者从创业者的特质角度对"创业者是谁"这一问题展开了丰富的讨论,并产生了一个重要的流派——特质论派。该学派秉承的一致观点是:创业是少数人天赋使然的特殊活动。有些人天生有创业的本能,而有些人永远不会成为企业家。

根据特质论的假设,一方面,创业者与非创业者具有不同的心理特征,成功的创业者与不成功的创业者、管理者的心理特征也存在差异。例如,创业者的成就动机比非创业者更高;在心理控制源上,创业者更多属于内控性人格;创业者比一般人和管理者对模糊的容忍度更高。另一方面,特质作为一种心理状态,会激发和引导行为,进而对企业决策、战略、绩效等方面产生影响。

不过特质论目前已经受到越来越多的挑战。例如,当代管理大师德鲁克(2007)认为,"任何敢于面对决策的人,都可能通过学习成为一个创业者并具有创业精神。创业是一种行为,而不是个人性格特征。"现实中,我们能看到很多失败的案例,其失败缘于创业者的管理不善;同时,也能看到一些创业失败是由于创业者在关键时刻的决策失误所致。因此,成功的创业既需要独特的心理特性,也需要丰富的管理知识。心理特性也不是一成不变的,通过后天的训练也能使创业者的认知特性和心理素质得到不断改善,从而提高创业成功的可能性。

(二) 创业者特质的内涵

创业者特质来自心理学家对个体人格特质的研究。作为一种复杂的、基因所决定的心理和生理结构,人格特质一般用来揭示个体的行为规律以及为什么不同个体对同一现象的反应不同。学术界将人格特质看作一种独特的个人特征,反映个体如何在观察、行动和感知等一系列生理和心理方面表现出来的稳定行为模式。创业者人格特质关注的则是创业者这一特殊群体所具备的共性人格特质。

(三) 创业者特质的维度

在划分创业者特质的维度上,可以分为两种观点:

第一种观点是基于心理学中的大五人格模型(big five model)。大五人格模型对人格划分的五个维度分别是外向性、神经质、宜人性、尽责性和经验开放性。研究者主要从这五种人格特质出发,来观察它们对创业者的机会识别与评价、新企业成长等方面的影响。

第二种观点则试图寻找其他更能代表创业者这一群体的人格特质维度。因为这批学者认为,大五人格模型并不是针对创业问题而提出的,创业者的人格特质与一般个体的人格特质不能等同看待,应该结合创业活动自身特点,探索那些能更强烈影响创业的人格特质维度,如成就动机、风险承担倾向、创新导向、心理控制源、自信(也称自我效能感)、模糊容忍度等。

不过,有研究者认为大五人格模型提供了关于创业者人格特质的最基本分析框架,绝大多数的具体特质都可以划归到大五人格模型的五个维度特质中(见表2-1)。例如,成就动机可以划归到尽责性维度,创新导向可以划归到经验开放性维度,自信可以划归到神经质维度等。对于风险承担倾向这一特质,研究者认为,风险承担能很好地与创业活动的特征相匹配,该维度能够显著地将创业者与非创业者加以区分,故将其看作是独立于五维度外的第六个特质。

表 2-1 创业者人格特质维度总结

人格特质	描述	特征	包含的部分具体特质
外向性	反映个体乐于与他人相处而不是独自待着。具有外向性的个体表现出乐观和社会化导向(外向、合群)	社会活动能力强、善于社交、自信、有雄心、积极和健谈	外向性、自力更生、乐观、社交性、社会参与性、内向性、友好等
神经质	反映个体缺乏积极的心理调整和情绪的稳定性。这种性格的人较易出现情绪波动和低落	沮丧、焦虑、容易愤怒、担心和缺乏安全感	控制源(内控性、外控性)、情感的稳定性、自信、焦虑、一般性自我效能感等
宜人性	反映出一种合作倾向、信任和关怀他人,表现出和善、开朗和温柔可爱。这种性格的人容易相处并得到他人喜爱	总是彬彬有礼、灵活、脾气好、愿意合作、宽厚仁慈	宜人性、独立性、警惕性、宽容、侵略性等
尽责性	这种类型的个体倾向于符合规则与规矩,具较强的目标导向、可靠性和有序性(计划性和组织性)	可靠的、谨慎的、负责任的、勤劳和坚持不懈	尽责性、成就需求、目标导向、规范导向、完美主义、计划性等
经验开放性	经验开放的个体常常是智慧的,并且具有非常规的思维,倾向自由,乐于用创新的方式解决问题	充满想象力、好奇心和原创力强、心胸宽广并且对艺术敏感	经验开放性、敏感性、创造性、创新性、变革意愿、直觉力等
风险承担	反映个体愿意冒险、乐意从事有风险的行为	对感知到的风险积极、乐观	风险承担

(四)创业者特质的影响

创业者特质对个体的创业意向、机会识别、企业绩效等方面均会产生影响。其影响可分为直接影响和间接影响两个方面。

1. 直接影响

(1) 对创业意向的影响。创业意向反映个体成为创业者的意愿程度,被认为是从事创业行为的动因。而人格特质则是影响创业意向的关键因素。例如,尽责性特质使得创业者努力工作并设立目标,从而对创业活动充满想象和渴望;创业活动面临种种挑战,需要非常规的思维来创造性地解决问题,经验开放性特质使个体更具创造性,更乐意去接受这种生活方式;存在较大的风险是创业活动的显著特征,而风险承担特质使得个体更乐意从事这种风险性行为,从而提高其创业意向。

(2) 对机会识别的影响。有研究者检验了美国创业者创新导向、成就动机、自我效能、心理控制源、模糊容忍度、自主性等性格特质对搜索、发现、浮现三种机会识别方式选择的影响。结果表明,成就动机、心理控制源、模糊容忍度和自主性等特质对创业者在搜索与发现、发现与浮现之间的选择有显著影响。其中,搜索方式是指先有创业点子,然后做出创业决定的机会识别方式;发现方式是指先决定创业,然后寻找创业点子的机会识别方式;浮现方式是指创业点子和创业决定是同时进行的机会识别方式。

(3) 对企业绩效的影响。有研究发现,创业者的成就动机、风险承担倾向及模糊容忍度会影响企业绩效;内控型的创业者更积极主动,相信自己对事物的把握能力,其创业绩效也普遍较高;成就动机、内控性还会影响企业的成长。

2. 间接影响

随着对创业者特质认识的逐步深入,研究者开始意识到个人特质很多时候是通过影响创业者的认知活动、学习过程、战略决策等方面而间接作用于创业活动及其绩效。

行动理论认为,具备了创造性、风险承担性或外向性等特质并不代表着一定能成功创业或在创业产出方面表现更好,更为关键的是必须积极采取一系列行动,如开发创业网络、制定创业战略、积极搜寻信息和学习等;社会认知理论认为,即便是具备相同人格特质的创业者采取不同的创业决策,也会导致不同的创业产出。例如,创业者人格特质会通过影响自我效能感和风险感知,从而作用于创业意向和行为,产生不同的创业结果;战略导向视角认为,创业者特质通过影响企业战略导向进而影响创业结果,如内控性、成就动机等特质积极影响企业的创新性、风险承担与前瞻性,从而作用于企业绩效;学习视角则强调了学习的重要性,发现创造性高的个体乐于钻研并广泛地学习以寻求与竞争者不同的新技术,从而帮助企业获得竞争优势。

 延伸阅读 2-1

创业者的天然瓶颈

随着企业逐步成熟,其对创业者的领导力要求也在不断提升。外部和内部的压力要求创业者在企业成长到难以原样驱动它,并且面临生存问题的时候突破领导力的"瓶颈"。对创业者来说,最重要的是超越旧我,顺利地完成领导力的升级。领导力升级的背后,是企业发展模式、驱动力需求的变化。需求的变化带来创业者的烦恼。根据蒂蒙斯教授的创业理论,创业者起步于"自己做"的阶段,此时有明显的模糊性和不确定性,时间紧迫,交流不通畅,创业者经验不足。到了"管理企业"的阶段,创业者可能面临的危机是:创业者创造力销蚀,作用、职责和目标定义含糊引起的混乱或怨恨情绪,被要求分权、自治及掌握控制力。再走一步,到了"管理各经理人"的阶段,问题发展到无法被他人效仿,协作减少,特殊化与权力、信息和影响力的作用失去均衡,以及创业者之间产生裂痕。

著名管理学家、哈佛大学教授拉里·格雷纳(Larry Greiner)的分析更为细致。在他看来,企业成长是"演化"与"变革"相互交替的过程。企业经历过每一个演化发展阶段之后,必将迎来自己的变革。每一个演化阶段的典型特征是具有一种主导的管理风格,而每一个变革阶段的典型特征是具有一种主导的管理问题,这一管理问题必须加以解决;否则,就无法进入企业成长的下一个演化阶段。

"创造"是第一阶段,之后产生的问题是"领导危机"(混乱状态)。

"指导"是第二阶段,之后产生的问题是"自治危机"(低层管理者要求自治)。

"授权"是第三阶段,之后产生的问题是"控制危机"(高层对运营失控)。

"协调"是第四阶段,之后产生的问题是"官僚式危机"(大企业病)。

"合作"是第五阶段,之后产生的问题是"其他可能的危机"。

一个关于全球54家大企业的实证研究表明,创业者要想与企业共同成长,有以下三点需要适应:一是从创造型转变为开拓型;二是从充满热情地投身事业转变为不带感情色彩的客观主义;三是从个人对组织行为的直接控制转变为间接的非个人控制。

资料来源:李杨.创业者如何突破领导力瓶颈[EB/OL].(2008-11-04)[2020-10-20].https://wenku.baidu.com/view/04d9b80dbb0d4a7302768e9951e79b8969026860.html.

三、创业动机

(一)创业动机的含义

"动机"一词源于拉丁文"motivus",原意是推动或引向行动。动机是指激发和维持个体进行活动,并导致该活动朝向某一目标的心理倾向或动力。它是构成人类大部分行为的动力基础。创业动机则是激发、维持、调节人们从事创业活动,并引导创业活动朝向某一目标的内部心理过程或内在动力。创业动机对于创业者的行为有一定的影响:

(1)创业动机能激发主体有意识地关注创业机会信息、搜寻机会,通过现存知识经验判断机会的价值、整合资源开发机会。其实,创业者在何种行业以及怎样创业具有必然性。换句话说,他们即使不在这个行业创业也会在其他行业创业,支持这种必然性的,就是创业动机。

(2)创业动机使创业者朝目标方向努力。创业是十分庞杂的系统,创业动机可以使个体不迷失目标。

(3)创业过程充满风险,创业者会遇到很多不可测的困难,对个体的心理素质是极大的考验。创业动机可以维持个体创业的激情和信心,继续创业行为。

总之,创业动机不仅是个体创业行为发生的起点和推动力,而且是创业困难克服继续创新行为的心理保障,它在整个创业过程中起着十分重要的决定作用。

(二)创业动机的分类

从社会宏观环境来说,创业是创业者对时代潮流的顺应。一般而言,经济活跃期也是创业踊跃期。因为经济发展,客观上市场机遇较多,创业机会也就多。创业的踊跃又会促进经济的发展。

美籍奥地利政治经济学家约瑟夫·熊彼特对创业家的创业动机在精神层面上进行了剖析,他将创业动机归结为"建设私人王国,对胜利的热情,创造的喜悦"。实际上,创业家希望摆脱任人摆布的命运,渴望独立、自由地分配时间,安排企业经营活动,实现自我价值。这种独立性、自由和自我发展是创业的关键动机。

Kuratko,Hornsby和Naffziger(1997)在总结前人研究的基础上,对来自美国中西部的234名创业者进行了结构化访谈,经过对数据进行收集和分析,提出了创业动机的四因素结构模型。其具体包括:①外部报酬(extrinsic rewards),主要是指金钱和股份的形式。②独立/自主(independence/autonomy),主要是指通过自己做老板的途径来实现。③内部报酬(intrinsic rewards),是指个体的内部需要,包括内部控制需要和成就需要。④家庭保障(family security),是指由于公司裁员而被迫创业的,需要创业者通过创业为自己和家庭提供保障。创业动机的四大因素见表2-2。

曾照英和王重鸣(2009)提出了中国情境下创业者动机的两因素模型(见图2-1):事业成就型和生存需求型。其中,事业成就型包括获得成就认可、实现创业想法、扩大圈子影响、成为成功人士、控制自己人生五个维度;生存需求型包括不满薪酬收入、提供经济保障、希望不再失业三个维度。

表2-2 创业动机的四大因素

因素	外部报酬	独立/自主	内部报酬	家庭保障
各项指标	(1) 个人财富的需求 (2) 增加个人收入 (3) 增加收入增长的机会	(1) 个人自由 (2) 个人保障 (3) 自我雇佣 (4) 成为自己的老板控制个体的命运	(1) 得到公众的认可 (2) 接受挑战 (3) 个人的成长 (4) 证明自己的能力 (5) 享受一种激情	(1) 家庭成员将来的保障 (2) 建立一个家族式企业可以传下去

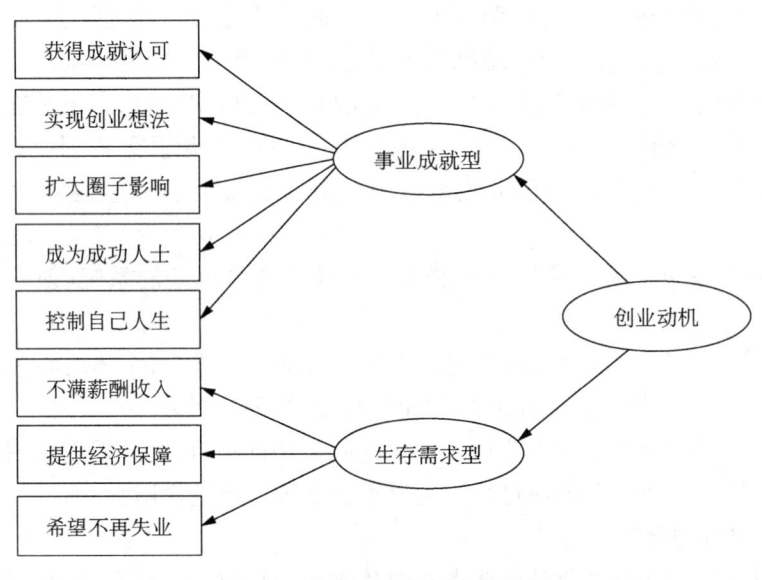

图2-1 创业动机的两因素模型

延伸阅读2-2

大学生自主创业的动机

想要开始自主创业的人并不少,这方面的意识越来越明显,大学生们不再依赖家长、学校,而是主动发现、寻找机遇。总结起来,以下六大理由是目前大学生想要自主创业的主要动机。

1. 偶像崇拜

比尔·盖茨、张朝阳等名字在大学生中并不会陌生,他们的创业故事为大学生津津乐道。作为偶像,这些人的经历给大学生提供了自主创业的经典,对未来的美好愿望,希望自己有那么一天也能像他们一样成就一番事业,出人头地。

2. "创业"本身就是一种职业

很多大学生认为"创业"本身就是一种职业,在职业高峰,可以给自己一片更广阔的天空。很多人都认为,在今后的社会中,自主创业的人会越来越多,甚至成为就业的主流,成为大学生毕业后就业的首选。经济原因也是大学生选择自主创业的一个重要原因。在以经济建设为中心的大环境中,工作待遇是大学生就业时不得不考虑的一个重要因素,自主创业可能带来的就是更好的经济效益。

3. 替别人打工不如为自己打工

大部分选择自主创业的学生都是抱着这种心态,认为自己的事业,做起来会更有工作激情,更投入,从而更容易成功。这种成功是属于自己的;就算失败,也是自己造成的,不会去怪别人,不会感到遗憾。

4. 实现自我价值

一些自我意识很强的学生,选择自主创业是为了通过这一途径来证明自己的能力。在一些单位,由于制度的约束,刚入职的大学毕业生无法按照自己的想法来做事,创业可以有一个空间来发挥,来实现自我价值,得到社会的认可。

5. 无奈之举

当然,找不到工作也是毕业生选择创业的一个原因,大量的毕业生涌向市场,一些人必然要面对的问题就是找不到工作或是短时间内找不到合适的工作,在这种情况下,选择创业也是一种无奈之举。

6. 争强好胜

有些毕业生,其中学同学或是朋友早就中专毕业或是早就下海,并且事业已小有成就。而其自觉是大学生的清高心理促使其产生创业的想法,为的是"我要过得比你好",虽然这并不是什么坏事,但不能否认,在一些想创业的人中,确实有这种心态。

7. 时间自由

对很多毕业生来说,时间上的自由可以说是最大的动力。"朝九晚五"的工作时间不是每个人都能适应的,如果自己创业,时间的掌握上就比较自由一点,这也是为什么现在出现自由职业者的原因。因为这个原因选择创业的毕业生都认为自我空间很重要,没有必要没有事还要守在单位里浪费时间,可以做更多自己想做的事情,如果有事,就算不睡觉也没什么。

资料来源:创业指导.大学生自主创业的主要动机[EB/OL]. (2013-06-07)[2020-10-20]. https://jingyan.baidu.com/article/0eb457e5724ce903f1a9050c.html.

(三) 创业动机的驱动因素

创业动机的产生主要有两类因素:推动(pull)和拉动(push)。推动主要是指个体是被外在的消极因素推着去创业的。例如,对当前工作的不满意、寻找工作困难、工资低、非弹性的工作制等,这些消极因素激活了潜在创业者的才能。拉动主要是指个体在创业活动中被寻求独立、自我实现、财富及其他合理的结果所吸引。在这两类因素中,主要是拉动因素激励个体成为创业者。具体而言,拉动因素包括大五人格特质、自我效能感、目标;推动因素主要是环境因素。

1. 大五人格特质

人格特质在创业过程中影响创业者决策的制定。研究发现外向性特质(extraversion)、开放性特质(openness)影响创新能力与创业倾向。但是,由于个体在不同的时间和情境下很少做出一致的行为,因此个性特质尚不足以很好地预测将来的创业行为。这也是早期关于个性和心理特质研究的不足之处。

2. 自我效能感

自我效能感是指相信一个人能够聚集和运用必要的资源、技能和能力,在给定的任务上获得一定水平的成就。自我效能感的概念被创业研究领域引入后,成为预测创业行为的重要变量,被重新定义为创业自我效能感(entrepreneurial self-efficacy,ESE),是指个体相信自己能够成功扮演各种创业角色,并完成各项创业任务的信念强度。自我效能感对创业过程很重要,因为这一过程经常充满着不确定因素。高自我效能感的个体具有高创业倾向,这可能是因为高自我效能感的个体为了实现特定目标会投入更多的努力,面对挫折仍能坚持,并设置更高目标。

3. 目标

目标是"将来可能是什么"的心理表征,它使个体(如创业者)不放弃,为了目标而坚持不懈。因为目标具有指导性、激励性且影响毅力,因此它能使个体付诸创业行动,促使个体实现目标的策略得以唤醒、发现和产生。

目标通过以下四个机制来影响任务绩效:第一,目标的指导功能,它能指引着个体的注意力和努力朝向目标相关的活动,而远离不相关的事项;第二,目标具有激励功能,高目标比低目标能产生更大的努力;第三,目标影响毅力;第四,目标可以间接地影响行动。

4. 环境因素

即便是当一个人拥有创业的想法,而且具备了创业家的个性特质,但是他还需要来自他人的支持和鼓励去实现自己的理想。例如,社会和企业家网络对创业者的决策制定过程起着重要作用。因为它们为创业者提供了创业入门支持和专业技术指导。社会网络技能和策略会给创业者以新的见解;同时,也提供促进创业成功的其他因素,如金融资本、信息、潜在的雇员、接近客户的机会、情感理解、鼓励等一切可以提供的帮助。社会支持网络对于创业者而言不仅是其获得宝贵资源的首要渠道,同时也是保证创业者具有创业精神的重要变量。

家庭一直是创业者开展创业活动的影响因素。研究发现家庭网络无论是对机会型还是生存型创业者来说,都具有积极的影响,但这种影响的积极效应对于机会型创业者来说要比对生存型创业者更加明显。有研究发现,机会型创业者比生存型创业者更可能拥有一种家庭角色模式。

国家经济政策也影响着创业活动,进而影响经济的增长。研究表明,制度特别是管理制度,对潜在创业者的影响更大。当国家的经济自由程度增加时,个体更愿意自己创业。

(四)创业动机的影响

创业者可以通过发现和把握机会、开发新产品或服务、构建新的组织等过程创造财富,也可以借此实现自己的人生追求。但现实中,初创企业经常面临高风险和高失败率,创业者平均工资较低,不能投入足够的时间和家人相聚,创业结果与创业者预期的往往大相径庭。不同的创业动机会对创业决策和创业绩效产生影响。

1. 对心理幸福感的影响

心理状态不好的创业者通常无力应付创业过程中的种种困难,更容易中途放弃而导致创业失败。研究表明,相比于生存型创业者,机会型创业者具有更高的心理幸福感。生存型与机会型这两类创业在很多方面存在差异。

机会型创业者更多受到非物质回报的驱动,如以自我实现或自主独立为追求开启创业征程。对于他们而言,创业既是手段也是目标,在遇到财务困难或者压力以及超负荷的工作时,他们会产生更少的失望感和负面情绪,心理幸福感更高。因而,机会型创业者对待风险和压力态度更加积极,容易维持正面的心理状态。

而生存型创业者对创业活动本身的评价较低,对待创业压力和挑战的态度比较消极,容易产生负面的心理状态。

2. 对自我评价的影响

创业动机还会影响创业者的自我评价。自我效能感是个体对自身能力的感知。相比于生存型创业者,机会型创业者具有更高的自我效能感。机会型创业者往往追求自我实现和自主独立,在职业发展中意志更加自由,倾向于将迎接挑战作为创业的驱动力,对自身能力更加认可,因而拥有更高的自我效能感;而生存型创业者一般会更加被动地迎接创业挑战,自我效能感更低。

3. 对创业绩效的影响

不同的创业动机导致了创业者不同的决策逻辑和创业行为,进而影响到公司的创业绩效。寻求财富最大化(即生存型)的创业者一般采用因果逻辑进行决策。他们往往给自己先树立确定的营业额或增长率目标,并注重寻找最短实现路径。他们期待未来有可预测性,对不确定性持消极规避态度。但由于现今的创业环境不确定性在不断提高,因果逻辑决策方式不利于及时做出适应性调整,于是导致创业者达不到自己预期的创业绩效。

而寻求快乐最大化(即机会型)的创业者绝大多数偏向采用效果推演逻辑。他们重视创业活动中的探索未知挑战自我的兴奋愉悦感受;同时,在过程中采取效果推演逻辑,重视利用自身的资源条件,采取战略联盟、试验、柔性等方式,将投入控制在可承受损失范围内。他们往往在经济状况和资源条件方面较为充裕,对创业持有从容、开放、尝试的心态,注重利用已有资源网络,勇于尝试,根据环境的不确定性进行适应性调整,尽量利用新的机会,与顾客、供应商以及其他相关组织和个人建立大量的合作关系。因此,这种类型的创业者反倒会获得经济回报与心理奖赏并行的高创业绩效。

第二节 创业团队

2-3 创业团队

对于创业者而言,团队很重要。毫不夸张地讲,团队是创业启程路上最重要的事情。全球化与互联网时代的特点就是:即便你已经专注于某个很有意思的领域,而且创意不断,还是会有非常多的竞争对手同时参与进来。不管你正在从事哪一领域,创新的半衰期都是如此之短,如果你能开发出特别吸引用户的功能,产品就可以一夜成名,同样很快就会过时。如果缺少快速反应的创新,你很容易就会出局。如何跟上时代的步伐? 答案是依靠一个能力互补的强大团队。凭借一个人的力量是无法建立伟大公司的,而团队可以。

一、创业团队

(一) 创业团队的内涵

由于受到创业环境动态性及其他不确定因素的影响,新创企业的成功率较低。有调查研究显示,团队创业比个体创业的成功率更高,因而成了创业的主要形式。

团队是各类组织在任务分配、管理员工等日常活动中采用的重要形式,挖掘团队有效性是组织管理研究中的重要内容。创业团队是指在创业初期(包括企业成立前和成立早期),由一群才能互补、责任共担、愿为共同的创业目标而奋斗的人所组成的特殊群体。创业团队既具有类似于个体创业的一般性特点,又具有自身独特性。作为创业活动的主体,无论是个体创业者还是创业团队,要想将市场机会实现为商业模式,都需要投入各种资源,如人力资源、物质资源和社会资源等,通过对这些资源的有效利用来实现创业目标,进而获得新创企业的长足发展。但创业团队还具有其特殊性,创业团队的组建并不是简单的创业个体的累加,而是"1+1>2"的协同发展。一些作为个体创业不会遇到的问题,在创业团队中却会发生,且对创业结果产生重要影响,如创业团队中的领导行为、冲突行为、团队氛围等。

(二) 创业团队的优势

一项针对 104 家高科技企业的研究报告指出,团队型创业的成功率高于个人型创业。美国 20 世纪 80 年代一项针对高成长企业的调查显示,83.8%的创业属于团队型创业。

许多研究和实践都证明了团队工作方式能够有效提高企业绩效,能促进团结和合作、提高员工的士气、增加满意感、提高决策的质量等。创业团队的优势具体表现在以下三个方面。

1. 团队约束力

创业团队成员间可以相互督促,朝着共同的方向努力奋斗。一个人经常容易放松对自己的要求,时常忘记自己应该去做的事,有了目标不能督促自己去采取行动,有了计划不能让自己从头到尾彻底去执行。团队约束力可以非常有效地帮助个人克服上述阻止成功的因素。对于团队的事情,每个团队内部均有自己的一套执行标准,这个标准不是开一次会或是某一个人就能写出来的,而是整个团队在不断的执行过程中总结、提炼出来的。它必须来源于实际经验,这样对大家才具有共同的说服力。

2. 优势互补,促进多元化和创意

有不同背景和经历的个体组成的团队中,每个人都有自己的优势和劣势,因此团队看问题的广度更大,决策也更有创意;同时,正因为优势互补,大家都可以专心做自己擅长的事,所以效率会大幅度提升。优势互补主要体现在性格、特长和资源方面的互补上:

(1) 性格互补。外向型的人才需要内向型人才的互补;强势的人才找弱势的人才互补;行动力强的人才与思考力强的人才互补等。

(2) 特长互补。一个优秀的创业团队需要各种人才,需要有懂市场销售、财务管理、生产计划、人力资源等专业的人才。团队可以集合有各种专业优势的人才,大家相互配合,各尽其才,使团队具有综合竞争力。

(3) 资源互补。这里的资源包括人、财、物等方面。每个人的资源是有限的,当大家的资源凑在一起重新整合支配的时候,所发挥的效力将数倍提升。

3. 积极向上的氛围

团队的成员强调相互之间的帮助、支持与互补。以团队方式开展工作,促进了成员之间的合作并提高了士气;团队在鼓励其成员进行卓有成效的工作时,还创造了一种良好的工作氛围。团队的工作氛围和执行文化对个人的工作状态有直接的影响。

聚集一批志同道合、互补互助的创业搭档,是成功创业的保障。事实表明,大多数成功创业者之所以能取得创业的成功,其最重要的原因是拥有这样一批志同道合的搭档。

拓展案例 2-1

鹦鹉老板的启示

一个人去买鹦鹉,看到一只鹦鹉前的标注为:"此鹦鹉会两门语言,售价 200 元"。另一只鹦鹉前的标注为:"此鹦鹉会四门语言,售价 400 元"。他很纠结,不知道到底自己应该买哪一只才好,但是两只都是很光鲜活泼的。他又转到一个标价为 800 元的鹦鹉跟前,很老态,牙齿掉光了,而且羽毛不光鲜,当他问及是否这只鹦鹉会八种语言的时候,老板说:不是,因为其他的鹦鹉都叫这只老鹦鹉"老板"。

作为创业者或者领导者,不一定是全能的而且最强的,但是要有一个强大的团队,要懂信任、懂放权、懂珍惜,自己的企业价值得以提升,生意也自然变好了。

资料来源:席酉民.再谈领导的能力[EB/OL].(2019-10-07)[2020-10-20].https://wenku.baidu.com/view/47fd03260408763231126edb6f1aff00bfd57063.html.

二、创业团队的类型

俗话说,一个好汉三个帮,一群人同心协力、集合各自的优势形成合力,共同创业所产生的群体智慧和能量,将远远大于个体。但在创建团队时,我们需要考虑成员间的知识、资源、能力或技术上的互补性,充分整合个人的知识、经验与资源优势,强化团队成员间彼此的合作。团队成员的知识与能力互补性越明显、结构越合理,团队创业的成功性就越大。根据团队的结构,创业团队有三种典型的形式,每种形式都具有自己的优势和缺陷。

(一) 星状创业团队

星状创业团队也称核心主导型创业团队,是指在团队中有一个核心主导人物,充当了领军的角色的团队。这种团队在形成之前,通常是先由某人想到一个商业点子或发现了商机,然后以自己为核心组建创业团队。因此,在团队形成之前,核心主导人物已经就团队组成进行了仔细的思考,根据自己的想法选择相应的人员加入团队。这些加入创业团队的成员也许是核心主导人物以前熟悉的人,也有可能是不熟悉的人,但其他的团队成员在企业中更多时候是支持者角色。

1. 优点

(1) 稳定性较好。其主要原因在于星状创业团队是由核心成员挑选其他成员的。在挑选时,核心成员会充分考虑团队成员的个性、能力、技术和未来的收入分配模式等问题,从而能够保证团队成员的能力和素质。

(2) 组织结构紧密,向心力强。主导人物在组织中的行为对其他个体影响巨大。

(3) 决策程序相对简单,组织效率较高。

2. 缺点

(1) 容易形成权力过分集中的局面,从而使决策失误的风险加大。

(2) 当其他团队成员和主导人物发生冲突时,因为核心主导人物的特殊权威,使其他团队成员在冲突发生时往往处于被动地位;在冲突较严重时,其他团队成员一般都会选择离开团队,从而对组织的影响较大。

(二) 网状创业团队

网状创业团队也称群体型创业团队。这种创业团队的建立主要来自因经验、友谊和共同兴趣的关系而结成的伙伴,如同学、亲戚、同事、朋友等。团队成员一般都是在交往过程中,共同认可某一创业想法,并就创业达成了共识以后,开始共同创业。在创业团队组建时,没有明确的核心人物,大家根据各自的特点进行自发的组织角色定位。因此,在企业初创时期,各位成员基本上扮演协作者或者伙伴角色。

1. 优点

(1) 团队的成员关系较密切,较容易达成共识,发挥各自的作用。

(2) 团队中成员的地位相对平等,有利于沟通和交流。

(3) 当团队成员之间发生冲突时,一般都采取平等协商、积极解决的态度消除冲突,团队成员不会轻易离开。

2. 缺点

(1) 团队没有明显的核心,整体结构较为松散。

(2) 在进行组织决策时,团队一般采取集体决策的方式,通过大量的沟通和讨论达成一致意见,因此组织的决策效率相对较低。

(3) 由于团队成员在团队中的地位相似,因此容易在组织中形成多头领导的局面。

(4) 一旦团队成员间的冲突升级,使得某些团队成员撤出团队,就容易导致整个团队的涣散。

(三) 虚拟星状创业团队

虚拟星状创业团队是由网状创业团队演化而来的,基本上是前两种创业团队的中间形态。该团队有一个核心人物,但是该核心人物地位的确立是团队成员协商的结果,因此核心人物从某种意义上说是整个团队的代言人,而不是主导型人物。

1. 优点

(1) 核心人物地位的确立是团队成员协商的结果,因此该核心人物具有一定的威信,能够作为团队的领导。

(2) 团队的领导是在创业过程中形成的,既不像星状创业团队那么集权又不像网状创业团队那么分散。

2. 缺点

核心人物的行为必须充分考虑其他团队成员的意见,不像星状创业团队中的核心主导人物那样有权威。

三、创业团队绩效的影响因素

一个创业团队的绩效如何,由团队构成和团队过程两个方面的因素决定。团队构成因素是指团队成员之间在年龄、教育背景、工作经历、性格等人力资本构成上的差异,以及他们相互之间的关系基础,如家人、亲戚、朋友、同事、战友、校友等。其关键的衡量指标包括异质性和社会关系网络。团队过程因素则涉及创业团队的领导、冲突、人员变更等方面,对团队过程的观察有助于理解团队构成因素如何影响团队行为。

(一)创业团队的异质性

异质性反映了创业团队的独特人力资本水平。创业团队的异质性是由少数人为主体所组成的团队,每个人的特点、技能与想法的不同,并且能够对团队目标与绩效产生影响的因素集合。一方面,异质性的创业团队意味着在重大决策中可以提供更多的观点、更丰富的经验和技能;另一方面,异质性的创业团队可以拓宽社会关系网络,有利于环境审视。更为重要的一点是,风险投资者在做出投资决策时,也会重点考察创业团队成员组成是否具有有效的异质性。创业团队的异质性程度越高越倾向于具备多样化的知识和技能,从而具有更多的资源和更强的能力,有利于改善创业绩效。不过异质性也会带来一个弊端,更容易出现团队内部对立和冲突。

延伸阅读 2-3

一个优秀创业团队需要 6 种人

1. 怂恿者

怂恿者是那种会推动你,让你思考的人。他会一直地让你有动力早起做事,尝试并将事情变为可能。你会希望这个人充满活力并保持热情。这是灵感之声。

2. 支持者

他是一个大粉丝,一个强有力的支持者,并且还是一个为你和你的工作进行狂热传播的人。创业团队应让他得到奖励,持续让他参与。这是动力之声。

3. 怀疑者

他是魔鬼的代言人,常常会指出一些尖锐的问题,还能提前发现问题。你会需要他的这种态度。因为他常常能看到你角度以外的事,并希望你的成功会与安全同行。这是理智之声。

4. 严厉者

他是让你把事情做好的爱找碴的"大声公",也是冲动的管家,他会确保团队目标在截止日期前完成目标。这是前进之声。

5. 联结者

他会帮助你找到新的途径和新的盟友。这个人打破路障并为你找到魔法实现的方法。你需要他帮你接近你所不能接近的人和地方。这是合作之声。

6. 标杆

他是你可信赖的顾问，你的北极星，也是你想要赶超的那个人。他是你的指导单位，能时刻提醒你，你也可以做神奇的事情。你需要让他感到骄傲。这是权威之声。

资料来源：阿波罗新闻网.一个优秀创业团队需要 6 种人[EB/OL].（2014-11-17）[2020-10-20]. https://wenku.baidu.com/view/139d66585022aaea998f0fb4.html

（二）创业团队的社会关系网络

创业团队的社会资本来源于团队成员的人际网络、社会关系和嵌入结构，体现为成员之间的信任、同情和宽容，塑造了团队的集体认知，能够帮助创业团队寻找和发现商业机会并将其付诸实施。研究表明，创业团队与外界具有广泛的商业联系对于发现创业商机非常重要，因为大规模的关系网络能够带来更多的原始而未经过加工编码的信息，这就为卓越的创业者较其他人更能够"慧眼识金"创造了条件。另外，创业团队社会网络的强关系尤其是与家人和亲朋好友之间的紧密联系也会在商业计划开始启动后变得越来越重要。

（三）创业团队的领导

在新创企业中，组织结构、制度和流程要么没有建立、要么不健全，员工的行为更多受创始人或创业团队的核心领导者的领导风格的影响。创业团队有四种常见的领导风格，即授权型领导、权威型领导、变革型领导和交易型领导。

授权型领导有利于激发下属的潜能和内在动机，由此表现出独立行动、自我管理、参与决策、善于思考等积极的行为。在创业背景下，这些积极的行为能够帮助新创企业与拥有资源优势的在位企业展开激烈的竞争。权威型领导风格是指示性的和独裁的。权威型领导者可能宣布讨论的方向，向成员分派特别的任务、不询问团队的其他成员的建议就做出决定。但我们也不能就此论断，权威型领导一定不适合于创业团队。因为下属的行为若未经协调一致的话难以形成合力去实现既定目标，尤其是在创业团队的异质性程度很高、外部环境变化多端的情况下。而权威型领导刚好可以在此情形下发挥积极作用。遗憾的是，更多的研究只看到了权威型领导因其强制性对绩效产生的负面影响，却忽视了在特定情境中它所能产生的正面效应。变革型领导致力于形成共同的愿景以激发下属的自我效能和理想主义。交易型领导侧重于对下属运用物质奖励和理性刺激。

实际上，创业团队领导风格的作用发挥是非常复杂的，在不考虑其他因素的情况下，权威型领导、交易型领导与创业绩效呈正相关关系，授权型领导、变革型领导与创业绩效呈负相关关系。而如果创业环境动荡，授权型领导和变革型领导对创业绩效的作用不仅由负变正，并且比权威型领导和交易型领导的效果更加明显。

 拓展案例 2-2

创业者如何突破领导力"瓶颈"

大多数创业者早晚会遭遇领导力的"瓶颈"。能否突破、何时突破，这在相当程度上决定了企业能否做大做强、何时做大做强。怎样突破领导力的"瓶颈"？"招贤纳士""主动让贤""预先布局"都是应对之策。办法是否有效，取决于不同企业的资源禀赋和组织架构。

1. 招贤纳士：两手都要硬

随着对领导力要求的提升，职业经理人的价值很自然地凸显出来。招贤纳士、引入职业经理人，是创业者完善高层管理团队的主要应对之策。

阿里巴巴集团就是典型案例。创业团队号称"十八罗汉"，少了马云这个领袖是无论如何玩不转的。马云一直坚持自己掌控公司业务，只是旗下业务架构过于庞大。时至今日，虽然"没有马云的阿里巴巴集团"仍然不可想象，但是光靠自己废寝忘食、一饭三吐，肯定是不够的。2006年年底是阿里巴巴集团发展到赴港上市之前的关键阶段，马云通过全球顶级猎头海德思哲的渠道，延请卫哲执掌阿里巴巴集团，把企业领导力提升到了接近跨国企业的水平。在上市不久后的2007年年底，马云"杯酒释兵权"，宣布旗下四大板块高层将进行"轮岗"：阿里巴巴集团执行副总裁、淘宝网总裁孙彤宇以及集团COO、CTO、资深副总裁等"离岗进修"，集团资深副总裁金建杭调任中国雅虎总裁；中国雅虎总裁曾鸣调任集团参谋部参谋长；支付宝公司总裁调任淘宝网总裁；淘宝网副总裁调任支付宝公司执行总裁。

引进职业经理人，元老调岗进修，是马云提升领导力的"两手"。在财务的压力下两手抓、两手都要硬。从企业成长视角看，阿里巴巴集团大致处于"协调阶段"，上有"官僚式危机"、下有"失控危机"，正向"合作阶段"演化，这在本土企业中可算是较高的管理能级了。

2. 主动让贤：能者居之

在领导力的进化过程中，借助"招贤纳士"突破瓶颈要跨过创业团队的门槛。相比之下，创业者"主动让贤"降低了领导力提升的风险，领导者内部更替、"维稳"更为从容，进退自如，理论上是这样，实践中也有样板。

"携程"网的"第一团队"向人们展示了"主动让贤"、提升领导力的经典案例。"携程"网的四个创始人悄然实现了管理重心的转移和"政权移交"。"携程"网CEO由季琦、梁建章到范敏，迄今已历三世。值得注意的是，前后三任CEO的领导力各不相同，与成长型企业的阶段性需求暗合。范敏这样打比方："我们要盖楼，季琦有激情、能疏通关系，他就是去拿批文、搞来土地的人；沈南鹏精于融资，他是去找钱的人；梁建章懂IT、能发掘业务模式，他就去打桩，定出整体框架；而我来自旅游业，善于搅拌水泥和黄沙，制成混凝土去填充这个框架，楼就是这样造出来的。"作为"携程"的开路先锋，季琦充满创业激情，贡献卓越，他在其余三名同伴投入业余时间的时候就扛起了重任。他给人们的印象是直爽、讲义气。季琦富有创业和开拓精神，但不会去冒过高的风险，他的信条是"想法胆子要大，做事胆子要小"。旁人评价：当初如果没有季琦，其余三个人未必敢做这个公司。但在管理上，季琦是粗线条的人，很多事情不会考虑得特别细致。当"携程"网渐渐上了轨道，董事会认为时任CTO的梁建章能够带领"携程"网走得更远。季琦后来表示："梁建章很细腻、很理性，而且懂现代企业管理，他管理比我强多了。我是一个好的创业者，但绝不是一个好的管理者，我做事情太急躁，你告诉我结果，我对这个事情就没什么兴趣了。"季琦不恋栈，使权力交接顺利进行，为"携程"网日后的发展铺平了道路。季琦离开"携程"网后又顺利创办了"如家"和"汉庭"连锁酒店。在甲骨文公司当管理顾问出身的梁建章曾是上海滩著名的"大头神童"，他提出"像制造业一样生产服务"的口号，使服务流程不断细化。一方面，梁建章通过充满想象力的IT技术应用建立起完整的管理和业务流程体系，进而打造了"携程"网的执行力；另一方面，梁建章生性恬淡，他认为，"公司成熟之后，一个CEO最重要的工作不是做多少事情，而是做对多少事

情"。很多事情应该授权给下属去做,"为而不有"的授权心态,最终使他让位给天生的旅游业经理人范敏。具有传统上海男人特有的细致与认真,以及十多年的传统行业、网络旅游业经验,范敏成为管理"携程"网日常运营的最佳人选。事实上,他在"携程"网先后担任执行副总裁和首席运营官。源于共同创业期间形成的共同理念,范敏上任CEO时表示:在产品线方面不会做大的调整,而将着力于巩固行业地位、扩大市场份额、完善产品线。范敏将季琦、梁建章搭好的框架夯实,提出了"服务2.0"的口号,全力提升服务品质。时至今日,季琦已出售了全部的"携程"网股份,这个"永不停歇的创业者"正致力于将"力山投资"打造成集置业、地产开发、酒店管理、科技园区为一体的专业化投资公司。梁建章离开上海,在美国游学,据说过着简单的生活;范敏留在"携程"网继续工作。他从一毕业就在旅游业工作,愿意为"崇高的行业"和"崇高的公司"奉献一切。

对于几位创业者来说,这是完美的结局。如果创业者没有主动让贤,我们看到的只能是又一场缠斗。

3. 预先布局:职业经理人抱团创业

能够像"携程"网创业者那样,通过主动让贤解决领导力问题的创业者是凤毛麟角。大多数企业还是要把引入职业经理人作为战略升级的重要路径。

职业经理人未必只能充当创业者的管理接班人。当前职业经理人的创业案例层出不穷,如果此类创业团队早有磨合、分工明确,新生儿有时"刚出生就会跑"。根据创业学理论,企业同时需要"领导"和"管理":"领导"负责描绘前景、确立方向,把人们结成联盟,实施激励与鼓舞;"管理"则负责计划和预算,组织和配备人员,控制和解决冒出来的问题。职业经理人创业有助于同时满足这两方面的要求。由职业经理人组成的创业团队结构比较稳定,也有利于日后扩容。其主要原因是,职业经理人提前完成了磨合工作量。相比于其他类型团队,职业经理人更具管理经验和专业优势。预先布局、磨合好了再创业,可谓突破领导力瓶颈、"后发先至"的第三条路径。

资料来源:李杨.创业者如何突破领导力瓶颈[EB/OL].(2008-11-14)[2020-10-20].https://wenku.baidu.com/view/04d9b80dbb0d4a7302768e9951e79b8969026860.html.

(四)创业团队的冲突

冲突可以定义为个人或群体内部,个人与个人之间,个人与群体之间,群体与群体之间互不相容的目标,认识或感情,并引起对立或不一致的相互作用的任何一个状态。由于新创企业的组织结构和制度规章还没有成熟稳定,创业团队内部成员之间、创业团队与其他利益相关者之间存在观点上的分歧、认知上的不一致,从而导致冲突的产生是不足为奇的。

在创业团队中冲突现象会更为普遍,毕竟每个成员所开展的工作极具挑战性、创造性和风险性。冲突有多种形式的划分,如认知冲突和情感冲突、关系冲突和任务冲突等。认知冲突来源于行为主体在完成组织目标过程中工作理念的不一致,而情感冲突完全是因为行为主体之间的个性差异。从对创业团队的研究观察结果看,认知冲突与利润、销售额和增长率等绩效指标正相关,而情感冲突则与它们全部负相关。情感冲突的频繁发生会加剧创业团队成员的退出,而认知冲突则有利于决策制定,进而提升企业绩效。可见,创业团队要想提高效能,需要包容适度的认知冲突而尽可能地避免情感冲突。

此外，我们要注意创业阶段对团队冲突的影响。绝大多数成功企业从创始到初具规模，至少会经历初创阶段、加速阶段、高位平稳发展阶段和重大战略转型阶段等典型阶段在这些阶段切换时，一般会面临团队的问题，一旦处理不好，企业往往会面临挫折。而最容易发生团队冲突风险的是企业从初创阶段向加速发展阶段过渡之时。

企业初创阶段的核心任务是找到并验证商业模式，团队需要的是激情、坚韧、勇猛。此时的团队规模较小，不需要高超的团队组织能力。商业模式被验证后，企业就进入加速发展阶段。业务规模的扩大往往带来团队规模的扩大，企业必须建立合理的业务流程、标准化的工作方法、精细化的管理模式，以及公平合理的绩效机制。此时，绝大多数创业企业要从外部引入高阶的管理人才，就会面临着团队冲突的风险：部门早期创始人的失落和不平心理；新人对旧的运行系统的轻视心理；老人对规范化、流程管理方式的抵触心理；岗位调整而带来的情感折磨等。这些风险就像"定时炸弹"一样，遍布所有部门、所有层级、所有事务中，一不小心就会爆炸，而且会产生负面的"情绪病毒"，在老人和新人两个链条中传播，引发恶性循环。所以，企业进入加速发展时，创业者必须要有清醒的头脑，意识到危机也在悄悄走近。

（五）创业团队的人员变更

创业团队的结构不是一成不变的，会随着新创企业的成长和外部环境的变化而动态演化。这一过程是通过团队内部成员的流动和变更来实现的。早期的研究主要集中于创业团队人员加入和退出的原因分析。在具有风投背景的新创企业中，其对薪酬的限制性约定是导致团队成员退出的一个重要原因。更为有趣的是，随着新创企业董事会的规模扩大，元老离职的概率下降；但是如果扩大规模的董事会中风险投资机构所占的席位更多的话，元老离职的概率将大幅增加。

还有研究表明，创业团队成员的构成及社会关系也会影响到团队人员的变更。创业团队成员在职能背景方面的异质性有利于新成员的加入，而在创业经验方面的异质性则会导致原有成员的退出。另外，随着团队规模的扩大，新成员的加入将越来越少，而退出行为在非家族创业企业中要比家族创业企业中表现得更明显。当企业所有权较为平均地掌握在每个创业团队成员手中时，人员变更的现象较少发生；当所有权主要集中于 CEO 或者风险投资者手中时，人员变更就较为频繁。创业团队与外部同行的紧密联系较之与外部风险投资商的紧密联系更容易导致成员的加入和退出。

创业团队人员变更对会对企业绩效产生影响。创业元老的离开不仅需要花费大笔的遣散费用，还可能使团队失去宝贵的经验和重要的资源。更为严重的是，这往往会被企业外部利益相关者解读为企业内部存在问题的一个信号，造成企业市场价值的低估和融资困难。新的成员加入也并不一定就是好事。原有的团队氛围如凝聚力、价值观、文化等，会因为新人的到来而受到扰乱，对团队成员的重新分工和职能安排也将耗时耗力。从这个意义上说，创业团队的人员变更对企业绩效而言是一把"双刃剑"，需要谨慎对待。

四、创业团队的组建

（一）创业团队的组建过程

创业团队的组建是一个相当复杂的过程，不同类型的创业项目所需的团队不一样，创建

步骤也不完全相同。概括来讲，企业团队组建的包括以下环节。

1. 明确创业目标

创业团队的总目标就是要通过完成创业阶段的技术、市场、规划、组织、管理等工作实现企业从无到有、从起步到成熟。总目标确定之后，为了推动团队最终实现创业目标，创业团队再将总目标加以分解，设定若干可行的、阶段性的子目标。

2. 制订创业计划

在确定了一个个阶段性子目标以及总目标之后，创业团队紧接着就要研究如何实现这些目标，这就需要制订周密的创业计划。创业计划是在对创业目标进行具体分解的基础上，以团队为整体来考虑的计划，创业计划确定了创业团队在不同的创业阶段需要完成的阶段性任务，通过逐步实现这些阶段性目标来最终实现创业目标。

3. 招募合适的人员

招募合适的人员也是创业团队组建最关键的一步。创业团队成员的招募，主要应考虑两个方面：一是互补性。创业团队应考虑所招募的成员能否与其他成员在能力或技术上形成互补。这种互补性的形成既有助于强化团队成员间彼此的合作，又能保证整个团队的战斗力，更好地发挥团队的作用。一般而言，创业团队至少需要管理、技术和营销三个方面的人才。只有这三个方面的人才形成良好的沟通协作关系后，创业团队才可能实现稳定高效。二是适度规模。适度的团队规模是保证团队高效运转的重要条件。团队成员太少则无法实现团队的功能和优势，而过多又可能会产生交流的障碍，团队很可能会分裂成许多较小的团体，进而大大削弱团队的凝聚力。一般认为，创业团队的规模控制在 2～12 人最佳。

4. 职权划分

为了保证团队成员执行创业计划、顺利开展各项工作，创业团队必须预先在团队内部进行职权的划分。创业团队的职权划分就是根据执行创业计划的需要，具体确定每个团队成员所要担负的职责以及相应所享有的权限。团队成员间职权的划分必须明确，既要避免职权的重叠和交叉，也要避免无人承担造成工作上的疏漏。此外，由于还处于创业过程中，面临的创业环境又是动态复杂的，不断会出现新的问题，团队成员可能不断出现更换，创业团队成员的职权也应根据需要不断地进行调整。

5. 构建创业团队制度体系

创业团队制度体系体现了创业团队对成员的控制和激励能力，主要包括了团队的各种约束制度和各种激励制度。一方面，创业团队通过各种约束制度（主要包括纪律条例、组织条例、财务条例、保密条例等）指导其成员避免做出不利于团队发展的行为，实现对其的行为进行有效的约束，保证团队的稳定秩序；另一方面，创业团队要实现高效运作，需要有效的激励机制（主要包括利益分配方案、奖惩制度、考核标准、激励措施等），使团队成员看到随着创业目标的实现，其自身利益将会得到怎样的改变，从而达到充分调动成员的积极性、最大限度发挥团队成员作用的目的。要实现有效的激励，必须先把成员的收益模式界定清楚，尤其是关于股权、奖惩等与团队成员利益密切相关的事宜。需要注意的是，创业团队的制度体系应以规范化的书面形式确定下来，以免带来不必要的混乱。

6. 团队的调整融合

完美组合的创业团队并非创业一开始就能建立起来的，很多时候是在企业创立一定时间后随着企业的发展逐步形成的。随着团队的运作,团队组建时在人员匹配、制度设计、职权划分等方面的不合理之处会逐渐暴露出来,这时就需要对团队进行调整融合。由于问题的暴露需要一个过程,因此团队调整融合也应是一个动态持续的过程。在完成了前面的工作步骤之后,团队调整融合工作专门针对运行中出现的问题,对前面的步骤进行调整直至满足实践需要为止。在进行团队调整融合的过程中,最为重要的是要保证团队成员间经常积极有效地沟通与协调,培养强化团队精神,提升团队士气。

 延伸阅读2-4

大学生创业如何组建创业团队

大学生在创建团队的过程中往往受到各种因素的限制,因此,了解这些限制是有必要的,目的在于克服或回避这些限制,组建既优势互补,又相对稳定,且能保证高效率完成创业目标与规划的团队。

1. 就地取材

最基础的团队成员当然是来自自己的同学、朋友了。如果有志向相投,又能优势互补的好友助阵,会是比较理想的状态。但是对于大多数大学生而言,这一点往往是可遇而不可求的,因此,不必要为实现这一途径,逢人必问,这不但需要关注,还需要机遇。

2. 引进资源

除周围的好友外,大学生还可以从自己的人脉资源中收获团队成员。因为非常优秀又有一定专业知识基础的大学生不在少数,但是却因为分布比较分散或因为个人计划,不易被发觉。要想通过这种渠道有所收获,在大学期间,大学生就需要注意广泛积累自己的人脉。当然,积累的人脉不见得都有机会成为自己的创业伙伴,但是从长远利益来看,这一积累过程绝对是有益的,因此大学生不必担心投入与产出不相符,只要方法得当,会受益匪浅的。

3. 招贤纳士

由于大学生本身没有资本,或者资本有限,因此,像企业一样招聘是不现实也是没有意义的。但大学生还是可以利用各种资源来招募志趣相投、愿意一起创业的大学生。这一方式也需要花费很高的成本。一方面,大学生需要投入精力进行宣传,而且需要花费精力进行沟通;另一方面,需要保证既能介绍项目清晰、真切,又要注意保护核心技术与知识产权。

(二)创业团队的组建技巧

1. 招募优秀的人

"兵熊熊一个,将熊熊一窝。"风险投资(venture capital,VC)也钟爱才华出众的创始人团队。如果你的联合创始人沉闷平庸,你就很可能无法打造出世界级公司。所以,如果你想壮大团队,专注于寻找能力强的人,别将就,别因为VC投了钱就着急招人进来。你在团队成员水准问题上妥协之时,就是团队衰落开始之刻。

2. 寻找挑战自我的人

很多管理团队认为需要招募已经有过类似经验的人,不少VC也鼓励这么干。这其实是错误的。当你招到的人已经做过相似事情,他可能会缺少激情,在困难时期冲劲不足,而且不太愿意改变思维方式。

3. 永不中断的招募

对于有才华的人，创业团队应该永远为他们预留职位。当然，创业团队需要考虑的问题也显而易见：提供什么待遇？如何激励他们？如果招了他们，怎样避免挫伤现有员工？应该扩大现有雇员规模还是等一段时间再招他们进来？如果他们有其他选择，怎么说服他们？

4. 不要担心具体职位

创业公司招人的最大限制因素是"我们没有位置了"或者"我们那个职位已经有人了"。有志向的人不要这么做，你的团队永远可以为 David Beckham（足球明星）、Lebron James（NBA"小皇帝"）、Keith Rabois（前 PayPal 副总裁、知名 VC）、Sheryl Sandberg（前谷歌高管，现 Facebook COO）这样的人才腾出空间。

5. 态度高于能力

招人必须确定一个门槛，在此之上则需要考虑候选人的态度。在一个非常有才华而且富于激情的人和一个更加有才华但是有"反骨"的人之间，最好选择前者。正如"一粒老鼠屎坏了一锅汤"，一些非常有天分的人或许是害群之马，就算其能高效工作，但如果同时要忍受他们带来的破坏，那就干脆不要招募。他们会在公共场合上多嘴，跟其他雇员说对你的决策失去信心，最终挑起麻烦。

6. 企业文化很重要

对于创业公司，企业文化同样很重要，你得明白原则是什么，需要什么样的人，团队伙伴需要什么能力，什么特质对你重要，你想体现什么价值观等。创业者可以尝试确立招聘的方针，用这些方针考核自己及团队成员。当困难时期来临，你会感谢企业文化，就算在迅猛发展疯狂招人的时期，同样需要看看那些团队成员是否符合企业的文化。

7. 不要过度包装

毫无疑问，招人的时候应该努力讲述你们优势在哪儿，为何会成为下一个 Google、Facebook，这些有才华的人不论是否入职都会传播你们公司的优点。"不要过度包装"的意思是，自己都不确定的事情就不要去说服别人相信，不要开出远远超出规划的价码，不要许诺能力以外的收益或成长速度。被忽悠来的人会非常失望，最终离开，并且坏事传千里。

延伸阅读 2-5

团队文化建设小常识

为更好地发展，当企业进入稳步发展阶段，创业者就需要开启企业文化的初步建设了。

（1）长效的激励机制：对于在商业模式建立和验证过程中的有功人员进行嘉奖，最好建立起可以长期记忆的形式，以释放将来的不平情绪。

（2）未来发展大讨论：在经理以上管理层中展开大讨论，设计和憧憬企业的未来，并借此找出当前不利于未来发展的问题，必须由老团队提出来。

（3）全面的管理层培训：用未来管理岗位的要求进行培训，用最好的态度告诉团队，只要他们可以，公司会将机会优先给他们，也要让他们了解自己的不足。

（4）设计快速融合机制：有组织地让新人快速融入老团队中（这很重要）。

引入新的团队时,你必须注意以下几点。

一是有计划地组建管理者团队:先引入可以进行管理系统设计的高层,切忌在没有想清楚管理系统前,大规模进人。

二是尊重企业的历史与开创者:新高层须对早期创业者和创业过程持有尊重的心态,他们是来互补的,不是来革命的。新高层须学习企业早期文化,以了解当前运行风格形成的原因,增强理解和包容能力。

当新高层与老管理团队充分融合后,可以适当扩充团队了。

当然,即使这些都做到了,也无法确保新、老团队不产生冲突。企业的核心管理者要时刻保持高度警惕,多关注各种情绪,并随时做好调解的准备。调解还需要保持一个原则——包容。只有合作,才能双赢。

(三)创业团队的信任

现今的创业活动较多都是基于团队形式。然而,40%的新创企业在 1 年内失败,大部分创业团队在其合作的前 5 年内就发生决裂,极少继续维系合作。在中国,大多数创业者间的合作维系不超过 3 年。究其原因,60%是由于创业团队的问题导致,其实质是创业伙伴之间的信任危机,假若这种信任危机处理不及时或不妥当,将会引发一系列不良后果,影响团队合作和企业绩效提升,甚至导致团队解散和创业失败。创业合伙人间的勾心斗角、互相猜疑、信任缺失等情形会导致团队解散。

1. 团队信任的重要性

从创业团队的形成过程可以发现,创业团队成员之间是高度相互依赖的,这不仅表现在所拥有的资源和技能的互补性,而且在成员分工协作的职能上也是高度相互依赖。一个成员工作的开展往往离不开其他成员的协作,因此,在这种工作关系中,信任显得特别重要,只有在创业伙伴之间建立高度的信任,才能保证创业活动有效地实施。

创业团队中还存在高度的风险特征。无论是领导型创业团队还是伙伴型创业团队,创业者在选择创业伙伴时都会考察对方的人品和能力是否值得信任,是否为共同创业的合适人选,对方的动机是为了集体的利益还是为了个体的利益等。这些考察的目的都是为了寻找值得信任的创业伙伴,建立起相互信任的创业团队。

另外,由于创业团队任务具有复杂性和不确定的特点,创业团队里的信任也尤为重要。研究表明,在不确定和模糊的情形下,高度信任的团队表现得高度协调和灵活。创业团队的研究者也充分认识到信任对于创业成功的重要作用,很多创业团队的研究文献都提到信任的作用,如在不确定的环境中信任可以降低监控成本、增加信息交换、促进授权等。

2. 团队信任的影响因素

创业团队信任是指创业团队中个体对将要合作或已合作的团队其他成员的合作风险的积极预期。创业团队成员间信任是如何维持的呢?从维持的影响因素来看,沟通互动、资产专用性和互惠关系是信任维持的重要因素,创业团队的维持过程也是创业团队信任的维持过程。在创业团队成立后,团队进入生存期和成长期,成员需要共同努力,彼此经常沟通互动,以快速完成团队任务;任务的完成需要投入彼此的金钱、人力资源、经验等专用性资产;创业团队成员间的合作是平等的合作,而互惠是平等关系的重要体现。

（1）沟通互动与团队信任。研究显示，创业团队成员沟通互动与创业团队成员间信任正相关。信任是创业团队成员互动时的一种资源配置方式。成员间密集、综合的沟通对信息的有效传递、无形资产的交换发挥着积极作用。创业团队成员之间正式和非正式的经常性沟通有助于信息传递和友好情感的培养，为进一步合作奠定基础。高质量的沟通能提升"彼此的可信度"。前期的沟通互动经历可以促进信任的建立，积极和反复的团队互动是增加团队吸引力和减少团队排斥的关键步骤，而团队吸引力可以培育团队信任和凝聚力。因此，沟通互动使创业团队成员间关系更紧密、更信任与坦白。

依据资源基础观，资源是创业的基础，是一个企业能够持续发展的关键。在团队的初创期，创业者及其团队的核心职能是获取、整合和配置人力资本、资金、技术等资源。在团队的成长期，每个成员愿意投入多少会影响成员对彼此的积极评价，进而影响成员间信任关系的产生与维持。在团队信任产生后，成员原有的信任网络会交织在一起形成网络的共享，原有网络会扩大并巩固。随着业务不断发展和扩大，团队需要快速对竞争激烈的市场做出反应，成员需要了解更多关于彼此对管理、财务、市场等信息的看法，而互动沟通则是信息共享的关键过程和方式。组织信任的维持主要依靠持续的信息共享，假若信息共享中失真信息持续增多，则信任会被破坏。

（2）资产专用性与团队信任。资产专用性是指资产能够被重新用于他处而不降低其价值的程度。它是资源专有用途确定后，很难再移作他用的一种特性。依据资源基础观，团队成员间之所以要进行资产专用性互换，就是因为彼此要依赖于对方的专有性资源。社会交换理论认为，创业团队往往面临"新生困境"——资源短缺，成员间的合作其实质是寻求资源的互补（即专用性资产互换），因而使合作各方利益"捆绑"在一起，彼此互相负责、利益共享。彼此投入的资产专用性越强，"捆绑"效应就越强，退出的损失也就越大。

就创业团队的组建而言，假若出现机会主义行为，既损人也不利己，并可能导致团队发生"根本性转变"——解散。因此，在此过程中，需要建立契约信任和人际信任，最大限度地防止"根本性转变"的发生。任何关系的投资都意味着资产专用性的互换并锁定契约关系。创业团队成员间的契约关系包含正式的文本契约和非正式的信任契约，但更多是信任契约关系。专用性资产的投入其实质是不可收回的沉没成本，可最大限度地防止机会主义行为，由此构成了可置信承诺，保证合作关系的可持续性。换言之，资产专用性的互换使信任关系得以形成。资产专用性互换"捆绑"彼此利益，维系合作关系，并愿意承担创业失败的风险，这就是信任。专用性资产投入越多，彼此的信任度越高。

（3）互惠关系与团队信任。互惠是指人们对感受到的友善回报以友善、对觉察到的不友善回报以不友善的交互行为。前者为正互惠，后者则为负互惠。互惠作为信任的组成要素，它的经济学假设是交易各主体的行为是善意的，当出现不善意的行为时，受损方会采取疏离或敌对方式保护自己，信任将难以为继。依据社会交换理论，创业团队信任受互惠原则影响，而良好的互惠关系也会提升彼此承担风险的意愿。

有研究者认为，创业团队互惠关系影响团队信任。互惠和互相依存是创业团队的重要特征。创业目标的完成需所有成员共同的努力，互相依存需要彼此信任，互惠和互相依存关系如果改变，彼此信任关系也会相应地发生改变。在中国，"关系"的实质其实就是互惠，所谓"来而不往非礼也"。互惠是中国社会高度认可和支持的基本道德规范，是建立强关系的办法之一。从长远的互惠过程来看,正互惠强化了关系各方彼此信任的可能性。

随着企业利润的快速增长,互惠原则的明确是团队信任维持和成员可持续合作的关键。信任是对风险的积极预期,成员彼此的互惠信号提示彼此回报承担风险的信任关系,信任和风险承担的路径依赖产生于互惠的关系。

3. 在创业团队中建立信任的方法

在一个团队中,每个成员既是信任者又是被信任者,所以为了更好地促进创业团队中的信任氛围,团队成员既需要从信任者的角度了解怎样更好地表达信任,又需要从被信任者的角度了解怎样更好地获取信任。而且,信任关系也是一种信任者和被信任者双方互惠的互动关系,甚至有学者认为这是信任双方的信任交换关系,感知到信任的一方也会对信任者表现出好感和信任。创业团队成员在感受到对方给予信任后,一旦有机会就可能回馈信任。在这种信任交换过程中,信任关系会得到巩固和强化,最终促进团队成员的友谊和团队精神。

为了增加团队中的信任和合作,团队成员不仅需要尽量表现出信任感,更关键的是要让对方感受到被信任感。只有让团队成员感知到更多的信任,其才会乐于回馈信任。由于被信任感主要表现为被信任者感受到的支持知觉、分享知觉和公平知觉。因此,团队成员可以从增加被信任者这些知觉入手,采取信任管理措施。具体来说,针对支持知觉,团队成员在工作中尽量从组织利益出发,支持和帮助其他成员,让对方获得更多的支持知觉;针对分享知觉,要注意决策的参与性和信息的共享,建立沟通和汇报的制度,让大家产生更多的分享知觉,增进彼此的了解和信任;针对公平知觉,团队成员应该公平相处,涉及利益的分配时做到机会均等,让大家感知到自己的付出和回报是对等的,不会产生被利用和被压迫的感觉。

为了获得其他人的信任,团队成员还需要从产生信任感的三个维度(即能力、善意、诚信)加强自身的可信任度。首先,团队成员需要强化自身的能力,消除其他成员对自身能力的怀疑,让大家认同彼此的能力并能够接受别人的工作方法;其次,团队成员应该信守承诺、言行一致,做到以诚待人,在诚信品质方面能够得到大家的认可;最后,团队成员的行为动机需要从集体出发,兼顾自己和他人的利益,透露出与人为善的动机,让其他成员感觉值得信任。

此外,团队成员还需要总结出能让其互相帮助和支持的方法,在工作中,创造合作的平台和分享的机制,给团队成员创造更多合作的机会;在制度的设计上,注重利益共享、风险共担,让团队成员不需要担心付出信任所带来的风险,团队成员愿意互相信任,彼此获得被信任,从而培养同甘共苦的团队精神,如更多地设置团队目标,促进成员的沟通和协作;在任务的分配上,整合为团队任务单元,合理回避成员之间的竞争;在薪酬制度的设计上,尽量明确具体,避免成员之间的利益冲突。

拓展案例 2-3

马化腾五兄弟:难得的创业团队

从当年的 5 条电话线和 8 台计算机所组成的局域网,到今天为 4 亿注册用户提供基于 QQ 的各种通信服务、全球市值名列第三位的创新型互联网企业;从当初只是 5 个人的创业团队、50 万元创业起步,到 2004 年 6 月上市后的 8.98 亿港元身价;从 14 年前 10 多平方米的一间办公室,到今天高度 190 多米、建筑面积 8.8 万平方米的腾讯大厦。腾讯公司 2010

创业基础

年实现收入196.46亿元,同比增长57%,实现净利润80.54亿元,同比增长56.2%。腾讯公司创造出奇迹,靠的是团队。1998年的秋天,马化腾与他的同学张志东"合资"注册了深圳腾讯计算机系统有限公司(以下简称"腾讯公司")。之后又吸纳了曾李青、许晨晔、陈一丹三位股东。这五个创始人的QQ号据说是从10001到10005。为避免彼此争夺权力,马化腾在创立腾讯公司之初就和四个伙伴约定清楚:各展所长、各管一摊。

之所以将创业五兄弟称为"难得",是因为直到2005年的时候,这五人的创始团队还基本是保持这样的合作阵形,不离不弃。直到腾讯公司做到如今的帝国局面,其中四个还在公司一线,只有COO曾李青挂着终身顾问的虚职而退休。

在企业迅速壮大的过程中,保持创始人团队的稳定合作尤其不易。在这个背后,工程师出身的马化腾一开始对于团队合作的理性设计功不可没。

从股份构成上看,五个人一共凑了50万元,其中马化腾出资23.75万元,占了47.5%的股份;张志东出了10万元,占20%的股份;曾李青出了6.25万元,占12.5%的股份;其他两人各出5万元,各占10%的股份。

虽然主要资金都由马化腾出,他却自愿把所占的股份降到一半以下。"要他们的总和比我多一点点,不要形成垄断、独裁的局面。"而同时,他自己又一定要出主要的资金,占大股。"如果没有一个主心骨,股份大家平分,到时候也肯定会出问题,同样完蛋。"

保持稳定的另一个关键因素,就在于搭档之间的"合理组合"。据《中国互联网史》作者林军回忆说,"马化腾非常聪明,但非常固执,注重用户体验,愿意从用户的角度去看产品。张志东是一个脑袋非常活跃、对技术很沉迷的人。马化腾在技术上也非常好,但是他的长处是能够把很多事情简单化,而张志东则更多是把事情做得更完美。"

许晨晔和马化腾、张志东同为深圳大学计算机专业的同学,他是一个非常随和、有主见,但不轻易表达的人,是有名的"好好先生"。而陈一丹是马化腾在深圳中学时的同学,后来也就读深圳大学,他十分严谨,同时又是一个非常张扬的人,他能在不同的状态下激起大家的激情。

如果说其他几位合作者都只是"搭档级人物"的话,那么曾李青就是腾讯五个人创始人中最好玩、最开放、最具激情和感召力的一个人,其大开大合的性格也比马化腾更具攻击性,他更像是拿主意的人。不过或许正是这一点,也导致他最早脱离了团队,单独创业。

后来,马化腾在接受多家媒体的联合采访时承认,他最开始也考虑过和张志东、曾李青三个人均分股份的方法,但是最后还是采取了五人创业团队,根据分工占据不同的股份结构的策略。即便是后来有人想加钱、占更大股份,马化腾说不行,"根据我对你能力的判断,你不适合拿更多的股份"。因为在马化腾看来,未来的潜力要和应有的股份匹配,不匹配就要出问题。如果拿大股的人不干事,干事的人股份又很少,矛盾就会发生。

当然经过几次稀释,最后他们上市所持有的股份比例只有当初的1/3,但即便是这样,他们每个人的身价都还是达到了数十亿元人民币,一个皆大欢喜的结局。

可以说,在中国的民营企业中,能够像马化腾这样,既包容又拉拢,选择性格不同、各有特长的人组成一个创业团队,并在成功开拓局面后还能依旧保持着长期默契的合作,是很少见的。而马化腾成功之处,就在于其从一开始就很好地设计了创业团队的责、权、利。能力越大,责任越大,权力越大,收益也就越大。

创业团队是一种特殊的群体,是由两个或两个以上具有共同的创业理念、价值观和创业愿景,相互信任,为了共同的创业目标,团结合作,共同承担创建新企业责任而组建的工作团队。调查发现,70%创业成功的企业,都有多名创始人。其中2～3人的占44%,4人的占17%,5人以上的占9%。尤其是在高科技领域,团队创业比个体创业多得更多。事实证明:选择合理的创业模式,组建卓有成效的创业团队是创业成功的重要基础。创业团队工作绩效大于所有成员独立工作绩效之和。没有团队的创业也许并不一定会失败,但要创建一个没有团队而具有高成长性的企业却极其困难。

资料来源:综合一栏.马化腾五兄弟:难得的创业团队[EB/OL]. (2018-02-24)[2020-10-20]. https://baijiahao.baidu.com/s?id=15932538831517 20001&wfr=spider&for=pc.

本章小结

创业者、机会和创业过程构成了创业的三大核心要素。本章分别从创业者和创业团队两个层面介绍了"创业者"这一核心要素的相关理论知识。

创业者层面重在从个体特质角度阐释创业者的大五人格特质、成就动机、风险承担、心理控制源、自信、模糊性的忍耐度等方面提出的要求,并分析了创业者选择创业的动机、驱动因素,以及创业动机对创业活动的影响。

创业团队层面重在分析团队创业比个体创业所具有的优势、典型的创业团队类型、创业团队绩效的影响因素,并讨论了该如何组建高效的创业团队。

根据本章的分析,创业者及创业团队成员所具备的特征是创业活动的第一笔人力资本投入,个人素质需要与团队进行融合。

实践环节

1. 实训目标

通过实践,学生应理解创业团队组建过程中核心团队成员的知识结构匹配以及这种匹配性对于创业活动的意义。

2. 实训内容

选择现实中的企业家,了解其创业团队成员的基本情况,重点对该团队的专业技能状况进行评测。专业技能评测量表见表2-3。

表2-3 专业技能测评表

专业领域	在经营活动中的重要性		
	较高	一般	较差
财务			
市场开发			

(续表)

专业领域	在经营活动中的重要性		
	较高	一般	较差
产品和服务开发			
直接与间接销售			
广告与推销			
会计			
人事管理			

评测步骤：

第一步，针对每一个团队成员，依照表2-3所列出的项目对其专业领域状况进行评测，有过实际经验且有不错的成绩，则可以选择"较高"；如果连基本原理和常识都不懂的，则选择"较差"。

第二步，如果该项目测评水平为"较高"，可以加2分；测评水平为"一般"，可以加1分；测评水平为"较差"，该项不加分。

第三步，计算该团队成员的总分。以此方法，对其他所有团队成员进行评测。

第四步，完成对全部团队成员的评测之后，对该团队的构成状况进行综合总结，分析其成员在专业领域方面是否互补，存在哪些方面不足。

3. 实训要求

(1) 6人左右为一个小组，以组为单位进行。

(2) 每个小组必须至少完成3个创业团队的测评任务。

(3) 可在教师指导下，设计相关测评量表或问卷，需形成小组最终的测评分析报告。

重点思考

1. 创业者的定义是什么？创业者与企业家的区别和联系是什么？
2. 特质论的核心观点有哪些？
3. 创业动机对创业有什么影响？
4. 创业团队绩效的影响因素有哪些？
5. 为什么信任对于创业团队非常重要？哪些因素会影响到团队信任？

课后分析案例

小管家颠覆大家政

如今，北京一些"家政公司"开始加速疯抢服务楼盘，圈地的原因是一个年轻人开拓出了一种叫做"小管家"的新家政商业模式。凭借新模式，这位创业者在北京，仅一个社区就年收入170万元。面对我国汹涌而来的社区经济，"小管家"铺就的是一条"沃尔玛"式的道路，一扇虚掩的财富大门正在徐徐打开……

张松江,出生于1978年,土生土长的北京人,如今是新理念保洁服务有限公司的总经理,公司注册商标为"小管家"。

尽管人们还都把他的公司称为"家政公司",但在张松江看来,他的"小管家"从开始就已经背离了传统家政。在极短的时间内,离经叛道使得"小管家"由穷困潦倒转而获取巨额利润,并因此搭建起一个面向未来的庞大商业帝国架构。对于传统的家政行业来说,"小管家"的成功模式所产生的影响很可能是颠覆式的。

一、创业出师不利

1999年,张松江从北京联合大学毕业,到择业时他才发现,自己怀里的一张大专毕业证书几乎没有任何用处。他与其他3个朋友商量,决定一起创业。

他在报纸上看到一个美国品牌保洁公司招加盟商的广告。4个人就跑到那家公司去看——那写字楼里面简直可以用金碧辉煌来形容。在对方进行"专业"的讲解后,他们相信了"保洁市场利润空间无与伦比"。

于是,4个人立即凑了3.9万元加盟金,交给了那家公司。随即,对方给他们进行了为期2天的保洁清洗培训。

他们本来以为,像什么饭馆的招牌清洗、灯箱清洗、建筑物外墙清洗、大型油烟机清洗、中央空调清洗……商机无处不在。然而,等他们跑去谈生意时,却到处吃闭门羹,根本没人用他们。2个月过去了,他们没有找到一个客户。

最初筹集的钱花光了,大家只好每人再筹集了5 000元。直到第四个月,终于等到了一位"大"客户。这位"大"客户是他们租住的那栋写字楼的经理。那位经理要求他们把这栋写字楼的地毯洗一遍。那些地毯的总面积超过3 000平方米。为此,张松江报价为每平方米3元,也就是说,活干完了应该可以拿到9 000元钱的报酬。

张松江领着员工大干了一场,可等他们干完了,那位经理只给了1 500元钱,随后丢下一句:"就这么多,没钱了"。张松江算了一下,除去材料消耗,这1 500元里还余下900元。看着大家精疲力尽的样子,张松江一咬牙:"走,我们用这笔钱吃大餐去。"

碰壁次数多了,张松江渐渐明白了保洁行业到底是怎么一回事。在原来做培训的时候,那家"美国品牌"公司告诉他们,做保洁清洗,市场的价格绝不低于每平方米10元钱。但在现实中,市场行情是每平方米1元钱。不仅如此,如果没有人脉关系,就算凭1元钱的价钱你也休想拿下一个仅有微薄利润的保洁工程。

二、一则广告触发灵感

张松江郁闷到了极点,从不对家人诉苦的他,最后还是将创业的烦恼告诉了父亲。望着创业遇到挫折的孩子,父亲平静地说:"没有关系,钱的事不用担心,我给你筹"。

父亲的话给了张松江莫大的安慰。当晚,张松江躺在床上,翻来覆去睡不着觉。他打开灯,随手翻开一张报纸。翻着翻着,报纸上一则广告吸引了他。那则广告说,北京的SOHO现代城推出了可移动墙壁的房屋。

可移动的墙壁——所有开发商都把墙壁做成死的,他们却做成活的。这墙活了,他们生意不就活了吗?别人的生意这样,自己的呢?要想有利润就得有别人没有的东西,就得把大家都认为是不能改变的固定思维模式打破。思维的闸门一旦打开,张松江再也抑制不住自已。他想到了由户外转向户内。

虽然户内保洁也有人做,但是现在的户内保洁太没有特点了。像SOHO现代城这样的高档社区,肯定需要一种更高档次的服务。麦当劳、肯德基走遍全球,凭的不就是一个严格的操作规程与标准嘛!对于保洁来说,这个标准应该是对卧室、卫生间、厨房等不同性质的房屋进行分类,然后确定不同的服务标准。

越想越兴奋,他把自己的想法、计划都写在了纸上。

从第二天开始的十几天时间里,他进一步完善方案,然后鼓起勇气去找SOHO现代城中海物业公司的经理。那位将近50岁、有着丰富经验的物业经理被眼前的年轻人打动了。

他说:"每天来这里要求做我们清洗业务的人多了,但是没有一个人能够提出你这样的想法。这里的活,我交给你了。"这时,父亲所筹到的10万元钱也交到了张松江手里。他把几个朋友一起合伙参股的钱退掉,然后自己注册了新理念保洁服务有限公司,在SOHO现代城的地下室里开始了新的旅程。

那段日子是极为艰苦的。地下室的潮湿程度达到了早晨放一只公文包,晚上拿走的时候都会从上面往下滴水。没有椅子,他们就坐在地上,每天跟民工一样吃2.8元一份的盒饭。

好在没过多久,就有一位客户提出要他们去家里做地板打蜡,没有做过地板打蜡的张松江竟然大着胆子答应了。等到了客户家里,面对地板,张松江和自己的员工面面相觑:怎么办?

虽然张松江有着种种超前设计,但是对这户内具体的活完全不懂。张松江一想,这打蜡应该和擦地一个道理,于是就把地板蜡放到擦地机里,挨着屋子擦。在地板湿的时候,地面确实很光亮。可是等地板一干,张松江傻眼了:原来的地面只是不光亮而已,而现在不仅依旧不光亮,而且还用擦地机擦出了一圈圈白乎乎的擦痕,简直不成样子。无奈之下,张松江当晚找到做过打蜡的朋友,来了个现学现卖。第二天一早,张松江立即带着员工来到客户家,给客户认认真真地把地板重新打好。等客户回来看到光亮的地板时,非常满意,付给了他们800元钱。

钱赚到了,但张松江却非常难过。这样的服务离自己的要求差得太远了。别说特色,连最基础的东西都做不好,这怎么能有前途呢?

张松江找到SOHO现代城的经理,提出了一个要求,那就是给现代城一些已经装修好但是还没有出租的房间进行免费保洁打蜡。这是任何一位经理都乐于接受的好事情。但是,对于张松江来说,这太重要了。他要通过为这些房间保洁磨炼自己员工的技术,研究一套有自己特点的操作规程与操作技巧。

功夫不负有心人,通过与员工一间间房屋、一个个细节部分的实践、记录与推敲,张松江总结出了自己的一套针对不同房间的工作程序和工作标准,在技术上也取得了飞跃。

以地板打蜡来说,他将擦玻璃的方法移植到了地板上,而且在工具、使用方法上都做了重大改进。因此,他们擦地板比传统打蜡法多花一倍的时间,但是擦出来的效果却让人感觉比传统打蜡服务高出几个档次。

就这样,张松江第一个月就赚到了3万元钱,开始打开了局面。

三、"大管家"教出"小管家"

一开始,张松江的服务项目比较简单,就是室内保洁而已,但他的客户——荷兰酒店管理(中国)公司的一个高级主管改变了张松江的看法。他对张松江说:"你的保洁服务做得很好,而且我发现你制定了一套严格的标准,你的员工都可以用这样的工作标准来做,我非常欣赏。但是你不觉得你只做保洁,经营内容太单一了吗?"

张松江点头:"客户也给我们提出过各种要求,有的需要做饭,有的需要带小孩,有的需要病人看护,可这些有家政公司提供保姆就可以了,我们的核心竞争力是保洁。"

那位酒店高级主管听罢连连摇头:"错了。我是在酒店做主管的,我知道客人会随时提出各种需要与要求。一个真正好的酒店,它能够赢得客户的信赖就是因为它能满足客户随时提出的各种要求。只有这样,酒店才会稳稳地把客户攥在手里,获得最大的利润。在国外,这样的服务叫管家服务,是非常有利可图的。从理论上说,我的工作接近于标准的'大管家'。你现在琢磨出来的那套服务理念很像管家服务,只是服务内容太单一了,如果坚持这套服务标准,并把这套标准普及到其他的服务项目上去,即使做'小管家'也一样前途无量。"

酒店高级主管的话打动了张松江。他在进行了详细的了解和调查后发现,那位酒店高级主管的话说到了最关键的地方——传统家政公司所提供的保姆服务存在着不可克服的巨大缺陷。首先,传统住家保姆都是住在客户家里面,其使用成本非常之高。其次,住家保姆工作效率低下。请来的保姆通常要花半年左右才会使用各种家用电器等,不方便的同时,危险性与损坏物品的概率也很高。再次,保姆与主人住在一起,会不可避免地产生矛盾,而且保姆一旦生病,其结果相当麻烦。此外,那就是请一个住家保姆,家庭住户也就失去了心理安全保障。

一般的家政公司仅仅相当于一个中介公司,怎么可能把服务做到符合客户需求呢?就在张松江思考这个问题的时候,一位来自香港的业主打来电话:"我买了些基围虾,你们有没有会做粤菜的师傅,过来给我做做。"张松江立即问底下员工。一位刚进门的员工答应道:"我是广东人,做这个菜没问题。"

于是,这位员工到客户家里,按照客户的口味做了白灼基围虾,配了调料汁,客户非常满意。由于服务是按小时计费的,每小时收费10元,因此客户毫不犹豫地办了一张960元的服务卡,以求得到一种长期优惠的服务。

在随后几天,电话接二连三地打了过来,这些电话都是客户要他们派人到家里做菜,有的是自己吃,有的是要请朋友吃饭。在张松江的员工组成中,本来就不乏擅长做饭的,而为了满足客户的需求,张松江对这些员工还进行了专门的培训,强化他们的技能。在以后的工作中,做饭成了培训的一个基本内容。

就这样,保洁、做饭、看护、购物等一个个即时要求的提出,验证了那位酒店高级主管说过的话。而满足这种要求,就能攥住客户并获得高额利润也得到了应验。

半年时间,一个1 000多户的社区,570人先后办理了服务卡,张松江获得50多万元的收入。

四、"小管家"的大理想

随着一年半的摸索,张松江正式注册了"小管家"商标,也确立了"小管家"的服务特色与细节标准。

在安全问题上,"小管家"的服务机构设在社区内,24小时服务,人员全部有详细的备案,出现何种问题都可以做到24小时随时追查,有效保证了服务的安全性。6年以来,严格的服务体系也保证了"小管家"没有发生一起失盗案件。

"小管家"向客户提供有效期之内的健康证,而且严格健康上岗制度,一旦服务人员出现生病的情况,他的服务就由其他健康的服务人员接替。一般来说,"小管家"会为客户提供两个备选。由于两个备选事先都得到过客户的认可,而且按照要求,他们也都熟悉客户的服务档案,对客户情况了如指掌。因此,接替交接后,客户不会感觉服务质量变化。

由于公司事先对员工进行了各种技能的严格培训,因此服务人员对家庭中各种设施等非常了解,在服务中一般不会遇到障碍。那些传统住家保姆忙碌一天的工作,如果通过"小管家"的安排,在两三个小时内即可完成。

如今,在北京SOHO现代城社区,1 000户的业主中,有超过500户以上是"小管家"的忠实客户。仅此一个社区,"小管家"的年服务收入就突破了170万元。做"家政",一个社区1年能赚到170万元,这是令同行无法理解的奇迹。

亲眼目睹张松江的成功之后,周围的亲戚、朋友纷纷要求加盟"小管家"。在没有做任何广告宣传的前提下,"小管家"的加盟商居然有70多家。

2002年,"小管家"开始与美国肯洁清洗公司合作,将自己无法清洗的高档沙发面料等交给这家公司。在不增加任何成本与人员的前提下,服务内容与服务质量得到提升,"小管家"还因此轻松为自己带来每年5万元的纯利润。

2004年,"小管家"与专业洗衣店合作,随后"小管家"又推出了自己的干洗品牌。随即,"小管家"自有品牌的桶装水与各种清洗用品陆续上市。

张松江的下一个目标是在全国发展1 000家连锁店。一位了解了"小管家"飞速成长与未来计划的专家不无感叹地惊呼:"这个'小管家'哪里是在做家政,明明是在做一个中国特色的'沃尔玛'。"

在总结自己的创业历程时,张松江说:"我比较欣赏我朋友说过的一句话,那就是无论你做的是什么行业,只要你用心,想办法,把这件事情做好了,它就可以实现你的人生目标。"

资料来源:韩润明.小管家颠覆大家政 服务一个社区年收入达170万[EB/OL].(2006-04-19)[2020-10-20].http://finance.sina.com.cn/money/lcestablish/20060419/14042513289.shtml.

思考:

1. 根据张松江的创业故事,你觉得他身上有哪些特点?
2. 张松江选择创业的动机是什么?
3. 你觉得是什么支撑张松江渡过那段最为艰苦的日子?

参考文献

1. 陈建安,邢毅闻,陈武.身份视角下学生创业者研究:述评与展望[J].外国经济与管理,2019(9).
2. 林强,姜彦福,张健.创业理论及其架构分析[J].经济研究,2001(9).
3. 彼得·德鲁克.创新与企业家精神[M].北京:机械工业出版社,2007.

4. Kuratko D F, Hornsby J S, Naffziger D W. An examination of owner's goals in sustaining entrepreneurship[J]. Journal of Small Business Management, 1997(1).
5. 曾照英,王重鸣.关于我国创业者创业动机的调查分析[J].科技管理研究,2009(9).
6. 单标安,费宇鹏,于海晶,陈彪.创业者人格特质的内涵及其对创业产出的影响研究进展探析[J].外国经济与管理,2017(4).

创业基础

第三章 创业机会

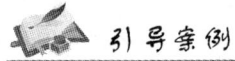

"字节跳动"的成功

张一鸣是北京字节跳动科技有限公司(以下简称"字节跳动")创始人,公司旗下有"今日头条""激萌""悟空问答""抖音小视频""内涵段子""火山小视频"等多款产品。2019年3月,张一鸣以162亿美元财富排名2019年福布斯全球亿万富豪榜第70位。4月18日,张一鸣上榜美国《时代》杂志(Time)2019年度全球百位最具影响力人物榜单。10月28日,胡润研究院发布《2019胡润80后白手起家富豪榜》,张一鸣以950亿元排名第二。通过创业,张一鸣不仅体现了个人价值,更为我国经济与社会的发展做出了重要的贡献。

张一鸣从高中时代起就酷爱计算机,2001年进入南开大学,先后就读于微电子和软件工程专业。他在大四时编写的电路板自动化加工软件"PCBS"曾获得过"挑战杯"二等奖。大学毕业后,他直接参与了多家公司的创业,其中有两家是自己创立的,还有一家他是合伙人。在创业的过程中,他善于寻找创业机会,其中2012年12月底,张一鸣察觉到了移动互联网的发展趋势,他认为,在这个前提下帮用户发现感兴趣、有价值的信息,变得非常有意义,是一个重要的创业机会。为此,他开始了自己的第五次创业,并先后成功孵化出"内涵段子""搞笑囧图""今日头条"等产品,相比当时同质化严重的资讯平台,"今日头条"的亮点是机器学习下的个性化推荐。个性化推荐对"今日头条"有着极强的战略意义,这是它在搜狐、网易等类似移动产品围剿下能够成功突围的重要因素。用其创始人张一鸣的话说,"今日头条"不是一个简单的新闻分发的客户端,而是依据对用户的数据挖掘,每个用户看到的内容都是不一样的,实现"千人千面"。"今日头条"抓住了"人性",自然也就抓住了市场。为了摆脱对内容资源的束缚,"今日头条"开始自建生态体系,从纯粹的移动资讯聚合平台转型内容运营平台,将产业链扩大到内容生产环节,并推出了"头条号"功能,专为各类媒体及党政机关提供内容创作平台。为了进一步获取优质内容,"头条号"还推行了一系列的扶持措施。例如,"头条号"通过"千人万元"的资金扶持计划,激发创作者的热情;基于大数据的热点分析,提供创作辅助;完善原创机制、优质内容流量倾斜、增加赞赏、广告功能等。可以说,"AI+补贴"的短平快打法极具杀伤力,通过资金扶植、自媒体孵化器、产品支持等一系列举措,"头条号"已经成为国内最大的自媒体作者平台。2015年,"字节跳动"把短视频确定为下一步的战略方向。不过当时,这个领域的竞争已经非常激烈,首先是"Papi酱们"发布视频的平台"秒拍"被嵌入微博,其次是快手通过"农村包围城市"的路线已经获取过亿的用户,再次是腾讯公司旗下定位于"8秒短视频"的微视也运营了2年,足以说明竞争对手的实力非常强。在这期间,短视频领域可以说是被一下科技(秒拍母公司)和快手主导,两家公司分别占据该行业的高、低端市场。与此同时,YY直播、陌陌、B站、爱奇艺等平台也纷纷进军短视频,"字节跳动"身处其中并不突出。但不能忽视的是,从图文资讯中突围而出的"字节跳动",通过分析自身优势,准确地抓住了这次商业机会。其于2016年4月起,先后推出了三款短视频App——火山小视频、西瓜视频和抖音,这三款产品采用差异化定位在竞争激烈的环境中取得了不俗的成绩。

截止到目前,张一鸣并没有满足所取得的成果,怀揣"中国梦"以及创业家精神的他通过不断创新,把握住了一次又一次的创业机会。

资料来源:李慧敏. 张一鸣首谈字节跳动创业 7 年[EB/OL].(2019-03-14)[2020-08-08]. http://news.163.com/shuangchuang/19/0314/16/EA88D6V4000197V8.html.

案例解析:分析上述案例,可以发现,张一鸣在大学学习专业知识及技能的同时,也在通过不同的方式参与创业。一次又一次的创业不仅丰富了他的阅历,更加坚定了他将创业进行到底的决心。创业成功需要识别创业的机会,然而创业机会又与商业机会存在一些不同之处,在厘清两者之间的异同之后,理解创业机会的特征,在此基础上通过对影响识别创业机会的因素进行分析,找出其关键影响因素,并熟悉识别创业机会的一般过程,掌握识别创业机会的技巧,才能更好地帮助创业者发现创业机会。

第一节　创业机会识别

3-1 创业机会的概念与来源

一、创意与机会

奥地利经济学派对企业理论的研究重点在于企业家。伊斯雷尔·柯兹纳(Israel Kirzner)对企业家的定义是对营利机会或商机的"敏锐发现"。他认为,行为人首先必须发现营利机会或商机,其次才有可能进行交易。该学派认为,必须考虑企业家的发现过程对机会形成的作用,只有企业家能创造性地发现新生事物的崭新意义。可见企业家对机会的发现就是创意(idea)的生成过程。

企业家的使命是发现并利用机会,这里的机会可以分为机会发现和机会实现。但现存的文献更多地研究了机会实现问题,而忽视了机会发现问题,也就是说忽视了创意来源的研究。

现实中,创意来源是多种多样的,理查德·吕克(Richard Luecke)(2004)指出,创意有许多来源,有的来自灵光乍现,有的是无意中得来的。管理学大师彼得·德鲁克(Peter Drucker)指出,大部分创意是来自刻意的、有目标的寻求问题的解答或取悦顾客的机会。创意主要有六个来源:新知、顾客、领先使用者、共鸣设计、创新工厂与秘密计划、创意的公开市场。

(一)新知

新知是创新的重要泉源。激进的创新中有很大一部分是新知的产物。虽然新知所带来的创新往往是强而有力的,有些创新将会颠覆传统的产物,但从新知的开发到将其转变为商业化产品,通常要经过一段漫长的时间。虽然以新知为基础的创新在时间上拖得很长,但其回报却往往是非常可观的。

(二) 顾客

如果销售人员、服务人员、研发工作者能倾听顾客的意见,并且鼓励顾客说得更多,就会发现顾客会提出有益的意见;继续鼓励顾客说得更多,就会发现顾客是永远的创意来源。此外,顾客也可能是认清未解决问题的最佳来源,毕竟顾客才是产品或服务最终消费者。大部分企业都了解顾客的重要性,将他们视为新点子的重要来源,并经常进行市场研究以便及时获取他们的意见,并对所提出的意见进行分析和研究。

聆听顾客意见时要注意一个观点,他们拥有阻挠追求创新的潜力。一个好的企业家会将聆听顾客、取悦顾客奉为圭臬,但是与顾客走得太近,不仅会阻碍企业的创新,还可能迫使企业故步自封,死守没有前途的技术或商业模式。特别是当顾客无法了解技术的发展性,并且害怕创新会使自己使用的系统落伍时,便会出现这种状况。有些企业屈服存在"服务市场专制",他们建立了一套审核制度,扼杀了受到现有顾客反对的创意。他们几乎集中所有的公司资源,为现有获利来源(即现在顾客市场)提供服务。长此以往,几乎可以确定的是,他们只会针对现有产品或服务进行升级或改善,而且必然会错失下一波扭转激烈竞争环境的变革狂潮,无法开发出具有革命性的产品或服务。

(三) 领先使用者

领先使用者是企业家创意的另一个重要来源,他们是一群需求远远超前市场趋势的人,他们可能是企业或个人,而且不一定是顾客。领先使用者有一个共同点:为了满足自己独特的需求,往往制造商尚未有能力考虑到这些需求时,他们就驱策自己进行创新。如果企业精心挑选一些富有创造精神或领先的使用者,然后和他们进行密切合作,那么企业可以期望得到更具创意的新产品构思。这里的领先使用者是指创新企业、组织或者走在市场潮流前面、需求远远超过普通使用者的个人。向领先使用者学习的关键在于跟踪这些领先使用者轨迹。其具体做法包括4个主要步骤:①确定目标市场和企业在目标市场的创新目标。②决定趋势,和在这个领域对新兴技术和尖端应用具有开阔视野的人交流。③通过网络或问卷调查确定领先使用者。④开发突破口,举行一个由确定的领先使用者和关键内部技术、营销人员参加的研讨会。

(四) 共鸣设计

企业家在判断市场需求时所面临的问题之一,就是目标顾客未必能确认,或顾客未能清楚地表达未来的需求。由于他们大部分都不知道未来技术发展,因此他们往往根据已有熟悉的现有产品或服务,来描述自己未来的需求。

如果想要的创新不仅仅是熟悉事物的改善,就必须找出顾客可能尚未体会到的需求,并且加以解决,共鸣设计的就是为此而生的应用技巧。企业家可以借此观察人们如何在他们身处的环境中,使用现有的产品与服务。

多萝西·雷纳德(Dorothy Leonard)与杰弗里·雷波特(Jeffrey Rayport)指出,共鸣设计基本流程包含五个步骤:

(1) 观察。公司派驻企业代表到顾客的家庭或工作场所中,观察他们使用产品的情形。这一步骤的关键问题在于该观察谁?即未来目标顾客是谁?

(2) 记录材料。观察员应该精准记下他们在做什么、了解他们为何那么做,以及他们所到遇的问题等材料。由于取得的往往是视觉的、并且通常无法量化,因此可用照片、录音、录像、绘图来记录。

(3) 思考与分析。观察人员从现场回到公司、与公司同事分享他们的经验,进行讨论。他们在思考分析之后,如果有必要,则可能还得重返现场,进行更多观察。

(4) 脑力激荡。共鸣设计者尽量为观察的问题提供各种可能的解答,并且以图形或表格的方式描绘出来。

(5) 共鸣设计者建立解决方案的初始原型,因为原型能使新概念变得清晰,并且有利于观察人员与顾客之间就解决方案产生互动,以及激发潜在顾客的反应,从而完善解决方案的原型。

(五)创新工厂与秘密计划

许多大型企业都有正式的研发单位(或创新工厂)来挖掘、激发和发展创意。有些企业以企业整体层级与业务单元层级两个层级来支持研发流动。

一般来说,企业整体层级的研发致力于激进创新,并将发展技术供各事业单位使用;业务单元层级的研发重心则在于短期内能使该单元直接获利的渐进创新。业务单元管理者负有盈亏责任,在一般情况下他们不愿意或无法扛起长期渐进创新计划的财务重担,于是指望企业整体层级的研发做到这一切。研究发现,唯有大部分昂贵、费时的基础工作都已完成后,业务单元层级才会乐于接受企业整体层级研发实验室的创新。这个层级的创意的激发着重在改善企业的主流事业的绩效,即往往意味着企业管理者需要把管理重心放在渐进创新上。

正式的研发计划并非激发创意的唯一方法,有些企业会针对一些特定问题,临时召集观点不同的顶尖人才齐聚一堂,通过讨论以激发创意。有时这些人会被安置在比较偏远的地方,以使团队成员专注在执行特定任务,将组织内外的干扰降至最低程度,或是保持高度机密。这些焦点计划团队所进行的工作通常被称为"秘密计划"。

(六)创意的公开市场

未必一切事物都必须企业"自创"——创意也可以像商品一样在公开市场中进行买卖。企业可在公开市场创新运用授权、合资、策略联盟等商业活动,使创意的流通也能享受到自由交换的益处。公开市场上的创意有四项独特的优点:①买进创意能为企业增加创新所需的基础。②出售创意是获利及保持创意活力一个较好方法。③卖出创意能帮助企业衡量创新带来的实际价值。④创意的交易有助企业厘清本身最擅长的业务。当然,跨越组织界线的创意合作会带来很大的风险,其中最关键的一项在于,公开市场中的创意是通过与他人分享而获得的,因此难以从创意收益中获得完整利润。防范这项危险的最佳途径,就是要建立一套能够保护自身利益的交易架构。

尽管许多创意都是由偶然的观察、在与顾客的接触的过程中,甚至无意间出现的实验结果所激发。巴斯德(Pasteur)指出:"机会只青睐已经做好准备的人。"如果做好相关的准备,管理者就比较可能快速地拟出解决企业问题的构想或认清机会。

拓展案例 3-1

侯凌志的第一桶金

侯凌志创业前在义乌一家外贸工厂做销售经理,由于工作关系,他常常跟外国客户打交道。有一天,一位相熟的阿根廷老客户找到他,并拿出一把梳子向侯凌志询问,中国哪里可以批发到这样的梳子?这把梳子是从阿根廷客户手里拿的,并不像当时国内市场上常见的木头、牛角梳子,而是一个逗号形状的空气塑料梳子。这种梳子的最大特点是可以防止静电和头发打结。当时的义乌并没有厂家生产这款梳子,这让侯凌志看到了商机。然而,并没足够生产资金的侯凌志,对于拿什么开工厂和买机器的问题一筹莫展。阿根廷朋友看到了侯凌志的难处,一口气给了他30%的交易额当作订金,足足几十万元。侯凌志拿着这笔钱,做的第一件事情并不是生产产品,而是在国内某电商平台开了第一家自己的网店,取名叫"蔻梦"。

  侯凌志从义乌小商品市场淘来了几款梳子样品,用手机拍照上传到店铺中。随后,他才开了模具,买了原料,物色到代加工厂,开始生产阿根廷客人的第一批产品。代加工厂做好产品后,侯凌志再请厂子附近的农村女性当临时工来包装产品。2013年,侯凌志终于完成了自己的第一笔订单,但之后却陷入了长时间的困境。正当侯凌志一筹莫展时,电商平台来了一个订单,一个客户要订十几万元的梳子,侯凌志延续上一笔订单的模式,买原材料找代加工厂,顺利地出了货。但这样并不是长久之计。侯凌志找到了一家义乌当地有生产能力,但销售能力较弱的工厂,这家工厂共有两台机器,正处于低迷时期。侯凌志租下其中一台,自己做起了梳子。只要有订单,侯凌志就立马发给工厂,得到的利润和工厂分成。他明确了只做梳子的定位,不久就打响了名气甚至吸引来了联合利华等企业订单。随着业务的不断发展,侯凌志开始钻研店铺的运营方式。首先是定位准确。他将模具低价卖给别的工厂,并将此前开的100多个百货模具全部砍掉,下架店铺里的100多个链接,回归梳子主业。明确定位后,侯凌志才明白,要想真正转型,必须要有自己的"东西"。他想到了开发专利产品,做一个属于自己的品牌。从未接触过设计的侯凌志,花了大量时间和精力查阅资料,简陋的办公室满地都是被揉成团的设计初稿。他常常一抬头就是深夜,才发现自己一天都没吃饭。可就是凭着这一股子"狠劲",侯凌志终于把初稿定下来了。从设计到开模到第一次做出成品,侯凌志都亲力亲为。借势梳子行业TOP1的位置,侯凌志的店铺很快走向了正轨。

  如今,侯凌志已经拥有2 000平方米的厂房,日产能达到1.2万件,这家小作坊俨然已经转变成了真正的工厂,并且吸引了欧莱雅、雅芳等多家大型化妆品集团的订单。

  资料来源:实力商家.被合伙人私下卷款数十万 他用"1元包邮"东山再起[EB/OL].(2018-10-10)[2020-08-08].https://shili.1688.com/zhaoshang/kmryp.html.

二、创业机会与商业机会

  创业机会是可能创建新事业并获得盈利的机会,是创业过程中最为关键的要素,是一个不断被发现的动态过程,代表着一种通过整合资源、满足市场需求以实现未来市场价值的可能性。创业机会也是一种情境,在此情境中原材料、市场组织方法和新产品或新服务能够以创新的方式来重新组合。由此可见,首先,创业机会要会对潜在的顾客产生吸引力,即能代表一种顾客渴望的未来状态,这样的机会才有获利的可能;其次,创业机会一般伴随着新事物或新模式的产生,为了保证"新"存在的意义,机会必须持续一定的时间,从而使创业者有可能去发现、评价和开发。然而这种持续性不是长期的,即存在机会窗口(window of opportunity),创业者要必须在机会窗口关闭之前采取实际创业行动才有可能创造出价值。

创业是一种持续不断过程化的活动,自始至终无不围绕着创业机会进行。正如 Shane、Locke 和 Collins 所言,创业过程之所以发生,其原因就在于创业者追求机会的行动。如果将植物的生长周期比喻成创业活动的话,选择种子与播种期是创业者在与环境的互动中产生创业动机,在纷繁复杂的商业社会中搜索机会之后对潜在目标的时机、前景、价值等进行评价,如果具有开发潜力,创业者则会整合各方资源来建立新事业。成长期是依据新事业的发展目标与战略规划对先前机会进行持续不断地开发,使核心产品或服务在市场中占有较大份额。成功的创业者善于敏锐地发现与分析形势,在危机时刻坚持,在不利时刻转移风险或规避风险。随着新事业发展,从而进入收获期,原有的机会也已经成熟,机会窗口已关闭,其潜在价值已开发殆尽,为保持竞争力,创业者需要积极搜索新的发展机会,即寻找其他有价值的机会,重新进入机会搜索阶段。

因此,如果要把机会与创业活动组成一个模型,那将是一个生生不息的不断循环模型。如上所述,机会在创业活动中经历了搜索、评价与开发阶段,如果在某个阶段创业者没有足够的信息使机会得以继续实施下去或使机会进入成熟阶段,其最佳选择就是返回机会搜索阶段,以便在继续前进之前获得更多的信息和知识,从而可持续保持竞争力。

 拓展案例 3-2

黄土妈妈——来自黄土高原的商机

高荣华的家乡在陕西省米脂县,在他的记忆里,童年都是在老家穷苦的生活中度过的。在父母的支持下,高荣华凭借自己的努力考上了大学,有幸走出这片黄土地,到外面的世界去闯一闯。在上大学期间,他得知家里种的小米滞销了,两三千斤的小米躺在窑洞里,迟迟卖不出去。高荣华陷入疑惑,自己从小吃到大的小米,品质这么好,原始耕作方式,不打农药,不上化肥,不打除草剂,这么好的原生态粮食,为什么在很低的价格下却总是卖不出去呢?于是,他尝试在朋友圈发布自产小米的信息,令他意外的是效果非常好。许多朋友和同学都纷纷留言询问价格。平时家里卖给二道收谷贩子 2 元/斤有时候还卖不出去的小米,以 12 元/斤的价格全部卖光了,而且还帮忙把同村很多农户的小米也卖出去了。单是在朋友圈卖小米,高荣华的第一次尝试就达到了十多万元的交易额。这让他产生了创业的想法,于是他带领四个同学,开始了他们的创业之路。秉承"黄土粮,妈妈心"的做事态度,几个年轻人踏上了他们的追梦之旅。2016 年,米脂县黄土妈妈农产品开发有限公司(以下简称"黄土妈妈")正式成立,并提交注册了"黄土妈妈"品牌。品牌注册下来后,高荣华与合伙人开始规划谷子协议种植基地,原料把关很关键。首先,他们找到米脂当地小米种植户,与其签订协议种植合同,以高出市场价 2 毛钱的价格收购农户的谷子,可以帮助农民增收,农民很乐意。目前,一共有十几个村子的部分农户和高荣华达成了合作。此外,黄土妈妈对收购的谷子也有筛选的门槛。只有达到标准,才会交易。高荣华在每个村子都有信息联络人,定期采集小米的生长情况。高荣华有严苛的标准:小颗粒且饱满,呈暗黄色的才是上乘小米。"质量不好的小米会被淘汰,即使是已经合作很久的农户,也不会盲目收购他所有的产品,也会从中挑选。"除此之外,他们还结合自己的产品及定位设计了品牌卡通形象,他认为黄土、蓝天之间,窑洞、戴头巾的劳动人民正是陕北特色,是小米最好的代言人,研磨小米时候必须配一头驴,将这些特色元素印在包装上可以吸引大家的兴趣及眼球。另外,高荣华还将店内的陈列及风格做了调整。请人制作了近7分钟的纪录片,航拍、特写齐上阵,讲述了米脂小米的生产过程。风吹稻谷的飒飒声,种植小米的农户手工收割小米,休息的间隙,一个老农感叹:"山峁峁高,山峁峁高峁长的谷子好,小米米汤钱钱饭,祖祖辈辈不能断。"目前,黄土妈妈扎根于陕北黄土高原,致力于黄土地上健康无公害农副产品开发。该公司在2016年荣获"中国民族品牌卓越贡献企业",2017年荣获"农业行业中国民族品牌称号"。

资料来源:实力商家."小米王"的开挂人生[EB/OL].(2018-10-16)[2020-08-08]. https://shili.1688. com/zhaoshang/huangtumama.html.

三、创业机会的特征与类型

结合创业机会的特征,我们可将其分为以下四个类型:

(1)创新型机会。创新型机会通过技术的创新为人们带来方便,改变人们的生活或传统的商业习惯,如微软、苹果等公司拥有别人在短时间内无法超越的技术能力。此种机会往往会根据客户需求来创新技术或通过研发新产品来引领客户需求。

(2)模仿型机会。模仿型机会通过模仿别人的技术,优化产品,降低成本形成竞争力,或者利用自己已有的用户群。例如,百度模仿谷歌,但百度更适合中国人使用的习惯;腾讯则利用已有的庞大用户群对其的依赖来形成创业机会。

(3)识别型机会。识别型机会通过已有技术和已知需求成为供给方。例如,百合网利用中国的庞大人口和现代找伴侣难的契机,结合科学心理分析,将学历知识水平、生活背景、性格气质、兴趣爱好、世界观价值观接近甚至相同的人搭配在一起,提高配对率。

(4)发现型机会。发现型机会将新技术应用到不同领域,与其他行业融合。例如,阿里巴巴将网络和商业买卖融合到一起,改变了我们传统的消费观念;阿里巴巴和腾讯也将互联网和金融结合起来,开拓了互联网金融行业,方便普通顾客购买理财产品,同时也提高了普通理财顾客的收益水平。

 拓展案例 3-3

1年生产一百万个外卖保温箱

近年来,我国外卖行业发展迅速,很多人加入外卖员的行业。但随着外卖业务的不断增加,客户投诉率也在不断上升,主要是因为传统的泡沫保温箱难以长时间保持餐饮的温度。此类问题间接影响着外卖服务的水平及质量。说到这里,我们需要介绍一位叫廖志刚的人,他通过市场调研并请教专业人士,最后确定了一种EPP材料,该材料非常适合制作餐饮保温箱,于是他和几个朋友合伙,租了一间1 000平方米的厂房开始创业,用一台设备,使用EPP材料做外卖保温箱。2011年,肯德基的采购员在通过电商平台找到廖志刚。他们需要定制一批环保、又保温的外卖箱,发给全国的宅急送配送员。肯德基一开始就认定了EPP

材料,第一笔订单,肯德基要了几百个箱子。这是廖志刚第一次接到食品领域客户的订单。"肯德基的要求也高,光打样就打了10多次,每次打样都要重建模型。"箱子被肯德基方推翻了10多次,堆在仓库的瑕疵品,足足有800多个。如今回想起来,肯德基的一单却是改变他公司命运的一单。因为肯德基,廖志刚的箱子被其他外卖企业看到了。"从2013年开始,美团和饿了么的竞争不断,2014年,百度外卖也进来了。"廖志刚的企业接到了大量的订单,外卖市场不断在扩大,他们需要更多的外卖箱。到2014年,廖志刚的工厂就已经跟不上进度了。他换了一间8 000平方米的厂房,增加了5条全自动生产线,开始24小时不停生产,1天能出3 600个箱子。廖志刚也不再满足于手头上的固定大客户,他做过调查,EPP材料的保温箱在学校、餐饮店都有使用需求。近十年来,国内餐饮箱逐步进行了升级改造。以前,中国人习惯使用白色的泡沫箱,但那不保温,也不环保,永远不能被降解。使用寿命也只有十几天。用EPP材料生产外卖箱后,食物可以保鲜保温几小时。2013年以后,国内的外卖行业进入了大爆发时期。大佬们之间的竞争,也体现在了外卖箱子上。在这一点上,廖志刚的感受最明显:比如,饿了么的采购计划很严谨;美团的采购频率更快;百度最没有"要求"。"那几年,饿了么是按照季度采购外卖箱的,每次都要了5万个箱子。"每隔3个月,廖志刚都能接到一笔饿了么的采购订单。"美团每个月都来下单,每次补进2 000个外卖箱。"百度外卖的采购是没有规律的。"有时候1个月,有时候2个月,每次要1 000多个。"百度外卖App刚上线的时候,他们的预算不多,对箱子的要求也比较低。"他们要求降低箱体材料的密度,以此节约成本。"随着外卖业的不断发展,新的问题也开始出现,这个问题就是外卖被偷的现象日益增多。这种不文明的现象不仅影响着外卖员的工作,更给外卖员带来了投诉及罚款等问题。解决这类问题目前最有效的方法是自动上锁的智能配送箱。为了把握此次商机,廖志刚参与了饿了么智能箱的样箱开发。廖志刚的保温箱的技术越来越"人性化",在两侧加上把手,方便外卖员搬运箱子;将盖子做成可以折叠的"合页盖",然后在盖子上安装小搭扣,把搭扣关上,箱子就不那么容易被人打开。

资料来源:阿里小二. 一年生产一百万个外卖保温箱,饿了么、美团背后站着同一个男人[EB/OL]. (2019-10-12)[2020-08-08]. https://gys.1688.com/1291382-1.html.

四、创业机会的来源

创业是发现市场需求,寻找市场机会,通过投资经营企业满足这种需求的活动。创业需要机会,机会要靠发现,在茫茫的市场经济大潮中要想寻找到合适的创业机会,创业者需要具备一定的素质。

不怕没机会,就怕没眼光。人们经常听到一些想创业的朋友这样抱怨:"别人机遇好,我运气不好,没有机遇""我要是早几年做就好了,现在做什么都难了"。这些想法都是误解。其实机遇无处不在,就看你能不能识别它。例如,修自行车是一个不起眼的小生意,但是朱跃清却把它做成一个很好的创业项目。1997年秋季,他下岗后立志创业,抓住上海高校后勤服务改革的机会,投资2 000元在复旦大学开了一个自行车维修点。第一个月就赚了1 000多元,后来他在老师指导下尝试用"连锁经营"的方式拓展维修点,做大修车业务。现在他已在上海12所高校开设了自行车维修点,并先后开拓了绿地养护、无水洗车、物业保洁、汽车装潢等新的项目。他不仅自己成功创业,还带出了54个小老板。这个例子充分说明了"不怕没机会,就怕没眼光"。

著名成功学大师拿破仑·希尔说过:"一切成功,一切财富,始于意念。"如果你想创业,但你暂时还没发现机会或抓住机会,不要怨天怨地怨别人,先想一想自己的态度是否积极?思想观念、思维方式是否正确?

创业机会无处不在、无时不在。其主要来自五个方面。

(一) 问题

创业的根本目的是满足顾客需求,而顾客需求在没有满足前就是问题。寻找创业机会的一个重要途径是善于去发现和体会自己和他人在需求方面的问题或生活中的难处。例如,上海有一位大学毕业生,他发现远在郊区的本校师生往返市区交通十分不便,于是他创办了一家客运公司。这就是把问题转化为创业机会的成功案例。

(二) 变化

创业的机会大都产生于不断变化的市场环境,环境变化了,市场需求、市场结构必然发生变化。著名管理大师彼得·德鲁克将创业者定义为那些能"寻找变化,并积极反应,把它当作机会充分利用起来的人"。这种变化主要来自产业结构的变动、消费结构升级、城市化加速、人口思想观念的变化、政府政策的变化、人口结构的变化、居民收入水平提高、全球化趋势等方面。例如,随着居民收入水平的提高,私人轿车的拥有量将不断增加,这就会派生出汽车销售、修理、配件、清洁、装潢、二手车交易、陪驾等诸多创业机会。

(三) 创造发明

创造发明提供了新产品、新服务,可更好地满足顾客需求,同时也带来了创业机会。例如,随着互联网的诞生,服务器和电脑维修、网络平台的开发、视频和图文的制作、互联网金融和大数据挖掘等创业机会随之而来,即使你不发明新的产品或服务,你也能成为销售和推广新产品或服务的人,从而也可以带来新的商机。

(四) 竞争

如果你能弥补竞争对手的缺陷和不足,这也将成为你的创业机会。看看你周围的公司,你能比它们更便宜、更可靠和更快地提供产品或服务吗?你能做得更好吗?若可以,你也许就找到了机会。

(五) 新知识、新技术的产生

例如,随着健康知识的普及和技术的进步,围绕"水"就带来了许多创业机会,上海就有不少创业者加盟"都市清泉"而走上了创业之路。

拓展案例3-4

看上海宜链如何将问题转化为机会

2018年"疫苗之殇"震惊全国,比疫苗失效更可怕的,是"失信"。疫苗之殇,既拷问着国人的道德良知,也呼唤着企业的责任担当。在不断总结与反思的过程当中,疫苗的温度和库存无法精准溯源、疫苗流向不清晰、疫苗召回进程全部需要人工盘点等难题亟待解决。疫苗安全问题中最容易被忽视的是配送环节缺少信息化的问题,信息化落后导致很多数据没有高效联通,随之而来的信息化断链,会导致好苗被"过期",这给清查疫苗流向及后续的责任追溯工作都造成了很大的困扰。虽然目前冷链物流监控技术已经很成熟,难点始终在于供应链上的数据追溯。因为一个产品在物流环节上涉及多家公司(如物流公司、仓储公司),这些链条上各个公司的数据整合交换是很复杂的事情,没有这些数据的整合,就无法实现追溯。随着区块链技术的飞速发展,它具有去中心化管理、公开透明的数据、记录不可篡改、信任机制等优点,可用于解决该类问题。在这样的背景下,上海宜链物联网有限公司(以下简称"上海宜链")发现了这样的创业机会,并联合思爱普(中国)有限公司提出了"基于SAP全球追踪追溯系统与区块链技术的医药行业解决方案",搭建了全球领先的无线射频识别技术(radio frequency identification, RFID)温感溯源系统平台。该平台致力于破解疫苗储运温度全链条实时监测难题,让疫苗冷链全流程不"断链"实时监测成为现实,可以实现利用SAP全球追踪与追溯解决方案和SAP区块链服务,基于自主知识产权的UHF RFID温感芯片及匹配的读写设备进行溯源及温度采集,与数字化疫苗接种平台及疫苗物流商合作,提供精准的疫苗出入库管理、在途在库查询、温度自动监控与预警,改善疫苗溯源及质量管理,解决诸如温度监控断链、库存管理混乱、无法追溯、效率低下、效期管理不及时、"最后1米"缺乏监管等问题,实现了疫苗端到端溯源及温度监控。"在以上的解决方案中,我们的平台连接着两方:一方是生产商,在生产环节用RFID温感芯片标签采集生产、流通到销售过程中疫苗的温度数据,生产商可以实时监测到药物的信息,通过区块链技术把所有的数据上'链',收集到的数据可以传送到相应的云端进行分析;另一方则连接着用户终端,用户可以根据采集的数据查看疫苗是否符合标准。"面对巨大的市场需求,RFID温感芯片运用到冷链物流市场之中已是大势所趋。在谈到在当初为什么选择切入冷链物流市场时,上海宜链创始人张钊锋表示,这与他个人的经历也有很大关系。张钊锋是国家射频集成电路及第三代移动通信芯片的领军人物,拥有十几年深耕射频集成电路的经验。他此前任职的中科院上海高等研究院城市公共安全中心关注社会公共安全问题,如危险品感知、疫苗安全等,为社会公共安全问题提供技术解决方案。机遇总是留给有准备的人,这也显示了张钊锋及其创业团队非凡的前瞻性与执行力。

资料来源:上海宜链.勇夺百万桂冠大奖,上海宜链将携手蚂蚁区块链破解医药溯源难题[EB/OL].(2019-10-10)[2020-08-08]. https://www.cyzone.cn/article/559104.html.

五、影响创业机会识别的关键因素

创业机会的识别是指从众多的创意中选择具有实际可行性的过程。它是创意形成商业化概念的过程,在此过程中影响因素众多。有学者将影响创业机会识别的各项因素分为创业机会属性和创业者特质两个方面。

(一) 创业机会属性

从创业机会属性理解创业实践,有助于我们领悟诸多创业行为。针对不同的创业机会属性,创业者识别创业机会的路径也会有所差异,创业机会利用的结果也会有所不同。

(二) 创业者特质

创业者特质对机会识别的影响,主要包括创业者资本与创业者对创业机会的认知途径两个方面。研究显示,拥有较高人力资本的创业者能够识别更多的机会,创业者所掌握的知识越多,识别机会的能力越强;创业者的社会网络对其创业机会的识别也很重要。Granovetter(1973)的弱关系理论认为,弱关系比强关系更能为创业者提供更为独特的识别机会的信息;而Coleman(1988)却指出强关系能够确保信息价值性促使机会的识别行为更容易发生;Bhagavatula(2008)的最新实证研究却并没有发现在联系的强弱程度与机会识别之间的显著关系。目前的研究依赖传统分析工具,创业者展现出系统性的认知偏差,过高地估计了成功的机会,这些都会影响创业者对于创建新企业的决策行为。总之,创业者认知是区别创业者和非创业者的重要途径,它能够帮助我们解释为什么"一些人创办了新企业,而另一些人却没有"的疑惑。

六、识别创业机会的一般过程

创业机会识别可以分为机会搜索和机会开发两个主要阶段。这两个阶段在时间发生顺序上存在着先后,在内部逻辑上存在着相互依存的紧密联系。识别创业机会的一般过程如图 3-1 所示。

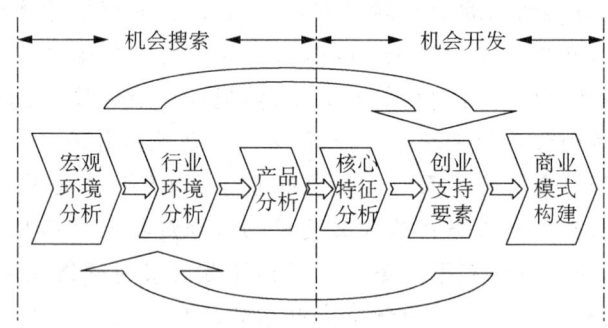

图 3-1 识别创业机会的一般过程

(一) 机会搜索阶段

在机会搜索阶段,创业者需要从复杂的市场信息中寻找最可行的创业项目。为了实现这一目标,创业者可以从如下三个方面入手:

(1) 宏观环境分析。创业机会识别开始于创业者对于整体宏观环境的把握,这是影响创业活动推进的大环境。这些环境因素包括各类企业创办与发展的基本政治条件、宏观经济因素、金融市场、人口结构、法律环境等。不同的创业项目由于其发展的不同特征,在不同程度上受到宏观环境的影响。创业者需要寻找那些最为适合的行业,进而将创业视角集中在目标行业上。

(2) 行业环境分析。行业分析的主要目标是通过了解创业机会所处的基本环境及创业者潜在的竞争力,考虑创业者进入这一行业是否能够带来可观的利益,避免投资失误和资源浪费。在行业环境的分析方面,创业者要关注行业的发展势态,要搜索那些刚刚起步的行业,尽可能避免进入处于成熟阶段或衰退阶段的行业。

(3) 产品分析。创业者应当对现有行业内所有的产品进行对比和分析,探讨可能的差异化突破点,这些差异化的角度可以是成本、技术、质量、性能和外观等方面。创业者要经营的产品应当拥有较好的差异化程度,这样才能有机会在市场上赢得一席之地。同时,创业者应当采取一些必要的调查活动来测试创业者所设想的产品概念是否有价值。

(二) 机会开发阶段

机会开发阶段是对创业机会的进一步考察和分析,并且回答在什么情况下,能够拥有独特价值的市场、产品组合能够真正走向成功。这一过程需要从如下三个方面入手解决:

(1) 创业机会的核心特征。创业机会的核心特征包括创业机会的市场层面特征和产品层面特征。在市场层面,创业者需要进一步考察当前的市场结构,也就是创业者要进入的行业市场上的经营者状况、分销渠道、进入和退出环境、客户的数量、成本环境、需求对价格的敏感度等;在产品层面,创业者必须考察产品的独特性和难以模仿性,创业者的产品如果缺乏一定的独特性,并且和市场上已有的产品存在雷同之处,是很难吸引到潜在的顾客的。

(2) 创业机会的支持要素。在很多情况下,虽然创业机会非常有价值,但是由于创业者自身不愿冒风险,或创业者无法整合足够的资源来实现创业活动,创业机会仍然无法成为真正的企业。因此,在这一阶段,创业者的分析围绕创业机会的支持要素,这些要素包括创业团队的契合程度和创业资源的充裕程度。

(3) 创业机会的商业模式。创业者还要就创业机会开发的整体性思考企业的商业模式。可以说前面介绍的各个阶段的识别工作都必须在这一阶段得到系统地整理。创业者还必须推演出一系列可以量化的测算指标,得到未来在创业活动中可能实现的盈利效果。因此,经由机会的不断开发,创业者最终能够确定企业的商业模式,完成创业机会的识别工作。

七、识别创业机会的行为技巧

创业机会搜索中创意的出现也许仅是灵光一现,但是其结果也有可能会改变世界。在此阶段,创业者需要对整个经济系统中可能的创意展开搜索,这实际上是从决定创业到在复杂的市场信息中搜索有价值信息的思维过程。如果在纷杂的市场环境中创业者尚未意识到潜在的创业机会,则会继续搜索;如果能够通过信息的搜索捕捉到潜在的机会,就将形成初始创意,进入机会识别的下一阶段。

在初始大规模的搜索过程中,人们不禁要问:机会到底来源于何处呢? Leibenstein 认为,市场就像一个大的网络,市场主体(企业或者个人)就是网络上的一个个接点,由市场主体的交易把这些接点联系起来。但是由于分工在带来专业化优势的同时,也带来了市场知识的分散化,这就使许多交易在市场上得不到实现,如同网络上的断点,每个断点之间的一系列联结就是创业者活动的机会网。因此,寻找尚未联结的断点就是机会搜索的目的所在,而供给的空白是最显而易见的。世界各国各地的经济发展进程各不相同,即便是在同一国家,不同区域也可能处于不同发展阶段。这样,在经济发达国家或地区与经济发展落后国家或地区之间,便会形成经济发展的"势差",在产品的供给方面就存在断档现象。当"势差"大到一定程度,会出现某些产业向区域外转移,这些都为机会的出现提供了可能。创业的根本目的是满足顾客需求,创业机会的基本价值就在于为消费者带来新的价值。由此可见,创业活动最中心的要素是消费者。基于改变消费者购买行为的考虑,创业机会来源于动态的市场环境、新兴的成长性产业及创新的商业模式。

创业机会大多产生于不断变化的市场环境,如城市发展的加速、人口变化、政府政策的变化、居民收入水平提高、全球化进程、消费结构升级等变化都是能够改变消费者价值观和购买行为的最直接因素。在市场环境变化的情况下,市场结构和市场需求必然发生变化,在这一过程中必然会出现大量新的创业机会,我们应对这些创业机会进行全局性把握。

新产业的出现往往根源于创新所带来的新知识和技术,创新使新产业能够满足消费者的新需求,这导致企业新的生产过程、新产品、新市场,甚至资源的新组织方式的产生。这些变化为企业带来了机会,使企业可以开辟新市场和新的经营范围,并提供许多创业机会,引发创业热潮。

知识已经成为竞争优势的重要来源,商业模式是知识成为竞争的具体体现之一,主要涉及价值主张、价值配置、分销渠道与企业资源安排等。淘宝、京东等一大批购物网站的蓬勃发展,催生了一大批宅男宅女,满足了他们方便、快捷、省事、省力、不出门就能购买商品的需求,更加证明谁拥有更好的商业模式,谁就拥有更多的市场机会和资源。

第二节 创业机会的评估

3-2 创业机会的评估

一、创业机会的基本特征

有的创业者认为自己有很好的想法和点子,对创业充满信心。有想法、有点子固然重要,但是并不是每个大胆的想法和新奇的点子都能转化为创业机会。许多创业者因为仅仅凭想法去创业而失败了。那么,如何判断一个好的创业机会呢?《21世纪创业》的作者杰弗里·蒂蒙斯教授提出,好的创业机会有以下四个特征:

第一,它很能吸引顾客。

第二,它能在你的商业环境中行得通。

第三,它必须在机会之窗①存在的期间被实施。

第四,你必须有一定资源(包括人力、财力、信息、时间)和技能才能创立业务。

 拓展案例 3-5

汪滔的努力与大疆的成功

汪滔,深圳市大疆创新科技有限公司(以下简称"大疆")创始人兼 CEO,2003 年就读于香港科技大学电子与计算机工程学系,大三时将"研究遥控直升机的飞行控制系统"作为自己的毕业课题。2005 年,他与两位同学开始研究无人驾驶飞行技术。最终,他在宿舍中制造出飞行控制器的原型,经过大半年的时间,试验有了突破,他们成功地让飞机起飞了。

---

① 机会之窗是指商业想法推广到市场上去所花的时间。若竞争者已经有了同样的思想,并把产品已推向市场,那么机会之窗也就关闭了。

2006年1月做出第一台样品,之后汪滔和他的两位同学来到了深圳,创立了大疆,正式开启了自己的创业之路。汪滔在创业之初,确定了无人机的目标和定位,并影响了周围的合作者,当初每个月只能卖出几十个产品,即使这样,他跟公司的员工讲,"我们不会设想去做世界二三流产品,如果靠便宜取胜是自己没本事,我们要做就做全世界最好的产品。"2010年,他通过分析全球相关企业的产品特性,找到了它们存在的不足,在此基础上他提出大疆应该成为第一家提供商业用途成品飞行控制的厂商。此后,汪滔把在直升机飞行控制系统上积累的技术运用到多旋翼飞行器上,从2011年开始不断推出多旋翼控制系统及地面站系统、多旋翼控制器、多旋翼飞行器、高精工业云台、轻型多轴飞行器以及众多飞行控制模块。正是由于汪滔这种"只做世界一流产品"的极客精神,他的团队从深圳居民楼里的3个人到如今的上万名员工。2012年年底,大疆推出了微型一体机"PHANTOM",行销全球。这款无人机售价几千元港币,它携带一个摄影机,可以在高空进行拍摄,画面可以在连接好的手机上清晰显示。据说,这款无人机很适合进行电影高空拍摄。2011年到2015年,大疆的销售额增长近100倍。全球消费级无人机市场中,大疆的产品占据了7成,令"中国制造"在高科技领域崭露头角。2019年,该公司已经成为全球第一大消费级无人机制造商,估值为80亿美元,全球市场份额达70%。

作为一家民营企业,大疆获得如此成就,在业界看来,归功于以下因素:其一,香港、深圳两地鼓励智能硬件研发与创业(汪滔的团队有香港科技大学背景,又在深圳成立大疆)。其二,在国内厂商对无人机概念懵懵懂懂的时候,大疆已经开始脚踏实地做产品了,并在早期,通过性价比产品打开了市场。其三,大疆在无人机技术上厚积薄发。近十年里,大疆申请的专利达到1 500多件,被授权的专利为457件,以汪滔为第一发明人的专利也达到了32件。

资料来源:柳木雨溪.大江创始人汪滔[ED/OL].(2019-06-28)[2020-08-08].http://www.360doc.com/content/19/0628/15/46032022_845406205.shtml,2019.06.28.

二、个人与创业机会的匹配

在识别创业机会的过程中,最重要的就是感知不确定性的阶段,这时外部环境会不时提供一些信息,虽然信息可能有很多,但与机会识别有关的信息主要是有关顾客需求、技术升级和市场变化等信息。虽然外部信息为创业机会的识别提供了可能性,但是如果创业者没有特定领域的相关专业知识或特长,根本就不可能确定外部信息对自己的价值。换句话说,外部环境中充满了不确定性,而如果创业者又不具备相应的知识和特长,那么就根本不可能视不确定性为机会,因而也不可能感知到机会的存在。因此,创业者能否感知到创业机会的存在取决于他们是否具有相关知识去甄别外部信息,这意味着掌握特定领域的知识对识别创业机会而言非常重要的。个人因素(如已有知识和经验)有利于创业者感知和识别机会因素(如新信息的价值)。创业者的个人因素如能与机会因素相匹配,那么就能感知和识别创业机会。

根据成员—组织匹配理论和认知领域的结构匹配理论,机会识别过程中的个人因素与机会因素匹配主要包括结构性匹配和互补型匹配两种(见图3-2)。

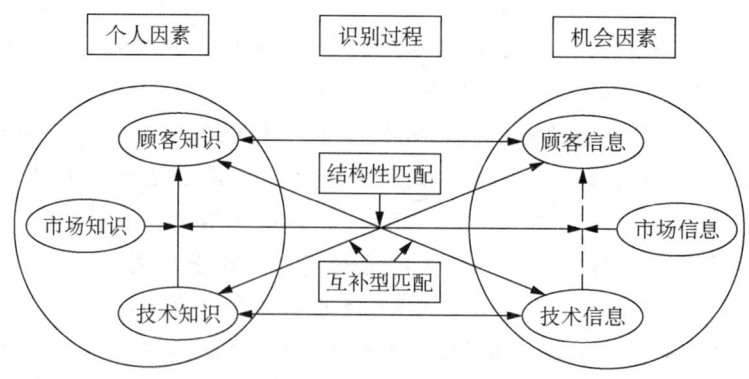

图 3-2 个人因素与机会因素匹配模型

结构性匹配是指通过相似性比较、直接推理、类比推理、模式匹配等方式把已知的知识关系(如某种服务方式适合应用于某类客户)应用于改进新的潜在客户需求与创业者所拥有的知识、能力和服务方法或新技术之间的匹配。这与认知领域的结构匹配理论中的结构性匹配相类似。

互补型匹配是指个人因素能够在一定程度上改善创业环境或者补充创业环境所不足的东西,从而可以产生类似于成员—组织匹配理论中互补型匹配的效果,因此,互补型匹配有利于识别创业机会。例如,创业者掌握了有关客户问题的知识,外部环境提供了相关新技术,如果这种新技术能用来解决创业者认知的顾客问题,那么,创业者先前掌握的关于顾客问题的知识与外部环境提供关于新技术就属于互补型匹配。又如,创业者先前掌握了技术知识,外部环境提供了有关顾客的信息,如果创业者先前掌握的技术知识恰好能用来解决新的顾客问题,那么两者也产生了互补型匹配。

拓展案例 3-6

竺兆江与传音

1973 年出生的竺兆江此前分别在浙江奉通、宁波波导、深圳赛特尔科技等公司任职,2006 年其在香港创立传音控股股份有限公司(以下简称"传音"),丰富的工作经历让他对海外市场的竞争和发展态势有了深入洞察。竺兆江曾表示,他在手机行业已有 16 年。在波导公司,他从业务员起步,逐渐成为华北区首席代表,在 2003 年成为波导公司的常务副总经理。转折点也是在这个时候出现的。此后竺兆江开始在波导公司负责海外业务,出差跑过几十个国家。也是这些经历让他看到非洲市场的创业机会窗口。早年间当地市场只有三星、诺基亚等少数手机品牌,相比其他市场还没有太大的竞争者出现。竺兆江于是瞄准了这里中端手机价位的商业机会。他认为非洲是全球第三的人口大国,消费潜力尤为可观。这奠定了传音聚焦于新兴市场的起点。实际上针对当地市场,传音做了不少本地化的研发,由此传音得以迅速获得当地消费者的青睐。例如,传音公司在针对深肤色人群的拍照方面就有多项研发成果,包括深肤色人像夜间拍照、深肤色智能美颜、深肤色人脸识别;在功能机的核心技术方面,还包括多卡设置、高品质音乐响度技术、手机防水防腐蚀设计等,这无疑都是极为本地化的针对性研发。针对非洲当地市场，传音成立了工作小组，大量搜集当地人的照片，进行脸部轮廓、曝光补偿、成像效果分析等方面的分析调教。据调研机构 IDC 统计，截至 2018 年，传音出货手机 1.24 亿部，全球市场占有率达 7.04%，在全球手机品牌厂商中排名第四；非洲市场占有率高达 48.71%，排名第一；印度市场占有率达 6.72%，排名第四。目前，传音已不再只聚焦非洲，而逐渐将布局扩展到南亚、东南亚、中东和南美等全球新兴市场国家。随着业务的发展，传音已不再仅仅是一家手机公司，资料显示，除了旗下 TECNO、itel 和 Infinix 三大手机品牌之外，传音在多元化战略之下，创立了数码配件品牌 Oraimo、家用电器品牌 Syinix 和售后服务品牌 Carlcare 等。此外，传音还创立了公司自主研发 HiOS、itelOS 和 XOS 等智能终端操作系统，围绕 OS 操作系统开发应用商店、游戏平台、广告分发平台和手机管家等工具类软件。

资料来源：骆轶琪.传音科创板上市：6 年撬起创始人 70 亿身家，他魅力何在[EB/OL].(2019-09-30)[2020-08-08]. https://tech.sina.com.cn/t/2019-09-30/doc-iicezueu9374330.shtml.

三、创业机会评价的特殊性

事实上，不是每一个想法都会盈利，都能满足你的需要，都有一个可行的市场，不是每一个想法的时机都很成熟。因而在选择机会时需要有一套筛选系统，筛去没有发展潜力的、进入门槛高的以及与创业者个人目标不相符的机会，即要对整体创业时机、内部资源、产业环境等进行综合对比。

很多学者从不同角度提出创业机会评价指标，杰弗里·蒂蒙斯提出了由 8 个一级指标、55 个二级指标构成的评价体系，这 8 个一级指标包括行业和市场、积极性、收获、竞争优势、管理团队、致命缺陷、个人标准、战略差异性。创业机会不是独立存在的，应该从系统的角度思考，综合市场、行业、经济、政治、社会等方面因素来选取指标。另外，创业机会评价是一个持续不断的过程，是一个商业概念的产生、筛选到完善的过程，因此在选取评价指标的时候，需要考虑创业行为的可持续性及成长性。张秀娥等学者从外生力量和内生力量两方面的特殊性来分析和评价创业机会。

（一）外生力量评价

外生力量的特征属于创业机会的自然属性，不依赖于其他因素而存在，主要涉及市场宏观环境及产业环境。任何创业机会都在不断变化的社会经济环境中产生，创业者都是在与其他企业、目标顾客和社会公众的相互关联中开展活动。各种外生力量构成了影响创业活动的市场环境，既可以带来市场机会，也可以构成某种威胁。而且创业者面临的诸多环境力量并不是固定不变的，因此创业者要监测、把握环境力量的变化，发现并抓住有利的机会，避开不利于机会开发的威胁。市场宏观环境又称为一般环境，是影响一切行业和企业的宏观力量。不同行业和企业根据自身特点和经营需要而对宏观环境因素所做分析的具体内容会有所差异，但一般都会涉及政治、经济、技术和社会文化这四大类因素。

（二）内生力量评价

在面对同样的宏观环境及产业结构的时候，不同创业者采取的战略也会有很大差异，这不仅取决于外部环境和所在的产业结构，还与创业者及其拥有的内部资源相关。创业机会的内生力量可以分为支持要素、新事业的产品特征和新事业的成长能力。

（1）支持要素是创业者能够有效开发创业机会的支持条件，只有具备这些支持要素，创业者才能选择创业，创业机会才能得以开发。支持要素主要是指有关人、财、物的要素。人的要素实际上是组织成员向组织提供的技能、知识以及推理和决策能力。创业者及创业团队想要适应环境的快速变化，并利用机会求得发展，需要考虑创业团队成员如何进行合作，拥有统一的目标，在各自的角色上发挥作用，保障创业机会开发方案的实施。财与物的要素包括可以保障创业活动开展、进行机会开发的资金及其周转能力、生产所需的设备和设施、企业的组织资源、必要的市场信息、与客户和供应商的联系等多元化的资源。如果缺乏这些资源，创业者将举步维艰。

（2）新事业的产品特征包括企业所提供的服务，对其评价是在对所处行业的竞争有一定了解之后进行的，主要涉及对消费者具有一定吸引力的产品创新程度。创新以为消费者提供价值为前提，同时也是一种进入壁垒，并且是多角度的，既包括产品的性能、技术含量，也包括包装、标识、品牌、售后服务等。

（3）新事业的成长能力是创业者对于创业机会的潜在价值的最终判断，是考察创立的新事业在未来一定时期内经营能力的发展变化。创业者在对创业机会进行评价的时候，积极设想新事业创建之后所能实现的发展目标，包括销售收入增长率、税前利润增长率、固定资产增长率、产品成本降低率、人员增长率等。如果创业者吸收风险投资，还必须设想投资能否顺利收获以及具体的收获方式。只有符合创业者心中的标准，创业机会才能真正付诸行动。

四、创业机会评价的技巧

在创业机会评价阶段，创业者需要根据已有的资料进行分析以得出综合评价结论，但是评价并非静态的，也不是对各个指标进行分析然后直接加总。首先，创业者要对创业机会的外生力量做出评价，通过与团队成员、专业人士进行讨论，对宏观环境是否利于创业活动开展进行分析，根据市场调查评价所处行业是否处于机会窗口开放阶段，并进行反复推敲。其次，创业者要根据所要建立的新事业产品的具体表现形式初步设计发展规划，根据产品的创新度配备不同的战略。创业者可以根据前两步的分析建立一个市场优势与产品优势的交互模型（见图3-3）。具体来说，对于产品优势与市场优势都比较强的创业机会（即Ⅰ型机会），创业者可能面对的是一个全新的高度成长性的市场，产品拥有高度创新性，基于这种机会的优势分析，创业者很容易获得较大发展，但是这样的机会窗口相对开放时间较短，大量市场追随者的存在使得优势不再，或者由于技术的飞速发展而使得技术优势被追赶，机会从Ⅰ型蜕变为Ⅱ型、Ⅲ型甚至Ⅳ型。在此阶段，由于市场的潜力较大，创业者最重要的规划是要在机会窗口关闭之前保持产品的创新与独特，并努力开发新产品。通常市场中的创

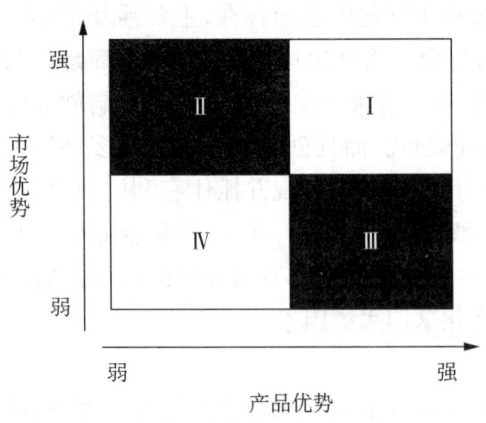

图3-3　市场优势与产品优势交互模型

业机会优势属于Ⅱ、Ⅲ型,这些创业机会往往在某一方面具有非常强的优势,而在另一方面略有不足,这就需要创业者制定不同的市场开发战略规划和产品战略规划,以使机会得到最大程度的成长。如果评价出的创业机会属于Ⅳ型,那就说明不具备机会开发的条件,创业者最好放弃机会。

在基本规划成型之后,创业者应当考虑创业机会的支持要素,结合启动资金、创业团队和各种资源,分析是否具有创业规划实施的条件,以及基于现有条件的规划是否需要调整。基于以上分析,创业者可以得到创业机会成长能力的预测,包括获利性、成长性和可持续性的预测。如果能够实现较为良好的成长预期,那么创业者可以选择实施创业行动;否则,就应当重新思考市场定位。这一步骤中重要的是将成长能力的预测反馈于宏观环境、产业分析及新事业产品特征分析,尤其是当成长能力预测不佳时,创业者需要从头思考创业机会的评价是否到位,或者放弃该机会。

五、创业机会评价的策略

创业机会识别过程如同雕塑,任何原始的想法都是一个泥坯,大而模糊,而好的创业者能够从不同的角度下手,逐步减去那些多余的部分,留下的则是经过评估后认为可以创造价值的机会。由此可见,创业者只有寻找到好的泥坯,并用好的正确方法进行削减,才能慢慢使作品变得清晰。在有些学者看来,机会识别和机会评价是共同存在的,创业者在经历搜索、识别、评价之后进行机会开发。本教材认为,识别是获得与鉴别知识、事物的思维过程,通过机会搜索获得与了解机会,通过机会评价鉴别与理解机会,所以机会识别涵盖机会搜索与机会评价。

通过分析创业机会识别机制,创业者可以得到如下启示:首先,越来越多的人参与创业活动,创业者在机会搜索中尤其要理性分析,充分把握市场、行业和商业模式的变化;其次,创业机会这一概念带有很多似是而非的内涵,在实践中,很多机会一开始并不被看好却能创造出巨大的价值;相反,很多一开始带着光环的机会却往往被实践证明是不可行的。创业者在选择项目时不能盲目,要慎重考虑隐藏在表层之下的机会的潜在价值。创业者在搜索和评价机会的同时,机会也在选择创业者,只有在创业者和创业机会之间存在恰当的匹配关系,能够满足双方的需要与理想时,创业活动才能够发生并取得成功。由此可见,创业者在对机会进行评价时,要有层次地进行,把重点放在内生力量评价上,集中考察已有资源的特定组合能否创造出可持续获利的商业价值,并结合外生力量综合做出判断。

杰弗里·蒂蒙斯总结、概括了一个创业机会评价框架,其中涉及8个方面52项指标以便创业者梳理创业机会并进行基础评估。该框架包括以下具体内容。

(一) 行业与市场

(1) 市场容易识别,可以带来持续收入。
(2) 顾客可以接受产品或服务,愿意为此付费。
(3) 产品的附加值高。
(4) 产品对市场的影响力高。
(5) 将要开发的产品生命长久。
(6) 项目所在的行业是新兴行业,竞争不完善。

(7) 市场规模大,销售潜力达到1 000万~10亿元。

(8) 市场成长率在30%~50%甚至更高。

(9) 现有厂商的生产能力几乎完全饱和。

(10) 在5年内能占据市场的领导地位,达到20%以上。

(11) 拥有低成本的供货商,具有成本优势。

(二) 经济因素

(1) 达到盈亏平衡点所需要的时间在1.5~2年以下。

(2) 盈亏平衡点不会逐渐提高。

(3) 投资回报率在25%以上。

(4) 项目对资金的要求不是很大,能够获得融资。

(5) 销售额的年增长率高于15%。

(6) 有良好的现金流量,能占到销售额的20%~30%以上。

(7) 能获得持久的毛利,毛利率要达到40%以上。

(8) 能获得持久的税后利润,税后利润率要超过10%。

(9) 资产集中程度低。

(10) 运营资金不多,需求量是逐渐增加的。

(11) 研究开发工作对资金的要求不高。

(三) 收获条件

(1) 项目带来的附加价值具有较高的战略意义。

(2) 存在现有的或可预料的退出方式。

(3) 资本市场环境有利,可以实现资本的流动。

(四) 竞争优势

(1) 固定成本和可变成本低。

(2) 对成本、价格和销售的控制较高。

(3) 已经获得或可以获得对专利所有权的保护。

(4) 竞争对手尚未觉醒,竞争较弱。

(5) 拥有专利或具有某种独占性。

(6) 拥有发展良好的网络关系,容易获得合同。

(7) 拥有杰出的关键人员和管理团队。

(五) 管理团队

(1) 创业者团队是一个优秀管理者的组合。

(2) 行业和技术经验达到了本行业的最高水平。

(3) 管理团队的正直廉洁程度能达到最高水准。

(4) 管理团队知道自己缺乏哪方面的知识。

(六) 致命缺陷

该框架不存在任何致命缺陷。

(七) 创业家的个人标准

(1) 个人目标与创业活动相符合。

(2) 创业家可以做到在有限的风险下实现成功。

(3) 创业家能接受薪水减少等损失。

(4) 创业家渴望进行创业这种生活方式,而不只是为了赚大钱。

(5) 创业家可以承受适当的风险。

(6) 创业家在压力下状态依然良好。

(八) 理想与现实的战略性差异

(1) 理想与现实情况相吻合。

(2) 管理团队已经是最好的。

(3) 在客户服务管理方面有很好的服务理念。

(4) 所创办的事业顺应时代潮流。

(5) 所采取的技术具有突破性,不存在许多替代品或竞争对手。

(6) 具备灵活的适应能力,能快速地进行取舍。

(7) 始终在寻找新的机会。

(8) 定价与市场领先者几乎持平。

(9) 能够获得销售渠道,或已经拥有现成的网络。

(10) 能够允许失败。

该框架是一个比较系统和科学的评价体系,其具体说明如下:①该框架要适用于具有行业经验的投资人或资深创业者对创业企业的整体评价。②该框架必须运用创业机会评价的定性与定量方法,才能得出创业机会的可行性及不同创业机会间的优劣排序。③该框架涉及的指标比较多,在实际运用过程中可作为参考选项库,结合使用对象、创业机会所属行业特征及机会自身属性等进行重新分类、梳理简化,提高使用效能。④该框架及其指标内容比较专业,创业导师在运用时一方面要多了解创业行业、企业管理和资源团队等方面的经验信息,一方面要掌握这52项指标内容的具体含义及评估技术。

杰弗里·蒂蒙斯的创业机会评价框架只是一套评价标准,创业者在进行创业机会评价实践时,还需要科学的步骤和专业的评价方法才能操作。下面介绍两种常用且易操作的评价方法:

一是标准矩阵打分法。标准打分矩阵是指将创业机会评价体系的每个指标设定为三个打分标准,比如最好3分,好2分,一般1分,形成的打分矩阵表,在打分后,求出每个指标的加权评价分的方法。该方法简单易懂,易操作,主要用于不同创业机会的对比评价,其量化结果可直接用于机会的优劣排序。只用于一个创业机会的评价时,则可采用多人打分后进行加权平均。如果其加权平均分越高,说明该创业机会越可能成功。一般来说,高于100分的创业机会,创业者可进一步进行规划;低于100分的创业机会,则需要考虑是否淘汰。

二是Baty选择因素法。该方法可以看作是标准矩阵打分法的简化版。评价者通过对创业机会的认识和把握,按照杰弗里·蒂蒙斯的创业机会评价框架的各项标准,看机会是否符合这些指标要求。如果统计符合指标数少于30个,说明该创业机会存在很大问题与风险;如果统计符合指标数高于30个,则说明该创业机会比较有潜力,值得探索与尝试。创业者在应用该方法时需要注意一点,如果机会存在"致命缺陷",需要一票否决。致命缺陷通常是指法律法规禁止、需要的关键技术不具备、创业者不具备匹配该创业机会的基本资源等方面的系统风险。该方法比较比较适合于创业者对创业机会进行自评。

创业机会评价的策略分析一般可以采用定性分析和定量分析两种方法。定性分析的内容主要确定以下几个方面：确定该市场机会所须具备的成功条件；分析创业机会所拥有的优势；公司所拥有的竞争优势与本公司的发展方向和目标是否一致。定量分析主要是进行商业分析中的经济效益分析，对市场需求量的预测，其任务是在初步拟定营销规划的基础上，从财务上进一步判断选定机会是否符合企业目标。例如，通过专家对创业机会进行打分评价的标准打分评价法，利用一些关键指标计算并比较创业机会的优先级法。但学者们普遍认为，从财务上对创业机会进行量本利分析是一种实用的定量分析方法。

第三节　创业机会的开发与利用

3-3 创业机会的开发与利用

一、创业机会开发的含义

创业机会的识别是开展创业活动的基础，对创业过程起着举足轻重的作用，但仅仅发现创业机会是远远不够的，成功的创业者会在创业机会识别的基础上对创业机会进行开发。Shane 和 Venkataraman 从机会视角研究创业过程，创业活动则是一系列关注创业机会的识别、评价和开发利用的过程。创业机会的识别和开发之间存在一定程度上的概念重叠，但是又存在差异。这种差异不仅体现在创业活动的过程中，而且体现在发生的时间上，创业机会的识别发生在创业机会的开发之前，创业企业在发现创业机会后需要对创业机会的进行开发，这样一来才能将所发现的创业机会转化为商业表现，同时也反映在创业绩效中。Gielnik 等认为，企业拥有的资源是有限的，在企业识别的机会较多的情况下，势必要消耗一定程度的机会开发阶段的创业资源。陈海涛在研究中发现，创业机会开发指的是创业企业开发产品或服务来开拓新市场实现企业目标的行为。这种行为的发生需要企业认清所处的竞争环境，充分发挥企业的能力来整合企业所拥有的资源。刘佳和李新春则认为，创业机会开发是整合资源有效、全面地生产和经营的源于商业机会的产品和服务。

Shane 和 Venkataraman 的研究认为，创业机会开发有两种常见的方式：创建新企业和将创业机会出售给其他企业。在通常情况下，多数的创业活动都是通过重新创办企业而发生，并且开发的方式也受到诸如产业组织类型、机会特点和适用程度等因素的影响。在创业理论研究中，对于创业机会开发的理解，学者们并没有一致的研究结论。通过系统的理论梳理，我们可以将创业机会的研究视角分为经济学视角、文化认知视角和社会政治视角三类，具体如表3-1所示。

表3-1　不同视角下创业机会开发研究比较

项目	经济学视角	文化认知视角	社会政治视角
机会的性质	客观存在	主观构建	客观存在，体现在主观开发的过程中
机会的来源	资源、能力、信息	知识、模板	网络、结构、关系
开发重点	资源获取，超前变现	共同行动，解释能力	网络关系，动态能力

(续表)

项目	经济学视角	文化认知视角	社会政治视角
理论基础	古典经济学 奥地利经济学派 企业家理论	社会认知理论 社会建构理论	资源基础理论 社会网络理论 竞争优势理论
研究层次	个体层面、组织层面	个体层面为主	组织层面为主

（1）从经济学视角对创业机会开发的研究表明在开发的决策判断上，即个体或组织在现有信息、资源、能力的基础上依据理性决策进行权衡，做出机会开发时机、开发方式的判断。经济学视角也隐含了对创业机会客观存在的假定，是创业机会"发现观"的集中体现，通过个体和组织层面的机会运作过程体现。创业机会本身是已经存在的客观现象，由于不同的人拥有的资源和能力不同，导致只有一部分人可能识别和利用这些机会。经济活动者一开始并不知道机会的存在，也受限于信息去利用资源，识别和开发机会。在这样纯粹无知的状态下，个体或企业会揣测机会的潜在价值，在此基础上利用现有信息、资源、能力去开发和利用机会。

但创业者在具体进行创业机会开发过程中，会产生机会成本，也就是创业者利用有限的资源进行机会开发与利用，就会排除其他行为的可能。对于理性决策者来说，就需要在这一系列创业活动中进行权衡。经济视角的创业机会开发关注的就是这样一个权衡决策和结果。创业者到底是坚持开发已有机会还是重新寻找机会，取决于个人主观抱负与感知的劳动力市场估价之间的权衡。从企业层面来说，第一个成功发现并开发机会的企业具有某种意义上的竞争优势，但这种优势是短暂的，后继者会竞相模仿，掌握必要的资源和能力去开发这些机会。为了确保优势，对于易传递、扩散的创业机会来说，机会识别者会设置一定的保护办法，以便加以隔绝，包括关键技术专利、商标和版权、合同中约定的非竞争条款等，以使当前所拥有的关于机会的独特性知识不被模仿和替代。创业者可以根据隔绝机制的有效性与成本来选择层级机制或市场机制来进行机会开发；而对于不易扩散，基于创业者隐性知识而产生的创业机会，在开发方式选择上也要进行成本收益的比较，以决定是否采用层级机制或其他的开发方式。

如果从经济学视角理解创业机会，那么我们就需要给出一系列的假设基础，如问题明确界定、行为者偏好既定、理性决策标准等。经济信息的差异是创业机会存在的基础，其他一系列因素（什么、在哪儿、何时、谁、为什么）都被常量化，发现和开发已有机会的优势在于掌握了关于新手段的信息。但这些假设却忽略了创业过程的社会性。在这样的前提下，机会的发现与开发过程其实是合二为一的，即最优化配置手段——目的关系的结果。

（2）从文化认知视角对创业机会开发的研究认为，创业机会是一种主观现象，是人们依据特定的客观世界解释过程，去创造有价值的手段和目的关系的结果。从这个视角来看，创业者在一定的社会、文化背景下开展创业活动，创业机会实际上是在这样的人际与社会互动过程中自然生成的结果。文化认知视角的创业机会开发研究，按照心理活动的顺序可分为机会形成前的意向阶段与机会形成中的互动阶段。其中，意向阶段主要关注个体特定的认知因素、环境因素对机会开发结果，尤其是机会开发意向形成的影响。如 Dimov(2007)认

为,创业者从机会洞察到机会开发意向的形成不仅取决于先验知识的多寡,更取决于与情境相匹配的学习方式。互动阶段则主要关注个体与外界环境互动进而形成机会的心理与行为过程。不少学者采用结构化理论说明了创业机会在社会互动中建构形成的观点。Cornelissen与Clarke(2010)认为,机会是创业者采用一定的方法对外界环境进行解释中生成的,既包括创业者自我意会的过程,也包括与他人交流过程中产生的。

文化认知视角以创业者个体为核心主体,与经济学视角不同,创业者并不追求最优化,而是运用启发式思维,构筑文化图示去产生和创造新的机会。文化认知视角的创业机会开发充分考虑到了创业机会形成过程中的社会性和情境性因素。不论是个体内还是个体间的心理、认知活动,都充分考虑了人与环境交互作用对创业机会形成的影响。从这个视角来看,创业机会不仅是客观存在的、可被改进的手段和目的关系可能性,而且是在一定的社会结构中被一定的利益相关者认可、合理化而产生的结果。

(3) 从社会政治视角对创业机会开发的研究,聚焦于创业机会在组织层面的开发过程。基于社会政治视角的研究认为,机会开发是依靠有效的组织体系全面运行已有机会,通过生产新产品获取收益的一系列活动。创业者不仅需要识别机会,更需要整合和调动组织资源去增加开发成功机会。这些机会的开发往往依附于一定的社会结构,如组织内外的资源、能力、关系、网络等。Hitt等(2001)提出创业活动不仅需要寻求机会,也需要融入战略管理中的优势开发活动,以此来确保维持竞争优势,并由此提出了战略性创业的独特概念。在战略性创业的研究范围下,企业还需要在已有活动的开发与未知活动的探索之间获取平衡,以保证价值的创造。

随着战略性创业这一概念的确立与发展,创业从个体行为上升到组织行为,创业活动涉及不同的资源、结构,通过不同的机会开发过程、开发策略对开发结果,尤其是企业竞争优势产生影响。战略性创业究竟是一种框架、模型、理论、研究范式,还是一个概念或交集?理论界还需要进一步的细化与明确。但不可否认的是,创业机会研究正朝着跨层次(个体组织到行业)、重过程(尤其是机会开发过程)的方向深入发展。在这一趋势下,组织内外的信息流动方式、网络结构优势都能成为创业机会开发的有利先导条件,创业机会开发的研究着眼于以组织为依托的社会政治关系之上。从这个层面上说,社会政治视角下的创业机会开发研究恰好介于经济学视角和文化认知视角之间。创业机会虽然是客观存在的,但并不仅存于实体资源中,还存在于关系、网络等一系列社会结构中,以及有效利用这些结构资源的政治过程中。

 拓展案例 3-7

大麦网的成功

大麦网创始人曹杰出生于1970年,大学毕业后从事了几年互联网相关工作。电子商务的飞速发展,点燃了他的创业梦想。当年28岁的他结合自身情况选择了与电子商务密切相关的快递业务。曹杰的第一次创业相对成功,他格外重视细节与客户体验,小红马快递公司是国内第一个建立起完整售后服务的物流公司,如货物送达后,主动给客户回电话,提供售后服务。他为小红马快递公司的员工定制了统一的工作服,又最先对快递的外包装做了统一的设计。后来他通过在楼内建立快递服务站的方式又创新性地与多家高端写字楼达成合作,以锁定楼内的目标客户。这些细节的变化当时都是一种行业内的新尝试。随后的几年,他先后开了二十几个分部,小红马快递公司业绩最高的时候1天有将近1万单业务。到2003年,小红马快递公司的营业额已能达到3 000万元,而他建立小红马快递公司的投入仅仅是3万元,3年时间,这样的首次创业战绩,不可谓不成功。2006年开始,部分快递企业与阿里巴巴集团展开合作,两者形成了互相依存的关系,之后电商平台对快递压价,造成后者陷入同质化低价竞争。京东商城自2007年开始自建物流。自此,自建物流几乎成为电商的集体选择,跨界竞争给传统快递公司带来了非常大的竞争压力。随着物流行业竞争日益加剧,加之罚款、赔偿金、保险金等费用,曹杰的公司运营成本持续上升,于是在2003年后,他逐步开始退出快递行业,并对原有的快递业务进行了有计划的收缩。之后他又华丽转身,将事业的重心转移向了自己创业的第二阵地——现场娱乐票务行业。2009年,曹杰宣布收缩小红马快递公司业务,将重心转向"中国票务在线"(大麦网的前身)。曹杰去做票务,其实还是源自快物流业务的启发。当时他们主要为门户网站提供电子商务配送服务。有一段时间,他在查询近期订单信息时突然发现,来自某门户网站的订单配送量骤增,经过查询核对,配送的商品都是即将在北京上演的某热门话剧的门票。他在经过认真思考后,提出如果代销现场演出票,这对现在的公司来说可是门好生意,这项业务在投入上并不需要过多的占用现有资金,只需要在开始时和演出主办公司谈好销售比例,拿到门票直接就可以销售,卖不出去的门票也可以通过提前约定的方式退回给演出公司;同时,公司的配送队伍刚好可以成为现场娱乐票的专职配送,既保证票品安全、增强客户服务体验又不会造成资源浪费。而且他认为可以利用小红马快递公司的信封作为宣传媒介,以当时小红马快递公司平均业务量来计算,1年下来最少有500万人次看到小红马印有演出信息的信封。而且这个人群大部分是白领,恰恰是演出市场的主要消费群体。

之后他与几家演出主办公司谈了自己的想法,这些公司认为有人负责卖票,又可以免费为观众送票上门增强用户的体验感,这样的服务对方当然也很愿意。在仔细了解了上下游票务供应问题后,曹杰开始着手组建了自己的创业团队,公司第一次承接的现场娱乐票务销售业务是某著名国外马戏团的访华演出,演出的宣传推广阶段曾在《北京晚报》投放了大量广告,大麦网作为票务服务提供商,公司LOGO和享誉国外的演出主办方、表演团体、宣传公司等一同登出,这使公司短时间内得到了广泛的关注。之后曹杰不断优化该服务模式,他通过仔细地分析市场,了解客户的需求,并将"二维码技术"应用到了服务中,率先推出电子票服务,大麦网将用户购买的票面信息存储在高安全级别的电子票务系统中。曹杰认为,客户选择订购电子票,将使其省去等待配货和快递上门一系列中间环节,不但节省了运费,还可以在支付票款后立即获取到电子票,既省钱又快速便捷,而且只要凭手机信息就能直接入场。截至今天,这个办法已经得到了广大企业的广泛采用。

曹杰的成功在于他不仅仅善于发现创业机会,而且能审时度势,积极创造新的创业机会,并合理开发及利用创业机会。曹杰创办的大麦网原本只是小红马快递公司下设的一个部门,到了后来,大麦网成了主导,而小红马快递公司则并入大麦网,成为它下面的配送部门,专职送票。

资料来源:任溢文.DM公司创业机会识别与开发案例研究[D].大连:大连理工大学,2018.

二、创业机会开发的过程

国内学者刘佳和李新春认为,机会开发是投入全部资源对源于创业机会的产品和服务进行全面有效地生产和运作,以创办能带来创业利润的生产系统和商业系统的过程;创业机会开发就是将创业者识别到的机会落实的过程。杜晶晶等认为,创业机会开发是一个横向的多视角、跨学科的聚合,隐含了机会开发在不同层次、不同阶段的纵向演进。创业机会开发整合模型如图 3-4 所示。

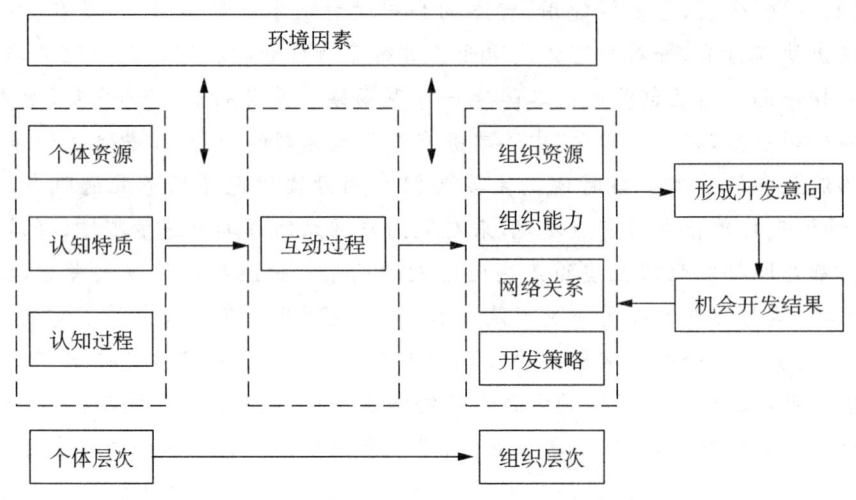

图 3-4　创业机会开发整合模型

Ardichvili 等人(2003)建立了机会识别与开发模型,如图 3-5 所示。该模型认为,企业家可以先通过创业的社会网络保持对机会识别和开发的警惕,然后识别和开发创业机会,因此企业家的个人特点和先验知识在创业活动的社会网络中起着重要作用。该模型将创业过程概括为:感知、发现、创造、机会评估、机会开发、新企业形成。新创企业成功创立源于对创业机会开发过程的把控,其中包括对机会的识别、评价和开发。机会开发过程不是单向的,

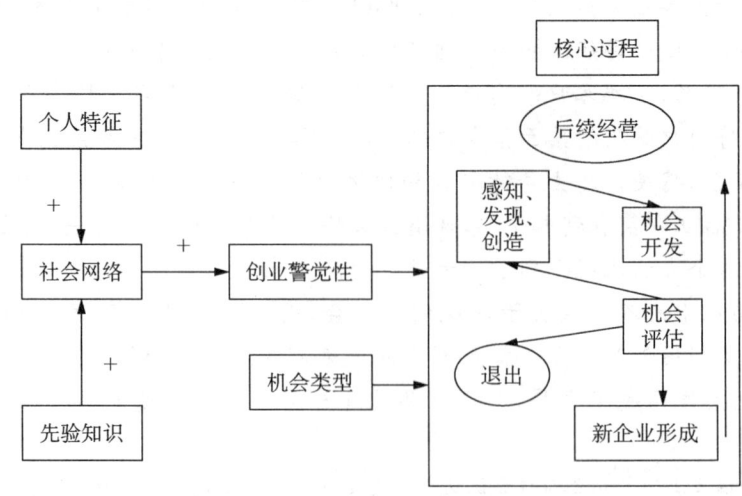

图 3-5　机会识别与开发模型

是一种不断循环和互动的过程,企业家在机会开发的过程中,不断地对机会进行评估,从而识别更多的创业机会或对已识别的机会进行调整和修改。

创业过程开始于创业者对创业机会的把握,创业者从复杂的社会环境中识别出创业机会,获取资源的开发机会,使其成为真正的事业,直到收获成功。在这个过程中,机会的潜在价值和创业者自身的能力被反复辩证、调整与权衡,创业者对创业机会的战略定位也变得清晰。根据以上理论分析可以发现,创业机会开发是对创业机会的进一步挖掘和利用,将最适宜的战略与所识别的机会配对,使之成为拥有独特价值的市场与产品的组合,达到创业者的创业目标。创业机会开发具体可以分为以下三个阶段:

(1) 创业机会的核心特征分析阶段。创业机会的核心特征主要包括市场层面的特征和产品(服务)层面特征。在市场层面,进一步探查当前的市场结构是创业者需要做的第一件事,即创业者要进入的行业市场中的经营者现状、客户活跃程度与数量、分销渠道、成本环境、需求对价格的敏感性以及进入和退出环境等。在产品层面,创业者必须明确产品(服务)的特点与定位,如果在定位模糊、前景不明的情况下盲目地将产品(服务)推向市场,可能很难吸引到潜在顾客。

(2) 创业机会的支持要素整合阶段。虽然创业机会非常有价值,但由于创业者自身不愿冒风险、创业精神不足或者能力不足无法整合足够的资源来实施创业活动,创业机会也无法被开发成可以面向市场的产品(服务)。因此,在这个阶段,创业者需要分析支持创业机会开发的各项要素,并与自身情况进行匹配。

(3) 创业机会的商业模式构建阶段。在此阶段,创业者通过思索演绎完整的创业机会开发的过程,建立企业的商业模式。在此基础上,需要根据各阶段的研究成果,得出相应的创业指标,并预测创业活动中可能实现的盈利能力。由此,通过不断地机会开发,创业者最终可以确定企业的商业模式,完成完整的创业机会识别与开发过程。

拓展案例 3-8

北京博思伟业机电贸易有限公司的创业之路

北京博思伟业机电贸易有限公司(以下简称"博思伟业")创建于 2001 年,创业者是张树国先生和他的妻子陈洪艳女士。像很多创业者一样,张树国夫妻二人在大学毕业之后,并没有立即创业,而是先进入机械制造行业工作,接触了一些国外进口的液压工具供应商与下游厂商,从而积累了创业初期的设备资源的供应与销售渠道,为日后成立自主开发液压工具的创造了资金及渠道基础。

进入 21 世纪,中国高新技术产业可谓是进入了前所未有的蓬勃发展时期,国家提供了诸多切实的优惠政策,吸引了不少敢为人先的创业者投身高新技术产业。张树国也是其中的一员,他抓住了国家税收优惠等资源技术上的扶持机会,毅然决然地开始了他的创业之旅。创业之初,张树国看中了西气东输、西电东送过程中液压的问题,可持续发展的理念提出后,他又将目光转向了风力发电设备的液压,不断开发适应时代发展的液压工具。由于张树国夫妻二人均是机械制造专业出身,有良好的知识技能和积极进取的拼搏精神。多数创业者习惯选择他们熟悉的创业领域,这样可以将自身专长转变为创业过程中的人力资本,同

时有利于创业者进行有效地企业管理,保证像博思伟业这样的技术型企业的发展处于可控的状态。在经营博思伟业的15年时间中,他不断积累,坚持创新,扩大了销售范围,由单一产品向组合产品发展,并且不再局限于风力发电设备零件的提供,还向这些企业提供技术支持。在创业过程中公司可能会面临诸多财务方面的问题,张树国夫妇在注册公司时就聘请专人对公司财务进行管理,成立了技术部、销售部、财务部。随着规模的不断壮大,公司向着更加全面而专业的方面发展。值得一提的是,在公司队伍不断壮大的过程中,博思伟业非常注重企业文化的建设与传播,每到岁末年初,公司都会筹办一场独特的新年晚会,让全体员工都真切地感受来自公司的温暖与关怀。同时,博思伟业还建立了个人品牌积分榜和团队积分榜,采用即时激励的方式对做出突出贡献的个人和团队进行宣传,并以此激励全体员工共同进步。

资料来源:仇思宁.高新技术企业创业机会开发案例研究[J].管理观察,2016(9):25-27.

三、创业机会的利用——创业模式的选择

创业模式建设就是企业家对机会开发的整体思考,最终构建一个完整明确的创业模式。创业模式是在特定区域、特定环境中形成的,在创业动机、创业方式、产业进入、创新力度、政府扶持等方面具有典型特征的创业行为。例如,从创业动机来看,创业模式可以分为个人成就驱动型、资源驱动型、社会驱动型创业模式;从创新层次来看,创业模式可以分为基于新产品的创业模式、基于市场营销模式创新的创业模式和基于企业组织管理体系创新的创业模式;根据创业企业进入的产业不同,可以把产业大致分为资源密集型产业、劳动密集型产业、资本密集型产业、技术密集型产业和资金技术密集型产业等,而政府奉行不同的扶持政策,孕育出不同的创业模式。

大学生创业模式是指高校大学生创业者在创业的过程中,为实现自身的创业理想与愿景,对创业所需要素的选择方式、合理搭配各种创业要素的方式和整合过程。其创业模式主要包括创业的组织形式、创业的方式确定和创业的行业选择。

(一)国际上的创业模式

1. 民间驱动模式

民间驱动模式是指企业的创业资金主要来源是民间风险投资,且风险投资也决定了企业在成长过程中所遵循的市场规律与成长路径的创业模式。美国是这类创业模式的典型代表国家。其风险投资的最大特点就是,企业发展的动力由风险资本提供,企业发展的存亡由市场决定。

2. 政府推动模式

政府推动模式是指在创业的过程中,从创业资金来源到企业经营成长,政府政策起到了突出的推动作用的创业模式。这种推动作用具体表现在以下几个方面:

(1)政府直接参与创立投资基金,或以政府财政作为支持进行创业风险投资。

(2)除政府之外,风险投资主要来自大型银行、证券机构。

(3)在企业成长过程中,政府给予企业大量政策上的帮助,尽力保证企业的生存和发展。

日本是政府推动模式的代表国家。第二次世界大战后,日本由于民间资本不足,日本政府以国家财政为支持,进行风险投资活动,鼓励民间创业。韩国也是政府推动创业模式的代表国家。这两个国家都是大企业林立的国家,在某种程度上,这制约了中小企业的发展;但是政府也更关注大企业的生存与发展问题,为了保证国民经济支柱产业和企业的发展,政府将不惜一切代价对大企业进行扶持和帮助。

政府推动模式与民间驱动模式的形成,往往是不同经济条件与文化条件的产物。这两种模式的比较,见表 3-2。

表 3-2　政府推动模式与民间驱动模式的比较

内容	模式	
	政府推动模式	民间驱动模式
创业资金来源	政府、银行、证券	民间风险投资
投资对象	成长稳定的企业	高成长、高风险企业
企业生存发展	政府政策支撑	市场竞争
政策焦点	对企业直接激励	消除市场与金融体系障碍
创业文化	弱势	强势

在一个创业文化浓厚的国家中,民间往往对创业活动存在极大热情。对应地,民间资本也会大量集聚到创业活动中去。相反,在一个创业文化并不浓厚的国家中,政府就被迫承担起鼓励创业,甚至全力扶持创业的责任。从发展阶段来看,在创业、经济建设、金融制度建设方面起步较早,且条件较为成熟的国家是当今世界上民间创业驱动力较强的国家。经过多年的发展,这些国家形成了成熟有利的创业环境,这使得民间力量能够顺利地进入创业领域;反过来,一个经济有待发展或是复兴的国家,由于其创业环境、市场条件、金融体系等各方面还有待于完善,这就需要政府较多地对创业活动进行扶持和监督。

3. 技术创业模式

技术创业模式是指以技术创新和发展为主动力,以此推动技术型企业创业的创业模式。根据技术的来源,技术创业模式又可以分为引入技术创业模式和研发技术创业模式两类。日本是从国外引入技术进行创业的代表。自 20 世纪 60 年代起,日本开始走上"技术强国"之路,一直将科技发展作为本国经济的主动力。结合日本当时的经济和科技条件,日本一边自主研发,一边积极从国外引进技术进行创业。

研发技术创业是指自行研发获得技术成果,并对此项技术进行投资创业。研发技术创业的活跃不仅取决于研发活动本身,更有赖于其强大的资金来源。研发技术创业可能是由于风险投资业对高技术产业的看好和全力投入,也可能是由于国家产业结构的建设需要,得到了国家倾向性支持。这两种方式在结果上都使得研发活动及成果的市场转化得到了充分资金支持,但其出发点却完全不同。风险投资业始终对高技术行业情有独钟,这是因为风险投资本身就偏好创新力强风险大、成长空间大、预期未来收益惊人的企业,高科技企业就是最佳的选择。而国家政府对高技术行业的支持,却多半是出于国家经济建设与产业结构建

设的需要,致力于将高技术产业建设成国家的支柱产业。

4. 普通创业模式

普通创业模式不同于技术创业模式,它没有强烈的产业导向,而是强调创业主体,特别是中小企业进行广泛创业,其创业行为遍及各行各业,但并不强调科技在创业中的主导和带头作用。著名的中小企业创业国家代表是意大利。在意大利,生产体系是建立在中小企业制度上的。在这些中小企业中,并非强调高技术产业创业,而是专注于意大利的各类优势产业,甚至是传统手工业。由于创业门槛低,对科技水平的初始要求不高,创业企业较易进入市场,同时容易吸纳大量劳动力。

技术创业模式和普通创业模式这两种模式的形成,更多是国家产业政策导向的结果。这两种模式的比较见表 3-3。

表 3-3 技术创业模式和普通创业模式的比较

内容	创业模式	
	技术创业模式	普通创业模式
相关行业	高新技术	各行各业
创业资金来源	风险投资、政府基金	自由资金、政府基金
创新力度	很高	较低
人员素质要求	很高	较低
经营风险	很高	不确定
行业门槛	很高	较低

由于高新技术产业对于国家的经济、政治等各项战略发展有着极其重要的影响,许多追求技术兴国的国家对技术创业模式大为青睐,纷纷进行政策倾斜。此外,由于高新技术行业进入门槛较高,高新技术经营风险较高,也往往需要以政府力量对创业企业进行扶持。而普通创业与高新技术创业相比,在创新力度、人员素质、行业门槛等方面要求相对较低,在创业资金来源方面往往以自由资金为主。

(二)国内流行的创业模式

1. 网络创业模式

"网中自有黄金屋",没有人会否认,互联网的出现开启了一个崭新的信息时代,这个时代在深深地改变人们的生活与行为的同时,也提供了一种全新的创业方式。马云、陈天桥、张朝阳、李想、戴志康等人做出了榜样。与传统产业相比,网络创业有许多优势。目前,网络创业的形式有:网上开店,在网上注册成立网络商店;网上加盟,以某个电子商务网站门店的形式经营,利用母体网站的货源和销售渠道;开发自己的购物网站、利用微信公众号及平台、利用抖音或快手等短视频平台;制作网上销售和服务平台等。

网络创业模式的优势在于创业门槛较低、成本少、风险小、方式灵活、利润丰厚等,特别适合初涉商海的创业者。如果不是开展很大的项目,网络创业者起初所需要的资金并不是很多。也许"一台计算机+ADSL+虚拟主机+一间小屋",创业就可以开始了。例如,易趣、阿里巴巴、淘宝等知名商务网站都有着较完善的交易系统、交易规则、支付方式和成熟的客户群,每年还会投入大量的宣传费用。

2. 连锁加盟创业模式

牛顿曾有一句名言:"我能看得更远一些,那是因为我站在巨人的肩膀上。"对于创业者而言,也不妨尝试一种"站在巨人肩膀上"的创业模式——加盟创业模式。连锁加盟是指主导企业把自己开发的产品,服务的营业系统(包括商标、商号等企业形象,经营技术,营业场合和区域),以营业合同的形式,授予加盟店的规定区域内的经销权或营业权。最初的连锁加盟源于19世纪80年代,美国胜家缝纫机公司建立了第一个经销商网络,经销人向其付费以换取在一定区域内出售的权利。

连锁加盟模式具有以下主要特点:

(1) 有一个特许权拥有者,即为加盟连锁的盟主。

(2) 盟主拥有特许权可以是产品服务、营业技术商号、标示和其他可带来经营利益的特别力量。

(3) 盟主和加盟者以合同为主要联结纽带。

(4) 加盟者对其店铺拥有所有权,店铺经营者是店铺的主人。

(5) 加盟者必须完全按照盟主总部的一系列规定经营,自己没有经营自主权。

(6) 总部有义务教给加盟者完成事业的信息、知识技术等一整套经营系统,同时授予加盟店使用店名、商号、商标、服务标记等一定区域的垄断使用权,并在合同期内,不断进行经营指导。

(7) 加盟者要向盟主交付一定的有偿费用,通常包括一次性加盟费、销售额或毛利提成等。

(8) 盟主和加盟者是纵向关系,各加盟者之间无横向关系。

连锁加盟模式凭借分享品牌金矿、分享经营诀窍、分享资源支持等诸多的优势,而成为备受青睐的创业模式。目前,连锁加盟有直营、委托加盟、特许加盟等形式,投资金额根据商品种类、店铺要求和技术设备的不同而不等,可满足不同需求的创业者。连锁加盟模式创业的优势是利益共享、风险共担。创业者只需支付一定的加盟费,就能借用加盟商的金字招牌,利用现成的商品和市场资源,还能长期得到专业指导和配套服务,而不必摸着石头过河,创业风险也有所降低。

加盟创业模式选择的几点建议:

(1) 选择行业门槛低但回报高的行业,如房产中介等。

(2) 选择新兴产品,一旦竞争产品增多,营业额下降时,应立即转向。

(3) 整体投资不宜过大,尽量寻找利润高、投资少的小产品加盟。

3. 兼职创业模式

兼职创业模式是指创业者在本职业之外兼任其他工作或职务进行创业的模式。随着创业人群的增多,现在很多人都想试自己的能力,都想有一番自己的事业,成就一番自己的人生。兼职创业者需要具备的条件如下:

(1) 精力上能胜任。光有时间还不行,创业者还要看看自己,以目前的精力和能力,能不能胜任兼职工作,又能胜任哪些兼职工作?其实,兼职的选择是多样的,但创业者先要衡

量自己的能力,不要妄想做那些自己并不能胜任的兼职。创业者兼职不仅要看是否可以达到兼职的目的,还要看会不会影响平日的生活和工作。

(2) 寻找兼职工作的途径。在信息时代和关系社会中,大学生创业者寻找兼职的机会和途径很多,主要的兼职信息来源于大学的勤工俭学中心、专业的兼职信息网站、公司网站、各类人才市场等。但据有关调查,兼职的主要途径还是通过主动出击和朋友牵线两种方式获得的。

(3) 公司允许。许多公司明确规定不允许公司的员工兼职。因而,员工想要兼职,在兼职前一定要了自工作单位的相关规定。

(4) 时间不冲突。创业者选择兼职的重要考虑因素之一,是得保证兼职时间和本职工作时间不冲突,且不能因为是兼职就马马虎虎,敷衍了事。因此,创业者在选择兼职前,要先安排好自己的时间,能够平衡和协调好。

对上班族来说,兼职创业,无须放弃本职工作,又能充分利用在工作中积累的商业资源和人脉关系创业,可实现鱼和熊掌兼得的梦想,而且能够进退自如,大大减少了创业风险。

4. 团队创业

团队创业模式是指依靠团队的力量,而不是一个人单枪匹马创业的模式。

例如,新东方英语学校(以下简称"新东方")的成长就是团队创业模式的典型代表。1993年,辞去了北大教职的俞敏洪,在北京中关村的一所小学的低矮的平房里创办了新东方。那个时候,学校只有两三名教师。多年之后,新东方已经发展成为一家集教育培训、教育研发、图书杂志音像出版、出国留学服务、职业教育、在线教育、教育软件研发等于一体的大型综合性教育科技集团。2006年9月7日,新东方成功登陆纽约证券交易所,发售了750万股美国存托凭证,开盘价为22美元,高出发行价15美元约46.7%,融资额为1.125亿美元,成为第一家在海外上市的中国教育培训公司。俞敏洪的成功之处是为新东方组建了一支年轻而又充满激情和智慧的团队,俞敏洪的温厚,王强的爽直,徐小平的激情,杜子华的洒脱,包凡一的稳重,五个人的鲜明个性让新东方总是处在一种不甘平庸的氛围当中。

一般来说,团队成员的知识、能力结构越合理,团队创业的成功性就越大。团队创业的优势在于集合了各方的优势,汇集起来共同创业,其产生的群体智慧和能量,将远远大于个体。

5. 无店铺经营模式

这是一种全新的创业模式。无店铺经营模式泛指创业者在没有固定的或者是不属于自己的店面里的经营活动模式。它包括以下几种形式:

(1) 收购。收购现有的企业,也是一种很好的模式。收购跟加盟连锁有类似之处,就是说原企业本身是一个已经经营的企业,有一个相对比较成熟的项目,只要收购者的经营能力和其他的资源条件许可,一般都可能成功的。只是,要找到理想的收购对象不太容易。

(2) 承包经营。承包经营是指企业与承包者间订立承包经营合同,将企业的"经营管理权"全部或部分在一定期限内交给承包者,由承包者对企业进行经营管理,并承担经营风险及获取企业收益的行为。

承包经营只是解决部分企业因经营管理不善导致亏损的一种补充措施,并且只能对被承包企业的税后利润实行承包,所以不允许企业投资各方仅就管理或利润签订承包合同。

(3) 产品代理。创业者可以直接通过代理的形式,推广和买卖他人的产品来进行创业。

6. 其他创业模式

(1) 边打工边创业。这种模式一般是指创业者利用自己的专业经验和自身的厂商资源,在上班时间外进行创业尝试和增加收入的模式。这种模式的优点是没有任何风险,但创业者应该处理好本职工作与创业的关系。

(2) 依靠商品市场创业。专业的商品市场都会为租户代办个体工商执照,只需一次性投入半年或1年租金,以及店内货品的进货费投入在3万~5万元。这种模式只需创业者依靠人气旺盛的商品市场,风险也比较小。例如,王某以前是服装设计师,后来从服装公司辞职后自己创业,转租别人的带照商户,在一家服装市场中经营批发零售业务。凭借自身的设计能力和多年的行业经验,王某自己设计,找服装厂加工成衣后在自己的店铺内销售。销售状况良好,她已经开出了自己的第二家分店。

(3) 在大卖场租一块场地创业。这种模式有点类似代理销售,不过创业者必须眼光独到。这种模式的风险较大,但是回报是非常可观的。这种模式比较适合有营销经验的人员采用。例如,欧某到某市出差,发现松子在当地价格比较便宜,他出差回来经过简单调查后发现,本地松子很少有人销售,而且价格昂贵。因此,他在距春节前很早就到该市订购了一批松子,并且在本地人流最大的商场争取到了进门的一块场地,春节期间他就开始用大缸装着松子进行销售,1个月下来,获取利润30万元。

(4) 工作室创业。工作室创业模式是个人低成本创业的最简单模式之一,但对创业者有较高的专业技能要求。一般来说,工作室创业有创意类、技术类和咨询类3种类型。例如,杨某与刘某都是设计专业的出身,在广告公司工作几年后想自主创业,他们一起开办一家设计工作室。他们主动与出版社、学校、印刷厂等机构联系,由于工作室除了设计用的纸张和油墨外几乎没有其他成本,因而服务价格相当具有竞争力,再加上他们所拥有的多年设计经验,无论手绘还是计算机设计都让客户比较满意,几年下来,工作室的业务规模越做越大。

(三) 创业模式选择时所需考虑的因素

创业者在创业模式的选择上,一定要进行充分的市场调研,有充分的自我认识,把市场前景和自我兴奋点有机结合,把产业优势和创业者自身长处相融合,规避那些市场已经饱和、竞争过于激烈的行业。影响创业模式选择的因素主要有以下七个方面。

1. 行业性质及发展前景

不同的创业模式往往有最佳的相对应行业,创业者只有选择相对应的行业,才能保证创业的高成功率和高收益性;否则只会张冠李戴,造成损失。21世纪的大学生在选择创业行业的时候逐渐认识到不能只注重行业现在的发展情况,而且要根据该行业现在的发展势头、政府的相应政策、世界经济的发展趋势、高科技产业的发展速度、该行业自身的特色和经营模式等一系列外在因素,综合考虑该行业在未来的世界发展浪潮中所占据的位置。换句话说,创业者要关注行业的性质及发展前景。

2. 资金规模

有的创业模式在资金上的要求较高,有的创业模式的资金要求则相对较低。这就需要创业者根据自己的实际情况和具体的创业方向,权衡考虑,选择在自己的资金规模之内的最适应的行业和创业模式。

3. 管理模式

创业者选择一种创业模式,还需要了解该创业模式所对应的管理模式。这些都是之前的创业者总结出来的经验,如果创业者采取了不相适应的管理模式和方法,必将会导致整个公司的混乱,最终将不利于整个公司的发展,创业成功率也将大打折扣。

4. 技术要求

如果创业者选择技术含量比较高的行业所对应的创业模式,那么技术要求就是其必须要考虑的因素,在选择之前一定要清楚地了解具体的技术要求,这样才能够在选择的时候自己心里有底,结合自己的优势选择最佳的创业模式。

5. 国家政策

政府为了更好地贯彻其产业政策和促进相应的行业发展,往往会对相应的行业采取相应的优惠政策以鼓励其发展,创业者在选择的时候可以充分考虑这些优惠政策,这样可以更好地促进自己创业的发展。

6. 自身素质

创业者必须对自我有一个清醒的认识,必须对创业的难度有足够的了解。创业者需强化自身素质,学会经营,更要学会管理,善于总结,勇于进取。很多创业者在创业的时候希望能够结合自己所学的专业知识和兴趣爱好。知识和技能对于经济发展和社会进步的推动作用是巨大的。知识和技能是起支配作用的生产要素,创业者缺乏知识和技能,就在很大程度上失去了核心竞争力和生存空间。

7. 发展阶段

有的创业模式已经发展得比较成熟,而有的创业模式可能还只是处于起步阶段,还有的创业模式还存在较多的不确定性因素,这也必将会影响创业者的创业。较为成熟的创业模式往往会有相应的成功率和收益性的调查和记载,这些都可以作为参照数据,创业者可以据此进行相应的比较和参考。

本章小结

机会是随机分布的,每个个体都可能发现创业机会。创业者是否能够识别、评估并利用创业机会,主要取决于个体先验知识和经验以及对外部变化的敏感度。创业活动的决定条件是创业者个体特征或外部环境特征,而不是有关创业机会的信息差异。本章为我国创业者在创业过程中提供理论基础,提高识别创业机会的概率,降低创业活动中所面临的风险,选择恰当的创业模式,支持初始企业又好又快的发展。

实践环节

1. 实训目标

通过训练,学生能认识到识别创业机会的重要性。

2. 实训内容

发现并识别创业机会。

3. 实训要求

(1) 假设你面临毕业,你所在的小组准备一起创业,现在正召开创业讨论会议。

(2) 会议内容至少包括:讨论如何找到创业的机会、选择创业的项目的可行性等,请各抒己见。选择小组内的一位同学做会议记录。

(3) 以小组为单位,将会议讨论的决定做成PPT,在下一次的课堂上讲解。

(4) 会议记录、PPT共同作为教师的评分依据。

重点思考

1. 创业机会是商业机会吗?
2. 影响创业机会识别的关键因素有哪些?
3. 有价值的创业机会的特征有哪些?
4. 设计创业模式的步骤有哪些?

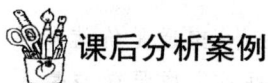

课后分析案例

杜国楹与他的"小罐茶"

杜国楹是一位连续创业的企业家,在创业过程中,他往往从识别用户需求和应用场景出发,设计产品、介入供应链、改造供应链,先后打造了背背佳、好记星、E人E本、8848手机等产品。在做完这些产品后,他开始关注传统茶产业,很多人劝他不要涉足该产业,因为该产业已经在中国有上千年的历史,有很多方面很难做出改变与创新。他不这样认为,他通过分析发现,该产业虽然竞争激烈,但是很多茶企具有同质性的特点,没有从客户的角度考虑建立个性化的产品。2014年开始,他用工业化、标准化方法改造传统茶产业,让茶成为快消品,突破增长的边界,逐渐做成了高端茶的第一品牌。

经历了多次创业,他认为,创业者需要科学地把握创业机会。每一位创业者在寻找创业机会时都需要注意创业机会的搜索、识别及开发三个问题。商业世界不断颠覆的只是表现形式,而人性和商业的本质从未发生改变。创业者都应该尊重商业常识;否则,就会遭到市场的惩罚。

(一) 搜索创业机会

每个人都有自己的特质、经验、喜好、情怀及资源等,因此,结合自己的情况全面地搜索创业机会就成为非常重要一个环节。在搜索创业机会时,创业者要提醒自己四个字——"顺势而为"。"势"是指趋势和优势。创业者要短看优势,长看趋势;同时,要做对趋势,用足优势。创业机会是否可行,短期内系统地掌握有哪些创业机会就显得非常重要,这是确定创业机会前期必要的准备性工作,甚至是必要性工作。结合自己多年的创业经历,他认为,就长期来看,创业必须要做符合行业趋势的事才能成功。

（二）识别创业机会

他认为，创业者在所搜索到的众多创业机会中，如何识别出当前最适合也最值得进行的创业机会是尤为重要的。这个过程需要尊重商业常识和企业的本质。他结合自己第一次创业失败的经历，指出识别创业机会先要尊重商业常识，很多人非常有想法，也富有激情，但是所提出的创业机会太天马行空或不符合中国国情，依据现在的技术及资源根本无法实现。在他看来，企业的本质是为消费者提供有价值的产品和服务。无论企业有多大，如果不能为用户提供有价值的产品和服务，就没有存在的理由。所以创业机会的识别不能只为"一时"，也需要考虑"一世"。创业者应该深刻地认识到，"百年老店"都是伟大价值观的产物。大众会根据企业的表现行为去评判。识别创业机会就像识别人，企业的背后最重要的是人，人的背后则是价值观。因为伟大的使命和愿景将一群人聚合在了一起，才能生产出优质的产品和服务。

（三）创业机会开发

他指出，创业者可以基于以下几个方面展开对创业机会的开发：

（1）在产品上，创业者要洞察人性的弱点和优点。人性是懒惰的，对于产品都渴望有一个完美的解决方案。我们要通过不断地寻找痛点，打磨产品，让用户有一个良好、持续的体验。同时，人都追逐美，要利用人性的优点去建立一个优秀的品牌。

（2）在销售层面，本质是分配与管理利益链。企业是价值创造的主体，渠道是价值传递的主体，创业者如何合理分配利益，让每一个参与者利益最大化，驱动每一个成员效益最大化，是一个重要原则。

（3）创业者在人才管理上，也要遵循顺势而为的原则。江山易改本性难移，这一点同样适用于人才管理。我们要想改变一个人的短板，让他成为一个优秀的管理者非常困难。我们尽可能地识别一个人的优点，将他放在合适的岗位上，这非常重要。

商业世界不断颠覆的只是表现形式，而人性和商业的本质从未发生改变。电视的收视率在下降，但用户都被抖音等短视频平台吸引了。抖音内容的表现和电视本质没有变化，仍然是内容。电商领域也是如此，10年前电商的市场份额非常低，今天则越来越成熟。但它和线下渠道并没有本质区别，只是表现形式发生变化。

杜国楹创业22年，辗转5次，此前一直不知道自己最适合做什么，而现在他终于找到了自己的终极梦想——未来30年，专注中国茶。过去7年半，他一直沉浸在茶品类中，思索传统的中国茶应该如何创新和突破。他深入中国茶的核心产区，目睹了所有的细节，发现目前茶业仍是一个非常传统的产业。

中国人的语境中有三杯"茶"：柴米油盐酱醋茶、烟酒茶、琴棋书画诗酒茶。柴米油盐酱醋茶偏农产品，烟酒茶是偏消费品，琴棋书画诗酒茶则偏文化产品。茶的载体是一样的，但在人们不同的生活场景当中，扮演的角色差异很大。柴米油盐酱醋茶中的"茶"是一杯饮品，烟酒茶中的"茶"是一杯"瘾品"，琴棋书画诗酒茶中的"茶"则是一杯"玩品"。市场上没有一个茶叶品牌可以同时兼顾这3种场景和人群。对于茶叶，我们核心思考非标产品如何标准化。中餐、茶叶、中医、玉石都是国粹，但每一个品类中都没有出现一个强势品牌，本质原因是没有实现标准化。如果中餐只能严重依赖优秀的厨师，中餐不可能出现比肩麦当劳的公司；如果中医对一个老中医号脉、把脉依赖如此之重的话，中医标准化的道路如何去做？而西医通过验血化验，所有的医生可以一样对症开药。

他总结发现，首先，这些问题的本质是中国的经验思维和西方的科学思维之间的差异。东方所有的东西都是传统的产物，中餐需要经验，茶叶需要经验，中医对经验更是无比依赖。但在西方成熟的商业市场中，他们通过科学的思维解决了这一问题，商业也实现了规模化的发展。这是中国茶业面临的第一大问题，在底层的思维逻辑中，如何将传统的经验思维切换成科学思维，重新审视茶叶非常重要。为了喝上一杯好茶，不上山、不爬树是喝不到好茶的，这是茶业品牌最大的悲哀。要用专业团队来解决复杂的茶饮标准化问题，不需要懂茶，用户就可以喝上一杯干净、安全、高品质的茶。因此，我们必须把复杂的中国茶做简单。

其次，在不同的消费场景当中，传统工夫茶的应用场景是非常有限的。在办公室，在移动场景下，用户到底应该怎么样去喝茶？我们能不能给用户更多的选择？因此我们要把烦琐的茶饮做简便。只要有心情的时候，用户就可以坐下来去享受一杯传统的工夫茶。

再次，现在为什么年轻人喝咖啡，不喝中国茶？事实上，不是中国茶老了，只是它的表现形式没有跟上这个时代。因此，我们要把传统的中国茶做时尚。

最后，我们要把产地思维导向转变为品牌导向。大家都知道中国的四大名茶——西湖龙井、云南普洱、武夷大红袍、安溪铁观音，它们都是以"产地＋品类"命名的。铁观音谁最好？西湖龙井，喝什么牌子？用户不知道。

实际上，中国传统的十大名茶全是公共品牌，不是产品品牌。因此，我们必须要站在传统品类认知的基础上，让用户建立新的产品和品牌认知，用专业的力量把复杂的中国茶做简单、把烦琐变简便、把传统变时尚、把产地和品类思维导向品牌思维，是我们目前正在做的事情。它的内核是科学的思维、消费品思维。实际上，不是年轻人不懂中国茶，是中国茶不懂年轻人，整个行业缺乏用户的视角；同理，不是世界人民不爱中国茶，是中国茶没有跟上世界的变化。国盛茶兴，在柴米油盐酱醋茶这七大刚需中，茶的刚性程度比米、油要差，但是一旦国家进入比较繁荣的历史时期，茶消费立即崛起。中国的本土市场已经成为全球第一大消费市场。茶是一个古老的行业，但是杜国楹坚信它也是一个伟大的行业。

2014年，他创办了北京小罐茶业有限公司（以下简称"小罐茶"），并打造出小罐茶产品。小罐茶用创新理念，以极具创造性的手法整合中国茶行业优势资源，联合中国八大名茶中最具代表性的8位泰斗级制茶大师（包括西湖龙井制茶大师戚国伟、黄山毛峰传统制作技艺第49代传承人谢四十、中国普洱茶终身成就大师邹炳良等），坚持原产地原料、坚持大师工艺、大师监制，独创小罐保鲜技术，共同打造大师级的中国茶。小罐茶成为中国文化复兴和消费升级趋势下所诞生的一个全品类高端中国茶品牌，是互联网思维、体验经济下应运而生的一家现代茶商。

资料来源：dake.小罐茶杜国楹：创业是一门科学[EB/OL].(2019-11-22)[2020-08-08]. http://www.qncyw.com/media/page/45162.shtml? from=guest.

问题：

(1) 请你总结杜国楹是如何科学把握创业机会的？

(2) 杜国楹为什么会选择茶产业？他采用金属小罐充氮包装，打着"大师作"概念的小罐茶，给古老陈旧但市场量庞大的茶业带来哪些创新启示？

参考文献

1. 任溢文.DM 公司创业机会识别与开发案例研究[D].大连：大连理工大学,2018.
2. Scott Shane Venkataraman. The Promise of Entrepreneurship as a Field of Research[J]. The Academy of Management Review，2000(1).
3. 王晓光.创业基础[M].北京：高等教育出版社,2014.
4. Ardichvili A，Cardozo R，Ray S. A theory of entrepreneurial opportunity identification and development[J]. Journal of Business Venturing,2003(1).
5. 张红,葛宝山.创业学习、机会识别与商业模式——基于珠海众能的纵向案例研究[J].科学学与科学技术管理,2016(6).
6. 陈海涛.创业机会开发对新创企业绩效的影响研究[D].长春:吉林大学,2007.
7. 刘佳,李新春.模仿还是创新：创业机会开发与创业绩效的实证研究[J].南方经济,2013(10).
8. Dimov D. From opportunity insight to opportunity intention：The importance of person-situation learning match[J]. Entrepreneurship Theory and Practice. 2007(4).
9. Cornelissen J P，Clarke J S. Imagining and rationalizing opportunities inductive reasoning and the creation and justification of new ventures[J].Academy of Management Review. 2010(4).
10. Hitt M A，Ireland R D，Camp S M.，et al. Strategic entrepreneurship：Entrepreneurial strategies for wealth creation[J]. Strategic Management Journal，2001(6).
11. 杜晶晶.不确定环境下内隐形创业机会[D].合肥:中国科学技术大学,2015.
12. 仇思宁.高新技术企业创业机会开发案例研究[J].管理观察,2016(9).
13. 王晶晶,丁栋虹,杜晶晶.基于扎根理论的创业机会开发研究梳理与未来展望[J].科技管理究,2014(11).
14. Ardichvili A，Cardozo R Ray S. A theory of entrepreneurial opportunity identification and development[J].Journal of Business Venturing，2003(1).
15. 陈震红,董俊武.创业机会的识别过程研究[J].科技管理研究,2005(2).
16. 吕爽.创业基础[M].北京:中国铁道出版社,2016.

第四章 创业风险

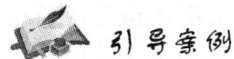

为什么我当老板就不能赚钱呢

一位 2019 年毕业的大学生,学的是计算机专业,找了几家单位,看看人家的位置似乎都并不适合自己,想想自己的计算机水平,就想自己干。他曾经在南京珠江路电脑一条街租下一间门面房来卖电脑,雇了两个人,准备大显身手。他自己当了老板,想怎么干就怎么干,有时为了赌一口气,什么后果都不考虑,只图一时痛快。

4-1 引导案例

结果不到 6 个月,他就亏损得一塌糊涂,两个雇员的工资也没钱发。他告诉记者,当时自己真的非常绝望。同样在珠江路卖电脑,人家赚钱自己亏本,道理在哪里?想不明白。有了这个教训,他就到人家电脑店去打工,从给人家修电脑干起,看人家是如何经营管理的,一切从头学起,积累下不少经验。他的体会是,不考虑市场需求,不考虑自己的经营规模,不考虑市场经济的游戏规则,只想随心所欲地做老板,那是不可能成功的,再善良的愿望也不顶事。他说,当老板也需要一个"见习期",有没有这个"见习期",情况大不一样。现在他开了一家电脑修理店,门面是与人合租的,处处精打细算,总算有了新的开始。

案例解析:对于干个体的大学生来说,最大的风险主要来自缺少风险意识,或者说对于规避风险存在较大的依赖性。他们对自己缺乏风险意识总是深为感叹,无不流露出创业道路的坎坷与辛酸。市场时时刻刻都有风险,却永远也不会有人来及时提醒你风险在哪里。依赖别人来替自己防范风险,结果只会谁也依赖不了。防范风险只能靠自己。大学生创业虽然有成功的诸多案例,但相对于创业群体的基数来说,更多学生面临的是创业失败的巨大风险。创业难,在很大程度上,可以说是难在发现风险、规避风险上。创业风险的识别、评估和防范是成功实践创业活动的有力保障。

第一节 创业风险概述

4-2 创业风险的定义与类型

在创业者队伍中有句行话:"对于创业企业来说,除了风险,没有什么是确定的。"这句话说明自主创业存在的风险是必然的。一个没有风险的企业也不会是一个能产生利润的企业。

一、创业风险的含义

每个企业都是在风险中经营的,对于那些没有经营经验的新创企业来说,风险更是如影随形,尤其创业初期企业的规模偏小,而且由于创业者中新手多,缺乏经验,风险造成的经济损失是极大的,相对而言,风险对刚创业的小企业来说远远超过大企业。小企业虽然"船小好掉头",但它由于"本小根基浅",故只能"顺水",不能"逆水",不能左右风险的发生。从实际情况看来,小企业消化吸收亏损的能力十分有限。所以,新创立的企业更应了解在经营中可能遇到的风险,以防患于未然。

创业风险是指在企业创业过程中,由于创业环境的不确定性、创业机会与创业企业的复杂性,创业者、创业团队与创业投资者的能力和实力的有限性等原因而导致创业活动偏离预期目标的可能性。

二、创业风险的来源

创业风险是新创企业内、外部不确定性因素共同作用的结果,这些因素包括创业者的能力和水平、创业时机和创业领域的选择、企业战略的制定和实施、企业运营与管理、各种生产要素的衔接和外部环境等方面。企业创业风险的来源有内生、外生和内外协同三个方面。

4-3 创业风险的来源与特点

(一)创业风险的内生来源

创业者和新创企业自身的因素是内生风险的主要来源,创业者自身的素质和资源会影响创业机会的识别,创业者先天素质不健全或者后天能力不足会对创业机会识别产生负面影响,创业机会识别出现失误会直接带来较大的风险;在创立初期,创业者也是企业的实际经营管理者,创业者自身的素质和能力低也会影响到企业的经营管理,给企业带来风险;创业机会识别会进一步影响到企业战略的制定,企业战略是企业运营的指南,企业战略的制定会直接影响到企业运营,新创企业战略一旦失误,也会带来较大的创业风险;企业运营与管理自身又包含若干因素,企业的研发、财务管理、人力资源、组织结构、信息系统与沟通的有效性、企业的产品与服务、企业文化等,都会影响企业的运营,无论哪一个环节出现问题,都会给新创企业带来创业风险。新创企业自身内部组织结构不健全、财务制度不完善、信息沟通效率低、企业文化尚未成型导致企业经营效率低下等,均会给创业活动带来风险。

(二)创业风险的外生来源

外部环境的动态变化会影响创业机会识别的有效性,给企业带来创业风险;外部环境因素也是企业战略制定时需要重点关注的问题,不能有效把握外部环境因素的现状及其未来变化趋势,企业战略制定就会出现偏差,企业战略制定不合理就会导致创业风险;外部环境因素也会直接影响企业的运营,经济和自然环境的变化、政策的变动、资本市场的变动、技术环境和产品市场的变化等都会直接影响企业的日常经营,会对企业的资金链、技术和人力资源供给、产品或服务的推广等方面产生不利影响,进而给新创企业的创业活动带来风险。

拓展案例 4-1

燕子面馆的沉浮

张燕是某校物业管理毕业班的学生。她来自贫困山区,2 年前她的父母开始在学校外面的马路上摆摊卖早点。张燕听完创业讲座后,觉得附近有四所学校,仅中学、中专生就有 6 000 多人,开一间有特色的面食店应该大有市场。于是在老师和同学们的帮助下,张燕与父母借了 5 万多元钱在学校附近租了房子,开起了"燕子面馆",张燕成了"总导演",特别是她策划的面向同学过生日的"小寿星"面宴吸引了许多同龄人。面馆的生意很火,张燕的父母都沉醉在喜悦之中,张燕还想毕业之后把这个店开大,并放弃了她叔叔给她联系的某房地产公司工作。可是好景不长,一场突如其来的"新型冠状病毒肺炎",几所学校都关上大门,学生假期延长,"燕子面馆"被迫停业,生意一落千丈,收入入不敷出。这时的她才意识到"风险"问题。

资料来源:百度文库.创业与成功——创业企业风险管理[EB/OL].(2018-11-17)[2020-10-23]. https://wenku.baidu.com/view/dd5485f56aec0975f46527d3240c844769eaa026.html.

(三)创业风险的内外综合来源

内、外部风险因素的协同影响会加剧已有的风险并会带来新的风险。创业机会往往具有很强的时效性,外部环境的变化会带来创业获利的可能性的变化,创业者自身能力的局限性或者受制于资源的有限性不能及时把握机会,就会带来创业时机把握不准确的风险;外部环境不断的发展和变化,会对企业战略产生重要影响,企业战略的制定如果缺乏灵活性,不能随环境的变化进行合理的调整,就会给企业发展带来风险;内、外部风险因素共同发挥作用,会加剧新创企业的风险,新创企业自身在各个方面的发展都不够完善,经营管理和运营存在较多隐患,外部环境的变化会加剧企业隐患的爆发,带来更多的风险,同时外部环境因素不可预知的变化,也会在一定程度上加剧企业已有风险的危害程度。

三、创业风险的分类

基于文献计量分析和专家调查,创业风险可以分为 8 个类别、28 项风险因素(见表 4-1)。其中,8 个创业风险类别包括机会识别风险、技术风险、财务风险、市场风险、管理风险、人力资源风险、战略风险、外部环境风险等。

表 4-1 创业风险的分类

风险类别	风险因素
机会识别风险	创业机会识别错误 创业时机把握不准确 能力和资源与创业机会不匹配
技术风险	研发投入不足 核心技术成熟度低 核心技术被替代风险 技术转化率低 技术取得与转让成本高

（续表）

风险类别	风险因素
财务风险	企业的资金链紧张 企业获取资金的成本高 企业负债率高 企业的财务管理制度不完善 企业所需原材料价格较大幅度上涨
市场风险	产品的市场认可度低 市场推广策略不当
管理风险	管理者的素质和能力低 信息不畅缺乏有效沟通 企业组织结构不合理效率低 企业文化缺失 企业核心管理人员的调整 生产管理和供应链存在漏洞
人力资源风险	人才引进难度大 人才流失
战略风险	战略制定不合理 缺乏具体配套实施方案 战略缺乏灵活性
外部环境风险	政策的变动和限制 专利侵权

第二节　创业风险识别

4-4　创业风险的识别

风险无处不在，企业若能有效地识别风险，就会使风险的控制有的放矢，从而消灭那些吞噬企业的风浪和暗礁。创业风险的识别是指企业依据创业活动的迹象，在各类风险事件发生之前运用各种方法对风险进行的辨认和鉴别，是系统地、连续地发现风险和不确定性的过程。识别风险是管理风险的第一步。如果创业者能在企业损失之前就能够识别风险发生的可能性，那么这个风险是可以被管理的。

拓展案例 4-2

生于忧患，死于安乐

明朝作家刘元卿在一篇题为《猱》的短文中记述了这样一个故事：猱的体形很小，其四肢长着十分锋利的爪子。老虎的头痒痒，猱就爬上去搔痒，搔得老虎飘飘欲仙。猱不停地搔，并在老虎的头上挖了个洞，老虎因感觉舒服而未觉察。于是，猱就把老虎的脑髓当作美味佳肴吃了个精光。

中央电视台《动物世界》也介绍了一种"杀人蝠"，这种蝙蝠专爱吸食驴子的血，当它飞落在驴子身上时，起初驴子会本能地驱赶。但只要蝙蝠用其细小的舌尖轻轻舔那驴子，驴子立即会产生一种麻丝丝、痒乎乎的快感，就再也不驱赶它了。一会儿，蝙蝠就在驴子身上咬了个小口子,开始吸驴子的血,一只蝙蝠吸饱后飞走,又会飞来另一只蝙蝠继续吸,这只驴子便会在不知不觉中被吸干血而死去。

用"生于忧患,死于安乐"8个字来诠释上述故事恰如其分。创业与风险是并存的。为什么有些企业会由强变弱,最终惨遭淘汰?尽管这些企业败走麦城的原因各不相同,但有一点却是共同的,即缺少忧患意识和危机意识。成功的创业者总能在危机中发现机会,规避风险。安而忘危,缺少远虑,对面临的危险认识不足,准备不足,企业最终会走向失败。企业的发展始终伴随着风险,对新创企业而言,最大的风险就是缺乏危机意识。新创企业往往只看到对其发展的有利因素,而忽视了潜在的风险,从而导致创业失败。创业风险管理虽然不能避免风险的发生,但是可以未雨绸缪做好充足的准备,是避免创业失败的关键。

资料来源:百度文库.创业与成功——创业企业风险管理[EB/OL].(2018-11-17)[2020-10-23].https://wenku.baidu.com/view/dd5485f56aec0975f46527d3240c844769eaa026.html.

一、识别创业风险的意义

在企业的风险识别中,我们可以把风险理解为与希望产出出现偏差的可能性。将风险应用于创业企业,是指给公司财产与潜在获利机会带来损失的可能性。这里的财产不仅仅指有形财产,还包括雇员、企业声誉等无形资产。创业风险识别的意义体现在以下三个方面:

(1) 减轻企业的财务负担。创业资金是困扰创业者的主要问题之一。由于企业没有积累,新创企业往往资金实力薄弱,收入极为有限,现金流量不足。创业者往往需要通过多种渠道来争取对企业的投入,所以减少风险所带来的财产损失就显得格外重要。

(2) 有利于企业管理向规范化方向发展。在创业阶段,企业管理的责任落在创业者身上,由于创业者精力与能力方面的限制,对各类风险的识别和管理往往是不到位的,建立一个合理的风险管理体系,使各类风险都有人分工负责,可使企业在对创业风险进行管理的基础上逐渐形成相应的职能管理体系,有利于加快企业内部管理的正规化。

(3) 有利于创业者综合素质的提高。创业是一个从无到有的过程,各种因素都处于一种不确定的状态,这些不确定性当然包括各种潜在的损失,系统识别和统筹管理这些风险是创业者能力的重要标志之一。

二、创业风险识别的原则

(一) 全面周详的原则

为了对风险进行识别,创业者全面系统地考察、了解各种风险事件存在和可能发生的概率以及损失的严重程度,风险因素以及因风险的出现而导致的其他问题。损失发生的概率及其后果的严重程度,直接影响人们对损失危害的衡量,最终决定风险政策措施的选择和管理效果的优劣。因此,创业者必须全面了解各种风险的存在和发生及其将引起的损失后果的详细情况,以便及时而清楚地为决策者提供比较完备的决策信息。

(二) 综合考察的原则

单位、家庭、个人面临的风险是一个复杂的系统,其中包括不同类型、不同性质、不同损失程度的各种风险。复杂风险系统的存在,使得某一种独立的分析方法难以对全部风险奏效,因

此创业者必须综合使用多种分析方法。单位、家庭、个人面临的风险损失一般分为以下三类：

（1）直接损失。识别直接财产损失的方法很多，如询问经验丰富的生产经营人员和资金借贷经营人员、查看财务报表等。

（2）间接损失。间接损失是指企业受损之后，在修复前因无法进行生产而影响增值和获取利润所造成的经济损失，或是指资金借贷与经营者受损之后，在追加投资前因无法继续经营和借贷而影响金融资产增值和获取收益所带来的经济损失。间接损失有时候在量上要大于直接损失。间接损失可以用投入产出、分解分析等方法来识别。

（3）责任损失。责任损失是因受害方对过失方的胜诉而产生的。只有既具备了熟练的业务知识，又具备了充分的法律知识，创业者才能识别和衡量责任损失。另外，企业或单位各部门关键人员的意外伤亡或伤残所造成的损失，一般是由特殊的检测方法来进行识别的。

（三）量力而行的原则

风险识别的目的就在于为风险管理提供前提和决策依据，以保证企业、单位和个人以最小的支出来获得最大的安全保障，减少风险损失，因此，在经费限制的条件下，企业必须根据实际情况和自身的财务承受能力，来选择效果最佳、经费最省的识别方法。企业或单位在风险识别和衡量的同时，应将该项活动所引起的成本列入财务报表，进行综合的考察分析，以保证用较小的支出来换取较大的收益。

（四）科学计算的原则

对风险进行识别的过程，就是对单位、家庭、个人的生产经营（包括资金借贷与经营）状况及其所处环境进行量化核算的具体过程。风险的识别和衡量要以严格的数学理论作为分析工具，在普遍估计的基础上，进行统计和计算，以得出比较科学合理的分析结果。

（五）系统化、制度化、经常化的原则

风险的识别是风险管理的前提和基础，识别的准确与否在很大程度上决定风险管理效果的好坏。为了保证最初分析的准确程度，创业者就应该进行全面系统地调查分析，将风险进行综合归类，揭示其性质、类型及后果。如果没有科学系统的方法来识别和衡量，创业者就不可能对风险有一个总体的综合认识，就难以确定哪种风险是可能发生的，也不可能较合理地选择控制和处置的方法，这就是风险的系统化原则。由于风险随时存在于组织的生产经营（包括资金的借贷与经营）活动之中，所以，风险的识别和衡量也必须是一个连续不断的、制度化的过程，这就是风险识别的制度化、经常化原则。

三、创业风险识别的方法

创业风险不是一个一维的概念，没有哪一种方法能够同时达到所有的目的，在这种情况下，创业者应该充分考虑风险的两个方面，这两个方面是创业者最关心的。一是对风险的更深刻理解，创业者必须从全局监控的角度出发，采取各种办法认识风险的存在，尽力避免遭受风险带来的任何损失。二是创业者也应该清醒地认识到，没有风险就不会有超额利润或收益，因此，有得必有失，发生一定的损失是不可避免的，问题的关键在于密切监视这些风险并将损失控制在确定的可接受范围内。如果说风险识别存在一个核心的话，那就是使创业者能够清楚地认识到自身所承受风险的程度，并从容地继续其业务发展。现代企业面对的运营环境急剧变化，无论社会结构、科技、经济、环保及政治等因素，都使企业面对种种不确定因素。创业者若要生存,必须在回避风险、寻找商机之余,要有效确保经营利益。创业风险识别的目标在于如何正确发现及识别创业风险,从而为有效地控制风险奠定基础。

创业风险的范围、种类和严重程度经常容易被主观夸大或缩小,使创业的风险评估分析和处置发生差错,造成不必要的损失。创业风险识别的方法有很多,任何有助于发现风险信息的方法都可以作为风险识别的工具。

(一) 从主观信息源出发的方法

1. 头脑风暴法

(1) 头脑风暴法(brain storming)也称集体思考法,是以专家的创造性思维来索取未来信息的一种直观预测和识别方法。该方法由美国人奥斯本于1939年首创,从20世纪50年代起就得到了广泛应用。头脑风暴法一般在一个专家小组内进行,以"宏观智能结构"为基础,通过专家会议,发挥专家的创造性思维来获取未来信息。这就要求主持专家会议的人在会议开始时的发言中能激起专家的思维"灵感",促使专家感到急需回答会议提出的问题,通过专家之间的信息交流和相互启发,从而诱发专家产生"思维共振",以达到互相补充并产生"组合效应",获取更多的未来信息,使预测和识别的结果更准确。我国70年代末开始引入头脑风暴法,该方法受到广泛的重视和采用。

2. 德尔菲法

德尔菲法(Delphi method)又称专家调查法,它是20世纪50年代初美国兰德公司(Rand Corporation)研究美国受苏联核袭击风险时提出的,并在世界上快速地盛行起来。它是依靠专家的直观能力对风险进行识别的方法,现在该方法的应用已遍及经济、社会、工程技术等领域。用德尔菲方法进行项目风险识别的过程是由项目风险小组选定项目相关领域的专家,并与这些适当数量的专家建立直接的函询联系,通过函询收集专家意见,然后加以综合整理,再匿名反馈给各位专家,再次征询意见。这样反复4~5轮,逐步使专家的意见趋向一致,作为最后识别的根据。我国在20世纪70年代引入德尔菲法,该方法已在许多项目管理活动中进行了应用,并取得了比较满意的结果。

3. 情景分析法

情景分析法(scenarios analysis)是由美国SLLELL公司的科研人员Pierr Wark于1972年提出的。它是根据发展趋势的多样性,通过对系统内外相关问题的系统分析,设计出多种可能的未来前景,然后用类似于撰写电影剧本的手法,对系统发展态势做出自始至终的情景和画面的描述。当一个项目持续的时间较长时,往往要考虑各种技术、经济和社会因素的影响,我们可用情景分析法来预测和识别其关键风险因素及其影响程度。情景分析法对以下情况是特别有用的:提醒决策者注意某种措施或政策可能引起的风险或危机性的后果;建议需要进行监视的风险范围;研究某些关键性因素对未来过程的影响;提醒人们注意某种技术的发展会给人们带来哪些风险。情景分析法是一种适用于对可变因素较多的项目进行风险预测和识别的系统技术,它在假定关键影响因素有可能发生的基础上,构造出多重情景,提出多种未来的可能结果,以便采取适当措施防患于未然。情景分析法从20世纪70年代中期以来在国外得到了广泛应用,并产生了目标展开法、空隙添补法、未来分析法等具体应用方法。一些大型跨国公司在对一些大项目进行风险预测和识别时都陆续采用了情景分析法。因其操作过程比较复杂,目前该方法在我国的具体应用还不多见。

(二)从客观信息源出发的方法

1. 环境分析法

企业环境的构成极其复杂,自然、经济、政治、社会、技术等环境构成宏观环境,而微观环境主要包括投资者、消费者、供应商、政府部门和竞争者等。环境分析法是在不同的环境下企业对创业风险识别的特定方法,是指通过对环境的分析,明确机会与威胁,发现企业的优势和劣势,找出这些环境可能引发的风险和损失的方法。环境分析法的重点是分析环境的不确定性及变动趋势。例如,市场是否有新的竞争对手介入,竞争对手变动趋势是什么,市场需求因素对企业产品销售将产生什么影响等。这些不确定因素往往使企业的经营难以预料。同时,采用环境分析法,企业还要分析环境中的变动因素及其相互作用的产生对企业的各种制约和影响,并应从整体角度来分析外部环境与内部环境的相互作用及其影响程度。

2. 财务报表分析法

财务报表分析法是以企业的资产负债表、利润表和财务状况等资料为依据对企业的固定资产、流动资产等情况进行风险分析,以便从财务的角度发现企业面临的潜在风险的方法。财务报表分析法可以使管理人员便于掌握资料,提高风险识别工作效率。由于财务报表集中反映了企业的财务状况和经营成果,因此该方法可以为发现风险因素提供线索,成为风险识别的有力手段。

3. 核对表法

核对表法是指根据项目环境、产品或技术资料、团队成员的技能或缺陷等风险要素,把经历过的风险事件及来源列成一张核对表的方法。核对表的内容包括:以前项目成功或失败的原因;项目范围、成本、质量、进度、采购与合同、人力资源与沟通等情况;项目产品或服务说明书;项目管理成员技能;项目可用资源等。项目经理对照核对表,对本项目的潜在风险进行联想相对来说简单易行。该方法揭示风险的绝对量也许要比别的方法少一些,但是其可以识别其他方法不能发现的某些风险。

4. 流程图法

流程图法需要建立一个工程项目的总流程图与各分流程图,它们要展示项目实施的全部活动。流程图可以用网络图来表示,也可以用工作分解结构(work breakdown structure,WBS)来表示。该方法能统一描述项目的工作步骤,显示出项目的重点环节,能将实际的流程与想象中的状况进行比较,便于检查工作进展情况。该方法是一种非常有用的结构化方法,它可以帮助分析和了解项目风险所处的具体环节及各环节之间存在的风险。运用该方法所完成的项目风险识别结果,可以为项目实施中的风险控制提供依据。

第三节 创业风险防范

4-5 创业风险管理

拓展案例 4-3

衍生品自救:被疫情催"上线"的创业公司

2020年1月14日,艾漫成都盲盒主题店"Prize屋"赶在春节前开业,却在开业不到半个月暂停营业。艾漫其他20余家线下店也都在1月底相继关停。在新型冠状病毒肺炎疫情暴发前,《明日方舟》春节特别活动、《凹凸世界》主题店相关策划也都准备好了。线下门店关停带来的影响,不仅仅是销售额清零。公司面临的是堆积的存货,还有每个月固定要支出的门店租金、公司租金、员工工资。

吴伟诚是艾漫的创始人、CEO,他打趣说,"艾漫每天在15万~20万元烧着,眯一会几万元就没了。"

受疫情影响,预估的2020年春节"线下大几百万元收益"没了。面对现金流压力,公司加快了线上业务的布局,市场部和运营部通过线上卖货来补充公司现金流;展会部和近20家展会主办方合作,在疫情期间提供商品代销和代发服务——展会主办方通过自己的粉丝群接单,艾漫代销或直接供货。

2月20日,吴伟诚在朋友圈发了一张2020年艾漫企业导览的截图,并配文——"新介绍也做好了,合作谈起来~"。这份资料意味着艾漫已经对公司年度计划做出了新的调整:50家线下门店的计划缩减到20~30家,随着线下开店计划的调整,线上业务会被进一步加大。

疫情暴发后的1个月里,艾漫开了一个线上服装店面、两个小程序供用户线上抓娃娃和开扭蛋,开通了有赞商城,店员从线下走向线上建立社群卖货,员工当起了主播带货……

新冠疫情影响下,做出类似调整的不止艾漫一家公司。

资料来源:汉娱.衍生品自救:被疫情催"上线"的创业公司[EB/OL]. (2020-02-28)[2020-08-08]. https://www.digitaling.com/articles/267112.html.

创业者在创业过程中,遇到的创业风险主要有财产风险、市场风险、环境风险、人力资源风险、财务风险、技术风险、管理风险、投资风险和其他风险。对创业风险的防范,可分为风险释放前和风险释放后两个阶段。根据事前、事后的不同特点,采用不同的防范策略,运用不同的防范手段,落实不同的防范措施,是防范创业风险的主要途径。

一、创业风险防范的方法

根据主体性原则,对创业风险的事前防范,最根本的措施应该是谋求固本强体,也就是说要巩固根本,做强基业,努力提升创业主体的综合实力,切实增强抵御风险的能力,做好风险的预测、预警、防范和事后的妥善处理工作。

(一)加强风险预测

加强风险预测是有效地规避或者控制风险的重要环节。创业的过程是一个个决策、实施和回报的连续性过程。项目的决策既要果断,又要慎重;既要敢冒风险,又不能浮躁盲动。

1. 学会分析风险

创业者对每一经营环节都要学会分析风险,做什么都不能满打满算,要留有余地,对可能出现的风险要有明确的认识和克服的预案。

2. 善于评估风险

通过分析,创业者预测风险会带来的负面影响。例如,创业者一旦投资失误,可能造成多大损失;投资款万一到期无法挽回,可能造成多大经济损失;货款一旦无法收回,会产生多少影响;资金周转出现不良,对正常经营会造成哪些影响等。

（二）建立和强化风险预警机制

建立和强化风险预警机制，是有效地控制创业风险的重要措施。建立风险预警机制，就是为各类主、客观不确定因素的变化设置警戒标准，当不利因素的增长达到这一标准时，就预示着风险即将释放，应该立即应对。

通过建立风险预警机制，企业可以积极地预防风险。如对投资方案进行评估，对市场进行周密调查，制定科学的资金使用政策等，一旦某个环节出了问题，要有采取补救措施的预案，尽可能减少负面影响；企业还要加强管理，建立健全企业各种规章制度，特别是合同管理、财务管理、知识产权保护等；在平时的业务交往中要认真签订、审查各类合同，加强对合同履行过程中的监督。

（三）运作与防范结合

运作与防范结合是指将创业过程的运作与创业风险的防范合二为一，使创业运作过程同时成为风险防范的过程。两者结合的主要形式有以下两种。

1. 合法经营

市场经济是法制经济，创业主体的违法经营，往往是突发风险的重要原因。为此，创业者必须学法、懂法、守法，在整个创业过程中，都要坚持依法经营，做到经营有道，赚钱有法。

2. 规范运作

创业过程的每一个环节，如产品开发、生产经营、企业管理，或者是合同、广告、票据、专利的运作等，都应该根据操作规程，切实加以规范。

（四）创业风险的事后处理

对创业风险的事后处理，最有效的手段是积极实施风险救济。当创业风险正在释放或者已经释放时，创业者应该遵循有效性原则，及时采取措施予以化解，防止风险的放大和转移。风险救济的措施主要有以下三种。

1. 自力救济

风险一旦释放，创业者一是要充满战胜创业风险的决心和信心，充分发挥自己的主观能动性，在周围形成一股凝聚力；二是要充分依靠合作伙伴、企业员工，发挥集体的智慧和力量，同心协力，全身心投入风险救济；三是要摸清情况，找准风险的源头，迅速调整引发风险释放的各种主客观因素，以防止风险的放大或转化，尽可能减少损失，尽可能降低风险对整个企业所产生的不利影响，确保创业行为的持续进行。

2. 法律救济

法律救济的主要形式有聘请法律顾问、提起诉讼、申请仲裁三种。创业者通过法律救济可以合法保护公司的权益。

3. 保险救济

参加保险是创业者合法转移不可抗拒性风险的重要措施，也是有效地实施风险救济的重要形式。

总而言之，风险不可避免，但可以转嫁。例如，财产投保，就是转嫁投资意外事故风险；合同的免责条款，就是合理规避不可抗力等意外因素带来的风险；以租赁代替购买设备，就是转嫁投资风险。创业也是如此，个人独资承担无限责任；几个人共同投资，承担的就是有限责任，就能分散风险。

二、创业风险防范的措施

(一)创业机会识别风险的防控措施

创业本身就是一项高风险的活动,创业机会识别一旦发生失误,就会给整个创业活动带来重大风险。创业机会识别过程中的风险主要来自创业者自身和外部环境因素等方面。创业者应从这些方面采取相应的应对措施。

1. 加强创业学习

创业者是机会识别的主体,特别是在企业初创期,创业者自身的素质和能力对创业活动会产生重要影响,要加强自身创业学习;创业者在机会识别的过程中要保持冷静,切忌一时冲动和盲目乐观的倾向,也不能在遇到困难和阻力的时候就消沉和退缩;创业者应培养敏锐的创业警觉性,善于发现机会并及时抓住创业机会。

创业者要充分认识到创业过程的艰巨性和风险性,增强自身风险意识。创业是一项持续性的活动,不可能一蹴而就,创业者需要不断地加强学习,提高创业机会识别的能力,培育良好的创业素质。

2. 充分利用相关资源和技术手段进行调研

创业者在创业机会识别的过程中,要充分利用一切可用的信息和其他各种资源,了解外部环境的有利和不利因素,以及外部环境因素的变化趋势,充分利用自身的社会网络和人际关系,充分了解目标创业领域的发展状况和行业竞争状况,充分进行市场调研,了解行业发展的前沿动态;要利用先进的技术手段对获取的相关数据和信息进行分析和评价,对于存在较大不确定性并且需要进行较大投入的创业项目,可以开展相应的专家论证,或者委托专业的评估机构进行风险评估,要认真做好前期的评估和调查,不要盲目展开。

3. 根据创业机会的绩效导向选择适合自身的创业机会

不同的创业主体所具有的特质和可以运用于创业过程的资源的数量和质量都不相同。创业者要根据自身的特点找准创业机会。相对而言,获利性绩效导向的创业机会,当前的市场需求状况比较好,企业通过产能的扩张可以迅速地创造利润,这类创业机会的技术和市场条件都比较成熟,资金投入相对较小,周转周期也比较短,风险也相对较小;可行性绩效导向的创业机会,企业要慎重选择,这类创业机会往往包含更大的不确定性,也包含更大的潜力,技术条件和市场发育都不成熟,需要投入的资源数量也比较大,从投入到实现利润需要一个相对漫长的过程,创业者需要面对更大的压力。创业者应当结合自身的实际情况,对两类创业机会进行合理抉择。在现实经济活动中,创业知识和资源方面相对匮乏的群体,在创业过程中应当选择获利导向更强的创业机会;企业或者研究机构的科研人员等群体,具有较大知识和技术优势,可以选择可行性创业机会,挖掘更大的技术潜力和市场潜力。

4. 合理采取风险规避措施

处于初创期的企业,由于受制于自有资源的局限性,在充分挖掘内外部可利用的资源的基础上,要对机会进行筛选,机会的选择与现有能力和资源是否匹配是关键。对于严重超出自身能力范围的创业机会,企业不要盲目尝试,要合理规避风险;对于风险较大,没有规律和经验可以遵循的创业机会,企业要根据自身的资源状况进行合理取舍。如果创业机会所需的资源投入量较大,自身资源相对匮乏,企业可以选择风险规避,放弃这类创业机会;如果创业机会所需的资源投入量较少,而自身所拥有或者能够支配的资源比较充足,企业可以进行合理尝试,在试错过程中逐步开发机会并积累经验,切忌盲目追求速度和规模,避免造成不必要的损失。

(二)战略风险的防控措施

企业战略是企业一切经营活动的总方针,对于新创企业,一旦战略制定失误,企业经营管理将会面临重大风险。企业战略的制定要从企业的实际出发,要经过充分地调研、分析和论证,明确企业的发展方向和各阶段的目标。

新创企业对于制定出的战略要进行专业的风险评估和可行性论证,制定相应的配套支持战略,确保创业风险处于可控范围之内;要细化制定具体的执行方案和阶段性的目标,保证战略能在后期得到有效地执行。加强对企业战略的学习,加深企业员工对企业战略的理解和认同,保证战略的有效实施。企业战略的制定要留有余地,要具有灵活性,新创企业可以根据执行过程中的实际情况进行灵活调整,建立和完善战略实施绩效考核机制,对阶段性的战略执行效果进行分析和评估,及时向各部门做出反馈,并进行总结和调整。

拓展案例 4-4

嘿客昔日之败:反潮流、反体验

2014 年开始,顺丰在全国多省市密集上线了名为"嘿客"的网络服务社区店,仅 5 月 18 日一天,就同时开业 518 家,并且短时间内就铺了 2 000 多家。

一时间,商界人士都惊呆了:一方面,看不懂顺丰在搞什么;另一方面,也对它的前途充满了疑惑。特别是,对其嘿客店内怪异风格——只能看不能买的方式,搞不懂葫芦里卖的什么药!从 2014 年 5 月份开业后,顺丰嘿客就争议不断,业内很多人不看好这种售卖方式,结果真的应验了。

虽然由中国民营快递"第一天团"打造,顺丰嘿客还是遭遇了滑铁卢。2015 年,在经历 1 年失败之后,顺丰嘿客改成了顺丰家,但依然没有扭转局面,连续下来产生了巨额亏损。顺丰嘿客定义于零售渠道,但是却与其他零售渠道相比,没有任何优势,处于极为尴尬的状况。

据顺丰借壳上市的鼎泰新材披露的财报数据显示,顺丰"已剥离业务商业板块"2013—2015 年的亏损分别是 1.26 亿元、6.14 亿元、8.66 亿元,总计亏损 16.06 亿元。而亏损的原因,财报中称"主要是因为顺丰自 2014 年开始集中铺设线下门店所致"。这也意味着,2013—2015 年,顺丰因线下店的探索所致的亏损已经超过 16 亿元。

资料来源:商界.巨亏 16 亿,顺丰嘿客为何遭遇滑铁卢?[EB/OL].(2018-03-05)[2020-08-08]. https://www.sohu.com/a/224852601_123023.

(三)财务风险的防控措施

1. 建立和完善财务风险预警系统

在充分考虑企业财务状况和内、外部风险因素的基础上,企业应建立财务风险预警机制。企业外部风险因素包括经济运行状况、原材料市场价格指数、资本市场利率变动等;内部风险因素包括内部的现金流、库存、资产结构、获利能力等。企业应着眼于企业发展的全局,分别从资金获取成本、偿债能力、财务弹性、原材料价格、利率变动、经济效率、库存状况、企业发展潜力、研发投入、预期盈利能力、举债经营的财务风险等方面设置财务风险预警指标,建立财务风险预警体系;加强对现金流的管理,保证企业资金供给;加强库存管理,加快周转速度、避免大量库存积压所带来的财务风险;加强对企业资产的管理,合理调整企业资产结构,盘活流动资产,保证企业有现金流和短期债务偿还能力,盘活固定资产,提高使用效率,提高企业盈利能力和债务偿还能力。

2. 构建多元化融资体系

对新创企业而言,资金是企业发展的重要瓶颈。资金的来源相对单一、获取难度大和融资成本高是企业面临的主要问题。新创企业要构建多元化的融资体系,保证企业的资金链供给,除利用自有资金外,还要积极借助风险投资、银行贷款、融资租赁、互联网金融平台和其他融资机构,构建多元化融资体系,拓宽融资渠道,保障企业现金流,优化负债结构,降低资金的使用风险和使用成本,进而降低企业财务风险。

3. 优化财务结构

优化财务结构主要从企业的资产结构、负债结构和股权结构三个方面入手。优化资产结构,企业需要合理分配企业固定资产和流动资产比例,保证日常生产运营的资金供给和短期债务偿还,同时要保证企业研发、产能建设等长远发展的投入,实现两者合理发展;优化负债结构,企业需要在分析债务构成的基础上,对负债规模和负债方式进行优化,尽可能降低企业负债成本,合理安排企业偿债模式和次序,分散企业偿债压力,避免债务集中偿还给企业资金链造成的风险;优化股权结构,企业需要经历一个从相对集中到逐步分散的过程,要合理分配股权,促进企业健康发展。

(四)技术风险的防控措施

1. 企业层面的应对举措

在内部科研项目立项阶段,企业就要进行严格的风险评估,对于研发条件成熟、研发风险可以控制的项目展开研发;对于研发条件达不到、风险和不确定性较大的研发项目可以暂缓立项。企业应设立专项研发基金,加强对研发资金的管理,保证研发资金的供给;要在加大科研投入力度的基础上,合理分配研发资源,加强科研管理,加强对员工的激励,充分调动创新的积极性。技术研发要面向市场需求,以市场为导向进行研发和生产,提高技术转化率,降低单位产品的技术成本。在技术引进过程中企业要做好相应的调查,引进企业切实急需并且具有竞争力的技术,并加强学习和应用,在此基础上围绕引入的新技术开展延伸创新。对于已经取得的研究成果企业要积极申请专利保护,对于不适用专利保护的核心技术,要加强保密管理,避免技术外泄,避免企业核心研发人员流失。

2. 政府层面的支持措施

政府应当继续加大对企业研发创新的支持力度,加大政策优惠力度,加大对新创企业研发创新的政策倾斜力度,给予新创企业创业资金补助,合理进行税收减免,减轻企业负担;应当加快推进协同创新平台建设,以平台为依托,推进企业协同创新,分散风险,提高研发的成功率,提高研发成果的转化效率,努力构建"研发风险共担、研发成果共享"的合力机制;加大知识产权保护力度,打击知识产权侵权行为,加大侵权处罚力度,营造良好的创新创业环境,让技术创新者的合法权益能够得到保障;加强知识产权交易市场建设,完善知识产权交易机制,降低门槛和交易成本,让技术能够顺利实现资本化,以促进企业的研发和创新,降低企业的技术风险。

(五) 管理风险的防控措施

1. 提高管理者的素质

新创企业管理结构不健全,没有实现所有权和管理权的分离,企业的实际所有者就是企业的管理者,提高管理水平要从提高管理者自身的素质和能力入手。在新创企业中,许多重要管理岗位往往由高级技术人员担任,而并非由经验丰富的管理者来担任,这在企业创立初期具有一定的合理性,但是随着企业的发展,尤其是由产品研发阶段转向市场推广阶段时,对管理者的要求会越来越高,核心管理者的管理能力可能会出现不足,技术型管理者的管理能力会出现明显的短板,管理者要在干中学,不断提升自身素质和能力。

2. 完善组织架构和管理机制,明确权责

新创企业应完善企业组织结构,明确各个职位的权利和责任,保障企业健康高效运行,建立高效的信息沟通和共享机制,简化不必要的流程,提高企业内部资源配置的效率,避免出现由于组织结构不合理或者权责不明导致的效率低下或者决策失误,从而降低企业的运营风险;建立完善的考核与激励机制,培育员工的竞争与合作意识。

3. 营造良好的企业文化

新创企业应营造良好的企业文化,增强企业的凝聚力,增强员工对企业的认同感和归属感,提高员工的忠诚度和奉献意识,进而提高管理效率;树立正确的集体主义价值观,减少企业的内部矛盾和纠纷,降低企业的内部运营风险,提高效率,从总体上增强企业软实力。

(六) 人力资源风险的防控措施

1. 建立和完善人才引进和培养机制

新创企业在建立初期,由于规模小、管理机制不健全等,在许多方面都存在不稳定性,对人才的吸引力也较低,人才引进的难度也相对较大。新创企业应该对人力资源进行合理规划,制定合理的人才招聘机制,提高人力资源部门工作人员的素质,规范招聘流程,全面考核应聘者的能力和综合素质,吸引符合企业发展需要的人才。自身没有专门的人力资源部门或者招聘机制不健全的企业,可以委托专门的猎头公司协助企业引进人才。

企业进行合理的人才储备是应对人力资源风险的重要举措,企业人才储备的关键是人才培养,无论是外部引进的人才还是企业现有的员工,都需要不断进行培训来适应岗位的需要。新创企业自身人才培养机制缺失,人力资源培训可以通过外包来实现,通过与专门的培训机构或者科研院所等机构签订人才培养协议,利用外部资源对人才进行培训,提高人才的综合素质。随着自身不断地发展,企业对人才需求的数量会增加,对人才的质量要求也会相应提高,这样员工才能适应日益复杂的岗位需求,并为企业未来发展做好人才储备。

2. 完善人才激励机制

新创企业应制定合理的薪资分配方案和绩效考评标准,建立和完善企业人才晋升和激励机制,人力资源工作坚持以人为本,加强沟通,尊重员工的权益和倾听员工诉求,充分调动各个岗位员工的积极性;树立榜样和典型,增强员工的荣誉感,形成良好的内部竞争与合作机制;完善内部人才选拔和晋升机制,为员工的成长搭建平台,使员工能够将自身的奋斗目标与企业的发展相结合,在员工实现自我追求的过长中,推动企业不断发展。

3. 建立内部人才流动机制

新创企业应促进企业内部人才流通,使岗位与人才结合更加紧密,充分挖掘企业内部人才潜力,实现人尽其才,减少员工素质与岗位需求不匹配的情况;采取竞争上岗,实现企业内部合理有序的竞争,将人才的素质、能力等核心要素作为选拔标准,避免论资排辈、人浮于事的情况;减少人才的冗余和隐形的知识失业,充分发挥企业现有人力资源的效能。

4. 建立冲突调解机制

(1) 新创企业应积极调解员工个人目标与企业发展目标之间的冲突。新创企业应帮助员工树立正确的价值导向,帮助员工制定个人发展目标,让员工充分了解企业的发展目标与前景;尊重员工个人的发展,为员工构建合理的发展平台,对于冲突无法调节的员工,企业应该果断放行,避免效率低下,或者出现进一步冲突和纠纷。

(2) 新创企业应调节好技术人员与市场人员的冲突。新创企业要经历创立初期、产品开发和市场开发三个阶段。其中,后两个阶段是企业由技术转化为产品,再由产品转化为利润的关键阶段,以技术为核心的研发人员和市场为导向的营销人员会围绕产品而产生冲突。新创企业要通过两部门加强合作和信息共享来解决冲突,让市场人员参与到研发过程中,让研发人员积极参与市场调研,这样既能有效避免部门间的冲突,又能使技术与市场紧密结合。

(七) 环境风险的防控措施

1. 学习和了解政策变动趋势

政策的变动对于新创企业的发展也具有重要的影响,政策风险来自政策的逆操作、政策的不可持续性和未来政策走势的不确定性。新创企业必须要研究和学习产业政策和其他相关政策的变动趋势,趋利避害。对于政策逆操作趋向时,政府由支持行业发展转变为限制行业发展,企业应该积极转型,对于这类行业,新创企业应该慎入;政府支持的行业是新创企业较为集中的行业,在这类行业中,国家支持政策实质上都是短期的不可持续的,这时新创企业就要充分利用国家的政策支持,抓住机会快速发展,在国家支持政策的终结之前快速形成竞争力;对于未来政策具有不确定性的行业,新创企业要充分分析行业的前景,密切关注政策的变化趋势,及时做出调整,以应对政策和行业环境的变化,降低企业环境风险。

2. 增强法律意识

法律风险的预防最重要的是增强法律意识,防患于未然。新创企业可以通过组织法律知识讲座和宣传教育,提高员工的法律意识。在技术使用的过程中,新创企业要充分考虑可能出现的专利侵权等纠纷,加强产品质量管理,加强产品检验,避免不合格产品流向市场,影响消费体验或对消费者的权益造成损害,在合同的订立时,新创企业要认真研究合同条款,明确责任和权利,避免出现合同纠纷。

3. 建立法律风险应对机制

新创企业发展到市场开发阶段,应该视自身情况建立专门的法律部门,以在经营管理决策方面为企业提供法律支持,为创业项目或企业产品提供合法性分析,预见可能发生的法律风险,提前制定应对方案,避免出现法律纠纷或违法违规行为。没有建立专门法律部门的新创企业,面对可能出现纠纷的问题,可以委托专门的律师事务所来进行审核和处理。新创企业在处理法律纠纷时,不以纠纷的胜败为目的,要尽量较少损失,保证企业的正常运营;充分借助企业内、外部力量,建立法律冲突预防和应对机制,促进企业健康发展。

(八) 市场竞争风险的防控措施

1. 调查行业态势明确市场定位

企业在进入某一行业时,先要对该行业进行调查,在分析当前市场竞争形势的基础上,制定全面合理的市场竞争策略;选择同类相关企业建立样本池,尤其要重点关注同行业技术领先的企业;找准自身市场定位,选择正确的切入点,认真研究当前市场供求状况,在了解未来的需求变化趋势基础上,找准市场的空白,抓住未来市场环境的发展变化趋势,率先采取行动,运用技术等方面的优势引领新的需求;明确对产品、价格和目标消费群体的定位,发展相对成熟的传统行业中的创业企业,要积极寻找市场空白,从质量、服务和用户体验等方面入手进行差异化竞争;在新兴产业中的创业企业,要加大技术研发力度,确立市场竞争优势,占领在市场竞争中的有利位置。

2. 充分利用信息化手段和大数据

新创企业应加强市场调研,充分利用大数据和信息化手段来展开市场调研和分析,建立动态的市场调研信息反馈机制,及时将相关信息反馈到企业的研发部门,或者直接安排部分企业研发人员参与到市场调研过程中,以便能更加准确地了解目标用户的具体需求,有目的性地组织研发和生产,在研发的过程中就要充分考虑产品定位和在目标市场的竞争力;避免出现技术与需求脱节,避免出现技术领先但是不实用,而导致的有没有用户需求基础的情况;利用大数据资源,分析用户需求的新动向,有目的性地进行研发和生产,以更好地适应市场的需求。

3. 做好市场推广和用户反馈

新创企业从产品开发阶段进入市场开发阶段,市场营销和推广的重要性也逐步增强。新创企业应成立专门的营销策划部门,制定合理的市场营销策略,加大营销环节的投入力度,增强对营销人员的激励力度,没有能力的企业可以将策划和推广环节进行外包,积极利用互联网等新媒体形式对产品进行推广;产品推向市场以后,积极听取用户的意见和建议,做好用户反馈,积极对产品或服务进行改进,不断满足市场的新需求,提升用户体验,增强产品的竞争力。

三、创业者风险承担能力的培养途径

创业者在创业过程中要承担巨大的风险,其中最重要的是在说服投资人时,先说服自己。创业者需要非常了解自己公司的价值和潜力。只有自我说服成功,创业者才有机会在投资人面前表现得强大。大学生创业者必须认识到创业路不是一帆风顺的,有崇山峻岭要翻越,有艰难困苦要克服。创业者应该做好怎样的准备来面对这些创业道路上"拦路虎"呢?

(一) 谨慎选择,调整心态

如今的创业市场商机无限,但对资金、能力、经验都有限的大学生创业者来说,并非"遍地黄金"。大学生创业者在创业初期一定要做好市场调研,在了解市场的基础上根据自身特点,找准"落脚点",才能闯出一片真正适合自己的新天地。选择有市场需求和符合自己的创业项目,这是创业者必须慎重考虑的。一般来说,创业者既要客观地分析自身的创业条件,更要冷静地分析创业环境、立足于技术项目,尽量选择高技术含量、自主知识产权清晰的项目,并在技术创新的基础上做好产品市场化,特别在选择过程中切忌盲目跟风。大学生创业者还要切记一点,做熟不做生,一定要选择最擅长、最熟悉、最有前景的行业来做。大学生创业者应保持良好的心态,创业更需要理智而不是冲动,需要的是冷静而不是狂热。大学生创业者除了要有好的技术和创业机会,更要有好的心态,千万不能视野狭窄、过于自负,而应虚心接受别人的建议和意见,并敢于直面挫折或失败。

(二)积累经验,锻炼能力

在一般情况下,大学者创业者经验不足,缺乏整合资源并实施管理的能力,这必定会影响创业的成功率。因此,大学生创业者不能纸上谈兵,而应具备一定的社会经验,了解企业管理及市场营运知识;对行业企业有初步的了解,并进行了充分准备后,才能进行创业,提高创业成功概率。我国大学生长期接受应试教育,不熟悉经营"游戏规则",在理论和技术上出类拔萃,而理财、营销、沟通、管理等方面的能力则普遍不足。要想创业获得成功,大学生创业者必须技术、经营两手抓,可从合伙创业、家庭创业或低成本的虚拟店铺开始,锻炼创业能力。

(三)掌握技术,勇于创新

用智力换资本,是大学生创业的特色之路。投资者往往是因为看中大学生所掌握的先进技术,而愿意对其创业计划进行资助。因此,打算在高科技领域创业的大学生,一定要注意技术创新,开发具有自己独立知识产权的产品,吸引投资者。创业的过程就是不断创新和创造的过程,没有创新,企业只会陷于激烈的商业竞争中,从而面临生存的考验。如果大学生创业者经验缺乏或资源不足,更需要以创新来弥补技术、服务、商品、盈利模式方面的弱势或不足。只有不断地创新,企业才有可能立于竞争的不败之地。

(四)组建团队,整合资源

从风险投资的角度来看,再好的创业计划也可能被复制,然而创业团队的整体实力是难以复制的,因此投资者在投资时,往往更看重有实力的创业团队,而非那些异想天开的单干者。大学生创业者在创业时,要善于整合内外部的资源,有效借助外力或外部资源降低创业成本、加快企业成长速度、提升企业运营效率;要具备随需而变能力,以便随时应对市场的不确定性变化。

(五)增强法律意识,规避法律风险

很多创业者在创业前很少认真了解与创业相关的法律内容,或者虽有所了解,在实践中的众多环节上却忽视法律,在风险和利益同时存在的情况下,以赌博意识、投机心理和冒险行为替代理性的法律思维,以致造成一些惨痛的教训。大学生创业者只有懂法、守法,并依据法律保护自己的合法权益,才能确保创业行动的稳健与长久。

创业者必须具备以下法律意识:第一,新创企业必须具备将企业经营法制化的观念,培养法律风险意识,养成重大决策咨询律师、合法经营的习惯。第二,创业者必须厘清新创企业与政府及职能部门之间的关系,避免依赖和迷信政治资源。第三,创业者需建立针对刑事、民事和经营管理过程中的法律风险防范机制,要具有相对具体的预案,以应付外部环境恶化(如金融危机爆发,银根吃紧,债务恶化等),主要针对企业产权结构、公司治理结构、合同管理体系、财务、知识产权、投融资等领域建立法律风险防范机制。第四,创业者虽然要在商业领域打破常规,但却要在法律领域遵守法律准则。第五,坚持理性经营和长远战略,避免急功近利,牺牲企业长期目标。第六,新创企业需要定期进行法律风险评估,审查企业内

部各种结构、环节和业务流程中的法律风险,做到防患于未然。

 ## 本章小结

创业风险是指在企业创业过程中,由于创业环境的不确定性、创业机会与创业企业的复杂性,创业者、创业团队与创业投资者的能力与实力的有限性等原因而导致创业活动偏离预期目标的可能性。正确认识创业风险有助于创业者及时规避或应对风险。一般而言,创业风险主要来源于环境风险、项目风险、资金风险、竞争风险、管理风险等,风险无时无处不在,因此,创业者需要具备高度的风险防范意识,提高自身的抗风险能力与素质,正确识别来自主观或客观的风险,采用正确的风险防范方法处理创业中面临的各种风险。

 ## 实践环节

1. 实训目标

通过训练,学生能了解识别与防范创业风险的重要性。

2. 实训内容

阅读下面案例,回答问题。

卖文物不如卖袜子

上海襄阳路市场有一位青年小王,他是学历史的,对历史文物非常感兴趣,大学阶段在这方面下过不少工夫。于是他就开了一个文物鉴定的小店。结果门庭冷落,无人问津。懂文物的谁也不相信他这个年轻人,认为他没有经验;不懂文物的本来卖的就是水货,更不会光顾他这里。家里支持的钱很快全部花完,他不得不重新思考自己的出路。这时他看到一份资料,说有一位学交通管理的大学生跑到非洲找工作,看到尼龙袜子非常好销,马上跑回上海向母亲借了 30 000 元,买了几大包尼龙袜带到非洲去卖,结果非常成功;又把非洲的奇石带回上海,两边都可以赚钱。难道高大上的文物还比不上袜子?他陷入了困惑之中。

问题:

(1) 你认为小王失败的原因是什么?

(2) 请结合本章内容,谈一下创业的风险有哪些?

3. 实训要求

(1) 请以小组为单位,针对上述案例召开头脑风暴会议。

(2) 以小组为单位,将会议讨论的决定做成 PPT,在下一次的课堂上讲解。

(3) 会议记录、PPT 共同作为教师的评分依据。

 ## 重点思考

1. 为什么要识别创业风险?

2. 创业风险识别的方法有哪些?

3. 创业风险防范的重点主要有哪些?

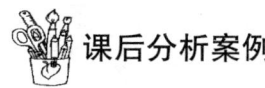

课后分析案例

大学生创业面临五大风险 四大类行业比较容易

一、大学生创业,这四碗饭相对容易吃

国家鼓励大学生创业。近年来,大学生自主创业的比例呈现不断上升趋势。

历史数据显示,截至 2010 年 11 月底,在沈阳市近 10 万名就业大学生中,自主创业者达到 10 729 人。也就是说,平均每 100 名就业的大学生中,就有近 11 名通过自主创业当上了"老板"。这组数字能够说明,更多的大学生希望通过自己的努力来实现人生价值。创业市场商机无限,创业项目也是五花八门,而对资金、经验、能力都有限的大学生来说,结合自身的特点,选择一个合适的项目,才能"遍地黄金",打造出属于自己的一片天空,盲目冲动,只能前功尽弃。记者采访了在沈阳从事大学生创业指导和就业培训的职业咨询师刘新明,通过分析总结,为大学生推荐四类创业项目,希望对想要创业的大学生来说,能够有所帮助。

项目一:经营网店

实现难度:★★☆☆☆

大学生开网店已经不是什么新鲜事了,门槛很低,一个人、零资金就可以创业,对大学生来说是个不错的投资项目。不少大学生在上学期间为了多赚些零花钱,都有在网上开店的经历。不过,如今靠它谋生却是不一样的概念了。

创业支招:

(1) 网店这碗饭是挺好吃,有的人很赚钱,有的人却赔钱,关键还是在于如何去经营。现在的网店真的是太多了,每天都有新加入的,如何在这些琳琅满目的店铺中脱颖而出,做出自己的特色,才是挣钱的关键。大学生要认真定位自己经营的项目,最好选择自己熟悉的产品,想清楚自己的优势在哪里,自己的核心资源在哪里。

(2) 产品、价格、促销和渠道,一定要紧紧围绕这四点来经营。消费者通常会货比三家,大学生要学会如何搞促销,网店的渠道销售针对的个人还是团体,是男人还是女人等;要将宣传放在第一位,在相关论坛发帖子、登录各个搜索引擎等;开店初期,即使亏本也要讲诚信。

推荐项目:服装店、饰品店、儿童用品、体育用品、特产等。

项目二:科技领域

实现难度:★★★★☆

并不是所有的大学生都适合在科技含量高的领域创业。一般来说,学习成绩优秀、功底深厚的大学生才有这种成功的把握,将自己所学到的知识转化为技术创业优势。另外,经常接触高新科技的大学生们,在这一领域创业有着明显优势。

创业支招:

(1) 随着科学技术日新月异的发展,开发高科技领域也是时下最热门的课题,用智力换来资本是大学生创业的特色之路。一些掌握一定技术的大学生,开发自己独立知识产权的高新技术产品,很容易吸引投资商的注意,这些投资商也愿意对技术创新进行资助。

（2）有这方面打算的大学生平时可以多参加一些创业大赛，在大赛中脱颖而出，获得宣传的机会，同时也可以吸引投资商的关注。

推荐商机：软件开发、手机游戏、彩铃开发等。

项目三：服务业

实现难度：★★★☆☆

服务业对大学生来说游刃有余，如家教领域就非常适合大学生创业。一方面，家教对于大学生来说不算是稀奇事；另一方面，很多大学生在校期间已经积累了经验。

创业支招：

（1）大学生充分利用自己的教育资源，开个家教公司，也可以和同学合伙创业，很容易赚到"第一桶金"。

（2）餐饮业也是不错的选择，比如开一个快餐店，投入成本在万元左右，经营的关键在于卖点，是开一个什么样的快餐店，要掌握好核心经营力，不能像前些年的土渣烤饼一样，说黄就黄了。

推荐项目：家政、快餐业。

项目四：连锁加盟

实现难度：★★★☆☆

大学生创业资源很有限，通过连锁加盟的方式，借助连锁加盟的品牌、技术等，可以使大学生以较少的投资、较低的门槛来实现自主创业。不过连锁加盟的形式存在风险，对于涉世不深的大学生来说，一定注意规避风险，多方考虑，不要冲动。

创业支招：

（1）连锁加盟的门槛没有太多划分，一般来说，大学生手头并没有太多的资金，适合加盟启动资金不多的小本生意。

（2）在选择加盟品牌时，最好选择拥有10家以上加盟店的，口碑好的成熟品牌。

推荐商机：中介、家政服务、儿童用品等。

二、避不开这五大风险，创业会碰得头破血流

风险一：项目选择太盲目

大学生在创业时如果缺乏前期市场调研和论证，只是凭自己的兴趣和想象来决定投资方向，甚至仅凭一时心血来潮做决定，一定会碰得头破血流。从市场分析与环境的变化，将会给各行各业带来良机，透过这些变化，就会发现新的前景。这些变化包括：产业结构的变化、科技进步、通信革新、经济信息化、服务化、价值观与生活形态变化、人口结构变化等。大学生创业者在创业初期一定要做好市场调研，在了解市场的基础上创业。一般来说，大学生创业者的资金实力较弱，选择启动资金不多、人手配备要求不高的项目，从小本经营做起比较适宜。

风险二：缺乏创业技能

很多大学生创业者眼高手低，当创业计划转变为实际操作时，才发现自己根本不具备解决问题的能力，这样的创业无异于纸上谈兵。一方面，大学生应去企业打工或实习，积累相关的管理和营销经验；另一方面，应积极参加创业培训，积累创业知识，接受专业指导，提高创业成功率。

从"低科技"中把握机会，开发高科技领域是时下热门的课题，但是，大学创业机会并不

属于"高科技"领域,在运输、金融、保健、饮食、流通、服务这些所谓的"低科技"领域也有很多机会,关键在于创新开发。

创业一定要有创新,但微小型企业比较适合选择局部创新、小革小命的项目,集中在"小而特""小而专""小而精""小而深"的方向上初创起家。

风险三:融资渠道单一

资金是大学生创业的第一难题,大学毕业生有的刚工作不久,有的甚至连工作都还没有,而大多数家庭又没有足够的实力来支持家中的孩子来创业。其实不仅仅是大学生创业,这对于大多数想要创业的人来说都是很难跨过的一个坎!甚至于很多想要创业的人在创业资金这第一道槛上就被挡住了。如果没有广阔的融资渠道,创业计划只能是一纸空谈。除了银行贷款、自筹资金、民间借贷等传统方式外,大学生创业者还可以充分利用风险投资、创业基金等融资渠道。

国家对此出台了相关的大学生创业贷款政策和大学生创业贷款办理方法。大学生创业者在详细了解大学生创业贷款申请条件之后,填写申请书、设定贷款金额、贷款期限、偿还方式,才能建立完善的财务管理计划,降低创业风险。

风险四:社会资源贫乏

企业创建、市场开拓、产品推介等工作都需要调动社会资源,大学生在这方面会感到非常吃力。大学生创业者应树立企业形象,广交人脉,建立一定的客户基础;平时应多参加各种社会实践活动,扩大自己人际交往的范围。

创业前,大学生创业者可以先到相关行业领域工作一段时间,据此为自己日后的创业积累人脉。大学生只有获得家庭在人、财、物多方面的支持,或者关键商务人士的支持或大学教授的辅导,才能增大创业成功的可能性。所以,大学生创业的第一个营销任务就是要把自己的创业计划向亲朋好友推销出去,获得他们的首肯。

风险五:管理过于松散

一些大学生创业者虽然技术出类拔萃,但理财、营销、沟通、管理方面的能力普遍不足。要想创业成功,大学生创业者必须技术、经营两手抓,可从合伙创业、家庭创业或从虚拟店铺开始,锻炼创业能力,也可以聘用职业经理人负责企业的日常运作。

资料来源:佚名.大学生创业面临五大风险,四大类行业比较容易[EB/OL].(2011-03-31)[2020-12-30].http://finance.qingdaonews.com/content/2011-03/31/content_8719897_2.htm.

问题:

(1) 如果你毕业后创业,你最有可能会选择案例中所提的什么项目?为什么?

(2) 结合本章所学内容,请谈一下你对于案例中所列的五大风险的看法。

参考文献

1. 陈震红,董俊武.创业风险的来源和分类[J].财会月刊,2003(12B).
2. 邱洪业.新创企业创业风险评价与防控研究[D].青岛:山东科技大学,2017.
3. 陈震红,董俊武.创业风险的来源和分类[J].财会月刊,2003(12B).

创业基础

第五章 创业资源

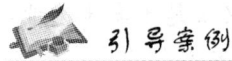

新东方教育集团创始人、董事长俞敏洪的创业故事

新东方教育集团(以下简称"新东方")的巨大成功成就了俞敏洪神话。很多人称他为"留学教父""教师首富"。但万通集团董事局主席冯仑先生的一句话却颇有意味:"新东方的成长秘诀:三流文人+痞子精神。"特别是这个痞子精神,概括得尤为精到。俞敏洪对此也不讳言,他认为创业者要想成事,就要有一点置之死地而后生的"痞子"精神。

提起俞敏洪,相信当今大部分年轻人都知道。在一些国内大学生、留学人员和白领的心中,他的形象就像神一样,他们"崇拜"他。曾有人抱怨,俞敏洪的"粉丝"甚至不许别人用"中性的语言"来描述他。据估算,在海外的中国留学生里,有70%是新东方的学生。在国内,要是大学生没有听过俞敏洪的演讲,更被看成是落伍者。在当代中国知识分子的"下海"大潮中,俞敏洪有着标志性的意义。2006年,新东方在美国上市,身为新东方的创始人俞敏洪的财富陡增,成了"中国最富有的老师"。在这个"神话"的背后,俞敏洪到底扮演着一个怎样的角色? 一个真实的他是什么样的? 他到底是一个不错的老师,还是一个偶然成功的商人? 抑或是一个被逼无奈的"痞子"?

"北大是一个令我百感交集的地方。"俞敏洪对北大的情感可以用"五味杂陈,爱恨交织"来形容。北大给予了他什么? 每当讲起北大,他似乎都是苦大仇深,讲他当年怎样被北大边缘化,怎样被忽视。他有一段精彩的自我控诉:"进了大学,没有一个女孩爱上过我,我是个loser(失败者);在北大教了7年书没有什么成就,我还是个loser;在北大10年没参加过任何活动、没加入过任何团体,我是个loser……"当然,他也承认北大对自己的熏陶:"没有北大,就没有新东方。现在新东方的一些精神,或者是一些做事情的方法,坦率地说是融入了北大精神的。"大多时候,屈辱与压抑会让一个人爆发,俞敏洪的经历正是这样。据说,当年他经常1天背十几个小时的英语,因为英语老师曾经当众说他讲的英语"只有俞敏洪三个字能让人听懂"。

在北大教书4年后,俞敏洪终于分到了10平方米的房子,这让他决定要将一生献给北大。但是后来,看到同学和朋友相继出国,他忍不住了,也开始准备出国,成绩并不优异的他在努力了3年半以后,留学梦断。为了生计,也为了挣点钱继续他的出国梦,俞敏洪在校外办起了托福班,为自己的出国费用而快乐地忙碌着。上帝也往往戏弄那些刚燃起希望的人。这一次,俞敏洪受到的打击可谓是毁灭性的。在1990年一个秋天的夜晚,细雨溅落在静谧的未名湖上,激起了阵阵涟漪,在夜色中蔓延开去。俞敏洪与朋友高兴地喝着小酒,聊着天,描绘着他逐渐清晰的出国梦。北大的高音喇叭,这时一如既往地播放着校园晚间广播。"你听你听。老俞,在说你呢!"朋友惊呼。原来,广播里正在播放对俞敏洪的处分决定。北大以这样一种极端的方式宣布了对英语系老师俞敏洪的处分,其中说了四五条处分的理由,最重要的就是打着北大的旗号在外面私自办学。这个处分决定被大喇叭连续播放了3天,北大有线电视台连续播放了半个月,处分布告在北大著名的三角地橱窗中锁了一个半月。处分的突然袭来,并且方式与程度如此激烈,说明了校方的震怒。北大的这种"礼遇",让颜面扫地的俞敏洪只好选择离开。"北大踹了我一脚。当时我充满了怨恨,现在却充满了感激。"他这样解释:"如果一直混下去,我现在可能是北大英语系的一个副教授。"但是当时,这个被赶出家门的北大老师选择了做个"个体户"。

俞敏洪的同事、新东方的李杜讲得幽默而到位:"老俞被北大处分,作为三流文人,既想保留文人的体面,又缺乏一流文人的风骨,不敢自沉未名湖。于是退而求其次,唯有辞职,落草为寇。此谓置之死地而后生。"然而,正是这"落草为寇"激发出俞敏洪的痞子精神,被北大"逼上梁山"的他从此走上"不归路"。

俞敏洪离开北大以后,开始思考怎样营销自己和自己的培训班,学会和社会、政府的各色人等打交道。一介书生从此踏入江湖。

俞敏洪的创业地点在一间只有10平方米的破屋,里面有一张破旧的桌子,一把烂椅子,以及一堆用毛笔写的小广告,还有一个刷广告的胶水桶。在北京寒风怒号的冬夜,他骑着自行车,拎着糨糊桶,去大街小巷贴广告。冬天里,俞敏洪手中的糨糊经常冻成一块,手冻麻了,就拿起二锅头喝两口暖暖身子。在寒风中喝二锅头贴小广告,此时的俞敏洪显出了一种痞子的狠劲。不贴广告的时候,他就和妻子待在"教室"里虔诚守候,盼着来报名的学生。为了学校,俞敏洪曾经一口气喝下2斤白酒,送到医院抢救了6个小时才抢救过来。正是有了俞敏洪的坚持和不懈努力,才有了现在的新东方教育帝国。

资料来源:360个人图书馆.新东方集团创始人、董事长俞敏洪的创业故事(1)[EB/OL].(2019-07-07)[2020-08-08].http://www.360doc.com/content/19/0707/11/265433_847220973.shtml.

案例解析:"巧妇难为无米之炊。"这句众所周知的谚语,意思是即使是聪明能干的妇女,没米也做不出饭来。该谚语比喻再有能力的人,做事时如缺少必要的条件,也很难成功。因此,资源是创业者创业的非常重要的元素。但很多创业者在创业之初,并没有多少创业资源可以利用。新东方俞敏洪就是典型的白手起家的例子。创业者在从无到有的创业过程中,如何识别创业资源,获取创业资源,整合利用创业资源就成了创业成功的关键所在。

资源的获取与整合能力的强弱,不但成为衡量创业者、企业家能力的主要指标,更直接关乎企业的成长发展,创业者、创业家或企业必须具备、拥有这种获取和整合资源的能力。另外,就资源而言,其也有真伪之分,创业者要有这方面的鉴别能力。那么,在创业的过程中,究竟有哪些资源是和创业者息息相关的?它们是如何分类的?各自有哪些特征?如何获取和整合这些资源?这一系列的问题都值得我们思考。

 创业基础

第一节 创业资源概述

5-1 创业资源概述

创业过程实际上也是企业产生与发展的过程,其中必然需要不断获取和利用各种资源,而企业成长的同时也会生成新的资源。因此,创业企业要生存并且获得发展的关键之一就在于要能够认识、了解、识别并有效整合企业内、外部的各种资源,做到对创业资源的有效获取和高效利用。

一、创业资源的含义与特点

(一)创业资源的含义

1. 管理学视角的资源解读

《辞海》对"资源"一词的解释为:"资财的来源,一般指天然的财源"。但是从管理学的角度来看,这个定义的内涵与外延都不够清晰,所以管理学界对"资源"一词一直在尝试着进行新的探索和阐释。经济学将为了创造财富而投入生产活动中的一切要素均称为资源;而企业管理范畴中的资源,主要是指知识与信息密集型的各类生产要素及其组合;一般意义上的资源通常指组织中的人、财、物等投入,在具体形态上既包括机器、设备、厂房等有形资源,也包括品牌、专利、声誉、企业文化等无形资源。

实际上,从管理学的角度来说,资源就是企业向社会提供产品或服务的过程中,所拥有或者所能支配的能够实现企业战略目标的各种要素和要素组合。

2. 创业资源的含义

和一般的活动不同,创业活动有其独特性,其中能否生存和发展是衡量创业成功与否的重要因素。因此,在对资源内涵理解与认识的基础上,学者们对创业资源进行了各自的定义。Caves认为,创业资源是指为了实现创业目标而在整个创业过程中所运用的各类有形资源与无形资源的加总。Wernerfelt将创业资源视为在创业活动中投入的各种有形资产与无形资产。Hall认为,创业资源是指创业所依赖的有形资源与无形资源的合集,并进一步将无形资源分成资产形态与技能形态这两类无形资源。Dollinger将创业资源视为创业组织在其活动中投入的各种要素及要素组合。林嵩、张帏和林强指出,创业资源是创业型企业所拥有或者所能够支配的可实现其生存与发展战略目标的包括资产、能力、组织结果、企业属性、信息、知识在内的各种要素及要素组合。李宇指出,创业资源是指创业企业在创业全过程中先后投入与利用的内外部各种有形与无形的资源总和,是创业所依赖的重要资本。

从以上论述中可以看出,创业资源所涵盖的内容侧重点和一般的企业资源有所不同,需要从创业生存和成长的视角进行分析,把握企业的创建和成长中的最关键要素。因此,我们将创业资源定义为创业过程中创业主体所拥有或者所能够支配的,可实现其生存与发展战略目标的各种要素及要素的组合。

(二)创业资源的特点

一般来说,创业资源具有以下特性。

1. 供给相对不足

相对不足是指对创业主体而言,在创业的过程中,与创业需求相比,其资源的供给量总是相对紧张的。这种相对不足对于初次创业的个人或中小企业更为明显。由于大企业在发展过程中,无论是时间还是空间上积累了较多的存量资源,这种资源包括品牌、技术、人才、资金等,它们具有相当强的吸引力和示范效应,使得外部的资源更愿意流入大企业中,这样一来,在资源有限的情况下,中小创业者获取外界资源的难度更大。实际上,成功的创业过程也就是一个创业资源的总量逐渐丰盈、结构逐渐合理的过程。

2. 人脉资源在创业资源中举足轻重

人脉资源即创业者构建的人际网络或社会网络。一个创业者如果不能在最短时间之内建立自己最广泛的人际网络,那他的创业一定会非常艰难。"好孩子"创始人宋郑还,创业前是一名中学数学教师,他的第一批童车订单是通过一位学生的家长得到的,他做童车的第一笔资金也是通过一位在银行做主任的学生家长获得的。如果没有学生家长的帮助,宋郑还可能会一事无成。

3. 专有化高的知识在创业资源中至关重要

创业所需要的资源中,专有知识是非常重要的一项,它不容易交易,比显性知识更容易建立起竞争优势。它为企业实施差异化战略提供了基础,是新创企业区别于其他企业的根源所在,可为新创企业在某些方面建立一定的竞争优势。这种竞争优势一方面取决于这种资源本身的价值,另一方面也和企业对于这项资源的运用方式和其他相关资源的整合密切相关。比如豆浆、油条这些食品随处可见,但是上海永和豆浆餐饮有限公司却将这些资源整合起来成为一种非常受欢迎的商业模式,豆浆、油条变成了和洋快餐竞争的优势资源。

二、创业资源的作用

创业者获取创业资源的最终目的是为了组织这些资源,追逐并实现创业机会提高创业绩效和获得创业的成功。资源基础论认为,资源是企业能力的来源,企业能力是其竞争优势的基础。因此,对于创业者而言,创业资源对其战略的制定和实施、企业的生存和发展等方面都有着重要的作用。

(一)创业资源是企业战略设计和实施的保障

俗话说,"巧妇难为无米之炊"。同理,资源是创业战略实施过程中不可或缺的支撑要素,为了合理利用和控制资源,创业者往往要竭力设计创意精巧、用资谨慎的创业战略,同时也要根据手中的创业资源不断地校正企业的战略方向,帮助新创企业选择正确的创业战略。一般来说,在创业资源充裕的情况下,创业者往往拥有充足的条件制订创业战略计划,将创业过程置于正确的发展路径与轨道上,大大增强了创业企业的竞争优势及其创业绩效的提升。此外,战略的实施需要一定的资源予以支持,只有拥有充分的资源,战略才有实施的基础。例如,如果拥有丰富创业经历与经验、知识与技能等创业资源,创业者就更容易建立起比较优化的结构和内部流程,以及更为灵活的调配机制,从而保证战略的实行。因此,企业获取的创业资源越多,创业战略的实施也越有利。新创企业所拥有的创业资源越丰富,创业战略也越有保障。

（二）创业资源对新创企业的生存和成长起着重要作用

资源是企业构建竞争优势的重要基础，在很大程度上影响并决定其生存与发展，对企业特别是创业企业而言，它们都要从所处的任务环境中获取生存所需的必要资源投入，如何更快、更好、更有效地获取所需的外部资源将是企业生存和成长的重要途径。一般来说，对创业活动产生积极影响作用的创业资源通常包括财务、信息、技术、人力、社会及组织管理资源等有形与无形的资产，对这些资源的需求常常随着创业阶段的不同而发生改变，在不同的时期当中某一资源比起其他资源显得更为重要。在创业时期，厂房、资金等物质资源往往较为缺乏，而研发生产、市场宣传、销售渠道和品牌的建立等关键程序，都需要厂房设备的保障、资金的支持、人员的参与，所以这时有形资源是企业创业生存的基础，为企业的生存提供支持与保障。当企业度过了生存关口之后，无形资源则对企业竞争优势的形成起着更为重要的作用。根据企业资源观理论，资源的异质性是企业竞争优势的基本条件，企业的长期优势和绩效来源于企业所拥有和控制的那些有价值的、难以模仿的特殊资源。当企业初步打开市场，度过了生存期之后，为了满足消费者需要，它必须不断改善和创新技术；为维持企业有效运作推动企业发展，它必须建立高效灵活的组织结构；为获得市场的长久认可，它需要建立自己的产品品牌。这时，企业文化、信息资源、管理资源等无形资源对创业企业起到了重要的作用。

（三）丰富的创业资源有助于新创企业更好地适应外部环境的挑战

环境的动态化往往会给创业资源的效果带来不同程度的影响。当企业处于稳定的环境中，环境变化速度较为缓慢，企业只需在创业活动中执行常规性战略就可提高创业绩效，这时依靠自身所积累的经验与能力便可适应环境。但是，随着技术或市场环境动态性的提高，创业资源对创业绩效的作用将会放大。这是因为随着环境动态性的提高，环境中各要素间原有的关联关系变得动态、隐含与模糊，从而引起了较高的不确定性，这种高度的不确定性降低了企业对有关整个环境全部信息的客观审视与准确判断，这时候，较为丰富的创业资源在很大程度上对创业具有直接的推动作用。例如，动态的环境要求创业企业拥有更多的信息资源，掌握更多信息的创业企业通常更善于就一个具体的商业创意做出准确的创业决策与行动，更能提高创业效率与效果。

 拓展案例 5-1

美特斯邦威的创业故事：巧妙利用资源以壮大自身实力

巧妙利用资源以壮大自身实力，让自己得以生存和发展的案例有很多，如著名的服装品牌美特斯邦威。

1995年4月22日，第一家"美特斯邦威"专卖店开设于浙江省温州市。公司于1998年开始逐步把经营管理中心、研发中心移到上海。2005年12月10日，其上海总部正式启用。2008年8月，公司在深圳证券交易所上市，股票代码为"002269"。公司多年跻身中国服装行业百强企业，被全国工商联评为"上规模民营企业500强"。美特斯邦威公司旗下现有Meters/bonwe、ME&CITY（包括ME&CITY Kids）、AMPM、MooMoo、CH'IN祺五大主力品牌，并运营着邦购网B2C电子商务平台。

美特斯邦威在成立之初由于资金短缺使得企业捉襟见肘，尤其是场地和设备让创始人周成建很是头疼。启动资金只有几百万元,这让周成建左右为难:满足市场需求需要成倍购买机器扩大生产,但如果把钱用于建立工厂,设备不齐全,其他工作也做不了,更别说创什么品牌了。

在他考察市场时,发现一些大型的服装企业拥有先进的设备,可是它们的产品没有市场,造成这些设备大量的闲置。他就想:既然有这么多好的设备闲着,那自己为什么不把它们利用起来呢?

周成建很快地找到了这些大型服装企业的老板,这些老板很乐意把这些设备和场地租赁给他以弥补损失,并且和美特斯邦威建立了长期的合作关系。周成建先后投入上千万元,与广东、上海等地80多家服装加工厂建立长期合作关系,以年产系列休闲服1 000多万件的强大产能为美特斯邦威定牌生产。就这样,美特斯邦威在没有买一台设备的情况下生产了近千万件的服装,而周成建则把主要精力和资金放在了品牌的经营上。

随后,美特斯邦威又把这种借助外力的模式运用到销售环节,采取特许经营的方式,招收了不同地域的许多家加盟店,而所有加盟店都采用了复制式的管理模式,为美特斯邦威最大限度地增加了广告效应。由此,随着美特斯邦威的加盟店数量以几何级数的方式增长,盈利也随之大幅度增长,并且很快就搭起了一条服装供应链,在激烈的服装市场竞争中迅速崛起。

一条事后被周成建称为"借鸡下蛋"和"借网捕鱼"的服装产业供应链就这么搭建起来。就是这种"借鸡下蛋"的方式,使当初一无厂房、二无设备、总部只有几间业务洽谈室和几台电脑的美特斯邦威,在短短数年中实现了产品市场的快速扩张。

目前,美特斯邦威在全国共有专卖店1 300多家,拥有一支具有国际水准的设计师队伍,每年设计服装新款式数千个品种,公司的销售额8年增长300倍。2005年,美特斯邦威以20.21亿元的业绩跻身中国企业联合会推出的"中国制造业500强"。

除自身实力外,懂得运用别人的实力,企业才能最大限度地提高自己的竞争力。在竞争激烈的当今社会,如果不懂得利用外在环境、不懂得借用无法掌控的资源,是无法生存的,更无从奢谈竞争。

资料来源:故事铺子.美特斯邦威的创业故事:巧妙利用资源以壮大自身实力[EB/OL].(2020-01-03)[2020-08-08].http://www.gushipuzi.com/lizhi/chuangye/2739.html.

三、创业资源的种类

对于创业企业而言,创业资源是必不可少的。在创业过程中,企业所需要的资源是多方面的。

(一) 创业资源的分类标准

对于创业资源,国内外学者给出了许多的分类标准,本书着重介绍以下四种。

1. 按资源的构成内容来分类

国外学者Barney(1991)指出,创业型企业资源可分为物质资本资源(如厂房设备、原材料、物质技术、场地资源等)、人力资本资源(如管理者与员工的知识与智慧、经验与见识、判断力与洞察力等)、组织资本资源(如正式报告结构、正式与非正式规划、控制与协调系统、内部非正式关系、与环境的非正式关系资源等)。Ardichvili(2000)类似地认为,创业企业资源包括物质资本、人力资本、财务资本和社会资本。其中,物质资本是指经营所需的实体资本如技术、设备及工具等;人力资本是指所拥有的具有创新与机会识别能力的各类有用人才;财务资本是指企业运营所需的资金支持类资源;社会资本是指管理者的人际网络、社会网络等要素。Newbert(2007)进一步把创业资源分为财务资源、物质资源、人力资源、知识资源和组织资源五个维度。其中,财务资源包括现金、收入等;物质资源包括厂房、设备、地理位置、稀有物资等;人力资源包括经过培训、有经验、技术和社会关系的员工和创业者等;知识资源包括专利、商标、商业机密等;组织资源包括与其他企业(如联盟企业、供应商、客户、银行)的关系、分销渠道和团队文化等。国内学者朱炎(2000)提出的创业资源包括自有资金、亲情资金、关系资源、技术产品等。刘霞(2010)将创业资源分为实体资源(如原材料、经营场地等)、财务资源(如自有资金、风险投资、金融机构贷款、非金融机构支持等)、人力资源(如员工、合伙人、外部支持人等)、知识资源(如信息、智力资源、品牌等)、社会网络资源(如政府背景、人际关系、客户关系、社会关系等)。这种划分方法比较直观明了,有利于区分不同创业资源的性质和作用。

2. 按资源的重要程度来分类

Timmons(1999)指出,生存型创业企业在整个创业过程中,所需的创业资源主要分为核心资源、基础资源和其他资源三类。其中,核心资源和基础资源是生存型创业所必须的,且对资源质量要求高,以保证生存型创业的顺利进行;而其他资源积累得越全面,往往创业过程越顺利,创业活动成功的可能性也就越大。姚梅芳、黄金睿和张旭阳(2008)基于Timmons(1999)的研究,对其所提出的三大类资源进行了详细地划分。其中,核心资源包含了人才资源、管理资源和技术资源;基础资源包含了资金资源和场地资源;其他资源包含政策、人脉、信息、行业、品牌、文化资源等。

3. 按资源的控制主体来分类

创业资源按控制主体可分为内部资源和外部资源。例如,基于Ardichvili(2000)研究,李宇(2009)从企业内部与外部、资源的有形与无形两个角度将创业资源分成内部要素资源和外部网络资源两大类。其中,内部要素资源包括企业场地与生产设备情况、拥有高学历与高级技术或管理人员的比例、资金获得的难易程度、声誉状况等;而外部网络资源包括企业与供应商、分销商、制造商、顾客、现有与潜在投资者、大学与中介机构、政府部门的联系。一般来说,创业的内部资源是指存在于企业内部,创业企业可以控制的资源;外部资源是指存在于企业外部,但可以被企业利用和共享的环境资源(如政府政策、法律、社会文化、社会化服务体系等)。创业的内部资源与外部资源是可以相互转换的,如通过购买、引进和政府特许和投资等方式可以将外部资源转化为内部资源。当然,企业也可以出售、转让企业的内部资源以获取外部资源。

4. 按资源的存在形态来分类

创业资源按形态分为有形资源和无形资源。企业作为一种社会经济组织,在拥有厂房、场地、设备资金等有形资源的同时,也拥有着种类繁多、不易计量与把握的无形资源,如企业名称、商标、商誉、专利、专有技术、营销能力、管理制度、信息资料、企业文化等。创业过程中的企业,获取创业的有形资源相对较为容易,但缺乏的是影响企业竞争能力的无形资源,这部分资源是企业长期积累和学习的结果,难以通过购买和模仿取得。

(二)创业资源的种类

从以上讨论中,我们可以发现,尽管国内、国外学者对创业资源有各种各样的分类标准,但总的概括起来无外乎人、财、物、信息、环境和管理这几类,因此,本教材按照第一种分类标准,结合我国的实际,将对创业者有重要影响的资源分为人才资源、资本资源、技术资源、信息资源、人脉资源和政策资源六大类。

1. 人才资源

人才资源是指那些管理水平高、技术能力强、有智慧、有能力、思想解放、勇于创新、可使效益最大化的人才。人才资源属于人力资源,但又不等同于人力资源,它是人力资源中最高的部分。人才资源是独特的资本性资源,具有自我增值的巨大潜力,相对于其他的物质资源而言,人才资源对企业的贡献及其收益具有依次递增的趋势,而其他的物质资源一般则有渐次递减的趋势,即人才资源是具有高增值性资源。特别是在新技术革命日新月异的今天,人才资源尤其是高层次的人才资源对企业的贡献及其自身的收益率明显高于其他的物质资源。同时,人才资源是可以再生的资源,即人才资源作为经济社会发展中最重要的生产要素,通过不断地增加教育和培训投入,在再生产的过程中多次使用,可以不断地创造价值。

在创业过程中,企业的作为很大程度上依赖于参与创业的各类人才,但无数新创企业的例子反复证明,要让人才资源发挥最大作用,必须组建成功的创业团队。这是因为许多人即便有着杰出的技术成就、其他相关的技能和高学历的文凭等资本,也往往迷失在现代企业激烈的竞争中而无法自拔。这些人单个来说都十分出色,甚至对团队运作的程序也很了解,但却永远无法付诸实行,因为他们没有团队合作的习惯。创业团队的这种资源和力量是独特而无可代替的,也是谋求创业成功的秘诀之所在。对于创业者而言,有着成功纪录的团队会更容易吸引投资。此外,优秀的创业团队"可塑性"也很强,他们能够根据市场需求,随时改变商业重心和开发方向。最好的例子是前 Paypal 创始人马克思·列夫金(Max Levchin),一开始 Paypal 想做的是 Palm 平台的 IR 代码支付,如果其坚持这个想法,就会像 Palm Pilots 一样不复存在。相反,Paypal 数次改变了商业模型,直到发现一个可能成功的模型:为 eBay 的在线拍卖做支付系统。Paypal 收购的创业公司 Slide 亦是如此,Slide 一开始是个在线图片分享程序,随着 Facebook 风靡全球,Slide 也转变成了受大众欢迎的 widget 平台,可谓水涨船高。

许多创业团队在开始的时候,激情洋溢、精诚合作,然而稍微取得一些成绩之后,就会勾心斗角,导致事业很难做大。其原因在于,一是创业之初在团队成员之间没有建立起深厚的信任感;二是欲望占据了主导。这种信任危机往往在利益分配的阶段,创业团队内部不团结,每个人都有私心,随着矛盾激化而突显出来,便产生了一系列破坏性后果。所以,创业团队要尽可能的消除这些潜在危机,主要是要增强信任,防止出现不信任,避免信任转变为不信任。信任是一种非常脆弱的心理状态,一旦产生裂痕就很难缝合,要消除不信任及其带来的影响往往要付出巨大的代价,所以防止不信任比增强信任更加重要。一般来说,创业者在选择创业伙伴时主要考察对方的人品和能力,所以增强信任的手段也要从这两个方面入手。相对于能力而言,人品更加重要,它是人们交往和合作的基础,也是决定一个人是否值得信任的前提。在创业团队中人们注重的人品主要有:成员是否诚信、成员的行为和动机是不是

带有很强的私心。因此,要增强创业团队中的信任,就要求团队成员对集体忠诚,彼此以诚相待、公平相处,并在制度上加以保证,在创业初期建立完善的管理制度和利益分配制度。团队成员之间由于沟通不善而导致了误会和猜疑,进而引发相互不信任,是很常见的现象。对此,创业伙伴之间应该坦诚相见,创造各种形式的沟通机会。当误会和猜疑产生时应该及时消除,推心置腹地解决问题。当发现对方的弱点时,团队成员应该多采用包容的态度,设身处地为对方着想,而不是相互埋怨。创业团队主要还是为了共同的目标而艰苦奋斗的,只要掌握了信任的规律和正确的方法,就能帮助创业伙伴同甘共苦,保证创业善始善终。

2. 资本资源

创业资本是指由创业者本人或其他出资人出资,投入准备成立的新企业或还处于创业阶段的中小企业,希望能获得较高回报的权益资本。

一般来说,创业投资目的主要为了建立新企业、开发新技术、新产品,投资对象是那些风险大、但潜在效益也高的企业,通常是处于初创或未成熟时期,但可能发展迅速,未来有望成为具有良好发展前景的中小企业。处于该阶段的企业,往往在市场前景、技术及产品可行性,管理运作等方面具有很大的不确定性。因此,创业资本相对其他的资本而言,具有以下几个特点:

(1) 创业资本通常难以从传统渠道获得投资。由于创业资本投资的对象一般为刚刚起步或还没有起步的中小企业,没有固定资产或资金作为贷款的抵押和担保,也没有稳定可观的经营业绩,更没有充裕的信用资源作基础。故而创业资本很难从传统的筹资渠道获得,从现行政策来讲,中小企业无法满足股票市场、债券市场融资的规定和要求,因此,也无法从股票市场、债券市场等筹资渠道融资。

(2) 高收益和高风险并存。创业投资之所以钟情于高新技术,是因为高新技术能够创造超额利润。创业投资多年来屡向世人展示奇迹,平均回报率高于30%,一旦投资成功,其回报率有时高达10倍以上,远远超过了金融市场平均回报率。创业投资者追求的正是潜在的高收益,这往往是投资额的数倍甚至更多。

但高收益总是与一定的高风险相对应。任何一项高新技术产品开拓性的构思、设计、投产、商业化过程都存在诸多不确定性因素,从而产生技术风险、市场风险、管理风险和环境风险。环境与市场等因素的变化是不可预测的,也是无法控制的,因此,创业投资失败率极高。

在创业投资行业中,成功率一般不到20%,完全失败的比率在20%以上,另外60%左右不超过市场平均回报率,如美国"硅谷"就有许多企业因为管理不善、资金不足、经济形势的影响等问题而半途夭折。尽管如此,投资者能够通过组合投资来分散风险,尽管单个投资有可能损失惨重,但组合收益却由于某些投资高额回报而得到丰厚的投资回报率。

(3) 创业投资是一种长期投资,资本流动性较小。企业产品开发是一项系统工程,从研究开发、产品试制、正式生产到盈利,规模进一步扩大,生产销售进一步增加等多个阶段,从创业投资投入到企业盈利直至风险企业上市,再经过一段股权持有期,投资者才可以变现投资,收回资本,获得资本增值收益。一般而言,投资者从投资一个项目到收回投资需要3~7年甚至10年,在这段时期内,常会由于投入资金变现或退出困难,资本的流动性较差。

(4) 创业投资是一种权益投资。创业投资者看重的是高科技企业的成长性和潜在高收益性,一般并不要求风险企业在足够长的期限之前分发股利或偿还,而是追求新兴企业成长期的高额利润;同时,风险企业拥有的宝贵财产通常为智慧与技术,难以以传统方式进行融资。

创业投资正好弥补了这一资金缺口,通常以权益资本或准权益资本的方式注入资金,从而使企业得以安心长期发展。在创业投资行业流行的说法是,参与但不以控股为目的,通常占被投企业20%~25%的股份。由于我国国情的限制,创投机构在被投企业的股份比例有增加的趋势,其主要目的在于对企业的经营管理进行有效的监管,以尽量达到投资预期收益。

(5) 创业投资分阶段性和循环性。创业投资者通常根据风险企业成长过程的不同阶段相应地把总投资资金分几次投入,上一发展阶段目标的实现成为下一阶段资金投入的前提。由于创业企业需要进行较长时间的奋斗,才能被市场认同而获得成功。创业投资者根据项目(企业)的发展情况,将资金分期投入,最初投资额较少,随着企业逐步走上正轨,创业资本不断地跟进投入。在这个过程中,创业投资者一旦发现问题,立即中止投资,通过这种策略把投资风险降到最低。因此,创业投资事先并没有确定的投资总量和期限,而传统投资往往是一次性支付或时间确定的分期支付。

延伸阅读 5-1

<h4 style="text-align:center">学会借别人的钱发财</h4>

有些人想创办自己的公司,可又不停地埋怨自己没有本钱,无法涉足商场。是的,涉足商场,需要的是"三军未动,粮草先行"。初涉商场的经营者创业时,须有一定的资金,才能使自己的事业有效地运转起来。不论是多么好的目标、设想和计划,如没有一定的经济力量作为支撑,只能是纸上谈兵。难怪许多经营者认为:资金是维系事业生命的血液。

在现实生活中,筹措资金的方法有多种,借贷是筹措的主要方法之一。可总是有许多经营者,前怕狼后怕虎,不敢借贷,不愿举债,从而耽误了许多发家致富、赚钱发财的机会。记得美国著名的小商品经营大王格林尼说过这样一句话:"真正的商人敢于拿妻子的结婚项链去抵押。"这不正是提醒人们在经商过程中要勇于借贷吗?

做生意不敢借贷,往往在商场上成不了什么大气候;而大胆地前进一步,勇敢地向银行贷款、举债,则往往会走向成功。其实,在某些时候,机会使得你强迫自己贷款,这样能够帮助自己达到获取利润的目的。

事实上,在商场中如果不是为了消费,为什么不可以贷款呢?把贷来的钱用于投资你看准的项目上,1年或2年之后,当你还清本息,你的银行账户上还可以留有一大笔钱。当然,你必须先还清本息,而且贷款利息很高。然而,你还是赚了钱,这笔钱是如何赚来的呢?因为偿还贷款的本息是你做事情的动力。如果你不使资金周转起来并创造利润,你可能连贷款的利息都还不上。

埃默森说过:"我最需要的就是让别人来强迫我做那些我自己能做,并且该做的事情。换句话说,就是需要一种压力。"贷一笔款,给了你一种自然而然的压力。因为这种压力,使你不得不放弃首先消费的打算;同时,压力也会改掉你懒散的坏习气,使你手里的资金很快周转起来,自觉或不自觉地投入到生意的繁忙之中。

成功的经营者们常常这样说:"借债就是一把'双刃剑',你若小心运用,会使你致富;你若不小心,会适得其反。"因此,借债也有其不利的一面,但关键要看是什么债。若是消费性借贷,那的确应极力避免,但"投资性借贷"又是另一种情况。事实上,很少有白手起家的富翁不借债的。富人之所以能够成功,是因为他们深谙借钱、贷款的力量。

不愿借贷别人的钱,不愿负债,那么,只能"保守"地守着摊子。我们来看看下面的故事,世界上就有这么一个人。

美国可口可乐公司的前任董事长伍德拉是位极保守的金融家,他一生最厌恶负债。经济萧条前夕,他刚好还清公司的全部贷款。一次,公司里一位财务负责人要以9.75%的利息去借1亿美元的资金来兴建新建筑时,他马上回答说:"撤了他,可口可乐公司永远不借钱!"他的谨慎战略使可口可乐公司在经济大萧条中免遭灭顶之灾,但也因此产生了副作用,使这个公司长期得不到发展,不能进入美国大公司之林。

后来,戈苏塔担任了公司董事长的职务,一改前任的作风,看准方向,大举借款。他接手时,可口可乐公司资本中不到2%是长期债务,从那以后,戈苏塔把长期债务猛增到资本的18%,这种举动使同行们大惊失色。戈苏塔用这些资金来改建可口可乐公司的瓶装设备,并大胆投资于哥伦比亚影片公司。他说:"要是看准了兼并对象,我并不怕增加公司的债务负担。"这种不怕负债的勇气将可口可乐公司从困境中解救出来,公司的利润一下子增长20%,股票也开始上涨。

戈苏塔不怕负债的勇气是来自看准方向的基础之上的。他不是滥借贷款加重企业负担,而是将借款用到生产的关键环节上。这样,暂时的负债会赢得长时间的盈利,最终债务也会彻底清偿。如果畏首畏尾,不敢冒借债的风险,那么企业就会永远失去发展的机会,最终会在企业竞争中失败。对一个企业来说如此,对创业经营者莫不如此?

事实证明,天才的赚钱者了解并能充分利用借贷。世界上许多巨大的财富起始之初都是建立在借贷上的。靠借贷发家是白手起家的经营者的明智之举。记得法国著名作家小仲马在他的剧本《金钱问题》中说过这样一句话:"商业,这是十分简单的事,它就是借用别人的资金!"

资料来源:故事铺子.学会借别人的钱发财[EB/OL].(2020-01-03)[2020-08-08].http://www.gushipuzi.com/lizhi/chuangye/2787.html.

3. 技术资源

对于一个组织来说,技术包括两个方面:一是与解决实际问题有关的软件方面的知识;二是为解决这些实际问题而使用的设备、工具等硬件方面的知识。两者的总和就构成了这个组织的特殊资源,即技术资源。

技术资源对新创企业的重要性是不言而喻的,美国的微软公司和苹果公司,最初创业资本都不过几千美元,创业人员也只有几人,它们之所以走向成功,就是因为它们拥有独特的创业技术。所以,创业企业成功的关键是率先寻找到成功的创业技术。其原因有三个方面:一是创业技术是决定创业产品的市场竞争力和获利能力的根本因素;二是创业技术核心与否决定了所需创业资本的大小,对于在技术上非根本创新的创业企业来说,创业资本只要保持较小的规模便可维持企业的正常运营;三是从创业阶段来说,由于企业规模较小,因此管理及对人才的需求度不像成长期那样高,创业者的企业家意识和素质是创业阶段最关键的创业人才和创业管理资源。做成功企业的核心是要有好的产品,而企业的产品必须做到专业化,这非常重要。要做到产品专一,在同一领域内做到最专,技术上要一直领先。一个企业,特别是中小企业,若没有实力一直保持这样技术优势,又该如何突破技术这个发展瓶颈呢？在这里,桂林广陆数字测控股份有限公司(以下简称"桂林广陆")是个很好的例子。桂林广陆原先是一个年产值约 200 万元的小企业,目前是全国生产测量范围在 500 mm 以上的专用(非标产品)电子数显量具量仪的主要厂家。公司的生产规模已达 30 万套,90% 以上的产品出口到欧美等 30 多个国家和地区,国内市场占有率达 50% 以上,产量、出口量、销售量每年以 30% 以上的速度增长,居国内同行业前列。桂林广陆从无到有,做大做强,公司董事长兼总经理彭朋感慨地说,这一切成就的取得都离不开技术资源的整合,以高新技术改造传统产业,以信息化推动产业化,探索产学研结合的新道路。桂林广陆在建设一支 139 人的专业技术人员队伍的同时,还主要采取了"请进来,走出去"的方针,整合科研院所、大专院校的各种技术资源。目前,桂林广陆已与中国计量学院、航天部 303 所、上海交大、哈工大等 10 多家院校、研究所都有着密切的合作联系,并根据市场需要,投资研发新型电涡流传感器和防水型电子数显长尺,以及新型电感式传感器和高精度电子测量显示仪等科研课题。

可见,通过技术整合,中小企业可以实现技术创新并拥有自主知识产权。

4. 信息资源

信息资源是企业生产及管理过程中所涉及的一切文件、资料、图表和数据等信息的总称。它涉及企业生产和经营活动过程中所产生、获取、处理、存储、传输和使用的一切信息资源,贯穿于企业管理的全过程。一般来说,创业信息资源由两部分构成：

（1）与创业直接相关的信息。从创业的一般过程来看,创业者要能够发现、评估新的市场机会,确定并获取创业所需资源。在这整个过程中,创业者需要大量的与创业过程直接相关的信息,这些信息既包括经济、政治、文化、科技、法律等创业的宏观环境信息,也包括产品市场、资本市场、技术市场、劳动力市场、客户需求、政府及社会团体价值趋向等微观创业环境信息,还包括计划、决策、销售、市场、商品等商务活动信息。

（2）与创业相关的信息服务设施、机构及人。创业需要大量信息,信息获取需要渠道,这些渠道所涉及的各种相关资源也是信息资源的重要组成部分,没有这些相应的资源的保障,信息的搜集、整理、传播和应用都将受到严重的影响,所以如邮政、电报、电话、广播网络、数据库服务、专门知识咨询、图书馆、互联网设施、金融服务系统、报刊零售渠道、电子软件、安全保障服务体系、电视系统等也是必不可少的信息资源。

5. 人脉资源

人脉即人际关系、人际网络、社会关系。《辞典》对人脉的解释为"经由人际关系而形成的人际脉络"。

在中国这样一个注重血缘传统和人际关系的国家里,对个人创业而言,人脉资源可以说是"第一资源",有各种良好的人脉关系,你可方便地找到投资、找到技术与产品、找到渠道等创业资源。整合人脉资源是创业成功的基本条件。

在这里,北京六合万通微电子技术有限公司(以下简称"六合万通")就是一个成功的典范。该公司是由留学归国人员团队于 2001 年创立的一家专业从事无线通信大规模集成电路设计及系统开发的高新技术企业。六合万通董事长寿国梁用 18 年时间在自己喜欢和擅长的专业领域聚集了大量的人脉资源。在寿国梁看来,聚集了大量人脉资源就意味着找到了资本、技术与产品、渠道等创业资源。拥有如此多的可以利用的人脉资源及其派生的各种资源,寿国梁有条件把自己理解的创业设计得精致而全面。也正因为如此,当绝大多数创业者都能讲出一部辛酸血泪史时,寿国梁有的只有5个字:"我们很顺利"。

人脉资源根据重要程度的不同,可以分为核心层人脉资源、紧密层人脉资源和松散备用层人脉资源。核心层人脉资源指创业者能起到核心、关键、重要、决定作用的人脉资源。这些资源根据个人所处的职业位置、事业阶段和未来的发展方向不同而不同。例如,一个营销经理的核心人脉资源,可能是他的顶头上司、公司老板、关键同事和下属、对公司业务和自身业绩有重大影响的重要客户,以及其他可能影响职业与事业发展的重要人物等。紧密层人脉资源是指在核心层人脉资源的基础上,进行适当扩展的人脉资源。例如,对一个营销经理而言,他的紧密人脉资源可能是公司的董事会成员、其他领导、其他部门同事、一般下属、次重点客户、对自己有影响的老师、同学、朋友等。松散备用层人脉资源是指在将来可能对自己有重大或一定影响的人脉资源。例如,对公司的营销经理而言,他的松散备用层人脉资源可能是公司未来可能的接班人选、有发展潜力的同事、下属、客户、同学、朋友等。

6. 政策资源

国家的政策和法律等环境因素无疑会对新企业的创办和生存产生重要的影响。近几年来,国家和社会正在改变对中小企业发展的态度,大力发展中小企业日益成为人们的共识。国家的政策和法律等因素正以不同程度、不同速度、不同方式地朝着有利于创业和中小企业生存与发展的方向转化。中小企业若能享受政府扶持政策,可使创业少走许多弯路,达到事半功倍之效。

目前,我国鼓励创业和中小企业的政策主要包括以下几类:

(1) 财政扶持政策。中央财政预算设立中小企业科目,安排扶持中小企业发展专项资金;地方政府根据实际情况为中小企业提供财政支持。

(2) 融资政策。中国人民银行加强信贷政策指导,改善中小企业融资环境;鼓励商业银行调整信贷结构,加大对中小企业的信贷支持。各商业银行在其业务范围内提高对中小企业的融资比例,扩展服务领域。国家政策性金融机构采取多种形式为中小企业提供金融服务。县级以上人民政府和有关部门推进和组织建立中小企业信用担保体系,推动中小企业的信用担保。

(3) 税收政策。国务院和省级人民政府对符合下列条件之一的中小企业,在一定期限内给予税收优惠:一是由失业人员开办,初期经营困难的;二是吸纳社会再就业人员比例较高的;三是设立在少数民族地区、边远地区和贫困地区的;四是从事高科技产品的研究开发的;五是从事资源综合利用和环保产业的;六是国家产业政策规定需要扶持的。

(4) 科技政策。国家制定政策鼓励中小企业按照市场需要,开发新产品,采用先进的技术、生产工艺和设备,提高产品质量。国家实施了一系列的科技计划,包括科技攻关计划、星火计划、重点新产品计划、"863"计划、科技型中小企业技术创新基金等。

(5) 产业政策。诸如对我国境内新办软件生产企业、集成电路设计企业和生产线宽小于0.8微米(含0.8微米)的集成电路生产企业,经认定后,自开始获利年度起,第1年和第2年免征企业所得税,第3年至第5年减半征收企业所得税等。

(6) 中介服务政策。政府有关部门在规划、用地、财政等方面提供政策支持,推进建立各类技术服务机构,建立生产力促进中心和科技企业孵化基地。国家鼓励社会各方面力量建立健全培训、信息、咨询、人才交流、信用担保、市场开拓等服务体系。

（7）创业扶持政策。政府有关部门在城乡建设规划中合理安排必要的场地和设施，支持创办中小企业；地方政府应为创业人员提供工商、财税、融资、劳动用工、社会保障等方面的政策咨询和信息服务；国家鼓励引进国外资金、先进技术和管理经验，创办中外合资（合作）企业；鼓励依法以工业产权或者非专利技术等投资参与创办中小企业。为促进中小企业发展，科技部及地方政府大力发展科技创业服务中心（即企业孵化器），为创业提供全方位的服务，并实行优惠政策鼓励其为中小企业提供良好的创业服务。

（8）对外经济技术合作与交流政策。政府有关部门和机构为中小企业提供指导和帮助，促进中小企业产品出口。国家制定政策，鼓励符合条件的中小企业到境外投资，开拓国际市场。国家有关政策性金融机构应当通过开展进出口信贷、出口信用保险等业务，支持中小企业开拓国外市场。

（9）政府采购政策。政府采购应优先安排向中小企业购买商品或者服务。政府是最大的消费者，各级政府每年要采购大量的商品和服务，创业者要注意政府采购信息，向当地政府采购管理机构了解政府采购如何向中小企业倾斜。

四、创业资源与一般商业资源的异同

一般商业资源是指经济学意义上的资源，即具有经济价值或能够产生新的价值和使用价值的客观存在物。从这个意义上说，具有经济价值并能够创造新的价值，这是创业资源与一般商业资源的共同点。

但资源的通用性无法使企业获得高水平绩效和持续的竞争优势，也无法实现创业企业的成长。创业资源与一般商业资源区别，主要体现在以下三个方面。

（一）创业资源的外部性

创业资源大多为外部资源，新创企业普遍资源短缺，创业者往往只拥有少量的资源，甚至两手空空。因此，创业者获取资源的有效途径就是使外部资源内部化，特别是对于关键性创业资源要能够有效地获取与整合。成功的创业者大多都是资源整合的高手，创造性地整合外部资源是他们成功的关键因素之一。

（二）创业资源的异质性

资源基础理论认为，企业的竞争优势源于企业拥有的异质性资源。所谓资源异质性，是指其具有价值性、稀缺性、难以模仿性和难以替代性，从而构成了企业竞争优势的内生来源。创业者就是为了协调稀缺资源而实施判断性决策的人。企业内部拥有的那些异质性资源和能力是新企业成长的重要原因。

Barney(1991)指出，创业者在创业过程中形成的有特色的创意、创业精神、愿景目标、创业动力、创业初始情境等，都属于这类具有异质性和固定性的资源。

（三）创业资源能实现新效用

资源价值来自资源属性的效用，而资源效用不是一成不变的东西，会在社会活动中不断被发现。创业者按自身发现的效用对所获资源进行开发利用，把发现的资源新效用变成产品或服务的新功能，以此获得价值增值甚至是超额利润。这种发现和实现资源新效用的过程，就是创业活动的本质。

第二节 创业资源的识别与获取

创业者能否成功地开发出机会,进而推动创业活动向前发展,通常取决于其掌握和能整合到的资源,以及对资源的利用能力。许多创业者早期所能获取与利用的资源都相当匮乏,而优秀的创业者在创业过程中所体现出的卓越创业技能之一,就是创造性地整合和运用资源,尤其是那种能够创造竞争优势,并带来持续竞争优势的战略资源。在创业活动中,不仅要广泛地识别、获取创业资源,还要知道怎样利用和重新整合这些资源。

如果我们把创业过程分为企业创立之前的机会识别和创立之后的企业成长两个组成阶段,那么第一个阶段主要要做的就是识别和获取创业资源,为了做到这一点,我们先要了解创业资源是如何形成和发挥作用的。

一、创业资源的形成及作用机制

梳理已有的创业研究理论成果可发现,不少学者把关注点转向了创业资源的形成机制,并普遍认为创业过程的规律性和市场配置资源的基础作用影响并决定着创业资源的内在功能与形成方式,创业资源的形成机制如下。

(一)"试错—纠正—学习"机制

创业过程是不断探索与学习的过程,也是对其内外部各种资源与机制的调整整合过程。该过程质量高低往往决定创业是否成功,即创业企业的发展速度、高度及稳定性。在企业创业与发展过程中,相伴的学习过程往往难以事先做出周密的筹划及分工合作,需要创业者大胆尝试,从失败与探索中积累经验并减少错误,逐步向创业目标靠近,这样无疑提高了创业者的"试错—纠正—学习"能力乃至综合能力,并可以这种能力来弥补其他方面的不足。当然,在"试错—纠正—学习"过程中,创业者需注重风险的规避,以及正确的战略方向与市场的把握。

(二)示范机制

成功创业企业的经验能够产生很好的示范作用,如在所选用的技术类型,所采取的创业战略及方向、市场营销、生产组织及人才培养等方面提供了一个直观的标杆样本,后建的创业企业在初期及以后的经营中,可根据所设立的标尺来衡量自身的实力,并可通过对已成功创业企业的某些战略、战术模仿和定点超越而实现低风险的发展。

(三)溢出机制

创业成功的企业往往较充分地积累了各种资源,当某些资源富余时,企业会自然地出于谋利目的而产生寻租行为,这会导致资源的溢出。这些实施寻租的创业资源在市场化环境中通常会以各种正式而公开的形式实现其市场价值,而在非市场化环境中往往以一种地下非公开的形式实现其市场价值。

(四)带动机制

创业企业往往会派生出各种生产资料与生活资料的需求,这给提供这些创业资源供给的产业领域产生了诸多机会,提供方往往提供原料或零配件、专业人才等生产要素,创业资源供给方相应地定点进行资金、人才及技术的扶持与援助。这种方式带动了创业资源的流动,确保了创业企业获取所需的极为宝贵的创业资源。

(五)分享机制

创业资源丰富的地区为提供创业组织所需的各种资源,往往引致了各种专业化机构的设立与大力扩张,这使得这些机构的供给能力逐渐大于市场原因的需求能力,从而创业企业将能够享受资源分享,获取优质的低于市场平均价值的创业资源供给。也就是说,专业化的设计组织、生产组织、原材料供给组织及人才培养机构将能提供各种创业资源与专业高效的服务,使创业企业在初期只需付出少量的变动成本而免去了诸多固定资产开支。

(六)磁场机制

良好的创业环境与创业企业不仅仅能从组织外部吸引物质、资金和人才等创业资源,并且可以如同磁石般地产生磁化作用,使得每一个磁场中的分子都被磁化,较容易地实现创业资源的最佳与最高形式的聚集,即不论是有形还是无形的创业资源都将会被汇聚与整合起来。

(七)共生机制

由于市场的高效运作以及创业企业间协作关系的逐步密切,各种形式、规模及专业化的创业企业通过合理分工、紧密协作而在一个共同的经济体中共生与发展,这将使得创业资源实现良好地配置与极大地优化,并最终可促进专业化、高效化的创业企业持续地萌生和顺利成长,从而在整个的创业过程中能够实现较高的成功率。

二、创业资源的识别

(一)创业资源识别的含义

创业资源识别是创业者根据自身资源禀赋,对创业企业所需资源进行分析、确认的活动。创业者或创业团队所拥有的初始资源禀赋是新企业得以生存和发展的重要资源基础。Brush 等(2001)认为,创业都始于创业者的资源禀赋(如受教育程度、经验、声望、行业知识、网络关系等),不同的资源基础可以形成不同的竞争优势,从而影响企业的资源战略。创业者的初始资源禀赋会影响对创业资源的识别和获取。

(二)创业资源识别的意义

创业者如果不能识别资源,就不可能获取创业所需资源,也就不能利用这些资源。同样,创业者只有识别了有用的资源,才有可能利用这些资源为本企业创造价值。从企业的初创到最终的收获,创业资源的整合伴随着整个创业过程,创业者需要有效识别各种创业资源,并且积极借助企业内外部的力量对创业资源加以利用,促进创业企业成长。资源识别是企业创业与成长的前提,识别有价值的资源有助于创业者在创业过程中利用资源。由此可见,创业资源只有得到有效的识别,才有可能转化为充分、合理的利用。

(三)创业资源识别的过程

创业资源的识别过程是创业者根据自己所发现的创业机会和自己的愿景,在评价现有资源的基础上进一步确定资源需求和来源的过程。其主要包括评价初始资源、细化需求、确定资源来源三个方面。

1. 评价初始资源

创业的初始资源始于创业者的资源禀赋,初始资源评价能够帮助新创企业明确自己当前的资源和能力基础,确定下一步的资源和能力需求方向。

2. 细化需求

创业者必须在评估初始资源的基础上进一步细化自己的资源需求,确定开发创业机会所需的资源结构。早期阶段,新创企业应该着重关注资源识别,根据创业机会的特点详细列出自己的资源需求,并进一步确定各种资源的相对重要程度。

3. 确定资源来源

在明确了资源需求以后,创业者接下来就应该了解控制相关资源的主体(资源提供者)。有些资源掌握在个人手里,有些资源被竞争对手或潜在的竞争对手所控制,而还有一些资源则散布在社会网络中,因此,创业者必须根据自身的初始资源和能力来明确可能的资源来源。

创业者识别资源的方式要受到商业模式和创业目标的影响。创业者先通过确定企业的未来愿景和预期目标来决定未来企业的运行模式,然后再确定所需的战略资源和能力。因此,创业目标决定新创企业的商业模式和资源结构特点。然而,在创业早期,并不是所有的创业者都有明确的创业目标,很多创业者利用手头的资源来探索创业的可能性。因此,创业者要构想一种商业模式,以最优的方式利用手头的资源,根据自己所构想的商业运作模式来确定所需的核心资源,进而寻找和确定资源来源。

三、创业资源的获取途径

(一) 吸引与保留关键人才的途径

初创企业对核心技术资源和客户资源的获得,都依赖对人才资源的保有和激励来得以实现,因此,如何吸引、保留和激励关键人才,通过人才资源管理,将其创业资源发挥到最大价值是创业管理中需要解决的重要问题。吸引与保留关键人才的途径主要包括薪酬、福利、工作环境和职业发展四种(见表5-1)。

表5-1 吸引与保留关键人才的途径

薪酬	福利	工作环境	职业发展
基本工资	健康医疗	文化氛围	绩效辅导
短期激励	生活福利	工作设计	学习
长期激励	养老退休	灵活工作时间	职业生涯发展
认可	带薪休假	组织归属感	机会

企业根据自身发展情况酌情采用上述四种人才资源保有和激励策略。在这四种策略中,薪酬激励策略是核心,尤其是薪酬激励策略中的业绩与长期激励,更是创业企业吸引与保留核心人才的关键策略。当然,不同的人才类别所采用的最佳激励方式不同。

吸引与保留掌握核心技术人才的激励方式,首先选股权激励的形式,其次选项目收益分红的激励形式。股权激励的形式将技术人才自身利益与公司整理收益密切相关,技术人才的发展前景与企业长久发展密不可分;项目收益分红的激励形式则建立了以技术为核心的项目的整体收益与个人收益的关系,将促使技术人员为项目的整体完成和收益提供足够的技术保障。这两种吸引人才和激励人才的方式能充分调动技术人才的积极性,使其将所拥有的技术资源发挥到最大价值,并为创业成功和长久发展而不懈努力,是吸引与保留核心技术人才的最佳激励方式。

吸引与保留有稳定客户资源和销售经验人才的激励策略,首先选业绩提成或奖金的激励形式,其次选股权激励的形式。业绩提成或奖金的激励形式,直接将销售人员所创造的销售业绩与个人收入建立关联,促使他们将所拥有的客户资源和销售渠道发挥最大作用;股权激励形式又使销售人员不但关注眼前的销售业绩,还要考虑企业的长久经营绩效和未来发展,符合责、权、利对等的原则,能充分地激励人才,为企业创造出更为优异的销售绩效。

(二)创业资金的获取途径

在创业者创业的过程中,一般最困难的事情就是创业资金要如何筹集。那么,创业资金的问题要如何解决? 创业资金一般来说可以通过以下几种途径来筹措。

1. 创业者自筹资金

对于一些创业者来说,由于处在起步阶段,贷款能力有限,相当一部分资金需要依赖自有资本,通常会依靠多年积蓄以及向亲朋好友(包括亲戚、朋友、同事、同学等)借钱的方式。这是一种最简便可行的方式。

2. 风险投资

风险投资是指向初创企业提供资金支持并取得该公司股份的一种融资方式。风险投资是私人股权投资的一种形式,通常被认为起源于美国,是20世纪六七十年代后一些愿意以高风险换取高回报的投资人提出的投资方式,它与以往抵押贷款的方式有着本质上的不同。风险投资不需要抵押,也不需要偿还。如果投资成功,投资人将获得几倍、几十倍甚至上百倍的回报;如果投资失败,投进去的钱就算打水漂了。对创业者来讲,使用风险投资创业的最大好处在于即使失败,也不会背上债务。这样就使得年轻人创业成为可能。总的来讲,这几十年来,这种投资方式发展得非常成功。

3. 银行和民间借贷

银行的贷款决策一般是根据企业的信用记录来决定的。新创企业要获得银行贷款十分困难,这是因为大多数新创企业没有信用记录。然而,新创企业仍需要用一切方法与银行建立一个良好的关系,因为其未来的发展在很大程度上可能会依赖于是否获得银行有效的财务支持。而在有资产可作抵押的情况下,商业银行贷款是创业者获取短期资金的最为常用的途径。

我国存在着普遍而发达的民间借贷行为。这种民间的借贷分为有息和无息两种形式。无息的民间借贷行为往往发生在家族内部或者朋友之间;有息的民间借贷主要存在于非亲友关系之间,当然现在亲友之间的借贷形式往往也采取有息借贷的形式,越是商品经济发达的地区,这种亲友之间以有息形式进行的借贷越多。

4. 融资租赁

融资租赁(financial leasing)又称设备租赁(equipment leasing)或现代租赁(modern leasing），是指出租人根据承租人对租赁物件的特定要求和对供货人的选择，出资向供货人购买租赁物件，并租给承租人使用，承租人则分期向出租人支付租金，在租赁期内租赁物件的所有权属于出租人所有，承租人拥有租赁物件的使用权。租期届满，租金支付完毕并且承租人根据融资租赁合同的规定履行完全部义务后，对租赁物的归属没有约定的或者约定不明的，可以协议补充；不能达成补充协议的，按照合同有关条款或者交易习惯确定，仍然不能确定的，租赁物件所有权归出租人所有。融资租赁虽然不能直接取得资金，但可以通过租赁来获取需要购买的设备。在中小企业创业初期，融资租赁是一个相当好的办法。

拓展案例 5-2

雷军：为什么你越成功，就越孤独
——谈资金、机会、人才资源的管理之道

做公司早期创始人是非常困难的。因为你面对员工的时候，很难向他去解释，公司可能只有3个月发工资的钱，甚至3个月之后发工资的钱从哪里来，你都不知道。你无法和他们去分享这个事实。你同时还得和他们讲，你在干一件非常伟大的事情。而事实上，你连明天干什么都不知道。与此同时，你也无法和你的投资人去分享这件事。因为并不是所有的投资人，都有勇气去听真实的现状。你也无法站在聚光灯下，向媒体去分享你的创业故事。你讲的都是你的光鲜亮丽，而事实上，你的压力无法得到分担。

这种孤独是一个创业者与生俱来的。而且越是成功的创业者，在工作上孤独感更大。为什么？如果你不成功，你可以换一间办公室，花2年时间再干一番新的事业；如果你成功了，你被成功所累，你有了光环，人人都认为你应该继续更成功，这种光环使得你的孤独感更强。

所以投资人的认同，以及让创业者放下这种所谓的包袱，是创业者本质上最需要的。其实投资者给你投一档钱，真的是因为跟你投缘，是对你的认同。只是投资者把这种认同，用一个实实在在的、3个月之后要发的工资这笔钱送给你。因此，你看那些真的很优秀的投资者，他们内心深处是极其尊重创业者的。他们从内心深处明白，他们之间的位置，不是一个居高临下的俯视态度，他们是平等的，甚至创业者拥有更高的位置。因此，作为一个创业者，你真正需要找到的是能够认同你的投资人，而不应该是一张支票。我是一个什么都不是的人，但是我热爱创业。我知道怎么能够帮助中国的创业者获得成功，这是真正的财富，这是主流社会真正价值的所在。所以，认同是极其重要的一点。创业需要有价值的东西。

光靠勤奋是没有用的，富豪榜里有几个成功的创业者：李彦宏1968年11月出生，雷军1969年12月出生，周鸿祎1970年10月份出生，丁磊1971年10月出生，马化腾1971年10月出生。稍微不一样点，马云1964年10月出生。

我再给大家一个例子，我是中欧98级的。中欧98级的毕业生很有意思。我回中欧的时候，听到这样一个笑话。很多同学和老师说，你们98级的毕业生，是不是有什么特殊的基因？你看，你们班上做风险投资的特别多，比如刘芹，比如石建明，比如红杉资本的计越，CDH的陈文江，还在中国文化创业基金的陈杭。比我们再高一级是97级的也有几位。

为什么都是97级或者98级的呢？是我们的基因有什么特殊之处吗？我想和大家分享的最重要的一点是，其实有时候光有勤奋是不靠谱的，机遇很重要。但是作为创业者，机遇是很难捕捉的,重要的是你要去发现这个机遇。

其实,乔布斯和比尔·盖茨都是1955年出生的,在他们大学毕业和辍业的时候,PC行业刚刚开始。为什么PC互联网的创业者1969年、1970年和1971年这个年龄群最多,是因为当时恰逢互联网热潮,他们刚好参加工作2~3年。

我1998年从中欧毕业,紧接着1999年刚好互联网浪潮爆出。不是因为我多么聪明,不是因为我多勤奋,机遇更重要。但是机遇不是运气,机遇是你对创业环境趋势的深度思考。深度思考要比你的勤奋更重要！只是绝大部分的机遇只是被动的被利用起来,只有少部分创业者主动地去判断和捕捉机会。这是我和大家分享的另外一个观点"天道不一定酬勤！深度思考比勤奋工作更重要"！

真正的领导力是什么？

"三人行,必有我师。"其实我想大家都懂的。但是实际上"三人行,必有我师"里面最关键的是:你跟谁在一起往前走。

我为什么想提这一点？因为在早期的时候,我们一般谈创业时都说,我们多看看你的团队。

到底怎么来判断一个团队？有很多人都在问我,我曾经和有的朋友谈过,"我看你娶什么样的老婆,我看你找什么样的女朋友"。其实这里面很重要的一点在于你跟什么人交往,决定了你的优秀程度。

什么样的人是你的创业的合作伙伴,决定了你的创业团队的quality,"三人行,必有我师",我们要学会跟身边的人去学习他们身上的闪光点。

我在自己创业的过程中,和我那些投资了很多年的创始人,我从他们身上学到了很多东西。那么在今天如果你不考虑创业,你在组队的时候,你是愿意组一群你很容易说服和崇拜你的人做你的创业团队,还是尽可能找甚至比你还要优秀的能够扶持你创业的？

其实我们判断一个创业者是否有优秀的团队能力,其实就是看其和什么样的人在一起交往。我想把我的股权大量分散出去,因为我需要足够多的、足够优秀的人。我们小米前十个月没干事,只干一件事:找人。

其实很多人觉得找人很难,其实先要问问你,你是不是深刻地认识到"三人行,必有我师"。谁做你的老师？人人都做你的老师,你跟谁行？所以在这件事情上,第一点,你要尽可能地找到你所能够找到的最优秀的人,而且其优秀程度决定了你团队有多优秀。而不是你如果足够优秀,你要找比你差的人,这是很多创业者愿意去找一些容易被说服的比较普通的人,这是一个误区。

很多人说,我搞不定那些优秀的人。我同意,搞定优秀的人很难。但是这是我送给大家的另外一句话,"领导力来源于不偏不倚的自我认知、空杯心态和知行合一"。在这一点上,其实很多人认为领导的魅力,来自你的成就,你的名气。我认为都不是。

真正的领导力在于,你要先领导一个团队,你要领导自己。你要做一个公正与公平的领袖和领导者,你先要对自己公平公正。不偏不倚的自我认知,是一件极难的事情。

所以到今天,我从不认为我是一个成功的投资者。我只愿意说,我是一个很热爱投资和创业的投资者。好的不偏不倚的自我认知,不但看清自己,也不看高自己。当你对自己不偏不倚、非常诚实的时候,你会发现你身边的人都聚到你身边。因为他们认识到你是一个值得信赖的领袖。

资料来源：世纪名堂.雷军最新演讲：为什么你越成功，就越孤独？[EB/OL].（2015-12-03）[2020-08-08].http://www.360doc.com/content/15/1203/08/15699474_517551117.shtml.

（三）技术资源的获取途径

一般来说，技术资源的获得有三种主要途径：一是企业家或企业自创；二是和其他企业或研究机构联合开发；三是从外部接受转移。新创企业由于自身的经济资源有限，自身创新能力受到重重限制，它们无法像某些大型企业那样立足于自身开发技术，也很难和别的机构联合开发技术。因此，通过技术转移途径来吸收外在的技术资源便成为创业者常用的途径。

一般来说，从技术载体的差异性上，技术转移可区分为实物型、智能型、人力型技术转移三种模式。所谓实物型技术转移，是指由实物流转而引起的技术转移。从技术角度看，以生产手段和劳动产品形态出现的实物，都是特定技术的物化和对象化，都能从中反观到某种技术的存在。因此，当实物发生空间上的流动或转让时，某种技术就随之发生了转移，这是所谓"硬技术"转移的基本形式。智能型技术转移是指由一定的专门的科学理论、技能、经验和方法等精神范畴的知识传播和流动所引发的技术转移。它不依赖实物的转移而进行，通常这种技术转移又称为"软技术"转移。目前市场上的专利技术、技术诀窍、工艺配方、信息情报等知识形态的商品交易，都是这种技术转移借以实现的基本形式。人力型技术转移是人类社会较为古老的一种技术转移模式，它是指由人的流动而引起的技术转移。例如，人员的迁徙、调动、招聘、交流往来、异地培养等流动形式皆可引发技术的转移。技术无论呈现何种具体形态，都是以人为核心而存在，为人所理解、掌握和应用，所以人力资源的流动必然伴随着技术转移。

上述三种技术转移模式，由前到后，依次呈现出由有形技术向无形技术、由固化技术向活化技术转移的特点。从转移的难易程度上看，由于对转移支持条件的要求不同，一般来说，前者的转移难度相对小于后者；但从技术转移的有效性上看，后者却往往大于前者，人才的转移是技术转移最富有成效的模式。

（四）信息资源的获取途径

在互联网时代，信息的来源多种多样，企业可以通过互联网、报纸、会议论坛等形式来获取信息。值得注意的是，企业在创立和成长阶段，要特别注意市场和竞争对手的动态。

（五）人脉资源的获取途径

一般来说，拓展和积累人脉资源有以下几种获取途径。

1. 熟人介绍

根据自身的人脉发展规划，创业者可以先列出需要开发的人脉对象所在的领域，然后就可以要求现在的人脉支持者帮你寻找或介绍你所希望的人脉目标，最后就可以创造机会、采取行动了。

2. 参与社会团体

创业者想要扩展公司、单位以外的人脉，扩大交友范围，借助"虚拟团队"的力量很重要，即通过参加社会团体（以下简称"社团"）活动的开拓来经营人际关系。在平常，创业者太过主动接近陌生人时，容易引起对方的反感，会遭到拒绝，但是通过参与社团活动，人与人的交往将更加顺利,能在自然状态下与他人建立互动关系,扩展自己的人脉网络。而且人与人的交往,在自然的情况下发生,往往有助于建立情感和信任。如果创业者参加某个社团组织,最好能谋到一个组织者的角色,如理事长、会长、秘书长等则更好,这样就得到了一个服务他人的机会,在为他人服务的过程中,自然就增加了与他人联系、交流、了解的时间,人脉之路也就在自然而然中不断延伸。

3. 利用网络

在互联网时代,网络也是一条廉价的人脉通道。博客、社区论坛、专业技术和投资论坛等都是可行的手段。例如,一位在一家中型企业做销售部经理的朋友,闲暇时间喜欢上网,而且建立了自己的博客,一有时间就将自己在商场打拼的体会、经验、教训、甘苦贴在网上。有一次,在浏览博客网页时,他发现一篇很精彩的文章,读完之后,发表了自己的读后感以及对文章的肯定和赞美。这样一来二去,他和作者建立了很好的"文缘",4个月后,他们相约见面,交谈甚欢,对方邀请他到他的企业去工作。原来,这位网友竟然是朋友所从事的行业中第二大企业的老板。现在,他已是这家企业主管营销的副总经理。由于他们在网上不设防的交流,对对方的价值观、爱好兴趣、处事能力等已经有了比较透彻的了解,所以,他与老板相处得很融洽。他还利用网络在全国十五六个城市结交了20多位知心的朋友,此举大大促进了他业务的开展,人脉资源的延伸取得突破性的进展。

4. 参加培训

培训为志同道合的人提供了一个认识和交流的平台,因此,培训班不仅是一个学知识、长见识、开思路的好地方,更是创业者借此拓展人脉资源的好机会、好平台。

在拓展人脉资源的过程中,创业者要注意人脉的深度、广度和关联度。人脉的深度即人脉关系纵向延伸的情况,达到了什么级别;人脉的广度即人脉关系横向延伸的情况,范围(区域与行业)有多广;人脉的关联度指人脉关系与个人所从事行业的相关性和人脉资源直接的相关性。人脉资源既要有广度和深度,又需要关联度,利用朋友的朋友或他人的介绍等去拓展你的人脉资源,从长远考虑,创业者千万不要有人脉"近视症",需要关注成长性和延伸空间。

(六)政策资源的获取途径

了解政府扶持政策的途径有以下几条:一是上政府公网查询。现在政府一发布政策就组织其上网,并印发政府公报。创业者要注意定期到政府公共服务网上浏览检索,看看是否有新政策出台或者有否项目申报通知。二是委托政策服务公司提供政策咨询。政策服务公司比较关注政策变化,与政府有关部门关系密切,不仅了解政策,也知道如何帮助创业者享受政策。三是注意与有关部门保持密切的沟通。

第三节　创业资源的整合与开发利用

5-3 创业资源的整合与开发利用

企业创立之后,一方面,创业者仍需要积极地从外界获取创业资源;另一方面,此时的重点应当放在资源的有效整合和利用上。资源的有效整合和利用对于企业意义重大,若不能有效整合,已经获取的资源仍会逐步散失。

一、创业资源整合的战略选择

根据经济租金创造机制,我们可以归结出两种不同的创业资源整合战略:资源开发战略和资源探索战略。资源开发战略是指在能力构建机制的指导下,对现有资源利用的战略。由于资源开发战略是对手头现有资源的利用,更适用于资源约束性强、时限性强的环境。根据这些特点,实现资源开发战略可以采用创造性拼凑的手段。资源探索战略是指在资源攫取机制的指导下,对潜在资源利用的战略。由于资源探索战略需要较长的外部搜索时间,适用于时限性较弱、资源约束中等或较弱的创业环境。根据这些特点,实现资源探索战略可以利用杠杆资源。

上述两种资源整合战略并不相互排斥,但是,两者并行可能会引发一些问题。例如,对现有资源的争夺问题,创业者的精力、时间和其他资源都十分有限,他应当先选择资源开发战略还是资源探索战略?又如,两种战略之间的平衡问题,创业者过分强调资源开发战略可能会限制企业成长,过分强调资源探索战略可能付出很高的成本代价,创业者如何在两种战略之间保持平衡?再如,两种战略很多时候是相互矛盾的,攫取到的新资源往往达到了行业标准,而拼凑来的资源可能不符合制度规范,创业者如何在两种战略之间权衡取舍?因此,在现实情况中,大多数创业者不会刻意排斥哪一种资源整合战略,而是两种战略都会利用。成功创业者的资源整合能力不仅体现在对资源整合战略和手段的充分利用上,还体现在能够使两种战略并行不悖。

下面介绍一下这两种整合资源战略的具体实现手段。

(一)创造性拼凑实现资源开发战略

学者们将创造性拼凑定义为:为了解决新问题或利用新机会,整合手头现有的资源行事。这其中包含了三层含义:一是创造性拼凑者利用的是手头现有资源,即可以立即获得并使用的资源;二是创造性拼凑是一种立即行动的行为,即积极快速地应对机会或问题而不是拖延或深思熟虑,是一种欣慰偏好;三是创造性拼凑强调为了新问题或新机会而重新组合资源,创造性拼凑的目的是解决新问题或利用新机会,是将现有的资源用到新的用途。拼凑者善于用发现的眼光,洞悉身边各种资源的属性,将它们创造性地整合起来。这种整合在很多时候甚至不是事前仔细计划好的,而往往是具体情况具体分析、"摸着石头过河"的产物。而这也正体现了创业的不确定性,并考验创业者的资源整合能力。

创造性拼凑行为可以被利用在很多资源领域。对于物质资源,创业者可以将被别人忽视、遗忘、认为没有价值或用于单一途径的物质资源用于新的用途,开发新价值。创业者也可以利用免费的人力资源(如家庭成员、供应商、顾客或旁观者等),在创业之初家庭成员往往会充当免费的劳工。

事实上,很多创业者都是拼凑高手,通过加入一些新元素,与已有的元素重新组合,形成在资源利用方面的创新行为,进而可能带来意想不到的惊喜。创业者通常利用身边能够找到的一切资源进行创业活动,有些资源对他人来说也许是无用的、废弃的,但创业者可以通过自己的独有经验和技巧,加以整合创造。例如,很多高新技术企业的创业者并不是专业科班出身,可能是出于兴趣或其他原因,对某个领域的技术略知一二,却敏锐地发现了机会,并迅速实现了相关资源的整合。

创业者可以采取平行拼凑和选择拼凑两种方式。平行拼凑是指创业者在每个领域都采用拼凑手段，久而久之容易被大众定位成标准低、质量次的"拼凑型企业"，丧失了广泛的顾客群，进而阻碍了企业成长。而采用选择拼凑方式的创业者只选择部分领域进行拼凑，随着企业的发展逐渐减少，最后放弃拼凑方式，使企业逐步走向正规化，满足更广泛的市场需求，因而选择拼凑方式可以促进企业成长。

（二）发挥资源杠杆效应实现资源探索战略

尽管存在资源约束，但创业者并不会被当前控制或支配的资源所限制，成功的创业者善于利用关键资源的杠杆效应，利用他人或者别的企业的资源来完成自己创业的目的；用一种资源补足另一种资源，产生更高的复合价值；或者利用一种资源撬动和获得其他资源。其实，大公司也不只是一味地积累资源，他们更擅长于资源互换，进行资源结构更新和调整，积累战略性资源，这是创业者需要学习的经验。

对创业者来说，容易产生杠杆效应的资源，主要包括人力资本和社会资本等非物质资源。创业者的人力资本由一般人力资本与特殊人力资本构成。一般人力资本包括受教育背景、以往的工作经验及个性品质特征等。特殊人力资本包括产业人力资本（与特定产业相关的知识、技能和经验）与创业人力资本（如先前的创业经验或创业背景）。调查显示，特殊人力资本会直接作用于资源获取，有产业相关经验和先前创业经验的创业者能够更快地整合资源，更快地实施市场交易行为。而一般人力资本使创业者具有知识、技能、资格认证、名誉等资源，也提供了同窗、校友、老师和其他连带的社会资本。

相比之下，社会资本有别于物质资本、人力资本，是社会成员从各种不同的社会结构中获得的利益，是一种根植于社会关系网络的优势。在个体分析层面，社会资本是嵌入、来自个体关系网络之中的真实或潜在资源的总和，它有助于个体开展目的性行动，并为个体带来行为优势。外部联系人之间社会交往频繁的创业者所获取的相关商业信息更加丰裕，从而有助于提升创业者对特定商业活动的深入认识和理解，使创业者更容易识别出常规商业活动中难以被其他人发现的顾客需求，进而更容易获得财务和物质资源——这正是其杠杆作用所在。

二、具体创业资源整合的方法

（一）人才资源的整合

人才是创新之源，人才是企业最核心的竞争力，现代企业的竞争，归根结底是人才的竞争。当前，许多企业正处在发展变革的重要关头，要想在激烈的市场竞争中取胜，就必须提升人力资源的价值。对中小企业而言，人才是可遇而不可求的。社会上的人才是很多，但适合中小企业发展的并不多。因此，选择、任用人才的关键在于用那些有潜力并且有强烈事业心、对公司事业有认同感的人才。中小企业整合人才资源最终落实在了培养人才方面，同时要千方百计留住中小企业的骨干人才。

但要吸引、留住人才，也并非易事，中小企业必须在尊重人才的价值上下功夫。一是用好人才，按照人才的才能和特长，安排适当的岗位、聘任技术职务，使人才有价值"认可感"、受"信任感"；二是给任务、压担子，让人才攻关键、解难题，使人才有"成就感"；三是表彰奖励有重大贡献的人才，使人才有"光荣感"；四是待遇从优，使人才有"幸福感""满足感"。

因此,中小企业应根据自身发展,建立起一套人才资源规划体系:①建立起完善的激励体系,精神上的,物质上的,用奖惩制度去激发员工的潜能,让员工的潜能发挥到极致。②建立起培训机制,培养人才,同时也让人才在企业里发挥其最大的潜能为企业做出贡献。③善待员工,让员工有一种家的感觉。善待员工,是留住人才的唯一法宝。这种善待,不光是指精神上给予人才的满足,适当地也要配以物质利益。④要量才而用,用人的长处,控制人的短处,不要为了节省开支而凑合着用。⑤分工尽可能明确,但可根据职务的重要与否适当地兼职。⑥进行人才资源整合,充分利用"外脑"(如科研院所、大专院校等)。

延伸阅读 5-2

创业者的人脉与社会资源

创业最重要的资源是人脉,即创业者构建其人际网络或社会网络的能力。一个创业者如果不能在最短时间之内建立自己最广泛的人际网络,那他的创业一定会非常艰难,即使初期能够依靠领先技术或者自身素质,比如吃苦耐劳或精打细算,获得某种程度上的成功,但也可以断言他的事业一定做不大。除非他像比尔·盖茨那样,能开发出一个Windows操作系统,前无古人,无可取代,只好由他独霸市场。还有些人的商业感觉是天生的,如胡雪岩,更多人的商业感觉则依靠后天培养。如果你有心做一个商人,你就应该像训练猎犬一样训练自己的商业感觉。良好的商业感觉是创业者成功的最好保证。创业不是引"无源之水",栽"无本之木"。每一个人创业,都必然有其凭依的条件,也就是其拥有的资源。一个创业者的素质如何,看一看其建立和拓展资源的能力就可以知道。

创业者的资源可分为外部资源和内部资源两种。内部资源主要是创业者个人的能力,其所占有的生产资料及知识技能,也就是人们通常所说有形资产及无形资产,只不过这种有形资产和无形资产属于个人罢了。创业者的家族资源也可以看作创业者内部资源的一部分。拥有一份良好的内部资源,对创业者个人来说无疑是重要的,但因为其中大部分不是通过创业者个人努力获取,而是自然存在的,具有天然属性,我们在此不做重点讨论。

一、创业者的人脉

(一) 同学资源

在众多的人脉资源里,按其重要性来看,排在首位的应该是同学资源。

现在社会上同学会很盛行,仅北京大学,各种各样的同学会就不下几十个,据说其中有一个由金融投资家进修班学员组成的同学会,仅有200余人,控制的资金却高达1 200亿元,殊为惊人。据说中国最好的工商管理学院之一的上海中欧工商管理学院,除了在上海本部有一个学友俱乐部外,在北京还有个学友俱乐部分部。人大、北大、清华等名牌大学在北京、上海、广州、深圳都有同学会或校友会分会,在这些地方,形形色色的同学会多如恒河之沙。

周末的时候,到北大、清华、人大等校园走走,会发现有很多看上去不像学生的人在里面穿梭。其中有许多人是花了大价钱从全国各地来进修的。学知识是一方面的原因,交朋友是更重要的原因。对于那些"成年人班",如企业家班、金融家班、国际MBA班等班级的学生,交朋友可能比学知识更加重要,有些人唯一的目的就是交朋友。一些学校也看清了这一点,在招生简章上明白无误地告诉对方:拥有学校的同学资源,将是你一生最宝贵的财富。

创业者案例:在数百名创业者中,许多成功者的身后都可以清楚地看到他们同学的身影,有的是少年时代的同学,有的是大学时代的同学,还有各种成人班级如进修班、研修班上的同学。荣登赫赫有名的福布斯中国富豪榜的南存辉和胡成中就是小学和中学时的同学,一个是班长,一个是体育委员,后来两人合伙创业,在企业做大以后才分了家,分别成立正泰集团和德力西集团。一位创业者在接受我们的采访时说,他到中关村创立公司前,曾经花了半年时间到北大企业家特训班上学、交朋友。他开始的十几单生意,都是在同学之间做的,或是由同学帮着做的。同学的帮助,在他创业的起步阶段起了很大的作用。

实际上,同学之间本来就有守望相助的义务,在现今这个时代,创业者带着商业或功利的目的走进学堂,也并没有什么不妥当。同学之间因为接触比较密切,彼此比较了解,同时因为少年人不存在利害冲突,成年人则大多数从五湖四海走到一起,彼此也甚少存在利害冲突,所以友谊一般都较可靠,纯洁度更高。对于创业者来说,同学资源是值得珍惜的最重要的外部资源之一。

与同学相似的,是战友;可以与同学和战友相提并论的,是同乡。共同的人文地理背景,使老乡有一种天然的亲近感。曾国藩用兵只喜欢用湖南人,中国历史上最成功两大商帮——徽商和晋商不管走到哪里,都是老乡拉帮结派,成群结伙的。正是同乡之间互为犄角,互为支援,才成就了徽商和晋商历史上的辉煌。在很长一段时间内,中国几乎所有商业繁盛之地,其最惹眼、最气派的建筑不是徽商会馆,就是晋商会馆。会馆者,老乡交游约会之馆也。如今,一个人要外出创业,比如一个湖南人要到深圳创业,或者一个福建人要到纽约创业,老乡众多仍然是最有利条件之一。这是近年来各地同乡会风起云涌的原因。同学资源和同乡资源,可并称为创业者最重要的两大外部资源。

(二) 职业资源

对创业者来说,效用最明显首推职业资源。所谓职业资源,即创业者在创业之前,为他人工作时所建立的各种资源,主要包括项目资源和人际资源。充分利用职业资源,从职业资源入手创业,符合创业活动"不熟不做"的教条。尤其是在国内目前还没有像美国或欧洲国家一样普遍认同和执行"竞业避止"法则的情况下,选择从职业资源入手进行创业,已经成为许多人创业成功的捷径和法宝。

创业者案例:如昆明的"云南汽车配件之王"何新源,在创办新晟源汽配公司之前,就在云南省供销社从事相同工作;有名的宝供物流,其创始人刘武原来也是汕头供销社的一名"社员",被单位派到广州火车站从事货物转运工作,后来承包转运站,再后来利用工作中建立的各种关系,创立了宝供物流,通过为宝洁公司做物流配送商,一举成为国内物流业之翘楚。前中学数学教师、好孩子集团创始人宋郑还通过一位学生的家长,得到了第一批童车订货,这才知道世界上原来还有童车这样一个赚钱玩意儿。同时,宋郑还做童车的第一笔资金也是通过一位在银行做主任的学生家长获得的。如果没有学生家长的帮助,宋郑还可能会一事无成。而万通集团的冯仑和王功权原来则是同事,两人曾一起在南德工作过,后来两人离开南德,携手在海南打天下,才有了现在的兴旺发达。冯仑和王功权在事业上是一对绝配,仿佛《封神演义》里面的哼哈二将,一个弹,一个唱,配合得天衣无缝。

据调查,国内离职下海创业的人员,90%以上利用了原先在工作中积累的资源和关系。

(三)朋友资源

创业者的人际资源,按其重要性来看,排第三位的是朋友资源。朋友应该是一个总称。

同学是朋友,战友也是朋友。老乡是朋友,同事一样是朋友。一个创业者,三教九流的朋友都要交,谈得来,交得上,就好像十八般兵刃,到时候不定就用上了哪般。朋友犹如资本金,对创业者来说是多多益善。"在家靠父母,出门靠朋友""多一个朋友多一条路"都是至理名言。一个创业者如果不能交朋友,没有几个朋友,肯定只有死路一条。俞敏洪为跟警察交朋友,喝酒喝到差点死过去,但他后来发现,自己这"差点一死",值!我们认为,构建人际关系的能力应列在创业者素质的第一位。

二、创业者的社会资源

创业者案例:陈健当初创办西安恩科网络技术有限公司时,认为陕西虽然在很多方面有所不足,但在某些局部条件上却可以超过沿海地区,于是,他选择西安作为自己创业的基地。他的企业一开始便获得国家、省政府、市政府以及西安开发区和创业中心(留学生产业园)的大力支持,包括资金的支持,以及企业成长过程中对企业的关注和支持。

之所以选择西安作为创业基地,是因为陈健清晰地知道:"不仅是因为西安有着丰富的科教资源和大量的软件人才,更因为西安优良的创业环境。"陕西省是人才大省,全省当时有107万专业技术人员,其中关中地区占到62.5%,为软件企业提供了强有力的智力支持。陕西省对专业技术人员还提供了很多政策上的支持,如出资用于技术人员的出国考察和培训,对人才在科研经费的使用、职称的评聘和生活待遇也做了很多力所能及的工作,这些对科技企业来说无疑都是巨大的支持。陈健在过去几年根据自己所收集到的信息资源就意识到软件企业在中国孕育着极大的发展机会,在看准西部大开发浪潮蕴藏的市场潜力后,他毅然在西安创办了西安恩科网络技术有限公司。

社会资源是指创业者拥有的包括政府政策与法规,非政府组织或非营利组织等发布的信息,以及一切他人拥有却可为我所用的资源。一项调查表明,在制约大学生自主创业的最主要因素中,缺乏政府扶持占11%。大企业认为必须真正拥有资源的所有权才能控制它们,其决策也主要围绕如何获得和筹集这些资源。对于创业者来说,运用社会资源,尤其是企业没有所有权的资源,在企业的初创和早期成长阶段十分重要。社会资源从主体形态来说,包括商业伙伴、投资者,以及亲朋好友等;从实物形态来说,可以是产品、服务、资金、信息等,如租借的空间、设备或者其他原材料等;从资源的来源来说,有政府部门、金融部门、中介机构等。

社会资源是一种看不到的资源,但对创业者来说却是非常重要的资源,甚至没有这种资源就寸步难行。为什么呢?

第一,创业活动是商业活动,商业活动是基于信用的活动,信用的本质是社会关系网络,将商业看成是社会关系网络的培养,甚至把利润作为社会关系网络的成本都是必要的。中国古代时有一些故事说明社会关系比其他的资源都重要。例如,孟尝君养了很多门客,他让门客去收地租,结果门客将地契给烧掉了。相隔若干年后,他被皇上罢黜,门客建议他回到收租的地方,没有想到竟然受到了帝王一样的礼遇。虽然历史上没有记载孟尝君后来经商,但是,如果他要经商,绝对可以有一番作为。因为当地人都会信任他。

第二,创业者通常缺少资源,如果你缺少创造发明的能力,也没有知识产权,你的第一桶金就有点困难。但是,如果你对人非常好,为人低调、诚恳、不急、不贪、不躁、不奢侈,你就会有一批"粉丝"。他们可能不是你的直接资源提供者,但是他们会在你需要旁证时,表明你是一个可信的人。这样,你的创业资源就会很多。

第三,社会资源具有放大性,也有收敛性。中国是一个关系社会,很多人知道这个道理,连我们的学生们也明白人脉的重要性。但是,随着竞争的加剧和人们对钱的渴望,关系就显得有点稀缺,甚至出现了大量的杀熟行为。在这种情况下,如果你能意识到社会资源的重要性,控制自己在利益面前少些贪心,那么就会把你的优势显露出来;反之,如果你意识不到这个资源的双向作用,在你重视利益的时候,你本来所拥有的资源就会不经意地耗散掉了。

社会资源的培养是个慢功夫,如果创业者善于交往,让很多人知道你是一个可信的人和可托的人,后面的一切就都好办了。

资料来源:家庭文化.创业者的人脉与社会资源[EB/OL].(2019-07-10)[2020-08-08].http://www.homemaxer.com/article/index/index/id/2634.

(二)资本资源的整合

创业企业在进行资本的整合的时候,要善于利用资本市场这个平台。资本市场在创业企业资源整合中的作用主要体现在:资本市场保证了企业股权的流动性,为企业资源整合提供了便利的通道。在资本市场中,资源的优化配置是通过股权的交换来实现的。由于资本市场的每一个参与者都希望自己所拥有的资源价值最大化,因此通过反复的交易,可以使其资源得到充分的利用,其价值得到充分的体现,进而达到资源的价值最大化。

但是,创业企业如何整合资产资源引进外来资本呢?首先要对准备引入的资产资源有个整体性的了解。在初步确定投资意向之后,创业企业就可以根据实际情况,在众多的意向投资者中选择钟情目标。在接触之前,创业企业一定要认真了解一下这些投资者的基本情况,如资质情况、业绩情况、提供的增值服务情况等。在与投资者的接触面谈前,创业企业自身应准备好必要的文件资料。在多次谈判过程中,双方将会一直围绕企业的发展前景、新项目的想象空间、经营计划和如何控制风险等重点问题进行。在签订的合同书中,创业企业和投资者双方必须明确下面两个基本问题:一是双方的出资数额与股份分配,其中包括对投资企业的技术开发设想和最初研究成果的股份评定;二是创建企业的人员构成和双方各自担任的职务。

(三)技术资源的整合

技术资源的主要来源是人才资源,重视技术资源的整合同时也就是注重人才资源的整合。技术资源的整合,不仅要整合、积聚企业内部的技术资源,还要整合外部的可以利用的技术资源。因此,创业企业在进行技术资源整合时,一方面要培养自己的技术人员队伍,另一方面还要采取"请进来、走出去"的方针,整合科研院所大专院校的各种技术资源,通过广泛的技术信息交流与合作来提高企业的技术水平。此外,创业企业要明白,整合不是最终的目标,整合是为了创新,为了拥有自主知识产权,因此,整合技术资源只是起点,技术资源整合是为了技术的不断创新,保持技术的领先,占领市场,壮大企业。

(四)信息资源整合

信息资源与人力、物力、财力、自然资源一样,都是创业企业的重要资源,因此,应该像管理整合其他资源那样管理整合信息资源。

对于信息资源,整合当然包含有规划和管理的含义。

1. 信息资源规划

信息资源规划是指先通过建立全企业的信息资源管理基础标准,根据需求分析建立集成化信息系统的功能模型、数据模型和系统体系结构模型,然后再实施通信计算机网络工程、数据库工程和应用软件工程的一个系统化的企业信息化解决方案,以使企业高质量、高效率地建立高水平的现代信息网络,实现信息化建设的跨越式发展。

2. 信息资源管理

对于信息资源的管理,创业者必须遵循以下原则:

(1) 必须认识到信息是一种组织资源。信息资源管理的主要目标之一是确保一个组织机构在信息资源方面的投资能够以最佳的方式运作。这就要求有关人员必须将信息视为一种宝贵的资源,并视信息资源共享为一种规则而不是例外。

(2) 在利用信息资源和技术时,必须保证职责分明。即明确规定谁管理这些资源、谁利用这些资源、彼此的权利和义务是什么、如何确保合作与资源共享等内容。

(3) 业务规划与信息资源规划必须紧密地联系在一起。信息资源管理的许多活动领域从前大都是依赖于用户要求的被动的辅助部门,随着信息资源管理的进化,它与最高层的战略规划的关系越来越密切,这种趋势最终形成了一种规则。

(4) 必须对信息技术实施集成管理。信息技术的集成管理是实现信息资源管理内部融合的前提,是在新技术环境下提高潜在生产率的必要条件,是最大限度地利用信息技术集成优势的管理保证。

(5) 最大限度地提高信息质量。改进信息利用和促进信息增值是一个组织机构的战略目标。信息资源管理的最终目的是使机构中的每一个成员都成为有效的信息处理者和决策者,从而有效地提高个人及整个机构的生产效率。

(五) 人脉资源的整合

人脉资源的整合需要注意的是:首先,一定要整合健康的人脉资源,要以自身的人格魅力来积聚,为此创业者自身的素质、人格、品质需要不断提升。其次,关于人脉资源特性需要特别注意长期投资性,平时要注意人脉资源的积累,不要事到临头才去找人帮忙。在企业做业务也一样,现在不是你的客户,明天就可能成为你的客户,因而你必须从现在开始建立联系。人脉资源的形成需要很多时间和精力,这也是一种投资。最后,要注意人脉资源的维护和拓展。人脉资源是可以通过合作、交流、关心、帮助、友情、亲情等进行维护,并会不断巩固,当然,如果不去维护,人脉资源就会变得疏远,所以,人脉资源需要经常性地维护,同时在维护中可以不断地发展新的人脉关系。

(六) 政策资源整合

每一家企业都要与一些政府部门打交道,因此,要注意配合那些经常打交道的政府部门的工作,并注意定期向这些部门咨询政策。创业企业与政府部门保持密切的关系,就可以用足、用好政府政策,寻求更快的发展。如果条件允许的话,创业企业可指定专人负责有关政策信息的收集。创业企业要让每位员工了解并注意收集与其工作有关的政策信息,及时跟踪政策的变化,特别是在有疑问时,一定要咨询清楚,并及时解决,千万不要把今天的问题留到明天。

延伸阅读 5-3

突破创业资源使用瓶颈，规避市场风险

在创业历程中，创业者或多或少会碰到一些困难，有些由于事前没有预料，成了制约创业进程的瓶颈，令创业者一筹莫展。那么，创业资源使用过程中可能出现哪些瓶颈呢？创业者该如何规避这些麻烦呢？

一、政策资源

有的创业者当初进入一个行业，无非是看好那个行业的某些鼓励措施和优惠政策。但圈地盖好厂房不久，这些政策却忽然发生了调整，一些原有的优惠条件不复存在，工厂的竞争力或者盈利能力大打折扣。创业者怎样规避这种情况的发生呢？

在创业之前，创业者应该仔细咨询当地政府或招商办，政策是否有保证，以及怎样来保障这些有利条件能够被享受。创业者可以通过与上述机构签订合约，以法律形式来保障自己的合法权益。当然，这局限于地方政府的某些招商条件，如果国家的某些政策发生重大调整该怎么办呢？这就要求创业者或投资者在进入之前就要对相关政策有一定的研究预测，避免假的或短暂的好消息，不盲目投资，咨询律师、权威人士和相关部门是一个不错的方法。

二、市场资源

一家产品主要出口日本的企业，如果遇到了政治纠纷或者被指控倾销等麻烦，时间过长就有可能导致企业破产。创业者在创业之前要根据自己所在的行业和主要市场做一些预测。出口企业遇到人力不可抗拒的情况发生时，如何面对？做内贸的在遭遇市场变化时，如何面对？这些都是关系企业生存的问题，不容小觑。

创业者对市场风险的理解和警惕性会直接关系到创业的顺利与否。一个做好市场预测、有多条销售渠道、不依赖局部市场的企业，它的风险无疑比那些没有准备的企业小得多。创业者在掌握某种资源后，要借助资源发展企业规模，但不能长期依赖资源。只有在资源利用上形成良性循环，创业才会成功。"不把鸡蛋放在一个篮子里"是每个创业者所必须重视的原则。

三、渠道资源

这里主要是指相对于市场的供应渠道发生了变化，工厂开业有了很多的订单，很多预付款也及时到位，但生产却无法正常运转，为什么？原材料供给出现了短缺。

由于没有重视在采购工作上的投入，大规模生产可能遭遇到原材料短缺的尴尬，这要求创业者在创业之前就做好供应链的准备工作，而且常常要根据企业将来的市场表现，准备不同层次的供货商。零星采购和大规模采购的供货商要被区分，对供货商的资质和保障能力要有事先的评估。

四、人力资源

人事变化的不可预料性往往令创业者措手不及，团队的解体使得很多工作无法执行或执行中断，这对于征途上的创业者而言几乎是致命的打击，因为如今的人事变化不再是跳槽那么简单了。

人力资源或合作者在获取创业者的某些资源后，常常会另起炉灶，公然做出损害创业者

利益的事。这种情况可以考虑通过以下几个方面来规避:

首先,要有合作或雇佣合约,以书面方式来规定双方的责、权、利,其中涉及跳槽后的规定年限内不得从事同一行业,或者对某些机密有保密的义务等,设置违约赔偿条款。

其次,不要在管理上太苛刻,管理制度宜健全,但在国内,很多情况下是"水至清则无鱼",制度的苛刻通常是引起雇佣双方矛盾的主要因素。制度一定要人性化,要公平。

再次,对于重要的工作岗位,要有一定的人事储备,这点甚至在首次人力资源招聘时就要完成。争取和那些当时没有被录用,但也很适合的人选保持联络,这样可以争取在人事发生变化的最短时间内使工作得以延续。

资料来源:励志故事网.突破创业瓶颈和规避市场风险[EB/OL].(2019-08-11)[2020-08-08]. http://www.lizhigushi.com/chuangyegushi/a10365.html.

三、创业资源的开发和利用

创业者在识别和获取资源之后,并不能保证企业的存活。创业者根据不同的创业理念将资源的价值和潜能加以整合转化为新企业所特有的资源。基础资源的开发也就是配置和整合这些资源,获得特有的能力和功能,而非简单的资源组合,经整合后的资源应该具有新颖性和柔性。

(一)创业资源的开发

资源开发过程不单单要将获得的资源加以整合,还要将创业者或创业团队的初始资源和其他资源一起转化为组织资源。因此,资源开发阶段包括资源的合并和转化两个环节。

1. 资源合并

对大多数新创企业来说,组织资源不是立即形成的,而是通过逐渐的演进,经过一定时间周期后形成的。创业者将各种离散的产权型资源和知识型资源进行整合,形成系统的资源,这一开发过程依赖于对组织资源的整合过程。这一过程可以建立在现有的资源和能力基础之上,对现有能力进行提升,也可以通过吸收新的资源,开发新的能力。但无论采取哪种方式,其最终结果都实现了资源的整合。

2. 资源转化

在对离散资源组织和整合的同时,创业者或创业团队还必须将个人的优势资源投入新创企业之中,或者将个人的能力与组织优势相结合,产生独特的竞争优势。创业者的知识和能力是实现新创企业资源规模不断扩大、价值逐渐提高的必要基础。这种转化大多是通过资源整合过程完成的,这就要求创业者在进行资源整合的过程中要将个人的初始资源用于建立企业的竞争优势。创业者要通过个人的能力来建立新企业这个学习系统,从而开发、管理和维持整个资源基础。

通过以上分析,我们发现,新创企业的资源整合过程最终将新创企业的各种离散资源转化为组织资源,各个环节之间相互依赖,是一个动态的过程。新创企业的形成过程也是一个资源不断积累的过程,每经历资源识别、资源获取和资源开发过程后,在组织内部都会积淀一部分的组织资源,而这些组织资源又会进入下一个资源整合过程,并对每个环节产生影响,组织资源将作为下一环节的初始资源影响资源识别过程,还将作为创业者的资源杠杆用于获取其他资源,进而,组织资源还将作为资源开发的基础资源,用于整合新的资源,因此,新创企业的资源整合过程是一个动态的反馈过程,而新创企业的组织资源是不断积累的结果。

新创企业的资源开发活动会受到外部环境的影响。新创企业往往面临资源约束、信息不对称和信用水平低等发展障碍。环境的敌对性、复杂性和动态性是创业环境的基本特征。环境的敌对性主要是指竞争对手的威胁程度。它与宽松性相对立,反映竞争的激烈程度和产业变动趋势。很多创业活动都发生在敌对性很高的环境中;同时,新创企业又普遍受制于很强的资源约束,因此,在高敌对性的环境中,新创企业往往会选择内部开发资源,挖掘手头的资源或者通过强联系从外部获取资源。动态性和复杂性反映了环境的不确定性程度,不确定的环境往往能为创业提供机会空间,但同时也对新创企业的资源战略形成巨大挑战。在动态环境下,整个行业都在快速创新和变革,消费者和竞争对手的行为难以预测,因此,资源的价值也具有不确定性,从而可能为创业者创造获取超额利润的机会。成功的创业者都非常善于利用环境的不确定性,为新创企业争取尽可能多的外部资源;同时,由于消费者的需求偏好和竞争对手的行为也具有很大的不确定性,因此,新创企业还必须创造新的能力,以使自己的资源具有独特价值。复杂或异质的环境中存在很多细分市场,需要不同的产品来满足不同的顾客需求。所以,新创企业应该不断提升自己的能力,以拓展和细化自己已有的优势资源和能力。由于环境特征往往以不同的组合形式存在,因此,新创企业必须在充分分析和判断外部环境的特征以后,选择适当的资源开发方式。

(二)创业资源的利用

创业资源的利用是指新创企业利用自己的能力来调配资源、开发商机、为顾客创造价值、为企业创造财富的过程。它主要包括调动、协调、配置三个方面。这里的调动就是调动资源,是指基于某种战略目标识别和选取资源,利用这些资源来支持必要的资源结构,以便通过这种资源结构来开发新的商机。调动资源要求与资源利用战略相匹配,同时也要与企业所处的环境相吻合。尽管资源调动是必不可少的环节,但只依靠它是无法有效推动新企业成长的。因此,新创企业还必须通过协调过程来合理配置资源。资源协调是对调动起来的各种资源进行整合,以便对它们进行高效、合理的配置,并把它们整合成可利用的资源结构。最后,通过资源配置对资源结构与新创企业的资源战略(如资源优势战略、市场机会战略等)进行匹配。

本章小结

本章分为三节内容:第一节介绍了创业资源的含义、特点、作用和种类,对创业资源与一般商业资源的异同进行了比较分析;第二节介绍了创业资源的形成与作用机制,重点分析了创业资源的识别与获取途径;第三节首先分析了创业资源整合的战略选择,其次提出了具体创业资源整合的方法,最后分析了创业资源的开发和利用。通过本章的学习,学生应了解创业过程中资源的重要性,创业之初对于创业资源的识别和获取方法,特别是需要掌握创造性整合资源的策略,能够进行创业资源的开发和利用,具备创业资源管理的基本技巧和策略。

 **实践环节**

1. 实训目标

通过头脑风暴,为某个商业创意寻找创业资源,并按资源的重要性进行合理配置。

2. 实训内容

教师给定某个商业创意(如创建一个小型软件公司等),要求学生分组采用头脑风暴法来讨论所需的创业资源和获取方式,按资源的重要性进行分类和配置。

3. 实训要求

(1) 教师先给出一个商业创意,然后把同学分为若干个小组。

(2) 每个小组进行20分钟的头脑风暴,主题为"完成所给商业创意所需的资源和获取途径"。

(3) 20分钟后,教师让各小组对讨论结果进行归类(见表5-2)并上台发言。

表5-2 资源归类表

资源名称	类别	获取手段	重要程度

(4) 各小组发言后,教师最后进行归纳总结,形成一个分析框架,引导学生共同完成所需资源的配置。

 重点思考

1. 创业资源的含义是什么?它有哪些特点?
2. 创业资源的形成和作用机制是什么?
3. 创业资金的获取途径有哪些?
4. 什么是创造性拼凑战略?
5. 请你对创业资源的识别、获取、整合与开发利用的方法进行综合的论述。

 课后分析案例

牛根生创业资源整合的高招

没有任何资源,难道就不能做事情、不能创业、不能赚大钱吗?我们不能被眼前的困难给吓倒了,要明白一个道理,资源是可以整合的,没有工厂,可以借别人的工厂生产,没有品牌,就先做别人的品牌,积累了一定基础后,再做自己的品牌,同时也可以整合其他品牌资源。比如说,怕上火就喝王老吉,你就说,上火就喝"降火王",当别人喝王老吉的同时也会想到你。基本上企业的任何资源都可以整合。

现在这个时代,靠一个企业独立经营,单打独斗,力量是十分有限的,一定要整合各方面的资源才能把一个企业做大。

牛根生是这方面的牛人,他刚开始只是伊利集团的一个洗碗工,凭着自己的勤奋和聪明,做到了生产部门的总经理。后来,他被伊利集团以各种原因辞退了,但是他那个时候都40多岁了,去北京找工作,人家嫌弃他年纪大。没有办法,他又回到呼和浩特,邀请原来伊利集团的几个同事,一起出来创业。人有了,但是其面对的第一个问题是,没有奶源、没有工厂、没有品牌怎么办?这其中的每一项都是致命的。

牛根生开始资源整合了,通过人脉关系,他找到哈尔滨一家乳制品公司,这家公司的设备都是新的,但是生产的乳制品质量有问题,同时营销渠道这一块没有打通,所以产品一直滞销。牛根生马上找到这家公司的老板说:"你来帮我们生产,我们这边都是伊利集团的技术高层,帮忙技术把关,牛奶的销售铺货我们也承包了。"这位老板一听,马上答应下来。而且他们几个一起出来创业的伙伴也有落脚的地方,解决了生存的问题。

牛根生面对的第二个问题是,没有品牌怎么办?在乳制品这个行业,没有品牌很难销售,因为品牌代表着安全可靠。牛根生借势、整合,打出口号:"蒙牛甘居第二,向老大哥伊利学习"。口号一出,让伊利集团情何以堪,却又哭笑不得。一个不知名的品牌马上挤入全国前列。牛根生不只是盯着伊利集团,而是把自己和内蒙古的几个知名品牌联系起来,说:"伊利、鄂尔多斯、宁城老窖、蒙牛为内蒙古喝彩!"因为前三个都是内蒙的驰名商标,蒙牛放在最后,给人感觉就是内蒙古的第四品牌。牛根生整合品牌资源,迅速让蒙牛集团没有花一分钱,就使自己的品牌成为知名的品牌。

牛根生面对的第三个问题是,没有奶源怎么解决?自己去买牛去养,牛很贵,也没有那么多人员去照顾。蒙牛整合了三方面的资源:一是农户;二是农村信用社;三是奶站的资源。向信用社借钱给奶农,扩大奶牛的饲养数量,由蒙牛集团提供担保,而且蒙牛集团承诺包销路;奶牛生产出来的奶由奶站接收,蒙牛集团又找到奶站。蒙牛集团趁机喊出一个口号:"一年养10头牛,过的日子比蒙牛集团的老板还牛。"

我们有许多事情,不是自己想做就能做,即使自己做也很难做好,而且会花费太多的人力和物力。这个时候,我们就要整合资源,发挥自己的长处,整合别人的优势,用更少的成本创业,或者说零成本创业都有可能。

资料来源:饶欣合纵.牛根生创业整合资源案例分析[EB/OL].(2017-02-26)[2020-08-08]. https://www.sohu.com/a/127279499_427564.

问题:结合本章所学知识,请你谈一下牛根生创业之初整合了哪些资源?

参考文献

1. 王晓光.创业基础[M].北京:高等教育出版社,2014.
2. 蔡莉,等.基于资源开发过程的新创企业创业导向对资源利用的关系研究[J].科学学与科学技术管理,2008(1).
3. 柳青,等.新企业资源开发过程研究回顾与框架构建[J].外国经济与管理,2010(2).
4. 蔡莉,等.新创企业资源整合过程模型[J]科学学与科学技术管理,2007(2).

5.《科技创业》编辑部.创业资源整合四:技术资源[J].科技创业,2005(2).
6.《科技创业》编辑部.创业资源整合一:人脉资源[J].科技创业,2005(2).
7.孙利英,洪晟.成功创业与关键资源的整合运用——沪、浙创业管理最佳实践调查与研究[J].上海经济,2012(9).

第六章 创业融资

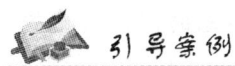

没钱照样可以创业吗

很多人都想创业,但是他们似乎有一个同样不创业的理由:"我没有钱,我要是有钱的话,我就要怎么怎么样……"似乎只要有钱,他就一定能创业成功。

可是阿里巴巴集团创始人马云的创业经历告诉我们,没钱,同样可以创业,同样可以创出一番伟大的事业。据了解,马云有过三次创业经历,创业开始时都是没什么钱的。

6-1 马云的创业融资经历

第一次:创办海博翻译社

马云之所以要办翻译社,主要是基于三个方面的考虑:①当时杭州很多的外贸公司,需要大量专职或兼职的外语翻译人才。②他自己这方面的订单太多,实在忙不过来。③当时杭州还没有一家专业的翻译机构。

很多人光有想法,从来都不会有行动。但是马云一有想法,却是马上行动。当时是1992年,马云是杭州电子工业学院的青年教师,每个月的工资还不到100元。但没钱,不是问题,他找了几个合作伙伴一起创业,风风火火地把杭州第一家专业的翻译机构成立起来了。

创业开始,也是举步维艰,第一个月,翻译社的全部收入才700元,而当时每个月的房租就是2 400元。于是好心的同事朋友就劝马云别瞎折腾了,就连几个合作伙伴的信心都发生了动摇。但是马云没有想过放弃,为了维持翻译社的生存,马云开始卖小商品,跟许许多多的业务员一样四处推销。

整整3年,翻译社就靠着马云推销这些杂货来维持生存。1995年,翻译社开始实现赢利。海博翻译社在马云的创业经历中,也划下了重重的一笔。

海博翻译社给马云最大的启示就是:永不放弃。即使没有钱,只要你永不放弃,你就可以取得成功。

第二次:创办中国黄页

中国黄页是中国第一家网站,虽然是极其粗糙的一个网站。网站的建立缘于马云到美国的一次经历。1995年年初,马云参观了西雅图一个朋友的网络公司,亲眼见识了互联网的神奇,他意识到互联网在未来的巨大发展前景,马上决定回国做互联网。

创业开始,马云仍然没有什么钱,所有的家当也只有6 000元。于是,他又变卖了海博翻译社的办公家具,跟亲戚朋友四处借钱,这才凑够了8万元。再加上两个朋友的投资,一共才10万元。很多人都说,做网络公司,没个几百万元上千万元是玩不转的。又有人说,如今的环境跟马云创办中国黄页的时候截然不同了,那时10万元可以,现在肯定不行。这全

都是借口。说这样的话的人,这辈子也不可能有什么大的成就,因为他们眼里看到的都是困难。

对于中国黄页来说,创办初期,资金也的确是最大的问题。由于开支大,业务又少,最凄惨的时候,公司银行账户上只有200元现金。但是马云克服了种种困难,把营业额从零做到了几百万元。

第三次:创办阿里巴巴

阿里巴巴无疑是中国互联网史上的一次奇迹,这次奇迹是由马云和他的团队创造的。但是阿里巴巴创业开始,钱也不多,50万元,是18个人东拼西凑凑起来的。50万元,是他们全部的家底。然而,就是这50万元,马云却喊出了这样的宣言:"我们要建成世界上最大的电子商务公司,要进入全球网站排名前十位!"

那可是1999年。1999年,中国的互联网已经进入了白热化状态,国外风险投资商疯狂给中国网络公司投钱,网络公司也是疯狂地烧钱。50万元,只不过是像新浪、搜狐、网易这样大型的门户网站一笔小小的广告费而已。

阿里巴巴曾经因为资金的问题,到了几乎维持不下去的地步。

就那样8年过去了。2007年11月6日,阿里巴巴在香港联交所上市,市值200亿美元,成为中国市值最大的互联网公司。马云和他的创业团队,由此缔造了中国互联网史上最大的奇迹。

现在大部分想创业的人都是一样,晚上想想千条路,早上起来走原路。他们比马云聪明多了,能想出非常多的创业好点子来,但是他们从来没有去执行过。因为他们有着太多的借口和理由。

来源:励志.励志创业:没钱照样可以创业[EB/OL].(2019-11-12)[2020-08-08]. http://www.lz13.cn/lizhichuangye/2985.html.

案例解析:融资,就是资本的融通,具体是指通过一定的渠道、采用一定的方法、以一定的经济利益付出为代价,从资金持有者手中筹集资金,组织对资金使用者的资金供应,满足资金使用者在经济活动中对资金需要的一种经济行为。狭义的融资主要是指资本的融入,即人们通常说的资本来源。企业的创办与发展离不开资金的支持,如果创业者资金不足,则需要考虑如何选择适当的融资工具和选择合适的融资方式,怎样把握融资规模以及各种融资方式的利用时机和条件、降低融资成本和风险、摆脱资金紧缺的困境来更有效地使用好资金,保证企业创业期正常的经营活动,这些问题都已成为创业企业需要进行认真分析和研究的问题。

第一节　创业融资分析

创业是很多人的梦想,但在创业初期要准备的事项特别多,最让创业者头疼的是准备创业却缺少起步资金。资金对于大多数的创业者来说都是一个大问题,所以在创业之前,创业者需要学会如何融资。

其实,不仅仅是大学生没钱能创业,商界从来不缺没钱还能赚钱的商界经营手段,也是经商的最高境界。这就是通过独特的创意、精心的策划、完美的操作、具体的实施,在法律和道德规范的框架之内,巧借别人的人力、物力、财力,来赚钱的商业运作模式。

创业融资是指创业者为了将创意转化为现实,通过不同的渠道,采用不同的方式筹集资金以建立企业的过程。

一、创业融资的类型

(一) 直接融资与间接融资

创业企业融资方式按照融资过程中资金运动的不同渠道,分为直接融资和间接融资。划分的核心是,融资者与投资者之间是否经过银行金融中介机构。

1. 直接融资

直接融资是以股票、债券为主要金融工具的一种融资机制。这种资金供给者与资金需求者通过股票、债券等金融工具直接融通资金的场所,即为直接融资市场,也称证券市场,直接融资能最大可能地吸收社会游资,直接投资于企业生产经营之中,从而弥补了间接融资的不足。直接融资是资金供求双方通过一定的金融工具直接形成债权债务关系的融资形式。

2. 间接融资

间接融资是指资金盈余单位与资金短缺单位之间不发生直接关系,而是分别与金融机构发生一笔独立的交易。即资金盈余单位通过存款,或者购买银行、信托、保险等金融机构发行的有价证券,将其暂时闲置的资金先行提供给这些金融中介机构,然后再由这些金融机构以贷款、贴现等形式,或通过购买需要资金的单位所发行的有价证券,把资金提供给这些单位使用,从而实现资金融通的过程。

(二) 权益融资与债务融资

无论是权益融资还是债务融资,都必须支付融资成本,其表现形式分别是股利或利息。但是,两者的融资成本是不同的,一般而言,债务融资的成本低于权益融资的成本,这种融资成本的差异主要体现在以下几个方面:

(1) 权益融资没有固定偿还日期,它们构成持续、终身的投资,对于出资人来说,其蕴藏的风险极大,投资有可能不能收回;而债务融资的出资人只是在企业破产清理后仍不能还本付息时,承担第二破产人的风险。

(2) 权益融资的收益不确定,每期分配的股利依企业的盈利水平而不断变动,收益没有保障;而债务融资利息的支付按借贷契约规定的或利息率进行分配,可以得到保障。

(3) 权益融资的股利通常在税后支付;而债务融资的利息允许在所得税前支付,故债务融资可享受税收上的优惠。

(4) 权益融资股价的波动所带来的潜在的资本收益和损失,与债务融资相比,一般是较大的或是极不稳定的。

二、创业融资的特征

1. 创业融资市场化

创业企业在初创期,自我积累的资金有限,不可能满足自身技术创新的高投入需求。从外部市场取得外部融资是必不可少的手段。

2. 创业融资多元化

为了满足多方面的融资需求，创业企业需要从多种渠道，将不同的融资方式相结合来筹集资金。

3. 创业融资组合化

创业企业在不同的发展阶段，面临的技术创新的风险不同，采用不同的融资方式，其融资风险的大小不同，投资者的投资风险也有所区别。技术风险和投资风险的最大值分别出现在创新过程的初期和中前期，中后期的风险逐步减少。根据技术创新风险收益的阶段性特征，创业企业在融资过程中应当实施融资组合化，合理有效的融资组合不但能够分散转移风险，而且能够降低企业的融资成本和债务负担。

4. 创业融资社会化

融资社会化是指创业企业融资需要社会各方面的力量，特别是需要政府的引导和扶持。创业企业的发展不仅具有极高的成长性和效益性，而且对国民经济发展具有重要的意义，创业企业融资必须依靠全社会的支持。

三、创业融资方式的选择

（一）确定合理创业融资方案

创业企业应根据自身融资动机，制订合理的融资方案。投资项目一般会从以下三个方面影响企业的融资活动：一是投资项目所需资金量决定着融资量；二是投资进度直接影响着融资计划和资金到位的时间安排；三是投资项目的未来收益能力决定企业的融资方式。创业企业需要对投资项目进行充分论证。

（二）注意分散企业控制权

创业企业通过股票融资，可以增加其权益性资本，参与企业经营管理的股东会随新股的发行而增加，原有股东对企业的控制权可能会被分解，可能引起企业以后经营方向、产品结构等方面的改革。

（三）权衡创业融资风险

股票融资使创业企业形成长期占用的资金，有利于增强企业的信心，而且融资风险较小，没有使用约束，创业企业既可用于长期资产投资，亦可用于流动资产；债券融资资金成本较低，但激烈的市场竞争和复杂多变的经济环境会加大企业的偿债压力。创业企业应充分结合自身的条件及所处的市场环境，综合考虑股票融资与债券融资的资金成本、融资风险等因素，正确地选择融资方式，力求降低资金成本，减少融资风险，优化资本结构。

四、创业融资的过程

创业融资对创业企业来说无疑十分重要，下面给大家分享一下创业企业融资的基本流程，虽然可能不适用于所有的创业企业，但还是值得借鉴的。

（一）撰写创业计划书

创业企业融资是一个复杂的过程，要解决目标投资者的选择问题，向目标投资者证明其投资是有价值的、投资风险是可以控制的问题。一个科学、清晰的创业计划书是创业融资成功的前提。撰写创业计划书,用于应对不知何时会遇到的投资人或投资经理。撰写创业计划书,不仅是一个包装和表达的过程,也是一个理清产品思路的过程。一个创业计划书如果缺乏说服力,很有可能是产品本身就有问题。聪明的创业者会借此来发现自己的不足,从而先改善产品或商业模式。

(二)寻找投资人

在一般情况下,如果创业者的创业项目足够好,最大的可能是通过股权众筹平台接触到投资人。一个残酷的事实在于,不好的项目基本上是没有机会见到投资人的。

(三)项目展示活动

参与有组织的项目展示活动会让创业者有机会一次接触许多投资人,可以节省大量成本;同时,此类项目展示活动可以让创业者接触到其他创业者,也是一个不错的渠道。项目展示是一个讲究技术的行为,创业者要掌握演讲技巧及包装思维。应该强调的是,不是所有路演都应该去,可能的话,创业者应该关注到场投资人及机构名单,向合适的对象展示自己。另外,很多路演会表明细分领域,如果创业者是智能硬件领域的,就别去游戏专场添乱了。

(四)联络投资人

项目展示给投资人留个好印象,第一印象过关的话,创业者就有机会展开私密的约谈了,有些时候路演之后的当天便可开始约谈了,此时应注意约谈的规则和技巧。

(五)投资评估

联络投资人是让投资人了解创业者的项目和团队,至于具体投不投资还要看具体投资的"玩法",如估值大小、出让比例、附带权利(如优先股是否具有投票权、是否配备了反稀释条款等)。令投资人追捧的好项目具有更强的议价能力,争做好产品永远比谈判技巧更有用。

(六)签订投资意向书

创业者签订投资意向书之前一定要仔细检查条款并三思而行,由于创业者一方参与签订的往往仅创始人一人,创始人不仅要考虑自己的利益,也要考虑团队的利益,不能伤害创业合伙人。创业者在融资交易环节应聘请律师来参与融资的决定过程。

五、创业融资决策分析

(一)树立正确创业融资理念

创业企业在融资时,应以科学正确的融资理念来指引。

(1)重视资本经营理念。创业企业要将资本当作一种商品,并以营利为目的对其进行经营,要求融资的收益大于融资成本。

(2)重视现金流量管理。现金流动是企业资产流动性和变现性的基础和具体体现。企业的所有经营活动,其财务本质都是现金流动的过程,现金流量不足将导致企业陷入财务危机。

(3)重视资金时间价值。资金的时间价值是指由于时间的因素而使资金的内在价值含量发生改变。货币在不同时间点上的价值不具有可比性,必须通过现值或终值的计算将其调整折算至同一时点上才能进行计算比较。

(4)重视风险与收益权衡。在市场经济中,收益与风险总是形影不离的。高收益的创

 创业基础

业经济活动必然伴随高风险,因而创业企业必须在收益和风险间进行权衡,既追求收益又重视风险。

(二)把握创业融资决策原则

(1)创业融资总收益大于融资总成本。创业企业必须经过深入分析,确信当利用筹集的资金所产生的预期总收益大于融资的总成本时,才有必要考虑融资问题。

(2)创业融资规模要量力而行。创业企业融资过多,会造成资金闲置浪费,并导致负债过多,增加创业风险;而融资不足又会影响创业企业投资及业务的正常开展。因此,创业企业应根据资金需求、自身条件以及融资的难易程度和成本情况,量力而行确定融资数量。

(3)降低创业融资成本。创业融资成本是决定创业企业融资效率的关键因素,对于创业者选择何种融资方式有着重要的意义。

(4)确定恰当的创业融资期限。创业融资期限的选择主要取决于融资的用途和融资人的风险偏好。原则上,流动资产适宜选择各种短期融资方式;长期投资或购置固定资产,适宜选择各种长期融资方式。

(5)选择最佳创业融资机会。创业融资决策要有超前预见性,及时掌握各方面信息,科学预测政策、市场、环境等变化趋势,积极寻求并及时把握住各种有利时机。

(6)尽量保持企业控制权。企业的控制权和所有权决定企业的战略、方向、生产经营、利润和股东利益,企业放弃控制权一定要慎重,但也不能一味固守控制权不放。

 延伸阅读 6-1

大学生创业究竟如何融资

创业融资是一个创业企业筹集资金的行为与过程,也是企业根据自身状况、资金拥有状况、未来经营发展的需要等,通过科学预测和决策,采用一定的方式,从一定的渠道向企业的投资者或债权人去筹集资金,并组织资金的供应,以保证正常创业活动需要的理财行为。

大学生创业没有资金的支持就需要融资,由于没有融资经验和金融知识储备,大学生在创业融资时通常会有一些误区。作为创业主体的大学生,他们普遍热衷于自主创业,但其创业基本上还处于非理性阶段。与社会上的中小企业创业融资相比较,大学生融资主要有以下特点:

(1)融资渠道比较单一。大学生不应仅局限于向亲朋好友寻求资金支持,而应该拓宽思路,吸引企业、银行、担保公司、风险投资机构等多方的关注与支持。

(2)过分强调资金和社会关系的重要性。当前很多大学生对于创业条件的理解仅仅停留在"物质"层面,而忽视了自身素质与能力的培养,这样,即便拿到资金,创业的失败率也会很高。

(3)创业准备不足。尽管大学生有独立创业的愿望与热情,但真正面对激烈的市场竞争局面,还会因自身底气不足而却步。

针对大学生融资的不足,创业者在融资的过程中需要做好以下工作:

第一,在制订大学生融资方案之前要准确评估自己的有形资产和无形资产的价值,千万

不要妄自菲薄,低估了自己的价值。

第二,融资过程中要做好大学生融资方案的选择,多渠道融资的比较与选择可以有效降低融资成本,提高效率。企业如果采用出让股权的方式进行融资,则必须做好投资人的选择。只有同自己经营理念相近,其业务或能力能够为投资项目提供渠道或指导的投资才能有效支撑企业的成长。

第三,创业不仅是实现理想的过程,更是使投资者(或股东)的投资保值增值的过程。创业者和投资者是一个事物的两个方面,大家只有通过创业企业这个载体才能达到双赢的目标。能为股东创造价值的创业者才能得到更多的融资机会和成长机会。因此,创业者不仅要加强自身的技术能力,还需要具备企业家的道德风范。

大学生融资问题解决后,就能将自己的技术和创意转化为赢利的工具,才能在激烈的市场竞争中立于不败之地;拓宽大学生融资渠道,对投资人负责,才能使自己的企业茁壮成长。

资料来源:赵宾宾.大学生创业要如何才能获得融资[EB/OL].(2020-04-06)[2020-08-08].https://wenku.baidu.com/view/200a9bbf178884868762caaedd3383c4bb4cb48b.html.

第二节 创业所需资金的测算

6-2 资金测算与估值

一、创业融资成本

创业融资成本是指使用资金的代价。它包括资本成本、机会成本、风险成本和代理成本。

由于融资规模不同将导致融资总额不同,使融资成本失去可比性,因此创业融资成本通常用创业融资成本率表示。其计算公式如下:

$$创业融资成本率 = 资金使用费 \div (融资总额 - 融资费用)$$

(一)创业融资的资本成本

创业融资成本有短期融资成本和长期融资成本之分。财务分析比较注重长期融资成本。长期融资成本主要是指企业长期资金的融资成本,因此也称为资本成本或资金成本。

资本成本是公司筹措和使用资本所付出的代价。从另一个角度说,它是资本的预期收益率,是企业选择资金来源,进行资本筹集决策的重要依据。它由资金使用费和资金筹集费两部分构成。其中:资金使用费是指因占用资金而付出的代价,如股息、红利和利息等;资金筹集费是指在资金筹集过程中支付的各项费用,如发行股票、债券支付的印刷费、发行手续费、资信评估费、广告费等。

(二)创业融资的机会成本

创业融资的机会成本是指将资金用于融资项目指向的特定用途,而放弃的其他各种用途中的最高收益。尤其对于内部融资而言,由于其无须支付财务成本,机会成本的分析将更重要。机会成本衡量方法有两种:一是其他同等风险程度的投资机会对应的收益率;二是社会平均投资收益率。

(三) 创业融资的风险成本

创业融资的风险成本主要是指破产成本和财务困境成本。破产成本又包括直接破产成本和间接破产成本。直接破产成本包括律师和会计师的费用等职业性费用以及花费在破产行政管理上的时间价值。间接破产成本包括丧失销售、利润以及企业无力获得信贷和发行证券的可能性。破产可分为存量破产和流量破产两种。存量破产是指企业现有资产价值不足以偿还负债价值,即净资产出现负值。流量破产是指企业经营性现金流量不足以补偿现有债务(包括利息、应付账款等),此时企业陷入财务困境。

(四) 创业融资的代理成本

企业是通过各种契约关系框架来维系的,代理关系即为其中一种契约关系。代理成本是指由于代理关系的存在而发生的成本。它包括为设计、监督和约束利益冲突的代理人之间的一组契约所必须付出的成本。

二、创业融资成本的影响因素

创业融资有相应的融资成本,同时还必须承担相应的融资风险。创业企业应该注意综合考虑创业融资成本的以下影响因素:

(1) 创业企业所需资金量的大小。
(2) 资金使用期限长短。
(3) 资金的来源(即是内部融资还是外部融资)。
(4) 资金的性质是债权还是股权。
(5) 创业融资对企业权力结构的影响。
(6) 创业融资关系的稳定性。
(7) 努力使创业融资成本最小化。

三、创业融资成本的策略选择

为了实现创业融资的收益最大化和成本最小化,创业企业在融资时需要注意以下几点策略:

(一) 创业融资应当运用财务杠杆,追求最佳企业资产负债比例

由于债务性质的资金,其利息支出可在企业"财务费用"科目下列支。该项成本可以减少收入,从而使创业企业能够合理避税,提高股东权益投资收益率,所以创业企业适度举债是明智的。创业企业在创业之初普遍负债过低,经营比较保守,从财务管理的角度看,这对企业的快速发展并不是有利的。

(二) 结合自身,制定资金需求

创业企业要根据发展战略规划、投资计划和运营情况预测来制订短、中、长期资金需求计划,以此确定融资总体方案,选择最合理、最高效的融资结构。

(三) 优先发掘内部融资潜力

因为进行外部融资需要承担相应的融资成本,所以创业企业应先考虑提高内部资金的使用效率,以减缓对外部融资的压力。

(四)综合考虑,减少资金需求

创业企业在进行融资时应考虑资本、劳力、技术等要素之间的协同作用和替代弹性,增加企业要素的投入,以减少资金需求或现金流量需求。例如,创业企业以土地使用权或固定资产投入,减少现金投入;以融资租赁减少现金投资;以货易货(实物交易);股权互换;以政府特殊许可降低项目成本、运用特许经营等。

四、创业融资规模的确定

1. 创业融资规模的测算公式

创业企业资金需求总量可按下述公式计算:

资金需求总量 = 流动性资金需求量 + 偿债性资金需求量 + 投资性资金需求量

投资性资金需求量 = 固定投资资金需求量 + 资本运营资金需求量 + 投机资金需求量

外部资金需求量可按下述公式测算:

外部资金需求量 = 资金总需求量 - 内部资金来源

2. 创业融资规模的测算方法

创业融资规模的测算方法大多采用实际核算法。

(1) 流动性资金需求:主要测算用于维持生产、扩大规模、增加流动资金的投入,以及支付费用开支、弥补收入的季节性差异及承接新合同、需要垫资或增加投入的资金。

(2) 偿债性资金需求:主要测算为保持信誉,需要归还银行到期贷款、供应商货款和其他外部借款等所需的资金。

(3) 固定投资资金需求:主要测算购买生产用设备及其厂房、不动产购建的费用所需的资金。

(4) 资本运营资金需求:主要测算办理银行承兑汇票的保证金,购买土地、办理土地证的费用,为获得某种资质或资格,扩大企业资本金,收购企业等所需的资金。

(5) 投机资金需求:主要用于炒作有价证券和股票、土地和房产及不良资产等所需的资金。

3. 创业融资的成本估算

(1) 融资成本对创业融资决策的影响。融资成本对企业创业融资决策的影响表现在三个方面:一是融资成本对投资具有决策依据的作用,融资成本是一项投资是否可行的取舍标准;二是融资成本影响着企业对融资渠道和方式的选择;三是资本结构直接取决于企业的融资成本。创业企业只有通过改变主权资本和债务资本的比重才能找到最低加权平均的融资成本,从而确定最佳资本结构。

(2) 创业融资成本的表现形式。创业融资成本可分为个别融资成本、综合融资成本和边际融资成本。创业企业在比较各种融资方式时,使用个别融资成本;在进行企业全部资本结构决策时,使用综合融资成本;在追加融资决策时,使用边际融资成本。

(3) 创业融资成本的比较。一是创业企业的外部融资中,债务融资的成本一般低于股权融资的成本。这是因为,一方面,股权投资者所获股利是一种税后收益,而债权人所获的利息可作为营业利润扣除项目;另一方面,股东的收益不确定性高,股东又是企业破产的最

创业基础

后索偿人,风险较大,自然要求更高的报酬率。二是债务融资中,短期债务的融资成本一般低于长期债务的融资成本,其原因是资金的时间价值不同,长期债务使债权人面临更高的经济周期波动及信用风险或违约风险。

(4) 创业企业控制融资成本的重点。对于创业企业来说,如何融到资金比如何控制融资成本更重要。当创业企业选定融资渠道和方式后,融资成本基本上就是刚性的,因而融资成本控制的重点应该集中在以下三个方面:一是提高创业融资的效率,及早融到资金就可以尽早获得收益,从而弥补融资成本;二是要减少融资的盲目性,对不同的资金供给方提高分辨鉴别能力;三是委托专业创业融资咨询机构,创业融资费用可采取包干或风险代理的方式,以弥补创业企业融资团队的不足。

拓展案例 6-1

3 000元创业点子:开个动漫玩具店

来自湖北的阿成就为找到这样的投资机会而格外兴奋。前日,在东莞儿童玩具城,阿成就陪记者参观了他的创业乐园,3平方米的动漫玩具小铺,并谈起了小店创业的生意经。

铺租低至100元/平方米

选择在这里开店的主要原因是铺租低,1平方米每个月只需要100元,像阿成这个动漫店,有3平方米就足够了。当然,敢于选择在这里开动漫玩具店,是因为这个儿童玩具城已经具备了一定的规模,1~3层都是儿童用品,而4层正在兴建东莞动漫城。

动漫玩具利润可翻番

虽然阿成这个小店才3平方米,但商品种类却有60多种,最便宜的小玩意,成本价才5毛钱,但开价2元,几乎每天都可以销售20个;而进货最贵的也不过20元钱,其售价却翻了一番,由于成本低,利润几乎可以翻番。据阿成透露,其实开动漫玩具店的投资不需太大,也没有很高的技术门槛。因为卖的大多是时尚潮流货,因此许多动漫玩具店的利润颇高,别看这些店面小,通常每间也就几平方米至10多平方米,三五千元就能开个店,但只要经营得当,通常每月纯收入都会有上万元。

委托经营保安全

既然动漫玩具店的利润如此可观,为什么自己不做大一点呢?面对记者的疑惑,阿成也不隐瞒,动漫玩具讲究的就是新奇,并不在于店的规模,动漫玩具关键是有自己的特色,店小,但品种要丰富,只要生意好,货出得快,资金周转快,同样可以达到规模经营的效果。

更重要的是,由于店小,不必专门聘请一个售货员,阿成就与隔档的朋友合请了一个人看店,售货员负责介绍商品和开单,由于每售出1件商品,她都可以获得提成,售货员的积极性相当高。同时,阿成他们与商场签订了委托协议,1个星期结算一次货款,通过委托经营,将管理与税金交付给商场处理,既可以节约成本,也保证了店铺的安全。

经营心得:健康环保

虽然刚刚涉足动漫玩具经营,但阿成讲起经营心得却头头是道,他的主要顾客是儿童及学生,因此动漫玩具要健康环保,不能有涉及暴力的玩具,卖这样的玩具,本小利大,政府支持、家长放心、儿童喜欢，自然就不愁没市场。

资料来源：渠道网.开个动漫玩具店有得[EB/OL].（2013-03-29）[2020-09-08].http://fuwu.qudao.com/news/3931604.shtml.

第三节　创业融资渠道

6-3　创业融资渠道

创业融资渠道是指取得创业资金的途径，即创业资金的供给者是谁。确定创业融资渠道是创业融资的前提，它直接影响企业创业融资的成功率和融资成本。创业融资方式则是指如何取得创业资金，即采用什么创业融资工具来取得资金。创业融资渠道展示出取得创业资金的客观可能性，即谁可以提供资金；创业融资方式则解决用什么方式将客观存在的可能性转化为现实性，即如何将资金融到创业企业。

创业融资渠道主要包括以下几种。

一、风险投资

风险投资又称创业投资。根据美国全美风险投资协会的定义，风险投资是指职业金融家投入新兴的、迅速发展的、有巨大竞争力的企业中的一种权益资本。国际经济合作和发展组织（OECD）则将风险投资定义为，凡是以高科技与知识为基础、生产与经营技术密集的创新产品或服务的投资。在新经济时代，风险投资是创业企业权益资本的主要来源。

二、天使投资

天使投资是指自由投资者或非正式风险投资机构对处于构思状态的原创项目或小型初创企业进行的一次性的前期投资。天使投资虽是风险投资的一种，但两者有着较大差别：天使投资是一种非组织化的创业投资形式，其资金来源大多是民间资本，而非专业的风险投资商；天使投资的门槛较低，有时即便是一个创业构思，只要有发展潜力，就能获得资金。在风险投资领域，"天使"这个词指的是创业者的第一批投资人，这些投资人在企业的产品和业务成型之前就把资金投入进来。天使投资人通常是创业者的朋友、亲戚或商业伙伴，由于他们对该创业者的能力和创意深信不疑，因而愿意在业务未开展之前就向该创业者投入资金。

当年，牛根生在伊利集团工作期间因为订制包装制品时与谢秋旭成为好友，当牛根生自立门户之时，谢秋旭作为一个印刷商，慷慨地掏出现金注入初创期的蒙牛集团，并将其中的大部分的股权以"谢氏信托"的方式"无偿"赠与蒙牛集团的管理层、雇员及其他受益人，而不参与蒙牛集团的任何管理和安排。谢秋旭也收获不菲，380万元的投入最终变成数十亿元。

三、融资租赁

融资租赁是以租赁物件的所有权与使用权相分离为特征的新型融资方式。例如，某一设备使用厂家看中某种设备后,可先委托金融租赁公司出资购得,然后再以租赁的形式将设备交付企业使用。融资租赁是一种以融资为直接目的的信用方式,它表面上是借物,而实质上是借资,以租金的方式分期偿还。中小企业采用融资租赁的方式,可以减轻由于设备改造带来的资金周转压力,避免支付大量现金;而租金的支付可以在设备的使用寿命内分期摊付而不是一次性偿还,企业不会因此产生资金周转困难。

四、商业信用融资

商业信用是随着商品交易而产生的信用。除了商业担保以外,大部分商业信用都同具体的商品交易有直接的联系。商业信用是指商品交易中延期付款或预收货款进行购销活动而形成的借贷关系。它是企业在商品交易过程中货与款在时间和空间分离而产生的直接信用行为,是企业普遍采用的短期融资手段。商业信用包括收取客户的预付款、押金、订金,给客户赊款、开具商业汇票等。

商业信用融资的直接资金来源是存在交易关系的企业。它与银行信用的区别是,商业信用只能在互相了解和信任的企业之间和在有商品交易的情况下进行,范围受到比较多的地域和行业限制,超出一定的地域或者行业范围,需要获得银行信用的支持。商业信用以直接的商品交易为基础,是创业企业获得短期流动资金的一个重要来源。

就商业信用的具体形式来说,它主要包括应付账款、应付票据、应付费用和预收货款等四种形式。

(一) 应付账款

应付账款是指企业因赊购而产生的一种短期债务,是卖方向企业提供的一种商业信用。卖方提供商业信用的目的是在拥有买方企业信用维持的前提下,促进其产品的销售,扩大市场份额,减少存货以降低存货成本。应付账款作为一种最典型、最常见的商业信用形式,不但在客观上提高了买方企业的资金使用效率,一定程度上缓解了资金的紧张,而且筹资非常方便,限制性条款很少,筹资成本也较低廉。采用应付账款作为创业企业融资的来源,必须与供应商进行很好的沟通,让供应商充分了解企业的信息,增强其对企业的信用程度。

(二) 应付票据

应付票据是指由出票人出票,委托付款人在指定日期无条件支付确定的金额给收款人或持票人的票据。其特点是支付期限短,一般小于 6 个月;票面利率较低,甚至可以不带息,而且不需要保持相应的补偿性余额和支付协议费;到期必须归还,否则要支付高于同期借款利率的罚金。根据承兑人的不同,商业汇票可分为商业承兑汇票和银行承兑汇票两种。

(三) 应付费用

应付费用是指在生产经营中预先提取但未支付的费用,或已经形成但尚未支付的款项,如应付职工薪酬、应交税费等。这些款项受益在前、支付在后,相当于享受了受款方的借款,可以在某种程度上缓解企业资金紧张的压力。影响应付费用利用程度的因素是应付费用的发生额和支付的间隔期。

(四) 预收货款

预收货款是指企业在向买方交付货物之前预先收取的全部或部分货款的信用形式。其相当于买方向卖方无息借款一段时间之后,卖方以货物进行清偿的行为。对于卖方企业来讲,虽然这种信用方式是一种销售与筹资最好的结合方式,但只有在卖方企业所提供商品小于需求或加工周期较长的两种情况下,买方企业才可能同意提供这种商业信用。一旦卖方失信于买方企业,除了需要归还预先收取的货款之外,还往往会导致超额索赔。

五、典当融资

典当是指以实物为抵押,以实物所有权转移的形式取得临时性贷款的一种融资方式。与银行贷款相比,典当的贷款成本高、贷款规模小;但典当也有银行贷款所无法相比的优势,典当对于中小企业融资虽只起着拾遗补阙的作用,但由于其能在短时间内为中小企业融资者争取到更多的资金,正获得越来越多创业者的青睐。

例如,周先生是位通信设备代理商,争取到了一款品牌新手机的代理权,要在3天内付清货款才能拿货,而他的资金投资在另一商业项目上,可他不甘心失去这得来不易的代理权。于是,他马上开车来到典当行。周先生着手办理典当手续,提交相关证件、填表、把车开到指定仓库、签合同、领当金。不出半天的工夫,他就拿到了他急需的50万元。1个月后,周先生来赎当,这笔当金帮他赚了近10万元。

六、创业板融资

创业板即创业板市场(growth enterprise market,GEM),是多层次资本市场的一种特定创新形式和组成部分。其主要侧重于为高成长性、经营规模较小、具有发展潜力的中小企业提供融资服务。在一般情况下,当一国的主板市场发展较为成熟、形成一定的规模后,创业板才会出现。创业板市场是指专为暂时无法满足主板上市条件的中小企业提供直接融资的证券交易市场。它能对主板市场产生有效的补充,因此,又被称为二板市场。

与主板市场相比,创业板市场具有进入门槛低、投资风险高、监管制度严等特点,对推动产业结构优化、构筑多层次资本市场体系、扶持中小企业发展、促进风险投资发展等具有重要的意义。

七、网络融资

网络融资是指通过电子商务企业与银行之间的合作,搭建网络融资平台为创业融资方提供融资服务,创业融资方通过网上申请、评估、放贷与网下交易相结合的方式获取所需资金。网络融资将商业银行传统的信贷业务与电子商务有效地结合起来,为其搭建起多元化的网上融资平台,更好地解决以中小企业创业融资难问题。

网络融资模式在创业融资中的优势主要体现在:一是通过网络搭建创业者信息平台,形成信息传导机制,降低创业者与资金供给方之间的信息不对称,提升投资和放贷意愿,降低委托代理成本;二是通过网络即可实现贷款的申请、审批、放款等程序,较传统模式更加便捷、灵活,降低了创业者的融资成本;三是降低信贷机构和其他投资者寻找优质投资对象的成本,减少其资金风险;四是打破以往融资的地域界限,便于金融机构进行跨地区投资和放款,盘活更多的存量资金。

网络融资模式的运用方式主要包括以下六种：一是电子商务企业联合银行为自己的会员提供融资服务，如阿里巴巴；二是商业银行通过网银提供融资服务，如招商银行；三是企业提供融资中介服务并收取手续费，如宜信公司；四是创投机构等利用自身网站寻找投资对象，如IDG；五是专业创投网站为资本和创业者提供对接平台，如创投中国网；六是由政府和公益机构搭建的公益性融资网络平台，如上海市大学生科技创业基金会。上述六种网络融资模式的运用方式相结合，共同搭建起创业网络融资平台，形成全方位覆盖的创业网络融资体系，为创业者提供融资保障。

创业网络融资模式的运用需要解决两个重要问题：一是网络融资的监管问题，必须建立针对网络融资的法律体系，用以规范网络融资行为，减少不规范乃至违法融资行为的发生；二是创业者信息传递问题，必须搭建起面向创业者的征信平台，增强信息透明度，降低资金风险。

延伸阅读 6-2

网络融资成中小企业新兴融资渠道

中小创业企业通常少信息、低透明，很多小企业甚至没有财务报表、贷款抵押物。然而，这就是中小企业的特点。

我国企业99.8%属于中小企业，它们对GDP的贡献度超过60%，对税收贡献度超过50%，对就业贡献率超过90%。然而，在融资上，它们却面临重重困难，银行往往由于资质、贷款规模等原因看不上中小企业，信用贷款基本上不适用于它们；抵押贷款也常因其没有土地和房产等固定资产而不适用；而担保贷款又因为难找担保人而遇到困难。

中小企业融资难是一个世界性难题。企业界、金融界对这一问题的探索从未停止过，而中小企业融资的路径和模式也不断被创新。

在中小企业融资问题上，传统方法和新兴方法的不同在于：传统的中小企业融资方式，如担保贷款、固定资产抵押贷款等，银行给中小企业的贷款往往只考虑了单个的中小企业自身的实力，而近来"流行"的中小企业融资模式，如网络联保融资、物流金融、供应链金融、供应链信用金融、商会贷等，却是把中小企业放入一个系统里进行综合考虑。

这些近来受欢迎的中小企业融资模式都有一个显著的特点：中小企业"抱团"融资。

无论是网络联保融资、供应链信用金融模式，还是商会贷、物流金融、供应链金融模式……它们都不再只是单打独斗，而是体现了"联合起来力量大"的特色。

资料来源：fliex.网络融资成中小企业新兴融资渠道[EB/OL].(2010-10-17)[2020-09-08].http://www.ebrun.com/ebnews/15649.html.

八、知识产权融资

知识产权融资是基于创新战略下创业融资的一项有效手段。知识产权融资包括以下四种途径：一是知识产权质押贷款，即创业者将知识产权质押给银行进行融资；二是知识产权出资，通过知识产权与他人共同出资进行创业或是直接注入已成立的企业进行二次创业，既为拥有知识产权的创业者筹集到资金,也实现了知识和资本的对接;三是知识产权证券化,通过将知识产权这一资产证券化转移到特设载体,由其以该资产为担保,经过信用评价、信用增强等过程在市场上发行可流通的证券,为知识产权所有者获得融资;四是知识产权信托,通过出让部分投资收益为代价,在一定期限内将知识产权委托给信托投资公司进行管理,向社会投资人发行信托计划获得资金。

九、股权质押

股权是一种较为特殊的产权形式,也可以用作创业融资。创业企业可以通过将股权质押给银行、小额贷款公司等机构来获取相应的质押贷款。即使是通过中小企业担保公司进行担保融资也需要付出担保费用,而股权质押模式并不需要这一额外成本,对于创业企业而言就如同雪中送炭。

十、政府创业基金

政府出资帮助创业者解决资金问题具有很强的引导作用和示范作用,能够吸引更多的社会资金关注创业企业发展。政府创业基金的运用模式分为以下四种:一是政府直接投资模式,即直接将资金投给创业者,包括股权投资、债券投资和政府补助;二是政府奖励模式,即将原本补贴给创业者的资金通过奖励的方式发放给符合条件或是达到一定要求的创业者;三是政府间接扶持模式,即将政府创业基金通过利息补贴、风险补偿等方式投入给为创业企业提供服务银行、中小企业担保公司等金融机构;四是政府引导基金模式,即政府出资成立创业引导基金,建立起一种社会共同投资和支持的模式,引导社会资金加入,共同组建创业投资机构。

拓展案例 6-2

大学生六成创业资金来自父母亲友

大学毕业生魏丰平创办的图文连锁店已经初具规模,在大学城及其附近有 6 家中心店和 4 个营业网点。他的创业资金完全是自己积累的。最初,他利用校外已开的复印店作为自己的网点,去拉广告商作广告,从广告商那里收取费用,而对同学们免费复印,"空手套白狼"挖来第一桶金。后来,他又把学校原本要当废铁处理的 3 000 多辆自行车回收,自己请人修理后卖给新生,获得第二桶金。第三桶金是他获得学校支持,推出一款"万能通"卡,学校里所有店铺都可以刷卡。

像魏丰平一样,通过自己努力筹集和积累创业资金的大学生创业者不在少数。报告显示:2012 届大学毕业生自主创业的资金主要依靠父母或亲友投资或借贷和个人储蓄(本科为 81%,高职高专为 80%),而来自商业性风险投资(本科为 1%,高职高专为 2%)和政府资助(本科和高职高专均为 1%)的比例较小。

在调查中,马妍发现,在 2012 届毕业生中,60% 左右的创业资金的"天使投资人"是父母/亲友;25% 左右的资金来源是积蓄和银行贷款;而由政府提供科研基金、创业基金或优惠贷款等资助的比例约为 1%。"这说明在推动大学生自主创业中,政府给予的资金扶持力度

还很微弱。"马妍认为,地方政府必须资助本地大学生创业。比如地方政府拿出钱来创立"创业投资基金",可以按风险投资方式商业化运作,为那些有能力和有创业计划的大学生提供资金支持,而这些大学生创业项目一般是不可能得到民营风投资助的。

陈晓东曾经面向江西省的创业大学生作过一个调查,他发现,大多数走上创业道路的学生都是基于项目或技术,而少有人是基于某行业的优惠政策。大学生整体对目前的创业机制评价不高,只有少数被访对象做出了积极评价,大多数被访对象认为高校没有开设创业教育课程或者开设效果不理想。陈晓东告诉记者:"在创业优惠政策方面,所有被调查者都知道国家支持创业,但是怎么支持,从哪个方面支持,怎样获得支持,细节上的问题却很模糊,因此,指导创业者怎样获得优惠条件才是重点。"

资料来源:陶涛.六成创业资金来自父母亲友[EB/OL].(2013-07-08)[2020-09-08].http://news.sohu.com/20130708/n380954771.shtml.

第四节　创业融资的选择策略

一、创业融资的选择原则

1. 创业融资成本的高低

创业融资成本关系到融得资金的实际数额和创业企业经营成本及利润,最终影响到创业企业的经济效益。影响创业融资成本的主要因素有利率、使用期限、企业盈利水平和稳定性、证券发行的价格等。一般来说,各种融资方式资金成本从低到高的顺序依次为:政策性融资、商业信用融资、票据贴现、银行贷款、债券、典当、股权等。

2. 创业融资风险的大小

创业企业对外融资都面临风险,特别是借款,当出现收益不足以偿还债务时,创业企业将陷入危机之中。在其他条件相同的情况下,创业企业融资负债的比例越高,其面临的风险也将越大。各种创业融资方式还本付息风险从小到大的顺序依次为:股权出让、商业信用、票据贴现、发行债券、银行贷款等。

3. 创业融资的机动性

创业融资机动性是指创业企业在需要流动资金时能否及时通过融资获得,而不需要资金时能否及时偿还所融资金,并且提前偿还资金是否会对创业企业带来相应的损失等。各种创业融资方式的机动性从优到差依次排列顺序为:内部融资、票据贴现、商业信用、银行贷款、债券、股权出让。

4. 创业融资的方便程度

创业融资的方便程度既指创业企业有无自主权通过某种融资方式取得资金,以及这种自主权的大小;也指借款人是否愿意提供资金,提供资金的条件是否苛刻,以及手续是否繁琐。各种创业融资方式的方便程度从易到难依次排列为:内部融资、商业信用、票据贴现、股权、银行贷款、债券等。

二、融资渠道与融资方式组合策略

在更多情况下,融资渠道与方式需要组合。常见的组合方式有以下几种:

(1) 不同期限的资金组合。期限长的资金用于项目投资,期限短的资金用于临时周转或短期投资。

(2) 不同性质的资金组合。权益性资金用于项目投资,债权性资金用于临时周转或短期投资。

(3) 不同成本的资金组合。高成本的资金用于弥补临时性资金需求,低成本的资金用于置换高成本的资金或企业铺底流动资金。

(4) 传统融资和融资创新结合。随着金融体系改革深化,金融工具创新的速度正在不断加快。企业需要不断关注、跟踪和应用这些创新的融资工具。

三、不同发展阶段的创业融资策略

(1) 种子期:创业者可能只有一个创意或一项尚停留在实验室的科研项目,所需创业资金不多,应主要靠自有资金、亲朋借贷,吸引"天使"投资者,也可向政府寻求一些资助。

(2) 创建期:创业企业需要一定数量的"门槛资金",主要用于购买机器、厂房、办公设备、生产资料、后续研究开发和初期销售等,所需资金往往较大。由于创业企业没有经营和信用记录,从银行申请贷款的可能性甚小。这一阶段的融资重点是吸引股权性的机构风险投资。

(3) 生存期:新产品刚投入市场,市场推广需要大量的资金,现金的流出经常大于流入。此阶段要充分利用负债融资,同时还需要通过融资组合多方筹集资金。

(4) 扩张期:创业企业拥有较稳定的顾客、供应商及良好的信用记录,利用银行贷款或信用融资已比较容易。但由于创业企业发展迅速,需要大量资金以进一步进行开发和市场营销。为此,创业企业要在债务融资的同时,进行增资扩股,并为上市做好准备。

(5) 成熟期:创业企业已有较稳定的现金流,对外部资金需求不再特别迫切。此时其工作重点是完成股票的公开发行上市工作。

四、不同资金需求特点的创业融资策略

(1) 资金需求的规模较小时,创业企业可以利用员工集资、商业信用融资、典当融资;规模较大时,可以吸引权益投资或银行贷款。

(2) 资金需求的期限较短时,创业企业可以选择短期拆借、商业信用、民间借贷;期限较长时,可以选择银行贷款、融资租赁或股权出让。

(3) 资金成本承受能力低时,创业企业可以选择股权出让或银行贷款;承受能力强时,可以选择短期拆借、典当、商业信用融资等。

五、创业融资的程序

一个科学清晰的创业融资战略和周密详尽的创业融资策划是创业融资成功的前提,这就需要一套科学合理的创业融资程序。

(一) 事前评估

事前评估就是在充分调查研究和对企业进行 SWOT 分析(优势、劣势、机会和威胁)的

 创业基础

基础上,系统分析创业企业融资的必要性和可行性。其具体包括以下几个方面:

(1) 创业企业发展战略判断。创业企业要先基于 SWOT 等分析工具判断自身的发展战略,然后再判断融资与战略方向是否一致。

(2) 创业融资需求的合理性判断。例如,判断创业企业为什么要融资、不融资行不行、融资用途是否合理、资金需要量是否合理、还款来源是否合理等。创业企业有很多融资需求是不合理的,甚至是有害的,有许多是可以推迟、减少,或者用替代办法来解决的。

(3) 创业融资的可能性分析。其具体包括:融资主体、企业资产、报表、融资资料、渠道资源、融资机构和团队、融资知识和经验、与融资服务机构的合作、创业企业团队等基础条件。据此,创业企业可判断创业融资成功的可能性及近期要做的基础性工作。

(4) 创业融资的诊断与评估报告。创业企业对上述结果进行归纳,并将其作为高层融资决策的依据。

(二) 创业融资决策与方案策划

创业企业在此阶段主要是就创业融资中的一系列关键问题进行决策和策划,如估算创业融资规模、确定创业融资渠道和方式、选择创业融资期限与时机、估算创业融资成本、评估创业融资风险等。

(三) 创业融资资料准备与谈判

创业企业在此阶段一方面要着手准备相关融资资料,编制融资计划书(商业计划书),另一方面要开始与潜在资金提供方接触,就创业资金的使用价格、期限、提供方式、还款方式等细节进行协商,直到达成一致。

(四) 过程管理

过程管理主要包括创业融资组织、策划与实施等内容。它是根据融资双方谈判的结果和要求,对所有创业资金到位前的工作进行细化、论证和安排。其核心是制订创业融资实施方案与签订创业融资协议两个环节。

(五) 事后评价

事后评价就是通过分析总结本轮创业融资成败之处,为下次的创业融资积累经验和相关资料。事后评价的内容主要包括:创业融资效果评价及其成败经验教训分析,创业融资参与人员的表现及其奖惩处理,企业创业融资文件档案的建立整理等。

六、融资项目展示

创业企业融资时所做的演讲和幻灯片无疑是了解其融资计划的最佳方法,投资者可据此清楚地看到该创业企业过去的成果、现在的状态和未来的发展目标。一流的创业企业都善于讲故事,把团队最好的一面展现出来。融资演讲并没有固定模式,但也有一些普遍适用的规律。

 延伸阅读 6-3

成功融资路演方法的八大关键因素

要素一:有一个大愿景,然后把这个愿景扩大十倍

你需要有一个吸引人的愿景,告诉投资人你想要把你的公司带到哪里,这点非常重要。

但不得不说的是,首次创业的人通常想的愿景都比较小。我知道自己当年这么做是有点儿"负罪感",但现在我可以告诉你,无论你的愿景是什么,请把它放大,并且让它变得更加吸引人。

举个例子,如果你有一个愿景,通过在某个国家解决一个问题,让人们生活更加便捷,然后再把范围扩大,为全世界人们解决同一个问题。那么,你又怎么知道自己的愿景足够大呢?一开始,当你在融资路演表达自己的愿景时可能会感到一些紧张,甚至会有些不安。但随着时间的过去,你就会习惯更大的愿景,而且之后你也会发现,一旦你的愿景足够大,那么就会刺激你努力奋斗。

要素二:详细解释你会如何使用投资

当你的投资人给你投资成百上千美元资金时,通常会询问你会如何使用这笔投资,如果此时你说,"我们会把投资资金的一半用于市场营销,另一半用于工程开发",那真的是一种非常不靠谱的回答。

你需要一个详细的财务模式,而你的雄伟蓝图至少要规划到未来3年,其中不仅要包含你的运营成本,还要包含你的收入增长、利润和潜在利润。

最重要的是,你需要了解不同部门如何使用资金,再理想一点,了解每一个商业项目如何使用资金;而如果你已经有了一个可预知投资回报率的营销策略(比如投资1美元,回报为5美元),也需要详细地向投资人解释。

此外,当潜在投资人评估你的公司时,如果你有一个准确的财务预测,可能会帮助你摒弃掉一些风险,特别在你第一次创业,或是在寻求天使投资时。请记住——你能规避掉的风险越多,获得风险投资的机会也就越大。

要素三:比任何人都了解你的创业指标

如果你的公司采用的是订购模式,那么你需要了解用户获取成本、客户终身价值、净流失率、用户转换率、客户数量和收入比率、毛利润等。

对于其他类型的公司,指标可能会比较简单。你需要准确知道自己目前和未来的业务指标,同时对于一些还没有实现的目标,你需要告诉投资人自己会采取什么样的方法,一步步去实现。David Skok是一位连续创业者,现在是风投公司Matrix Partners的合伙人,2010年他在自己的博客里发表过一篇文章,重点提及了初创公司的创业指标。对于创业者来说,或许会面临各种各样复杂冗长的指标压力,但这是成功募集资金的基础。

要素四:尽量将主路演时间缩短

这个要素很简单,通常融资路演分为主路演和附路演两个阶段。在主路演阶段,你需要做PPT演示,告诉投资人你的创业故事,展示你的创业指标、团队成员和发展愿景;在附路演阶段,还需要播放一些配套的幻灯片。

那么,你的路演需要控制在多长时间呢?通常来说,你需要播放30~60张PPT。笔者所在的Bigcommerce公司在进行C轮融资时,我们使用了42张PPT,其中主路演使用了26张,附路演使用了16张,这也帮助我们从Revolution风投(由Steve Case创立)成功募集到了4 000万美元资金。

要素五:公司不是靠资金,而是靠人发展起来的

最好的公司,都是靠一群有天赋有能力的人创建出来的。在你路演的时候,至少要用

创业基础

1张PPT来介绍你的团队,告诉投资人他们与众不同之处。你有一帮出色的工程师吗?秀一秀你麾下的人才,让投资人知道他们为你的产品做了哪些事情。你的高管团队都是来自××公司的吗?你需要给每个高管做一个简单的个人介绍,包括他们曾经在哪些企业工作,各自负责什么样的工作。

举个例子,你的销售主管曾经负责建设过规模较大的高效销售团队吗?如果他有过这方面的经验,就把其展示出来。还有,你的首席技术官在他之前的公司负责过可扩展系统的开发,并支持过千万级的用户量系统吗?这些都可以展示给投资人。

投资人很清楚,每个创业者都有竞争对手,通常,最强大的团队会构建出最好的产品和品牌,最终赢得市场。如果你有一支强大的团队,那就毫不犹豫地展示出来吧。如果在讨论公司愿景的时候,你手下的团队成员都是一帮菜鸟,那么也不要着急,你可以告诉投资人自己在获得资金支持之后,会采取什么样的招聘策略,并招募一些什么样的人才。

在招募人才的时候,你一定要有信心,并尽可能地构建一支最出色的团队;在路演的时候,要把这种决心表现出来。此外,对于团队中的缺点,你也不要掩饰,但要把重点放在团队的优点和强项上面。

要素六:谈一些痛点,再告诉投资人自己是如何解决的

所有出色的融资路演,都是先从一个故事开始,然后介绍某个行业痛点,再给出自己的解决方案,到最后的公司愿景。因此,在路演的时候,你一定要确保提到自己产品所解决的那个最初行业痛点。

你是如何无意中发现这个痛点的?你为什么要解决这个痛点?你的解决方案是最好的吗?当你募集到资金,就能帮助更多人解决问题……这些都需要在路演中提及。

要素七:竞争力,事实胜于雄辩

无论你的公司是否产生收入,都需要向投资人展示出你的产品已经拥有一定竞争力。如前所述,如果潜在投资人认为你公司的风险越小,那么你就越有可能获得投资。

如果你的公司已经产生收入,并且发展速度很快,那么一定要在路演的PPT里面展示出来;如果暂时做不到这一点,那么在所有的业务指标里面找一个有发展潜力的展示出来,如用户量、照片上传总量等。你可以制作一张图表,来展示这些指标的发展路径,并且告诉投资人,若能够获得资金,这些指标将会得到更快速的发展,并帮助你的公司获得收入,增加利润。

要素八:多经历,会让你的路演越来越好

在你第一次路演结束时,确保要有一个答疑(Q&A)环节,这可以帮助潜在投资人了解你的公司业务指标数字和你的竞争优势。对于投资人提出的问题和反馈,你都需要记录下来,并且在下次路演时做好解答。

如果在你每次路演的时候,都能牢记上述八个要素,那么三四次之后,你就会发现自己在路演时出现的问题会变得越来越少,你的路演水平也在不断提高,同时在演讲时也会得到更多积极的反馈。你可以把自己想象成一个富有魅力的超级演说家,尽可能地激发潜在投资人对你的公司产生兴趣。

资料来源:刘华鹏.成功融资路演方法的八大关键因素[EB/OL].(2019-07-09)[2020-09-08].http://m.nlypx.com/zixun_detail/5315.html.

(一) 融资项目展示的基本步骤

1. 介绍项目概况

创业者应简明扼要地告诉投资者你的企业在做什么,处于什么样的阶段,打算融资多少钱;不要涉及过多细节,把细节留到后面说;但是给出的信息也不能太少,不要让投资者前半段听得云里雾里,不知道创业企业办起来没有,产品发布了没有,除创始人外还有没有其他员工这类的问题。

2. 创业项目所解决的问题及目标人群

创业者往往急于介绍自己的技术,而忽略了创业企业所解决的问题。创业者应告诉投资者创业企业是解决了一个新问题,还是给老问题提供了新的、突破性的解决方法;与投资者聊一聊消费者现在面临这些问题时是怎么办的,创业企业在哪些方面能做得更好,创业企业能为消费者带来哪些实际的好处,触及消费者的哪些痛点。创业者可以通过消费者的故事或图片来吸引投资者的注意力。

3. 所提出问题的解决方案

创业者应向投资者强调一下企业的产品,谈谈企业的核心能力,展现出消费者对于企业的产品有着多么迫切的需求;创业者可以做现场演示,如果时间不够就展示几张图片;给一个测试账户,让投资者快速体验一下企业的应用。

如果企业的产品结构方面值得强调,那就添加一个结构图表。创业者可以把这部分放在备用的幻灯片里,或者讨论技术细节时再说。

创业者应向投资者说明企业产品的优势,它能为消费者带来什么?它能节约时间还是节约金钱?它能帮顾客带来新收入吗?创业者不要只讲产品的功能,而应聊聊什么样的因素会促使消费者选用企业的产品。

4. 通过消费者佐证的事例

创业者在展示时要列举一些证据,说明自己所抓住的是真正的机会,自己的团队能够胜任;给投资者展现一些业务数据(如用户量、收入、订单等),做一些案例展示,引用消费者的评价,解释企业的服务为其创造了什么价值;可以在现场给用户打电话,询问他们对产品的看法,实际上很多投资者也会要求这么做。

5. 市场容量有多大

创业企业不可能大过市场总规模,创业者需要论证市场总量够大,或者将来会大幅增长。如果创业者进入的是一个已经存在的市场,就可以找到现成的数据说明市场规模及其发展速度。此外,创业者还需要说清楚会有多少消费者愿意购买企业的解决方案,企业能从每个消费者身上挣到多少钱。

6. 面临的竞争环境

每一个充满机遇的市场竞争都非常激烈,这其中既有传统厂商也有创业企业,消费者有许多选择。创业者可以向投资者介绍现在有哪些竞争者,谁可能会进入市场,创业企业将如何实现差异化。注意,创业者在讲差异化时要着重于战略层面,不要陷入细枝末节的对比。创业者可以使用十字坐标轴来表现创业企业和竞争者的位置对比。

7. 采取怎样的商业模式

创业者应向投资者介绍创业企业的收入模式、定价策略,如何吸引和转化消费者。例如,到现在为止,创业企业已有多少用户?如何进一步增加用户数?消费者通过哪些渠道可以了解企业的产品?每种渠道获取消费者的成本是多少?创业企业如何转化客户?转化率是多少?创业企业的销售计划是什么?市场营销怎么做?

很多创业者对这方面不够重视,总在解决方案部分说太多。但是投资者知道,没有用户是绝大多数创业企业失败的原因,创业者最好在这部分多花点时间说明一下。

8. 团队

创业者应向投资者介绍创业团队中有哪些人,他们都是什么背景,能力方面如何互补。创业者可以在会议开始时先介绍一下在场的团队成员,在会议后半段再介绍其他成员。

9. 计划

创业者需要回答为什么融资,创业企业未来几年将如何发展;谈谈未来一两年发展的里程碑(产品、收入、新市场等);创业企业计划用本轮融资走多远,需要招聘哪些人,有哪些财务指标表明接下来2年将继续保持增长,以及创业企业对于每月用户增长数量的预期。

10. 融资

创业者最后应向投资者说一下计划融资多少钱,是否已向其他公司做出什么承诺,创业企业计划在多长时间内完成本轮融资。

(二)融资项目展示的注意事项

1. 精心准备现场演示文档

相比于创业者的现场演示,投资者肯定更关心实际业务。但是,创业者呈现给投资者、消费者和应聘者的内容必须能够很好地代表创业者的企业。如果他们发现最重要的文档都被创业者搞得一团糟,肯定会怀疑创业者是不是不用心。网上有许多优秀的案例可以参考,也有很多免费或者价格便宜的优质模板可以下载,创业者应尽力把幻灯片做得好看些。

2. 不要太浓缩,也不要太啰嗦

创业者可能曾听过有人建议把融资展示的幻灯片控制在10～15页,但一定不要因此就把过多的文字或内容挤在一张幻灯片里。创业者需要突出要点,通过其他方式介绍更多的细节,如创业者可以给投资人留下一份完整版的幻灯片。

3. 不要只讲产品

产品非常重要,但是创业企业不是个工程师团队。创业者在向投资者进行现场演示时,不应只介绍企业开发的软件或者企业融资后要怎么开发软件,而应关注企业为什么开发这款软件(如广大的市场、消费者显而易见的需求等),让产品展现出创业团队真正的实力。

4. 不要忽略获取用户的途径

很多创业者都会将注意力更多地放在产品上,而对于如何获取用户关注不够。好的投资者会进一步询问创业企业如何吸引顾客,如何盈利,采取何种销售和营销策略。创业者应主动说明这些问题,不要等投资者问起来时再解释。

5. 了解企业所处的竞争环境

创业者不要只介绍自己比主要竞争对手强在哪里,而要了解整个竞争环境。如果创业者对于投资者在Google上搜索出来的几个竞争者都没听说过,只能说明创业者对于市场了解太少。

6. 把创业企业所处的市场定位成"大势所趋"

创业者应该对于市场充满信心,让投资者相信即使不向创业者的企业投资,这个行业依然值得投资。最好的市场往往都是技术进步的产物,也是经济发展的必然趋势。创业者需要说明市场前景的广阔,以及为什么这个领域会诞生一些大的创业企业。

7. 把创业企业定位成"大势所趋"

创业者在现场演示时不要显得傲慢,但也要坚定一点:不管某个投资者向或不向自己的企业投资,自己都会坚持走下去。很多创业者的状态就好像是在请求投资者准许自己创办企业,而不是为企业选合伙人,创业者是在邀请他们加入自己的企业。不要把企业的计划描述成"只要有了钱就能做"。对于投资者现场给创业企业的各种建议,不要立刻回应,创业者可以回复自己会仔细考虑这个建议,但不要答应:"好的,我们就这么做!"

拓展案例 6-3

猎聘网凭什么融 7 000 万美元

2014年4月15日,猎聘网在北京召开发布会,宣布完成C轮7 000万美元的融资。这一轮融资是由华平投资领头,经纬创投来跟投。创始人戴科彬在发布会现场做了精彩的分享。

猎聘网和传统招聘网站真不一样

猎聘网打造了企业、个人与猎头三方互动的互联网模式。它不再依靠传统的招聘网站的盈利模式获益,我们会根据BHC三方的需求点,打造一个职业发展的平台,这是我们一个很不一样的地方。具体来说:猎聘网是一个社交互动平台,在这个平台上有三套客户体系,分别为企业、猎头和求职者。目前,营业收入主要来源于B(企业方)、C(求职者)两个方面:针对B(企业方),收费模式有职位发布、简历下载、雇主品牌(广告)等,猎聘网根据服务内容、周期(月度、季度、半年、1年)组合推出了不同的套餐。针对C(求职者),猎聘网推出了增值服务收费,如简历置顶、群发简历、可以主动电话、私信联系猎头、HR等,有月度、季度、半年度、年度4种套餐。至于H(猎头)则完全免费,它们的存在极大地加速了中高端用户数据在猎聘网的聚合。因为在高端人群看来,猎头是带着更好的发展机会来的。

猎聘网的挑战与发展愿景

未来,猎聘网要打造的是PC、移动、人工服务三位一体的平台,让职业经理人能够在这个平台上获得更好的职业机会,提高他的技能,让职业成长。我们在中国建立了第一个全球职业发展中心,是一种人工服务,将企业、个人的职业发展的需求,通过电话的模式进行服务,这是我们解决了互联网和移动互联网里面缺乏了一种人工主动服务的模式,真正的打造一个O2O的模式。

投资人点评

华平投资集团董事总经理程章伦:我们为什么投资猎聘网,主要是因为我们看好中国互联网行业的未来,猎聘网是代表中国互联网下一代的产品导向的互联网公司。中国互联网发展的早期,流量是最重要的成功因素,第一代的招聘互联网公司开始出现,它们深入内容,优化了搜索,但是基本属于一种媒体属性的互联网企业,他们的数据结构相对比较简单,离

真正的产品,距离还是比较大,我们感到自从2008年中国互联网开始逐渐电商化,每个企业开始解决他们行业里各种不同闭环的问题,其实在这个过程中,在各个垂直领域如猎聘网一样的网站把市场做大,也挖深了垂直市场的价值。我们认为猎聘网也是在不断的转变,企业的HR跟猎头也不希望停留在一个找信息的网站,市场参与者是希望转向CBS和CB2的一个交易模型,猎聘网我们认为是目前最领先的,我们觉得公司已经找到一个合适的方向,同时也非常看好它未来十年的发展。

资料来源:i黑马.猎聘网凭什么融7 000万美金[EB/OL].(2014-04-16)[2020-08-08].http://www.studentboss.com/html/news/2014-04-16/147399.htm.

 **本章小结**

资金不足往往是创业者创业时碰到的首要问题。本章首先介绍了创业融资的含义、类型、特征,创业融资方式的选择,创业融资的过程,以及创业融资决策分析;其次,分析了创业所需资金的测算,包括创业融资成本、影响创业融资成本的因素、创业融资成本的策略选择和创业融资规模的确定等;再次,介绍了创业融资渠道,如风险投资、天使投资等;最后重点介绍了创业融资的选择策略,主要包括融资渠道与融资方式组合策略、不同资金需求特点的创业融资策略以及创业融资项目展示等。

 实践环节

1. 实训目标

通过训练,学生应认识到创业融资的来源。

2. 实训内容

学生可以"创业融资渠道来源调查"为主题,进行社会调查,也可以找相关的案例进行分析。

3. 实训要求

(1) 结合本章内容,了解创业者的创业资金的来源、金额、成本等。

(2) 调查的形式,可以采用调查问卷的方式,直接向社会上成功的创业者调查,也可以通过网络调查、电话调查、文案调查等方式进行。

(3) 以小组为单位,将调查内容做成PPT,在下一次的课堂上讲解。

 重点思考

1. 创业融资决策的原则主要有哪些?
2. 融资渠道与融资方式组合的策略有哪些?
3. 根据不同的创业阶段,创业者应该制定怎么样的融资策略?
4. 如何更好地将创业融资项目展示给投资人?

课后分析案例

俏江南、鼎晖反目：风投与企业创始人恩怨录

在投资界，一直有"投资企业就是与企业谈恋爱"的说法。不得不说，这个比喻很形象。企业家与投资人从不认识到互相接触，到互相了解，最终做出结合与否的决定，在这个过程中，有的只是见过一面后就草草结束，有的则是纠缠许久依然没有结果，只有极少数的能最终"喜结良缘"。

2011年8月26日，俏江南餐饮集团（以下简称"俏江南"）董事长张兰在接受媒体采访时表示，引进投资方鼎晖创投是"俏江南最大的失误"。她还表示，鼎晖创投什么也没给俏江南带来，却用很少的钱稀释了"那么大股份"。一时间，风险投资商和被投资企业的矛盾再次公开暴露在公众面前。

鼎晖创投投资俏江南后，张兰和鼎晖创投之间的确颇多争吵，但这一争吵像"情侣之间吵架一样"。双方的冲突本质在于做实业的和做金融的思路不一样。

但实际情况是怎样的呢？公开资料显示，2008年，俏江南在多家PE的竞争中选择鼎晖创投，后者注入约2亿元人民币的资金，占有前者10.526%的股份。

鼎晖创投投资俏江南时付出了"天价"，投资协议中，有一项对赌条款：因为非鼎晖创投方的原因，造成俏江南无法在2012年年底上市，或者俏江南的实际控制人变更，鼎晖创投有权退出"俏江南"。退出的方式由俏江南选——鼎晖创投将股权转让给张兰或张兰认同的第三方，或者"通过法定程序减少注册资本及以减少股东数"，这即是俗称的"回购"。据一位律所合伙人介绍，后者说白了就是，张兰要想鼎晖创投同意减少注册资本，就必须开出鼎晖创投能接受的价格。所以当俏江南上市受挫后，鼎晖要求张兰高价回购股份。

事实上，2011年，俏江南一直在冲刺A股但上市未果，可能得转战香港上市，两个市场的平均行业市盈率是有差距的，那么，俏江南的估值是否会下降？如果是，鼎晖这单投资的盈利也可能大幅下降，甚至可能亏损；对于张兰来说，听鼎晖创投建议，向高管低价出让了部分股权，却还是不能在境内上市，她觉得她自己也亏了。

在这样的情况下，双方都有不满，矛盾浮出水面。

"俏江南想清退鼎晖，就必须付出让对方满意的回报，这不是一笔小数目。"一位投资界人士介绍，"鼎晖投资俏江南快3年了，要想让其退出，投资回报至少要在本金60%以上才能获同意。"

资料来源：新浪财经.历数创投与企业创始人恩怨记[EB/OL].(2012-07-19)[2020-09-08]. http://finance.sina.com.cn/chuangye/lesson/20120719/155012614829.shtml.

问题：你认为俏江南与鼎晖创投的矛盾是如何形成的？

参考文献

1. 王晓光.创业基础[M].北京：高等教育出版社，2014.
2. YK.融资必修课，如何向投资人介绍你的项目[EB/OL].(2014-12-10)[2020-10-08]. https://36kr.com/p/1641966223361.

第七章 商业模式

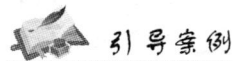

Zara 品牌的成功之道

Zara 是由阿曼西奥·奥尔特加在西班牙西北部的偏远市镇创建的一家服装店。如今，昔日名不见经传的 Zara 已经成长为全球排名第三、西班牙排名第一的全球时尚服饰领先品牌，在全球 87 个国家和地区内设立超过 2 000 多家的服装门店。Zara 品牌之道可以说是时尚服饰业界的一个另类，在传统的顶级服饰品牌和大众服饰中间独辟蹊径开创了快速时尚（fast fashion）模式。随着快速时尚成为时尚服饰行业的一大主流业态，Zara 品牌也倍受推崇，有人称之为"时装行业中的戴尔电脑"，也有人评价其为"时装行业的斯沃琪手表"。2018 年，Zara 在全球 100 个最有价值品牌中位列第 82 名，其品牌价值达到 174.53 亿美元，在时尚产业领域品牌价值排行榜中仅次于 Nike 与 H&M。Zara 作为一家快时尚模式的领导品牌，俨然已经成为时尚服饰业界的标杆。Zara 品牌成功的关键在于以供应链全程控制为基础的商业模式创新。这种商业模式的创新是难以模仿和复制的，主要体现在以下几点：

（1）"三位一体"的设计团队，时刻捕捉最时尚的潮流信息，向消费者提供"与众不同""独一无二"的产品价值。Zara 之所以能够在短时间内迅速成长为行业的领先品牌，最关键在于它把握了个性化消费的潮流。在传统行业里，大规模生产的同质化产品只能依靠廉价来吸引消费者，以赚取微薄的利润，但没考虑到消费者对于满足自己个性化的产品是愿意付高价的，而这正是 Zara 瞄准的市场。Zara 拥有专业的设计团队和"三位一体"的开发团队，由设计师、市场专家和进货专家三人组成，以需求为导向，时刻把握最新的设计理念与潮流趋势，进而快速仿制出时尚单品。Zara 摒弃传统的"品种少，批量大"的商业模式，以其"多款式、小批量"的生产模式满足了大量个性化的需求，培养了一大批忠实的追随者。

（2）打造供应链快速响应系统，创造快速时尚的稀缺价值。Zara 商业模式的创新体现在其高效的供应链管理和基于此建立的服装供应链快速响应系统。Zara 的核心杀手锏在于快速，因此在设计、采购、生产、配送和终端销售都进行了全程的供应链管理。从设计到生产，再到把新款衣服送到全球各地的专卖店，Zara 只需短短的 15 天时间。Zara 不借助外部合作伙伴进行设计、仓储、分销和物流，而是自己全包全揽，保持整个供应链在完全掌控中。Zara 花重金打造的信息系统能有效地支持公司，能够快速地把信息从购物者那里传递给设计师和生产管理人员，并对原材料和产品在流动过程中的每一个环节进行实时的追踪。最终目的就是在最终客户与设计、采购、生产和分销等上游运行环节之间实现尽可能快速和直接的沟通。

（3）构建快速物流系统，构筑企业核心竞争力。Zara 建设了庞大的物流配送中心，可以在48小时甚至更短的时间之内将商品运送至全世界任何一家门店,以配合其快速更新的时装周期。同时,物流中心拥有先进的配货系统,使任何一批货物在8小时内一定能装运发出。工厂选址都在靠近机场或运输要道的地方,欧洲的产品通过卡车送往目的地,亚洲、美洲等地则采取空运的方式,大幅度减短送货时间。正是得益于强大的物流系统,Zara在全世界的门店才能够以1周两次的频率更换服装。

资料来源:商业V评论.揭秘ZARA的成功之道[EB/OL].(2018-06-08)[2020-08-08].https://www.sohu.com/a/234611764_466446.

案例解析:通过分析上述案例,我们发现Zara虽然属于传统的服装行业,行业内竞争程度十分激烈,但Zara能从一个名不见经传的小服装店发展为全球领先的时尚品牌,其成功的秘诀在于其商业模式的创新。Zara摒弃传统服装行业"品种少,批量大"的商业模式,采用"快速、多款式、小批量"的商业模式,为其顾客提供的"与众不同""独一无二"的产品价值。创业企业在创立初期要对其商业模式进行系统思考,包括商业模式创新的要素、商业模式与企业战略发展的关系,掌握科学的商业模式设计方法,实现创业企业的商业模式创新。

第一节 商业模式概述

7-1 商业模式概述

一、商业模式的定义

拓展案例 7-1

互联网思维下传统零售业的创新——瑞幸咖啡

2019年5月17日,"小蓝杯"瑞幸咖啡成功在美国纳斯达克挂牌上市,正式成为中国咖啡第一股。这家成立于2017年的瑞幸咖啡(luckin coffee)以短短的20个月的时间刷新了拼多多、趣头条IPO的速度,再度打破了中国互联网企业的上市纪录。瑞幸咖啡的商业模式与传统模式相比,有以下创新之处:

(1)所有门店的交易通过App来完成。不同于传统零售门店,瑞幸咖啡并没有设立收银台,客户所有的交易均通过App实现。客户可以通过App,方便、快捷地找到门店,客户下单之后可以通过App看到整个咖啡制作的过程,知道预计完成的时间,也可以自己设定去取的时间,这样的交易模式带来了新颖的消费感受,提供了卓越的顾客体验;同时,由于没有现场柜台点单和收银,门店运营非常简洁和高效。另外,通过App,瑞幸咖啡可以搜集客户消费行为的数据,了解客户的消费习惯,进而为客户提供更好的服务和商品。

(2)线上线下相结合,推出无限场景战略。相较于传统咖啡的"社交空间",瑞幸咖啡推出了"无限场景"品牌战略。瑞幸咖啡开设了不同类型的门店以满足多元化的场景需求,包括优享店、自提店及外卖厨房。通过差异化的门店布局,瑞幸咖啡实现对消费者工作和生活需求场景的全方位覆盖。另外,瑞幸咖啡通过开放API平台来实现无线场景延展,这在咖啡

行业是一种全新的尝试。对于有B端会员及福利体系的企业和平台而言,日常刚需和小额高频的咖啡是比较理想和适合兑换的消费品。通过API平台,瑞幸咖啡可以渗入积分兑换、会员权益、员工福利、商务赠礼等多个场景。

(3) 以技术为核心,提高企业运营效率。瑞幸咖啡通过集中式技术系统,简化和标准化运营,提高整体运营效率,并有助于快速拓展业务。以自建App平台的方式,瑞幸咖啡打通了前端到后端数据和信息,实现门店选址、运营、供应链等环节的数字化运作,在成本上产生优势。以客户数据为基础,瑞幸咖啡运用大数据分析技术,精准推荐商品,动态调整商品折扣力度。瑞幸咖啡的智能调度系统可以自动安排员工轮班和订单分配,自动化的库存管理系统可以把门店和仓库连接起来,实时分析每一家门店的销售、供应和库存状况,并及时和充分地为门店储备材料和限制整体浪费。

资料来源:嘉银新融研究院.从瑞幸咖啡看互联网思维改造传统零售[EB/OL].(2019-05-24)[2020-08-08].https://www.weiyangx.com/330185.html.

商业模式在国外已经受到企业界和学术界的广泛关注,但迄今为止,学术界对商业模式的概念本质还没有达成共识。在参考Michael Morris等(2003)对众多商业模式定义的归类,并结合对国外众多商业模式定义的理解的基础上,则可认为,目前国外商业模式的定义总体上是从经济向运营、战略和整合递进的。

经济类的定义是将商业模式描述为企业的经济模式。其本质内涵描述企业获取利润的逻辑关系,与此相关的变量包括主要成本构成、收入来源、定价机制、最优产量等。Afuah等(2001)把商业模式定义为企业获取并使用资源,为顾客创造比竞争对手更多的价值以赚取利润的方法。商业模式详细说明了企业目前的利润获取方式、未来的长期获利规划,以及能够持续优于竞争对手和获得竞争优势的途径。

运营类的定义把商业模式描述为企业的运营结构。其重点在于说明企业通过何种内部流程和基本构造设计来创造价值。与此相关的变量包括产品/服务的交付方式、管理流程、资源流、知识管理和后勤流等。也有许多研究者从这个角度对商业模式进行了概念界定和本质阐述。Timmers(1998)将商业模式定义为表示产品、服务和信息流的架构。其内容包含对不同商业参与主体(business actors)及其作用、潜在利益和获利来源的描述。

战略类的定义把商业模式描述为对不同企业战略方向的总体考察,涉及市场主张、组织行为、增长机会、竞争优势和可持续性等。与此相关的变量包括利益相关者识别、价值创造、差异化、价值、愿景、网络和联盟等。

整合类的定义把商业模式说成是对企业商业系统如何很好运行的本质描述。它是对企业经济模式、运营结构和战略方向的整合和提升。采取整合类定义的研究者认为,一种成功的商业模式必须是独一无二和无法模仿的。要做到这一点,企业家就必须超越过去那种对商业模式的简单认识。商业模式不应当仅仅是对企业经济模式和运营结构的简单描述,而应当从整体上和经济逻辑、运营结构与战略方向三者之间的协同关系上说明企业商业系统运行的本质。

由于概念的不统一,研究者对商业模式的组成要素也形成了不同的观点。在研读大量研究文献的基础上,原磊对国外学者关于商业模式组成要素的观点进行了汇总(见表7-1)。

表 7-1 商业模式组成要素概况

作者	组成要素	要素数量	电子商务或一般企业	实证支持	数据来源
Horowitz(1996)	价格、产品、分销、组织特征、技术	5	一般企业	无	
Viscio 和 Pasternak(1996)	全球化核心、治理、业务单位、服务、关系	5	一般企业	无	
Timmers(1998)	产品/服务/信息流结构、业务参与者及作用、参与者利益、收入来源、市场营销战略	5	电子商务企业	有	案例研究
Markides(1999)	产品创新、顾客关系、基础设施管理、财力	4	一般企业	无	
Donath(1999)	理解顾客、营销战术、公司治理、内部网络能力、外部网络能力	5	电子商务企业	无	
Chesbrough 和 Rosen baurn(2000)	价值主张、目标市场、内部价值链结构、成本结构与利润模式、价值网络、竞争战略	6	一般企业	有	35 个案例
Gordijn 等(2001)	参与者、市场细分、价值提供、价值活动、利益相关者网络、价值界面、价值点、价值交换	8	电子商务企业	无	
Linder 和 Cantrell(2001)	定价模型、收入模式、渠道模式、商业过程模式、由网络加强的商业关系、组织类型、价值主张	7	一般企业	有	对 70 家企业 CEO 的访谈
Harnel(2001)	核心战略、战略资源、价值网络、顾客界面	4	一般企业	无	客户公司调查
Petrovic 等(2001)	价值模式、资源模式、生产模式、顾客关系模式、收入模式、资本模式、市场模式	7	电子商务企业	无	
Dubosson-Torbay 等(2001)	产品、顾客关系、合作伙伴网络与基础设施、财务界面	4	电子商务企业	有	案例研究
Afuah 和 Tucci(2001)	顾客价值、业务范围、价格、收入、相关活动、互补性、能力、可持续性	8	电子商务企业	无	
Wcill 和 Vitale(2001)	战略目标、价值主张、收入来源、成功要素、渠道、核心能力、顾客细分、IT 基本设施	8	电子商务企业	有	企业调研
Applegate(2001)	观念、能力、价值	3	一般企业	无	
Amit 和 Zott(2001)	交易内容、交易结构、交易治理	3	电子商务企业	有	59 个企业案例
Alt 和 Zimmerman(2001)	使命、结构、流程、收入、合法性、技术	6	电子商务企业	无	文献综述
Rayport 和 Jaworski(2001)	价值集(cluster)、资源系统、财务模式、市场空间	4	电子商务企业	有	100 个案例

(续表)

作者	组成要素	要素数量	电子商务或一般企业	实证支持	数据来源
Betz(2002)	资源、销售、利润、资本	4	一般企业	无	
施百俊(2002)	套牢、互补品、网络外部性、私人知识、占先	5	一般企业	有	统计数据
Michael Morris、Minet Schindehutte 和 Jeffery Allen (2003)	供给品相关因素、市场因素、内部能力、竞争战略、经济因素、个人/投资者因素	6	一般企业	有	文献综述
Gartner(2003)	市场供应、能力、核心技术投资、盈亏平衡	4	电子商务企业	无	客户公司咨询
翁君奕(2004)	价值对象、价值内容、价值提供、价值回收	4	一般企业	有	36个案例

二、商业模式的特征

企业的成功可能归因为技术的突破,也可能由于对某一个生产环节的改造,对原有商业模式的重组创新,甚至是对整个行业的改革与颠覆。成功的商业模式通常具有以下特征。

(一)成功的商业模式能提供独特价值

成功的商业模式能从根本上为客户创造独特的价值。有时候这个独特的价值可能是新的思想,而更多的时候往往是产品和服务的独特性组合。这种组合可以向客户提供额外的价值,使得客户能用更低的价格获得同样的利益,或者用同样的价格获得更多的利益。因此,成功的商业模式可能开创了一个全新的可赢利产业领域,即便提供已有的产品或服务,也能给企业带来更持久的赢利能力与更大的竞争优势。

(二)商业模式是难以模仿的

传统的创新形态能带来企业局部和内部效率的提高、成本的降低,并且容易被其他企业在较短期时期内模仿。而商业模式的创新虽然也表现为企业效率的提高、成本的降低,由于它更具系统性和根本性,涉及多个要素的同时变化,因此,其商业模式也更难以被竞争者模仿,会给企业带来战略性的竞争优势,并且这种优势通常可以持续数年。企业通过确立自己的与众不同来提高行业的进入门槛,从而获得超额利润。例如,人人都知道戴尔公司是"直销"模式的标杆,但是在"直销"模式的背后,是一整套完整的、极难复制的资源和生产流程,这种企业的商业模式是很难复制的。

(三)成功的商业模式是脚踏实地的

脚踏实地是指实事求是。成功的商业模式是建立在对客户需求的准确理解和把握上。无论是传统企业还是新型企业,都会对企业的钱从何处赚来、为什么客户看中自己企业的产品和服务、有多少客户实际上不能为企业带来利润反而在侵蚀企业的收入等关键问题进行深刻思考。如果对于这些问题不甚了解,企业想要年复一年、日复一日地做到量入为出、收支平衡,是难以实现的。

拓展案例 7-2

琰琰和她的婚礼梦想

琰琰在创业之前曾在北京做英语老师,她于12岁时和她的先生初识,两人经过了恋爱长跑15年。之所以走上给准新娘们提供备婚攻略的道路,是因为在2014年6月7日,琰琰自己的婚礼给她留下了太多遗憾。琰琰说,因为自己的婚礼有太多遗憾,所以想让其他新娘梦寐以求的婚礼可以少些遗憾。一开始,琰琰发现网上关于备婚的信息只言片语,很难搜到高效实用的信息,有好品味的信息更是微乎其微。在国内,大部分人都选择找一家婚庆公司举办一场和其他人相似的婚礼。琰琰说,她并不提倡这种套餐式、流水线式的婚礼。琰琰曾在美国留学,她说西方的婚礼都是女生自己花钱、自己筹备所有事情,为自己办一场婚礼。在婚礼开始前,新郎看不到新娘穿婚纱的样子,许多新郎在看到第一次穿婚纱向自己缓缓走来的新娘时甚至会感动落泪。"因为婚礼是每个女生从小到大的梦想,所以,女生自己花钱、自己把婚礼筹备成理想中的模样是理所应当的。婚礼不该是千篇一律、随波逐流的,应该是为自己而办的。"就这样,琰琰成为婚礼博主,主要为准新娘们提供婚礼攻略以及分享她们的婚礼故事。她会去探店,会去帮新娘寻找好的婚纱店,可以举办婚礼的场地和婚礼策划师……让准新娘们可以看到有品位且有效的信息。琰琰事事亲力亲为,并且将婚礼准备的全过程撰文,发布到网络上,没想到这篇文章竟然收获了1 500个新娘用户。后来,她辞职创业,创办了琰琰婚礼日记,这是一个婚礼一站式服务及分享自媒体平台,为用户提供婚前筹备知识学习、婚礼策划预订、婚纱照拍摄预订等服务,帮助用户分享、记录婚礼故事。她觉得琰琰婚礼日记是一个国内帮助新娘跳过婚庆公司,DIY婚礼的信息平台,或者说是时尚婚礼博客。这是一个以UGC为主要内容生产的公众号,粉丝会提供他们的婚礼过程,琰琰将他们的故事和备婚攻略记录下来,并为其他即将步入婚姻殿堂的人提供参考。这个平台可以让新娘们能跳过婚庆公司去打造自己的梦幻婚礼,这就是琰琰创办婚礼日记的初衷。琰琰婚礼日记凭借琰琰的网红魅力,以及对自媒体内容质量的打造,外加自媒体平台本身自带的传播与分享性质,使其微信公众号上粉丝超过15万,微博上粉丝也超过了10万。一般的婚礼网站获取一个用户的成本需要在1 000~2 000元,而琰琰婚礼日记的用户获取成本非常低,仅仅为5元左右。通过进一步引入高质量的婚礼商家入驻平台,琰琰婚礼日记实现了快速盈利。在互联网飞速发展的时代,自媒体平台正在以一种全新的方式去改变和创新商业模式,如何吸引客户并将客户流量转化为收益,是创业者们需要思考的重要问题。

资料来源:浑水自媒体江湖.琰琰婚礼日记:为15万粉丝实现婚礼梦的备婚狂人[EB/OL].(2017-07-12)[2020-08-08].https://www.sohu.com/a/156729285_647752.

三、商业模式的构成要素

企业的价值创造活动是在一定的价值链或价值网络中进行的,企业在价值链或价值网络中的定位决定了企业的商业模式,处于不同价值链的环节将影响企业商业模式的构成要素及特点。图7-1展示的是制造业企业的价值链。如果企业处于其价值链中零部件制造或最终产品制造环节,则企业是制造商;如果属于批发及运输或零售环节,则企业为服务企业。

图 7-1　制造业企业的价值链

从价值链的视角看,企业的商业模式由五类要素构成,每类要素以更为具体的维度表现出来,具体细分为九个维度,见表 7-2。

表 7-2　商业模式的构成要素

市场要素	收益要素	产品要素	内部基础要素	网络关系要素
• 目标客户 本地/特定区域/全国/国际 政府/企业/个体消费者/一般大众/多部门/细分市场	• 收益方式 固定/灵活价格 低/中/高利润率 低/中/高销售量 单一/多/灵活渠道	• 产品或服务 产品/服务/解决方案 标准化/个性化 宽/窄的产品范围 • 渠道 直销/间接销售 单一/多渠道 • 客户关系 交易/关系型 直接/间接	• 企业内部价值链 标准化/柔性生产系统 强/弱研发部门 低/高效供应链管理 • 核心能力 技术/专利 品牌/成本/质量优势 • 成本 固定/流动成本比例 经营杠杆高/低	• 合作网络 上/下游伙伴 互补/竞争关系 联盟/非联盟

（一）市场要素

市场要素是指企业为谁创造价值。它主要体现为企业的目标客户要素。目标客户是企业提供价值的直接对象,决定了企业的产品设计或服务的出发点。从覆盖的地理范围来看,目标客户可以是本地、特定区域、全国或者国际;从主体类型看,可以是政府、企业组织或者一般个体消费者等。

（二）收益要素

收益类要素是指企业提供价值的实现途径或者企业如何取得收益。它主要体现为企业的收益方式要素。收益方式描述的是企业如何获取收益流的过程,它是商业模式构成要素中极其重要的要素。收益可以直接来自产品或服务,也可以像电视媒体一样,部分免费、部分收费或者在向观众免费提供一些节目观看的同时向广告商收费。其来源既可以是单一的,也可以是灵活、多渠道的;其定价方式既可以明码标价、一对一议价,也可以拍卖竞价;其价格策略既可以是单个产品收取较高价格,也可以通过较低定价、以薄利多销的方式获取利润等。

（三）产品要素

产品要素是指企业提供价值的载体或者形态。它主要体现为产品或服务、渠道和客户关系等要素。企业通过提供产品或服务,创造价值来满足客户需求。所提供的产品或服务,就是所创造价值的最终载体。从形态看,它可能以产品为主,也可能以服务为主,或者以解决方案为主;从特性来看,它可以是高度标准化的,也可以是高度个性化或者介于两者之间;从销售渠道来看,它可以是单一的,也可以是多渠道的,既可以通过自己的销售网络直销,也可以间接销售;从客户关系类型看,它既可以是直接的,也可以是间接的。

(四) 内部基础要素

内部基础要素是指企业如何进行资源与活动安排。它主要体现为企业内部价值链、核心能力和成本等要素。企业创造和提供价值,需要对内部的资源与经营活动进行组织安排,从而形成企业的内部价值链。价值创造活动一方面需要企业有形资源的支持,既包括厂房、土地、机器等实物或现金储备,也可能包括无形资源如专利、客户关系、知识、人力资源等;另一方面在一定的组织架构下,体现为各种组织部门,可能包括供应链管理、生产制造、研发、信息部门、营销等一线部门,或财务、人力资源管理及行政等后台部门。企业需要拥有将其资源转化为客户价值及利润的能力,而且要有比竞争对手做得更好的关键能力,即企业的核心竞争力。核心竞争力既可能来源于先动优势,如知识和经验积累所带来的产品成本下降及效率提高,也可能来源于后发优势,如较少的失败风险等。同时,成本是商业模式的重要组成部分,企业的成本结构既能反映企业活动的经济投入,也可能反映经营杠杆程度的高低。

(五) 网络关系要素

网络关系要素是指企业在价值网络中与其他伙伴间的关系。它主要体现为合作网络要素。价值创造活动通常是在其他企业组织等所形成的合作关系网络中进行的。在此过程中,企业可以形成与其他企业的各种可能的关系,包括上下游的伙伴关系、互补或竞争的关系或者联盟关系等。在如今全球分工深化以及强调合作关系的时代,合作网络要素在商业模式中的地位也日益重要。

商业模式是一个系统,其构成要素不仅要以更为具体的形态表现出来,还相互作用、相互联系。各要素间的相互作用关系是商业模式不可或缺的重要方面。其中,有些要素间的关系密切,如核心能力要素和成本要素是企业内部价值链的结果或体现,客户关系要素依赖所提供产品或服务要素的性质及渠道要素。

四、商业模式和战略的关系

J. Magretta(2002)认为,商业模式概念起源于电子试算表软件的广泛应用,它使计划人员可以根据不同的假设方便地修改参数,从而得到不同的计划方案。现在,商业模式已超越这种技术层面,正日益关注企业整体运作和价值创造与获取的协调。因此,商业模式也日益增加了战略内容,如核心资源、价值提供、关系网络、目标市场等。这使商业模式和战略呈现融合的趋势,尽管绝大多数学者承认这种融合现象,但对融合程度的看法却存在分歧。从已有的文献看,两者还是有差别的。

Henry Chesbrough 等(2002)认为,商业模式和战略的不同表现在以下三个方面:① 商业模式起始于为顾客创造价值,并围绕价值来构建。尽管商业模式也关注价值获取,但价值获取和可持续性更应该属于战略范畴。另外,当前或潜在竞争对手对企业收益的竞争威胁居于战略的中心地位,而在商业模式中并不处于中心地位。② 商业模式不太注重为谁创造价值这一问题。③ 商业模式结构假定,信息只有有限的认知作用,并受企业早期成功偏见的影响;而战略通常需要仔细地分析性思考与选择,并假定市场上存在大量的可靠信息。

Allan Afuah(2004)也对商业模式和战略进行了区分。他认为,战略关注竞争获胜、获得优良绩效和实现目标。从某种程度上说,战略是关于绩效的,而商业模式与"赚钱"有关。不过他也提到,商业模式应包括战略和运营有效性的利润导向方面,并与赢利性息息相关。

这些观点尽管不同,但都强调战略具有竞争特征,通过建立并保持竞争优势进而战胜对手、获取优良绩效是战略的主要目的和内容;而商业模式主要描述企业各部分怎样构成一个系统,并没有把影响业绩的"竞争"因素考虑进去。从某种程度上说,战略重视企业外部竞争与竞争策略,而商业模式则关注企业内部经营与竞争基础和依据;战略强调战胜对手获取利润,而商业模式强调企业本身是否就有巨大的赢利潜力。同时,商业模式是创业者整合资源来开发利用机会的手段和结果,其核心在于不受当前所拥有的资源的限制,利用环境提供的机会;而战略更多地从企业当前拥有的资源出发,利用市场机会并适应环境。商业模式比较重视创业者对获取高绩效的作用,而战略强调组织柔性和动态能力对企业绩效的影响。另外,通过对安索夫、伊丹敬之、司徒达贤等人界定的战略要素构成与诸多商业模式要素构成进行比较,就不难发现,商业模式很少包括战略中常见的目标要素,并未规定任何长期或短期目标。这恰恰说明,商业模式更加关注企业利用机会的内在经济逻辑和基本方面,而战略则是较商业模式更为表层的东西。

然而,在更多的情况下,商业模式和战略是融合在一起的。商业模式重视创业过程的价值创造和获取,而战略通过价值主张向顾客提供独特价值。两者对价值创造主题的关注导致商业模式的许多要素与战略要素相同。Elliot(2002)认为:"企业战略详细地说明商业模式如何应用于市场,以便使企业与竞争对手相区别。"这说明,战略使商业模式在外部市场上实现企业间的差异化,从而表现出优异绩效。战略与商业模式是企业的两个侧面,相互之间不存在替代关系。J. Magretta(2002)表达了相似观点。他认为:"战略思考始于良好的商业模式;而商业模式作为一个系统,则是完成组织特定目标的核心经济关系,新的商业模式在改变了产业的经济性以后,并且很难被复制时,它自身就能够创造出强大的竞争优势。"

商业模式和战略既相融又相异的状况将会持续下去。理解两者之间关系的关键在于对商业模式创业本质的认识,这个过程将会逐渐深入。

第二节 设计商业模式的思路与方法

7-2 设计商业模式的思路与方法

一、设计商业模式的思路

拓展案例 7-3

熊猫直播的沉没

熊猫直播是由上海熊猫互娱文化有限公司创办的一家弹幕式视频直播网站,王思聪作为创始人兼CEO,在直播平台上线之初便备受关注。2015年9月5日,在深圳举办的《英雄联盟》4周年庆典迎来了一场明星表演赛——周杰伦战队对阵王思聪战队。两边都集结了明星艺人和职业玩家。进入游戏比赛画面后,观众们会发现王思聪战队队员的游戏ID前缀均为"潘达踢威"。当时23岁的史元(化名)在荧幕前看完了这场比赛,直到3个月后他加入熊猫直播才知晓,原来官方活动中不允许出现广告,王思聪便给"Panda TV"取了个谐音。那天虽然王思聪输了表演赛,但也正是在这天,王思聪在微博上宣布,"请关注我个人担任CEO,即将上线的直播平台 Panda TV。"熊猫互娱公司40.07%的股权由王思聪的公司持有,在熊猫互娱公司的备案信息中,王思聪为该公司董事长。"可以说,我既是熊猫TV的首席产品经理,也会是熊猫TV的第一个主播。"王思聪接受"新浪游戏"采访时说。除此以外,依托王思聪的个人关系,林俊杰、鹿晗、陈赫、林更新、Angelababy等明星频繁站台。赛事方面,巅峰时期的熊猫直播还曾拿下过如PGL(电子竞技职业选手联赛)、SLI(绝地求生)等重要赛事的独家版权。王思聪麾下的熊猫直播从一开始就不惜资本,势要将熊猫直播打造成一家能与斗鱼、虎牙分庭抗礼的直播平台。熊猫直播在短时间内就拿到了三轮融资:2015年11月,完成数百万天使轮融资;2016年9月,完成6.5亿元A轮融资;2017年5月,完成10亿元B轮融资。熊猫直播不仅兼具娱乐功能,而且还大力发展游戏产业,熊猫直播曾经与pdd若风等这样比较出名的职业玩家完成签约。可就是这样一个实力庞大并且发展迅猛的直播平台,也即将面临下线。因为天价签约费和高额的主播工资,与主播所带来的收益不成正比。熊猫直播一直长期处于亏损状态,且无法盈利。另外,由于直播业不良事件频发,我国对直播的管控也越来越严,这使得直播平台的发展陷入一个瓶颈期。而且由于熊猫直播的迅速发展,在经过几轮融资之后,其管理层陷入混乱的状态。曾经势不可挡的熊猫直播平台倒闭,让我们看到直播平台已经进入洗牌的发展阶段。

资料来源:驱动之家.1286天熊猫从生到死:沉默的王校长 离去的众生相[EB/OL].(2019-04-06)[2020-08-08].https://baijiahao.baidu.com/s?id=1630021176532963748&wfr=spider&for=pc.

商业模式设计关乎新创企业的成败,它含了一系列要素及其关系的概念性工具,用于阐明某个特定实体的商业逻辑。在这个模式制胜的时代,企业应该按照如下五个步骤来设计自己企业的商业模式。

(一) 发现、验证机会

首先,企业必须明确为哪部分人服务,锁定一个相对狭窄的市场,进行市场调研和客户消费心理研究,把有限的资源用在刀刃上。其次,企业要花时间去研究这部分目标客户目前存在什么问题。再次,企业必须把客户需求分层,包括:重要而且迫切,重要但不迫切,迫切但不重要,既不重要也不迫切。如果企业能把握住客户既重要又迫切的需求,就容易成功。

此外,企业还需考虑客户的购买动机。通常来说,温饱型客户最关心经济因素(即价格),小康型客户最关心功能(即实用价值),而富裕型客户最关心心理因素(即面子)。因此,小众化群体所处的社会阶层将会影响其对各种解决方案的价值评估。

如何给客户提供独到的价值呢?企业可以从以下四个方面考虑:第一,你强化了什么要素?即那些比现有解决方案更好的方面;第二,你弱化了什么要素?即把那些客户并不在意的、费力不讨好的东西尽量减少,或降低标准;第三,你去掉了什么要素?即把那些客户用不到的功能去掉;第四,你创新了什么要素?即那些独创的方面。

有了初步的产品创新设想后,企业必须与目标客户沟通,检验自己的想法是否有实际意义;同时,还必须了解客户是否愿意支付一定的代价来消费这个产品,他们的切换成本有多高,这是市场调研时最容易忽视的一点。

（二）系统思考

首先，企业要能用最简单的语言把自己要干的事说清楚，把客户、供应商合作伙伴等相关者的关系描述出来，最好的办法就是画图，把自己的想法用一张图表现出来，这就是图形化思考、沟通。企业必须去整合相应的外部资源，把商业模式图上涉及的核心单元、上下游企业、各种合作伙伴、各种外围资源都考虑进来。最后，企业要考虑价值链上各个利益相关者如何受益，这是每个参与者一定会考虑的问题。

我国商业模式的设计有三条途径：一是借鉴国外已经成功的商业模式；二是借鉴国外的成功模式，并根据中国国情和行业特征加以改进和创新；三是企业自己发明一套商业模式，根据市场调研的结果及所寻找到产品的创新源泉，用全新的思维去改变目前市场上的游戏规则，甚至颠覆行业多年来形成的游戏规则。企业要根据自身实力与行业竞争状况，选择适合自己的商业模式设计方法。

系统思考这一环节还要求企业分析竞争的状况，包括对竞争对手和潜在竞争对手的分析。中小企业一般都缺少资本积累，直接向大企业、品牌发起进攻是不可取的，可以尝试"迂回包抄"战术：不与任何企业发生正面冲突，错位竞争，用有独到价值的产品去开辟新市场；同时，要想推出畅销产品，一定要把握好时机，寻找触发点——机会往往出现在经济转折点上，出现在社会急剧变化时期，在一个相对稳定的市场中很难发现好机会。

（三）打动人心的产品概念

企业最好将产品概念总结成一句话，即在 30 秒内能将产品的价值定位说清楚，让人听了以后产生共鸣、引起兴奋。有了完整的产品创意思路，创业者就要走出去与客户沟通创意，听取客户对创意的反馈，以便掌握客户的态度和反应。创业者要想让目标客户理解产品的价值和作用，最好的办法就是做一个样品，可以是电子版的模拟样品（通过电脑来演示幻灯片），也可以是真正的样品，总之，要让客户看得见、摸得着，这比文字或口头说明要好很多。

概念测试的结果很容易指导市场人员总结提炼出产品的价值诉求。这里介绍一下 FAB 分析法：F（features）是指这个产品有哪些特点，主要是产品本身固有的一些特点；A（advantages）是说这个产品比同类产品好在哪里，有什么优点，强调与众不同之处，是一个相对的比较优势概念；B（benefits）是说这个产品给目标客户带来了什么利益和价值，侧重于客户的"买点"和消费动机。FAB 提炼出来之后，产品的价值诉求就出来了，客户购买的理由也能因此变得充分。

不同层次的消费者在选择产品时关注的重点不同，任何产品都很难在价格、实用价值和面子三个方面同时实现突破。企业要根据目标客户群的层次，确定自己的产品在哪个方面必须超越竞争对手，这样才能给客户一个选择你的理由。

（四）财务分析

有了一个好的产品，企业还需要做出精密的销售计划，要按照不同的销售渠道、不同的地域进行划分。销售指标分解到人以后，企业就会要求每个销售人员制订销售计划。除此之外，企业还要考虑销售人员和渠道人员的培训，教会他们如何销售、与客户沟通，甚至如何"卖思想"，目的是提高销售人员的成功率，进而提升士气。

接下来，企业要根据销售指标确定未来 1 年的资源分配计划，落实人、财、物三方面的资源。指标高的部门配套资源就多；反之，则少。管理层运用利益驱动的办法来激励员工是一条非常有效的途径。企业将人、财、物这些固定成本落实,剩下的就是运营费用等可变成本。有了销售指标、固定成本和可变成本的预算,1年的财务分析就出来了,企业即可算出衡量管理水平的运营利润,并将所有的参数量化。

对于风险投资者来说,在审核一个创业项目时,最关心的问题是如何实现销量倍增,也就是关注这样的产品、商业模式是否存在倍增的机制。对于那些希望得到风险投资的新项目,企业必须把产品和商业模式的倍增机制表达清楚。

(五)组织保障

仅有好的产品、商业模式和财务分析还不够,企业的组织设计也要合理,这是实现企业目标的保障。创业项目一定要说清楚发起人和核心团队成员的优势,让投资者看后感到放心。此外,企业要向投资者展示未来的组织架构是怎么设计的,最好能用一张图来描述;同时,还要把股权结构展示给投资者看。

对风险投资者来说,如何退出是其优先考虑的一个问题,他们需要一种机制来得到收益,而不是作为长期的股东持有股份。凡是想通过吸引风险投资来发展的创业者,必须有思想准备,企业做大了就不是自己的了,要么上市成为公众企业,要么被其他企业收购。当然,为了防止投资者、发起人或其他创业股东过早退出,企业可以事先商定投资者退出的时间表和基本原则。

遵循上述五个步骤,企业才有可能设计出能提供独特价值、难以复制、脚踏实地的商业模式。初创企业可以在探索与实践中构建适合自身的商业模式,在不断竞争的环境中取得快速、持续的发展。

二、设计商业模式的方法

商业模式随着企业的发展而发生变化,当企业的资源、行业地位等发生变化时,商业模式也可能需要进行更新和调整。在设计商业模式时,目前普遍采用的方法是运用商业模式画布工具(The business model canvas),如图7-2所示。商业模式画布由四个视角、九个模块组成,包括客户细分、价值主张、渠道通路、客户关系、收入来源、核心资源、关键业务、重要合作和成本结构。商业模式画布工具类似于画家的画布,企业可以再使用便利贴或者马克笔共同绘制和讨论商业模式的组成部分。它是一种可以促进理解、讨论、分析和创新的实用性操作工具。

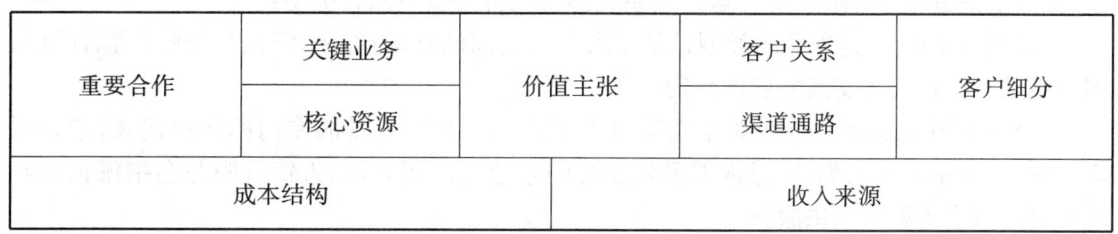

图7-2 商业模式画布工具

(一)客户细分

客户细分(customer segments)是指企业或机构所服务的一个或多个客户分类群体。客户构成了任何商业模式的核心。没有可获益的客户,就没有企业的长治久安。为了更好地满足客户,企业可能把客户分成不同的细分市场,每个细分市场中的客户具有共同的需求、共同的行为和其他共同的属性。企业必须决定服务哪些细分市场,忽略掉哪些细分市场,一旦决定所要服务的客户群,企业就可以凭借对特定客户群体需求的深刻理解,仔细设计相应的商业模式。客户群可以按照不同的标准来划分,如可以按照不同的产品或服务、不同的分销渠道、不同类型的关系、不同的盈利能力,以及客户对产品和服务不同方面的购买意向等来进行分类。

(二) 价值主张

价值主张(value propositions)是指为特定客户及细分群体创造价值的系列产品和服务。价值通过迎合细分群体需求的独特组合来创造价值,它解决了客户困扰或者满足了客户的需求。企业的价值主张可能是创新的,并表现为一个全新的或破坏性的产品或服务,也可能与现存市场提供的产品或服务相类似,只是增加了功能和特性。价值主张是商业模式中和核心内容,具体可以体现为为客户提供从未感受和体验过的全新需求,产品或者服务性能的改善,定制化产品和服务,设计创新、品牌使用、为客户提供低价同质、更为便利性或成本削减的产品和服务等。

(三) 渠道通路

渠道通路(channels)描述企业如何沟通、接触其客户细分群体而传递其价值主张。沟通、分销和销售这些渠道构成了企业相对客户的接口界面。渠道通路是客户接触点,它在客户体验中扮演着重要角色。渠道通路可以提升企业产品和服务在客户中的认知,帮助客户评估企业的价值主张,协助客户购买特定产品和服务,向客户传递价值主张,并提供售后支持。在把价值主张推向市场期间,找到接触客户的正确渠道组合最为关键,企业可以选择通过其自有渠道、合作伙伴渠道或两者混合来接触客户。自有渠道和部分直销渠道有更高的利润,但是其建立和运营成本都很高。合作伙伴渠道可能会导致更低的利润,但是企业可以凭借合作伙伴优势,扩展企业的客户并扩大收益范围。渠道管理的关键在于在不同类型渠道之间找到适当的平衡,并整合它们来创造令人满意的客户体验,使得收入最大化。

(四) 客户关系

客户关系(customer relationships)是指企业与特定客户细分群体建立的关系类型。商业模式所要求的客户关系深刻地影响着全面的客户体验,其驱动因素包括客户获取、客户维系、提升销售额(追加销售)等。客户关系具体可以分为以下六种类型:

(1) 个人助理。这种关系类型是基于人与人之间的互动,在销售过程中或者售后阶段,客户可以与客户代表交流并获取帮助。

(2) 专用个人助理。这种关系类型包含了为单一客户安排的专门的客户代表,它是层次最深、最亲密的关系类型,通常需要较长时间来建立。例如,私人银行服务会指派银行经理向高净值个人客户提供服务。

(3) 自助服务。在这种关系类型中,一家公司与客户之间不存在直接的关系,而是为客户提供自助服务所需要的所有条件。

(4) 自动化服务。这种关系类型整合了更加精细的自动化过程,用于实现客户自助服务。例如,客户可以通过在线档案来定制个性化服务。自动化服务可以识别不同客户及其特点,并提供与客户订单或交易相关的信息。在最佳情况下,良好的自动化服务可以模拟个人助理服务的体验(如提供图书或电影推荐)。

(5) 社区。目前越来越多的企业利用用户社区与客户/潜在客户建立更为深入的联系,并促进社区成员之间的互动。许多企业都建立了在线社区,让其用户交流知识和经验,帮助用户解决问题。

(6) 共同创作。这种客户关系类型超越了与客户之间传统的客户与供应商关系,通常企业和客户共同合作创造价值。

(五) 核心资源

核心资源(key resources)是用来描绘让商业模式有效运转所必需的最重要因素。每个商业模式都需要这些核心资源以使企业组织能够创造和提供价值主张、接触市场、与客户细分群体建立关系并获得收入。不同的商业模式所需要的核心资源也有所不同。芯片制造商需要资本集约型的生产,而芯片设计商则需要更加关注人力资源。核心资源既可以是自有的、公司租借的或从重要伙伴那里获得的,其资产形式可以是实体资产、金融资产、知识资产或人力资源。实体资产包括生产设施、不动产、汽车、机器、系统、销售网点和分销网络等。知识资产包括品牌、专有知识、专利和版权、合作关系和客户数据库,这类资产日益成为强健商业模式中的重要组成部分。知识资产在研发过程中困难重重,但成功后可以为企业带来巨大价值与利益。金融资产包括现金、信贷额度或者股票期权池等。人力资源是每个企业必须拥有的资源,其对于知识密集产业和创意产业至关重要。

(六) 关键业务

关键业务(key activities)是为了确保其商业模式可行,企业必须做的最重要事情。企业可能从事多种关键业务活动,这些业务是企业得以成功运营所必须执行的最重要活动。正如核心资源一样,关键业务也是创造和提供价值主张、接触市场、维系客户关系并获取收入的基础。关键业务也会因商业模式的不同而有所区别。例如,对于微软等软件制造商而言,其关键业务包括软件开发;对于戴尔等电脑制造商来说,其关键业务包括供应链管理。企业的关键业务通常包括制造产品、问题解决和平台或网络服务。其中,制造产品涉及生产一定数量或满足一定质量要求的产品,与设计、制造及运输产品有关,这一业务活动是企业商业模式的核心;问题解决是指为个别客户的问题提供新的解决方案;平台或网络服务是以平台为核心资源的商业模式,其关键业务是与平台或网络有关的,交易平台、网络服务、软件甚至品牌都可以看成是平台。

(七) 重要合作

重要合作(key partnerships)是描述支撑商业模式有效运作所需的供应商与合作伙伴的网络。企业会基于多种原因建立合作关系,合作关系正日益成为许多商业模式的基石。很多企业创建联盟来优化其商业模式、降低风险或获取资源。合作关系通常可以分为非竞争者之间的战略联盟关系、竞争者之间的战略合作关系、开发新业务而构建的合资关系和供应商关系。企业建立重要合作关系可以优化商业模式或获取规模经济,如伙伴关系或供应商关系的目标是优化资源和业务的配置,进而寻求降低成本。企业建立重要合作关系可以扩展特定资源,降低风险和不确定性,帮助减少以不确定性为特征的竞争环境带来的风险。

（八）成本结构

成本结构（cost structure）是企业商业模式运营所产生的所有成本。创建价值和提供价值、维系客户关系以及产生收入都会产生成本。这些成本在确定关键资源、关键业务与重要合作后可以相对容易地计算出来。然而，有些商业模式相比于其他商业模式更多是由成本驱动的。例如，廉价航空公司属于典型的成本驱动型商业模式，其侧重于在每个地方尽可能地降低成本，这种做法的目的是创造和维持最经济的成本结构，采用低价的价值主张、最大程度自动化和广泛外包，如春秋航空、西南航空、易捷航空和瑞安航空等。有些企业不太关注特定商业模式设计对成本的影响，而是专注于创造价值。增值型的价值主张和高度个性化的服务通常是以价值驱动型商业模式为特征的，如苹果智能手机的开发和豪华酒店的设施及其独到的服务都属于这一类商业模式。

（九）收入来源

收入来源（revenue streams）是指企业从每个客户群体中获取的现金收入。企业必须清楚什么样的价值能够让各客户细分群体真正愿意为之付款，解决这一问题才能在各客户细分群体上发掘收入来源。每个收入来源的定价机制可能不同，如固定标价、谈判议价、拍卖定价、市场定价、数量定价或收益管理定价等。收入来源的方式包括：①资产销售。这种收入方式是指销售实体产品的所有权。②使用收费。这种收入来自通过特定的服务收费。客户使用的服务越多，付费越多。③订阅收费。这种收入来自销售重复使用的服务。④租赁收费。这种收入来自针对某个特定资产在固定时间内的暂时性排他使用权的授权。对于出借方而言，租赁收费可以带来经常性收入的优势；租用方或承租方可以仅支付限时租期内的费用，而无须承担购买所有权的全部费用。⑤授权收费。这种收入来自将受保护的知识产权授权给客户使用，并换取授权费用。授权方式可以让版权持有者不必将产品制造出来或者将服务商业化，仅靠知识产权本身即可产生收入。⑥经纪收入。这种收入来自为了双方或多方之间的利益所提供的中介服务而收取的佣金。⑦广告收入。这种收入来自为特定的产品、服务或者品牌提供广告宣传服务。

拓展案例 7-4

深圳华侨城的商业模式

深圳华侨城股份有限公司（以下简称"华侨城"）是华侨城集团有限公司旗下的重要控股子企业之一，是国内较早从事文旅产业的企业，长期处于文旅企业前 10 强。华侨城以"主题公园领导者、旅游产业领军者、城镇化价值实现者"为战略，具有以文化旅游、房地产为主的业务布局。

在文化旅游业务方面，华侨城坚持以"文化＋旅游"为核心，以"旅游＋"布局主题公园、文化主题酒店、旅行社、旅游综合体，发展旅游全产业链，形成聚合效应。华侨城共有景区 13 家、酒店 23 家、旅行社 1 家，以及相关的文化、艺术、旅游综合体等文化旅游设施。在房地产业务方面，华侨城以"优质生活创想家""在花园中建城市"为理念，将旅游文化融入房地产开发，形成了文化旅游、酒店、住宅和商业类地产融合发展的特色优势。在先后布局北部、东部、西部、中部和南部的基础上，华侨城正在探索"地产＋文旅科技""地产＋康养"模式，拓展房地产业务发展空间。其具体商业模式画布如图 7-3 所示。

重要合作 国内知名网络平台、金融寡头、国内外朝阳龙头企业	关键业务 文化＋旅游＋城镇化、旅游＋互联网＋金融	价值主张 通过独特的创想文化，致力于提升中国人的生活品质	客户关系 产品高性价比维系和吸引客户	客户细分 旅游产品、房屋终端消费者＋中间销售商
	核心资源 文旅行业领航者，品牌优势、卓越的管理能力		渠道通路 网络销售、自有渠道＋合作销售	
成本结构 提供旅游服务必需发生的人工成本、房地产开发成本、销售成本、资金成本、人工费、间接费用、纸包装、研发成本			收入来源 旅游综合收入＋房地产业务收入＋纸包装业务收入＋其他业务收入	

图 7-3 商业模式画布

资料来源：周攀.从财务角度透视文旅行业商业模式发展——以华侨城为例[J].财会月刊,2020(S1):132-135.

第三节 商业模式的创新与评估

7-3 商业模式创新与评估

一、商业模式创新的逻辑

拓展案例 7-5

联想的创业之路

1. 创业背景

1978 年，全国科学技术大会的召开，明确了"科学技术是生产力"。1982 年，党中央又发布了"经济建设必须依靠科学技术，科学技术工作必须面向经济建设"的指导方针。一时间北京中关村涌现出了上百家高新技术公司，与这些公司近在咫尺的中国科学院计算机研究所承受着强大的冲击。在中国科学院正式实施"一院两制"后，计算机研究所的柳传志等人率先走出了科研大院，于 1984 年 11 月宣布成立中国科学院计算机研究所新技术发展公司。

2. 艰难创业

刚刚步入市场大潮中的知识分子们，面对激烈的市场竞争，一时不知所措。而公司刚成立时，计算机研究所只给了他们 20 万元的贷款，这对于开发高技术产品的公司来说只是杯水车薪，要想继续发展下去，就必须要有足够的资金积累。

为了筹集资金，他们抓来了一些电子表、旱冰鞋搞销售。出于中国知识分子那份特有的羞涩感，他们只敢把摊子摆在职工食堂或车棚里，而卖这些东西的人却远远地守在一边。这样做生意的结果肯定是赔得一塌糊涂。1985 年，公司组织全体职工，包括科技人员和总经理在内，全部投入低档次的技术劳务——为社会上其他公司验收、维修计算机，培训人员，开展技术劳务，实际上就是出卖技术劳动力。这样苦干了 1 年，他们用自己的汗水积累了 70

万元人民币，为今后开发拳头产品积累了必要的资金。

公司成立时，所里虽然没有给他们多少资金，但答应下放给他们"三权"——人事权、财务权与自主经营权。现在钱与权基本上都有了，下一步怎么办？通过仔细的市场调查，他们发现国内有大量的进口微机，但被闲置或只当作打字机使用。计算机的"汉化"已迫在眉睫、势在必行。而怎样才能突破"汉化"这一关？在事先没有商量的情况下，公司的柳传志等几位创始人不约而同想到了一个人——倪光南，除了请贤聘能以外，别无他法。正是在倪光南的带领下，1986年，"联想汉卡"诞生了。1989年11月14日，新技术发展公司正式更名为北京联想计算机集团公司（以下简称"联想"）。

贤能者在一个充满希望的事业空间里总是成群出现。在当时联想的小小门市部里竟有两个站柜台的研究员张品贤和胡锡兰。"研究员站柜台"是联想贸工技战略的最好说明，计算机这一高技术产品正是基于这种知识分子的市场活动才能转移到消费者手里，而在当时最有资格来销售这些产品的，恰恰正是计算机研究所的这些知识分子。

3. 加快产品市场化

经过不断开发、完善，联想逐步形成了八个软件版本、六个型号的联想汉卡系统，广泛应用于六个大的领域；尔后，他们又连续开发出FAX通信系统、CAD超级汉字系统、GK40可编程工业控制器、联想286微机等一系列高技术产品。经过对"286"时代的市场培育，公司终于在"386"和最好档次的电脑上得到了回报。

为了让产品尽快转化为社会生产力，联想将科学技术不仅仅应用于产品的开发阶段和销售阶段，还将它进一步延伸到产品的生产、加工以及开拓市场和售后服务等各个环节，公司进入市场竞争的轨道，大大提高了开发效率。比如，联想汉卡系统开发仅1年就产生了经济效益；联想286微机也仅仅用了半年的时间，就以优异的性能和便宜的价格挤进了国际市场。此外，联想公司每年还举办两次全国范围的大型技术交流演示会，其培训中心每年免费为社会培训5 000多名计算机应用人员，并在全国设置了36个维修服务网点。公司在试制新产品的时候，将科技与经济紧密结合，有效地实现了科学技术转化为社会生产力。

4. 良好的创业管理模式

联想集团控股（有限）公司从创立之时就提出了"大船结构"的管理模式，以开发、生产、经营三大系统为主体。围绕三大主体，公司设置了一个决策系统、一套服务系统，各系统实行经济承包合同制。从1988年起，联想按工作性质划分了各专业部门，比如业务部下设汉卡、微机、网络、小型机、CAD、工控、软件、资料等专业部，进一步提高了工作质量和效率。联想还逐步实现制度化管理，比如财务制度、职工培训制度、干部聘任制度、库房管理制度等等，逐一进行规范化企业管理，为建设大规模外向型企业做准备。1988年8月，香港联想公司成立；1989年11月14日，北京联想计算机集团公司正式成立。公司董事会下设总经理室，实行总经理室与职工对话制度，及时与职工沟通思想，交流感情。

联想人坚持的贸工技战略，既是联想创业成功的保证，也是中国高技术产业化的必由之路。在国外高技术产业化研究中有一种被称为"高技术大街活动"的理论，谈的就是高技术企业在创业区开展高技术大街活动，即在真正的市场上与消费者沟通。"研究员站柜台"正是这一"高技术大街活动"的最形象的说明。

联想创业时条件十分艰苦，这些艰苦的磨炼对联想创业确实是十分有价值的。常言说，逆境能使人奋起，艰苦的创业环境也往往能造就一个成功的企业。对联想来说，正是在这种艰苦条件下，在别人的冷嘲热讽中，联想创业成功并不断做大做强。

1988年，联想汉卡获得国家科技进步一等奖。

1990年，联想电脑问世。

1995年，联想电脑销售量达到10万台。

1996年年底，联想台式电脑市场占有率全国第一。

1997年，联想不但市场占有率保持全国第一，而且进入亚洲前8名。从此以后，联想电脑牢牢占据了中国市场第一的位置。

1998年，联想开始推出昭阳笔记本电脑。

1999年，联想笔记本电脑市场占有率居全国第一。

2004年，联想集团被评为中国民营企业500强首位企业。

2017年，《福布斯》发布世界最受信赖公司榜单，联想位列第27名。

2018年，联想荣登"2018年BrandZ™中国出海品牌50强"排行榜榜首。

2018/2019财年，联想的整体营业额达到510亿美元。

资料来源：互联网领域创作者.老联想人亲述创业故事：始于1984的"夺冠"之路[EB/OL].(2019-10-02)[2020-08-08].fthttps://m.sohu.com/a/344774454_255153.

在一般情况下，商业模式创新是建立在如下两大基石之上：第一，产业结构的多层次性；第二，低端消费群体庞大。我国目前既有大国经济特性，又有新兴经济的优势，产业结构丰富，而且多层代；既有高新技术产业，亦有传统手工作业，从而可不断萌生新的产业；有灿若繁星的企业，也有创意无穷的商业模式；既有接近世界一流的大型企业，亦有管理水平很低的手工作坊；既有庞大的千亿企业，亦有无数草根企业。

近十年来，由于无法完成产业升级和转型，企业在技术创新方面乏善可陈。不过，商业模式的创新却如火如荼，俨然成为潮流。在中国，商业模式的创新，显然比技术创新更加重要。中国企业商业模式创新，必须建立在深刻洞察中国产业经济和社会环境的特点之上。产业结构的多层次性，以及以低端消费为主体的庞大国内市场，这是中国产业经济的两大特点。这两大特点使中国企业的存在形态充满各种可能性，也是中国企业进行商业模式创新的根基。成功商业模式的创新是商业模式与企业核心竞争优势相互耦合的过程，是以客户价值主张为商业模式研究的基础，商业模式创新的逻辑在于以产业链和竞争链系统组成的生态链系统作为商业模式创新的决策支撑，以强势企业文化构建作为商业模式创新执行的支持，以产品与市场的创造作为成功商业模式的成果输出。

首先，商业模式设计与创新的基础在于对客户价值的思考，为客户创造新的价值，从而促使客户产生购买行为。商业模式创新的首要目标是持续为客户提供高效、优质的服务，找到能够持续提升客户体验价值的途径和方法。处于产业链不同位置的企业对于"客户"这一概念的理解不能太过狭隘，制造企业或品牌企业对其上游的分销商、最终产品或服务的消费者都应当视为客户，而不仅是终端消费者。例如，360软件通过为客户提供免费杀毒软件，进而吸引大量客户。通过将客户的流量导入其他平台与网站，360软件实现了盈利。

其次，生态链系统是商业模式创新需要面对的生态环境链。在商业模式创新的过程中，为了使商业模式更加具有竞争力，企业需要围绕经营的内部环境与外部环境（由供应者、企业内部运营价值链、分销渠道、客户、其他相关利益者和竞争者组成的一组生态链系统）进行资源、能力的分析，从而确认生态链系统能否对客户价值主张进行很好的支持，最终确定生态链系统进行整合的方向。生态链系统内部整合的方式包括产业链的内部整合、企业运营价值链内的整合、企业运营价值链内相关环节直接跨产业整合和分步有序整合。

最后，企业文化是企业所形成的具有自身个性的经营宗旨、价值观念和道德行为准则的综合，包括价值观、信念、仪式、符号、处事方式等。企业文化体现的是一种软实力，是企业进行各类活动执行的支持系统，它在创新商业模式的执行过程中扮演重要角色。企业应做好企业文化建设工作，培育共同价值观念，不断强化其正向价值，增强组织的凝聚力，从而提高组织的整体执行效力。在进行商业模式的创新研究过程中，企业必须要持续性强化自身在过去取得成功的文化基因，并持续引入新的文化元素，以保证商业模式创新得以顺利进行。

纵观现有商业环境下各类商业模式的创新，无论是依靠多元化发展，又或是改变提供产品或服务方式，再或是改变提供客户服务的价值体系等，都是以客户价值主张与"生态链"战略决策系统间互为博弈的结果。总的来说，中国企业的商业模式创新，主要从以下七个方面展开：

(1) 新旧产业结合催生的商业模式创新。
(2) 产业链的纵向延伸。
(3) 全球化的逐步深化带来的机遇。
(4) 中国市场压力下的运营模式创新。
(5) 源于国内市场剧烈竞争的产业转型。
(6) 根源于行业周期导致的并购式发展。
(7) 新兴技术与新兴产业领域的商业模式创新。

二、商业模式创新的方法

商业模式创新的实质在于为企业、客户和社会创造新的价值。如何系统地发明、设计和实现这些全新的商业模式是考验企业重要难题。企业商业模式设计创新的主要方法包括：客户洞察、创意构思、可视思考、原型制作、故事讲述和情景推测。这些来自设计领域的技术方法和工具，能够帮助企业设计更好、更具创意的商业模式。

(一) 客户洞察

企业在市场研究上投入了大量的精力，然而在设计产品、服务和商业模式上却往往忽略了客户的观点。良好的商业模式设计应该避免这个错误，需要依靠对客户的深入理解，包括环境、日常事务、客户关心的焦点及愿望。商业模式创新者应该避免过于聚焦现有客户细分群体，而应该盯着新的和未满足的客户细分群体。许多商业模式创新的成功，正是因为它们满足了新客户未得到满足的需求。

(二) 创意构思

绘制一个已经存在的商业模式与设计全新的创新商业模式并不相同。设计新的商业模式需要有很多创意，并从中进行筛选，这个富有创造性的活动就是创意构思的过程。当设计新的商业模式时，我们所面对的一个挑战是忽略现状和暂停关注运营问题，这样我们才能得到真正的全新创意。商业模式创新不会往回看，因为对未来的商业模式而言，过去的经验参考价值极为有限。商业模式创新也不是参照竞争对手就能完成的,因为商业模式创新获得过程不是简单的复制或标杆对比,而是要设计全新的机制来创造价值并获取收入。更确切地说,商业模式创新是挑战正统,设计全新的模式,来满足未被满足的、新的或潜在的客户需求。为了找到更新、更好的选择,创业者可以先想象一个装满创意的摸彩袋,然后再把它们缩减到一个可能实现选择方案的短名单。因此,创意构思包括两个主要阶段:创意生成,在这一阶段重视数量;创意合成,此阶段讨论所有的创意,加以组合,并缩减到少量可行的可选方案。这些可选方案不一定要代表颠覆性的商业模式,也许只是把现有的商业模式略作扩展,以增强竞争力的创新。

(三) 可视思考

所谓可视思考,是指使用诸如图片、草图、图表和便利贴等视觉化工具来构建和讨论事情。商业模式是由各种构造块及其相互关系所组成的复杂概念,不把它描绘出来将很难真正理解一个模式。事实上,通过可视化地描绘商业模式,创业者可以把其中的隐形假设转变为明确的信息,这使得商业模式明确而有形,并且讨论和改变起来也更清晰。创业者可以应用两种视觉化思考的技术——便利贴的用法和结合商业模式画布略图描绘的方法,在应用过程中要针对不同需求设计不同类型的视觉化呈现方式。

(四) 原型制作

对于开发全新商业模式的创业企业来说,原型制作与可视思考一样,可以让概念变得更形象具体,并能促进新创意的探索。商业模式原型可以用商业模式画布简单素描成完全经过深思熟虑的概念形式,也可以表现为模拟了新业务财务运作的电子表格形式。原型是一个思维工具,可以帮助创业者探索企业的商业模式应该尝试选择的方向。如果企业增加另一个客户细分群体会对商业模式意味着什么?消除高成本资源将是怎样的结果?如果企业免费赠送一些产品或服务,并且用一些更具创新性的产品或服务替代现在的收入来源又将会意味着什么?商业模式的原型既可以是画在餐桌上的草图,也可以是具体到细节的商业模式画布,还可以是一种可以实地测试的成型商业模式。原型制作不仅与勾绘商业模式想法有关,也与真正实现这个构想有关。原型制作通过添加和移除每个模型的相关元素,来探索新的、可能是荒谬的、甚至不可能的构想。

(五) 故事讲述

形容一个全新的、未经考验的商业模式就如同只用单薄的文字去描述一幅画作。但是讲一个故事告诉人们这个商业模式是如何创造价值的,就如同用色彩来装饰画布,通过故事讲述的方式使得新概念变得有形起来,而不再抽象了。由于推销给投资者要讲得清晰、易懂,创业者用讲一个故事来描述你的商业模式是如何为客户解决问题的,可以清楚明白地把你的整个想法进行说明。故事为下一步详细地介绍创业者的商业模式提供了很好的支持和认同。讲故事的目的,是要把一种新的商业模式以形象具体的方式呈现出来,故事的内容一定要简单易懂,主人公也只需要一位。结合观众的实际情况,创业者可以从不同的视角塑造一位不同的主人公,将你的模式所包含的逻辑融入有趣的故事叙述中,能更容易地将听众引入新的未知领域,更容易被故事所打动和吸引。

(六) 情景推测

在新商业模型的设计和原有模型的创新上,情景推测把抽象的概念变成具体的模型。

它的主要作用就是通过细化设计环境,帮助人们熟悉商业模型设计流程。情景推测具体包括两种类型:一是不同背景的客户是如何使用产品和服务的,什么类型的客户在使用这些产品和服务,客户的顾虑、愿望和目的分别是什么;二是新商业模式可能会参与竞争的未来场景。

拓展案例 7-6

多点 Dmall——数字时代下零售业的变革与创新

多点 Dmall 成立于 2015 年,是一家数字零售解决方案提供商,它以全面数字化服务助力实体零售企业,实现线上线下一体化,帮助商超打好坚实的数字化地基,提高效率,降低成本,改善消费者体验。多点 Dmall 成立之初,即获得了 IDG 等机构投资的 1 亿美元,此后也与腾讯、深投控、中粮等建立了涉及资本、业务在内的战略合作。在物联网、大数据、人工智能、云计算等新技术基础上,多点 Dmall 开发了 15 大系统、500 多个子系统,并于 2018 年推出了自主研发、搭建、适应于零售业的全面数字化中台操作系统 Dmall OS。截至 2019 年 6 月,多点会员注册总数已超 7 000 万,月度活跃用户数 1 200 万。多点 Dmall 已经蝉联 QuestMobile、易观、极光大数据等各大生鲜电商排行榜的首位近 2 年。Trustdata 发布的最新《2019 年 Q1 中国移动互联网行业发展分析报告》中,多点 App 的 3 月 MAU 位列整体主流电商应用 TOP10。

多点 Dmall 的商业模式创新中,最核心的是其提供给客户的产品不仅是一个 APP,对零售商而言,其背后是一整套的数字零售解决方案——自主研发的零售业操作系统 Dmall OS。这个系统可以解决零售行业选品、营销、运营、履约、供应链的各种痛点,这是多点 Dmall 为其客户提供的最大的价值。它不仅是面向普通消费者端的服务平台,更是面向零售企业的数字化改造系统。这种商业模式上的创新,体现在多点 Dmall 用新技术、新方法对传统业态和经营方式进行彻底的、接地气的改造,使现有网点资源和供应链资源得到有效复用,实现低投入、可持续、高增长。多点模式为传统零售能够高效地实现线上与线下一体化、服务深度定制化、场景交易高融合提供了系统零售解决方案,并致力于全面打通会员、商品、供应链、营销等上下游产业链,推动全渠道业务整合,赋能传统零售企业实现数据、场景、交易、体验闭环。

资料来源:房煜,张文中.多点 Dmall 为什么要给线下超市"找麻烦"?[EB/OL].(2019-07-08)[2020-08-08].https://www.360kuai.com/pc/91e56edbab0e6b287?cota=3&kuai_so=1&sign=360_57c3bbd1&refer_scene=so_1.

三、商业模式创新的评估

企业不仅希望能进行商业模式上的创新,还期望于设计出好的商业模式。那么,到底什么样的商业模式创新才是优秀的呢?商业模式创新如何进行评估?通常,人们对商业模式创新的评估可从从以下几个方面进行:评估新商业模式构成要素的技术经济特性、环境的动态适应性、相对于其他模式的优劣性、组织可利用资源及企业的领导团队、企业转型与变革的可行性(见图 7-4)。企业可以根据商业模式创新评估的构成要素,对其商业模式进行评估。

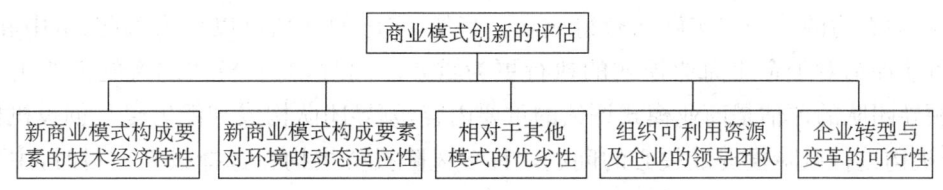

图 7-4 商业模式创新评估要素构成

(一) 新商业模式构成要素的技术经济特性

对新商业模式要素的技术经济特性进行评估主要包括对构成要素的技术特性、要素间内在逻辑一致性和经济可行性三个纬度的评估。对新商业模式构成要素的技术特性评估是指对市场、客户、产品、渠道、客户关系、收益方式、内部价值链、成本、核心竞争力和关系网络等所有商业模式画布中构成要素的强弱进行技术考察。根据需要,企业可借助平衡计分卡工具,将所有的构成要素进行列表形式的展示,将每个要素逐一进行考察并考虑如何改进。优秀的商业模式应该能对上述大部分关键要素指标给出肯定或者积极的回答。但对处于不同行业、发展阶段的企业,各个要素的重要性会有所不同,需要根据具体情况加以判断。对要素间内在逻辑一致性的评估,是考察各要素间是相互促进还是存在冲突。在优秀的商业模式中,要素间应是相互渗透与促进的,而不是互相冲突的。无论企业进行什么样的商业模式创新,所创新出的商业模式都要使收益高于成本,这是商业模式得以持续的基础。

(二) 新商业模式构成要素对环境的动态适应性

对商业模式创新来说,构成要素及具体表现形态、要素间关系的一致性等设计,通常是企业可以控制或者在很大程度上可以决定的。商业模式要在一定的动态环境背景条件下生存,而这种环境通常是企业所不能控制或决定的,因此,商业模式创新还要与所处环境相适应。对商业模式与环境相适应性的评估,视角上更强调外部,主要包括对法律政治、关联产业、市场及社会文化、生产要素四个维度的外部环境相适性。其中,对法律政治环境的评估,主要考察是否违背法律法规以及是否能得到政治支持;对关联产业的环境评估,主要考察评估所处产业结构、关联产业环境是否对企业发展有利;对市场及社会文化环境的评估,主要考察市场环境及社会环境的接受及可持续性等;对生产要素环境的评估,主要考察技术、人力资本和资本市场环境情况。对这些要素的考察,企业同样可以借助平衡计分卡工具进行考察并考虑如何改进。

(三) 相对于其他模式的优劣性

从产业组织动态演化构成来看,商业模式的优劣是相对的,是相对企业过去的模式、竞争者的模式和其他可能的潜在模式。在同一产业中,可能同时存在多种商业模式。同一集团公司内同时实施不同的商业模式,如实现某种低成本与全服务的组合,已经在许多产业(如零售、汽车租赁、银行、旅游、咨询等)中采用。或是在具体细分市场上,某种模式会有相对的优势。比如当今民用航空业,低成本模式在国内短途市场有优势,全服务模式在国际长途市场有优势。因此,企业对所创新的商业模式相对优劣的评估也是重要的。

(四) 组织可利用资源及企业的领导团队

企业所创新出来的商业模式总是要付诸实施才能体现其价值,实施是很重要的。一个构想很好的商业模式,可能会因为执行方面的问题而不成功;一个不那么完美的商业模式,也可能因为有力的管理与实施而获得成功。当然,实施的评估可以分为事前、事中和事后。其中,事前评估对于企业商业模式的执行更为重要。同时,商业模式的实施需要由人来执行,对领导团队的评估是商业模式评估的重要内容,领导团队构成与能力也是创投机构和风险投资机构进行风险投资最关心的问题。许多风险投资机构在选择投资项目时,主要考察商业模式本身设计的好坏,另外就是领导团队,有时候后者甚至更重要。

(五)企业转型与变革的可行性

当已有企业进行转型与变革或保持原有商业模式的同时,通过新设立下属机构等来尝试商业模式创新,还涉及如何处理和已有模式的关系问题。从管理方面对企业的变革,企业需要考虑现有模式与原有模式的联系与区别,进而解决新商业模式的可容性与可行性问题。

本章小结

本章主要涉及商业模式的定义、特征与构成要素,商业模式设计的思路与方法,商业模式的创新与评估等内容。通过对本章的学习,学生能对商业模式的本质及构成要素有了基本的认识,学会看待商业模式与战略的关系,可以运用商业模式画布工具描述并绘制创业项目的商业模式,认识到商业模式创新的重要性,并可以从多个视角对商业模式的创新进行评估。

实践环节

1. 实训目标

通过实践,学生应了解商业模式的构成要素及各个部分之间的关系。

2. 实训内容

运用商业模式画布工具,为某个创业项目绘制商业模式画布。

3. 实训要求

(1)选择一个创业项目,对其商业模式进行设计。

(2)运用商业模式画布工具,以小组为单位,对商业模式的每个模块内容进行充分讨论与分析,绘制创业项目的商业模式画布图。

(3)将会议讨论的内容做成PPT,在下一次的课堂上讲解。

重点思考

1. 成功的商业模式有哪些特征?
2. 商业模式由哪些要素构成?
3. 企业设计商业模式的步骤有哪些?
4. 商业模式画布由哪些模块构成?

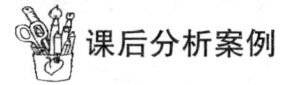

课后分析案例

e袋洗的商业模式创新

随着共享经济的潮流席卷全球,各个行业都在努力探索在共享经济的商业模式下如何创业或者转型。e袋洗起源于原来的荣昌洗衣,是2008年奥运会和两会指定洗衣服务商。荣昌洗衣从刚开始服务加盟商的客户到转型为服务终极顾客,又借助移动互联网转型为线上线下的用户,成功实现了三次转型。

作为创始人,张荣耀带领他的团队对传统洗衣行业进行了调研分析,通过对这些受访者的需求分析,他们发现用户希望洗衣服能变成一件更方便的事情,同时又能够清楚地知道自己的衣服是否进行了专业的清洗。在这样的客户目标驱动下,e袋洗推出了线上下单、免费配送、按袋洗涤的O2O新模式。e袋洗的目标是做洗衣加盟商和用户之间的中介平台,平台不拥有一家洗衣店,却可以为成千上万的用户提供最优质的洗衣服务。

e袋洗推出了微信下单方式,用来拓展自己的洗衣业务,这是其进行企业转型之初做的第一件事。客户通过微信公众号下单,并且预约取送时间和地点。在约定的时间和地点,e袋洗提供上门取送服务。洗衣完成后,配送人员还会及时将衣服送上门,同时洗衣的全程都可以在平台进行跟踪查看。而目前e袋洗为了方便用户下单,已经形成微信账号、手机客户端、网站三方都可以进行下单的线上操作平台,使得用户足不出户就能享受到洗衣服务。晚上12点之前都可以进行取送服务,这大大满足了正常上班族的洗衣需求,同时也解决了传统洗衣门店前停车困难的痛点。

而针对用户对于洗衣具体环节的担忧,在引入用袋计费的方式之后,e袋洗取消了现场检查衣物的环节,取送人员直接封签,等衣物送达洗涤现场,工作人员拆封、检查,全程录像并保存。通过互联网技术,洗涤清单会通过微信发送给客户,若衣物有问题,则会向用户反馈,荣昌洗衣免费处理;相对复杂的问题,荣昌洗衣会和用户协商共同处理。

在线下配送体系的建设方面,其配送队伍以自建物流为主,第三方物流为辅。而在自建物流队伍中,其主要布局小区"众包模式",以社区为单位,每个社区招募1~2个配送员负责方圆2千米的小区衣物取送,保证用户在下单后能在48分钟内上门取衣,而这些配送员便是"小e管家",是企业布局社区共享平台的分散核心。

目前,e袋洗已经构建了"用户—小e管家—智能洗护厂"的智能洗护商业闭环,服务拓展至洗衣、洗鞋、洗窗帘、洗家纺、高端服饰洗护、奢侈品皮具养护等多个品类。2018年,e袋洗实现了全面盈利。2019年,在全面盈利的基础上,e袋洗将实现收入规模超100%的增长。此外,e袋洗和百度AI部门合作重塑升级智能洗护供应链体系,通过采用图像视觉识别技术实现洗护工厂的智能分拣,可以自动识别记录衣物的品牌、型号等数据信息。e袋洗还采用了领先的RFID技术实现衣物洗护各环节数据实时记录,并采用国际领先的运作模式,实现洗护全流程的高度自动化。通过一系列智能化改善,e袋洗实现了时效提升超100%、洗护成本下降超50%的目标。从传统的洗衣行业转型到物联网企业,e袋洗所做的努力和获取的成绩是有目共睹的,未来随着e袋洗和服装服饰企业的跨界合作,数据应用则会有着巨大的潜力,在产业互联网构建,衣物服饰的售后养护、以旧换新、二手交易和个性化定制等都存在巨大的市场。

资料来源:刘欣怡.e袋洗:社区共享经济与众包模式的先行者[J].现代商业,2017(11):31-32.

问题:

1. e袋洗的创始人张荣耀在创业之初是如何设计商业模式的?
2. e袋洗的商业模式有哪些创新之处?假设你是一位创业者,请根据商业模式设计的方法对你的创业项目进行设计。

参考文献

1. 乔为国.商业模式创新[M].上海:上海远东出版社,2009.
2. 原磊.国外商业模式理论研究评介[J].外国经济与管理,2007(10).
3. 郭小平,祝君红.创业营销[M].北京:清华大学出版社,2010.
4. 王子阳,魏炜,朱武祥.组织激活与基于商业模式创新驱动的管理工具构建——海尔集团董事局主席张瑞敏的管理之道[J].管理学报,2019(12).
5. 丁旭,莫晔.创新创业教程[M].北京:清华大学出版社,2019.
6. 史君英.运用FAB法则成功推销自我——谈营销专业学生的求职自荐[J].商场现代化,2007(9).
7. 徐燕,戴菲.分享经济下在线短租商业模式画布创新研究——基于小猪短租商业模式与途家短租比较分析[J].价格理论与实践,2019(6).
8. 贺俊英.大学生创业基础与实训教程[M].北京:高等教育出版社,2010.
9. 陈又星.创业基础[M].北京:高等教育出版社,2016.

第八章 创业计划

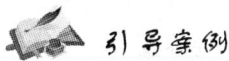

苹果公司的创业计划(节选)

苹果公司(Apple Corp)创立于 1976 年 1 月。1977 年 1 月,该公司由合伙制转为注册公司。截至 2020 年,其市值接近 2.3 万亿美元。苹果公司在发展历程中,推出了多款划时代的产品,如 Macintosh、Imac、Ipod、Ipad、Iphone 等,但是,你知道吗?苹果公司在创立初期,得益于一份创业计划的帮助,史蒂夫·乔布斯(Steve Jobs)成功获得了 25 万美元的风险投资,苹果公司由此走上了快速成长的轨道。

以下内容和图表节选自该份创业计划。

1. 企业简介

苹果电脑公司(以下简称"苹果")于 1977 年 1 月 3 日在加利福尼亚州注册成立。公司销售非商用的个人电脑、相关配件和软件产品(注:非商用是指那些不特定地在严格的商业环境中的应用。例如,卖给一个五金商店用来管理库存和记账的电脑就被认为是商用;而一个医生在家里备一台电脑用于更新、存储处方数据且这些数据不直接用于开单收费的,就可以被视为非商用;基于爱好、娱乐、教育和常规家用之列都可被视为非商用)。

在创建苹果公司之前,Steve Jobs 和 Steven Wozniak 合作设计、生产了第一代苹果电脑,从 1976 年 1 月到 1977 年 1 月苹果公司正式注册成立之前,共售出了 200 台第一代苹果电脑。

苹果现在准备生产第二代苹果电脑,这是第一代电脑的升级版。预计在 5 月下旬可以发售。

苹果还正在全国范围内建立零售网点,目前已有 180 家零售网点。我们正在与分销商们探讨如何建立独家授权的销售体系。

2. 市场预测(见图 8-1)

3. 组织结构(见图 8-2)

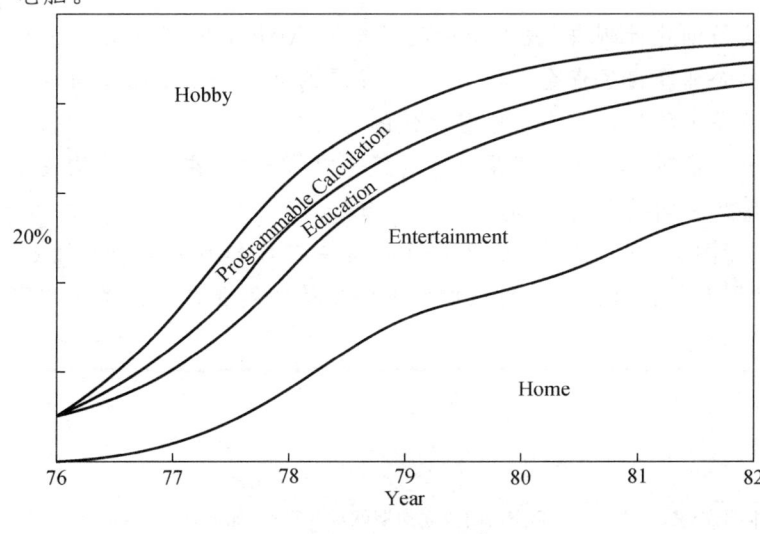

图 8-1 市场预测图

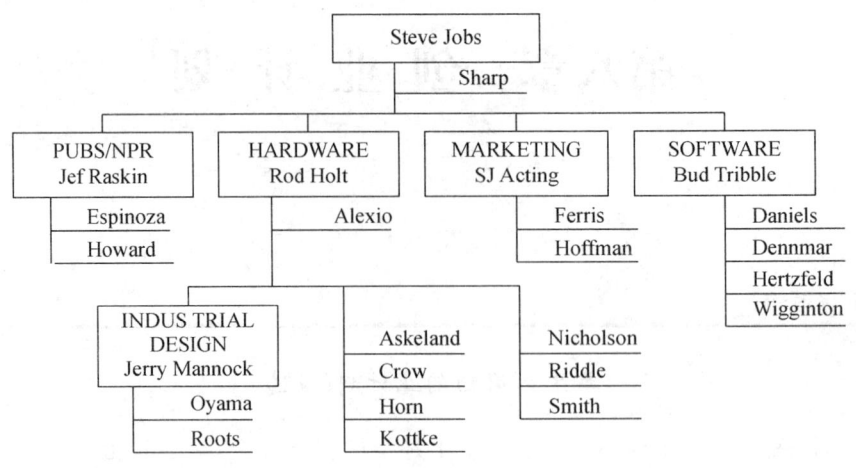

图 8-2　组织结构

4. 财务敏感性分析（见表 8-1）

表 8-1　不同零售定价对应的营业利润表

Macintoshi 零售价格	995 美元	1 095 美元	1 195 美元	1 295 美元	1 395 美元	1 495 美元
经营利润（假定 40% 的销售成本和 400 美元的固定成本）	197 美元	257 美元	317 美元	377 美元	437 美元	497 美元
营业利润率	33%	39%	44%	49%	51%	55%
销售利润率（假定 800 美元的出厂价）	20%	27%	33%	38%	43%	46%

资料来源：本案例系作者根据苹果公司创业计划书改编。

案例解析：苹果公司凭借这份创业计划书，成功申请到了包括 Arthur Rock[①] 在内的风险投资家的支持，使成立不久的企业获得了资金，有了进一步发展的动力。正是基于对电脑市场前景的正确分析和预测，苹果公司抓住了个人电脑时代的巨大机会，成为开拓者和领导者。同时，这份创业计划在很长一段时间内都对苹果公司的经营有指导性，在组织结构最上层的史蒂夫·乔布斯，一直是苹果公司的灵魂人物。

那么，创业计划到底在创业过程中发挥何种作用？一个创业者应该如何编制创业计划？成功吸引到风险投资的创业计划有何特点？创业者该如何推介自己的创业计划？本章内容将围绕这些问题展开，给出解答。

---

① Arthur Rock 是硅谷第一代风险投资家，曾在许多 IT 公司的成立初期就对其投资，如英特尔、苹果、Scientific Data Systems 公司等，之中很多在后来成长为 IT 巨头，因而 Arthur Rock 被称为 20 世纪最伟大的风险投资家。

第一节 创业计划的概念与作用

8-1 创业计划的含义与作用

一、创业计划的概念

创业计划又称商业计划(business plan),它是创业者用来说明某一产品、服务或技术与市场中的机会相匹配,创意具有可行性,以及创业者会采取哪些行动将机会转化为一家盈利企业的书面文件。创业计划是创业的行动导向和路线图,既为创业者行动提供指导和规划,也为创业者与外界沟通提供基本依据。

创业计划的产生有很长的时间。美国学者 Tim Berry 曾借助"谷歌全球书籍词频统计器"(Google Books Ngram)来研究创业计划的历史(见图 8-3)。从 1940 年代开始,得益于创业活动的频繁发生,以及风险投资机构的发展,创业计划的相关书籍也开始大量涌现,特别是 20 世纪 80 年代以后,创业计划已成为风投机构筛选投资机会的重要参照物,人们更加关注创业计划的制订,其热度不亚于风险投资本身。现如今创业计划已成为一项惯例,倘若创业者要向金融机构申请贷款,或者争取风险投资公司的投资,那么,制订创业计划就是一个必要条件。完善的创业计划对于创业者来说,至少具有反映其创业能力的象征意义,因而有利于企业获得认可,并对它们的生存和发展产生直接影响。

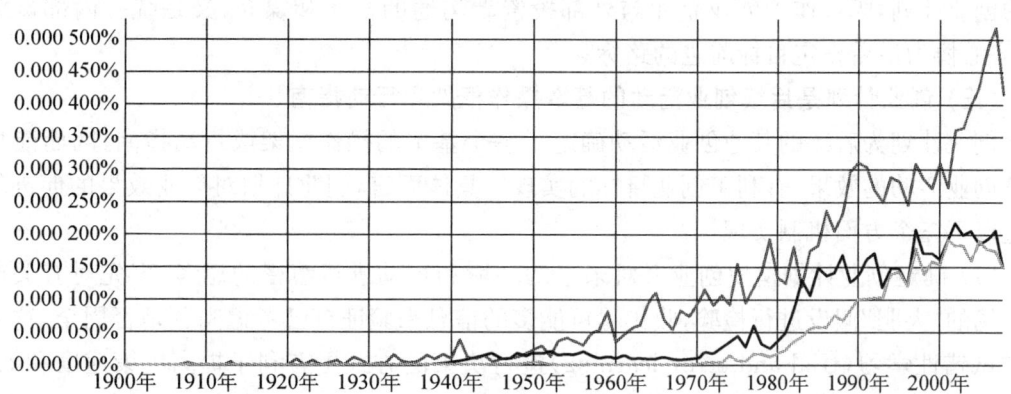

注:图中三条线自上而下分别为创业(entrepreneurship)、风险投资(venture capital)和创业计划(business plan)。

图 8-3 创业计划的历史

二、创业计划的作用

撰写创业计划书主要有内部和外部两个方面的原因。对企业内部来说,撰写创业计划书可以促使创业团队一起深入分析创业过程中的各个细节问题,这不仅为创业计划提供强有力的解释,还为今后的创业活动提供指导和规划;对企业外部(如投资者)来说,撰写创业计划书可以与外界进行创业价值方面的沟通。基于上述两个方面的原因,创业计划的主要作用具体体现在以下几个方面。

(一)撰写创业计划能迫使创业者系统思考创业各要素

从发现一个机会产生创意,到企业正式营业,以及后续创业企业的成长和管理,整个过

 创业基础

程要处理纷繁芜杂的影响变量。正如美国俄亥俄州戴顿大学创业研究中心的 Robert Chelle 所言:"商业计划必须受到重视。创业之路如同航行在大海之上,漫无边际,深不可测,所以必须认真调查,花费时间,制订合理的商业计划。"如果缺乏计划,创业者很容易迷失方向,自身的时间与精力等也不能有效分配,这些会直接降低创业成功的概率。而完成一份精心设计的商业计划,创业者通常需要花费数月的时间,在这全身心投入的过程中,创业者能全面审视原有商业概念的可行性,找到潜在的风险点,而不是等到开门营业出问题后,再想方设法予以补救。风险投资家 Eugene Kleiner 曾如此评价撰写创业计划的作用:"如果你想踏踏实实地创业,那就写一份创业计划吧,它能迫使你进行系统地思考。有些创意可能听起来很棒,但是当你把所有的细节和数据写下来的时候,它自己就崩溃了。"

(二) 创业计划书可用于企业的推销性文本

创业计划书可以作为企业向潜在投资者、供应商、员工和其他人等进行介绍的文本。在当今商业界,创业企业若想从外部获得资金,一份完整的创业计划是必不可少的,风险投资家几乎毫不例外地根据创业计划来做出投资决策。有研究表明,拥有创业计划和新创企业获得投资之间存在正相关关系[①]。作为一种宣传性文本,创业计划有助于帮助企业家建立可信度,与那些没有计划的创业者相比,拥有者能体现出更高的创业决心和承诺。从企业雇员的角度来看,一份清晰的创业计划,对企业的使命和愿景都做出了陈述,无论对于管理者还是普通员工来说,它都十分重要,有利于形成一个强大的、充满凝聚力的团队。一份高质量的创业计划,既可作为创业企业与外部投资者沟通的桥梁和媒介,又是统一内部员工思想,齐心协力沿着设定目标前进的路标[②]。

(三) 创业计划是后续创业活动的基本操作框架和行动指南

创业计划为后续的其他创业活动确定了一个基本的操作框架或行动指南,因而能显著提升创业活动的效果,有利于创业目标的实现。具体而言,创业计划对创业效果的促进作用通过以下三个方面机制实现:

(1) 确定创业计划迫使创业者对未来的环境和行动进行缜密的思考,事先对有关产品和市场的"大胆"假设进行检验,收集尽可能多的信息来验证自己考虑问题是否周全,这要比通过试错性学习(trial-and-error learning)进行决策的方式更有利于提高决策速度和效率,避免由于在信息不充分条件下错用资源而造成的浪费。

(2) 制订创业计划必然要求创业者对未来的资源需求和来源进行规划,比较准确地估计资源需求在创业过程不同阶段的变化情况,及时满足各阶段的不同资源需求,从而能帮助创业者避免在创业过程中因资源筹措不及时而贻误创业良机。

(3) 制订创业计划必然要求创业者为不同阶段设定具体的目标,并且制定实现目标的行动步骤,因而有利于创业者在实现创业目标的过程中开展方向明确的活动。尤其重要的是,创业计划可以帮助创业者避免从事那些有可能偏离目标的活动,并且在创业行动偏离既定目标时帮助创业者尽快找出原因,迅速采取纠正措施。

---

① Van Auken H E, Neeley L. Pre-launch preparations and the acquisition of start-up capital by small firms[J]. Journal of Developmental Entrepreneurship, 2000(2): 169-182.
② 贺尊.创业计划书的撰写价值及基本准则[J].创新与创业教育,2012(5):77-79.

(四) 创业计划对新企业业绩有正向促进作用

部分研究证据支持创业计划对新企业业绩有正向作用。南开大学商学院的薛红志和牛芳两位学者归纳整理了国外研究的相关成果[1]，例如，Lyles(1993)对正式计划进行的一项比较研究显示，制订并实施正式计划的创业企业能够做出更加有效的决策、提高销售收入并获得竞争优势。Miller和Cardinal(1994)对26项公开发表的研究成果进行了元分析，结果表明计划和绩效之间存在正相关关系。Delmar和Shane(2002)考察了223家创建不到30个月的瑞典企业，也发现那些创业者在创业早期制订创业计划的企业其生存率要高于那些没有制订创业计划的企业。Delmar和Shane(2004)还发现，制订创业计划与新企业生存之间存在显著的正相关关系，创业者在同顾客建立关系或发起营销与促销活动之前就制订创业计划，能大幅度降低创业失败率。

全球著名咨询公司麦肯锡曾如此评价创业计划："一份创业计划详细地阐述了一项业务的整体创业理念，它对经济环境、设定目标、所需资源都进行了准确的概括。创业计划迫使创业者对其创意进行系统的思考，它指出了知识缺口，要求创业者做出决策，并促使一个结构合理且重点突出的战略的形成。在准备创业计划的过程中，会不断产生出不同的方案，应对其一一进行评估，找出各自的缺陷。在对形势进行清楚的分析之后，创业计划就成为解决问题的一个非常重要的工具，并且会极大地提高效率和效能。"

三、优秀创业计划的特征

创业计划的一个重要目的是吸引外部投资，那么，什么样的创业计划能获得风投的支持呢？宾夕法尼亚大学沃顿商学院教授MacMillan和纽约大学教授Narasimha对成功吸引到投资和未获得投资的创业计划进了比较，总结出下列几项关键点[2]：

(1) 好的创业计划应具备全面完整的结构。企业家在创业计划中不能过分强调某一职能而忽视其余职能，无论是营销、运营、财务还是管理等，它们都关系到创业企业的战略落实和最终的经营绩效，因此，好的创业计划在各项职能的着墨上应保持均衡。

(2) 好的创业计划应体现出创业者对业务的精通和专业性。尤其对于编制的财务报表，各项目应有充分细致的解析。特别对于同类的子项目间，数字的量级不同出现太大差异。例如，在一份创业计划的损益表中，费用类条目作者列出了两项，一项是1 000万美元的制造费用，另一项是100美元的宣传邮寄费用，两者相差十万倍，这会让风险投资者感觉创业者并不专业，没有分清主次。

(3) 好的创业计划应建立在合理预测的基础上，并非越乐观越好。这是因为，预测的结果越乐观——比如有高达50%的净利润率，越会引起风投者对创业计划可信度的怀疑，引起这一感觉对一份创业计划来说可是致命的，所谓"一着不慎，满盘皆输"，创业计划其余部分的论述也可能被全部否定掉。那么，什么样的经营业绩是风险投资者所能接受的呢？一般来说，风投机构都会有一个业绩窗口(performance window)，低于或者高于该业绩区间的创业计划都很难获得风险投资。前者主要是因为收益过低，不值得冒险；后者

---

[1] 薛红志，牛芳.国外创业计划研究前沿探析[J].外国经济与管理，2009(2):1-7.
[2] MacMillan I C, Narasimha P N. Characteristics distinguishing funded from unfunded business plans evaluated by venture capitalists[J]. Strategic Management Journal, 1987(6): 579-585.

主要是因为可信度较低。以总资产收益率这一业绩指标为例,根据调查,其窗口的中位数约在 30%。

延伸阅读 8-1

成功创业计划的撰写形式

1. 成功的创业计划最吸引人的是它清楚的结构

投资者应当能够在方案中找到他们所关注的问题的答案。投资者应当很容易找到他们特别感兴趣的话题,这就要求创业计划必须有一个清楚的结构,使投资者能够灵活地选择他们想要阅读的部分。说服投资者的不是分析和数据的多少,而是叙述的组织结构和基本观点的集中程度。因此,任何能使投资者感兴趣的话题,都应该进行充分而准确地论述。在一般情况下,创业计划的合适长度大约在 30 页左右。

2. 成功的创业计划应当让技术上的外行也能读懂

一些创业者相信,他们可以用丰富的技术细节、精心制作的蓝图和详细的分析给投资者留下深刻的印象。事实上,只有在极少数情况下会有技术专家详细地评估这些数据。在大多数情况下,简单的说明、草图和照片就足够了。如果方案中必须包括产品的技术细节和生产流程,你应当把它们放在附录里。

3. 成功的创业计划应当有前后一致的写作风格

在一般情况下,一份创业计划会有几个人合作完成,最后,必须对这个创业计划方案进行整合,以避免整个方案风格不一、分析的深度不同,像一块打满补丁的破被子。考虑到这个因素,创业计划最好由一个人负责最后编辑和定稿的工作。

4. 成功的创业计划就是一张名片

创业计划应当有统一的版面格式。例如,字体应当与文章结构和内容保持一致;插入的图表应力求简洁;可以考虑使用印有公司徽标(未来的)的文头纸。

四、创业计划的前期准备

撰写创业计划的前提是要有好的商业创意,如果没有选好创意,创意本身没有价值,再漂亮的创业计划也是"无本之木,无水之鱼"。开始撰写之前,创业者需要完成两个准备步骤:一是创意的形成;二是创意的筛选。

创业者该如何发掘商业创意?管理大师彼德·德鲁克对此有系统分析,提出了商业上创新的七大源泉①。首先,从公司和行业的角度看,创意来源包括意外事件(unexpected occurrences)、不一致性(incongruities)、流程需要(process needs)、行业与市场结构的变化(industry and market changes);其次,从更宏观的社会环境视角来看,创意来源还包括人口结构的变化(demographic changes)、社会观念的改变(changes in perception)、新知识的产生(new knowledge)等。

---

① Drucker P F. The discipline of innovation[J]. Harvard business review, 1985(3): 67.

（1）意外事件最容易促发创意，因为它提供了一种特别经验，不再司空见惯，因而容易引发新的想法。例如，Thomas Watson 在创建 IBM 公司初期，就因为两起意外事件，为这家企业制定了正确的发展道路。第一起事件是在 20 世纪 30 年代，IBM 公司成功研制出了一款名为"现代会计处理器"（modern accounting machine）的数据存储和管理的设备，原计划用于金融机构，但由于当时遭遇严重的经济危机，银行业采购极少，在 IBM 公司一筹莫展之时，纽约市图书馆向其订购了 1 台设备。这一意外事件给了 Thomas Watson 很大启发，因为当时罗斯福总统正实行新政，图书馆获得了很多财政拨款，IBM 公司及时调整了销售对象，最终向各地图书馆卖出了 100 多台设备，从而挽救了 IBM 公司。第二起事件是发现计算机在商业领域有广泛的应用前景。在 IBM 公司成立后的很长一段时期内，数字处理领域的领头羊是通用自动计算机公司（Univac），当时，人们普遍认为计算机是给高级科学家在研究时使用的，当企业界发现这种仪器在管理工资方面也很有效时，Univac 公司非常藐视这种需求，但 IBM 公司意识到，这是一个未曾预料的机会，他们以 Univac 公司的设计为蓝本，着眼于企业界的使用重新设计，5 年后，IBM 公司成为计算机行业的老大，直到现在还是领导者之一。

（2）不一致性是指事物中存在的逻辑或者外在表现上的矛盾，与人们假想的"应该"状态相冲突。例如，历史上航运业曾出现过一个怪现象——那些努力提高船体规模、开行速度、降低单位能耗的海运公司，得到的结果不是更多的利润和回报，反而是死得更快。详细研究才发现，海运的主要成本并非"航行在海上"而是"停泊在港口"，高昂的停靠费吞噬了高效率运输公司的利润，在发现这一关键症结后，航运企业积极创新，开发出了集装箱船与滚装船等新型的解决方案。

（3）流程需要是指针对一个行业已存在的程序，替换薄弱环节，用新知识重新设计流程。例如，报纸业的繁荣就得益于这一方面的创新，报纸的销售模式由过去的读者付费转向广告主付费，大大提高了报纸的销量和出版商利润。又如，在纽交所上市的中国快餐连锁店——乡村基，一方面继承了传统菜肴的特色，另一方面借鉴麦当劳、肯德基等快餐巨头的中央厨房模式，将制作流程标准化，大大降低了客户的等候时间，提高了菜品质量稳定性。

（4）行业与市场结构的变化是由于一些新参与者的加入，其规模和实力可能与原有在位者不同，因而也有截然不同的需求。华尔街的弄潮儿 Donaldson, Lufkin & Jenrette 经纪公司（以下简称"DL&J 公司"），是由三位刚从哈佛商学院毕业的学生于 1960 年创办的，他们凭借敏锐的洞察力，发现金融市场的参与者逐渐转为机构投资者，这些机构投资者拥有庞大的资金量，不同于个人投资者，他们对高质量的研究报告有极强的需求，由此出发，DL&J 公司开创了出售研究报告和佣金分仓的卖方业务。

（5）人口结构的变化是指人口数量、年龄分布、教育程度和人口地理分布等人口统计学要素的改变。这种变化能带来很多创业机会，而且这种人口趋势的改变具有很高的可预测性。根据我国在 2010 年开展的人口普查工作，中国人口结构正由金字塔形向纺锤形转变（见图 8-4），这引致了很多新的商业机会。例如，4-2-1 的家庭结构，大大提高了婴幼儿用品市场的繁荣，以及养老健康产业的发展。

（6）社会观念的转变是指社会文化与风俗习惯的改变，或者引导人们选择不同的参照物，进而触发某些产品与服务需求，产生创业机会。例如，我们在医疗保健上有了很大的进

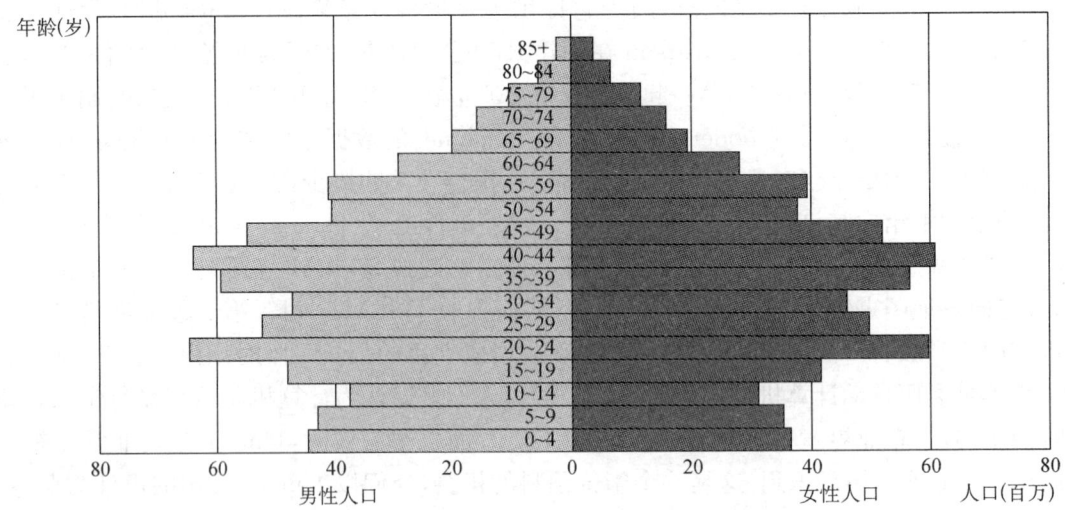

图 8-4　中国人口的年龄分布状态（2010年普查数据）

步,平均寿命大大超过前人,很多医疗用品(包括药物、保健品、养生杂志、医疗器械等)方面的创新层出不穷。支持这类创新的秘诀在于:消费者不断被强化要以"永生"为参照标杆,还有很多方面需要完善与改进,以此刺激保健需求。

(7) 新知识的产生对创新贡献很大,大多数创业者都希望利用新技术、新知识而产生创业点子,但这类创新不稳定,难以掌控,有时需要很长的时间和机遇,才能将新技术转化为可盈利的产品。例如,计算机的发明需要具备六大类新知识——二进制运算、机器计算理论、数据的存储与调用、三极管、符号逻辑概念和编程思想,尽管所有必要的知识在1918年就已经齐备,但是直到1946年第一台能够运行的数字电子计算机才问世。

围绕以上创新的七大源泉,创业者可进一步采用创意方法形成具体的商业创意,常用的方法包括头脑风暴、焦点小组、图书馆与网络调查等。

头脑风暴(brain storming)是最常见的形成商业创意的方法。头脑风暴是一个形象的比喻,是指为了解决一个问题、萌发一个好创意,集中一组人按照特定的方法和规则,来同时思考、分享和完善解决问题的方案。通常小组领导请参与者分享他们的创意,一个人说出自己的创意后,另一个人对此做出回应,其他人对回应做出回应,如此反复。由于会议使用了没有拘束的规则,人们就能够更自由地思考,进入思想的新区域,从而产生很多新观点和问题解决方法。当参加者有了新观点和想法时,他们就大声说出来,然后在他人提出的观点之上建立新观点。所有的观点被记录下但不进行批评。只有头脑风暴会议结束的时候,组织者才对这些观点和想法进行评估。头脑风暴的特点是让参会者敞开思想,使各种设想在相互碰撞中激起脑海的创造性风暴。头脑风暴可分为直接头脑风暴和质疑头脑风暴。前者是在专家群体决策基础上尽可能激发创造性,设想尽可能多的方法;后者则是对前者提出的设想、方案逐一质疑,发行其现实可行性的方法,这是一种集体开发创造性思维的方法。

焦点小组(focus group)又称小组座谈法,是指采用小型座谈会的形式,一般由对议题感兴趣的5~10人参与,在一个经过训练的主持人引导下,以一种无结构、自然的形式进行交谈,从而获得对有关问题的深入了解,帮助形成商业创意的方法。焦点小组是否有效,很大程度上依赖于主持人提问和引导讨论的能力,让小组围绕"焦点"进行思考和发言。借助焦点小组,通过集体讨论的双向反馈能使问题明朗化,焦点小组作为头脑风暴的后续,效果会更好。焦点小组一般用于对初步设想的商业创意进一步修正、完善与细化,必要时可通过民主投票的方式解决争论,确定出建议方案。

图书馆与网络调查适用于对设想的创意在更广的范围内进行评估。大量的图书馆与网络调查可以使人们对创意有更深刻的了解,从而使模糊的创意得以完善。在形成商业创意时,人们对图书馆的利用往往不足,实际上,有很多专业杂志、商业期刊、产业报告等,会对行业内存在的问题和机会进行分析,简单浏览几期就能启发创意,而且这些专业的评估分析报告,能帮助人们发现一些创意的缺陷,给出的预测和建议有助于进一步完善最初的想法。

创业者在形成商业创意、进行正式的创业计划撰写之前,还需执行一个关键步骤——筛选创意。欧洲工商管理学院的两位教授 Chan Kim 和 Renee Mauborgne(他们也是《蓝海战略》一书的作者)给出了一个评判商业创意的有效框架——消费者效用改进表(见表 8-2)。

表 8-2 消费者效用改进表

效用	购买	支付	使用	部件更换	维修	废弃处理
提高客户效率						
简单易用						
方便快捷						
安全无风险						
趣味性形象						
环保						

表 8-2 中,横向标题栏是对消费者消费的整个流程体验进行分解,纵向标题栏是企业所能提供给客户的效用抓手。消费者的体验周期可分为六个阶段,从商品的购买一直到最终的废弃处理,而每一个阶段又包括一些更加细微的体验。例如,到沃尔玛采购,既包括搜寻商品的过程体验,又包括结账离开的体验。效用抓手是企业凭此能提高客户效用的方式和途径,例如,某些产品和服务产生的效用是提高了客户的工作效率,像谷歌、百度等所开发的搜索引擎工具。借助消费者效用改进表,我们可以根据一项商业创意在 36 个格子中所占的数量,来评估其创新程度,以及相较于现有解决方案的前景优势。好的商业创意可能是在原有消费阶段上增加新的效用,也可能是把效用抓手作用于新的阶段,甚至在新的消费阶段带给客户新的效用。

五、创业计划中的市场调查与信息搜集

成功的创业计划需要挖掘出市场尚未发现的消费者需求,或是在满足消费者某种需求过程中其他商业机构失败的原因,并制定出行之有效的商业方案,将未得到有效满足的消费者需求转化成良好的商业前景。要做到这些,创业者需要更加深入地理解市场环境,理解消费者的需求,总结当前市场的不足之处,制订的商业计划才能更有针对性和可行性,这就需要进行详尽的信息搜集,对市场做充分的市场调查。信息搜集得越丰富,市场调查得越充

分,创业者对市场需求的理解才能更深入,创业过程中的不确定性环节才能得以减少,创业的成功率才能得到保障。

因此,为确保创业的成功,创业者在准备创业计划阶段需要明确市场调查目标,制订完备的市场调查方案,进行充分的市场调查,收集详尽的信息,这样才能在制订创业计划的过程中,做到心中有数、有的放矢,避免创业计划的盲目性或不切实际。可以说,市场调查是创业计划的初始任务,也是重要组成部分,而信息搜集是完成市场调查的手段,也是支持创业决策的依据。

(一)围绕创业计划开展的市场调查

市场调查是各种商业活动中经常开展的行为,如在进行产品营销和品牌推广等活动时也需要进行市场调查。但是其他商业活动的市场调查可以视为是在既往商业成果的基础上对市场的审视、分析与挖掘,围绕创业开展的市场调查则是在前期商业成果零基础上,为了突破现有资源的约束,创造出新的价值形态,实现从无到有而对市场开展的审视、分析与挖掘,因此创业计划中的市场调查在调查原则上和调查内容上有其自身的特色。

1. 市场调查的原则

(1)客观性原则。较之已长期运营的成熟企业管理者对于市场具有深刻认识,创业者往往是以高度的热忱开始创业,可能存在对市场的客观性认识不足的风险。因此,在进行市场调查过程中,创业者需要告诫自己必须以中立的视角客观地看待市场,审视市场,以客观公正的调查结论为依据支持后续决策,避免以主观情绪替代客观认识,以先入为主的看法替代客观调查结果,防止在创业之初就犯下方向性错误。

(2)系统性原则。较之已长期运营的成熟企业管理者对于所处的经济的宏微观环境、产业链的上下游协同具有丰富的经验,创业者往往对某一领域具有特殊的深入认识、独特技能和强烈偏好,但缺乏与该领域相关的其他商业领域或相关产业链环节的认识,导致局部理解相对深入(非系统性风险理解充分),全局认识相对浅薄(系统性风险理解不充分)。创业者需要认识到自身这一缺陷,在进行市场调查时不能仅仅就事论事,只对将要涉及的商业领域进行调查,还需要对具有产业关联性的市场及企业情况进行调查,强化市场调查的全局观和系统性,加深对系统性风险的理解,避免未来其他关联性市场的波动给自身商业运作带来的风险。

(3)明确性原则。较之已长期运营的成熟企业管理者而言,创业者承担运营失败的能力更弱,因此对市场的调查结论应更明确,不确定性或模糊不清的因素占比应更低。如果无法获得明确结论,或者为获得明确结论所需的成本太高,创业者应考虑当前进行创业的时机是否合适。

(4)经济性原则。较之已长期运营的成熟企业管理者而言,创业者尚处于创业期,掌握的营运资金和其他资源有限,因此市场调查必须强调以尽可能低的成本追求尽可能好的调查效果,强调调查方法的性价比,成本高昂的调查方法不应在考虑范围之内。因此,创业市场调查的方法和步骤需要精心设计,既要保证调查结论的明确性,又要降低调查成本。

(5)时效性原则。较之已长期运营的成熟企业管理者具有稳定的市场份额,创业者需要独辟蹊径,从竞争激烈的市场中寻觅转瞬即逝的商机并即刻付诸于行动,才能打开局面,获得市场份额,站稳脚跟。因此创业市场调查必须紧跟市场行情,信息需要及时更新,做出的结论和建议需要具有即时操作性,并且能够不断反馈最新动态,指导创业者及时做出部署以及后续调整,才能从既有的市场在位者手中获得市场份额。

2. 市场调查的内容

创业市场调查的内容主要是寻找创业方向、创业区域和创业模式。

(1) 为创业寻找适合的方向。创业的方向可以从消费者需求调查和市场环境调查两个方面入手。两者相互交织,相辅相成。

为确定创业的方向,创业者可以先从消费者的需求入手,挖掘消费者的有效需求。而这种有效需求又可以分为消费者已切实产生需求感受而当前市场却无法有效满足的现实需求,以及消费者尚未形成需求感受但可以通过消费引导产生的引致需求两种。

对于第一种消费者需求,由于消费者有需求而市场无法满足,因此这类需求的调查重点应放在市场宏观环境调查上,创业者应着重调查当前市场无法有效满足的原因,以及该领域先行者的经验教训,衡量自身是否具有解决问题、更好地满足需求的能力,进而决定是否进入。市场宏观环境调查可以通过 PEST 调查(即指对创业项目面临的政治、经济、社会和科技四个方面环境进行调查)展开。

对于第二种消费者需求,由于属于潜在的需求,因此在进行市场调查时创业者应充分调查消费者的心理期望、消费者的潜在需求量及对价格的敏感性、可能的竞争对手或替代品、市场准入的门槛等方面的情况,进而决定是否进入。这类需求的调查重点应放在行业环境调查上,可以借助波特五力模型展开调查,利用供应商的议价能力、购买者的议价能力、潜在竞争者入侵、替代品威胁、行业内现存竞争者的竞争能力五方面因素来分析创业项目所在行业的竞争特征和产业吸引力。

(2) 为创业寻找适合的区域。为确定创业的理想区域,市场调查应着重进行市场份额的分布状况调查。一般而言,在创业目标领域的市场份额集中程度高的区域,进行创业的难度要高于市场份额集中程度低的区域,因此市场调查应寻找市场份额集中程度低的区域,避免在市场份额集中程度高的区域与在位者开展激烈竞争。

(3) 为创业寻找适合的运营模式。为确定创业的理想模式,创业者应着重对意向区域的相应领域或相近领域的企业运营管理及销售模式进行调查,归纳总结现有企业运营管理及销售模式的类型、优点和缺点,避免简单复制,争取实现推陈出新,最终形成自身独特的、行之有效的竞争力。

3. 市场调查的步骤

在确定了市场调查的原则和内容之后,创业者即可开展市场调查工作。创业市场调查应遵循如下步骤:

(1) 市场调查的准备。本步骤需要明确市场调查的对象、区域、目的,开展初步的市场摸底,收集基本信息和数据,评估后续市场调查的工作量、所需时长及费用,为设计市场调查方案打下基础。

(2) 市场调查的设计。本步骤需要根据市场调查准备阶段收集的基本信息和数据、完成市场调查的时限、开展调查所需的费用以及可提供的预算等先决因素,明确调查方法,设计可行的市场调查方案。方案的设计要科学性和灵活性兼具。所谓科学性,是指市场调查的方案必须合理且切实可行,不能不符合实际而导致调查无法实现和完成;所谓灵活性,是

指市场调查的方案在预算、时限、备用方案等方面留有余地,一旦遇到市场情况有所变化,可以继续进行市场调查而不至于立即停止。

(3) 市场调查的实施。当设计出市场调查方案后,市场调查就进入了实施阶段。在实施阶段过程中,调查者应具有责任心和严谨的精神,对于所调查对象的实际信息进行认真细致的收集和整理,确保获得调查所得的信息和数据保持准确性、连贯性和完整性。

(4) 市场调查的调整。市场调查方案并非一旦制定后就一成不变,不可更改。如果在调查过程中发现实际情况有所变化,调查者应根据实际情况的变化进行针对性的调整。如果市场的变化程度超出设计方案预留的余地,调查者应根据实际情况的变化,决定是否需要调整调查对象、调查方法、调查时限和调查预算等方面,必要时可以考虑停止市场调查,选择更合适的时机。

(二) 市场调查中的信息搜集

1. 信息搜集的途径

信息搜集的途径主要有两种:直接途径和间接途径。

(1) 直接途径是指与被调查对象产生直接联系,通过访谈、观察、实验等方法获得所需信息和数据。直接途径的优点是获得的信息和数据是一手的,不存在信息失真和滞后,在调查方法合理的前提下可以获得准确的结果;缺点是成本高,费时费力,信息和数据的有用性受调查方案、收集方式和被调查对象的配合程度的影响。

(2) 间接途径是指不与被调查对象产生直接联系,通过收集、加工互联网、出版物、媒体等各种媒介资料获得所需的信息和数据。间接途径的优点是比直接途径省时省力、成本低,可以通过数据分析获得理想的分析结果;缺点是获得的信息和数据是二手的,存在不同程度的信息失真和滞后,如果程度比较严重,即便分析的方法是正确的,分析的结果仍然是失真的。

针对信息搜集的两种途径,现实中开展市场调查时,调查者往往需要两种途径的信息搜集同时开展,互为补充,相互比对,实现信息搜集在保证完整性和准确性前提下的经济性。

2. 信息搜集的方法

根据信息搜集的两种途径,信息搜集的方法可以分为访谈法、观察法、实验法和推断法。

(1) 访谈法是指通过面对面交流、电讯交流、问卷调查等方式获取所需的信息和数据的方法。该方法需要调查方与被调查方之间能够形成高效、准确、客观的信息交流效果,因此注重交流的技巧。

(2) 观察法是指调查方对被调查方进行直接的观察并记录所需的信息和数据的方法,该方法要求被调查方的行为不会受到调查方观察行为的影响,能够保持客观一致性,且调查方的观察和记录的方法是科学合理且持续连贯的。

(3) 实验法(直接途径)是调查方通过现场实验(对被调查方进行实验,以实验时获得的信息代替既往的信息)、替代实验(对具有高度相似性的对象进行实验,以实验时获得的信息代表真实的被调查方的信息)或实验室实验(模拟被调查方的行为,从模拟行为中获得的信息代表真实的被调查方的信息)的方法。实验法适用于在取得被调查方一手的即时性信息有困难时的情景,由于三种方法对应的困难程度依次递进,因此对偏差的可容忍程度也依此递进。

(4) 推断法(间接途径)是指通过对政府主管部门发布的信息、各类统计资料、各种媒介获得所需的信息进行数据处理和统计分析,获得相应结论的方法。推断法适用于由于主客观原因没能或无法对被调查方进行直接的信息搜集,只能依靠第三方的信息进行推断。

3. 信息搜集中可能存在的问题及应对策略

从上述对各种信息搜集的途径和方法中可以看出,每一种信息搜集的方法都存在自身的缺点,导致信息搜集的局限性始终存在。信息搜集中可能存在的问题及应对表现如下:

(1) 市场调查本身存在的误差导致收集信息的不准确。这种误差又可以分为抽样误差和非抽样误差两种。前一种误差是不可避免但可以控制的,控制的方法是加大样本的数量;后一种误差属于人为误差,可以避免,避免的方法是提高抽样程序的严谨性。

(2) 市场调查获取信息的有限性导致收集信息的不准确。这种有限性体现在并非所有信息都可以获得、存在被调查方的不配合的情形以及回答有可能不真实。由于上述原因,调查者需要在调查方法和步骤上下功夫,使得调查能够深入进行,获取的信息能够体现被调查方的真实情况。

(3) 创业理念的不适当导致收集信息的不准确。如前所述,创业市场调查不同于其他商业行为下的市场调查,更加强调对消费者潜在需求的挖掘或引导,强调对市场的创造。如果创业市场调查的原则没能很好遵守,或是调查的内容不能很好的把握,进行的信息搜集就不可能合理,也不能指望能够对创业决策提供支持。而创业者本身很可能由于缺乏对创业原则和调查内容的把握能力,导致收集信息的不准确,进而做出不科学的创业决策。该类问题可能是创业者无法回避的成本和代价,创业者需要不断地在创业过程中磨砺自己,提高自身的分析市场、把握时机和执行能力。

六、撰写创业计划的基本准则

事实证明,多数投资者和银行家不会连创业计划书都没有看到,就"即兴表态"对这些企业进行投资的。一份精心构思的创业计划书,能够极大地激发投资者的兴趣。正如美国创业管理专家约瑟夫·曼库索(Joseph Mancuso)所言:"没有商业计划,你不能筹集到资金……就它本身而言,一份商业计划就是一项艺术性的工作。它是表达企业和赋予企业人格化的证明。每个计划都如同雪花,个个不同。而每个都是一个独立的艺术品。每个都是企业家个性的反映。就像不能复制别人浪漫的方式,你也需要寻求区别你的创业计划与众不同之处。"一份高质量的创业计划书,不仅可以用它来证明创业者有能力处理新创企业所面临的各个问题,而且还能够与企业外部利益相关者进行新创企业价值方面的沟通,藉此可以获得创业融资。因此,撰写创业计划的基本准则如下。

(一) 结构清晰、内容简洁

创业计划涉及的内容很多,但是,阅读创业计划书的人往往都惜时如金,他们可能会有意无意地通过你对自己企业的描述进行判断。因此,一份好的执行概要能够让投资者了解新创企业的吸引力所在,能够使投资者看到关于企业长期使命的明确论述,以及人员、技术和市场开拓的总体计划和策略安排。在通常情形下,阅读者在快速浏览执行概要、了解新创企业的基本情况后,觉得计划很有说服力和吸引力,才会继续看下去。创业计划的编排要有条理,让阅读者有疑问时能直接查询相关部分,节省翻阅时间,也不容易忽略重点。

(二)排版规范、装订美观

创业计划书中的封面、目录、实施概要、附录、图表等部分是否合理编排、美观整洁,直接影响阅读者对创业计划书的评价。也就是说,排版、装订和印刷不能粗糙,应该采用线圈装订本,用订书钉装订的创业计划书看上去显得有些业余,有不认真、不重视之嫌。因此,创业计划书的排版要力求规范,装订要整齐美观。

(三)观点陈述有理有据

好的创业计划书以其客观性说服、打动读者。创业计划书要吸引人,必须切合实际,不能过分乐观。过分乐观的陈述或预测会破坏它的可信度,如有关销售潜力、收入预测估算、增长潜力等都不要夸大,最好的、最差的、最有可能的方案都要在创业计划书中体现出来。实际上,许多风险投资者常使用一种计划折扣系数,认为成功的新创企业通常只能达到他们计划财务目标的大约50%。因此,在撰写创业计划书时,创业者应实事求是,切忌过分夸张,言过其实。

(四)突出关键风险因素

阐述新创企业在运营过程中可能会遇到的关键风险因素,是创业计划书中不可或缺的部分。这部分内容是投资者和银行家所关注的重点。识别并讨论新创企业中存在的风险,可以证明创业者作为一名机会把控者的综合素养,也可以增加投资者对创业团队的信任度。主动指出并讨论风险,有助于向投资者表明,创业者已清醒地考虑过它们并且能够处理和控制好这类风险,因而能够减少投资者对创业不确定性的疑虑。因此,撰写创业计划书,既要陈述创业者的危机管理能力,也要让他们觉察到这些风险对创业者团队来讲是可以驾驭和控制的。创业计划书中若没有清醒陈述将来的问题,没有重视计划中可能的瑕疵,没有应急或变通计划,这样的创业计划书一般很难被投资者和银行家所青睐。

(五)突显优秀创业团队信号

撰写创业计划书的组织管理部分,一定要让投资者接收到创业团队具有较强管理能力和资源整合能力的信号,这些信号是他们最想知道的信息。风险投资者有一种共识:宁可投资产品创意弱、创业团队强的项目,也不愿投资产品创意强、创业团队弱的项目。因此,创业者在组建创业团队时,要考虑团队成员的综合能力、先前经验、教育背景以及志向、志趣与品德等因素,以便撰写创业计划书时能够使风险投资者或银行家们感受到创业热情高、专业经验丰富、人脉资源广、业内声誉高,创新能力强,专业知识优势互补的创业团队信号。

第二节 创业计划的框架与要素

8-2 创业计划如何写

一份完整的创业计划应该包括封面、目录、执行概要、正文和附录五部分内容。

一、封面

封面应该包括企业名称、地址、电子邮件地址、电话号码、日期、创业者的联络方式和企业网址等,这些信息集中在封面页的上半部分。封面页的底部应加上一句话,警示阅读者对创业计划书的内容保密。如果企业已有徽标或商标,可以把它放在封面页的正中间。需要注意的是,封面上最重要的一项内容是创业者的联络方式,这样可以让创业计划书的阅读者很容易与之联系。

二、目录

目录紧接在封面页后面,列出创业计划书包含的主要项目和附录以及它们对应的页码。目录的主要作用是便于阅读者快速查找创业计划书的相关内容。

三、执行概要

执行概要是整个创业计划的概述,可以让阅读者迅速对新创企业有一个全面了解。某些情况下,投资者可能会先要求查看执行概要,如果感兴趣,才会进一步阅读整个创业计划书。由此可见,执行概要是创业计划书中最重要的部分。因此,创业者撰写执行概要时务必要认识到,执行概要不是创业计划书的引言,而是对整个创业计划高度精炼的概括总结。

执行概要的篇幅一般不要超过 2 页,最简洁的形式是按照创业计划书的组成部分依次简单介绍,其中罗列的要点顺序应该与创业计划书中的保持一致。现实中在很多情况下,投资者为了能够更快地抓住创业计划的核心,会要求看整个创业计划的幻灯片演示稿,这时就需要将执行概要制作成 10~15 张幻灯片。

四、正文

正文是创业计划书的主体内容。分析现有的创业计划范本,正文包含的项目有企业描述、产品或服务、竞争环境与竞争优势分析、营销策略、创业团队、组织与管理、生产与选址、运营与实施计划、财务计划、融资方案、风险因素、收获与退出等,不一而足。但是,哪些项目是必须有的,哪些是可选择的,对此并没有统一的观点。创业研究者与实践者对创业计划的框架可谓见仁见智,莫衷一是。因此,创业者只有对这些项目进行归类,找到它们背后的逻辑和相互间的关联,创业计划的撰写才能更有针对性,避免陷入资料的堆砌;否则,很容易出现一些项目论述过于冗长,而另一些关键要素被忽视的情况。

麻省理工大学的创业学者 Stanley R. Rich 和哈佛商学院的教授 David E. Gumpert 曾提出过一个框架,解释创业计划应该包括哪些方面的内容,进而指导创业者写出一份兼具完整性和逻辑性的创业计划[1]。根据他们的分析,创业计划应该从三大视角进行阐述和论证,具体包括市场营销者视角(marketer)、生产制造者视角(producer)和风险投资者视角(investor)。市场营销者视角主要从市场定义与顾客分析、产品与服务介绍、竞争环境与优势分析、营销策略四个方面入手;生产制造者视角包括创业团队、组织与管理、运营与实施计划、重要里程碑四个方面;风险投资者视角则从财务预测、结构与融资、风险因素、收获与退出四个方面分析。常见的创业计划书包含的主要内容和项目,如图 8-5 所示。

---

[1] Rich S R, Gumpert D E. How to write a winning business plan[J]. Harvard Business Review,1985(3):3-8.

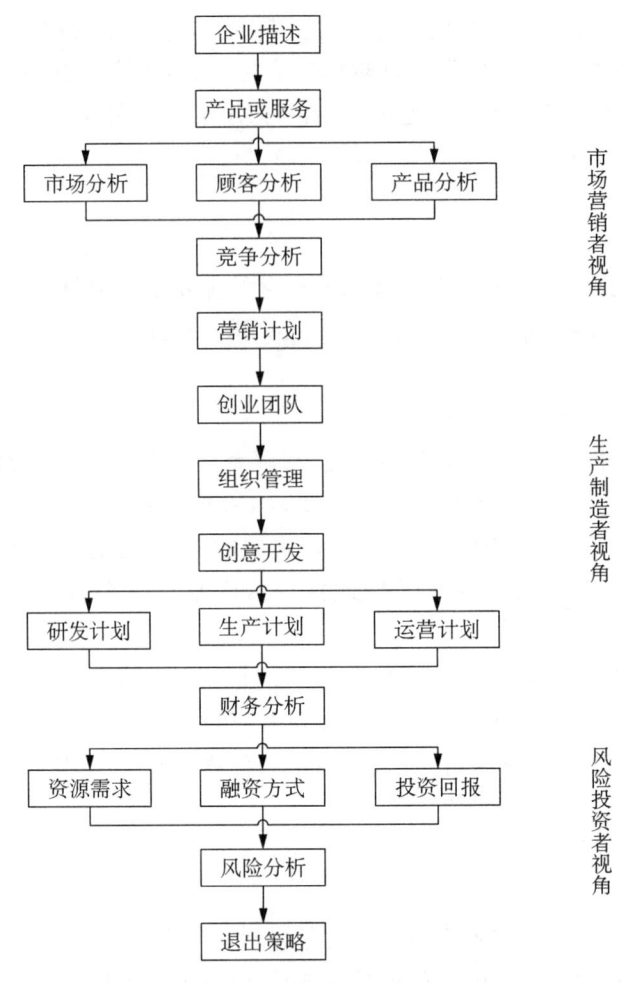

图 8-5 创业计划的主要内容

（一）市场营销者视角下的创业计划内容

能否获得市场认可是一切创业成功的前提，无论创新力度有多大、技术如何高级，离开这一点，任何创新将失去意义。

拓展案例 8-1

铱星移动通信系统的失败与重生

美国摩托罗拉公司的工程师波蒂格想和妻子到加勒比海度假，可妻子说什么也不肯与他同去，原因是她觉得在加勒比海地区手机不好用，会耽误她的房地产生意。这件事对波蒂格触动很大。他突发奇想：如果世界上有一种能供任何人在任何地方和任何时间与任何他人进行任何方式的通信的工具该多好啊！

波蒂格把这一想法告诉了公司管理层，立即得到当时公司董事长加尔文的支持。1991 年，摩托罗拉公司正式决定斥巨资建立由 77 颗低轨卫星组成的铱移动通信网络。铱星系统原计划于 1995 年投入运营，预计投资 34 亿美元。由于技术太复杂和成本太巨大等方面的原因,所以铱星系统直到1998年11月1日才投入运营,而实际投资额达到57亿美元。然而,当摩托罗拉公司费尽千辛万苦终于将铱星系统投入使用时,命运却和摩托罗拉公司开了一个很大的玩笑,传统的手机已经完全占领了市场。由于无法形成稳定的客户群,铱星公司亏损巨大,连借款利息都偿还不起,摩托罗拉公司不得不将曾一度辉煌的铱星公司申请破产保护,在回天无力的情况下,只好宣布即将终止铱星服务。摩托罗拉公司正式通知铱星电话用户,到2000年3月15日,如果还没有买家收购铱星公司并追加投资,铱星公司的服务将于美国东部时间3月17日23点59分终止。2000年3月17日,铱星公司正式宣布破产。

最终,经过多回合的谈判,耗资57亿美元建成的铱星系统以2 500万美元的象征性价格卖给了一家公司,所有债务全部剥离。无债一身轻的新铱星公司不再需要庞大的客户群,也不再需要高额的运营费用,因此可以在市场上重新找回自己的位置。首先,新铱星公司重新进行了市场定位,总裁兼首席执行官丹·克鲁西表示,新公司不再将自己定位于为普通消费者提供服务的电信运营商,而是针对那些对通讯有特殊需要或者在通讯闭塞地区工作的公司和个人,而经过重组之后明显降低的成本也允许公司在不拥有大量客户的前提下赢利。此外,新铱星公司深知,价格是企业生存竞争的"武器",费用大幅降低将是一大卖点。原铱星公司的手机由摩托罗拉公司和日本京都陶瓷国际公司制造,每台售价约3 500美元,通话费用平均达到每分钟7美元。新铱星公司的手机价格约为每部950美元,收费标准不高于每分钟1.5美元。这虽然比一般的手机费用贵得多,但和其他卫星电话竞争公司相比价格差不多。另外,新铱星公司将业务重心放在更加专业化的服务上。为了重新吸引以前的老客户,新铱星公司打算免费进行软件升级,使客户能接收无线数据。从财务上分析,无债一身轻的新铱星公司不再需要庞大的客户群来摊销天文数字的沉没成本,也不再需要高额的运营费用,依靠特殊行业用户所产生的现金流入就能够维持日常的开支,因此暂时远离了财务危机。

资料来源:徐金华.铱星移动通信系统的失败与重生[EB/OL].(2018-10-22)[2020-09-05].https://wenku.baidu.com/view/6b5777f56429647d27284b73f242336c1eb9308a.html.

从正式宣布投入使用到宣布破产不足1年半时间。摩托罗拉公司"铱星计划失败"给予人们的思考是多方面的,高技术带来的高风险即使在摩托罗拉这种大型跨国公司面前也显得这样残酷无情。任何产品最终都要接受市场的检验,盲目发展以及对市场错误估计的代价是惨重的。由此可见,创业计划的第一步必须站在市场营销者的视角,去审视产品或服务的顾客范围、创意可行性分析、市场的竞争环境和相应的营销策略等。

1. 市场定义与顾客分析

市场定义与顾客分析主要用来阐明商业创意的客户价值。即:企业的创意能解决客户哪些方面的需求?其带来的好处有多大?在市场上取得成功的关键是满足客户的需要,而不是仅仅提供技术先进的产品。因此,创业计划开门见山先要说明的,就是自己的创意能满足什么样的要求,并且是以什么方式满足。

许多创业者在这里容易犯的错误是,一旦谈到他们的创意方案时,脑子里就充满着对产品、设计和生产技术细节等因素的清晰认识和解决方法。但投资者先考虑的不是这些,他们是从市场的角度来观察这一创意的。对投资者而言,客户价值才是排在第一位的,而其他所有的事都是次要的。这种立足点的差距在创业计划的撰写上很容易体现出来。如果创业者说:"我们的新设备可以每分钟运作200次"或者"我们的新设备节约了25%的零部件",其所注重的是产品本身,而不是客户价值。相反,若创业者从客户的角度考虑,就应当说:"我们的新设备将为客户节省1/4的时间,从而降低20%的成本"或者"我们的新方案能够将生产效率提高25%"。创业者应务必记住,产品只是为客户提供价值的一种手段而已。

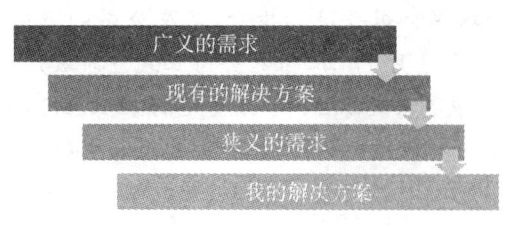

图8-6 创意阐述的一个参考框架

创意阐述的一个有效的参考框架如图8-6所示。首先,从广义的需求出发,即大多人都会涉及的基本需求(参见马斯洛的需求层次理论,包括生理需求、安全需求、社交需求、自尊需求和自我实现的需求),这些需求是人类的共性,难以否认和避免,是整个创业思考的起始点;其次,围绕这一基本需求,分析现有解决方案有哪些,还存在何种不足,常见的问题有产品价格过高、对消费者技能要求高、购买与消费的时间较长等等;再次,目前依然存在的问题可看作具体的狭义需求,构成创业机会,是创业的主攻方向;最后,阐明自己的商业创意是如何满足消费者的具体需求,弥补了原有方案的哪些不足。

顾客分析还要确认哪些人最有可能对创意感兴趣,这涉及如何细分顾客。主流的细分方法有地点、人口统计变量、生活方式等(见表8-3)。针对每一类型的客户,可借助实验或调查法,来判断其是否为创业企业的目标客户。这一部分的撰写,需要交代清楚企业采用了何种方法(如样本试用或者低价预售等)、结果如何、哪一类给出的正向反馈最多等,据此向投资者证明创意的可行性,并识别出目标客户。这部分完成后,应该留给阅读者的印象是——该创意前景广阔!

表8-3 顾客细分标准

对消费品市场进行顾客细分的标准:
· 区域地点:国家、城市/农村(人口密度)
· 人口统计:年龄,性别,收入,职业
· 生活方式:爱好新技术的,反传统文化的,活跃的高层人士
· 行为模式:产品使用频率,产品应用
· 购买习惯:注重品牌,注重价格

2. 产品与服务介绍

产品与服务介绍的主要目的是展示产品与服务的可行性,包括常规可行、技术可行、经济可行和未来可行等(见图8-7)。

(1)常规可行主要描述产品的物理特性,以及是否违背国家的相关标准。物理特性描述主要包括产品的形态、规格、功能等,这部分的介绍并非要面面俱到,关键是突出产品或者服务的特点。例如,某创业者要开一家咖啡馆,创业者应该在此部分解释清楚该咖啡馆与其他咖啡馆有何不同,提供的产品类型、地

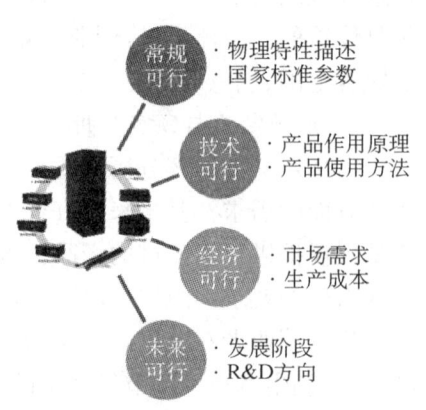

图8-7 产品与服务可行性的主要方面

理位置、价格等方面的市场定位是什么等。为了强化产品的正当性和可接受性,创业者可借鉴相关的标准对产品进行说明,产品标准是对产品结构、规格、质量和检验方法所做的技术规定,按其适用范围,分别由国家、行业部门或企业制定,它是一定时期和一定范围内具有约束力的产品技术准则,是产品生产、质量检验、选购验收、使用维护和洽谈贸易的技术依据。

(2)技术可行主要用来说明产品作用原理和使用方法。创业计划在此应概括性介绍实现其产品功能的科学原理和技术经验。所谓技术经验,是指通过创造性思维和技术试验所获得的关于实现技术目的的途径、手段和方法的理论规范。例如,曾获得大学生"挑战杯"金奖的"闪电贴"一次性超薄手机电池项目,在技术的可行性部分有如下阐述:"纳米科技的飞速发展和现代喷墨打印技术的日趋成熟,为我们运用喷墨打印技术制备超薄打印电池的设想的可行性提供了理论和实践的依据。本公司成功研制出的超薄打印电池工作电压与传统工艺生产电池相当,但是其能量大大优于传统工艺制备出的产品。这一点主要是由于正负极材质均为纳米级,大大提高了正负极之间的反应效率和材料的利用率"。原理的阐述有助于增强创业计划的可信度,但需要注意的是,要防止创意被剽窃,创业计划不应披露技术上的关键细节。此外,创业者还可以通过申请专利的方式来保护知识产权,以避免自己的创意很快被模仿。

(3)经济可行主要是对比权衡产品的市场需求与供给成本之间的关系,看其是否有利可图。市场需求主要包括需求数量与价格,在此部分应采用购买意愿调查(见表8-4)、访谈或预测等方法,给出最保守的市场需求量和顾客愿意接受的价格;生产成本则应考虑全面从高估计,假定在近几年最不利的条件下,估算一件产品的成本,若在最不利的条件下,价格依然超过成本,则经济上可行性较高。

表8-4 购买意愿调查

如果你看到这样一件产品(或被提供这样的服务),你购买的可能性有多大? ① 一定会买 ② 很可能会买 ③ 可能买也可能不买 ④ 不太可能去买 ⑤ 一定不会买

(4)未来可行是以一种动态的眼光来审视创意,不但要保证在当下可行,还要给出未来发展方向,以满足变化的市场。这部分主要说明产品的发展阶段和企业研发的方向,撰写的依据是行业的发展趋势,这类观点可以从专业的报纸、期刊、杂志中寻找,或者向行业专家请教,以提高分析的针对性和前瞻的准确性。投资者之所以关注创意的未来发展,是因为好的产品很快就会有大量的模仿者跟随,只有不断研发和创新,才能获取持续的竞争优势。

此外,关于产品与服务部分的撰写,麦肯锡咨询公司的《商业计划编制手册》中,也给出了一份较为完整的问题参考指南(见表8-5)。

表8-5 撰写产品与服务部分的问题指南

关键问题:产品与服务
第一步: • 你的终端客户是哪些人? • 客户的需求是什么?

(续表)

> - 你的产品或服务提供的客户价值是什么?
> - 你创新的性质是什么?目前的技术开发进展如何?
> - 要完全实现客户价值,需要采用什么样的合作方式?
> - 竞争对手已经提供或正在开发哪些产品?
> - 你的产品或服务符合法律规定吗?
> - 开发和生产的先决条件是什么?
> - 你的产品和服务正处于哪个发展阶段?
> - 你是否拥有专利权或许可证?
> - 你下一步的发展步骤是什么?哪些是必须完成的重大事件?
>
> 第二步:
> - 哪些类型的产品或服务分别是针对哪些消费群的?它们的功用分别是什么?
> - 你的竞争对手已经拥有哪些专利或许可证?
> - 你需要取得许可证吗?如果需要,要向谁申请?代价是什么?
> - 你会提供何种服务或维护?
> - 你对你的产品或服务的承诺是什么?
> - 从总体上比较你的产品或服务与其他类似产品或服务之间的优劣。
>
> 第三步:
> - 你随后的每一发展过程所需要的资源(时间、人力及物力)?
> - 你的不同的产品或服务在销售额中预计所占的比例(如果计划可行)?为什么?
> - 你预计可以从可能的所有权营销中获得多少销售收入?哪些人会成为你的许可证获得者或买主?

3. 竞争环境与优势分析

竞争环境与优势分析主要是对创业企业所面临的竞争态势的详细分析,目的在于帮助企业了解主要竞争对手所处的位置,与竞争对手相比存在的优势,搜寻在一个或多个领域取胜的策略路径。这一分析能体现出创业者通观全局的能力,也有利于投资者更积极地看待投资机会。

哈佛商学院教授迈克尔·波特的"五力"模型是该分析经常采用的框架(见图8-8)。创业企业应从竞争者、潜在进入者、替代者、供方和买方议价能力五个方面衡量自身遭遇的竞争威胁。

第一,行业内的现有竞争者力图使自己获得相对于对手的竞争优势,所以,在经营中就必然会发起冲突与对抗,这些冲突与对抗就构成了现有企业之间的竞争,这类竞争常常表现在价格、广告、产品介绍、售后服务等方面。其竞争强度与许多因素有关:行业进入障碍较低,势均力敌竞争对手较多,竞争参与者范围广泛;市场趋于成熟,产品需求增长缓慢;竞争者企图采用降价等手段促销;竞争者提供几乎相同的产品或服务,用户转换成本很低等。

第二,潜在进入者希望在已被现有企业瓜分完毕的市场中赢得一席之地,这就有必要与现有企业发生原材料与市场份额的竞争,最终导致行业中现有企业盈利水平降低,潜在竞争者的威胁严重程度取决于进入新领域的障碍大小与预期现有企业对于进入者的反应情况两方面的因素。

第三,替代者与中心企业处于不同行业,但由于所生产的产品是互为替代品,从而在它

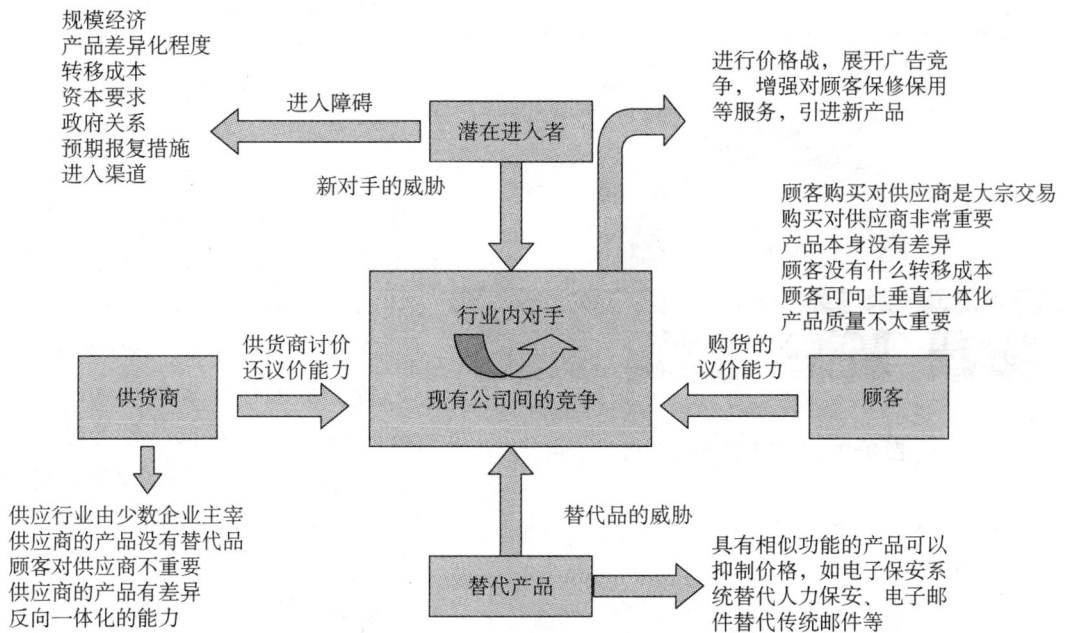

图 8-8 分析竞争的"五力"模型

们之间产生竞争行为,这将阻碍现有企业产品售价以及获利潜力的提高,因为替代品可能被用户方便的接受。另外,由于替代品的侵入,现有企业必须提高产品质量,或者通过降低成本来降低售价,或者使其产品具有特色;否则,其销售增长的前景就将受挫。

第四,供方主要通过控制要素的可获得性或提高价格等方式,来影响行业中现有企业的盈利能力与产品竞争力,供方力量的强弱取决于其所提供给买主的是什么投入要素,当供方所提供的投入要素的价值构成了买主产品总成本的较大比例,对买主产品生产过程非常重要,或者严重影响买主产品的质量时,供方对于买主的潜在讨价还价力量就大大增强。

第五,买方主要通过压价和要求提供较高的产品或服务质量的能力,来影响行业中现有企业的盈利能力,一般来说,买方的总数较少,而每个购买者的购买量较大,占了卖方销售量的比例越大,买方越具有强势的讨价还价力量。

企业借助竞争环境分析,一方面可估计企业的发展障碍与阻力,另一方面可通过与各竞争力量进行对比,来发掘自己的优势。而所谓核心优势,是指竞争对手没有的、难以模仿与复制、能为创业企业带来价值的资源和能力。它就像一粒种子,决定了企业的成长、壮大,以及开何种花,结什么果,在创业初期,它是决定企业能否获得资金支持的重要条件。

 拓展案例 8-2

京东金融完成 66.5 亿元人民币 A 轮融资,估值为 466.5 亿元

京东集团在 2016 年年会上宣布旗下京东金融已在 1 月 12 日,与红杉资本中国基金、嘉实投资和中国太平领投的投资人完成具有约束力的增资协议签署,A 轮融资 66.5 亿元人民币。此轮融资对京东金融的交易后估值为 466.5 亿元人民币。本次融资之后,京东集团仍

业务布局

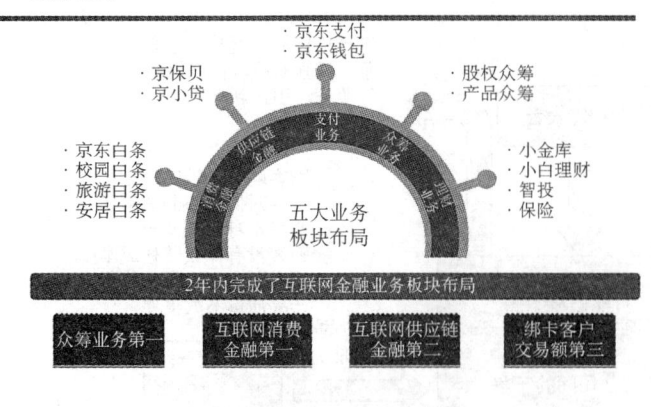

图 8-9 京东金融产品分析

将控制京东金融多数股权。

根据京东金融 A 轮融资 BP 显示（见图 8-9），京东金融 2 年内完成了互联网金融业务的布局，业务分为消费金融、供应链金融、支付业务、众筹业务和理财业务五大板块。消费金融包括了京东白条、校园白条、旅游白条和安居白条；供应链金融包括京保贝和京小贷；支付业务包括京东支付和京东钱包；众筹业务包括股权众筹和产品众筹；理财业务包括小金库、小白理财、智投和保险。其中，众筹业务和互联网消费金融排名第一，互联网供应链金融排名第二，绑卡客户交易额排名第三。

很显然，京东金融对标的是蚂蚁金服，后者估值当时已超 450 亿美元。京东金融发展较晚，所以估值较低。但是，京东金融在融资 BP 中通过详细的对比数据向投资人展示（见图 8-10），在短短 2 年时间，京东金融已建成对标蚂蚁金服的完整业务体系，并且每项业务都保持流量高速增长，由此传递出来的巨大增长潜力使得投资人对京东金融的兴趣很大。

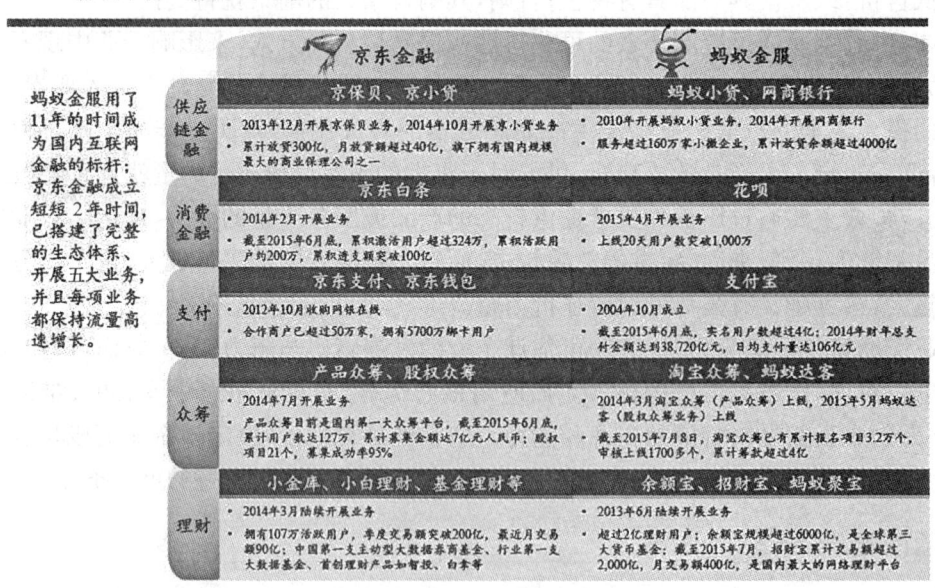

图 8-10 京东金融竞争分析

资料来源：周天.京东金融完成 66.5 亿人民币 A 轮融资，估值 466.5 亿[EB/OL].(2016-01-16)[2020-09-08].https://36kr.com/p/1721014091777.

4. 营销策略

"酒好也怕巷子深",好的创业理念离不开缜密规划的市场营销活动。创业计划中应对市场进入、市场营销和促销等一整套营销战略充分论证,以增强创业计划的说服力。营销策略的撰写可遵循经典的"4P"营销组合理论结构框架,即产品(product)、价格(price)、分销(place)和促销(promotion),如图8-11所示。

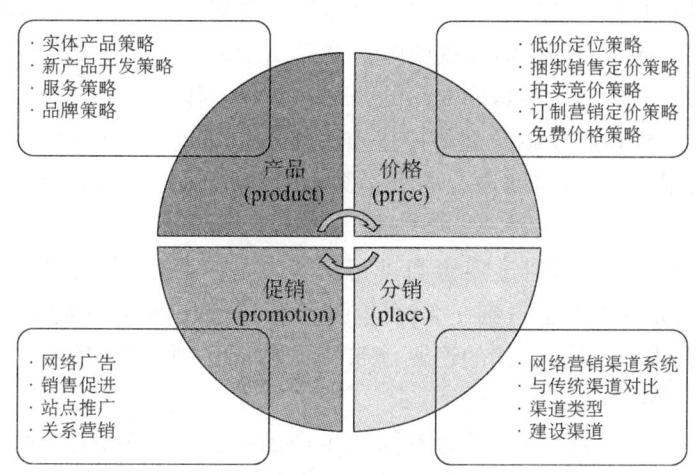

图 8-11　经典的"4P"营销组合理论结构框架

1) 产品

由于前述有关商业创意和产品的可行性分析中,创业计划对产品特点已有充分说明,在此营销策略部分可以忽略。

2) 价格

创业企业的定价不同于传统企业,后者大多采用成本加成的定价方法,但这不适用于新创企业。诚然,成本是个很重要的因素,但只有在企业所定的价格在可预见的将来无法收回成本的情况下,成本价格比才显得重要。创业企业遵循的定价基础是——顾客是否愿意支付所要求的价格,而所能要求的价格又完全取决于产品对顾客而言有多大的价值。

通常,在创业计划中为了突出产品上市初期定价的策略性,定价需要根据创业企业的目标来确定:是希望通过低价来迅速渗透市场(渗透战略)?还是否希望在一开始就创造最高的收益(撇脂战略)?新创企业通常采用撇脂战略,原因如下:

(1) 新产品的定位是"优于"原有产品,因此有理由定价较高。

(2) 高价通常会产生高利润率,这样就使得新创企业有资金进行自身的发展,新创企业可以用利润来进行新的投资,而不再需要外来投资者。

(3) 与撇脂战略不同,渗透战略通常需要非常高的初期投入以使供给能满足高需求。这就增加了投资风险,是投资者希望避免的。

而在某些特殊情况下,使用渗透战略是个更好的选择。例如,通过低价来确立新标准,网景公司借助免费策略发放其互联网浏览器,以此建立了一个标准;利用低价分担高昂的固定成本,因为固定成本很高的业务必须尽快拥有大量客户,举例而言,不管是投递了几千个包裹还是几万个,快递公司在分拣设备上的固定成本投资几乎是相同的;借助低价能有效应对竞争,如果市场进入门槛很低,而竞争又很激烈,那么使用渗透战略就是一个好方法,它可以使创业者比竞争对手更快地抢占较大的市场份额。

3) 分销

创新的产品或服务必须以某种方式使消费者能够快速地接触到,这涉及又一个重要的营销决策:创业企业应通过哪种方法,以何种分销渠道,来发售创业者的产品?对分销渠道的选择受到许多因素的影响,比如,企业将会有多少潜在客户?他们是公司还是个人?他们喜欢哪种购物方式?产品的使用需要说明吗?产品属于高价位还是低价位?创业企业必须考虑是由企业自己来进行分销还是请专门的公司来替你运作?这种"自己做还是请人做"的决策对企业的组织结构和业务体系都将产生重大影响。对处于初创阶段的企业来说,由于资源和相关经验的限制,大多借助现有的分销渠道进行销售。可选择的分销渠道主要包含以下几类①:

(1) 第三方零售商。产品通过零售商进行销售,这些零售商非常接近潜在客户。采用这种方式,最重要的是在货架上得到一个好的位置,很显然,这也是你的竞争对手所寻求的,因此,好的位置也会很贵。同时,你的产品能带来的利润必须能吸引零售商,这样他们才会把你的产品列入选择范围内。

(2) 外部代理商。有专门的公司为不同的生产商充当产品分销代理,他们接管了内部销售人员的工作。但是,即使是只针对他们做成的那部分销售业务收费,外部销售代理相对而言仍然较贵。如果他们没有售出任何产品,他们就不会收取佣金,这使得他们成为一种对新创企业很有吸引力的分销渠道,因为在这里风险是受到控制的。

(3) 特许经营权。特许经营店在交付了许可费用后,就可以独立的实施自己的业务理念,而特许经营权的授予人仍然拥有业务政策的控制权。特许经营在不投入大量人力资源的情况下保证了对销售理念的控制,同时还使得地域扩张能够迅速进行。

(4) 批发商。一个小公司要同时和大量零售商保持联系是很困难的。一个与零售业有良好联系的批发商可以接管这项工作,他可以帮助小公司在降低分销成本的同时提高市场渗透率,但批发商通常要求分享一部分利润。

(5) 自设商店。在购买体验设计对产品很重要,并且只需要为数不多的几个商店就可以覆盖整个市场的情况下,企业利用自己的商店进行销售是个不错的选择。当然,设立自己的商店需要投资,但是它同时也使企业能最大限度地控制分销。

(6) 自己的销售人员。当产品很复杂(如大型的机械设备),并且需要销售人员对产品有深入了解的时候,使用销售代理商是不适合的。上门拜访客户的费用很高,因此客户的数量必须相当的少。用企业自己的销售人员进行分销相对而言较为昂贵,并且只有在产品很复杂的情况下才值得一试。

(7) 直接邮寄。选出客户,并通过邮政服务投递产品介绍或广告。可以从数据公司处购买地址,然后根据你所希望的标准对潜在客户进行选择。直接邮寄是否有效取决于该信件是否能立即吸引客户;否则,这份信件就会被扔进废纸篓。

(8) 电话订购。通过广告,企业可以鼓励客户通过电话订购产品。简单的产品可以通

---

① 来自麦肯锡公司内部刊物《创业计划手册》。

过这种方式分销给许多客户,而不需要在整个销售区域里都设立商店,企业还可以雇佣专门的电话中心服务商来为自己提供这项服务。

(9) 互联网。互联网是一种相对而言较为新颖的市场营销渠道,通过它,企业可以以最低的成本接触到全球的市场。

4) 促销

创业企业要想获得潜在客户的关注,必须先要让他们知道这种产品的存在。而要做到这点,企业必须通过促销来吸引顾客,来宣传自己的产品,并激发消费者对产品的信任。这就是促销沟通的目的。通过促销,企业应向客户阐述自己的产品或服务的价值,并使顾客相信你的产品比竞争对手的产品或其他任何产品更能满足他们的需要。常用的促销手段有:

(1) 传统广告:报纸、杂志、商业周刊、广播、电视、电影等。

(2) 直接营销:直接寄信给目标客户、电话营销、互联网营销等。

(3) 公共关系:在印刷媒体上刊登创业者或记者所写的介绍公司的产品、业务或个人的文章。

(4) 展览会、交易会等。

(5) 拜访客户。

促销手段是非常昂贵的,所以更应该使其物有所值。企业应先准确计算在每笔销售中所能负担的广告费用,然后据此选择适当的沟通渠道和媒体。有重点的沟通能产生最佳的效果。当创业者与客户打交道的时候,应把重点放在那些做出购买决策的人或者那些对购买决策有重大影响的人身上。

"4P"营销组合理论作为营销的最基础工具,由于其简单易操作,至今依然发挥着非常重要的作用。但是,随着消费者个性化日益突显,美国营销专家罗伯特·劳特朋(Robert Lauterborn)在1990年提出了与传统"4P"营销组合理论相对应的"4C"营销理论。"4C"营销理论以消费者需求为导向,重新设定了市场营销组合的四个基本要素——消费者(customer)、成本(cost)、便利(convenience)和沟通(communication)。随着时代的发展,当顾客需求与社会原则相冲突时,以顾客为核心的"4C"营销理论也显现了其局限性,2001年,美国的唐·舒尔茨教授在"4C"理论的基础上提出了"4R"营销理论。"4R"营销理论以关系营销为核心,注重企业和客户关系的长期互动,着重于建立顾客忠诚。"4R"营销理论的营销四要素包括关联(relevancy)、反应(reaction)、关系(relationship)和报酬(reward)。随着网络时代的到来,传统的营销经典理论已经难以适用,网络整合营销"4I"原则应运而生。"4I"原则包括趣味原则(interesting)、利益原则(interests)、互动原则(interaction)和个性原则(individuality)四要素。此外,随着市场营销理论不断丰富和发展,以"4P"营销组合理论为基础,"6P"理论、"10P"理论,后来又出现了"11P"理论、"12P"理论先后出现了。在撰写创业计划书分析营销策略时,企业可以根据产品或服务的特点和实际需求对上述营销理论进行选择。

(二) 生产制造者视角下的创业计划内容

1. 创业团队

创业团队的撰写最费心思,因为它几乎能直接决定创业企业能否获得资金支持。"风险投资之父"阿瑟·洛克(Arthur Rock)曾说过这样一句投资名言"我投资于人,而非创意",对创业团队的关注与拣选,让洛克在很多伟大企业的"草根"时代就投资入股,彼时股价也很低,他相中的企业里就有英特尔公司和苹果公司,其后获取了上千倍的收益。洛克的理由是:"如果你找对了人,就算他们一开始时创意并不好,以后会改换好的,因为他们是对所谈论的产品最了解的。"谷歌公司的原全球副总裁、大中华区总裁、现"创新工厂"创始人李开复也认为:"创业一定要准备好以下条件,一是团队,二是经验,三是执行能力,四才是点子。有了好的团队,创业者不愁没有资金投入,有好的团队、好的经验和强大的执行力,只要有点子就一定能取得成功。如果光有好的点子,没前面的三点,创业成功的概率几乎为零。"

从现有文献看,创业团队的成员所拥有的知识、经验和社会网络,这三者决定了该团队能否发现创业机会、能否利用创业机会。由于信息通道效应的存在,一个人之前知道什么会促使他进一步关注什么。创业团队储备的信息不同,导致思维模式不同,进一步探索的想法又不同,通向机会的可能也不同,而由于社会倾向于专业化分工,造成信息储备不同,只有那些经验与客观机会相匹配的创业者才能发现机会,而成员所拥有的知识、经验和社会网络决定了创业团队的信息储备。首先,团队成员掌握的知识越多,越容易建立新的知识组合,用来识别并解决复杂的商业问题,抓住机会。在这之中,有两类知识最容易导致机会发现:一是市场知识;二是技术知识。其次,人的技能与能力发展,以及工作动机和态度等,对过去的工作经验依赖性较高,这些要素能激发人的创业点子,其中两类经验的作用最大,即行业经验和创业经验。再次,一个人所嵌入的社会网络能为其提供大量的潜在资源和信息,对创业企业的生存和发展带来很多帮助,创业者的社会资本在创业机会的发现与利用中起重要作用,具体包括创业团队的结构资本——他们认识哪些人;关系资本——你们之间是如何认知的,交往了多久,一起做过什么;社交技能——与其他人交往过程的有效性,包括团队成员的社会感知力(social perception)、社会适应性(social adaptability)、说服力(persuasiveness)和印象管理(impression management)等。

因此,新创企业要写好创业团队,应重点介绍成员在上述三方面的特点(见图 8-12),参考的问题指南,如表 8-6 所示。

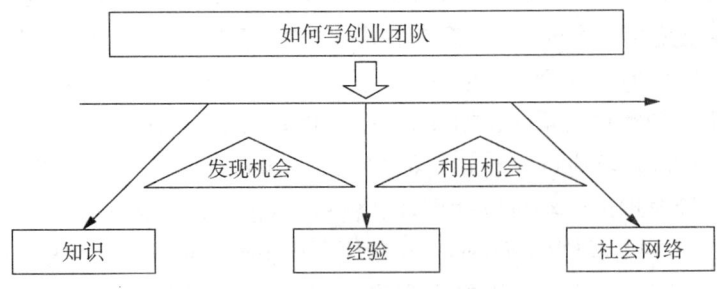

图 8-12 写好创业团队的三大支柱

表 8-6 撰写创业团队部分的问题指南

◆ 知识
□ 他们受过什么样的教育?
□ 他们拥有何种能力、技能及知识?
□ 面对创业的困境,他们是否有客观清醒地认识到?
□ 如果遭遇大的挫折和灾难,他们有能力应付吗?

(续表)

> ◆ 经验
> - [ ] 他们在哪些公司服务过？负责人是谁？
> - [ ] 他们过去有过哪些成就，包括事业上及个人的成就？
> - [ ] 他们的工作经验与想要开创的新事业有何直接关联？
> - [ ] 他们有勇气和魄力来处理高难度的决策吗？
> - [ ] 他们对新创企业的承诺与奉献达到什么程度？
>
> ◆ 社会网络
> - [ ] 创业者的来历如何？
> - [ ] 他们在商场上的声誉如何？
> - [ ] 他们如何走到一起，创业的动机为何？
>
> ◆ 为应对不足，团队需要开放
> - [ ] 创业团队还需要哪些人加入？
> - [ ] 他们已有吸收高水准人才的准备了吗？

拓展案例 8-3

途家民宿 A 轮融资 BP 中精英汇集的管理团队

途家民宿是定位于全球的民宿短租预订平台，于 2011 年 12 月 1 日正式上线，提供包括服务公寓、度假公寓、别墅、客栈、民宿等各类非标准住宿产品的在线搜索、查询和交易服务。途家民宿在 2012 年 5 月完成了 A 轮融资 1 000 万元人民币，投资方包括鼎晖创投、携程网、美国光速和 HomeAway。时至今日，途家民宿已经发展 8 年多，2017 年完成 E 轮融资的时候估值已超 15 亿美元。

途家民宿 A 轮融资的商业计划（business plan，BP）中，没有按照常见的创业计划框架结构（如项目简介、团队介绍、市场概况、盈利模式等）分项列出，而是以公司概况、投资亮点、财务预测和资金使用计划四大部分为基础框架，巧妙地将创业计划书所必须说明的市场分析、业务模式、团队优势等内容融入投资亮点中进行展示（见图 8-13）。

图 8-13 途家民宿投资亮点

我们知道,任何行业的竞争归结到底都是团队的竞争。度假公寓是一个特别综合,各方面资源都相互制衡的行业,既要有房地产、酒店管理、销售等方面的能力,也需要互联网思维和技术水平,对团队的要求特别高。所以,途家民宿在BP中将"融合房地产、酒店管理、IT互联网、渠道销售等方面精英的管理团队"作为投资亮点进行展示,这样的陈述方式更容易将企业的竞争优势和核心壁垒等信息传递给投资人和利益相关者(见图8-14和图8-15)。

图 8-14 途家民宿管理团队

精英汇集的管理团队

姓名/职位	经历
庄海/技术总监	十年软件研发和管理工作经历,原微软资深开发经理
郑悦/运营总监	旅游业资深专家,近二十年旅游行业经验,曾长期担任艺龙网运营总监
夏金辉/助理总经理	二十余年市场开拓、品牌维护与投资管理的丰富经验
林泉/产品总监	十年互联网旅游行业的经验,曾任艺龙网技术总监的职务
唐兴/首席用户体验设计师	八年互联网用户体验设计与管理经验,曾任大众点评网、腾讯
向宥治/首席架构设计师	十年大规模软件开发管理经验,曾任艺龙旅行网酒店系统高级管理职位
刘家骏/渠道总监	拥有极丰富的酒店行业销售、管理经验,曾在多家国际连锁酒店任高管
张胜利/财务总监	十多年财务审计管理经验,曾在KPMG和港中旅任高管
高力/酒店管理总监	多家大型企业管理经验,长期从事国内度假公寓领域的管理和拓展工作
商瑛/大客户总监	房地产行业16年经验,累计操盘物业面积超过300万平方米
李连冬/直客部总监	曾在顺驰、21世纪不动产中国总部任高管,十多年房地产行业经验
庞见维/人力行政总监	博助咨询创始合伙人,曾任Google全球人力资源分析经理

图 8-15 途家民宿管理团队(续)

资料来源:疯狂BP.AB两轮拿下4亿融资,途家民宿在BP里写了什么?[EB/OL].(2019-10-12)[2020-09-10]. http://www.nutsbp.com/article/567f8de1-d64c-4cab-a7b4-37fa1ed62f9c.

2. 组织与管理

组织与管理主要介绍企业内部的职责划分，以及员工激励与领导的风格。这两项因素是管理系统的核心。

首先，创业计划中需要有一张清晰的组织结构图。对创业企业来说，组织结构应尽量简单化，有利于每一个员工都清楚知道自己的职责所在。划分组织部门的方法可按照职能、产品、地区、流程和客户等维度，对于创业企业来说，按职能划分还是最适用的，明确每个人所负责的职能领域，如生产、营销、人力资源、财务和行政管理等，能有效应对人手不足的问题，便于职能部门内每一个员工在必要的情况下短时间内替代另一个团队成员进行工作。此外，组织结构应具有灵活性，能够根据新出现的情况进行调整，因为创业企业在最初几年内需要不断重组以及调整结构。

其次，对组织结构图中的关键岗位需要有职责说明，具体应完成哪些工作。在关键岗位任职的则称为关键员工，创业计划中需对他们进行详细介绍，以获取风投机构的关注，分析重点在于核心员工的经验、教育背景和个人的优缺点等。

再次，创业企业需要有与之匹配的领导与激励机制，这些也应在创业计划中予以说明。薪酬激励是最有效的激励方法，创业者可从基本工资、奖金、福利、分红、股权、期权等方式中进行选择。工资是企业支付给员工的固定薪酬，与业绩无关；奖金是在年底支付的一些额外报酬，要以企业和员工的绩效为基础；福利是货币之外的一种间接报酬形式，通常包括健康保险、带薪假期、过节礼物等；分红是为创业团队的关键成员派发一定比率的当年利润；股权是授予创业团队成员一定比率的公司股份，将员工利益与企业的整体业绩挂钩；期权是未来某一天以某一约定价格购买股票的权力，如果企业价值上升，员工执行该期权就可以获得财务收益。一般来说，创业企业在创业初期，为吸引高素质人才，在资金不足的情况下，倾向于给股权、期权作为激励措施；而对一般成员，应以工资、奖金为主。

最后，创业企业采用何种经营控制方法，应在创业计划中简要说明。虽然企业还未成立，在计划中阐述监控看似多余，但如果能点到为止，可向投资者传递出创业者有很好的管控知识体系和技能，有助于削减其疑虑。为了体现创业者的专业性，创业企业可在创业计划中引入系统科学的控制手段和方法，常见的有标杆管理法（benchmarking）、关键绩效指标法（KPI）和平衡计分卡（balanced scorecard）。标杆管理法是指将本企业经营的各方面状况和环节与竞争对手或行业内外一流的企业进行对照分析的过程，是一种评价自身企业表现的手段，是发现和移植外界的最佳做法到本企业经营环节中去的一种方法。关键绩效指标法是指通过对组织内部流程的输入端、输出端的关键参数进行设置、取样、计算、分析，衡量流程绩效的一种目标式量化管控方法。它是企业绩效管理的基础，可以使管理者明确各部门的主要责任，并以此为基础，明确部门人员的业绩考核指标。平衡计分卡是近年来非常流行的一种绩效管控工具。它将企业战略目标逐层分解转化为各种具体的相互平衡的绩效考核指标体系，并对这些指标的实现状况进行不同时段的考核，从而为企业战略目标的完成建立起可靠的执行基础的一种方法。

3. 运营与实施计划

运营与实施计划主要介绍企业未来经营过程中的一些具体活动的规划，旨在说明了创业企业将如何运营以及产品与服务将如何生产，包括但不限于运营选址、生产制造流程的规划。

第一,选址。运营选址的重要性主要在于其作用的长久性。设施选址对实际运营后的生产经营费用、产品和服务质量以及成本都有极大而持续性的影响。一旦选择不当,它所带来的不良后果不是通过建成后的加强和完善管理等其他措施可以弥补的。因此,创业企业在进行设施选址时,必须充分考虑到多方面因素的影响,慎重决策。以下因素对创业企业选址十分有利:①靠近劳动力市场。②靠近供应商。③靠近市场和客户。④靠近交通枢纽。⑤靠近高校、科研机构的聚集区。⑥靠近税率优惠的一些创业园区。⑦靠近同行的集群区(可获取溢出知识)。⑧靠近生活便利区。

当然,选择十全十美的地点是不可能的,在创业计划中,企业应该描述企业的总部、分支机构、零售店、生产厂房、仓库、配送中心等设施的区位安排,以及选址理由。

 延伸阅读 8-2

"闪电贴"的生产厂址选择与布局

"闪电贴"的生产基地定在张江高科技工业区。这样选址主要出于以下三点理由。

一、投资成本适中

张江高科的基建成本适中,房屋租赁为每月 8~12 元/平方米;工业用水价格为 1.30 元/立方米;基本电价为 18.00 元/度;通信费用及工商注册费等较为理想,还可以享受园区优惠政策。

二、地理位置优越,交通便利

临近地铁二号线终点站,有多条公交线路直达,距浦东新机场和市中心均为 10 千米。此外,外高桥港区距园内 25 千米,距上集装箱码头 30 千米。航线性遍及国内外,覆盖面广且密集,是中国最大的港口。园内距上海火车站 17 千米。上海有 100 多条客货线路,从上海火车可直达全国各主要城市及中国香港特区。

三、工业化基础佳

区内基础设施完善:园区生活用水和工业用水均采用上海自来水公司循环网供水,水质符合 GB 5749—85 国家饮用水标准;园区电力由华东电网调度供电,园区内规划配置 220 kV 变电站 3 座,配置 35 kV 变电站 21 座。通信方面已开通 ISDN、DDN 和宽带上网业务,而且已有大量高科技企业入驻,形成了一定的工业规模,发挥群聚效应。

第二,生产制造流程。在创业计划中,描述产品或服务如何生产的一种有效方法是画出运营流程图。运营流程图是指用简明的图形、符号及文字组合形式表示的运营全过程中各过程输入、输出和过程形成要素之间的关联和顺序,用来说明生产产品或提供服务的关键步骤的图形。运营流程图可从产品的原材料、产品组成部分和作业所需的其他物料投入开始,到最终产品实现的全过程中的所有备料、制作、搬运、包装、防护、存储等作业的程序。某啤酒的生产工艺流程图如图 8-16 所示。

创业企业在介绍关键运营步骤的同时,还应该描述企业的设施与设备,为关键的设备列表,包括主要供应商、可获得性、价格等,以及说明这些设备是购买、租赁还是通过其他手段来获得。

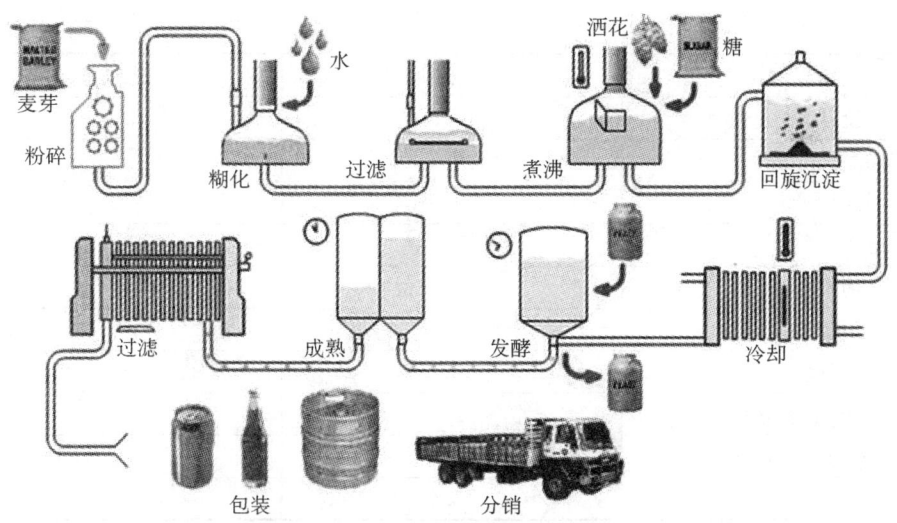

图 8-16 某啤酒的生产工艺流程图①

这一部分还需要介绍创业企业将采用的运营策略,即哪些生产环节需要自己完成,哪些需要外包给别的企业。一般来说,如果创业企业通过市场采购来实现某些环节面临比较高的交易成本,易被上下游敲竹杠,需投入专有性的资产来满足这些交易,那么,这些环节就不适合外包出去;如果外包出去的环节提供商数量很少,这样也不适宜外包,否则容易丧失垄断势力;如果生产环节与自身积累的能力和知识相匹配,这些环节也不应该外包,否则既不利于发挥自身的比较优势,也容易造成技术溢出,减缓知识累积的速度②;对于羽翼尚未丰满的创业企业来说,应该在资源能承受的范围内,尽量把生产环节放在内部完成,避免外包③。

4. 重要里程碑

重要里程碑能集中反映创业团队过去所取得的成绩,以及未来的进展方向和时间节点,这么做有助于建立投资者对创业企业的信心,还能说明创业者设立和实现目标的能力。

够得上里程碑的事件应该包括那些反映企业目标使命的事件,以及创业团队打算完成的具体目标和实现的业绩,加上投资者可能关注的企业关键财务目标等。典型的创业里程碑列表,如表 8-7 所示。

表 8-7 创业里程碑列表

关键事件	具体说明	完成时间(预计)
1. 组建公司		
2. 办公地点签订租约		
3. 雇佣核心员工		
4. 首次获得投资		

① 明月流.啤酒生产工艺流程图[EB/OL].(2018-09-07)[2020-09-12].http://www.360doc.com/content/18/0907/20/5640169_784745487.shtml.
② 陈炳亮.不同学派的企业边界理论评析与研究展望[J].社会科学,2011(10):54-61.
③ Diez-Vial I. Firm size effects on vertical boundaries[J]. Journal of Small Business Management, 2009(2):137-153.

(续表)

关键事件	具体说明	完成时间（预计）
5. 完成产品设计		
6. 完成市场测试		
7. 获得专利保护		
8. 产品上市		
9. 达到×元销售额		
10. 达到×元利润		
11. 扩大生产规模		
12. 达到×%的市场份额		
13. 在证券市场公开上市		
14. 其他		

（三）风险投资者视角下的创业计划内容

创业计划的目标之一就在于吸引风险投资者的资金注入，因此，在创业计划的编写上，创业企业需要向潜在投资者展示预期的财务表现，以及其中可能存在的风险和不确定性，这利于投资者更全面、准确地评估创业计划，提高投资效率。这部分内容通常包括财务预测、结构与融资、风险因素、收获与退出等。

1. 财务预测

财务报表是描述企业经营状况的标准语言。在创业计划的财务预测部分，撰写者需要预编出未来3～5年的财务报表，包括资产负债表、利润表和现金流量表。在具体编制前，撰写者还需要先对企业未来的关键活动进行假设说明，让投资者明白报表数据产生的前提，这一方面有利于增加预测的可信度，另一方面也反映创业团队的专业水平。

假设说明表（assumption sheet）是对财务报表所依据的重要假设情境进行的解释，是成功预测的关键。其中，有些假设是基于创业者的主观感觉，没有具体的数据予以佐证；而另一些假设则有公开资料对其合理性进行解释。某保健品创业计划中的假设说明表，如表8-8所示。

表8-8 某保健品创业计划中的假设说明表

1. 市场需求状况假设 (1) 高血压患者的人数将继续增加，人们对降血压食疗产品的关注度越来越高。 　　资料来源：《××××医学杂志》《×××健康报》、×××医学研究所 (2) 假定在1年内获得300万元股权投资，满足一期项目资金需求。 2. 关键经营活动假设 (1) 以创业计划中的市场需求为基础，销售量每年增长8%。 (2) 销售成本占销售额的20%。 (3) 60%左右的产品采用赊销的方式，应收账款的平均回收期为90天。 (4) 员工的平均工资为4 800元。 　　资料来源：×××薪酬调查报告、×××招聘网站 (5) 公司自成立起2年免征所得税，以后正常税率为15%。 (6) 机器设备使用寿命为10年，期末无残值，按直线折旧法计算。 (7) 公司自盈利之年起以净利润的30%分红。

在编制财务报表时,撰写者应考虑到三张表之间的逻辑关系,投资者对不同报表关注度的不同,三张表编制的顺序不同。投资者常用净现值(NPV)、内含报酬率(IRR)等分析工具,它们主要涉及利润和现金流量方面的数据,因而创业计划中通常先编写利润表和现金流量表,最后是资产负债表。

1) 利润表

创业计划中预估的利润表反映公司在给定的预测时期内的经营结果。对创业企业而言,编制前2年的利润表时最好按月制表,后3年可以按年度格式,这样既可以密切监测创业伊始的利润情况,又能展现长期的利润变化趋势。利润表中最关键的三个数据是销售收入、销售成本和运营费用。

(1) 销售收入:等于各类商品销售收入的总和,但需减去返还折扣部分。

(2) 销售成本:包括所有与生产或流通有关的直接成本,其中较大比例是原材料成本和直接的人工成本。

(3) 运营费用:包括市场营销等销售过程中发生的费用,以及与生产(或服务)不直接相关的管理费用。

销售收入数据一般由前述的"市场与顾客分析"部分所得结果进行推算。销售成本通常设定为收入的某一具体比例,并适当考虑规模经济的作用。预测的利润表在评价企业的综合盈利前景方面很有用,但是,它本身无法提供企业现金头寸情况,一个企业的利润表可能显示业绩良好,但大部分的销售额以应收账款的形式存在,这种状况不改善,企业将面临现金流断裂的风险。因此,创业计划中需要准备的第二份财务报表是预测的现金流量表。

2) 现金流量表

现金流量表说明创业企业未来是否能保持足够的现金余额,用来维持和扩大业务规模,稳定增长的现金流也是创业企业经营成功的标志。在创立的最初2年,企业应该按月编制现金流量表。在编制现金流量表时,创业企业应主要考虑经营活动、投资活动和筹资活动三类活动所产生的现金流。

(1) 经营活动产生的现金流:包括净利润(或亏损)、折旧、除现金以外的流动资产和流动负债价值的变化。

(2) 投资活动产生的现金流:包括固定资产(如房地产、机械设备等)的购买、出售或投资。

(3) 筹资活动产生的现金流:包括为补充经营过程中的资金不足而筹措的资金,以及资金富余后偿还借款或者支付股利等。

在现金流量表中,流入现金记为正数,运用现金记为负数;比较特殊的是经营活动中的折旧项目,要记正数,因为它是从现金流量表的利润中扣除,而不是现金支出;应收账款的增加为负数,因为它增加了净利润,但并没有增加现金。在现金流量表记录的三项活动中,经营活动最受关注,因为它说明了公司的应收账款、应付账款和存货的变化,决定了需要准备多少现金以应对日常经营活动需要。

3) 资产负债表

创业计划中的资产负债表预测的是创业企业未来不同时点上资产、负债和所有者权益数额。资产项目按照转换成现金的流动性顺序排列,负债项目按照必须支付的顺序排序,资产负债表必须保证左右平衡,即资产总计等于负债总计和所有者权益总计之和。对于创业企业来说，资产负债表中的关键项目如下：

（1）流动资产：包括现金和一些容易变现的资产，也包括应收账款和待销存货等。

（2）固定资产：是指使用期较长的资产，如房地产、建筑物、大型机械设备等。

（3）流动负债：是指在1年期内应该清偿的债务，包括应付账款、应交税费和1年内到期的长期负债。

（4）长期负债：是指偿还期在1年以上的票据或贷款，一般用于固定资产的投资。

（5）所有者权益：是指创业者及其团队成员所投入的资本，以及在企业支付股利之后所留下的累积盈余。

在评价资产负债表时，投资者往往特别关注以下两个方面：第一，企业是否有足够的短期资产清偿其短期负债；第二，企业的整体财务状况是否健康。要回答这些问题，需要运用财务分析的工具和指标，如流动比率（等于流动资产与流动负债之比）、债务比率（等于总负债与总资产之比）等。在创业计划的财务预测部分，撰写者可以在编制完报表后，对相关财务数据进行分析。

总之，撰写者应尽可能准确、实事求是地编制企业的财务预测报表，这是非常重要的。如果这部分要成为一个加分项，吸引投资者的注意力，撰写者编制过程中需要非常仔细，完成后也要认真检查，因为不正确地录入、计算错误或者不切实际地估计，可能会极大损害创业者的声誉，降低获得投资的概率；相反，将企业的创业计划现实地转变成财务数据，并予以清晰地假设说明和解释，能反映出创业者的财务规划能力和全面的思考过程，这些均会产生非常积极的影响。

2. 结构与融资

结构与融资主要阐明创业企业预计的融资计划，以及所给予投资者的股权比例。创业者在计算融资需求时，常用的一个分析工具是资金需求表，该表将罗列出一个企业具体需要多少钱，这些钱以何种方式筹措，以及如何使用这些资金。在创业计划中，核算资金需求量应依据前述的几大部分，结合生产、营销与管理安排，以及编制的财务预测，对所需的资金量进行测算。某公司创业计划中的资金需求表，如表8-9所示。

表8-9　某创业计划中的资金需求表

资金主要用于购建生产性固定资产(155万元)，以及生产中所需的直接原材料、直接人工、制造费用及其他各类期间费用等(565万元)。具体明细如下： 购置固定资产 155万元 流动资金 155万元 原材料 60万元 厂房租金 30万元 水电费用 10万元 人员工资 40万元 第一年年初市场调研和市场开拓 150万元，第二年 120万元

创业企业资金来源的方式可分为两部分：一部分由创始人或者创始团队成员提供；另一部分由早期的投资者资助，如天使投资者、亲戚朋友的帮忙等。由于这两部分的资金来源极其有限，所需资金的不足部分大都要依赖风险投资，而创业企业通常需要让渡一部分股权作

为补偿。

那么,出让的股权比例应该如何计算呢?一种错误的做法是按照风投机构的投资额占注册资本的比例计算股权,这种算法低估了创业者的贡献,过分强调了资金的作用,但是,根据核心竞争力理论,前者是不可复制的,构成核心能力的来源;后者是可以复制的,对创业成败并不起关键作用。

正确的做法是根据现金流折现和企业估值理论,计算风投机构的股权比例。具体步骤如下:

第一步,确定资金的需求量。根据上述的资金需求表,减去创业团队成员的自有资金和其他渠道的融资,测算需向风投机构的融资量。

第二步,确定风投机构的预期回报率,通常以年化收益率表示,进而计算出退出时的收益。通常假定风投的投资期为5年,年化收益率为30%~40%,这也是私募股权投资(PE)所达到的平均水平。

第三步,计算公司价值。与风投的持有期相匹配,需计算创业企业5年后的公司价值,计算的方法为第5年年末的净利润,乘以市盈率(根据惯例一般确定为10倍)。

第四步,用第二步得到的投资收益,除以第三步估计出的公司价值,就可得出风投机构所占的股权比例。

拓展案例 8-4

股权出让比例的计算方法

某企业现有总资产580万元,其中净资产320万元,净资产中有220万元是创业者以专利技术形式入股。为上马新的项目,企业拟从风险投资公司融资300万元,在撰写商业计划书的过程中,企业聘请了独立第三方作为财务顾问,为企业编制了未来5年的财务预测,各风投公司对关键数据也基本无异议。该企业的利润表未来5年的预测值,如表8-10所示。

表 8-10 利润表未来 5 年的预测值

单位:万元

项目	第一年	第二年	第三年	第四年	第五年
一、主营业务收入	249.50	374.25	499.00	623.75	748.50
减:主营业务成本	60.00	90.00	120.00	150.00	180.00
税金及附加	1.93	4.19	6.44	8.05	9.66
二、主营业务利润	187.57	280.06	372.56	465.70	558.84
减:销售费用	5.00	7.00	9.00	10.50	12.00
管理费用	0.50	0.75	1.00	1.25	1.50
三、营业利润	182.07	272.31	362.56	453.95	545.34
减:所得税费用	60.08	89.86	119.64	149.80	179.96
四、净利润	121.99	182.45	242.91	304.14	365.37

该企业预计,将按照行业惯例,让风投机构5年内退出,若给予风投30%的年化收益率,企业估值采用10倍市盈率,那么,该公司应该给予风险投资公司多少比例的股权?

股权结构计算:首先,估计需向风投机构获取的资金量;其次,计算在预期回报率的情况下,投资收益应获取的数额。再次,计算公司5年后的价值,其公式为"净利润×10",其中10指的是市盈率。最后,计算风投机构所占的股权比例,其公式为"投资收益数额÷公司5年后的价值×100%"。

具体计算过程如下:

需向风投机构获取的资金量=300(万元)

投资收益数额=300×(1+30%)^5=1 113.88(万元)

公司5年后的价值=365.37×10=3 653.7(万元)

所占股份数=1 113.88÷3 653.7×100%=30.49%

3. 风险因素

创业计划除了要充分估计新企业的未来收益,也不要忘记考虑发展的不利因素。风险投资者并不担心新创企业会遭遇不利情况,担心的是创业者未对这些风险有所准备,没有应对预案,因而当危机出现时,会令积累有限的新创企业措手不及,甚至是毁灭性打击。承认危机是面对问题并勇敢解决问题的第一步,因而在创业计划中对风险因素进行全面分析,是吸引风险投资的一个加分项。

表8-11列出了新创企业常会碰到的9大类潜在风险[①]。在撰写创业计划时,新创企业应结合具体情境逐一评估,并制定好应对之策。

表8-11　新创企业可能面对的风险因素

1	不愿向新创企业"俯首称臣"的竞争对手所进行的削价
2	使新创企业产品或服务的吸引力降低或销售减少的不能预见的产业动向
3	由于各种原因没有完成销售计划,因而减少了现金流量
4	超过预期的设计、制造或运输成本
5	产品开发或生产进度安排没能按期完成
6	由于高层管理团队缺乏经验而引起的问题
7	在获取零件或原材料方面,比预期的前置时间长
8	在获得额外且必需的融资方面发生困难
9	不可预测的政治、经济、社会或技术趋势或发展

4. 收获与退出[②]

风险投资进入创业企业的目的是获取高额回报,当企业逐步完善,走向稳定成长时,风投机构面临企业价值再次快速增长的机会有限,因而要考虑退出股份,收获成果"落袋为

---

① 张玉利,李乾文,李剑力.创业管理研究新观点综述[J].外国经济与管理,2006(5):1-7.
② 汪波.我国风险投资退出方式的选择[J].金融与经济,2008(2):45-47.

安",然后重新寻找下一个投资目标。风险投资的退出,是指风险投资公司将其在创业企业中的股本权益在市场中变现。一个完整的风险投资的运作过程包括风险资本的筹措、选择项目进行投资、风险投资的退出三个环节。风险投资的退出是风险投资运作过程的最后一个环节,以获得资本增值收益为最终目的。风险投资能否顺利地退出不仅关系到前期投入资金是否能收回,而且还关系到资本循环能否顺利进行下去。因此,创业计划书中需要为风投机构设计通畅的退出机制,这样更有利于获取其支持。根据汪波(2008)的归纳,中国风险投资的退出方式主要有收购与兼并退出、借壳上市式退出、国内创业板上市式退出、股份回购退出,或者是通过区域性的产权交易市场退出。

收购与兼并退出是指通过其他企业兼并或收购该创业企业,从而使风险资本退出。兼并收购方既可以是其他风险投资公司,也可以是一般企业。对于风险投资公司来说,兼并收购是有吸引力的,这类退出方式既可以让其快速收回投资,交易的复杂性又较低,花费的时间也较少,风险资本很容易从企业中撤出。但是与首次公开募股(IPO)相比,创业企业的管理层可能不欢迎这种方式,因为企业一旦被收购后就不能保持其独立性,企业管理层将会受到影响。

借壳上市式退出是指创业企业按照法律规定和股票上市交易规则,通过协议方式或二级市场收购方式收购上市公司,并取得控股权来实现间接上市的目的,然后将风险资本从资本市场退出。在某些情况下,风险投资基金作为公司的大股东,可以提议让所借壳的公司利用账面资金或配股增发的方式收购风投所持有的企业股权。只要不违背公平交易的原则,这类关联交易既能为风险投资提供退出变现的机会,同时也能增加上市公司的业绩。

国内创业板上市式退出是指让创业企业到创业板公开发行股票,变为公众公司,实现股票在交易所二级市场自由买卖,以实现风投机构股份变现的目的。为了拓宽创业企业上市融资的渠道,完善中国多层次的资本市场体系,深圳证券交易所于2009年10月30日设立了创业板。创业板降低了主板上市门槛,更适合于创业企业这样的还不成熟、不具备更大实力但成长前景良好的企业。虽然创业板市场设立的直接目的在于融资,但是由于股票市场的高流动性,客观上为风险投资的退出提供了交易条件。

股份回购退出是指创业企业以现金或票据等有价证券的形式向风险投资公司回购本公司股权,从而使风险资本退出。其本质是收购与兼并的一种,只不过收购的行为人是创业企业的内部人员,通常为创始人或者CEO。风险投资公司可以拿到现金或可流通证券,而不仅仅是一种期权,可以迅速地从创业企业中撤出。这种方式通常对创业企业的经营状况有很高的要求。

风险投资的退出,也可以选择区域性的产权交易市场。与IPO相比,产权交易的优势在于门槛较低,限制条件少,只要时机恰当,遇到合适的买方,风险投资机构就能快捷地实现股权转让和投资退出。经过多年的发展,中国已建立了北方产权交易市场、长江流域产权交易市场、黄河流域产权交易市场、西部产权交易市场、泛珠三角产权交易市场等区域性产权交易市场等,风投机构可以在这些区域性产权交易市场挂牌交易股权,实现退出投资的目的。

五、附录

附录是对主体部分的补充。受篇幅限制,用于支撑创业计划书的细节内容,如详细的数据和证据等一般都放在附录部分。比如,阐述业务账目的时候,只将关键的数据放在创业计划书中，而详细的账目则放在附录中备用。附录部分的内容一般包括：专利复印件、版权或商标注册证明、市场调研报告、技术说明、详细的账目等。

第三节　创业计划的演示与推介

8-3　创业计划如何展示

一、演示创业计划

创业者撰写一份创业计划，只是完成了第一步，要获取风投机构的资金支持，引起投资人与银行家的兴趣，创业者通常需要对自己的创业计划书进行演示。创业者如果准备充分，信心满满，极具说服力地向别人推荐创业计划，可能获得额外加分，创业者离获得投资更近一步；反之，如果不演示或演示失败，可能之前的努力也将付诸东流，实践创业机会的尝试也将受阻。

演示创业计划是短暂的，但也具有决定性。风险资本家在评估投资机会的时候，除了考虑项目本身的优劣外，更重要的是基于创业者的能力和个人魅力，而演示创业计划是创业者展示自己能力的难得的机会。很难想象，风险资本家会把资金给一个说话缺乏连贯性、连自己的创意都讲不清楚的企业家。演示创业计划往往涉及创业者们在无数个会议或展示活动中的不间断作战，对此除了需要有充分的心理准备外，还要有一个基本的演示策略。

（一）演示准备

创业计划书演示的第一步是了解听众。著名演示大师 Nancy Duarte 有一个"五大法则"，其中第一条就是"以听众为王"（设计一个演示不是为了你自己，而是为了满足听众的需求，你必须像对待国王一样对待听众）。在演示创业计划前，创业者应努力搜集情报，所有的风险投资公司都有自己的网站，上面会有公司曾经投资的企业和合作伙伴；检索相关的新闻报道，通过网络搜索和详细调查分析，也能发现许多天使投资人的背景信息。从这些信息中，创业者应归纳出各潜在投资者的相关背景、偏好的行业、拥有怎样的价值观和投资理念等。

投资者的背景信息之所以重要，是因为同样的创业计划对不同的背景、职位或职能的听众来说，所呈现的方式和技巧是不同的。掌握听众信息能带来两点好处：第一，创业者可以把自己要演讲的这份计划与投资者之前的投资项目联系起来，这会让听众感受到支持你的计划能带来更多好处，如果你的演示能突出这项计划是对投资者其他项目的补充，能提供更多原材料或者销售渠道等，这将大大提升你的计划在他们头脑中的价值。第二，了解潜在投资者的信息便于建立联系，进而引起对创业项目的关注，一般来说，演讲者和听众之间的共性越多，越容易打开话题，深入了解对方的观点，更容易获取正面评价，创业计划得到资助的可能性更高。但在这一过程中，创业者应表现真诚，不能给投资者留下硬"攀关系"的印象，这将使创业计划的价值大打折扣。

此外，创业者对于一些演示的常规事宜不能麻痹大意，否则会让投资者感觉你"不够老练"，进而对创业能力有所怀疑。创业计划演示者务必要清楚留给自己多少时间，提前做好演示规划，无论是天使投资人还是股权基金投资人，他们几乎每天都会收到创业计划，等待进一步的分析评判，另外还有已投资项目需要管理，留给一份创业计划的演讲时间有限，一般只有 30 分钟左右，因而演示时间必须严格控制。创业者演示时着装也要得体，一般情况下应穿正装而不能随意穿戴,当然,为了突出个性和创业热情,也可以穿着印有公司LOGO的服装,以期感染投资者并留下深刻印象。

在创业计划演示开始前,如有必要,创业者应先签一份保密协议,保护自己的创意。

(二) 演示方法与技巧

创业者在演示技巧的选择上,常常陷入以下两种错误的做法。

错误1:强行推销

"我有一个绝好的创意,它是关于一种新型的易于使用的付款方式,前景非常看好,是大家一直梦寐以求的。你可以从中赚很多钱……"投资者会想:"听起来像是在吹牛。我以前听过100多个这样的神奇的方案……下一个!"

错误2:技术轰炸

"我有一个关于计算机控制系统的创意。这个系统的核心是一块高集成度的SSP芯片,内存达到12G,并且有不对称的XXP直接控制单元。我花了5年时间才开发成功。"投资者会认为:"是个技术人才。但他狂热地迷恋着技术,他的市场就只是他本人……下一个!"。

演示创业计划时,创业者不要过分强调技术因素或故意使技术环节复杂化。关于技术问题,创业者可以准备一份专门介绍的活页,在需要的时候可以适时插入。技术类图表的出发点应该是为支持市场与产品定位服务,没有特殊要求,不必画蛇添足地多做解释。创业者可分别做两份完整的说明表,一份面向技术背景有限的私人投资部门,另一份则面向熟知专业技术的精明投资者。创业者在演示时应针对投资者的技术基础和专业背景,如果投资者的背景是财会专业,则有侧重的应用财务举例,引用业内专家或专业媒体的评论,借助权威支持产品创意和市场定位。

那么,如何在相当短的时间内,让投资者对创业计划感兴趣呢?一种被称为电梯演示(elevator pitch)的策略,被很多成功的创业者所推崇,尤其适合创业计划演示的开场(martin zwilling,2012)。顾名思义,电梯演示是指在乘电梯的过程中,用你的信念和热情对你的创业公司和计划书进行简洁地、熟练地描述,让天使投资人很容易理解。相传这一演示方式的开创者是麦肯锡咨询公司,有一次该公司为一家重要的客户做咨询,咨询结束的时候,麦肯锡咨询公司的项目负责人在电梯间里遇见了对方的董事长,该董事长问麦肯锡咨询公司的项目负责人:"你能不能说一下现在的结果呢?"由于该项目负责人没有准备,而且即使有准备,也无法在电梯从30层到1层的300秒钟内把结果说清楚。最终,麦肯锡咨询公司失去了这一重要客户。从这一次沉痛的教训中总结出经验,麦肯锡咨询公司后来要求员工凡事要在最短的时间内把结果表达清楚,要直奔主题、直奔结果。

在创业计划的演示中运用这一策略,创业者要注意以下几项关键要素:

第一,问题与解决方案作"钩子"。电梯演示一开口就要钩住投资人的注意力,要用一句陈述或一个问题来引起投资人想要继续听下去的兴趣。好的钩子要能简洁地定义一个现实的问题,并能提出解决方案。例如,"我刚发明了一项手机技术的新专利,能够只用一半的成本增加一倍的电池寿命。我需要你帮我把这个技术推向市场。"

第二,字数表达要在150~225字。演讲必须在30~60秒完成(乘坐电梯的平均时间),不要认为你只要说得快些就可以硬塞到500个字,那样做是没用的。

第三,讲述过程要充满激情。天使投资人期望看到创业者身上的活力、信念和承诺。如果

创业者说出来的话连自己都觉得枯燥无味的话,怎么能指望天使投资人会对你感兴趣呢?

第四,不要忘记提出你的要求。演示完成后,创业者必须提出一些请求,向投资人请求给一次完整演示的机会,或者请求他推荐一个能帮助你的人。

有人发明了一个简单的电梯演示开场白模板,它对大多数产品和服务都适用:"我们向需要【未满足的市场需求】的【细分市场】出售或提供【产品或服务】。和【竞争对手】不同的是,我们拥有【差异或竞争优势】"。创业计划演示者只要把这些空填上,基本上就抓住了电梯演讲的要素。比如可以这样说,"我们向【希望提高手机电池性能】的【手机电池制造商】提供【手机电池专利技术】。和【现有的电池技术】不同的是,我们【只需一半的成本可将手机电池的续航能力提高一倍。】"

 延伸阅读 8-3

提高电梯演示冲击力的七条建议

(1) 描述产品或服务。用一段话描述你要卖什么。重点在用户能得到的好处上,而不是产品的功能,要说到真正的痛点,而不是只说用户买你产品会有多爽。

(2) 量化市场。要清楚地说明市场有多大,用户得花多少钱,增长水平有多快。你的产品也许很不错,但如果不能切中要害,让用户出钱买,也做不起来。

(3) 勾画出收入模型。免费赠送产品或以低于成本的价格出售产品对用户来说可能会有吸引力,但这样的商业模式对投资人来说不会有吸引力。

(4) 强调团队的优势。天使投资人中间有一句流行语,"赌马要赌骑师,而不是赌赛马。"要高调介绍你和你团队的背景和曾经取得过的成就。

(5) 展示出持续的竞争力。你需要有效地说明你的公司怎样的与众不同,为什么你有超过别人的竞争优势。这种优势可以是专利、重要的伙伴、行业专业知识或更好的销售渠道。

(6) 最重要的是,不要把电梯演示变成了你的产品或服务的销售演讲。投资人买的是你的事业,而不是你的产品。告诉他你为什么会以及会怎样成功地经营一个创业公司。

(7) 任何信息沟通的关键是要保持一致性,并不断地传达。高效沟通的另一个关键是要练习、练习、早点练习。记住,你给投资人留下美好印象的机会只有一次。

还有一个成功的例子是这样开场的:"我有一个创意,它能使拥有 100 名以上员工的公司节省 3‰~5‰的成本。初步的成本—价格分析表明,生产成本与销售价格之间的差额可能达到 40‰~60‰。我发现可以通过中小型企业协会和 ABC 杂志集中做广告,还可以用直销的方式进行销售。"投资者会想:"哦! 他已经找到了客户价值,甚至已经准备好了相关数据! 他还考虑了市场潜力和利润潜力,并知道如何将产品送到顾客手里。现在我想仔细看一下他的产品了……"

综合以上分析,创业计划的演示关键在于将内容表述得明白具体。创业者首先最好是假设投资者对你的产品技术或者行业术语很不熟悉,并且他们也不太可能花很多时间去弄明白一个不懂的术语或创意观点;其次是要能够向投资者准确地描述你的创业理念的基本结构,并让他们觉得可信。投资者对你的创意感兴趣后,你才会有足够的时间详细阐述你的创意细节并进行繁冗的财务分析。

（三）演示的幻灯片设计

如何向投资者展示你的创意决定着此项创意的命运。创业者通过内容和专业的外观来引起投资者的兴趣是非常关键的。好的风险投资家每周接触到的业务创意多达40多个，而他们的时间是有限的，因此创业者在展示创业计划时，过分地吹嘘或者提供过于详尽的枝节问题都会适得其反，重要的是提供一份清晰的、深思熟虑的方案。

创业演示通常要借助幻灯片（PPT），由于难以在二三十分钟内传递所有的创业计划信息，幻灯片的设计通常要遵循一定的演示模板，这些模板清楚说明了PPT文件页数、顺序和每一页应包括的内容。巴林杰（Barringer，2009）归纳了一份常用的创业计划演示模板。

第一页：名称展示。幻灯片上应包含的要素有公司的名称和Logo、创始人的姓名及联系方式，在正式陈述前的等待阶段，创业者需要将这张幻灯片投影到大屏幕上，目的在于给听众留下一个初步的印象。这张幻灯片必须简洁醒目，有吸引力。此外，为了显示时效性，这张幻灯片上需注明演讲当天的日期。

第二页：创业计划概述。幻灯片上展示的要素有产品或服务的简要介绍、本次演讲要点说明、预期的投资收益水平等。这张幻灯片要使听众对整个创业计划有一个总体认识，创业者应适时地在演讲过程中插入一些吸引听众的亮点，如轶闻趣事或是统计数据等。如果创业者一开始就无法抓住听众注意力，后面的演讲将很难展开。

第三页：机会识别。这一页主要论证创业机会为什么是真实存在的，它隐藏在何处。演示的要素包括：现有解决方案的问题在哪里？客户对现有方案存在哪些不满？解决的思路是什么？在创业计划的演示过程中，创业者对这些问题的回答必须有证据的支撑，这样才能令投资者信服。演示者通常可借助一手调研或者二手数据来论证观点，也可以借助行业专家或者有影响力的咨询机构的分析结果，提高计划的权威性。这一页的目的在于突出问题的严重性，进而让听众感觉到这里有一个巨大的潜力市场和创业机会。

第四页：解决方法。这一页主要说明你的公司准备做些什么来解决之前提出的问题，要突出你的解决方法与现有解决方案的不同之处，为顾客带来了何种价值——更富有、更有效率或更便利。另外，创业者还应说明自己在这一创新解决方法上的优势，以及有哪些壁垒能阻止他人模仿。创业者说清楚问题的解决办法，也就说清楚了你所创公司的业务模式。

第五页：目标市场。这一页主要说明哪些人会对你的解决方法感兴趣，进而清楚定位具体的目标市场，描述保持目标市场广阔前景的商业和环境趋势。演示过程最好能用图表展示目标市场的规模、预期的销售额和市场份额，要做好准备随时解答投资者对于这些数字的质疑。

第六页：技术手段。这一页主要介绍产品（或服务）在技术上的独特之处，虽然并非必要，但通常情况下都会有。在介绍技术时，创业者需要将晦涩的技术术语转化为通俗的语言，具体产品应以图片的形式展示，如果可能的话，最好能在现场摆放一个样品。

第七页：竞争分析。这一页主要展示创业企业所面临的竞争格局，详述企业的直接、间接、未来竞争者，可参考"五力模型"或者"SWOT分析"。创业者通过竞争者分析，说明自己与竞争对手相比的竞争优势，以及分析哪些优势是可持续的。此外，如果创业企业的退出策略是被某个实力更强的竞争对手收购，创业者不妨在这里提出可能选项，说明你的竞争优势会对潜在兼并者带来何种好处。

第八页：营销策略。这一页主要描述你的市场营销总体规划，包括价格、分销和促销策略等。例如，在定价方面，创业企业是使用成本加成定价法还是价值定价法，阐明你的价格与竞争对手相比如何；在销售方面，说明你的销售过程和促销方法，让投资者了解你将如何唤起消费者的注意力以及产品将如何抵达最终消费者，如果需要组建自己的销售队伍，也要简要说明销售人员的激励问题。此外，如果创业企业已经开展过消费者购买动机调查，或者对产品性能有过认知测试，也可以在这张幻灯片里公布结果。

第九页：管理团队。管理团队是潜在投资者最为关心的一个要素。这一页幻灯片至关重要，要突出团队成员的组成以及各自的背景、有何专长、过去的主要经历、获得过何种奖励和荣誉等，这些因素对创业成功发挥重要作用；还要介绍团队如何开展工作，各自有怎样的分工。当然，如果团队受某些局限还不够完美，这里也不要掩饰，需说明团队现存的缺陷以及将来如何弥补。如果你已经集结了一批优秀队伍，可通过具体的实例或者往事，说明创业者是如何用自己的理念感染他们、凝聚他们的。如果投资者发现你能够把一群出色的员工招致麾下，他们也会相信你能把产品卖给愿意花钱的消费者。

第十页：财务预测。这一页主要介绍公司未来 3~5 年预计的总收入和每年度的现金流预测，对于幻灯片中所展示的财务数据，务必保证有人对细节问题询问时，创业者有实际的资料或数据予以支持。创业者要对自己的数据了如指掌，若有投资者提出质疑，回答时不能有迟疑或磕绊；对数据背后的情况假设要做足功课，充分准备，必要时要给予详细的解释；计算的预计销售利润率不能太离谱，要符合行业标准。

第十一页：创业现状。这一页主要通过企业已经取得的重要里程碑介绍创业企业的现状，最好通过具体实例或者数据展示。创业者应介绍到创业计划演示时刻为止，管理团队、天使投资人等已经向企业投入了多少资金以及资金是如何被使用的。投资者特别关注创业企业的资金使用是否有效率，创业者要强调已取得成果的价值，还要介绍企业现有的所有权结构和企业的产权形式，这些基本事实也会影响到投资者的决策。

第十二页：财务要求。这一页幻灯片要具体介绍创业企业想要融资的数目以及资金的使用方式。如果演讲对象是股权投资者，那么，创业者就得准备阐述拟出让的股权比例；如果是债权投资者，创业者要交代清楚想获得的借款期限和可接受的利率。同时，创业者也要阐明获取资金后能够取得的重大进展。

第十三页：总结。在创业计划演示的结尾部分，创业者要总结一下本创业企业和创业团队的最大优势，但最多为三点，目的在于给潜在投资者留下深刻印象。最后，创业者还要简要介绍投资者可选择的退出策略。如果创业者面对的是股权投资者，还要征求一下反馈意见；如果参加的是一个创业计划竞赛，还要感谢组织者的工作，并准备好回答问题。

二、参加创业计划竞赛

创业计划竞赛通过集中展示创业者的商业计划书，由创业方面的学者和实践者组成专家团队，对不同创业方案进行评判，获胜的计划书一般能获得风险投资的支持。这类活动能让所有参与的创业计划获得宣传推介的机会，业内人士的点评有利于计划的进一步完善。

创业计划竞赛起源于美国。自 1983 年美国德州大学奥斯汀分校举办首届商业计划竞赛以来，已有包括麻省理工学院、斯坦福大学等世界一流大学在内的多所大学每年举办这一竞赛。雅虎(Yahoo!)、Excite 搜索引擎、网景(Netscape)等公司就是在斯坦福校园里的创业氛围中诞生的。麻省理工学院的"10 万美金竞赛"($100K Entrepreneurship Competition)从 1990 年创办至今,已有 20 多年历史,影响非常之大。每年都有五六家新的企业从大赛中诞生,并且有相当数量的创业计划被附近的高新技术企业以上百万美元的价格买走。一批批的创业者在这项赛事中得到锻炼和成长,风险投资家们则涌入大学校园寻找未来的技术经济领袖。从某种意义上说,高校的商业计划竞赛已经成为知识经济时代美国经济的直接驱动力量之一。中国的创业计划竞赛也在蓬勃开展,其中影响最大的是"挑战杯"中国大学生创业计划竞赛,它也被称为创业类比赛的"奥林匹克",此项全国性赛事由团中央、中国科协、教育部、全国学联共同主办,国内著名大学承办,每 2 年举办一届,"挑战杯"中国大学生创业计划竞赛产生了十分积极的影响,成为促进优秀青年人才脱颖而出的摇篮,竞赛获奖的代表人物有:第二届"挑战杯"竞赛获奖者、国家科技进步一等奖获得者、中国十大杰出青年、北京中星微电子有限公司董事长邓中翰,第五届"挑战杯"竞赛获奖者、"中国杰出青年科技创新奖"获得者、安徽中科大讯飞信息科技有限公司总裁刘庆峰,第八届、第九届"挑战杯"竞赛获奖者、"中国青年五四奖章"标兵、南京航空航天大学 2007 级博士研究生胡铃心等。此外,该竞事还成为引导大学生推动现代化建设的重要渠道:成果展示、技术转让、科技创业,让"挑战杯"中国大学生创业计划竞赛从象牙塔走向社会,推动了高校科技成果向现实生产力的转化,为经济社会发展做出了积极贡献。

创业计划竞赛已经引起各国新闻媒介、企业界、风险资本的密切关注,产生了深远影响,因此,参加创业计划竞赛是推介创业计划的有效途径之一。特别是针对大学生创业,由于经验不足和缺乏社会网络关系,学生创业者很难直接接触到风险投资机构,而创业计划竞赛则提供了很好的平台:一方面,由于大量创业计划集中展示,容易引起投资者的参与兴趣,有很多风险投资机构会从这类竞赛中筛选目标;另一方面,参加创业计划竞赛能增强创业者的技能,有助于以后更好地应对创业过程中出现的难题。

参加创业计划竞赛的作用有以下四个方面:

首先,参加创业计划竞赛能进一步完善已有的创业计划。通过大赛提供的系统培训,以及学习、交流,全面地接受创业者所应具备的知识体系,学生创业者可以厘清创业计划常用的评价标准,便于查找自身计划存在的不足之处。以"挑战杯"中国大学生创业计划竞赛为例,实际竞赛过程中采用的标准如表 8-12 所示[1],各参赛队伍大多以该表为参照,精心打磨自己团队的创业计划。

表 8-12 "挑战杯"中国大学生创业计划竞赛评审标准表

评审标准	创业可行性	商业计划书	合计
1. 执行概要	2.5%	5.0%	7.5%
2. 产品或服务创意	7.5%	5.0%	12.5%
3. 管理技巧与团队	10.0%	5.0%	15.0%

---

[1] 丁三青.中国需要真正的创业教育——基于"挑战杯"全国大学生创业计划竞赛的分析[J].高等教育研究,2007(3):87-94.

(续表)

评审标准	创业可行性	商业计划书	合计
4. 市场竞争分析	10.0%	2.5%	12.5%
5. 市场结构与营销计划	2.5%	2.5%	5.0%
6. 业务体系与组织机构	2.5%	2.5%	5.0%
7. 实施时间表	5.0%	2.5%	7.5%
8. 风险分析	10.0%	5.0%	15.0%
9. 财务分析	15.0%	5.0%	20.0%
10. 总体评估	65.0%	35.0%	100.0%

其次,参加创业计划竞赛利于培养团队构建技能,发现匹配的创业伙伴。参赛的创业计划书大多是由一个团队来完成的,创业计划的质量很大程度上取决于创业主导者团队管理的好坏,整个过程要求创业者有效制定决策、分配任务、跟踪过程进度,这三方面技能是领导团队有效工作的基础。另外,创业者通过比赛,可以结识未来创业的合作伙伴,参赛小组的成员将最有可能在将来形成创业合作关系,开创成功事业。

Rhonda Abrams(2003)设计了两个有效的工具来管理参赛团队的进程:一是团队任务进度表(见表 8-13);二是任务分配表(见表 8-14)。

表 8-13 团队任务进度表

任务	具体内容	完成时间
选择团队成员	与潜在团队成员进行沟通,评估他们各自具备何种技能,确定团队成员名单	×月×日
设计决策制定方法	确定哪些决策可以由团队成员自行决定,哪些决策必须由团队集体制定,由谁召集	……
选择所从事的行业和业务	选择已有项目,或者团队成员"头脑风暴",然后逐步缩小范围	……
识别关键问题	讨论商业概念的细节问题,发现需要进一步澄清的关键事项	……
给团队成员分配任务	把上述事项按职能分派给不同成员,一些比较复杂的内容要全员参与,共同承担	……
对假设进行重新评估	根据搜集的资料与各事项反馈结果,重新评估创业计划的可行性,以及需要进一步完善之处	……
准备和演示商业计划书	安排一两个团队成员负责最终的整合工作,做出完整的创业计划书,并准备电脑演示材料	……

表 8-14 任务分配表

任务	分配给谁	完成时间	完成标准
行业分析			
产品描述			

(续表)

任务	分配给谁	完成时间	完成标准
竞争分析			
……			
财务数据			
风险分析			

注：一般按照创业计划的各子模块进行任务分配，根据项目实际情况制定各任务的完成标准。

再次，参加创业计划大赛，能提高创业团队的曝光率，结识风险投资家，以及商界、新闻界和法律界人士，为将来创业搭建良好的关系网络。以"挑战杯"中国大学生创业计划竞赛为例，先后参与报道的媒体有中央电视台、人民日报海外版、China Daily、光明日报、中国青年报、北京电视台、北京青年报、中国教育报等众多新闻单位，投入实际运作项目的参赛小组将受到新闻媒体的关注，获得向社会推荐自己和产品的良好机会。

最后，参加创业计划竞赛能直接获得风险投资，让创业计划真正"落地"。"挑战杯"中国大学生创业计划竞赛中胜出的优秀创业计划，有很多在竞赛过程中或者赛程一结束就获得了风投资金的注入。在每届竞赛举办期间，全国组织委员会适时在全国范围遴选确定若干家大学生创业示范园区，并联合园区及风险投资机构举办项目对接和孵化活动，加强与有关方面特别是创业投资公司、金融机构等方面的合作，为高校学生通过参与竞赛实现创业提供支持，对竞赛中涌现出的优秀作品优先转化。例如，在第三届"挑战杯"中国大学生创业计划竞赛过程中，部分参赛作品开赛前就吸引了风险投资，金额达 10 400 万元，其中签订合同的项目 6 件，签约金额达 4 640 万元；决赛期间，正式签约项目 4 件，金额达 5 760 万元，南京大学的"格霖新一代绿色环保空气净化器"商业计划获得了高达 2 595 万元的风险投资。又如，在第五届"挑战杯"中国大学生创业计划竞赛赛前，13 个参赛项目与 25 家企业达成投资意向，获得了 5 921.35 万元的风险投资；在终审决赛期间的投资意向洽谈会上，3 个项目与 4 家企业正式签约，风险投资达 2 225 万元[①]。各种形式创业计划竞赛的举办，在中国高校掀起了一轮创新创业的热潮，孕育了一批高科技企业，产生了良好的社会影响。

本章小结

创业者要获得风险投资机构的支持，精心撰写一份创业计划是必要条件。创业计划是创业者用来共有说明某一产品、服务或技术与市场中的机会相匹配，创意具有可行性，以及创业者会采取哪些行动将机会转化为一家盈利企业的书面文件。撰写创业计划能迫使创业者系统思考各相关要素，为后续创业过程提供基本的操作框架和行动指南。实证研究以很强的证据表明，有创业计划的新企业业绩要好于没有计划的。

优秀的创业计划应具备全面完整的结构，体现出创业者对业务的精通和专业性，其中的观点主张应建立在合理预测的基础上，不宜过分乐观。要撰写出一份兼具完整性和逻辑性

[①] 详细数据见挑战杯网站(http://tiaozhanbei.net/review2)。

的创业计划,创业者应该从三大视角进行阐述和论证,包括市场营销者视角、生产制造者视角和风险投资者视角,具体项目包括市场定义与顾客分析、产品与服务介绍、竞争环境与优势分析、营销策略、创业团队、组织与管理、运营与实施计划、重要里程碑、财务预测、结构与融资、风险因素、收获与退出十二个子部分。为了推广创业计划,扩大影响力,创业者还需要为创业计划准备一套演示与推介的策略,如电梯演示等。大学生创业者应多多参加创业计划竞赛,让自己的创业计划获得宣传推介的机会,并借助业内人士的反馈不断完善创业计划,争取早日获得风险投资者支持,全面开启创业之路!

实践环节

1. 实训目标

培养学生创业计划书的撰写技能,并能将完成的创业计划进行恰当的演示与推介。

2. 实训内容

以3~5名成员为小组,从创意的产生和筛选开始,编写一份完整的创业计划。

3. 实训要求

(1) 创业计划的内容应包含所有三大视角及十二个子部分,缺一不可。

(2) 按照创业计划演示模板,制作好演示用PPT文档。

(3) 按照"电梯演示"的策略,准备一段60秒左右的开场白。

(4) 参照"挑战杯"中国大学生创业计划竞赛的评分标准,为其他小组的创业计划打分。

重点思考

1. 简述创业计划的概念。
2. 创业者为何要编制出一份创业计划?
3. 根据现有研究,具有何种特征的创业计划更容易获得风险投资?
4. 一份完整的创业计划通常包含哪些项目?为什么要包含这些项目?
5. 参加创业计划竞赛有何意义?

课后分析案例

鲜果纸业有限公司风险投资计划书[①]
(节选)

1 投资计划概要

1.1 本计划的目的

- 为有意投资于本项目者提供充分的信息。

---

① "鲜果纸业有限公司"为化名。本案例系作者根据果友纸业有限公司风险投资计划改编。

- 为本计划未来的经营活动提供基本数据和指导准则。

1.2 对"鲜果"纸的市场需求

由于中国经济的飞速发展,市场对包括水果在内的高质量的健康食品的需求日益增长。但是目前国内的水果产量和质量均不能满足消费者的需要。此外,政府部门正在大力推广水果种植和生产的新技术,其中就包括了水果套袋纸。中国水果的巨大产量,加上极低的套袋纸使用率,均为套袋纸产品的市场扩张提供了广阔的前景。

1.3 行业分析

水果套袋纸在中国仍然处于起步阶段,主要的生产厂商都来自东亚国家和地区,它们经由进口渠道向国内销售产品。本地厂商虽然已经开发出自己的产品,但质量较差。所以市场对在质量上达到国际水平,价格又有竞争力的产品存在着巨大的需求。"鲜果"纸享有技术领先和低成本优势,因而能以有竞争力的价格向市场销售高质量的产品。

1.4 生产经营

为了控制成本和降低对固定资产的资本投资风险,我们计划在江苏省租赁厂房和生产设备。这种策略将有助于降低生产成本和增强生产经营的灵活性,进而提高市场竞争力。

1.5 市场营销

我们的细分市场是用于苹果和梨子的水果套袋纸,因为用于这两种水果的套袋纸占了市场销售总额的80%。"鲜果"纸是专为这两种水果研制的产品。同时,我们计划逐步推出用于桃子、葡萄和橘子的套袋纸。

1.6 企业管理层和股权结构

1.6.1 管理层

本公司将由本地经理人才管理,因为他们对本地市场较为熟悉,而且聘用他们的人力成本较低。在本计划中被提名的经理人员在造纸行业的生产与销售领域拥有丰富的工作经验,并且都接受过良好的管理专业教育。

1.6.2 股权结构

第7.2节对股权结构做了详细说明。

1.7 财务数据

1.7.1 要求投资金额

为了实现长期稳定的业务经营目标,本项目要求获得800万元人民币投资。这包括了开业费和营运资本。

1.7.2 投资回报预测

如果我们的销售计划得以实现,对本项目的资本投资将在2.06年内收回,年均股本回报率约为48.72%,内部收益率为57%。

1.8 结论

总之,鉴于"鲜果"纸的技术优势和生产及成本控制能力,鉴于水果套袋纸的巨大市场,如果取得足够的投资,这一项目将为投资者带来丰厚的回报。

2 水果套袋纸的市场需求

2.1 中国水果生产和消费的经济背景

……

2.2 水果套袋纸和"鲜果"纸的优点

水果套袋纸是用于保护水果生长的纸品。当果树挂果时,用水果套袋纸做成纸袋包裹水果,其主要优点有:

- 保护水果抵御霜冻、冰雹等灾害性天气。
- 保证水果表皮不沾农药。
- 通过减少阳光的直接照射来提高水果在色彩和外形方面的等级。
- 防止病虫害。

水果套袋纸在发达国家和地区的广泛应用已历时30多年了。实际上,在日本和中国台湾地区,不用套袋纸的水果几乎没有市场。但在中国大陆,只有7.3%的水果使用此项技术。因而推广潜力极大。我们计划推出的"鲜果"纸是一种高性能的、符合国际标准的水果套袋纸。该产品是在20世纪90年代初由本地化学和造纸专家开发成功的。目前,我们正在注册"鲜果"商标。"鲜果"纸的性能已在数家本地的果园的试用过程中得以验证,它们对该产品的性能给予了较为肯定的反馈意见。

3 行业分析

3.1 我们将进入何种行业——水果套袋纸业还是水果套袋业

我们的目标市场是水果套袋纸:而不是其最终产品——水果套袋。做出这一决策的依据主要有以下三点。

3.1.1 避免同销售商竞争

大多数水果套袋纸和水果套袋销售商均拥有套袋生产技术和设备。鉴于销售商和最终用户之间存在着紧密的联系,我们必须避免同销售商竞争以保护销售商销售"鲜果"纸的积极性。

3.1.2 部分农民倾向于自己制作套袋

市场调查报告表明,许多果园都自己制作套袋,这是因为农民的劳动力成本较低。所以水果套袋纸的市场规模要大于套袋。虽然随着果园的商品化水平的进一步提高,最终用户的偏好将会有所改变,但在可预见的一段时期内,我们的商业利益将主要存在于水果套袋纸行业里。

3.1.3 避免同套袋生产商竞争

水果套袋生产商的数量很多,因为生产套袋的技术含量较低。它们目前主要采用进口纸制作套袋,然后直接向最终用户或通过农科站销售套袋。进入套袋生产行业将激化同现有厂商的竞争,不利于获得良好的经济效益。相反地,如果我们只在套袋纸行业发展,它们就会从竞争对手变为客户,因为它们正在积极地寻求由国内厂商提供的优质廉价的套袋纸来替代进口产品。

3.2 中国水果套袋纸市场

3.2.1 中国大陆引进并使用套袋纸的历史

……

3.2.2 水果套袋纸的市场现状

××××年,中国水果总产量为5 450万吨,其中苹果和梨子产量(最适合使用水果套袋)分别为1 956万吨和720万吨。(农业部种植管理司××××年的统计数字)按每千克苹果和梨子相当于5个水果计算,苹果和梨子总数约为1 075.4亿个。而目前水果套袋纸的用

量仅达 2 万吨,或 30 亿个套袋。这就意味着只有 3% 的水果使用套袋纸。影响水果套袋纸推广的主要原因有:
- 地方政府、农科所和套袋纸厂商的促销推广工作还不够。
- 厂商的产品培训和售后服务工作不能令人满意。
- 部分果园不愿意承担购买套袋纸的成本,因为它们缺乏市场信息。

3.2.3 水果套袋纸市场的未来

政府对推广应用水果套袋纸持非常积极的态度,它希望把优质水果率从××××年的 35% 提高到××××年的 60%。从水果市场的角度来看,采用水果套袋纸的水果价格明显高于其他水果,这将激励果园扩大套袋应用面。从产品生命周期看,水果套袋纸正从市场引入期步入快速成长期。鉴于中国的套袋纸使用率远低于发达国家和地区,产品的市场潜力非常之大。据估算,今后 5 年中对水果套袋的需求将从 30 亿个增加到 100 亿个。这就为"鲜果"纸创造了极佳的市场机遇。

3.3 顾客分析

因为我们的目标市场是水果套袋纸,而非套袋,所以我们的主要顾客是套袋纸分销商和套袋生产商。套袋纸分销商包括农科所、园艺站以及套袋纸批发商。由于它们与最终用户的密切关系,它们将是我们的主要顾客。通常它们在其所在地区有着很大的影响力。它们都分布在各水果生产省份,数量众多。又因为其影响力一般局限于所在地域,如在某个县,这样的经济规模使分销商很难自己生产水果套袋纸。因此,它们的商业利益更多地在制作和销售套袋上,或直接向最终用户销售套袋纸上。套袋生产商对套袋纸的需求非常大。到目前为止,它们主要购买来自日本、韩国和中国台湾地区的套袋纸。但由于最终用户有很高的价格敏感度,套袋生产商正在积极地寻求能提供优质廉价的套袋纸的本地供应商。而目前套袋纸生产商只有少数几家。套袋生产商可能会经由后向一体化自己生产套袋纸,但套袋纸的专利和技术诀窍将成为他们的主要进入障碍。

最终用户,即果农和果园,一般不会成为"鲜果"纸的直接顾客,因为它们数量众多,分布区域广大,购买批量较小,如果将其作为直接顾客,营销成本之高将难以承受。

鉴于分销商的数量较多,它们在套袋纸业务中不会拥有很强的讨价还价的能力。

3.4 竞争分析

在水果套袋纸市场上有两类主要参与者:海外厂商和本地厂商。

3.4.1 海外厂商

海外厂商包括日本、韩国和中国台湾地区的生产商。它们目前并未在中国大陆投资,其产品都通过中国贸易商进口到中国大陆市场。进口产品的质量都得到了广泛认可,但由于关税、运输费用和生产商的较高的劳动力成本,其售价很高,约为每吨人民币 16 000 ~ 17 000 元。

3.4.2 本地厂商

目前,只有少数几家本地厂商能提供套袋纸。根据市场调查报告,本地产品的销售价格为每吨人民币 12 000 ~ 13 000 元。不过最终用户反映本地产品的质量要低于进口产品,所以其竞争力不强。

3.4.3 不规范的套袋纸

为了节约成本,有很多最终用户用旧报纸和其他废旧纸张制作套袋。但是这样的不规范套袋纸在性能上无法达到规范的套袋纸的要求,如在恶劣气候下容易破损,并且其透气性较差。随着对水果生产的技术要求的提高,这种不规范套袋纸将逐步被淘汰。

3.4.4 "鲜果"纸

国家专利局和江苏省技术监督局的技术鉴定,以及在本地果园的试用结果都证明了"鲜果"纸完全符合进口产品的质量标准。考虑到较低的本地生产成本和对本地市场的信息优势,"鲜果"纸的定价将比进口纸更富竞争力。因此,"鲜果"纸会吸引未来的顾客。

套袋纸是用普通造纸机械生产出来的。因此其资产特殊性较低,从而不会成为激化竞争的因素。总结市场竞争情况,我们可以得出如下结论:

- "鲜果"纸面临的竞争度一般。
- 竞争的焦点是价格、商品和服务的质量、与顾客的距离和关系。
- 目前市场还不存在具有垄断地位的厂商,这将为"鲜果"纸取得市场领先地位创造良好的条件。

3.5 原材料供应商

套袋纸的主要原材料就是纸浆,"鲜果"纸对纸浆并无特殊技术要求。其核心技术是化学试剂,其技术诀窍已被我们掌握。由于标准纸浆从国内和国际市场上都能买到,因此原材料供应商并不具备很强的讨价还价的能力。在生产"鲜果"纸时能够有效控制成本。

3.6 新入者的威胁

3.6.1 本地

本地厂商要进入水果套袋纸市场将会面临下列技术障碍:

- 调配化学试剂的技术诀窍。
- 生产出高质量产品的质量管理能力。

目前市场还没有一家本地厂商掌握着"鲜果"纸的类似技术。据估计,合成正确配方的研发周期至少要2年时间。而实现商业化又需1年。所以,在一定时期内,新进入者很难成功地进入市场。

"鲜果"纸拥有技术领先、正在注册的商标和试用成功等诸多优势。新进入者推出类似产品的计划不会构成对"鲜果"纸的威胁。

3.6.2 海外

根据我们的市场调查结果,主要的海外厂商如日本厂商没有投资于中国的计划。它们仍然会利用本地进口商的渠道销售产品。

总之,套袋纸市场新进入者的威胁将不会成为影响我们的项目可行性的一个重要因素。

3.7 替代产品

在可预见的未来,不存在套袋纸的替代产品,因为发展替代产品有下列障碍:

3.7.1 技术要求高

- 必须具有高强度以承受恶劣气候的影响。
- 必须具有良好的透气性使被包裹的水果能吸收空气。

3.7.2 最终用户价格敏感度高

水果套袋纸价格低廉,所以能为果农接受;否则,他们不会使用其他水果保护材料。

3.8 结论

3.8.1 进入市场的时机

目前正是投资经济实体以进入水果套袋纸市场的良好时机。上述分析表明"鲜果"纸项目具有如下优势可以确保投资的成功：

- 市场容量巨大。
- 从产品生命周期来看正处于从市场引入转为快速成长的阶段。
- "鲜果"纸拥有领先技术。
- 市场竞争度一般。
- 生产成本低。
- 采购原材料容易。
- 管理系统完善。

3.8.2 成功因素

下列成功因素将对"鲜果"纸项目起到决定性的作用：

- 有否保持技术领先地位的产品创新能力？
- 制造工程能力能否确保高效率的设备运行和维护？
- 生产和质量管理能力如何？
- 价格是否具有竞争力？
- 营销策略，尤其是分销渠道的选择是否准确？
- 资本投入是否充分？

由于具备了一系列的优势，并且掌握着能有效解决上述问题的方案，所以我们确信该项目能给投资者带来丰厚的回报。

4 公司的远景和任务

4.1 公司远景

公司的远景是为中国人能享受到更多、更好的绿色水果做出贡献。我们将提供包括"鲜果"纸在内的高品质产品来促进水果的生产、加工和消费。

4.2 公司使命

鉴于我们所拥有的创新能力和管理知识，公司的使命是要成为中国水果套袋纸行业的市场领先者。

5 产品与风险

5.1 产品介绍

水果套袋用于保护处于成长期的水果如苹果、梨等。有了这种套袋，水果就能免于霜冻、虫害和农药的污染。以苹果为例，水果套袋可以遮挡阳光，使之免受过分的日晒，同时改善苹果的形状与色泽。

5.1.1 水果套袋的研发历史

××××年——我们被授权开发水果套袋纸以取代进口纸。

××××年——经过2年的研究测试，我们制造出第一批3吨样纸。紧接着的试用证明，这种水果套袋可以很好地保护和提升苹果和梨的口感和外形。

××××年——江苏省科学技术委员会给予颁发科技新产品验收鉴定证书

××××年——该技术获得专利权(专利号1133922)。

××××年——该技术发明者改良了化学配方和制造流程,成为技术诀窍。

5.1.2 技术规格

在表 8-15 中我们的水果套袋与主要竞争品牌的技术规格进行了比较。

表 8-15 技术规格比较

比较项目		单 位	鲜 果	日本小林	台湾省青田	本地的龙溪
基 重		克/平方米	45±2	45±2	45±2	45±2
抗拉强	干	米	4 000	4 000	4 000	4 000
	湿	米	1 300	1 300	1 300	1 100
耐破度	干	千帕	160	160	155	145
	湿	千帕	80	80	80	60
湿度			7%±2%	7%±2%	7%±2%	7%±2%
透气度			好	好	好	一般

5.1.3 实践证明

我们进行产品测试的主要果园有丰县大沙河果园和山东雅梨研究所。

(1) 丰县大沙河果园(江苏省丰县)——主要产品有红富士苹果和梨。受测试的果园面积达 165 亩。受测试的水果有苹果和梨,共 6 个品种。收到的反馈有:

- 能防止水果外形受损,能防日晒雨淋。
- 使用水果套袋的水果明显色泽更鲜艳,外表更润泽(一旦除去套袋,水果的颜色立即转变),而且色泽亮丽,分布均匀。拿梨举例来说,用水果套袋的结果要比使用其他各种来源的纸袋的效果好得多。
- 减少虫害的影响,特别适用于多雨地区。

(2) 山东雅梨研究所(山东阳信)——种梨的果农从 1992 年起开始使用水果套袋。收到的反馈有:

- 增加子梨的重量。通过使用水果套袋,梨的产量可以增加大约 5%。
- 水果外形明显改善。因此,套袋后的梨的价格会比那些普通的梨贵。

5.2 产量目标

第一步目标:2019 年之前每年 1 300 吨产量。

最终目标:2025 年之前每年 4 000 吨产量。

产量受规模经济、公司使命和销售预测等因素影响。

……

5.5 选址

满足我们需求的造纸厂最合适的地点是位于长江流域的江苏省。

5.5.1 选址的原则

- 交通便利。
- 项目负责人与当地政府有良好关系,从而可以得到必要的支持。

- 有良好的造纸工业背景,容易找到合适的造纸厂和熟练工人。
- 工人观念开放,能很快适应现代商业模式。
- 劳动力成本低。

5.5.2 选址比较

我们大多数的原材料都是进口的。因此合适的地址应靠近中国的主要港口,如上海、天津和青岛等。选址比较结果如表8-16所示。

表8-16 选址比较

原　则	江苏中、南部	山东东南部	河北中、南部
离供应商的距离	√ 靠近上海港口	靠近青岛港口	靠近天津港口
离重要客户的距离	适　当	√ 近	适　当
与当地政府的关系	√ 良　好	不　熟	不　熟
造纸工业基础	√ 最　好	好	普　通
观念开放程度	√ 最开放	一　般	不开放
劳动力成本	低	更　低	√ 最　低

从上述分析里可以得出结论:江苏省中、南部是最理想的位置。

……

6 市场和销售战略

6.1 市场目标

我们第一年的目标是:"鲜果"纸达到5%的市场占有率。然后争取超过市场的增长,在第五年成为市场领导者之一。

6.2 目标市场

6.2.1 中国水果产量结构

……

根据上述分析,我们的目标市场定位为苹果和梨的保护纸产品。

6.2.2 中国市场竞争分析

……

6.2.4 小结

上述分析,我们得出我们的目标市场是以下各元素的综合:
- 产品:苹果及梨的保护纸。
- 目标区域:山东,陕西,河南,河北。
- 目标用户:纸袋生产厂家,纸袋分销商,农技站和最终用户(果农)。
- 定位:优质,低价。

6.3 市场渗透计划

6.3.1 近五年的销售预估

6.3.2 产品

……

6.3.3 价格

(1) 定价原则:

- 定价应基于我们的定位,即高品质、低价格。
- 我们制定价格策略时,要鼓励顾客多订货,要平衡淡、旺季的销售,鼓励各科能尽快付款。
- 我们应致力于技术领先而不是打价格战,目前的定价是考虑在合理的毛利率及竞争对手情况的基础上。

(2) 基价:12 000 元/吨。

(3) 折扣:见表 8-17。

表 8-17 折扣执行表

项目	折扣率
季节性(当年 8 月至下年 1 月)	5%
快速付款折扣	2%
每次定量折扣(≥10 吨)	2%
年底返率(≥60 吨)	2%

(4) 实际价钱:去掉各种折扣因素,鲜果纸的实际价格为 11 542.8 元/吨。

6.3.4 渠道

……

6.3.5 整合营销沟通计划

(1) 原则:

- 建立"鲜果"纸的品牌知名度和品牌形象。
- 采用"拉"和"推"的策略。

"拉":如农村广播、试用、流动电影放映、技术培训指导、海报及水果大奖赛等方式。

"推":销售折扣等。

在销售淡季也要做一些促销活动来维持品牌知名度。

(2) 2020 年整合营销沟通计划。

6.3.6 销售策略

……

7 公司管理与所有权

7.1 管理

7.1.1 公司类型——有限责任制公司

7.1.2 组织框架

……

7.1.3 核心管理层经理工作职责与简历

7.2 所有权

7.2.1 总投资

……

8 资金需求

8.1 目前资金需求量

8.2 其他资金需求

在接下去的几年中,我们不会再向外界筹资或向银行借款,原因是由于该项目的高盈利性,公司每年的保留盈利已完全可以满足业务不断拓展的需求。

8.3 资本金的使用

……

9 财务分析

9.1 第一年至第五年的财务数据

9.2 财务分析

9.3 总结

通过财务分析,我们确信这些数据和结论都是可信的和可达到的。而且,凭借公司的所有权结构、管理体系、产品质量和技术诀窍,本商业计划设定的目标也完全是可行的。因此,我们相信,这是一个非常有吸引力的投资项目。

问题:请分析此投资计划书的优势与不足,并说明理由。

参考文献

1. 布鲁斯·R·巴林杰.创业计划书:从创意到方案[M].2版.陈忠卫,等,译.北京:机械工业出版社,2019.
2. 邓立治.商业计划书:原理、演示与案例[M].2版.北京:机械工业出版社,2018.
3. 布鲁斯·R·巴林杰,等.创业管理:成功创建新企业[M].5版.薛红志,等,译.北京:机械工业出版社,2017.
4. 布赖恩·芬奇.如何撰写商业计划书[M].5版.邱墨楠,译.北京:中信出版社,2017.
5. 王艳茹.创业基础如何教:原理、方法与技巧[M].北京:清华大学出版社,2017.
6. 李家华.创业基础[M].5版.北京:清华大学出版社,2015.
7. Kotler Philip, Gary Armstrong. Principles of marketing[M]. London:Pearson Education,2010.
8. Rhonda Abrams. The successful business plan:Secrets and strategies[M]. Palo Alto:The Planning Shop,2003.

第九章 新创企业的设立和成长管理

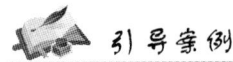引导案例

怎么合伙开一个工程造价咨询公司

我在二线城市 A 市某设计院从事咨询工作,最主要的工作是编制清单、预结算及拦标价。我本科毕业 5 年,从事造价 4 年,有意愿将来合伙开咨询公司。

我的大学同学,其父亲在距离本市周边车程 1 小时的三线地级市 B 市从事政府工作,是 B 市建筑类处级干部。该同学研究生毕业后回 B 市也从事政府建筑类的工作,虽然不做造价,但是他老婆是做招标工作的,均有开咨询公司意愿。

关于和同学合作开公司,我有以下几点疑问:

(1) 如果合伙开公司,选址 A 市还是 B 市?这个项目可行吗?

(2) 还需要继续增加同学入伙吗?毕竟我们都是这个专业毕业的。

(3) 如何经营好咨询公司?如果自己单独做咨询公司,从哪些业务做起比较好发展?必须要严格地按照成立咨询公司的条件(注册资金××元,造价师××人并持股××%,造价员××人)实打实的来吗?还是找个有资质的咨询公司,自己接活,用他们的资质?

(4) 如何保证提供持续稳定的业务?

(5) 盈利后如何分钱(同学肯定不会放弃公务员工作)?入股如何操作?

(6) 这样情况的稳定的 10 人咨询公司(干活的人有 7 个),年利润多少是合适的?

资料来源:加拉哈德.怎么合伙开一个工程造价咨询公司?[EB/OL].(2016-01-28)[2020-09-10]. https://www.fmi.com.cn/index.php? m=content&c=index&a=show&catid=6&id=453778.

案例解析:咨询人作为初次创业者,遇到了很多创业者在尝试建立企业时都会面临的问题,如企业法律形式的选择问题及创业初期的管理问题。不同的企业法律形式具有不同的特征,适用于不同创业者的情况,而且在之后的企业注册、责任划分、选址、运营管理等方面,都会受到企业法律形式的影响。此外,大学毕业生创业也会在融资、税收等诸多方面享受国家和地方政府的不同优惠政策,因此,要创办一个新企业,创业者先要根据自己的实际情况,选择合适的法律形式,了解相关的优惠政策,才能开一个好头。通过对本章的学习,创业者将会对以上的问题寻找到自己的答案。

第一节 确定企业的法律形式

9-1 确定企业的组织形式

延伸阅读 9-1

中国实有个体工商户和私营企业占全部市场主体 94%

新华社北京 2018 年 1 月 22 日电(记者 赵文君)记者 22 日从国家工商总局获悉,截至 2017 年年底,中国实有个体工商户 6 579.4 万户,私营企业 2 726.3 万户,合计占全部市场主体的 94.8%,从业人员为 3.41 亿人。

商事制度改革极大地激发了市场活力。国家工商总局有关负责人表示,各地政府落实针对小微企业的帮扶措施,新设小微企业不仅"生得顺",而且"活得好",并且随着营商环境不断优化而"长得大""做得强"。

据工商总局统计,中国新设市场主体从商事登记制度改革前的日均 3.1 万户大幅增加到 2017 年的 5.27 万户,其中,个体私营小微企业占 96% 以上。2017 年,中国新设个体工商户 1 289.8 万户,增长 20.7%,较 2016 年 5.7% 的增速大幅提升。

中国个体劳动者协会受国家工商总局委托连续 3 年开展的 11 次专项调查表明,全国新设小微企业周年活跃度在 70% 左右。其中,从 2016 年三季度到 2017 年三季度,新设小微企业周年活跃度为 69.7%,户均从业人员从 6.27 人增长到 7.42 人。当前,个体私营经济已成为大众创业、万众创新的重要力量,进一步巩固了经济发展的微观基础,促进了新兴业态的发展。

资料来源:赵文君.我国实有个体工商户和私营企业占全部市场主体 94%[EB/OL].(2018-01-22)[2020-09-11].http://www.xinhuanet.com/fortune/2018-01/22/c_1122297394.htm.

在市场经济条件下,企业是法律上和经济上独立的经济实体。任何一个企业都要依法建立。投资者在创建企业时,都要面临企业的法律形式选择问题。"想开办商业的人面临的第一个根本问题是哪一种商业组织对于商业利益是最恰当的。有几个因素要加以考虑,这些因素包括建立的难度、出资者的责任、税收考虑和资本需要。"①

一、私营企业法律形式的类型

我国私营企业的形式大体上分为个人独资企业、合伙企业、公司(包括有限责任公司和股份有限公司)三种基本形式。个体工商户虽然严格来讲不属于企业,但仍然是我国私营经济的重要组成部分。

(一)个体工商户

《个体工商户条例》第 2 条规定:"有经营能力的公民,依照本条例规定经工商行政管理部门登记,从事工商业经营的,为个体工商户。个体工商户可以个人经营,也可以家庭经营。个体工商户的合法权益受法律保护,任何单位和个人不得侵害。"

---

① Denneth W Clarkson,等.韦斯特商法学[M].大连:东北财经大学出版社,1998:709.

严格说来个体工商户并非企业,该法律形态在生活中比较常见,且诸多个体工商户都具有不亚于企业的实力。

个体工商户有如下特征:①个体工商户是从事工商业经营的自然人或家庭。根据法律有关政策,可以申请个体工商户经营的主要是城镇待业青年、社会闲散人员和农村村民。国家机关干部、企事业单位职工,不能申请从事个体工商业经营。②自然人从事个体工商业经营必须依法核准登记。个体工商户的登记机关是县以上工商行政管理部门。个体工商户经核准登记,取得营业执照后,才可以开始经营。个体工商户转业、合并、变更登记事项或歇业,也应办理登记手续。③个体工商户不具有法人资格,以个人或家庭财产对外承担责任。④只要不属于法律、行政法规禁止进入的行业的,登记机关应当依法予以登记。⑤个体工商户可以起字号、设立银行账户,申请贷款、为员工提供社会保险等。⑥个体工商户主要以商铺门店为经营方式,通过零售商品和提供民生服务为手段获得收入。

(二) 个人独资企业

个人独资企业简称独资企业,是指个人出资经营、归个人所有和控制、由个人承担经营风险和享有全部经营收益的企业。它属于自然人企业。

个人独资企业是经营实体,是一种企业组织形态。但国家对于个人独资企业并没有很详细的法律规定,而是给了出资人相当大的空间,企业的设立程序也很简单。其性质上来说属于非法人组织,具有团体人格的组织体属性,属于自然人企业范畴。这点是个人独资企业与个体工商户一个重要的区别。

个人独资企业有如下特征:①由一个自然人投资成立。②财产归投资者个人所有。③投资人以其个人财产对企业债务承担无限责任。④个人独资企业不具有法人资格。⑤设立门槛低,设立程序简单。⑥按照现行税法规定不缴纳企业所得税,而缴纳个人所得税,适用5%~35%的超额累进税率。

(三) 合伙企业

合伙企业是指自然人、法人和其他组织依照《中华人民共和国合伙企业法》(以下简称《合伙企业法》)在中国境内设立的,由两个或两个以上的合伙人订立合伙协议,为经营共同事业,共同出资、合伙经营、共享收益、共担风险的非法人营利性组织。《合伙企业法》第14条规定,设立合伙企业前,合伙人之间必须签署书面的合伙协议,并且对利润分配方式、协议有效期等必须载明的内容做出了严格的规定。

合伙企业包括普通合伙企业和有限合伙企业。普通合伙企业是指由2个以上(没有上限规定)普通合伙人订立合伙协议,共同出资、共同经营、共享收益、共担风险,并对合伙企业债务承担无限连带责任的营利性组织;有限合伙企业是指由2人以上50人以下的普通合伙人和有限合伙人组成,其中普通合伙人至少有1人,普通合伙人对合伙企业债务承担无限连带责任,有限合伙人以其认缴的出资额为限对合伙企业债务承担责任的营利性组织。普通合伙企业与有限合伙企业的区别见表9-1。

(四) 有限责任公司

我国《公司法》所称的有限责任公司是指在中国境内设立的,股东以其认缴的出资额为限对公司承担责任,公司以其全部资产为限对公司的债务承担责任的经济组织。根据《公司法》的规定,有限责任公司必须在公司名称中标明"有限责任公司"或者"有限公司"字样。

表 9-1 普通合伙企业与有限合伙企业的区别

项目	普通合伙企业	有限合伙企业
合伙人类型	2人以上,所有合伙人均为普通合伙人	2~50人,至少有一个普通合伙人,可以有多个有限合伙人
合伙人责任	合伙人以其财产对合伙企业债务承担无限连带责任	有限合伙人以其认缴的出资额承担责任
出资方式	合伙人可以用货币、实物、知识产权、土地使用权或其他财产权利出资,也可以用劳务出资	有限合伙人不得以劳务方式出资
经营管理方式	所有合伙人共同经营管理	有限合伙人一般不参加日常的管理活动,也不得对外代表合伙企业
合伙份额的转让	合伙人将自己的份额转让给合伙人之外的人时,应征得其他合伙人的一致同意	有限合伙人对外转让份额只需提前30天通知其他合伙人
相互转化	两者可以因合伙人类型的变化而发生企业类型的相互转化,但有限合伙企业中若只剩有限合伙人,必须依法予以解散	

有限责任公司具有如下特点:①依照公司法设立条件和程序成立,根据《中华人民共和国公司登记管理条例》规定登记注册。②由1个以上50个以下的股东共同出资。③具有法人资格,财产独立于股东个人财产,公司以其全部财产对债务承担责任,股东以其认缴的出资额承担责任。④不能公开募集股份,不能发行股票。⑤以营利为目的。

我国《公司法》对一人公司做出了相关规定。一人公司是指只有一个股东的有限责任公司。即一人公司的投资人为一人,由投资人独资经营,但投资人对公司债务仅负有限责任。除自然人和法人出资设立的一人公司外,我国《公司法》上的国有独资公司也属于一人有限责任公司,只是其股东地位特殊而已。

一人公司具有如下特点:①必须在公司营业执照中载明自然人独资或者法人独资,并予以公示。②一个自然人只能设立一个一人公司。③在发生债务纠纷时,一人公司的股东有责任证明公司财产与个人财产是相互独立的;否则,必须对公司承担无限连带清偿责任。

(五) 股份有限公司

股份公司是指公司资本为股份所组成的公司,股东以其认购的股份为限对公司承担责任的企业法人。由于所有股份公司均须是负担有限责任的有限公司(但并非所有有限公司都是股份公司),所以又将股份公司称为股份有限公司。

股份有限公司有如下特征:①是独立的经济法人。②应当有2人以上200人以下为发起人。③公司的资本总额平分为金额相等的股份,公司可以向社会公开发行股票筹资,股票可以依法转让。④股东以其所认购股份对公司承担有限责任,公司以其全部资产对公司债务承担责任。⑤每一股有一票表决权,股东以其所认购持有的股份,享受权利,承担义务。⑥公司设立和解散有严格的法律程序,手续复杂。

延伸阅读 9-2

大学生创业者的企业组织形式选择

大学生团队创业可选择的企业组织形式包括一般有限责任公司和合伙企业。一般有限责任公司的创业者承担有限责任，出资方式灵活且对知识产权比例无限制，公司治理结构健全，因此既适合拥有资金、掌握专利技术的大学生，也适合拥有管理、经营、财会等方面人才的加入，特别适合由导师引领创业；合伙企业的创业者以各合伙人财产承担无限责任，风险较大，但也可以选择成为有限合伙人，只需缴纳个人所得税即可，因此适合创业资金缺乏、无技术专利，但勤劳肯干的大学生创业团队。这类合伙企业经过发展可以在资金充足、技术完备之后转为一般有限责任公司。

大学生个人创业可选择一人公司或者个人独资企业。其中，一人公司的创业者承担有限责任，出资额度较大，缴纳期限、财会审核制度、经营管理规范都较为严格，特别是如果发生个人财产和公司财产混同，会产生大学生个人对公司债务负无限连带清偿责任的情况，因此适合资金实力雄厚、个人经营、管理、财会能力都较强的大学生创业者；个人独资企业的创业者以个人财产承担无限连带责任，对于创办者的资金要求不高，企业经营方式灵活，可以聘任有管理经验的专门人员经营管理，只需缴纳个人所得税，因此适合资金较少、缺乏一定经营管理经验的个人大学生创业者。不同企业组织形式的对比见表 9-2。

表 9-2 不同企业组织形式的对比

项目	个体工商户	个人独资企业	合伙企业	有限责任公司	一人公司	股份有限公司
调整法律	《个体工商户条例》	《个人独资企业法》	《合伙企业法》	《公司法》	《公司法》	《公司法》
组织性质	非独立民事主体	非法人组织	非法人组织	法人组织	法人组织	法人组织
投资者人数	1 个自然人	1 个自然人	2 人以上（有限合伙为 50 人以下）	1~50 人（1 人只能开办一人公司）	1 个股东（注明自然人或法人）	2~200 人的发起人
经营管理	自主经营	投资人或聘用他人	共同经营	股东会	股东	股东大会
责任形式	无限责任	无限连带责任	普通合伙人承担无限连带责任，有限合伙人承担有限责任	有限责任	有限责任	有限责任
所得分配	自负盈亏	无特别规定	按出资比例或者协商	按实缴的出资比例分取红利	无特别规定	按持有股份比例分配
税收义务	个人所得税	个人所得税	个人所得税	企业所得税和个人所得税	企业所得税和个人所得税	企业所得税和个人所得税

二、影响选择企业法律形式的因素

创业者可根据自身的实际情况和需要选择适合的企业法律形态。可以说不同的企业法律形态各有利弊,不能简单地说某种企业法律形态最好或最差,但从总体上说,创业者在选择企业法律形态时应当重点考虑以下因素。

(一) 拟创办企业的规模大小

如果准备开办的企业规模较小,投资人较少,资金较少,所有风险由自己一个人承担,那么就可以选择比较简单的企业形式,如个体工商户或合伙企业。如果准备开办的企业规模较大,投资人比较多,需要的资金较多,为避免较大的债务风险,可以选择有限责任公司这种企业形式。

(二) 创业时所拥有的资金规模

合伙企业、个人独资企业对注册资本没有要求,创业门槛相对较低。如果所选择的是科技含量高、需要大量投资的企业,则创业者可以选择有限责任公司或股份有限公司等企业形式。

(三) 共同创业人数

投资者如果只有一个,则可以设立一人有限责任公司或者个人独资企业。投资者如果为两个以上,但人数较少的,可以设立合伙企业或有限责任公司(股东人数上限50人)。投资者在两个以上,但人数较多的,可以设立股份有限公司(发起人上限为200人)。

(四) 创业者的独立意识

如果创业者具有较强的独立意识,不愿与他人合作,则可以选择个体工商户或个人独资企业。

(五) 经营风险

合伙企业中的普通合伙人和个人独资企业的投资者对企业债务以自己的财产承担无限责任,对投资者来说风险较大。而合伙企业中的有限合伙人、有限责任公司、股份有限公司的股东以其认缴的出资额、认购的股份为限对公司债务承担责任,即对公司债务承担的是有限责任,对投资者来说风险较小。

(六) 税负因素

国家为了鼓励或限制不同行业的发展,在制定税法时,分别采取了不同的法律规定,由于企业规模大小不一样、行业不一样,企业的税负也不一样。创业者在创办企业初期一定要考虑企业的税负问题。

国务院宣布从2001年1月1日起对个人独资、合伙企业停征企业所得税,只对其投资的生产经营所得征收个人所得税。对于有限责任公司和股份有限公司,公司产生利润时,公司需要先缴纳企业所得税,税后利润分配给股东后,自然人股东还需缴纳个人所得税,即需缴纳两道税负,增加了自然人投资者的纳税负担。

由于投资经营的行业不一样,导致不同形式的经济组织间税负不同。有些税种,因为组织形式不同,有的经济实体就不需要缴纳,如个体工商户、个人独资企业、合伙企业不用缴纳企业所得税。如果创业者能争取到国外的投资者,享受外商投资的有关税收优惠政策,则可以考虑选择中外合作企业或中外合资企业这种企业形式。税负对于一个企业来说,产生的影响非常大,在经营过程中,企业经常涉及纳税问题,所以企业在创办初期就应该进行纳税筹划。

延伸阅读 9-3

找合伙人需要注意什么

下面给打算合伙创业的朋友提几点建议,可以有效降低合伙人散伙风险,提高合作效率。

1. 正确处理合作伙伴关系

建立在生意之上的友谊很稳固,而建立在友谊之上的生意则很容易瓦解。这几乎是一条商业定律,认清这个道理很重要,跟过从亲密的朋友一起做生意要格外谨慎,考虑清楚,反倒是因为生意而成为的朋友,更能令生意合作深入持久,友谊日益深厚。另外,合伙人之间的关系不适合太过紧密,这样让大家很难客观地对待合作,而过于亲密也是产生矛盾的开始,尤其是有生意夹杂其中,更难处理。相互支持,相互尊重,相互独立,才是最佳的合伙人关系。

2. 先小人后君子

很多合伙人之间反目就是因为责权不明,利益之争,而这些又往往因为事先没有明文约定而无法有效解决。合伙人应该在合伙创业之初,把责、权、利划分清楚,达成共识,最后落在合约上。合约则会引导我们人性中诚实、善良、积极的一面,切不可口头约定或是"先干着,干好了再说"一类的,不要去考验人性,往往会输得很惨,并且合约中一定要列清退出机制。

3. 价值观相同

创业时必须找那些价值观高度统一,对创业项目高度认可,对其他团队成员非常信任的人来合伙,这才会产生很强的凝聚力。在创业初期,这种力量是抵御困难的法宝;反之,则会对创业团队内部造成伤害,甚至瓦解。正所谓道不同不相为谋,切不可为了钱或能力而忽视共同的价值观。

4. 不可股权失衡

很多合伙团队一家占去 90% 以上股份,其余股东只占 1%、2% 的股份,这样的合伙很容易出问题,必然导致小股东缺少归属感与工作动力,一旦遇到诱惑或困难,很容易倒戈或散伙。因此,核心股东占股至少应该大于 10%。

5. 不宜只占干股

很多合伙人只出人力,不出钱,虽然这样可以获得有能力的人加入,但是却存在很多风险。例如,没有投资,对投资人的钱就不懂得珍惜,这和花自己钱的感受截然不同,做事的思维方式也就不同,遇到困难时,也更容易放弃。所以,即使投资很少,合伙人也必须投钱,且人力股不能大于资金股。

6. 考验合伙人品行

这条放在了最后,是因为这条常被我们忽视,但却是最重要的,也是最难把握的。我们往往看中合伙人的能力或资金,却忽视了这个人的品行,这几乎就是引狼入室。如果重要合伙人是自私、狭隘、心术不正的人,往往具有摧毁一个公司的负面力量。建议合伙人在合作前多从一些侧面的小事观察一个合伙人的品行,如在利益面前的反应、处理对手时的方式、对待不如自己的人的态度等。从一些小的事情上往往能看清一个人的品行。

资料来源:投融界.找合伙人禁忌有哪些?需要注意什么?[EB/OL].(2020-01-15)[2020-09-13].
https://news.trjcn.com/detail_198215.html.

第二节 新创企业的选址

9-2 新创企业的选址

拓展案例 9-1

选址好等于成功一半

王宏明在2015年开了一个500平方米的西餐厅,位置在北京城东某写字楼一层,周围有一些写字楼,也就是有一些白领在此办公。附近有个大型超市,围绕超市有2个休闲式西餐厅——麦当劳和上岛咖啡。新店一开始定的标准是人均300元,是相当高档的一家西餐厅。由于生意惨淡,王宏明不得不迎合周围的环境,把消费标准降到人均100元;同时不得不把菜品质和量也大打折扣。就这样,经营了1年多的餐厅,仍然是艰难前行,没法突破盈利的壁垒,长期处于微利状态。

分析:

(1) 西餐厅老板当初选址就是看中麦当劳在此处有店,认为这里是一个不错的地方,有大型超市和写字楼群,这样的环境足以支撑其店面的运作。可事实并非如此,惨痛的教训表明:盲目地跟风知名餐饮企业选址是不可取的!

(2) 此处多超市和休闲式西餐厅,方便的是那些前来购物的人群,他们的目的只是找一个环境稍微好的地方休息一下,吃饭并不是他们的主要目的,所以他们不会在餐饮上花费很多,由此几元、十几元的饮料、快餐最为畅销。

(3) 此处的写字楼虽然不少,可是白领们的午餐时间是有限的,他们选的只能是麦当劳、肯德基或者上岛这样的休闲快餐,不会把过多的精力和金钱投入西餐上,工作日的晚餐也不会特意去吃一顿西餐,毕竟西餐的消费还是比较贵的。

选址失败并不可怕,最怕的是你不知道为什么失败!希望大家能从这个开店选址失败案例中,吸取教训,然后多考察一下同城其他地方的成功经营者,学习他们成功选址的方法,这样,开店成功率会更高。

资料来源:口碑创业网.开家西餐厅该怎样选址?西餐厅选址失败案例[EB/OL].(2015-03-20)[2020-09-14].http://www.7808.cn/zixun/109136.html.

企业选址是关系小企业经营成败的重要因素,一个好的地理位置虽然只可以使一个普通的企业生存下去,但一个糟糕的地理位置却可以使一个优秀的企业失败。

一、创业选址应注意的因素

创业选址工作是创业者需要面对的一个难题,一些缺乏经验的创业者对选址工作几乎不知从何入手。其实,创业者不妨将选址的各个方面划分成不同的因素,然后一一加以评定,这样选址工作自然会变得有条不紊了。

选址时应该注意的因素主要有市场因素、商圈因素、物业因素、所区因素、个人因素和其他因素等。

(一)市场因素

对于市场因素,创业者可以从顾客和竞争对手两个角度来考虑。首先,从顾客角度看,创业者要考虑经营地是否有足够的客流量,周围的顾客是否有足够的购买力。对于零售业和服务业而言,店铺的客流量和客流的购买力决定着企业的业务量。其次,从竞争对手角度看,经营地点的选择有两种不同的思路:一是选择同行聚集林立的地方(服饰一条街、建材市场、家电市场、小商品市场等),同行成群有利于人气聚合与上升;二是别人淘金我卖水,采取错位经营的思路。别人都蜂拥到某地去淘金,成功者固然腰缠万贯,失败者也要维持生存,如果到他们中间去卖水,肯定稳赚不赔。

(二)商圈因素

商圈因素是指要对特定商圈进行特定分析。例如,车站附近是往来旅客集中的地区,适合发展餐饮、食品、生活用品;商业区是居民购物、聊天、休闲的理想场所,除了适宜开设大型综合商场外,特色鲜明的专卖店也很有市场;在影剧院、公园名胜附近,适合经营餐饮、食品、娱乐、生活用品等;在居民区,凡能给家庭生活提供独特服务的生意,都能获得较好发展;在市郊地段,不妨考虑向驾车者提供生活、休息、娱乐和维修车辆等服务。

(三)物业因素

物业因素同样也不能忽略,在置地建房或租用店铺前,创业者应先了解地段或房屋的规划的用途与自己的经营项目是否相符,该物业是否有合法权证;还应考虑该物业的历史、空置待租的原因、坐落地段的声誉与形象,是不是环境污染区,有没有治安问题等,这些情况都是创业者选择时需要考虑关注的。

(四)所区因素

所区因素是指创业者的经营业务最好能得到当地所区和政府的支持,至少不能与当地的政策背道而驰。

(五)个人因素

个人因素有时会被一些创业者过多地关注,一些创业者常常选择在自己的住所附近经营,然而这种做法可能会令其丧失更好的机会或因经营受到局限,购买力无法突破。创业者在购买商铺或租赁商铺时,要充分考虑价格因素,包括资金、业务性质、创业成功或失败后的安排、物业市场的供求情况、利率趋势等,以免做错误决定,对企业的业务经营造成不良影响。

(六)其他因素

除了上述五个因素外,创业企业在选址时还要考虑停车场的可用性、避免交通堵塞的区域、场所易于访问并且容易引起注意、附近是否有不太协调的企业、附近企业成功和失败的记录、评价这个地区每天、周末和晚上的客流量情况等因素。

选址工作切忌盲听、盲信、盲从,缺少调查和评估的选址难以找到符合条件的经营场所,因而,选址不能一味求快,创业者应该多对意向的地段进行多方面考察,权衡各个因素的优劣,从长远角度考虑,为自己店铺日后的经营打下良好的基础。

在综合考虑各项选址因素后，创业者可以按照图 9-1 所示的程序进行选址。

二、企业选址技巧

(一) 路口店的利弊分析

其实由主干道延伸出的巷弄内，也有许多适合开店的地点。而一般评估巷道内的黄金店面，我们多使用"漏斗"理论，即指在同一个街口有多家商店，消费者通常会在回家的路程中去顺道消费。因此，位于主干道转进巷弄的第一家商店，会像漏斗一样，最先吸引消费者入店。理想的黄金店面地点，应该是下班路线右边的地点。

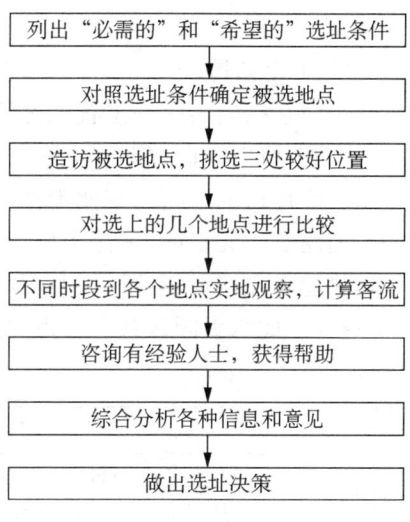

图 9-1 企业选址的具体程序

但大马路黄金地段也可能成为商店经营的死穴。首先，随着车流量的不断增大，紧邻大马路或主干道而带来的噪声、废气污染，与绿色、生态、环保、健康的流行居住趋势背道而驰，这是路边店的最大致命伤。其次，路边店由于受市政规划不确定因素的影响，遭受拆迁等的未来风险要大得多。政府对城市改造、规划的不断深入，越来越多的道路会面临着拓建、改造的可能。在这种情况下，最容易受影响的无疑就是紧贴在马路边的路边店了。

(二) 拐角的位置较理想

交叉路口一般是指十字路口和三岔路口，由此形成的拐角的位置往往是很理想的，一般来说在这种交接地，商店建筑的能见度大，可以产生拐角效应。拐角位置的优点在于：一是可以增加橱窗陈列的面积。两条街道的往来人流汇集于此，有较多的过路行人光顾。二是可以通过两个以上的入口以缓和人流的拥挤。由于商店位置面临两条街，选择哪一面作为自己商店的正门，则成为一个十分重要的问题。一般的做法是：选择交通流量大的街道作为商店的正门，即店面；而交通流量小的街道一面则作为侧门。但在选择十字路口的哪一侧时，创业者则要认真考察道路两侧，通常要对每侧的交通流向及流量进行较准确的调查，应选择流量最大的街面作为商店的最佳位置和店面的朝向。如果路口是三岔路口，创业者最好将商店设在三岔路口的正面，这样店面最显眼；但如果是丁字路口，则将商店设在路口的转角处，效果更佳。同时，并非行人越多越兴隆，理想的黄金地点，应该是下班路线右边的地点。

(三) 同行密集生意好

同行密集客自来，这是经商古训。在商业经营中，在某一些街道或地点，集中经营同一类商品，以其商品品种齐、服务配套完善为特色，可吸引大量慕名而来的顾客。这种经营方法对生产者、消费者都有利，对商品经营者更为适应，这是市场需要的一种高明的竞争举措。

(四) 商店选址与路面、地势、地形的关系

在一般情况下，商店选址都要考虑所选位置的道路及路面地势情况，因为这会直接影响商店的建筑结构和客流量。通常，商店地面应与道路处在一个水平面上，这样有利于顾客出入店堂，是比较理想的选择。但在实际选址过程中，路面地势较好的地段地价都比较高，商家在选择位置时竞争也很激烈，所以，在有些情况下，商家不得不将商店位置选择在坡路上或路面与商店地面的高度相差很多的地段上。这种情况最重要的就是必须考虑商店的入

口、门面、阶梯、招牌的设计等，一定要方便顾客，并引人注目。

（五）走向情况

走向是指商店所选位置顾客流动的方向。例如，我国的交通管理制度规定人流、车流均靠右行驶，所以人们普遍养成右行的习惯，这样，商店在选择地理位置进口时就应以右为上。若商店所在地的道路是东西走向的，而客流又主要从东边来时，则以东北路口为最佳方位；如果道路是南北走向，客流主要是从南向北流动时，则以东南路口为最佳。

创业者在选择创业区域时，往往会在创业园区、大学园区、城镇商业中心等六大园区间难以抉择，此六大园区各有特点（见表9-3）。

表9-3　六大园区的特点

区域	特点
创业园区	这是为创业者度身定制的创业场所，配套设施齐全，还有政府优惠政策支持。现在很多城市都有不少创业园区，这些创业园的定位各不相同，创业者可根据自己的创业方向选择
大学园区	最近几年，市区大学向郊区分散，很多城市的大学城充满了商机，商业生态也初步形成
城镇商业中心	随着城镇化的发展，城镇配套商业也蕴藏着丰富的商机，这些区域中心有着巨大的潜在市场，而且租金相对比较便宜，唯一不足就是这块市场有很大的不稳定性，人口流动性很大，所以创业者在前期也要充分了解整个中心的人口成分
国际化居住区	一些一线城市已经形成一批成熟的涉外高级住宅区，对有意涉足高层次服务领域的创业者来说，这些地区都有着诸多的商机
平价房开发区	近年来由于居民不断迁入而成为新的人口聚集地，在日常生活服务、零售、餐饮、教育等领域，为创业者提供了大量的机会
大型开发区	很多大型开发区和大学城一样，也蕴含着丰富的商机，虽然有些尚未形成气候，但从今后的趋势看，具有一定的发展潜力

延伸阅读 9-4

星巴克的选址逻辑：大数据

快餐连锁店若能够对比各种各样的数据，了解车流量、消费群体分布、安全信息、商业构成和其他相关信息，可以在决定门店选址中节省大量的开支。

星巴克现在使用一个叫作 Atlas 的内部绘图和商务智能平台，来决定在哪开设新门店。Atlas 平台的使用遍及全世界。星巴克如果要在中国开设新门店，欧·汉根的团队就会使用这一平台，让当地的合作伙伴评估附近的零售商圈、公共交通站以及小区的人口分布图。

用大数据测算结果跟实际地址对比，水滴标记是初算的地址，小圆点是第二、第三步复算出的地址，大圆点是最终的建议选址。

星巴克的选址"六原则"

人流原则：找到聚客点。只有人流达到一定数量，才有可能被选中。星巴克在选定商圈后，会测算人流，确定主要流动线，选择聚客点，把聚客点相隔不远的位置作为门店选址的地方。

目标市场原则：瞄准受过高等教育的中高收入人群。星巴克的定位是追求品位、时尚的中高收入人群，综合群体年龄段在 16~45 岁。

可见性原则：店面就是最好的招牌。消费者走在大街上能否一眼就能看到门店，这对利润增长点非常重要。

便利性原则：交通必须方便。停车位多少，商圈辐射多大面积，辐射面积内有多少停车位，都是每一个做餐饮的企业应该考虑的问题。

经济性原则：一个城市开一家店的事，星巴克不干。

稳定性原则：需要商圈成熟配套规范。选择经济发展成熟、业务量良好的区域。

资料来源：连锁产业服务平台.选址决定成败！看星巴克是怎么选址的？[EB/OL].(2017-09-10)[2020-09-14]. https://www.sohu.com/a/191111396_707804.

第三节　企业注册流程

9-3　企业注册流程

创业者在确定好企业的组织形式之后，就要根据法律程序的规定，经工商行政管理部门核准登记，获得正式颁发的经营许可证，取得合法身份，并刻制印章，办理组织机构代码证，进行税务登记，开设银行账户后方可开展生产经营等活动。

新建企业工商登记的流程见图9-2。

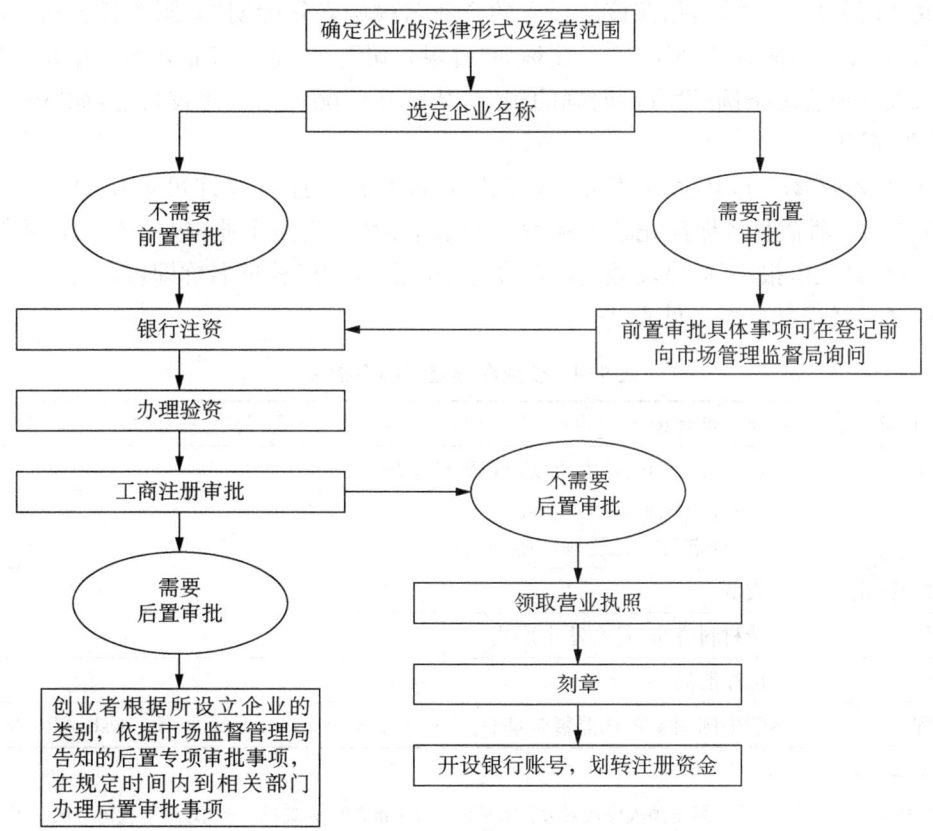

图9-2　新建企业工商登记的流程

一、企业名称的选定与核准

《企业名称登记管理规定》第七条规定明确了构成企业名称的四项基本要素，即行政区划名称、字号、行业或者经营特点和组织形式，如江苏恒顺醋业股份有限公司。

企业名称中的行政区划名称是指地县级以上行政区划的名称，企业名称一般应冠以企业所在地行政区划名称，市辖区的名称不能单独用作企业名称中的行政区划。

字号是构成企业的核心要素，应当由两个以上的汉字组成。对于涉及驰名商标和上市公司企业名称的公司字号一般不予批准。企业字号一般不得使用行业字词，以免公众对企业的业务范围发生误认。例如，企业申请叫"航天工业公司"，则"航天"并不会认定为字号，而是被认定为企业业务范围，可能会使公众产生误解；企业申请叫"航天房地产公司"，则可以认定"航天"为企业名称中的字号，不会产生公众误解。

企业名称中的行业或经营特点用词必须准确，这里所说的准确不是与经营范围绝对一致，而是不应明示或暗示有超越其经营范围的业务。例如，从事国内旅游业务的二、三类旅行社不得称"国际旅行社"，从事国内贸易的企业不得称"国际贸易公司（或中心）"。因此，企业应慎重选择名称中的行业或经营特点字词，特别是一些特殊行业。

企业应当根据其组织结构或者责任形式，在企业名称中标明组织形式。目前，我国企业使用的组织形式较多，根据适用的不同登记法规，可以将它们分为两大类：一是公司类，《中华人民共和国公司法》规定，依照该法设立的企业名称中必须标明"有限责任公司"或"股份有限公司"字样，"有限责任公司"亦可简称为"有限公司"。二是一般企业类，《中华人民共和国企业法人登记管理条例》没有做明确的规定，从实际情况看用的比较杂乱，如"中心""店""场""城""局"等。

2019年2月27日，国务院发布《关于取消和下放一批行政许可事项的决定》（国发〔2019〕6号），取消企业名称预先核准流程。取消审批后，改为企业（包括个体工商户、农民专业合作社）自主申报名称，市场监管部门在企业注册登记时核准名称即可。

企业名称登记办事指南见表9-4。

表9-4 企业名称登记办事指南

审批事项名称	企业名称登记
登记机关	中华人民共和国国家市场监督管理总局①
设定依据	1.《企业名称登记管理规定》 2.《企业名称登记管理实施办法》
收费依据及标准	不收费
受理条件	申请材料齐全，符合法定形式
受理单位	登记注册局
办理流程	参照中国国家市场监督管理总局（http://www.samr.gov.cn/fw/wsbs/djzc/mchz/）

---

① 2018年3月，根据第十三届全国人民代表大会第一次会议批准的国务院机构改革方案，我国将国家工商行政管理总局的职责整合，组建中华人民共和国国家市场监督管理总局；将国家工商行政管理总局的商标管理职责整合，重新组建中华人民共和国国家知识产权局；不再保留国家工商行政管理总局。

二、前置审批与后置审批

确定企业的经营范围是新创企业的首要任务之一。经营范围是指国家允许企业生产和经营的商品类别、品种和服务项目。经营范围分为一般经营项目和许可经营项目的经营范围。一般经营项目是指不需要审批,企业可以自主申请的项目。许可经营项目是指企业在申请登记前依据法律、行政法规、国务院决定应当报经有关部门批准的项目,包括前置审批许可项目和后置审批许可项目。其中,前置审批许可项目是创业者在名称预审之后申请工商登记之前,按照法律规定对涉及特定行业、特定经营范围的经营项目报经国务院及相关行政部门审批,获得许可之后方可注册办理工商营业执照的项目;后置审批许可项目是在办理营业执照后需要去审批的项目,审批完之后才可开展正式的经营活动。具体项目可查阅现行的《工商登记前置行政许可(审批)参考目录》和《企业登记后置许可项目目录》,或咨询市场监督管理部门。

三、经营场所使用证明

企业在进行选址之后,需准备经营场所使用证明。

当事人在签署此证明前应阅读过国家有关房地产的法律法规,确知其享有的权利及承担的义务。并且需保证即应对其提交住所使用证明的真实性、有效性和合法性承担责任。

四、编制公司章程

公司章程是指公司依法制定的、规定公司名称、住所、经营范围、经营管理制度等重大事项的基本文件,也是公司必备的规定公司组织及活动基本规则的书面文件。公司章程是股东共同一致的意思表示,载明了公司组织和活动的基本准则,是公司的宪章。公司章程具有法定性、真实性、自治性和公开性的基本特征。

我国《公司法》明确规定,订立公司章程是设立公司的条件之一。审批机关和登记机关要对公司章程进行审查,以决定是否给予批准或者给予登记。公司没有公司章程,不能获得批准,也不能进行登记。

公司章程一经有关部门批准,并经公司登记机关核准即对外产生法律效力。公司依据公司章程,享有各项权利,并承担各项义务,符合公司章程行为受国家法律的保护;违反章程的行为,有关机关有权对其进行干预和处罚。

五、入资

入资是指公司类企业在办理设立登记或增加注册资本(增资)时,涉及货币出资的,应将缴付或增加的货币出资存入入资专户的过程。其办理流程如下:①到市场监督管理部门确认的入资银行(以下简称"经办行")开立入资专用账户。②将认缴的出资存入经办行专用账户。

六、验资

验资是指注册会计师依法接受委托,对被审验单位注册资本的实收情况或注册资本及实收资本的变更情况进行审验,并出具验资报告。验资分为设立验资和变更验资。企业(个人独资企业、合伙企业等不要求提交验资报告)在申请开业或变更注册资本前,必须与会计师事务所签订验资业务委托书,委托会计师事务所验资。

设立企业还要协助会计师事务所到其开户银行询证股东投资款实际到位情况;领取验资报告后,要到市场监督管理总局注册登记分局专门登记备案。

七、工商注册登记

营业执照是企业或组织合法经营权的凭证。营业执照的登记事项为:名称、地址、负责人、资金数额、经济成分、经营范围、经营方式、从业人数、经营期限等。营业执照分正本和副本,两者具有相同的法律效力。正本应当置于公司住所或营业场所的醒目位置;副本一般用于外出办理业务用的,如办理银行开户许可证、企业组织机构代码证、税务登记证、签订合同等。营业执照不得伪造、涂改、出租、出借、转让。

通常在材料提交后,企业应先按《登记通知书》指定日期到指定窗口缴纳注册登记费,然后由经办人凭借《登记通知书》和缴费清单到指定窗口领取营业执照(必须由股东亲自办理或者由法人股东的职工代表办理)。

2016年6月30日,国务院办公厅发布《关于加快推进"五证合一、一照一码"登记制度改革的通知》(国办发〔2016〕53号),从2016年10月1日起,全国范围内实施"五证合一""一照一码"登记,各地将在原有的工商营业执照、组织机构代码证、税务登记证"三证合一"改革基础上,整合社会保险登记证和统计登记证,推进"五证合一"改革。

八、刻章

工商登记注册完成、领取营业执照后,作为一个经济实体,企业必须开展各项经营活动,与外部单位进行各种业务往来,对企业内部实行各种管理,这时企业就需要有作为企业权利和信用证明的印章。因此,企业成立后就必须刻制各种印章以保证企业正常的运作。

新办企业需要刻的章有公章、财务章、税务章、合同章、法人代表章等,刻章前需到公安局备案窗口办理备案手续。

九、开立银行账户及划转注册资金

银行账户是各企业为办理贷款、结算和现金收付而在银行开立的户头。企业只有在银行开立账户才能委托银行办理各种资金往来业务。一个企业可能在多家银行中开户,但这些账户的功能不尽相同,下面有必要对银行账户的知识所有了解。根据我国《银行账户管理办法》,银行账户一般分为基本存款账户、一般存款账户、临时存款账户和专用存款账户。

一般存款账户、临时存款账户、专用存款户的开立程序较基本存款账户简单。中国人民银行不强调当地中国人民银行分支机构核发《开户许可证》,只要求各开户银行自行审查,在开户和撤销之日7日内向当地人民银行分支机构申报即可。

企业领取《营业执照》并开立银行基本账户后,凭相关资料和证件领取《划转入资资金通知书》,并进行注册资金划转。

延伸阅读 9-5

创业应了解哪些法律

市场经济从某种意义上讲就是法治经济,创业、投资离不开法律的引导、保障和规范,创业者如果能了解一些常用法律,以法律规范约束其投资、经营和管理行为,将会大有裨益;反之,则有可能会走很多弯路,或者权益得不到保障,或者纠纷不断,或者受到行政处罚甚至被追究刑事责任。新创企业常用的相关法律法规见表9-5。

表9-5 新创企业常用的相关法律法规(仅供参考)

项目	适用的法律法规
设立企业	《中华人民共和国民法典》《中华人民共和国公司法》《个体工商户条例》《中华人民共和国个人独资企业法》《中华人民共和国合伙企业法》《中华人民共和国企业法人登记管理条例》《中华人民共和国公司登记管理条例》等
企业运作	《中华人民共和国合同法》《中华人民共和国担保法》《中华人民共和国票据法》《中华人民共和国税收征收管理法》《中华人民共和国企业所得税法》《中华人民共和国个人所得税法》《中华人民共和国劳动法》《中华人民共和国劳动合同法》《中华人民共和国社会保险法》《中华人民共和国专利法》《中华人民共和国著作权法》《中华人民共和国商标法》《中华人民共和国反不正当竞争法》等

第四节 新创企业的成长管理

新创企业在成立初期应以生存为首要目标,依靠自有资金创造自由现金流,实行充分调动"所有的人做所有的事"的群体管理,以及"创业者亲自深入运作细节"。新创企业成立初期易遭遇资金不足、制度不完善、因人设岗等问题的困扰。因此,新创企业在成长的管理方面,需要注重整合内外部资源追求企业成长,管理好保持企业持续成长的人力资本,及时实现从获取资源到管好用好资源的转变,形成比较固定的企业价值观和文化氛围,注重识别和防范企业成长中可能遇到的各种风险。

一、新创企业的内涵与特点

(一)新创企业的内涵

根据全球创业观察①给出的定义,新创企业是指成立时间小于 42 个月的企业。这类企业一般还处于初级成长阶段,成立的时间还不长。

9-4 新创企业的成长管理之一

---

① 全球创业观察(Global Entrepreneurship Monitor,GEM)是由国际上著名的英国伦敦商学院和在创业教育上全美排名第一的美国百森学院共同发起成立的国际创业研究项目。该项目在国际的创业研究和教育上享有盛誉。2008年,参加 GEM 项目的国家和地区有 43 个。中国加入 GEM 后,参加 GEM 的国家和地区人口总数已经占世界人口总数的62%,GDP 占世界总数的 92%。GEM 研究报告受到了广泛的关注,已成为世界各国人士认识创业活动、环境、政策等创业问题的重要信息来源。

(二)新创企业的特点

无论新创企业的组织形式如何、实力大小,优胜劣汰、弱肉强食已成为整个市场的竞争法则。与成熟的企业相比,新创企业有其自身的特点。

1. 规模小

新创企业属于行业的新进入者。新创企业一般成立时间比较短,往往是刚进入一个行业的企业,还处于成长初期阶段。一般来讲,新创业企业的规模较小。

2. 融资困难

新创企业一般不能利用证券市场进行融资,融资渠道相对狭窄,而且由于新创企业资产较少、风险较大、资信程度较差等原因,很难得到银行的信任,这样就处于欲贷无门的境地。

3. 体制灵活,短小精干

一般来讲,新创企业的组织层级比较简单,可能以个体工商户或合作等简单的形式出现,其管理者很可能同时担任决策和执行的双重角色,即企业的管理层和执行层是合二为一的,其组织具有很强的灵活性优势。

4. 人力资源薄弱

对于新创企业来说,它成长所需要的技术、管理人员,企业也不一定有。社会上有的是人才,但人才不一定会选择到新创企业来就业。此外,新创企业由于运营时间不长,员工的岗位职责、岗位关系、岗位权限都不是十分明确,难免会造成角色定位的偏差和冲突,还需要相互之间的不断磨合。新创企业在人力资源的招聘、培训、激励与考评等环节都有待于完善。

5. 规章制度不完整

新创企业在成长初期,各项业务没有完全开展,企业内部各种流程没有确定并形成规范,部门之间各项工作还处在一个磨合和协调的过程中。因此,各项规章制度还没有确定或不够完整,随着企业的发展都有待于进一步改进完善。

6. 资源不足,竞争力较弱

新创企业在创业初期,由于本身的资源所限,资金、人力、经验、管理等方面存在不足是相当普遍的。企业没有更多的资金投入产品和服务的推广中,对于消费者来说,新创企业的产品比较新,口碑还未建立起来,因此在市场上的影响力比较有限。新创企业在创立初期,多是以创业者个人能力和魅力维系的"人治"模式,往往由于经验不足,导致经营者的管理水平较差,在面对市场中的成熟企业、大企业等在资金、技术、人力、市场等方面的优势,必然处在竞争弱势的状态。

拓展案例 9-2

一个 90 后连续创业失败者的三大反思

罗勇林,1994 年生,黑龙江工程学院计算机专业的大三学生。上次与他联系时还是 7 月下旬,那时他还在做一款名叫"聘爱"的 90 后的婚恋 App,但他创业维艰,几乎已到放弃边缘,每每联系都是杳无音讯。

他曾经羡慕余佳文,也希望能像"脸萌"的郭列一样做一款"现象级"产品,获得千万投资,实现"一夜暴富"。直到上周末,他才告诉笔者,他已经以一名产品实习生的身份进入百度贴吧事业部,他希望沉下心来,好好提升自己……

罗勇林的故事,可能是这个所谓"大众创业、万众创新"的中国大地上最朴素的大学生创业教材,其中的逻辑和教训可能值得所有怀揣一夜暴富梦想的大学生去深刻反思。

豪情万丈,一学期连续三次败北

罗勇林自认为是一位"骨子里的创业者"。早在高中阶段,他就下定了创业的决心。这一决心并非来自"大众创业、万众创新"的号召,而是高中应试教育一板一眼的压迫。或许,"创业"二字可以给他带来"叛逆者"的标签,让他对应试教育做出反抗。

不管怎样,步入大学校园的罗勇林迎来了自己的创业生涯。他从大一就开始创业,但第一个学期就先后做失败了3个项目,分别是借钱炒股、开淘宝店、硬件发明。回头看那些项目,罗勇林用了"都挺扯的"这四个字来形容。

但正是这些"都挺扯的"项目,为他找到了一直陪伴自己的创业伙伴,也给大学生活留下了宝贵的记忆。在经历N个项目的连续失败后,罗勇林团队在2014年年底开始规划"聘爱"这款校园恋爱交友应用。

无疾而终,短短3月就陷入绝境

这次创业,无论是从影响范围还是复杂程度来看,都达到了罗勇林团队挑战的高峰。

罗勇林团队2014年就做出了"聘爱"的网站版,并参加了IDG举办的校园创业大赛。后来,IDG通知他们,"聘爱"进了全国50强,可以到北京参加决赛。那次比赛之后,罗勇林团队就放弃已有的盈利业务,决心专注做"聘爱",并在2014年年底,拿到了10万元种子投资。

恋爱社交App"聘爱"为了帮助用户找对象,用了一种近乎简单粗暴的方法——招聘。用户可以在这个应用的"招聘会"上发帖招聘爱情,找男朋友称为"聘夫",找女朋友则是"聘妻"。如果看到有合适的"招聘",也可以"投递简历"。简历的基本信息包括年龄、星座、城市、学校等。

"聘爱"4月正式上线后,短短3个月的时间内积累了4万用户,而在罗勇林团队主要活动的黑龙江地区,罗勇林团队通过各种校园推广活动积累了3万用户,团队高峰时期人数高达近30人。

2015年7月,罗勇林团队利用暑期来到北京创业,在一些创业类媒体上得到了集中报道,并且开始寻找新一轮融资。然而,在会见30余个投资人都无疾而终后,罗勇林团队陷入了绝境。一次次投资人的打击,让罗勇林明白了,"聘爱"是一款不靠谱的产品。

三大反思,直面大众创业的泡沫浪潮

2015年8月,罗勇林经过艰难的挣扎之后,选择放弃创业项目。面对过往创业经历,罗勇林陷入了深深的反思。经历了几周的痛苦挣扎,回顾过去的3年后,罗勇林写下了一篇名为《90后大学生创业失败案例》的文章,讲述了自己创业过程以及失败的经验教训。

1. 疯狂浮躁,每日想着一夜暴富

罗勇林最初深受媒体的影响,他真的以为靠想法就能出去融资,经过失败后他清醒了,明白其实根本不是这么回事。

罗勇林说:"我承认,我也疯狂过、浮躁过,甚至曾经每天想着如何超越扎克伯格、余佳文和温成辉,但事实上并没有。"他拿过种子投资,产品上线后做到了4万用户量,安卓、IOS、Web都上线了,被各大媒体多次报道,产品都有了,数据也还可以。这个看似美满的结果曾经让罗勇林认为自己无限接近那个梦想——做一款"现象级"产品,实现"一夜暴富"。

但是互联网创业不是做一个App就可以成功的事,之后投资人的冷眼和拒绝把他的梦想击得粉碎。他甚至心里默默把拒绝他的投资人看作是"傻子"。但他自己逐渐意识到,自己的产品乃至是团队都存在硬伤。

2. 无商业化,现象产品终要失败

经历面谈30余个投资人,和上百个投资人微信交谈的过程后,罗勇林终于明白,互联网很多信息都是未加过滤的夸大的,要学会理性分析,不要光看热闹而要仔细思考背后的原因。不要被"现象级"产品所迷惑,一个产品最终还是要商业化的,"现象级"产品无法商业化的话,终要失败。超级课程表、脸萌、足迹、无秘这些短时间内爆红的产品都是难以商业化的产品,即使用户体量庞大,也难以取得成功。他甚至直言,这也是他当初决定做"聘爱"的时候没有看透的事,"聘爱"正是一款无法商业化的产品,必然会遭受投资人的冷遇。

3. 保持清醒,不可为创业而创业

罗勇林最后的教训则是,在互联网浮躁浪潮下,不要为创业而创业。这种创业思维只能称作是"瞎创业"。

他从来不反对创业,因为在这种浮躁中总会有成功走出去的,但是要做好当炮灰的准备,不管怎样都会有很多收获的,切记控制风险,不要总喊着创业却不创业,要创业就去创业,以最小的成本去试错来验证是否靠谱,要么就老实地上班积累沉淀。

罗勇林透露,在真正决定放弃"聘爱"的前几天,他实际上已经找到了有投资意向的人,投资金额高达100万元。而他主动把项目存在的问题都说出来了,并且建议他们理性投资,"因为我清楚地知道我的项目不是用投资来解决问题的,在未来的发展过程中死掉是早晚的事,我不想浪费自己的青春去坑别人的钱来换来光环"。

当问及为何会在百度贴吧的实习与100万元融资之间选择实习时,他显得可爱而又现实:因为大三暑假一般都到了寻找实习的阶段,他不能为了自己而让团队和自己一起"瞎创业"。而他的团队中有3人利用暑期已经进入了BAT级别的互联网公司实习,"我想在百度好好锻炼,或许有一天我会进入百度管理层,有一天我会成为一个真正成熟的创业者!"

资料来源:吴俊宇. 一个90后连续创业失败者的三大反思[EB/OL]. (2015-09-01)[2020-09-15]. https://tech.sina.com.cn/zl/post/detail/i/2015-09-01/pid_8486923.htm.

二、新创企业成长的驱动因素

企业设立之后,其主要任务是在激烈的市场竞争中生存下来,在这个阶段,企业成长的主要内部驱动力包括企业家驱动力、技术驱动力、盈利模式驱动力、利益驱动力、市场驱动力和政策驱动力。

(一)企业家驱动力

企业家是企业的灵魂,在企业初创的阶段,企业家驱动力是企业成长的最主要驱动力。企业家对初创企业的驱动力主要表现在发现市场机会、获取资源和领导团队三个方面。

1. 发现市场机会

企业家及其团队作为企业的缔造者,在资源极度匮乏和信息不完全的情况下,将生产要素进行整合,对潜在的市场机会进行追逐,并把企业最初的产品和服务推向市场。在这一艰难的创业过程中,企业家对市场机会的识别和把握能力尤为关键。

2. 获取资源

相对于成熟企业来讲,新创企业缺乏稳定的外部技术、资金和信息等方面的支撑。企业家可以通过自身的社会网络资源,与政府、金融机构、科研单位、高校、中间商打交道,以取得政策、资金、技术人才、销售和供应支持,来获得企业生存的各种资源,并有效地协调内外部资源进行配置。

在企业新创初期,企业家驱动力主要体现在发现机会能力、组建关系网络能力、管理能力、创新能力、战略能力等方面。发现机会的能力使企业家能有效识别和开发各类商业机会,只有具备丰富的知识、经验和敏锐的洞察力,企业家才有可能成功地识别与众不同的、开创性的商业机会,从而促进政策资源、知识资源和运营性资源的获取,并将其应用于机会识别的过程之中。关键资源获取是企业绩效的直接影响因素,并在企业家能力与新创企业成长之间扮演了中介传导机制的角色。企业家能力、关键资源获取与新创企业成长概念的模型见图9-1。

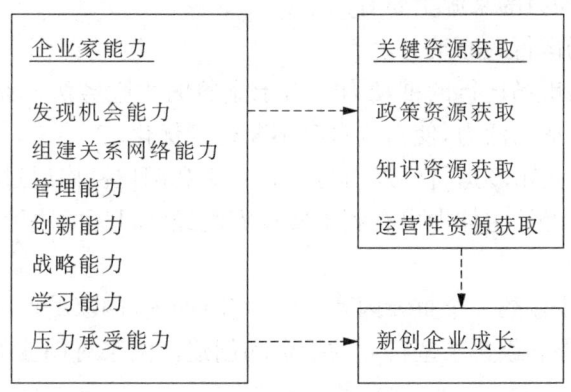

图9-3 企业家能力、资源获取与新创企业成长的概念模型①

该模型表明,如果企业家能力越强,即企业家发现机会能力、构建关系网络能力、管理能力、创新能力、战略能力、学习能力和压力承受能力越强,则越能有效改善关键资源获取的效率和效果,进而促进新创企业成长。因此,众多新创企业因缺乏资源而出现生存危机,遭遇"巧妇难为无米之炊"的瓶颈,可能是因为企业家缺乏"寻米""择米"的能力,即与资源获取相关的企业家能力不足。因此,企业家应注重培养和提高自身"寻米为炊"的能力。

3. 领导团队

企业家领导其创业团队,把握市场机会,进行产品或者技术创新,积极开拓市场,是新创企业初期发展壮大的核心力量。

(二) 技术驱动力

企业的创业过程是一个创新过程。新创企业的产生,伴随着新产品或新服务的诞生,技术

---

① 刘芳,等.企业家能力、关键资源获取与新创企业成长关系研究[J].科技进步与对策,2014(4):85-89.

驱动力的结果是为市场提供适销对路的产品或服务,从而能为企业带来第一笔现金流,对创业者的创业热情、对企业的后继发展至关重要。该阶段企业主要通过技术能力维持着以产品经营为主的企业的基本生存和发展,具有价值性特征,所以加强该能力是新创企业维持生存的关键。

(三) 盈利模式驱动力

盈利模式的驱动力在促进新创企业成长方面的作用主要表现在产业或者市场机会的拉动力上。创业者通过敏锐的市场嗅觉发现企业经营的利润区,从而确定其价值链环节,并倾其资产进行产品或服务的研发、创新,获得经营的现金流。

(四) 利益驱动力

获得利润是一般企业成立的根本原因,企业成长的最大驱动力就是团队成员的利益需求和自我满足实现的需求,这样一种创业激情或利益驱动在创业初期必然是企业发展最大的驱动力。

(五) 市场驱动力

市场驱动力是指各个经济主体在对其经济利益的追求过程中形成的促动机制。这种追求是在市场经济条件下形成的。市场驱动力的形成基础是经济利益,因此,经济利益是市场得以运行的原动力,是市场运行机制的核心。

市场驱动力按照动力的来源主要有三个:

第一,利益是市场运行的原动力。

第二,竞争刺激是市场运行的推动力。由于竞争的优胜劣汰机制作用,企业要生存、发展,就必须始终保持旺盛的活力,使企业自身不断得到优化。

第三,政府的介入是市场运行的外引力。政府宏观调控机构通过政策的引导,对市场利益关系进行调整,使各经济主体做出有利于实现宏观经济目标的决策。

(六) 政策驱动力

政府政策是影响企业的一个重要因素,在一定时期内,国家的产业政策或者地方的区域经济发展规划都会引导和鼓舞某些行业的投资和创建。国家对创业的政策扶持也会推动新创企业的快速发展。

三、新创企业成长管理的策略

9-5 新创企业的成长管理之二

新创企业在成立之初,有其自身的特点,相对于成熟的企业,在管理方面会存在更多的问题。一般而言,新创企业在成长过程中,要特别注重营销、人力资源、文化、制度构建、财务等方面的管理。

(一) 新创企业营销管理策略

对于新创企业的营销管理,要有别于成熟企业的管理,新创企业有其自身的特点。对于创业者来说,从事的是新的事业、新的产品或服务,是一个全新的挑战。没有一点前人的经验可以借鉴,前进路上充满着不确定,企业的目标也不明确。所以新创企业首要的任务是要使企业活下来,这时营销管理就显得十分重要了。只有企业顺利地通过了创业期,才有可能谈及企业今后的发展壮大,才有可能走向成熟期。[①]

---

① 李晓明.新创企业营销管理研究[J].现代营销,2019(9):53-54.

1. 创业初期以企业生存为主要目的

创业初期是以生存为首要目标的行动阶段。为了生存,新创企业需要在很短的时间内让顾客了解企业的产品和服务,充分利用现有销售的一切手段,通过线上或线下开展一些有针对性的销售活动,哪怕是亏钱也要让企业的产品或服务被消费者所使用,在使用过程中了解企业的产品或服务,只有质量好的产品或服务才能打动真正的消费者,在企业与顾客之间建立起良好的信任关系。

2. 创业初期以创造客户为主要目的

新创企业优质产品或服务只有被消费者接受,有了良好的信任关系才能创造真正的客户。企业没有客户,也就不会有企业的存在,企业是依赖顾客而存在的。创业初期的企业是要以创造客户为主要目的的,有了客户,才有可能为企业带来销售额,从而产生利润。

3. 企业逐渐成熟并不断规范销售行为

创业初期的企业为了销售企业产品或服务,会采用一些过激的行为,如提供免费使用、打折促销、低于成本价销售等低价方式来获得客户,但此阶段随着销售额的提升企业的利润并没有提升,有时反而会下降,这些过激行为不能长期坚持。因此,当企业逐渐成熟,客户积累到一定量时,就要规范企业的销售行为,对不能为企业带来利润的一些销售方式要及时调整;否则,企业产品卖得越多,亏得越多。

4. 企业从销售过程到营销过程的转变

企业在规范销售行为的同时,也要对各种资源和客户进行管理,实现从销售到营销的转变。销售是以销售现有产品为中心,更注重如何利用广告、公关、实物展示等手段吸引客户,进而增加销售量。营销是以满足目标顾客的需求为中心,所以更加注重整体形象的推广和对市场的研究,它主要是价格、产品、促进销售、营销渠道、公共形象、公共关系和公共权力等营销组合策略的整体运用,通过满足客户的需求来获取利润。

(二) 新创企业人力资源管理策略

新创企业的首要任务之一,是努力形成稳定而健康的人力资源体系,通过设置适当的岗位、提供充沛的人才供给、开展针对性的培训和运用多种激励手段,达到选拔、培养、留住和激励人才的目的,为新创企业正常且长期运转提供必要的人力资源支持。新创企业只有结合自身特点,制定出有效的人力资源管理机制,才能扭转在人力资源管理方面的被动局面,开创良性循环的人力资源管理前景。[①]

1. 新创企业人力资源管理的特点

(1) 组织层次较少。新创企业由于规模小,资金薄弱,缺乏知名度,在机构设置上要求精减人员、控制成本、反应灵活,其组织结构一般趋于扁平,决策权往往集中在创业者手中,决策与执行程序相对简单,由此可以高效决策、快速执行,有利于其迅速进行调整以适应市场的变化。

(2) 用人机制较灵活。新创企业的业务具有短、平、快的特点,对人员的要求相对比较灵活。一方面,新创企业并不一味追求学历等硬性指标,更看重具有相似工作经历、能够迅速胜任岗位的业务熟手;另一方面,新创企业在创立之初分工不明确,急需一专多能的"多面

---

① 邓白君.浅谈新创企业的人力资源管理[J].经济研究导刊,2010(7):105-107.

手"员工,具有较高灵活性、创造性、适应性和吃苦耐劳的员工容易在新创企业中受到重用。

(3) 家族制管理占主导。新创企业由于制度不完善,个人主义管理色彩比较浓厚,创业者与骨干员工之间多存在血缘、乡缘、学缘等关系,企业带有浓厚的"家族"色彩,人情味较重,感情管理大于制度管理。但家族制管理在新创企业创立之初的确具有竞争优势,这是因为新创企业在创业初期必须尽快进行原始积累,家族制管理体制在白手起家、共同创业的阶段无疑是适合的。家族制企业的所有权与经营权合二为一,家族利益的一致性以及建立在血缘或亲缘等关系下的信任感,可以将监督成本降到最低。甚至在企业困难的时候,员工可以不计报酬地为企业工作,从而最大限度地降低了激励成本。

2. 新创企业人力资源管理存在的主要问题

新创企业在创立之初,以业务为战略核心是生存所必须,因此企业将主要精力集中在开拓市场、发展业务上,而人力资源管理处于起步阶段,基础薄弱、经验缺乏,尚未建立起规范的管理体系。新创企业人力资源管理主要存在五个方面的问题:

(1) 个人目标与企业目标偏离。新创企业在业务方向、管理流程、岗位分工及工作环境等方面时常会面临变化与调整,创业者往往着眼于短期的业务目标,而忽略了对企业战略的规划和共同愿景的建立。员工在缺乏共同目标的情况下,只能单纯地完成工作,无法将自己的职业生涯规划与企业的发展联系起来,缺乏长期的激励因素。员工个人为达到短期目标的利己行为,不仅不能形成新创企业发展的合力,反而会产生背道而驰的阻力,动摇处于创业初期的企业根基。

(2) 组织架构及岗位分工混乱。新创企业在初创期往往缺乏专业的人力资源管理知识和人员,由创业者直接承担主要的人事工作,人力资源管理被置于非职业化与边缘化的位置,企业组织架构的建设不完整,岗位分工的设计不清晰。人力资源管理水平的低下,导致员工不了解企业整体的运作架构,对自身的岗位职责以及与其他成员的分工协作关系认识模糊,容易出现某些工作多人重复劳动、某些工作无人问津的现象。员工在日常工作中的主动性受到抑制,通常只能被动地等待接收指令,并疲于应付紧急任务和处理琐碎繁杂的事务。

(3) 员工流动频率过快。新创企业成立时间短,与成熟的大、中型企业相比,具有薪酬待遇较差、员工归属感不强、发展前景不确定等劣势,导致其员工将新创企业当成获得经验的跳板,流动十分迅速,破坏了员工队伍的稳定性。特别是拥有专门技术、掌握核心业务、控制关键资源、具有特殊经营才能等关键员工的离职,容易造成核心技术和商业机密的外泄、客户资源的流失、企业日常运作的停滞等严重损失,极大削弱企业的核心竞争力。

(4) 缺乏系统的员工培训体系。新创企业在用人上以"功利性"为导向,倾向于招聘"业务熟手型"员工。创业者不愿将有限的资金分配到对员工的培训中,并没有将培训作为投资来看待。即使新创企业有员工培训,大多也是应急或被动式的技能培训,而省略了对共同愿景、道德精神、团队合作等综合素质方面的培养,不仅无法建立员工对企业的归属感,更无法形成企业向心力和凝聚力,导致人力资源成为企业进一步成长的短板。

(5) 对员工绩效考核的主观性较强。新创企业对员工绩效考核的方法不成熟,一方面,与创业者有亲戚、朋友、同学等关系的员工占一定比例,创业者在管理中受感情支配较多,个人色彩较浓,往往缺乏制度观念,对下属的业绩评价具有主观性和随意性;另一方面,新创企业以业绩目标为重心,在考核员工绩效时,通常单纯将业务量或销售额作为考核标准,考核内容不全面,员工对企业目标的认同、职业道德修养和自我学习能力等都容易被忽略,不能从考核指标中体现出企业长期发展的导向。

3. 新创企业人力资源管理的对策

对于新创企业而言,塑造一个以人为本的内部环境,构建共创未来的愿景与机制,使人力资源在动态的使用过程中实现其自身增值和价值创造,是决定创业成功的关键要素。所以,新创企业必须建立一套行之有效的人力资源管理机制,选任、培养、激励、留住人才,促进自身的不断成长。

(1) 明确岗位设置,选任合适的人才。在企业中,没有什么比将合适的人放在合适的岗位上更重要。新创企业要将岗位设置制度化、规范化,对人力资源配置进行谋篇布局,并在此基础上知人善任。

首先,新创企业应根据节约高效的原则设计岗位分工。新创企业资金有限,讲究精打细算,在人力资源上更应该如此。

其次,新创企业应根据德才兼备的原则选任合适人才。最优秀的人才不一定是最合适的人才,新创企业只有根据岗位需求,选择能力和品德与之匹配的员工,才能在促进企业发展的同时,保证员工忠诚度,减少人才流失率。

(2) 衡量培训成本,培养优秀的人才。长期、持续、有计划的员工培训,是企业运行和发展的重要保障,也是吸引优秀人才的有效手段之一。新创企业要以承受能力为基础,从长远发展需要出发,建立全程性、全面性、全员性的培训体系。

首先,新创企业应营造奋发向上、不断进取的学习氛围。对于高素质的关键员工而言,他们加入新创企业不仅仅是为了赚钱,更希望通过工作得到发展和提高。因此,创业者要带头转变观念,纠正对员工培训的认识偏差,营造员工愿意学、主动学、坚持学的良好氛围,杜绝部分员工对培训持有逃避或无所谓的心态。

其次,新创企业应分层次有重点地制订全员培训计划。在培训内容的选择上,新创企业对创业者的培训应着重于企业家才能,对中层管理者的培训集中于共同愿景的形成和执行力的提高,对一线基层员工进行自我管理、团队精神和从业技能等方面的培训;在培训时间的选择上,对重要的培训要未雨绸缪,对急迫的培训要快速启动,各种培训之间合理衔接,有条不紊地组成系统。

最后,新创企业应在实际工作中科学地衡量培训效果。培训上的投入带来的产出难以量化,新创企业可以从对实际工作的针对性和及时性两个角度加以考察。针对性是指培训要有目的,新创企业根据发展规划,对员工欠缺的知识和能力进行培训,消除现实工作需要和员工知识能力存在差距的矛盾;及时性是指培训的内容能马上运用到工作中,让员工在"做"中进行消化和检验,让培训转化为现实生产力,以人力资源的发展,带动新创企业突破发展瓶颈。

(3) 完善考核机制,激励有为的人才。绩效考核是人力资源发展的基本保证,既可以对员工进行甄选区分,也可以保障企业目标的实现。一方面,绩效考核与薪酬、职务晋升、福利待遇等的紧密挂钩,可以为员工的晋升与发展提供公平竞争的平台,消除新创企业由于"家族色彩"带来的任人唯亲弊端;另一方面,绩效考核对员工个人目标进行正确导向,使之与企业整体目标契合,通过员工不断提高绩效的努力,达到提高企业整体绩效水平的目的。因此,新创企业必须建立健全科学的绩效考核机制,使德才兼备的员工得到与之相匹配的待遇,激活员工队伍的能动性和创造性。

(4) 培育企业文化,留住最好的人才。企业文化是员工在长期的工作中,经过凝聚提炼形成的共同价值标准、理想信念和行为准则,它能营造出良好的企业内部环境和团队精神,使员工在工作的过程中完成自身发展的定位。良好的企业文化,在薪酬留人和契约留人双保险的基础上,加上了文化留人的第三重保险。企业文化留人主要体现在三个方面:

第一,将共同愿景作为吸引员工的根本。共同愿景是企业上下认同、齐心共筑的未来景象,是看得见的"好处",也是潜在的长期收益。人失去理想,就会无所事事;企业也一样,没有长远目标和规划,就会涣散人心,失去凝聚力,难以留住人才。让员工看到企业的宏伟蓝图,看到企业的未来愿景,使有抱负的雇员产生向往和期待,可以减少新创企业由于待遇较低所带来的负面影响,对员工产生长期的吸引力和内驱力。

第二,将人本主义作为管理员工的准则。新创企业把员工当成"物"来管理,必然忽略个人的需求、愿望,当然也留不住人才。新创企业只有将员工看作是企业的主体,强调员工对管理的参与,从感情上与员工建立心理契约,最大限度地关心人、依靠人、培养人和造就人,才能充分激发员工的热情和进取心,使之从内心深处产生对企业强烈的归属感和责任感,并真正把个人的前途和企业的命运联系在一起。

第三,将团队精神作为凝聚员工的动力。团队精神使员工产生归属感,愿意把自己的命运和荣辱与团队的发展前途联系在一起,团队成员之间相互信任、帮助扶持、共同进步,融洽的工作氛围和强烈的责任感,会使员工对企业产生较高的忠诚度。

延伸阅读 9-6

新创企业在人力资源方面存在的问题及解决对策

万事开头难,当你真正开始自己的事业时,你会发现,用不了多长时间,你就会陷入千头万绪的工作中去。从竞争的角度来看,你可能需要尽可能快地将企业的规模做大,才能顶得住竞争对手的攻击——可是,捉襟见肘的资源(特别是人力资源)、混乱的管理、激烈的外部竞争早已在你成长的道路上设置了重重障碍,让你总是感觉到前面有一道又一道难以逾越的"坎"。具体说来,下述的五道"坎"将对初创期和成长期企业的人力资源造成很大的麻烦。

1. 资源匮乏,难招人

初创期和成长期的企业存在着一个很大的矛盾。一方面,绝大多数这样的企业在内部资源(如资金、产品、销售渠道、品牌等)上真的可以用捉襟见肘来形容,这些匮乏的资源需要高素质、高知识、高能力(以下简称"三高")的人才来整合和创造;另一方面,正因为这些资源的匮乏,使得企业无法在"三高"人才招聘上取得大的突破。初创期和成长期的企业即便是做出种种承诺的姿态,但在对人才的吸引力上,与成熟的大型企业和外资企业相比起来自然是逊色不少。这种"难招人"的状况又进一步制约了企业的发展和资源积累的速度。

2. 规则混乱,难管人

俗话说:国有国法,家有家规。企业也是这样。很多国内企业,特别是处于初创期和成长期的企业,由于制度的不完善,处理问题的时候总是"人治"化成分居多。这样的企业在成立初期可以有效降低管理成本;同时,人治的方法很容易在企业里形成"仁治"的印象。但是,这种做法可能加大决策失误的风险,随着企业的规模逐步扩张起来,企业强烈的"人治"化倾向有可能成为其越来越大的发展障碍。

3. 待遇低下,难留人

正如前面谈到的一样,处于初创期和成长期的企业,其资源往往极度匮乏。因此,在给到员工的待遇上相对是比较低下的。更有一种情形:老板并没有认识到企业在初创期和成长期人才的重要性。他们宁可花大量的资金投入设备、厂房、原材料等"看得见"的硬件投资上,而不愿意花多些本钱在人才身上。

4. 奖惩失衡,难服人

待遇和奖惩直接关系到员工的利益,所以在奖惩制度的界定和具体实施上,新创企业一定要非常慎重。在现实生活中,不乏这样的员工(可能还是非常有能力的员工),他们经常把"给我多少钱,我就干多少活"这样的话挂在嘴边,使得有的老板可能产生一个误解,认为:员工对待遇的要求总是越高越好。正确的做法应该是通过科学的绩效考核与评估体系来对员工的薪资待遇及奖惩进行量化界定,本着公平、公正、合理的原则,在不违背企业利益的大前提下,建立有公信力的薪酬及奖惩制度,才能够真正达到"服人"的目的。

5. 机制无序,难用人

很多企业在初创期和成长期都是靠几个亲戚、朋友或者同学鼎力相助,才最终发展起来的,这使得很多企业即便是已经有了相当的规模,但仍然带着很深的"家族化"烙印。正因为这些人在企业的发展历程里曾经立下过汗马功劳,所以在企业成长起来后,他们往往会成为企业的既得利益者和特权阶层。很多时候,他们会倚老卖老,甚至为了一己私利,利用自己的身份将个人凌驾于企业制度之上,使企业的发展将遇到很大的障碍或隐患。所以,机制的转换和建立过程,实质上就是一个不断挑战固有陋习、不断改革创新的过程。

面对这样的五道"坎",新创企业该采取什么样的对策,才能顺利逾越,使企业脱胎换骨、迅速腾飞呢?所以,新创企业可以针对上述的五道坎,制定一些相应的应对措施。

1. 解决人的问题——把资源用在"刀刃"上

好的老板一定是优秀的人事经理。

国内企业人力资源管理的突出问题之一是企业经营管理者的素质与市场竞争的要求有相当的距离,法人治理结构不完善,企业经营目标不明确,人力资源匮乏,现代人力资源管理制度缺乏建立和实施的基础。最为突出的是,处于初创期和成长期的企业基本上都是老板的"一言堂",无法真正实现人力资源管理所倡导的团队力量与合作文化。

所以,初创期和成长期企业的老板应该做好以下三件事情:

(1) 学习和了解现代人力资源方面的知识,树立正确的用人观念。
(2) 重视人力资源在初创期和成长期过程中的作用。
(3) 建立基础机制,在人才的招聘、培养和使用上投入适当的资源。

2. 从人治到法治——制定游戏规则

人治化管理只能是让个别人或几个人享受使用权力带来的成功感,人情化管理只能让企业利益成为个人关系的牺牲品。唯有"法治"制度维系下的人性化管理,才能在保证企业

利益的情形下维护大多数员工的利益,使企业获得更好的发展。为此,初创期和成长期企业的老板要做好以下三方面的事情:

(1) 建立一套适用的管理制度,不用急着考虑完不完善。初创期和成长期企业的老板应先解决有没有的问题,再解决好不好的问题。有了这套基础管理制度,其将在处理很多问题的时候避开个人情绪的影响。

(2) 培训、管理制度的督导执行。

(3) 及时评估考核,并适当激励。

3. 激励,抑或是平庸——公平、公正、具公信力和吸引力的激励制度

制度的贯彻执行除了持续的培训和督导之外,激励是重要的维系因素。没有激励的团队,必将导致平庸的业绩和浮躁的人心。

说到激励忍不住又要说到钱。处于初创期和成长期的企业钱少是现实,老板巴不得一分钱掰成两半花也是现实。激励,说来好听,拿什么来激励? 在这里,创业者应该记住一个事实:员工激励其实是多角度多元化的,不一定每次激励都要花钱——但一定要花心思。

首先,一定要注意激励制度的公平性和合理性。

其次,除了金钱之外,新创企业其实还有如下激励手段可以使用:

(1) 事业激励。新创企业应使员工认可企业所从事的事业,让其感受到企业从事的事业能够提供给其很强烈的实现社会使命的责任感,让其拥有足够的空间来施展抱负,激励员工以积极热情的投入建设企业的事业中去。

(2) 现实和期望激励并重。处于初创期和成长期的新创企业很难在现实薪酬方面有所突破,为此,现实和期望两个方面的激励缺一不可。例如,让员工拥有企业的股份就是一种很好的方式。这样可以真正把企业利益与员工自身利益相关联。这也是现代企业制度的产权制度的改革内容。

(3) 感情激励。由于初创期和成长期的新创企业工作相对来说往往难度大、不可测性强、烦琐,因此,创造温馨的企业人际氛围和良好的工作、生产、生活环境,增强企业的凝聚力和吸引力也是重要的激励手段。好的硬件工作环境相对而言是很容易实现的,软件环境则需要长期的组织内部的建设,而且应该是横向与纵向全方位的建设。

(4) 因人而异。新创企业对员工的激励不能千篇一律,应针对不同类型的员工采取合适的激励措施,以达到激励职工的目的。

(5) 因时而异。企业的发展进入了不同的阶段,工作的重心自然的会发生转移。因此,企业的激励机制也需要随之做相应的调整,通过最合适的激励手段来激励员工发挥能量,共同完成下一步的组织目标。

4. 精神物质双管齐下——光画大饼是不够的

很多员工把喜欢空口许诺、动辄畅谈美好远景的老板叫做"画大饼"。切记切记,在员工产生这样的印象并付诸实施以前,新创企业的老板一定要想办法避免,以下三个方面是需要注意的:

(1) 仔细考量企业的资源状况,能付出多少回报是多少,宁可把丑话说到前面,也不要失去老板在员工心里的信用。

(2) 对于绝大多数员工来说,光"画大饼"是不够的,他们需要实实在在的物质报酬来维

持基本的生活需求。

(3) 光有物质也不行,适时展望企业的美好前景,给所有的员工描绘出未来的蓝图,能够起到物质激励所无法替代的作用,特别是能够激起员工旺盛的斗志和同仇敌忾的勇气。

5. 机制是第一生产力——谈钱太俗,谈文化太虚

严格意义上来说是建立一套以工作分析、工作评价为核心的规范的人力资源管理制度,是十分必要的。可以说,处于初创期和成长期的企业当前面临的最大问题就是人力资源管理问题。这类企业的发展往往会走两个方向:一是走向"家族企业"的模式;二是"强人企业"。创业者即便是处处小心,如果无法在适当的时候将"家族企业""强人企业"转变成真正意义上的现代企业的话,由明星企业转变为流星企业的例子比比皆是。因此,企业要获得可持续发展,还得做好以下三件事情:

(1) 清晰界定人力资源部门在企业发展过程中的战略意义,不要把这个部门变成一个打杂的后勤部门。

(2) 必须重视人才的作用,使人力资源管理由企业部门职能转变为企业的一种机制。

(3) 随着企业的发展,应该逐步淡化老板在管理上的强势作用,引导员工自己解决问题,充分发挥团队的力量。

资料来源:佚名.创业起步难.[EB/OL].(2017-05-16)[2020-10-30].http://www.lwlwlw.com/meiwen/39428.html.

(三) 新创企业文化管理策略

文化管理就是从文化的高度来管理企业,以文化为基础,强调人的能动作用,强调团队精神和情感管理,管理的重点在于人的思想和观念。文化管理是企业长远发展的重要推动力。特别对于新创企业来说,各方面条件还不够成熟,通过文化管理可以有效增强企业凝聚力,对员工形成激励。

1. 新创企业文化管理的意义[①]

(1) 有利于增强新创企业的凝聚力。凝聚功能是企业文化管理的重要表现,在新创企业发展初期,员工的主观能动性还未得到很好的发挥,企业的向心力还不强。所以,新创企业需要加强文化管理,充分发挥文化的核心功能,将企业凝聚成一个整体。

(2) 对新创企业的员工具有激励作用。新创企业树立了先进的文化理念之后,才能在日常工作中对员工形成激励。无论是管理层还是基层员工,在企业的发展中都需要一定的激励才能充分发挥自身实力,为企业的成长贡献力量。而文化管理恰好具有很好的激励功能,主要是在精神层面对企业的员工形成激励,推动企业核心价值观的形成。

(3) 有利于新创企业目标的实现。一方面,文化管理有利于新创企业战略目标的实现。新创企业在确立战略目标之后,文化发展理念和目标应当与战略目标具有一致性,为战略目标的实现奠定基础;另一方面,文化管理有利于新创企业经营目标的实现。此外,企业的文化管理还要与经营目标具有关联性,不能脱离经营目标的主线。因此,有效的文化管理是新创企业实现目标的重要推动力。

---

① 吕鹏.新创企业的文化管理[J].现代经济信息,2019(1):51-52.

2. 新创企业文化管理的对策

(1) 进一步加强对文化管理的认识。第一,加强对文化内涵的深刻认识。新创企业不能将文化管理简单地等同于内部娱乐活动,应当注重企业核心价值观的建立,形成具有深刻内涵的企业文化。第二,注重对文化管理的全面性认识。在精神层面,新创企业应加强文化的引领作用,不断提高企业全体员工的积极性;在物质层面,应当创造良好的工作环境,为企业发展提供基础保证;在行为层面,通过文化管理让员工养成良好习惯,从而充分体现企业的价值观;在制度层面,通过制度和法律法规约束全体员工的行为,提高员工的自律能力。第三,企业领导层应加强对文化管理的重视。领导层是新创企业的重要主体之一,只有领导层重视文化管理,才能带动全体员工共同努力,为文化建设贡献力量。

(2) 推进新创企业文化的创新发展。一方面,新创企业的文化管理应当充分考虑行业特点,根据行业发展特点,制定自身的文化发展战略,避免千篇一律的文化发展模式,加强与成熟企业的交流,学习其先进的企业文化,实现文化管理的创新式发展;另一方面,新创企业的文化管理应当发挥企业的个性,任何企业都具有自身的特点,新创企业也不例外,新创企业应当结合自身的特点,重视品牌发展,将品牌发展融入文化建设的内涵,突出自身文化个性,这样才能在文化发展中被不断创新,充分体现新创企业的特点。

(3) 新创企业文化应当具有丰富的内涵。首先,新创企业文化管理应具有针对性。新创企业应当对自身的薄弱环节有充分的认识,对文化管理中存在的问题进行有针对性地解决,提升文化管理效率和质量。其次,新创企业文化管理应注重实用性。新创企业应当充分了解自身的实际情况,对自身情况有正确的评估,对文化进行实用性管理,而不仅仅是表面管理。缺乏实用性的文化管理只会导致企业停滞不前、发展受阻。最后,新创企业应制定合理的文化管理目标。新创企业的文化管理目标应当符合实际,避免任意夸大,应当能充分体现企业的发展特点,与企业的战略目标和经营目标具有一致性。只有设定了科学合理的目标,才能实施有效的文化管理。

(4) 新创企业文化管理应加强与经营活动的联系。一方面,新创企业应将文化管理融入经营活动中,将文化管理与生产经营活动有机结合,避免出现孤立式发展,文化理念的融入可以有效提高员工的积极性,提高生产效率,有利于经营活动的有序进行;另一方面,新创企业的文化管理应当与经济效益具有紧密联系,提升经济效益是新创企业发展的重要目标,因此文化管理应当服务于经济效益目标,新创企业的文化中应当包含经济效益的内容,两者紧密结合,才能建立健全的文化体系。

(四) 新创企业制度构建管理策略

企业在创业成长过程,随着员工的不断增加和业务量的扩大,管理过程的复杂程度也会相应提高,创业者的管理和业务活动就会不断增多且复杂化,其有限的管理精力和能力受到挑战,往往感到力不从心,管理问题及矛盾日益突出,为了缓解各种管理矛盾,制度化管理成为破解管理难题的重要武器。可以说,从管理手段演变角度看,新创企业的成长和发展历程,就是一个企业从"人治化"管理走向"法治化"管理的过程。因此,探讨新创企业内部管理制度建设问题具有重大的现实意义。①

---

① 黄喆诚.新创企业管理制度构建及优化探析[J].赤峰学院学报,2018(2):73-75.

1. 制定管理制度的总体原则

在初创期,新创企业的规模一般比较小,大多属于中小企业。在这一阶段,企业的首要目标是确保自身的生存发展,因此,企业管理的主要任务是如何挖掘新市场,占领更大的市场空间与份额,规避可能对企业造成致命打击的风险和威胁,同时准确把握企业内外各种可能的发展机遇,推动企业站稳脚跟,以谋求发展。为此,初创期企业管理的主要任务是信念管理、激情管理和机遇管理。因此,在管理制度化实施过程中,企业的管理制度应是粗线条的、纲领式的,不需要出台非常细致和完备的企业内部规章制度。这个最基本的管理制度只要符合国家法律法规的要求就可以,如出资人协议、公司章程、财务会计制度等,确保企业全体员工的工作都符合国家法律法规的要求,为企业的生存发展努力奋斗。

2. 制定管理制度的一般程序

企业管理制度的建立和完善是一个漫长的过程。新创企业要建立适合自己的管理制度,就要从自己的实际情况出发,慢慢摸索,不断实践,总结经验,逐渐地完善和规范企业管理制度。一个企业的创业从无到有,企业管理制度的形成,需要经历一个过程。

(1) 明确企业宗旨。企业宗旨是企业存在的目的和方向,企业只有在明确目标和宗旨的基础上,确定自身的中心主题,制定企业管理制度时围绕企业宗旨来进行,只有这样,所制定的规章制度才能紧紧围绕这个中心主题去编制、执行、维护;否则,企业管理制度就会成为无源之水、无本之木,难以发挥应有作用。

(2) 要严格遵守程序。企业管理规章制度草案的提出、讨论和审查,必须严格遵守相关程序,以保证管理规章制度的严肃性、合法性和科学性。首先,由有关部门和人员根据管理工作的需要,提出制度制定要求;其次,经上级有关部门和人员同意,并在充分调查论证的基础上,提出管理制度的草案;再次,要自下而上或自上而下,发动各级各部门管理人员和广大员工进行讨论,广泛征求不同的意见和看法,进而补充及修正,不断完善制度草案;最后,将修改完善后的制度草案呈报给上级部门审批。

(3) 加强宣传、沟通、教育。企业管理制度的实施离不开各级管理人员和广大员工的积极参与和贯彻执行,只有全心全意依靠全体员工,企业管理制度才能得到全面贯彻和有效实施。因此,"立法"部门和企业各层级的管理人员都必须提高对员工进行法律法规及规章制度的宣传教育的重视程度,了解员工的心态,让企业管理规章制度深入人心,使员工了解制度建设的目的和意义,增强员工执行制度的自觉性。

(4) 编制文件。企业管理制度是一整套相关文件的总称,必须以书面形式确定下来且保持一定的稳定性,并随着企业内外环境的变化,按照规范的程序及时给予修订和完善。

(5) 试行和执行。对于新制定的制度规范,试行是必不可少的一个阶段。经过上级管理部门审批后的企业管理制度,企业可以进行试行。在试行过程中,管理制度可以得到很好的实践应用,不断检验和完善,进而趋于成熟,最终确定下来,形成正式的、具有法律效力的管理制度。此后,企业便可按照确定的范围和时间正式执行新的规章制度,加强自身的规范化管理。

3. 企业管理制度制定的方法

新创企业实行制度化管理,并非一蹴而就,而是一个长期的循序渐进的过程,在企业的不同发展阶段,都应该逐步建立和完善适应企业发展需求的管理制度,并根据企业发展动态

进行调整与完善。

（1）虚心向同行同业学习，博采众长。由于创办时间不长、人才储备不足、经验积累有限等原因，新创企业要完成整套规章制度的编制，常常存在一定的困难。因此，新创企业要虚心向同行同业学习，参考和借鉴其他企业现有的比较成熟的管理制度，立足本企业的实际和特点，取长补短，参考同行同业先进的管理新理念，博采众长，大胆创新，并在实践中不断完善，形成既能体现时代特征又切合企业实际的有针对性的企业管理制度。

（2）坚持循序渐进的原则。新创企业的管理制度的建立和完善不可能一蹴而就，不可急于求成，而应当在管理工作过程中随着企业的发展和管理要求，从无到有，从简单到复杂，循序渐进，不断积累经验，不断推陈出新。

（3）要突出企业自身特色。每个企业的管理活动都有自身的条件和特点，新创企业管理制度建设不能完全照猫画虎地照搬别人的管理制度，要学习更要创新，因此，新创企业管理制度建设要突出企业自身特色，构建适应于自身管理和发展要求的特色管理制度体系，为此，一是要认真学习和领会国家及有关行政机关的相关法律法规和制度，要在国家相关法律法规框架下构建企业各种管理制度，不得与之相冲突；二是要在管理实践中不断健全和完善，对制度执行过程中不断出现的问题和困难，应当深入开展调查研究，以科学的、客观公正的态度对待它，对制度进行适时修改和完善。

（五）新创企业财务管理策略

新创企业是我国经济发展的新动力。由于受到社会经济环境、法律环境和金融环境的多重影响，新创企业面临的财务风险较高。新创企业要在市场上站稳脚跟并不断发展壮大，必须处理好各方面的财务关系，实现企业资金的不断周转、补偿、增值和积累，创造尽可能多的财富，促进企业的长期健康发展。①

1. 新创企业财务管理存在的问题

（1）财务管理基础工作薄弱。财务管理基础工作主要存在以下两个方面的问题：

第一，新创企业未配备合适的会计人员。很多新创企业将会计工作委托给代理记账机构，由代理记账机构每月一次定期进行会计核算、办理纳税事项，未能发挥财务管理在财务预测、财务决策、财务预算、财务控制、财务分析方面的作用，无法满足企业资产保值、增值的要求，不利于克服管理上的片面性和短期行为。一些配备了会计人员的新创企业由于认识不足，企业所配备的会计人员素质不高，仅能进行日常的账务处理，无法对企业的生产经营活动进行全面的规划、管理和控制，无法为管理者提供有效的综合分析。

第二，新创企业未建立完善的财务制度。新创企业绝大部分为私营企业，企业的管理权集中在出资者手中，很多出资者对财务管理的重要性缺乏认识，忽视了财务管理制度的建设，导致财务管理职责不清、监控不严、管理混乱。以财务报销活动为例，新创企业对报销依据、审批权限、审批流程缺乏明确的规定，导致基层工作人员在办理经济业务时不能及时取得合法、有效的凭证，管理人员审批时越权行事，财务监督作用无法发挥，企业资金的安全性缺乏保障等一系列的问题。

（2）银行贷款面临困难。资金是新创企业开展生产经营活动必不可少的物质条件。由

---

① 贾晓玲，陈燕霞.新创企业财务管理存在的问题与对策刍议[J].财务与管理，2016(6)：45-46.

于新创企业规模较小,无法满足发行股票和发行企业债券的条件,向银行借款成为新创企业最主要的筹资方式。但绝大多数的企业在初创时期,都要与成熟企业进行激烈的市场竞争,被市场淘汰的风险也比较高,银行在借贷环节也要面临着无法回收资金与利息的巨大风险。在缺乏足够的资信去证明新创企业能够成功生存发展下去的时候,银行往往不愿意为初创企业提供贷款服务,这就导致初创企业在财务融资方面面临困难。

(3) 营运资金管理不到位。营运资金具有较强的流动性,是新创企业日常生产经营活动的润滑剂。很多新创企业的营运资金管理不到位,主要表现在以下三个方面:

第一,流动资金不足,企业财务风险较高。对于新创企业而言,其产品或服务尚未得到消费者的广泛认可,经营活动产生的现金流入量的不确定性较高,为保持较强的支付能力和偿债能力、维护企业良好的市场信誉,需要持有足够的现金储备。但是,新创企业的管理者往往更关注经营规模,将过多的现金用于购置设备、存货,导致企业现金储备不足。

第二,应收账款管理不善。在竞争激烈的市场环境下,新创企业采取赊销方式,对于加速产品销售的实现、开拓并占领市场具有重要的意义。但赊销会使新创企业的资金被其他企业无偿占用,并面临无法收回应收账款所造成的损失。很多新创企业缺乏合理的信用标准和有效的收账政策,导致应收账款规模过大且周转缓慢。

第三,存货控制薄弱。新创企业成立时间较短,尚未与供应商建立起长期稳定的合作关系,为降低进货成本、规避原材料价格变动风险,往往会大量囤积存货,占用企业大量流动资金,并加重企业的储存成本。

(4) 投资缺乏科学性。很多新创企业缺乏长远规划,对市场行情和企业环境缺乏科学分析,盲目进入热门行业,片面追求短期利益。同时,很多新创企业的管理者由于缺乏相关的财务管理知识,对项目期内的资金时间价值和全部净现金流量无法进行准确分析,从而影响了决策的准确性。

2. 新创企业财务管理的对策

(1) 完善财务管理基础工作。建立健全会计机构,配备与新创企业经营管理要求相适应的,具有一定素质和数量的会计人员,是做好会计工作、充分发挥财务管理职能作用的重要保障。会计是一项技术性很强的工作,会计人员应具备从事专业服务所需的能力,熟悉国家财经法律、法规、规章和方针、政策,掌握本行业业务管理的有关知识,能勤勉、谨慎地运用其知识、技能、经验,善于根据客观环境做出正确的职业判断。同时,新创企业要鼓励会计人员参与企业管理,充分利用会计人员掌握的大量会计信息去分析企业的管理,从财务的角度渗透到企业的各项管理中,找出经营管理中的问题和薄弱环节,从生产、销售、成本、利润等方面提出企业发展的合理化建议。

建立健全内部控制制度,是保护企业财产、保证会计数据的正确性和可靠性,提高经营效率的有效措施。新创企业应通过组织规划控制、授权批准控制、预算控制,进一步完善对企业经济活动进行综合计划、控制和评价的各项规章制度。首先,新创企业应明确规定各个机构和岗位的职责权限,通过不同岗位和职务间的相互监督、相互制约,实现"内部牵制",形成有效的制衡机制;其次,新创企业应对各类经济业务办理的权力等级和批准条件做出具体规定,明确授权审批程序,限制滥用权利,保证经济业务的工作质量;最后,新创企业应通过编制预算和检查预算执行情况,比较、分析各部门未完成预算的原因,及时对未完成预算的不良后果采取改进措施,保证既定方针的执行。

(2) 创新融资方式。尽管银行借款具有筹资速度快和借款弹性大的优点,但其筹资数额有限、筹资风险较大。新创企业可以通过融资租赁、众筹等,创新融资方式,缓解融资难题。对于资金需求数额较高的大型设备,新创企业可以通过与租赁公司签订合同,要求租赁公司按企业需求购入设备,在较长的时期内为新创企业提供服务,并根据新创企业未来现金流流量的预期,协商确定租金支付方式。采取融资租赁方式,新创企业可以加快筹资速度,降低设备淘汰风险;同时,分期支付租金可以降低企业短期的筹资需求,租金税前全额扣除可以降低企业的税收负担。对于项目资金的筹集,新创企业可以通过在互联网平台上展示企业的创意,争取大众的关注和支持,进而获得所需的资金援助。在众筹模式下,项目的商业价值不再是企业能否获得资金的唯一标准,只要项目对公众有吸引力,都可以通过互联网平台获得项目启动资金。借助专业的互联网众筹平台,众筹模式拥有更高效的机制对项目进行审核,消除了项目发起人与投资者间的许多沟通障碍,扩大了资金来源,令融资过程更为高效、合理。

(3) 加强营运资金管理。营运资金的流动与周转是新创企业日常经营活动的基础,加强营运资金管理,避免资金链断裂,是新创企业财务管理的核心内容。首先,新创企业应合理确定现金持有量。尽管现金是非盈利性资产,企业持有现金会丧失其他形式的投资收益,但新创企业预测现金流量的准确性较差,临时举债能力较弱,现金短缺会使企业蒙受停工损失或影响企业的信誉。新创企业可以运用成本分析模式,分析、计算各种方案的机会成本和短缺成本,从而确定相关总成本之和最低的方案作为企业的最佳现金持有量。其次,新创企业应强化应收账款管理。新创企业应根据企业承受违约风险的能力、市场竞争的需要及客户的资信程度,合理确定客户获得商业信用所应具备的最低条件,给予不同的信用优惠条件或附加某些限制条款。在账款被客户拖欠时,可以通过信函、电讯或者派员前往等方式进行催讨,缩短应收账款的收款期,减少应收账款占用的资金。最后,新创企业应合理确定存货持有量。存货储备量增大,虽会减少存货短缺所发生的成本,但会增加存货资金占用费、仓储费用、存货残损等储存成本。新创企业应在成本与效益之间进行权衡,科学测算存货短缺所发生的成本与保险储备量的储存成本,合理确定最佳保险储备量,对存货持有量进行有效的控制。

(4) 优化投资决策机制。投资管理就是要科学、合理地投放和使用资金。由于新创企业管理者的自身经验具有一定的局限性,在进行投资决策分析时,需要广泛吸收研发人员、营销人员、财务人员等参与讨论,集思广益,对投资方案的可行性进行全面评价,避免盲目投资。在投资规模上,新创企业应将生产设备、厂房等固定资产投资应与企业长期负债和权益资本筹集的长期资金相匹配,避免临时性负债到期后的筹资风险;在投资方案的选择上,新创企业应充分考虑资金的时间价值,将预测的各期现金流量折算为现实价值后,再采用净现值法、获利指数法、内含报酬率等方法进行多个方案的比较分析,从中选择最优的投资方案。

四、新创企业的风险与防范

新创企业由于成立时间短,较一般企业而言存在"新创立劣势",即规模小、资源有限、缺乏经验和稳定的外部网络关系、融资难等方面的问题,因此常面临着高风险和高死亡率的困境。所以,新创企业识别与防范创业初期的各种风险,具有重要的现实意义。

风险源是指导致风险主体遭受消极后果或危害的可能性的来源。新创企业风险源可分为外部环境风险源和内部经营风险源两部分。外部环境风险源包括宏观社会环境和行业状况;内部经营风险源包括"互联网+"思维下的特有风险源和普通风险源。新创企业的风险源见图9-4。

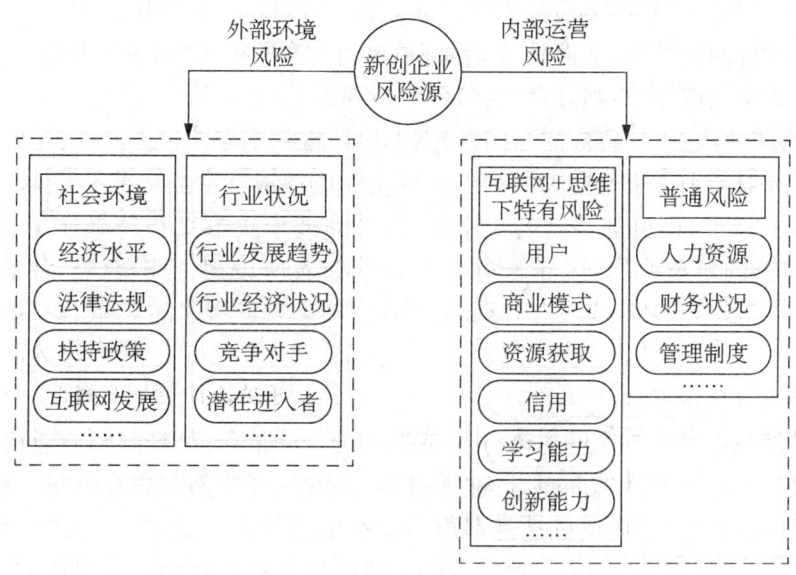

图9-4 新创企业的风险源

虽然不确定性的存在是创业企业必然面对的环境,但创业风险规避仍然有章可循。在新创企业面临的诸多外部与内部的风险中,最主要、影响最大的是客户缺失、创新乏力、触犯法律的风险、团队破裂的风险和财务失控五个方面的风险。

(一) 客户缺失的风险与防范

客户缺失风险是指新创企业并不确定自己的创新产品是否拥有市场的风险。这是当前中国大多数新创企业面临的最主要的风险。目前,中国大多数创业者选择对现有技术进行"二次创业",集中表现在网络产品和服务开发,并利用互联网渠道进行销售上。这实际上并不是完全的发明创造或颠覆性的技术创新,而是属于"微创新",因此这类企业面临的真正风险不是来自技术,而是在于针对此产品或服务到底是否存在真正的客户和市场。换言之,即客户和市场对新创公司的产品和服务是否"买账"。

1. 客户缺失风险的识别

客户风险的存在一方面固然在于市场的不确定性,另一方面更在于新创公司易于犯错,即照搬成熟公司的新产品管理模式。创业者对商业机会进行识别,先从一个概念开始,然后进行产品开发、测试,最终生产出具有实用价值的产品。这一新产品开发过程中实际上蕴含着巨大的客户风险。具体说来,客户风险可以从以下三个方面进行识别:

(1) 创业者不能清晰地定义目标客户群体。任何新创企业最初都没有客户,这是初创期必须面对的事实。对于仅有的少量客户,也还要注意防范"大客户陷阱"。因此,新创企业必须承认自己的新产品或新服务还停留在"试验"阶段,无论是客户群体还是自己的解决方案都建立在"设想"之上,还仅仅是一种"可能",而不是"现实",能否真正找到客户和市场都还是问题,还有待检验。

(2) 创业者并不能清晰地定义商业模式。本来新创企业就是要打破既有的商业模式,因此对新创企业来说,并不存在现成的商业模式。而新的商业模式实际上来自创业者的假设,其可行性要不断地接受市场检验和测试才能固定下来,但在实践中,创业者往往认为自己已经找到了可行商业模式,从而将重点放在"执行力"上面。创业者必须通过不断试验才能清晰地了解并定义市场;否则,市场风险就极难规避了。

(3) 不能清晰地定义产品特征。即便新创企业能够清晰地定义客户群体,也无法预先知道客户会青睐什么样的产品。实际上,新创企业取得成功的新产品开发,提供全面的产品功能是极少的情形,而更加普遍的情形是,新产品或解决方案往往是在某一方面"单点突破",提供完美的价值。因此,重要的并不是创业者所设想的完美的产品,而是在某一方面超越传统产品的客户体验。产品特征到底能否符合顾客的要求,只能通过市场来检验。

2. 客户缺失风险的防范

大量的新创企业失败于找不到可行的商业模式。可获利、可复制的商业模式关乎如下一系列问题:第一,你的产品为谁而生、谁来付费,也就是说你的客户在哪里。第二,你的产品可以为客户创造什么价值,也就是说客户凭什么乐于付费。第三,客户怎样付费,即如何进行营销。第四,你的产品如何送到客户手中,即拟采用什么样的渠道。第五,你的资源和团队是谁,即谁来帮你完成上述过程。第六,你做此事的机会成本是多少,即成本如何。这显然是一个完整的经营体系,每一个环节都需要大量的市场实践,搜集市场的信息反馈,反复调整资源和配置团队能力,最终找到产品和服务的核心竞争力。找到可行商业模式的唯一办法只有通过不断试错。

通过"试错"进行客户开发的优势在于,客户可以参与到产品价值创造过程当中。这不同于以往的"先生产—再销售"的产品开发模式,这一模式的重点是根据消费者的体验和反馈来完善产品和服务。在这个过程中,新创企业提高自身持续的产品开发与服务水平、营销能力至关重要。

(二) 创新乏力的风险与防范

新创企业大都是依靠某项核心业务建立起来的。例如,科技型企业一般拥有具体的专利和技术,并以此为核心,研发一系列的产品,同时组织相配套的营销模式以实现盈利。[1]

1. 创新核心要素的识别

依靠创新推动企业发展是一条合理、高效、健康的道路,但是其中隐含了三个核心要素,如果三要素之间的关系处理不善,就有可能导致创新乏力。而创新乏力是新创企业面临的重大风险之一,没有持续的创新驱动,企业就会昙花一现。

第一个要素是专业人才。技术掌握在专业人才手中。随着新创企业的发展,专业人才可能会由于种种原因流失。这是因为专业人才尤其是优秀的专业人才是稀缺资源,如果不

---

[1] 刘锐.论新创企业的三大管理风险及应对策略[J].前沿,2013(8):149-151.

善加管理,就必然会被"挖走"。此外,技术升级的压力也对专业人才提出了更高要求,如果研发人员不能持续不断的更新知识库和与时俱进地学习并掌握新技术,就会造成创新乏力的风险。

第二个要素是资金投入。技术研发需要大量的经费投入,世界上一流企业的研发投入能占到其总收入的4%以上,而这些企业的总收入是以百亿乃至千亿美元计算的。国内的中型企业研发投入也在营收的6%~10%。新创企业由于受规模所限,要保持持久的创新优势,所投入的资金有可能会远远大于其营收的10%,这对于一个盈利能力欠缺的新创企业而言具有较大压力。

第三个要素是创新意识。新创企业由于前期投入较大,往往开始盈利后就急于压缩成本,收回投资,创新意识已经不再像筹办企业之时那么强烈。与此相反,营销意识占据了更为重要的地位。一旦"以技术立企"的原则盲目的转变成"以营销为导向",企业的研发投入就会大打折扣,对现有产品的升级换代、市场细分等工作也会出现懈怠。团队领导层如果没有居安思危的创新意识,就很有可能满足于无限制地扩大现有产品的产能以图快速牟利。这种"暴发户"似的心理会使得新创企业的发展丧失可持续性。

2. 创新乏力的防范

创新乏力防范的根本对策主要有以下两个方面:

(1)团队领导者要具有战略眼光,并能够进行合理的战略布局,不会仅仅看重眼前利益而忽略了长远发展。这就是说,团队领导者要通过战略管理,系统规划企业战略,整合资源,并在此战略基础上,制定并执行管理细则。例如,在经费和其他资源的投入上,团队领导者应明确研发、营销、薪酬等方面的支出比例,要杜绝在经费分配比例上某项费用一家独大的局面。在中国,新创企业尤其要防范普遍研发不足、营销过度、不健康的委托代理等方面的问题。

(2)新创企业要形成具有创新意识内容的组织文化,配套一系列尊重人才、引进人才、培养人才和发展人才的制度,将新创企业建成学习型的组织,只有这样,企业的发展才有充足的动力源泉。所谓企业创新文化,是指在一定社会历史条件下,企业在创新及其经营管理活动中所形成的具有自我鲜明特色的创新精神财富与创新物质形态的总和。企业创新文化所涵盖的内容非常广泛,主要有创新价值观、创新准则、创新制度、创新模范、创新网络和创新环境等。其中,创新价值观是企业创新文化的核心;创新准则决定企业创新文化的特色;创新制度是企业创新文化的保证;创新模范是企业创新文化的支撑;创新网络是企业创新文化的底蕴;创新环境决定着企业创新文化的内涵和外延。企业创新文化一旦形成,就会对企业成员产生影响,触发其创新动机,并诱导其形成创新行动。适宜的企业创新文化有助于创新动机的产生及创新行为的维持,有助于创新效率的提高和创新成果的取得。文化对人的培养具有潜移默化的作用。高度的文化认同会大大增强企业的凝聚力和向心力。例如,海底捞餐饮股份有限公司(以下简称"海底捞")致力于为顾客提供"贴心、温心、舒心"的服务,在管理上勇于改革、勇于创新,倡导双手改变命运的价值观,为员工创建公平公正的工作环境,实施人性化和亲情化的管理模式,提升员工价值。员工不断地创新服务方式,创造性地工作。这样的组织文化使得顾客在用餐时能真正找到"上帝的感觉",先抛开其产品口味、质量不提,其服务已经征服了绝大多数的火锅爱好者,从而吸引越来越多的人到海底捞就餐,

一种类似于"病毒传播"的效应就此显现。

(三)触犯法律的风险与防范

中国企业普遍缺乏法律咨询意识和法律风险防范机制。这与整个社会重视社会关系、崇拜权力而轻视法律法规的大环境有关。新创企业由于财力有限,规模尚小,往往难以顾及法律规范和法律咨询。实际上这是新创企业面临的最为隐秘的风险。

1. 法律风险的识别

新创企业本质上就是要打破常规,因此其所面对的不确定性要远远高于成熟的大企业。

(1)新创企业在确定经营领域、获取经营资格和市场准入、争取政府扶持与优惠政策等过程中与政府发生千丝万缕的联系,中国企业家往往在与政府官员的交往过程中重视"关系",轻视法律界限,这实际上蕴含着大量法律风险。

(2)新创企业进行技术研发、实施品牌战略、申请、购买或使用专利成果等过程中涉及大量知识产权问题,创业者如果不具备专业的法律知识乃至常识,则易于陷入法律纠纷。

(3)新创企业在进行决策权力行使、产权和收益分配、公司建章建制、引入天使投资或风险投资、进行并购或上市等诸多环节都会涉及大量法律合同,没有律师的专业咨询和指导难以做出科学决策。

(4)新创企业的市场风险可以与法律风险彼此叠加,后果更加严重。尤其是在融资过程中,新创企业往往缺乏金融和投资领域的专家,风险评估和议价能力有限,对融资陷阱缺乏有效识别手段,甚至由于无知而触犯法律。但在现实中,极少有新创企业事前对上述可能的风险进行防范和明确约定,在运营过程中因陷入利益纠纷而分崩离析的企业不在少数。

应当指出,以上四个方面都是涉及新创企业的生存与发展的重大决策,而且与创业者的经营管理水平无关,但不同于客户缺失风险和创新乏力风险,法律风险一旦发生就无法补救,而前两类风险还容许企业进行"试错",犯错可以是局部的影响,且大多可以进行补救,最糟糕的结果也不过就是宣告破产,创业者甚至在多次失败之后仍可以从头再来,这种失败本身也是经验的积累过程,创业者会获得"越挫越勇"的历练。但企业一旦陷入法律纠纷,其后果则可能是非常严重的,不单要面对商誉受损、经营惨败、财产损失等问题,在最糟糕的情形下,创业者可能因触犯刑律而失去自由甚至生命,这是比客户缺失风险和创新乏力风险要严重得多的代价。而且,经历了如此打击的创业者很可能就此一蹶不振,再次找到工作可能都很难,创业则更是难上加难了。

2. 法律风险的防范

创业者需要增强法律意识,规避法律风险。

(1)新创企业必须具备将企业经营法制化的观念,培养法律风险意识,养成重大决策咨询律师、合法经营的习惯。

(2)创业者必须厘清新创企业与政府和职能部门之间的关系,避免依赖和迷信政治资源。

(3)创业者需建立针对刑事、民事和经营管理过程中的法律风险防范机制,要具有相对具体的预案,以应付外部环境恶化(如金融危机爆发、银根吃紧、债务恶化等),主要针对企业产权结构、公司治理结构、合同管理体系、财务、知识产权、投融资等领域建立法律风险防范机制。

(4) 创业者虽然要在商业领域打破常规,但却要在法律领域遵守法律准则。

(5) 坚持理性经营和长远战略,避免急功近利,牺牲企业长期目标。

(6) 新创企业需要定期进行法律风险评估,审查企业内部各种结构、环节和业务流程中的法律风险,做到防患于未然。

(四)团队破裂的风险与防范

按照管理学家斯蒂芬·P·罗宾斯的定义,团队就是由两个或者两个以上的、相互作用、相互依赖的个体,为了特定目标而按照一定规则结合在一起的组织。创业团队对新创企业而言具有不可替代的重要性。

1. 团队破裂的风险识别与后果

(1) 创业团队破裂的风险识别。创业初期,创业团队的目标指向相对单一,即成功创立企业,并使之正常运转。然而,当企业开始成活之时,团队内部的分化就会开始严重起来。"新英雄的兴起"、利益分配、商业模式选择、先进技术引入、营销体系建构、融资渠道和投资方向等,都容易成为初创企业管理团队成员的分歧点。一旦新创企业管理者不能够求同存异,妥善处理矛盾,就容易造成团队破裂的后果。

(2) 创业团队破裂的后果。团队破裂对于新创企业的冲击是毁灭性的。团队成员在新创企业的创立和发展过程中,由于往往掌握其中的关键技术和核心信息,通常不可或缺。如果这些技术和信息没有通过有效的渠道传递下去,未形成规范的、有技术和信息分享机制的团队,新创企业就没有办法正常运转。例如,团队中负责销售的成员手中握有客户资料,并建立了与客户的良好合作关系。由于新创企业的规模有限,客户对其的信赖还不能够仅仅建立在"商业制度"的基础上,而更多地倾向于与销售人员的私人关系。在这样的情况下,该团队成员的离开就意味着客户资源的丧失。有的新创企业因无法消化这一损失带来的负面影响而陷入困境。

2. 创业团队破裂的防范措施

处理新创企业面临的团队破裂风险需要在管理制度和管理艺术方面双管齐下。

(1) 建立健全管理制度。新创企业可以通过建立合理的收益共享机制、差异化激励机制、信息传递机制、学习机制和奖罚机制等刚性制度对团队成员的行为进行约束,通过制度来保障运行的长效性。制度是指要求大家共同遵守的办事规程或行动准则,兼指在一定历史条件下形成的法令、礼俗等规范或一定的规格。只有成套成熟的制度保证才能使新创企业保有高效运转的团队,快速进入健康发展的轨道。例如,对于团队成员,新创企业应依其贡献不同建立可量化的收益标准,而如果其违背了相关管理制度,亦有相应的明确的惩戒措施和惩戒范围。新创企业要避免由于所谓的"尊重元老"意识和"共患难"的交情意识等而出现的对于团队成员和公司员工的不公正的区别对待等常见问题。

(2) 提高管理的艺术。人作为复杂性的个体,对其的管理不同于对物的管理,需要具有相当的艺术性。有的团队领导者对于团队成员的激励,仅仅依靠物质,久而久之,就有可能造成"欲壑难填",或是单纯物质奖励带来的"归属感缺失""情绪失落"等;有的团队领导者则强调所谓的"精神力量""奉献意识"和"亲密关系",忽视了物质奖励,导致对于团队成员激励的不可持续性。这就是说,对于整个团队而言,团队领导者需要审慎对待每一个个体,依个体的不同采用针对性的管理策略。这就不单单是一个制度的问题,还涉及管理艺术。所谓艺术，就是一种不易量化的分寸感。管理艺术的提升会大大加强团队的凝聚力，在很大程度上规避团队破裂的风险。例如，孔子在讲到"管理艺术"时曾谈到"无为"，孔子所说的"无为"，只是要求领导者不自为或尽量少自为，而所谓不自为或尽量少自为，其具体内容是不做应由管理助手和管理对象做的事。孔子认为，领导者和管理助手以及管理对象之间，应有明确的分工，凡属管理助手或管理对象职守范围之内的事，应放手让他们自己去做，领导者不应自为。这就是孔子所说的"君子不器"。但是，众所周知，在很多事情上，分工是界限模糊、无法量化的，这就需要"分寸感"了，这就是一种艺术。管理艺术的获得需要丰富的管理经验，汲取直接经验（如管理者的管理经历和现实的管理过程）和间接经验（如书籍和案例等）。这时，一个人的个性魅力也会成为管理艺术的重要支点。

（五）财务失控的风险与防范

人与财是一个企业创立、成长、持续发展过程中最重要的两个元素。新创企业往往将更多的精力放到人的方面，而忽略了严格的财务控制。财务控制是指在企业的经济活动中，控制主体利用相关财务信息，对资金的收入、支出、占用、耗费进行审核，发现实际与目标之间的财务偏差，并采取相应措施予以纠正，使财务活动按预定的目标进行，为最终实现企业财务管理目标和企业目标提供合理保证的一个控制过程。由此可见，新创企业对财务控制给予的重视程度不够会带来何等的隐患。

财务失控风险的原因与应对策略在本章第四节的"三、新创业企业成长管理的策略"中的"（五）新创企业财务管理策略"已有详细的介绍，在此不赘述。

 ## 本章小结

本章介绍了新创企业的设立和成长管理方法。新创企业的设立，不仅需要选择适当的法律形式，包括个人独资企业、合伙企业、有限责任公司（包括一人有限公司）和股份有限公司四大类，还要考虑新创企业的选址策略、熟悉企业注册流程等问题。创业过程中所涉及的法律法规主要包括《中华人民共和国公司法》《中华人民共和国合同法》《中华人民共和国专利法》《中华人民共和国著作权法》《中华人民共和国商标法》等。新创企业开办的程序包括：企业登记注册、领取营业执照、刻制印章、办理组织机构代码、进行税务登记、开立银行账户等。新创企业成长管理主要包括新创企业的营销管理、人力资源管理、文化管理、制度构建管理和财务管理五个方面。新创企业在创立之初面临比较多的内、外部风险，本章分析了对新创企业影响最大的风险：客户缺失的风险、创新乏力的风险、触犯法律的风险、团队破裂的风险和财务失控的风险，并提出了相应的防范策略。

 ## 实践环节

实训一：
1. 实训目标

通过本章的学习，学生能够根据创业的自身需求选择合适的法律形式，了解企业创办的要求和流程。

2. 实训内容

新创企业的创办流程。

3. 实训要求

(1) 每个小组为一个创业团队,假设你们有200万元的创业资金,请讨论决定你们创业的项目、企业名称、企业法律形式和适当地址的选择,每个人积极发言,最后举手表决通过以上议题。

(2) 小组成员分角色,演练企业注册流程。

实训二:

1. 实训目标

了解新创企业管理的重点内容。

2. 实训内容

通过市场调查的方式,了解新创企业管理的要点。

3. 实训要求

(1) 设计调查问卷,向创业者调查企业新创立时的管理要点。

(2) 2周后将调查结果写成不少于1 000字的调查报告,并制作PPT在课堂上展示。

重点思考

1. 我国企业的法律形式有哪些?个体工商户是不是企业?
2. 创业企业在选址时应考虑哪些因素?
3. 简述企业开办的流程。
4. 新创企业的管理要点有哪些?

课后分析案例

1. 中君博纳的创业之路

2009年的一个偶然的机会,仲建军在好友婚礼上当伴郎,来自小城市的他第一次见到了南京的婚礼策划公司所策划的新潮婚礼,高雅的场地布置、炫目的声光效果、有趣的环节设计都让人耳目一新。他敏锐地抓住商机,把创业的目光投向了婚礼策划市场,准备回到自己的家乡镇江创业。鉴于场地、资金实力等因素限制,他决定选择设立门槛较低的个体工商户。

通过几年的努力,仲建军的企业发展不错,但随着市场竞争越来越激烈,为了在竞争中占有自己的一席之地,他决定寻找一些其他企业在营销策划的领域开展合作以扩大自己的业务,一些客户也慕名而来,但在洽谈的过程中一听到他是个体工商户便开始怀疑他履行大合同的能力,纷纷打起了退堂鼓。

2014年,仲建军和自己的团队共同设立了中君博纳营销策划有限公司,这也标志着仲建军的公司从此进入了一个全新的发展阶段。

思考题:试分析仲建军选择个体工商户,后又转为有限责任公司的原因。

2. 创业选址失败之：商圈

林先生原本是一家IT公司高管，在成功赚到了人生的第一桶金后，开始把视线投向了传统餐饮行业，虽说林先生对餐饮业有着极大的热情，但由于林先生没有行业的相关经验，在征询了朋友的建议后决定加盟一家成熟的品牌，这样借助别人的成熟品牌和管理可以让他这个外行也能变内行！

经过一番选择和比较，林先生最终选择了一家在行业内有极强品牌影响力的火锅店。与此同时，林先生的选址计划也正在进行。很快，一块位于十字路口黄金码头的门面进入了李先生的视线。林先生有一个观点：经营餐饮店，地段很重要！贵一点不要紧，关键要看人气！

这个门面周边就是几家大的手机卖场，没有同类火锅店的竞争对手，林先生似乎看到了市场的蓝海，按照总部对物业的要求，几轮谈判，场地很快就敲定了！

开业、促销都按照计划如期进行着，但是生意却不尽人意！即使是开业促销，也是勉强坐满，林先生开始有点不明白了，如此黄金位置，人流也不缺乏，可偏偏生意却上不来呢？然而就在距离他店面不到1千米远的另外一条街上，七八家火锅店每日顾客盈门，排队候餐的场景每天都在上演，前期的大手笔投入和现在不温不火的现状让林先生陷入了困惑之中！

思考题：林先生的餐饮店为什么生意一直不好？

3. 你到底想要什么？

王瑞是一家新开业的电脑公司老总，手下有100多名知识型员工。这一天，王瑞愁眉苦脸地找到他的老朋友、企业咨询专家张朋，向他诉苦说："没想到自己办公司这么麻烦。不知为什么，我们总是在节骨眼上发现有些重要的事情没做好，或者根本还没做。事实上，也总是在事后，才发现这些事情本应安排专人具体负责的。公司也有这个条件，因为我们的工作负荷还不是很重，很多人都在干着不怎么重要的事情"。张朋给王瑞倒了一杯茶，招呼他坐下，然后试探着问："是不是你的员工们在国有单位待惯了，松散惯了，不习惯现在的工作方式。或者，缺乏工作主动性"。"不是！他们都是我的老朋友、老伙计，不存在松散怠慢的问题。这些人综合素质非常高，无论工作能力还是职业道德都没说的。而且，目前的情况他们也很着急。"王瑞的回答很干脆。"那就是你这个老板的问题啦。为什么不把工作提前安排好呢？"张朋开起老朋友的玩笑来。

"也许吧。但我不可能将太多的精力放在分配任务上，我还有大量其他的事情要做。告诉你吧，我现在真有些焦头烂额了，顾得了这头就顾不了那头。"王瑞显得很是无奈："哎，你能不能帮我一个忙，帮我整一个东西，把这乱七八糟的局面理顺一下？"

"帮你物色几个高水平的精英人才？""不！我们的人水平够高的了，2/3都是硕士，且出自名校，还有博士。我不缺人才。"一提起员工，王瑞的回答就干脆利索充满自信。"那你要整个什么东西？"张朋的兴趣上来了。

"就那么一个东西，你看，我的员工虽然学历高，但都是工科或者计算机出身，懂技术，却不懂管理。怎么着让他们提高一下，规范一下，不仅管好自己的事务，还能从整体上兼顾一下其他。搞清楚每个人应该干什么，或者是……这么说吧"，王瑞用手比划着："反正是不能再这样有些事没人干，有些人没事干。"

"整份培训计划，把员工们系统地培训一下？"

"不是,他们正分期分批地培训着。我们有很详细、很系统的培训计划。你知道《华为基本法》吧?那么个类似的东西也许行。"王瑞不知道怎么说才好。

"《华为基本法》不是一下子就能出来的,也不是任何人都能出的,再说对你们也不一定合适。"张朋摆出专家的架子。

"知道,我也不一定要哪个。我是想要类似的东西。"

"修正规章制度?"

"不是,我们早就有,非常先进。"王瑞摇头。

"业绩考评方法?"

"不是。"王瑞继续摇头。

"薪酬计划?"

"不是。"王瑞还是摇头。

"你到底是想要什么呢?"张朋有些不耐烦了。

"说实话吧,我也不知道我要的究竟是什么。"

"那你这不是难为我吗?还是有意开玩笑?"张朋又好气又好笑:"自己都不知道要什么,我怎么帮你呢?"

"真不是开玩笑。不是这样的难事我找你做什么?拜托,帮帮忙吧。"王瑞特认真。

望着王瑞严肃认真的表情,张朋陷入了沉思。送走王瑞后,他思考了好几天。1周后,张朋抄起了王瑞的电话:"我知道你的要求了。你需要我为你的公司做一次详细的工作分析,为每一个人编一份'职务说明书',将公司所有的工作整理一遍,分级分类,明确职务,明确职责,将每个人要做的事情固定下来,每个人的主要职责区分清楚,再详细确定每个职务任职人员的任职资格。以后,但凡涉及人与岗的事情,都可以'职务说明书'作为参考评定标准。你看行吗?"

"非常正确。我要的就是这个东西。到底是行家,一下子就点到了龙的眼睛上。"电话那头,王瑞大喜过望。

思考题:

1. 王瑞想要的东西是什么?
2. 概括"职务说明书"的作用。

参考文献

1. 邱洪业.新创企业创业风险评价与防控研究[D].山东科技大学,2017.
2. 陈伟,等.新创企业成长风险预警体系的建构[J].理论探讨,2013(2).
3. 沈莹,等.基于"互联网+"思维的新创企业风险识别与竞争情报预警研究[J].情报科学,2020(3).
4. 蒋景媛.新创企业的创业风险识别与规避[J].中国市场,2013(12).

第十章 创业营销

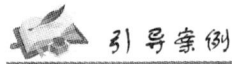

互联网时代创业营销思维:KOL

2018年天猫双11购物节上,在中国商界有着举足轻重影响力的代表性人物马云和一位叫李佳琦的网红比赛直播卖口红,比赛结果竟然是马云输了,虽然这个活动有宣传引流的因素,但足以看出随着互联网经济的不断发展,创业者和创业营销越来越看重KOL。如果说传统的营销策略矩阵是一个球场,那么KOL越来越被作为创业者临门一射的金牌射手,对于处于创业初期的营销者而言,产生难以估量的推动作用。

何为KOL?

KOL是Key Opinion Leader的简称,中文翻译为关键意见领袖,作为营销学上的概念,通常被定义为拥有更多、更准确的产品信息,且为相关群体所接受或信任,并对该群体的购买行为有较大影响力的人。李佳琦就是一位典型的KOL,其直播营销的产品种类繁复多样,但其最精湛熟悉的领域却是口红,业界也称其为"口红一哥"。曾经在5分钟直播中卖掉1.5万支口红、在2小时直播中试色380支口红、1分钟短视频迅速种草N支口红的李佳琦,展现出其惊人的营销带货能力,难怪有人说:"天不怕,地不怕,就怕李佳琦说OMG,买它,买它。"除此之外,格力电器董事长董明珠坚持亲自做广告,在各类会议、访谈节目中推荐格力电器产品;已经功成名就的雷军在2010年4月6日和创始团队成员喝下一碗小米粥,正式创立北京小米科技有限责任公司,之后雷军以一个重新出发的创业者身份,在新浪微博为小米手机推出的产品营销导流;陈欧在聚美优品快速发展时期,以创业者的身份直接喊出"我为自己代言"的陈欧体、聚美体等。以上都是KOL在创业营销中存在的广泛案例。

但是我们也要看到,现如今网红KOL不计其数,为什么只有以李佳琦为代表的少数群体能够进阶为顶级流量从而带动惊人的营销能力呢?据悉,李佳琦大学所学专业为舞蹈学,2017年才进驻淘宝直播,2018年就崭露头角。互联网时代创业营销思维成就超级KOL又需要哪些因素呢?

案例解析:以上案例中,李佳琦能成为营销中顶级的KOL,根本原因不在于李佳琦直播过程中所说得那些引人关注的口头禅,而在于其对自身营销定位的品牌化,在口红垂直领域内一直是女性的天下,普通男性通常连色号都分不清,而李佳琦差异化出道突出了"差异化IP定位",这种营销反差成为众多女主播中的一股"清流",从而成功挖掘以女性为代表的"她经济",李佳琦的粉丝群体中绝大部分都是女性也印证其定位的成功。能够将创业者自身作为品牌,定位成为超级KOL,本身也要付出巨大的努力,李佳琦的成功过程也充满励志与艰辛，不同于创业大咖的在创业，对普通创业者而言，创业营销中 KOL 可能既是捷径，也可能并非坦途。

资料来源：曾静娇.不是所有的网红都是李佳琦！直播业最新平均月薪公布，结果出乎意料[EB/OL]. (2020-01-05)[2020-08-10]. https://m.21jingji.com/article/20200105/herald/5002ea4bababbf03625ab1013e65553a.html.

本章从创业营销理念的介绍开始，探讨了创业企业如何进行营销规划，对宏微观环境分析后去识别市场机会，并利用市场机会制定有针对性的目标市场策略，以及与目标市场上的顾客需求相适应的营销组合策略。通过本章的介绍，希望能够给创业者一个相对明确的营销路线，制定适合创业企业的营销计划，以便帮助企业创业成功。

第一节　创业营销理念与规划

10-1　创业营销理念与规划

一、创业营销理念

（一）创业营销的概念

关于创业营销的含义，目前学术界还没有明确的界定，不同的学者给出了不同的观点。李蔚和牛永革在《创业市场营销》一书中指出，所谓创业营销，是指一个新创业企业或第二次创业企业把自己的新产品推向新市场的营销。他们认为，创新营销一定是新产品营销，创业营销的对象是新市场。李建军和陆淳鸿在《创业营销》一书中认为，创业营销是企业家为创立企业和使新创企业健康快速发展而开展的所有营销活动的总和。姚飞在《创业营销理论与案例》一书中指出，创业营销是创业者为突破资源束缚，通过创新、风险承担和超前行动，主动识别、评价和利用机会，以获取可保留的有价值客户的组织职能或过程。

有学者认为，创业营销就是创业者为了创建新企业而开展的系列营销活动的总和，如创业项目选择、创业计划策划、创业资金融通、创业团队组建等活动中所开展的所有营销活动。还有学者认为，创业营销就是创业企业家凭借创业精神、创业团队、创业计划和创新成果，获取企业生存发展所必需的各种社会资源的过程，它实际上是一种崭新的创业模式。结合之前研究的观点，本教材将创业营销的概念定义为："创业者、初创企业或二次创业企业在有限的创业资源条件下，通过创新途径和价值创造以主动获取新市场及潜在价值客户的活动过程"。

（二）创业营销的价值

创业企业一般具有资金有限、营销预算少、企业资源相对匮乏等情况，所以创业者必须另辟蹊径去接触其潜在顾客并了解和满足他们的需求。创业营销的价值在于在资金有限的情况下，帮助创业企业建立有效的顾客关系，并通过这种关系的建立能够更有效地满足顾客需求。例如，Facebook 在创业初期没有任何收入，融资的卖点就是 Facebook 拥有百万级的用户，这就是 Facebook 创业成功最重要的初始资本——顾客。

（三）创业营销与传统营销的区别

严格地讲，创业营销是从传统营销演变而来的，创业营销使用的很多营销手段和传统营

销是一致的,很难用简单地二分法去辨别两者之间的差异。但是,创业营销的针对性更强,要突出创业营销的创新型、冒险性和前瞻性,尤其是近年来以网红直播代表的营销模式,成为很多创业企业或创业人员首选的营销手段。例如,李佳琦曾在一场直播中 15 秒卖出去 15 000 支口红,这种营销模式已经远远超出传统营销的界限。所以必须对创业营销和传统营销进行区分,创业营销的关键在于帮助创业企业解决生存问题,敏锐地捕捉市场机会,采取营销行动,主宰企业的生存命运,而传统营销更侧重解决企业的发展问题。

(四) 创业营销的要素构成

创业营销由七个要素构成,分别是先发制人、执着于机会、亲近顾客、创新、风险评估、资源利用和非凡的价值创造。

1. 先发制人

创业营销认为,企业面临的外部环境是不确定的,因此企业不能只是被动地响应或适应。传统的营销就是通过评估现有及可预期的环境、改变营销组合来创造价值,而创业营销所要求的是引领顾客和市场,重新定义产业实践,确定新的市场定位,快速开发恰当的营销方法,先发制人地关注顾客的差异性需求,强调有目标地采取行动,从而影响环境。为主动抓住机会,营销者应通过降低不确定性、减少企业对环境的依赖来重新定义环境,把营销变量用做创造变化和适应变化的手段。

2. 执着于机会

机会代表了未被注意的却可带来持续利润的市场,营销者既要主动探索和发现机会,增强营销活动的创业性,又要重视对现有资源的有效利用,加强对营销活动的有效管理,这样才能创造市场。对机会的认知和寻求是创新的基本面,也是创业营销的核心维度。环境分析有助于管理者看清发展趋势,但要想识别出被忽视或不完善的市场,则需要营销者具备带有创新性质的洞察力,通过扩展视野、增加机会来挣脱由产品或顾客主宰的市场。

3. 亲近顾客

首先,创业营销强调营销活动要与顾客资产、内在关系和情感维系相关联,它通过评估顾客终身价值和顾客资产来指导企业制定客户投资和客户定制等方面的决策,而通过亲近顾客,可了解不断变化的客户情况,创造动态的客户需求。其次,关系营销关注的是现有关系的管理,而创业营销则集中于通过探索创新营销新手段来建立新关系,或应用现有关系来开创新市场。亲近顾客维度强调与企业的主要客户确立内在联系,即与客户建立共生关系。最后,创业营销活动融合了信念、激情、热忱和信仰,反映企业对目标和信念的深层感知,在一定程度上改变着企业,如发掘新事物的天赋、直觉、鉴别力和洞察力,而不是单纯的理性决策。

4. 创新

树立创新思想是创业营销重要的哲学观,关注创新需要不断重新定义产品和市场环境,组建创新团队,创造性的开发新产品和服务。在进行创业营销时,过程创新从未间断,创业者需持续关注细分市场、定价、品牌管理、包装、客户沟通与关系管理、信用、物流及服务水平等方面,力争有所创新。持续创新就是在内外环境的作用下产生的新创意,进而转化为新的产品、服务、过程、技术或市场的所有活动或想法,在这个过程中,创业营销部门发挥着极大的整合作用,除管理创新组合外,还包括机会识别、创意产生、技术支持和资源利用,帮助企业实现创新型增长。

5. 风险评估

无论是在资源分配的过程,还是产品、服务或市场的选择过程,企业的运营都存在着风险。在创业过程中,创业者需要采取一定措施识别风险因素,进而减少或分散风险,这要求营销者不断减少环境的不确定性,并进行灵活的资源管理,如与其他企业合作项目或共同开发项目、创新市场测试、分阶段推出产品、联合主要客户、建立战略联盟、外包关键营销活动、资源支持与绩效挂钩等,所以,创业营销者也是风险管理者。

6. 资源利用

资源利用就是指以最少的投入获取最大的产出。创业营销者不受当前资源的限制,通过各种途径实现对资源的利用,包括将过去的资源延伸利用、挖掘被他人忽视的资源用途、利用他人或其他企业的资源实现自身利益、将一种资源补充至其他资源中以创造更高的组合价值、以某种资源换取另一种资源等。所以,创业营销者具备创造性的资源利用能力,能够识别出未被最佳利用的资源,并懂得如何以非常规的方式使用资源,如易货贸易、借款、出租、租赁、分享、回收利用、订约和外包等活动。

7. 非凡的价值创造

价值创造是实现交易和建立关系的前提,创业营销聚焦于创新型的价值创造,营销者的任务是发现未经开发的客户价值,建立独一无二的资源组合,最终实现价值创造。在动态发展的市场中,价值不断被重新定义,这就要求营销者必须以不同于其他竞争对手的眼光理解顾客的需求,创建基于价值的顾客关系,利用每一个营销组合元素,不断开发新的顾客价值来源,从全局出发挖掘新的价值来源。

二、创业营销的基本内容和营销规划

(一) 创业营销的基本内容

一般企业的营销结构体系包括市场分析、营销战略、营销策略和营销组织保障四大部分。创业营销保留了一般营销的体系,但它着眼的是市场进入过程中的市场分析、战略、策略、组织保障和安全等方面的问题。创业营销的基本架构如图10-1所示。

当一个创业者拥有了一种产品或服务之后,他要解决的第一个问题就是市场问题,这也是创业营销所要解决的第一个问题。要解决这一问题,创业者就必须解决市场分析、市场机会和市场评估三个方面的问题。市场分析就是对创业者要进入的市场进行精细分析,包括市场宏观环境分析和市场微观环境分析等。市场分析的目标是寻找创业过程中应该把握的市场机会与应该避免的市场风险。创业者必须明确自己应该把握的市场机会是什么,这是创业企业之所以存在的基础。如果一个创业者对自己要抓住什么市场机会都不明确,这种创业是很难成功的。创业者仅仅抓住机会还不足以保证成功,如果抓住机会的同时也抓住了危机,同样会发生"出师未捷身先死"的悲剧。要使创业营销获得成功,创业者必须对市场机会、市场威胁等市场因素进行评估,只有借助科学的评估才能决定应该进入什么市场,应该抓住什么机会,应该回避什么威胁。没有评估的市场进入,是危险的市场进入;没有市场评估的创业营销,是不安全的创业营销。

创业营销要解决的第二个问题是市场进入过程中的战略问题,包括进入什么样的目标

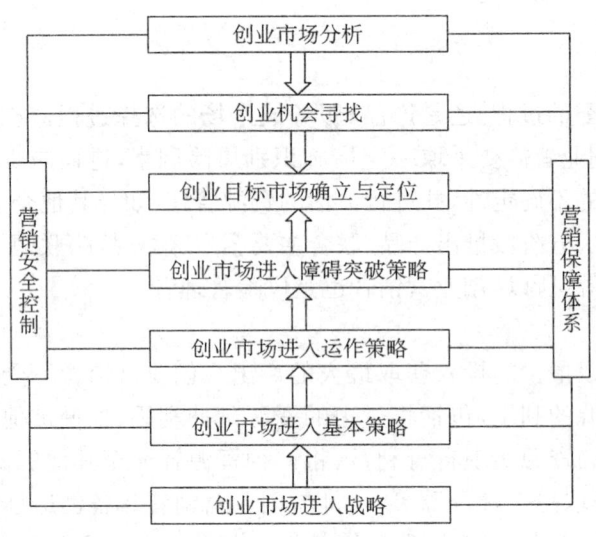

图 10-1　创业营销的基本构架

市场问题和进入目标市场的战略思路问题。现代营销已经由大规模营销阶段、产品差异营销阶段,发展到目标市场营销阶段,精确与准确是目标市场营销的核心理念。创业营销尤其要求精确与准确,因为创业企业基础非常薄弱,难以承受大的风险。所以,创业营销必须为创业者提供一套市场细分和目标市场选择的基本技术,帮助创业者精确地细分市场、选择目标市场和定位市场。创业者找到了目标市场,还远远不能保证创业营销走向成功。如何占领市场?这里有一个进入战略问题。战略失误则满盘皆输,在错误的战略框架下,任何优秀的策略都只能把创业企业引向绝境。创业营销战略就是要为创业者提供一套战略选择条件、战略选择方法、战略运作模式和战略控制技术,以保证创业营销的大方向不出现重大失误。

当有了市场、有了战略之后,创业营销的关键就是营销策略的制定。营销策略是创业营销要解决的第三个问题,包括创业市场进入基本策略、运作策略和创业市场进入障碍突破策略三个方面的问题。首先要解决的是市场进入基本策略问题,也就是要进入市场所必须解决的产品、价格、渠道和促销四大基本问题,即以什么样的产品、什么样的价格、什么样的渠道和什么样的促销方式来进入创业市场;其次要解决的是运作策略问题,也就是创业市场进入的模式问题、路径问题、方法问题、步骤问题和切入点问题等,只有弄清了这些问题,才能保证市场进入不会出现重大失误;最后要解决的是市场进入障碍突破策略问题,所有的战略和策略都是为了突破市场进入障碍,不能突破市场障碍就不可能占领市场,就不可能创业成功,创业市场可能会遇到哪些障碍? 如何突破这些障碍? 创业者必须做到心中有数,否则就很难保证市场进入的成功。

创业营销要解决的第四个问题是市场进入过程中的组织保障问题。好的战略和策略必须有好的保障,没有好的保障体系,再好的战略和策略都无法发挥作用,也就无法实现产品的成功入市,自然也无法实现创业成功。创业营销保障体系主要包括营销组织保障、营销人才保障、营销预算保障和营销后勤保障等。

创业营销要解决的第五个问题是安全问题。任何营销都有风险,但风险应该被控制,当风险被控制不产生负面作用的时候,产品才能够安全进入市场。因此,创业营销安全控制,是创业者必须具备的一个基本能力。创业营销安全包括市场安全、战略安全、策略安全、保障安全和运作安全,以及安全保障的安全管理体系、安全预警体系和安全对策体系的内容。

(二) 创业营销规划

创业者应该从以下七个方面入手,去规划自己的创业市场营销方案。

1. 创业营销产品分析

创业的基本前提是至少拥有一种产品或一项技术,当拥有了一种产品或者一项技术后,创业者才能正式开始创业营销规划。产品分析包括产品价值分析、产品成本分析、产品买点卖点分析、产品生命周期分析、产品特点分析和产品关键成功因素分析。创业者可借助这些分析来弄清产品的基本情况,做到"知己"。

2. 创业营销环境分析

当创业者对产品有了一个清晰的了解之后,就必须弄清楚产品将面临的宏观环境,如果不了解宏观环境,一个不确定的环境因素就完全可以使产品入市走向失败。一个完整的环境分析包括宏观环境(如政治和法律环境、经济环境、文化环境、技术环境等自然环境)分析和微观环境(如供应商、营销中介、竞争者、顾客、社会公众和企业内部环境)分析。

3. 创业市场分析

当创业者确信宏观环境对本产品的入市没有大的威胁,或者面临的威胁可以找到化解方法的时候,创业者就可以对产品要进入的市场进行分析。如果创业者对进入的市场尚未了解就贸然进入,是非常危险的。创业营销市场分析的核心是市场机会分析与市场威胁分析。市场机会是创业营销规划的目标核心,是创业市场营销的全部依据,创业营销规划的目的就是要把市场机会变成市场收益,变成企业利润。但机会总与风险同在,创业者在抓住机会的时候,必须尽可能降低风险。许多人创业失败,究其原因就是在抓住机会的时候,忽视了风险,或者是机会未抓住,却把风险加大了。当风险发生作用并失去控制的时候,就是创业失败的时候。所以,创业营销规划应清楚创业营销过程中必须抓住的市场机会和必须重视风险,想办法减少风险。

4. 创业营销目标市场确立

产品应该进入什么样的目标才最容易成功,必须根据前面分析的产品特征和环境、市场特征来确定。为了确立一个最具有成功可能性的目标市场,创业者首先应该对产品面临的市场进行细分;其次根据可入性、成长性、容量性和安全性等一系列原则进行目标市场选择;最后对选择的可能目标市场进行容量测定。只有当一切都满足创业营销要求的时候,才能确定为最终的进入市场。所以,对目标市场的规划是创业营销规划的关键,一旦目标发生差错,所有未来的营销努力都可能会竹篮打水一场空,营销失败就意味着创业失败。

5. 创业营销目标确立

在创业营销目标市场确立之后,创业者就要根据目标市场容量、产品特性、资源能力竞争程度等指标确立创业营销目标。创业营销目标就是在创业阶段营销要达到的要求,包括生产目标、销售目标、利润目标、市场目标、渠道目标、品牌目标、竞争目标等,以及不同阶段的不同目标组合。一个正确的营销目标选择,可以最合理地组织有限的营销资源,可以最大限度地发挥营销资源的作用,以确保创业营销成功;一个错误的营销目标,会导致错误的营销资源配置,使本来就非常有限的营销资源得到最不合理的使用,造成资源浪费,结果使营销目标无法完成。所以,创业者在对自己的产品、市场和环境有了充分的了解后,就必须确立科学的营销目标,将其作为全部营销努力的依据。

6. 创业营销战略计划

创业者实现既定的营销目标,必须要有一套清晰的营销战略,以最合理、最经济的方式最大限度地利用自己的营销资源。营销战略规划主要包括市场进入战略规划、市场竞争战略规划、市场占领战略规划和市场巩固战略规划。只有设计好了市场进入、竞争、占领和巩固的战略之后,创业者才可能取得创业营销的成功。

7. 创业营销策略规划

有了成功的创业营销战略,还必须有与之配套的营销策略,才能保证战略能够落到实处。创业营销策略规划包括产品策略规划、创业营销目标市场规划、创业营销战略规划和创业市场进入规划等。

(1) 产品策略规划是指选择什么样的产品进入目标市场的规划。

(2) 创业营销目标市场规划是指针对创业营销的目标市场,确立目标市场应该实现的营销目标,并且配置相应组织资源的规划。

(3) 创业营销战略规划是指针对创业营销目标市场的特点和企业确立的创业营销目标,再进行战略相应的规划。即创业者应设计一套能成功占领目标市场、顺利实现创业营销目标的战略计划。创业营销战略规划包括市场竞争战略计划、市场进入战略计划和产品组合战略计划。

(4) 创业市场进入规划是指根据创业市场进入的战略和策略设计创业市场进入的具体方法。它包括创业市场进入障碍克服规划、创业市场进入组织规划和创业营销安全规划。其中,创业市场进入障碍克服规划是指对进入市场可能存在的障碍进行预测,并根据这些预测制订详细的克服方案,如果障碍不能有效克服,创业就会失败的规划;创业市场进入组织规划就是对市场进入需要的组织体系和人力资源体系进行设计的规划,包括营销策划组织设计、产品销售组织设计、销售管理制度设计、营销人员薪酬体系设计、营销人员招聘与辞退设计、营销人员的职位升降设计等,没有一套完整的组织与人力资源设计,就无法保证创业营销的成功;创业营销安全规划是指如何保证创业市场进入的过程安全和结果安全,不会出现重大的营销危机、营销事故,这就需要进行安全设计,其包括市场进入安全管理设计、风险预警体系设计和危机对策设计等方面的内容。

成功的创业营销需要创业企业做到以上规划,知己知彼,创业企业的营销就成功了一半。

第二节 创业市场环境与机会分析

10-2 创业市场环境与机会分析

任何一个创业企业的活动都是在一定的宏观和微观背景之下的,而营销活动也受到这些环境因素的影响。可以说,环境适应能力强的创业企业才能在市场上立于不败之地。那么,创业企业如何去分析市场的宏观环境和微观环境,如何去识别在这样的环境背景下的市场机会,避免市场威胁,这是本节所想要探讨的重点。

一、创业市场宏观环境和微观环境分析

(一) 创业市场宏观环境分析

任何一个企业的运作都是在一定的宏观环境下进行的,这些力量是"不可控制的",对于创业企业而言同样如此。创业企业必须对这些力量进行调查、分析和预测,以发现机会和风险,做出相应的营销战略和策略,使之与变化了的环境相适应。宏观环境是指给企业造成市场机会和威胁的主要社会力量。它主要包括政治法律环境、经济环境、社会文化环境和技术环境等。

1. 政治法律环境

政治法律环境是影响企业营销的重要宏观环境因素,它由法律、政府机构和社会上对各种组织及个人有影响和制约作用的压力集团构成,它限制和规范了企业的经营行为。任何企业的经营都要随着一定的政治法律环境的变化而变化。

(1) 政治环境。政治环境是指一个国家或地区制约和影响企业的各种与政治有关的环境要素,包括政局、政策、政体等。政治环境是企业生存发展的基础和条件。

(2) 法律环境。法律环境包括国家或地区制定的法律、法规、法令等。各种法律规章制度既可以保护企业的正当利益不受侵害,又可以监督和制约企业的行为。我国在不同的时期制定了许多与企业经营活动相关的法律法规,如《中华人民共和国商标法》《中华人民共和国产品质量法》《中华人民共和国价格法》《中华人民共和国消费者权益保护法》《中华人民共和国专利法》等,这些法律、法规与企业经营活动有着莫大的关系。因此,创业企业必须对这些法律、法规有深刻的了解,才能保护自己的正当利益,同时避免因违反法律、法规而受到惩罚。

2. 经济环境

市场是由那些想购买物品并且有购买力的人构成的,而且这种人越多,市场的规模就越大。这就是说,购买力是构成市场和影响市场规模大小的一个重要因素,而整个购买力即社会购买力又直接或间接地受消费者收入、价格水平、储蓄、信贷等经济因素的影响。社会购买力是众多经济因素的函数。所以,企业必须密切关注其经济环境方面的动向。

(1) 消费者收入的变化。消费者收入包括消费者个人工资、红利、租金、退休金、馈赠等收入。消费者的购买力来自消费者收入,所以消费者收入是营销社会购买力、市场规模大小以及消费者支出多少和支出模式的一个重要的因素。创业企业不仅要分析研究消费者的平均收入,而且要分析研究各个阶层的消费者收入。此外,由于各个地区的工资水平、就业不同,不同地区消费者的收入水平和增长率也有所不同。

(2) 消费者支出模式的变化。消费者支出模式主要受消费者收入的影响。随着消费者收入的变化,消费者支出模式就会发生相应变化。另外,消费者支出模式还受到家庭生命周期阶段和消费者家庭所在地点的影响。

(3) 消费者储蓄和信贷情况的变化。社会购买力、消费者支出不仅直接受消费者收入的影响,而且直接受消费者储蓄和信贷情况的影响。我国信贷市场的建设正在逐步完善中,

消费者对于提前消费的理念也在不断地变化,这些都将创业企业的营销决策。

3. 社会文化环境

社会文化环境是指企业所处的社会结构、社会风俗和习惯、信仰和价值观念、行为规范、生活方式、文化传统、人口规模与地理分布等因素的形成和变动。社会文化环境是影响企业营销诸多变量中最复杂、最深刻、最重要的变量。社会文化是某一特定人类社会在其长期发展历史过程中形成的,它主要由特定的价值观念、行为方式、伦理道德规范、审美观念、宗教信仰和风俗习惯等内容构成,它影响和制约着人们的消费观念、需求欲望及特点、购买行为和生活方式,对企业营销行为产生直接影响。

4. 技术环境

技术环境是指企业所处的社会环境中的科技要素及与该要素直接相关的各种社会现象的集合。企业的技术环境大体包括社会科技水平、社会科技力量、国家科技体制、国家科技政策和科技立法四个基本要素。

如今变革性的技术正对创业企业的经营活动发生着巨大的影响。创业企业要密切关注现有的科技水平、发展趋势和发展速度,随时跟踪掌握新的软技术如现代管理思想、管理方法、管理技术等。

(二) 创业市场微观环境分析

微观环境是指对企业服务其顾客的能力构成影响的各种力量。它包括企业内部环境、供应商、营销中介、顾客、社会公众和竞争者等。相对于宏观环境而言,这些要素可以被创业企业控制。

1. 企业内部环境

创业企业开展营销活动要充分考虑到企业内部环境。企业内部环境包括企业的物质环境和文化环境。它反映了企业所拥有的客观物质条件、工作状况和企业的综合能力,是企业系统运转的内部基础。因此,企业内部环境分析也可称为企业内部条件分析,其目的在于掌握创业企业的实力现状,找出影响企业生产经营的关键因素,辨别企业的优势和劣势,以便寻找外部发展机会,确定企业战略。如果说外部环境给企业提供了可以利用的机会的话,那么内部环境则是抓住和利用这种机会的关键。对于企业内部环境的分析,应从以下三个方面着手:

(1) 企业资源分析。企业的任何活动都需要借助一定的资源来进行,企业资源的拥有和利用情况决定其活动的效率和规模。企业资源包括人、财、物、技术、信息等,可分为有形资源和无形资源两大类。

(2) 企业文化分析。企业文化分析主要是分析企业文化的现状、特点以及它对企业活动的影响。企业文化是企业战略制定与成功实施的重要条件和手段,它与企业内部物质条件共同组成了企业的内约束力量,是企业环境分析的重要内容。

(3) 企业能力分析。企业能力是指企业有效地获取资源、利用资源的能力。

2. 供应商

供应商是指对企业进行生产所需而提供特定的原材料、辅助材料、设备、能源、劳务、资金等资源的供货单位。这些资源的变化直接影响到创业企业产品的产量、质量和利润,从而影响创业企业营销计划和营销目标的完成。因此,创业者在选择供应商时,应对供应商的总体情况有充分的了解和评价,如对其可供物资的规格标准、数量、交货期的准确性、信贷条件、担保情况、规模、基础管理等情况要有充分的了解和评审。为了保持与供应商的良好合作关系,创业企业必须和供应商保持密切联系,及时了解供应商的变化,使货源供应在时间上和连续性上得到切实保证。

3. 营销中介

营销中介是指为企业营销活动提供各种服务的企业或部门的总称。营销中介对创业企业营销产生直接和重大的影响,只有通过有关营销中介所提供的服务,创业企业才能把产品顺利地送达到目标消费者手中。营销中介的主要功能是帮助创业企业推广和分销产品。创业企业对于营销中介这一环境要素的分析,应从以下四个方面入手:

(1) 中间商。中间商是指把产品从生产商流向消费者的中间环节或渠道。它主要包括批发商和零售商两大类。中间商对创业企业营销具有极其重要的影响,它能帮助创业企业寻找目标顾客,为产品打开销路,为顾客创造地点效用、时间效用和持有效用。一般创业企业都需要与中间商合作,来完成创业企业营销目标。为此,创业企业需要选择适合自己营销的合格中间商,必须与中间商建立良好的合作关系,了解和分析其经营活动,并采取一些激励性措施来推动其业务活动的开展。

(2) 营销服务机构。营销服务机构是指企业营销中提供专业服务的机构。它包括广告公司、广告媒介经营公司、市场调研公司、营销咨询公司、财务公司等。这些机构对创业企业的营销活动会产生直接的影响,其主要任务是协助创业企业确立市场定位,进行市场推广,提供活动方便。

(3) 物资分销机构。物资分销机构是指帮助企业进行保管、储存、运输的物流机构,包括仓储公司、运输公司等。物资分销机构的主要任务是协助创业企业将产品实体运往销售目的地,完成产品空间位置的移动。产品到达目的地之后,还有一段待售时间,物资分销机构还要协助保管和储存。这些物流分销机构是否安全、便利、经济,直接影响创业企业营销效果。因此,创业企业在营销活动中,必须了解和研究物资分销机构及其业务变化动态。

(4) 金融机构。金融机构是指企业营销活动中进行资金融通的机构。它包括银行、信托公司、保险公司等。金融机构的主要功能是为创业企业营销活动提供融资及保险服务。对于创业企业来说,尤其需要通过金融机构开展经营业务往来。金融机构业务活动的变化还会影响创业企业的营销活动。例如,银行贷款利率上升,会使创业企业成本增加;信贷资金来源受到限制,会使创业企业经营陷入困境。为此,创业企业应与金融机构保持良好的关系,以保证融资及信贷业务的稳定和渠道的畅通。

4. 顾客

顾客是指使用进入消费领域的最终产品或劳务的消费者和生产者。它也是企业营销活动的最终目标市场。顾客对创业企业营销的影响程度远远超过前述的环境因素。顾客是市场的主体,任何企业的产品和服务,只有得到了顾客的认可,才能赢得市场。顾客对于创业企业来说尤为重要。

5. 社会公众

社会公众是指与企业营销活动发生关系的各种群体的总称。社会公众对创业企业的态度,会对其营销活动产生巨大的影响,它既可以有助于创业企业树立良好的形象,也可能妨碍创业企业的形象。所以,创业企业必须采取处理好与社会公众的关系,争取社会公众的支持和偏爱,为自己营造和谐的社会环境。

6. 竞争者

竞争是市场经济的必然现象。在市场经济条件下,任何企业在目标市场进行营销活动时,不可避免地会遇到竞争对手的挑战。即使在某个市场上只有一个企业在提供产品或服务,没有"显在"的对手,也很难断定在这个市场上没有潜在的竞争企业。企业竞争对手的状况将直接影响创业企业营销活动。例如,竞争对手的营销策略及营销活动的变化就会直接影响创业企业营销,最为明显的是竞争对手的产品价格、广告宣传、促销手段的变化,以及产品的开发、销售服务的加强都将直接对创业企业造成威胁。为此,创业企业在制定营销策略前必须先弄清竞争对手,特别是同行业竞争对手的生产经营状况,做到知己知彼,有效地开展营销活动。

二、创业市场机会分析

拓展案例 10-1

李嘉诚如何抓住创业营销机会

李嘉诚是香港长江实业集团主席。2006年4月8日,内地30位顶尖企业家集体拜访李嘉诚,午餐时,汇源集团总经理朱新礼问道:"国外的经济环境与中国有什么区别?"李嘉诚回答说:"很多人抱怨环境不好,实际上是没有静下心来认真去找机会。中国有太多的机会,到处是金矿。中国企业家应该好好抓住这些机会。"

1936年,李嘉诚一家辗转来到香港,其父李云认识到以前对李嘉诚的那套教育完全不适应香港社会现实,于是摈弃四书五经,让李嘉诚"学做香港人",先学会熟练地讲广州话和英语,从而更好地适应并融入香港社会。创业初期,他是一名推销员,推销过五金及塑胶产品,凭借勤劳、机敏和对用户心理的洞察,销售业绩骄人。1950年,李嘉诚创办长江塑胶厂,由此开始,他总是认真寻找每一个机会。到今天,他已经勇敢地跨越了一个又一个行业,由制造业到房地产业,再到港口业、电信业,之后又进入零售业,尽管他在每一个行业都属于后来者,但他不断地超越前人和自己,最终成为很多行业中数一数二的人物。李嘉诚说过:一个新生事物出现,只有5%的人知道时赶紧做,这就是机会,做得早就是先机;当有50%的人知道时,你做个消费者就行了;当超过50%时,你看都不用去看了!

资料来源:草子. 为自己的人生寻找一个出口[J]. 中小企业管理与科技,2006(11):3.

(一) 创业市场机会的界定

创业过程起始于创业市场机会的发现。创业市场机会是指具有很强吸引力的、较为持久的、适时的创业活动空间,它存在于为顾客或消费者创造价值或增加价值的产品或服务中。创业机会是创业者用创意开发出来的。创意是创业者的初步设想或灵感。创意活动是创业的开端,是创业机会的源泉,开展任何创业活动的第一件事都是针对新的业务产生一项创意。一个好的创意就像一粒优质的种子,是创业成功的前提条件。但是创意不等于创业市场机会,只有具有商业价值的创意才能带来好的市场机会。好的创意要被转化成具有商业价值的创业机会还要经过一个艰难的过程,在形成创意之后,创业者就可以对此创意进行评价筛选。

(二) 创业市场机会的类型

创业市场机会可以从不同的角度区分为不同的类型。李蔚、牛永革(2005)根据不同的标准把机会分为不同的类型,具体分类如下。

1. 环境机会与企业机会

环境机会是指由于环境变化而产生的机会。也就是说,环境机会是随着企业环境的变化而形成的各种各样的市场机会,即在整个行业内、外,企业都可以发现和利用的市场机会。企业机会是指根据企业能力及其发展战略而把握的市场机会。

2. 显现机会和潜在机会

市场上明显存在的、所有创业者都很容易看到的市场机会是显现机会。显现机会是指明显没有被满足的市场机会。表现不明显,还未完全为创业者发现的市场机会就是潜在机会。也就是说,潜在机会是指隐藏在某种需求之后的、没有被满足的和暂时没有被发现的市场机会。

3. 行业市场机会与边缘市场机会

在创业企业所在的行业或经营领域出现的各种市场机会就是行业市场机会。一般而言,企业根据自身的经验比较容易把握行业市场机会,因为企业在行业内长期经营,不但了解行业目前的状况,也能基本把握行业未来的发展趋势,容易发现和识别机会。边缘市场机会是指在不同行业之间的交叉与结合部分出现的市场机会,对企业而言,发现边缘市场机会比较难,但企业一旦发现并抓住了边缘市场机会,企业的发展潜力将会很大。

4. 目前市场机会与未来市场机会

目前市场机会是指在目前环境变化中出现的市场机会。未来市场机会是指在未来某个时期可能出现的市场机会。一般而言,创业者比较容易发现目前市场机会,而较难发现未来市场机会,因为未来市场机会存在许多不可预测的因素。

5. 全面市场机会与局部市场机会

全面市场机会是指该行业内所有企业都可以获得的共有机会。局部市场机会是指行业某个或几个环节上出现的机会,能识别和把握它的企业较少。

6. 大类产品市场机会与项目产品市场机会

大类产品市场机会是指市场上对某一大类产品存在的未满足需求。项目产品市场机会是指市场上对某一大类产品中某些具体品种存在着未满足需求。前者显示着市场上对某一大类产品的需求,以及发展的总体趋势;后者表明社会上对某一大类中单项产品的市场需求的具体指向。

不论是哪种类型的市场机会类型,只有创业者能够抓住机会,才能为创业企业的成功打下坚实的基础。

(三) 创业市场机会识别的内容和过程

1. 创业市场机会识别的内容

卢福财(2007)认为,对某个创业机会进行识别,通常需要对以下内容做出分析:

(1) 创业机会的原始市场规模。创业机会的原始市场规模是指创业机会形成之初的市场规模。原始市场规模决定了创业企业在创业初期可能销售的规模,也决定了利润的多少。因此,分析创业机会的原始市场规模十分重要。一般而言,原始市场规模越大越好,因为创业企业只要占有极少的市场份额就会拥有较大的销售规模,这样就可能使创业企业生存下去。

(2) 创业机会存在的时间跨度。任何创业机会都有时限,超过这个时限,创业机会将不存在。不同行业的创业机会存在的时间跨度是不一样的,同一行业不同时期的创业机会存在的时间跨度也不一样。时间跨度越长,创业企业用于抓住机会、调整自身发展的时间就越长;相反,时间跨度越短,创业企业抓住机会的可能性就越小。

(3) 创业机会的市场规模随时间增长的速度。创业机会的市场规模随时间增长的速度决定着创业企业的成长速度。在一般情况下,它们之间成正比,也就是市场规模增长越大、速度越快,相应的创业企业的销售量和销售量增长的速度也越快。创业机会带来的市场规模总是随时间变化而变化的,而其所带来的风险和利润也会随之变化。

(4) 创业机会是否是好机会。杰弗里·蒂蒙斯在其《21世纪创业》中指出,好的商业机会应具备以下四个特征:①它很能吸引顾客。②它在商业环境中行得通。③它必须在机会之窗(即指商业想法推广到市场上所花的时间)存在期间被实施。④必须拥有机会所需的资源(如人、财、物、信息、时间)和技能。

(5) 创业机会对创业者而言具有可实现性。创业机会对创业者而言应该是可实现的;否则,就成了可望而不可及的事。创业者是否能利用这一创业机会,要看创业者是否具备以下条件:①拥有利用这个创业机会所需要的关键资源。②遇到较大的竞争力量,能与之对抗。③能够创造新市场并占领大部分新市场。④可以承担创业机会带来的风险等。

(6) 创业机会的风险是明确的。如果创业机会的风险是不明确的,也不知道风险的来源、原因等情况,那么创业者就没有办法把握风险、规避风险,更无法降低风险损失。因此,风险明确的创业机会对创业者而言是较好的,因为创业者可以明确地把握和控制风险,从而提高创业企业的收益和生存质量。

2. 创业市场机会识别过程

刘志阳(2008)认为,机会识别应该分为五个步骤:

(1) 判断新产品或服务将如何为购买者创造价值,判断新产品或服务使用的潜在障碍。根据对新产品或服务使用的潜在障碍以及市场认可度的分析,创业者可以得出新产品的潜在需求、早期使用者的行为特征以及产品开始创造收益的预期时间。

(2) 分析产品在目标市场投放的技术风险、财务风险等。

(3) 衡量在产品的制造过程中是否能保证是足够的生产批量和可能接受的产品质量。

(4) 估算新产品项目的初始投资额以及使用的融资渠道。

(5) 在更大范围内考虑风险程度以及如何控制和管理那些风险因素。

(四) 创业市场机会的评估

经过市场进入机会的识别过程后,创业企业找出了一些可获取的市场机会。但是,这并不表示所有这些可能的市场机会都是创业企业应该进入的机会,创业企业还必须对进入机会进行评估,检验市场机会要素是否与创业企业能力和资源相匹配,是否真的值得创业企业把其作为其提供产品和服务的特定目标市场。

1. 市场进入机会吸引力评估

市场进入机会评估的目的是找出对创业企业最有价值的市场机会,所以需要对市场营销机会吸引力进行评估。市场营销机会对创业企业的吸引力即是创业企业利用该机会可能创造的最大效益,所以,评估市场机会吸引力也就主要包括评估市场需求规模和机会的发展潜力等方面。

(1) 市场需求规模评估。市场需求规模的评估主要是分析市场机会当前可提供需要满足的市场需求总容量的大小,即是分析市场机会产生的目标市场是否拥有足够的消费者,形成的市场消费规模有多大,创业企业进入此目标市场后可能达到的最大市场份额有多大。一种产品或一项服务,如果没有足够的市场容量,对创业企业来讲肯定是构不成市场机会的。

(2) 机会的发展潜力评估。创业企业应了解市场机会需求规模的发展趋势及增长速度情况,看是否有比较大的潜在成长空间。如果潜在成长空间比较小,即使当前市场需求规模比较大,有时也要放弃,因为它不能支持创业企业的持续成长。但是,即便创业企业此次面临的机会所提供的市场规模很小,利润也不高,但若其市场潜在规模或企业的市场份额有迅速增大的趋势,则该市场机会对创业企业具有相当大的吸引力。

2. 市场机会的可行性评估

只有吸引力的市场机会并不一定是企业实际的发展良机,具有较大吸引力的市场机会必须同时具有较强的进入可行性才是对创业企业具有高价值的市场机会。创业企业必须通过一定方法评估获取成功利用市场机会的可能性。

(1) 关键成功条件分析。关键成功条件分析就是分析开发利用某市场机会而要求企业所具备的必要成功条件,这些条件包括创业企业的经营目标、经营战略、市场定位、营销策略、经营规模、资源状况等内容。创业企业只有具备这些关键条件,才具有成功开发利用市场机会的可能性。如果创业企业不具备市场机会需要的这些成功条件,则只有放弃这种机会。一般说来,关键成功条件包括企业的多个方面,具体到不同行业和不同产品又有所不同。

(2) SWOT 分析。SWOT 分析也是创业企业进行市场进入机会评估的重要方法。通过 SWOT 分析,创业者和创业企业能客观评价企业自身的优、劣势以及外部环境中存在的市场机会与威胁等相关因素,即便企业正面对市场上极具吸引力的市场机会,如果企业自身的劣势与来自企业外部环境的威胁是不可克服的,则这样的市场机会就不能成为创业企业的机会;如果创业企业自身的劣势和外部环境的威胁是可以成功避免的,那么企业可以发挥自身的优势去努力把市场机会转化为企业自身的机会,并有效利用这种机会。

 拓展案例 10-2

柯达或将倒下

柯达公司是世界上最大的影响产品及相关服务的生产和供应商。2012 年 1 月,拥有 130 多年历史的柯达公司宣布破产保护。

柯达创业史

1880 年,乔治·伊斯曼在美国纽约州的罗切斯特成立伊斯曼干版制造公司,利用自己研制的配方制作胶片;8 年后,公司正式推出柯达盒式相机和那句著名的口号:"你只需按动快门,剩下的交给我们来做。"接下来,X射线的发现,无数世界级照片,诸多新闻热点……柯达公司提供的光影世界与人们的记忆瞬间紧密相连。研究显示,截至1975年,柯达公司垄断美国90%的胶卷市场以及85%的相机市场份额。在最鼎盛的时期,柯达公司在全球的雇员超过14.5亿人,俨然此时的"苹果",未曾预料到的未来数码时代带来的"创造性破坏力"。

事实上,如今风雨飘摇的柯达公司曾参与了数码相机崛起的全过程,在其拥有的超过10 000项专利中,有1 100项的数字图像专利组合远超过其他任何一个同行。1975年,柯达公司发明了数码相机,并将其用于航天领域;1991年,推出专业级数码相机,像素数达到130万;1995年,发布首款傻瓜型相机,供非专业摄影者使用;1998年,开始生产民用数码相机,却只是把它作为热身运动,缺乏长远而清晰的战略。直至1999年,美国市场传统胶卷的销售增长速度仍高达14%。仅仅1年时间,2000年年底,胶卷需求开始停滞。

一直将胶卷带来的巨大现金流作为"主菜",将数码产品作为"小菜"的柯达公司,在此刻仍认为胶卷的没落是整体经济衰退造成的。2002年年底,柯达公司终于意识到,在数码影像技术的冲击下,传统胶卷的辉煌时代已经一去不复返了。以每年10%的速度迅速萎缩的胶卷市场,从柯达公司的财务数据看,自1997年后,除2007年外,再无盈利记录。

专利无疑是柯达公司最具核心竞争力的一笔财富。近年来不断对苹果、富士、三星等公司提起侵权诉讼的柯达公司,终在2011年的8月开始兜售其1 100项数字图像专利。这笔价值超过20亿美元的财富,吸引了包括苹果、RIM等公司的注意。时至今日,柯达公司已成负债高达68亿美元的末路老人,其资产总额仅51亿美元。而其市值也从历史峰值310亿美元,降至2012年年初的1.75亿美元。10余年间,其市值蒸发超过99%。

迟缓的转型

在20世纪末,当以尼康、佳能公司为代表的日本企业在数码影像的狂潮中筑坝扎营时,柯达公司终于步上缓慢的转型之路。2003年,在公司更换了4位CEO后,彭安东进入柯达公司,并在2005年成为公司CEO。在进入柯达公司之前,彭安东曾为惠普公司效力25年,其率领的惠普打印机部门每年的盈利高达100亿美元。其后,他不仅明确提出公司的未来业务重点必须转到数码业务,还规划出柯达公司转型的路线。紧接着,柯达公司关闭了全球超过40个大规模的照片洗印厂,大规模裁员,并将股息大幅降低,以筹集数码化所需的资金。

2004年,柯达公司推出6款姗姗来迟的数码相机,但其数码相机业务利润率仅为1%,其82亿美元的传统业务收入萎缩了17%。时至2005年,柯达公司斩获美国数码相机市场销量第一,但是快乐却只维持一瞬,接下来的年份,美国数码相机市场老大位置持续为日本企业所占据。2007年12月,柯达公司决定实施第二次战略重组,这是一个时间长达4年、耗资34亿美元的庞大计划。重组的目标很明确,把公司的业务重点从传统的胶片业务转向数码产品,却可惜"生不逢时"。2008年金融危机,终结了柯达公司短暂的复苏势头。2010年,全球数码成像市场翻了差不多2倍,但柯达公司的数码业务收入却基本与1999年度持平,只占营业额的21%。这一年,柯达公司收入近200亿美元,营业性亏损高达5 800万美元,其主要利润来源竟是专利技术的转让。

柯达公司的转型,始终被外界指责过于缓慢,而保守的态度早已深入这家公司的骨髓。曾经的柯达公司大中华区总裁陈志轩曾说:"想法可以激进,但做事最好还是谨慎些。"柯达公司董事长兼CEO彭安东表示,董事会和高级管理层团队一致相信,申请破产保护是非常必要的一步,是柯达公司未来做出的合适决定。

小众的公司

对于负债累累、股价低迷面临强制退市的柯达公司而言,申请破产保护成为其最好的选择。根据美国《破产法》,当一个公司临近山穷水尽之境地时可以通过"重组"业务争取再度盈利,破产公司仍可照常运营,公司管理层继续负责公司的日常业务,其股票和债券也在市场继续交易。破产保护法也为柯达公司将两大重要技术组合部分价值最大化提供了最好机会:一个是数字捕捉专利,该专利是广大移动和其他消费电子品所必需的技术,提供数字图像捕捉,自 2003 年以来已经为柯达公司带来了 30 亿美元的授权费用;另一个是突破性打印和处理技术,其为柯达公司的数字业务增长提供了竞争优势。

目前,柯达公司已经获得花旗银行 9.5 亿美元的贷款额度,以保持公司的正常经营,期限为 18 个月。柯达公司的前路在何方?彭安东说:"柯达公司将变成为一家依赖于单一盈利业务模式的'小'公司,专注于消费数码图像和商业图文影像两个领域。"或许,柯达公司会越来越小,在很专业的市场领域,成为摄影发烧友们喜爱的小众公司。虽然中国市场仍是柯达公司盈利的少数市场之一,但是时代的浪潮使这样的盈利显得岌岌可危。无论如何,柯达公司已经走向末路的尾端,而胶片时代则伴随着柯达公司的破产一去不返。

资料来源:刘玉林.巨人柯达的陨落[EB/OL].(2012-01-20)[2020-08-10].http://money.163.com/special/view101/.

第三节 创业 STP 战略

10-3 创业 STP 战略

STP 战略中的 S、T、P 三个字母分别是 segmenting、targeting、positioning 三个英文单词的缩写,即市场细分、目标市场和市场定位的意思。STP 营销是现代市场营销战略的核心。创业企业不可能面面俱到地覆盖整个市场,这时进行市场细分,并在细分的基础上进行目标市场选择,以及确定符合创业企业实际情况的市场定位,这对创业企业来说至关重要。本节主要从创业市场细分、创业目标市场选择和创业市场定位三个方面来指导创业企业的市场营销战略的制定。

一、创业市场细分

市场细分是指营销者通过市场调研,依据消费者的需要和欲望、购买行为和购买习惯等方面的差异,把某一产品的市场整体划分为若干消费者群的市场分类过程。每一个消费者群就是一个细分市场,每一个细分市场都是由具有类似需求倾向的消费者构成的群体。

(一)市场细分的作用

细分市场不是根据产品品种、产品系列来进行的,而是根据市场细分的理论基础,即消费者的需求、动机、购买行为的多元性和差异性来划分的。

市场细分对创业企业的生产、营销起着极其重要的作用。

1. 有利于选择目标市场和制定市场营销策略

市场细分后的子市场比较具体,比较容易了解消费者的需求,创业企业可以根据自己的经营思想、方针及生产技术和营销力量,确定自己的服务对象(即目标市场),针对较小的目标市场,便于制定特殊的营销策略;同时,在细分的市场上,信息容易了解和反馈,一旦消费者的需求发生变化,创业企业可迅速改变营销策略,制定相应的对策,以适应市场需求的变化,提高企业的应变能力和竞争力。

2. 有利于发掘市场机会,开拓新市场

通过市场细分,创业企业可以对每一个细分市场的购买潜力、满足程度、竞争情况等进行分析对比,探索出有利于本企业的市场机会,以更好适应市场的需要。

3. 有利于集中人力、物力,投入目标市场

任何一个企业的资源、人力、物力、资金都是有限的。通过细分市场,选择了适合自己的目标市场,创业企业可以集中人、财、物及资源,先争取局部市场上的优势,然后再占领自己的目标市场。

4. 有利于企业提高经济效益

创业企业通过市场细分,可以面对自己的目标市场,生产出适销对路的产品,既能满足市场需要,又可增加企业的收入;产品适销对路可以加速商品流转,加大生产批量,降低创业企业的生产销售成本,提高生产工人的劳动熟练程度,提高产品质量,全面提高创业企业的经济效益。

(二) 市场细分的基础

消费者市场的细分标准可以概括为地理、人口、心理和行为四个方面,每个方面又包括一系列的细分变量,如表 10-1 所示。

表 10-1 消费者市场细分标准及变量一览表

细分标准	细分变量
地理细分	地理位置、城镇大小、地形、地貌、气候、交通状况、人口密度等
人口细分	年龄、性别、职业、收入、民族、宗教、教育、家庭人口、家庭生命周期等
心理细分	生活方式、性格、购买动机、态度等
行为细分	购买时间,购买数量,购买频率,购买习惯(如品牌忠诚度),对服务、价格、渠道、广告的敏感程度等

1. 地理细分

地理细分是指按消费者所在的地理位置、地理环境等变量来细分市场。处在不同地理环境下的消费者,对于同一类产品往往会有不同的需要与偏好,因此,创业企业对消费品市场进行地理细分是非常必要的。

2. 人口细分

人口细分是指按年龄、性别、职业、收入、家庭人口、家庭生命周期、民族、宗教、国籍等变数,将市场划分为不同的群体。由于人口变量比其他变量更容易测量,且适用范围比较广,因而人口变量一直是细分消费者市场的重要依据。

3. 心理细分

心理细分是指将消费者按其生活方式、性格、购买动机、态度等变量细分成不同的群体。

4. 行为细分

行为细分是指按照消费者购买或使用某种商品的时间、购买数量、购买频率、对品牌的

忠诚度等变量来细分市场。

（三）市场细分的有效性

创业企业进行市场细分的目的是通过对顾客需求差异予以定位，来取得较大的经济效益。众所周知，产品的差异化必然导致生产成本和推销费用的相应增长，所以，创业企业必须在市场细分所得收益与市场细分所增成本之间做一权衡。因此，有效的细分市场必须具备以下特征。

1. 可衡量性

可衡量性是指用来细分市场的标准和变量及细分后的市场是可以识别和衡量的，即有明显的区别，有合理的范围。如果某些细分变量或购买者的需求和特点很难衡量，细分市场后无法界定，难以描述，那么市场细分就失去了意义。一般来说，一些带有客观性的变量，如年龄、性别、收入、地理位置、民族等，都易于确定，并且有关的信息和统计数据，也比较容易获得；而一些带有主观性的变量，如心理和性格方面的变量，就比较难以确定。

2. 可进入性

可进入性是指企业能够进入所选定的市场部分，能进行有效地促销和分销，实际上就是考虑营销活动的可行性。其具体表现为：①创业企业能够通过一定的广告媒体把产品的信息传递到该市场众多的消费者中去。②产品能通过一定的销售渠道抵达该市场。

3. 可盈利性

可盈利性是指细分市场的规模要大到能够使企业足够获利的程度，使企业值得为它设计一套营销规划方案，以便顺利地实现其营销目标，并且有可拓展的潜力，以保证按计划能获得理想的经济效益和社会服务效益。

4. 差异性

差异性是指细分市场在观念上能被区别并对不同的营销组合因素和方案有不同的反应。

二、创业目标市场选择

创业企业在划分好细分市场之后，可以进入既定市场中的一个或多个细分市场。目标市场选择是指估计每个细分市场的吸引力程度，并选择进入一个或多个细分市场。

（一）目标市场选择标准

1. 有一定的规模和发展潜力

创业企业在进入某一市场时期望有利可图，如果市场规模狭小或者趋于萎缩状态，创业企业进入后难以获得发展，此时，应审慎考虑，不宜轻易进入。当然，创业企业也不宜以市场吸引力作为唯一取舍，特别是应力求避免"多数谬误"，即与竞争企业遵循同一思维逻辑，将规模最大、吸引力最大的市场作为目标市场。大家争夺同一个顾客群，造成的结果是过度竞争和社会资源的无端浪费，同时使消费者的一些本应得到满足的需求遭受冷落和忽视。

2. 细分市场结构的吸引力

细分市场可能具备理想的规模和发展特征，然而从赢利的观点来看，它未必有吸引力。波特认为，有五种力量决定整个市场或其中任何一个细分市场的长期的内在吸引力。这五种力量是：同行业竞争者、潜在的新参加的竞争者、替代产品、购买者和供应商。它们具有五种威胁性：

(1) 细分市场内激烈竞争的威胁。如果某个细分市场已经有了众多的、强大的或者竞争意识强烈的竞争者,那么该细分市场就会失去吸引力。如果出现该细分市场处于稳定或者衰退的状态,生产能力不断大幅度扩大,固定成本过高,撤出市场的壁垒过高,竞争者投资很大,那么情况就会更糟。这些情况常常会导致价格战、广告争夺战,新产品推出,并使公司要参与竞争就必须付出高昂的代价。

(2) 新竞争者的威胁。如果某个细分市场可能吸引会增加新的生产能力和大量资源,并争夺市场份额的新的竞争者,那么该细分市场就会没有吸引力。问题的关键是新的竞争者能否轻易地进入这个细分市场。如果新的竞争者进入这个细分市场时遇到森严的壁垒,并且遭受到细分市场内原来的公司的强烈报复,它们便很难进入。保护细分市场的壁垒越低,原来占领细分市场的公司的报复心理越弱,这个细分市场就越缺乏吸引力。某个细分市场的吸引力随其进退的难易程度而有所区别。根据行业利润的观点,最有吸引力的细分市场应该是进入壁垒高、退出壁垒低的市场。在这样的细分市场里,新的公司很难打入,但经营不善的公司可以安然撤退。如果细分市场进入和退出的壁垒都高,那里的利润潜量就大,但也往往伴随较大的风险,因为经营不善的公司难以撤退,必须坚持到底。如果细分市场进入和退出的壁垒都较低,公司便可以进退自如,然而获得的报酬虽然稳定,但不高。最坏的情况是进入细分市场的壁垒较低,而退出的壁垒却很高。

(3) 替代产品的威胁。如果某个细分市场存在着替代产品或者有潜在替代产品,那么该细分市场就失去吸引力。替代产品会限制细分市场内价格和利润的增长。创业企业应密切注意替代产品的价格趋向。如果在这些替代产品行业中技术有所发展,或者竞争日趋激烈,这个细分市场的价格和利润就可能会下降。

(4) 购买者讨价还价能力加强的威胁。如果某个细分市场中购买者的讨价还价能力很强或正在加强,该细分市场就没有吸引力。购买者便会设法压低价格,对产品质量和服务提出更高的要求,并且使竞争者互相斗争,所有这些都会使销售商的利润受到损失。如果购买者比较集中或者有组织,或者该产品在购买者的成本中占较大比重,或者产品无法实行差别化,或者顾客的转换成本较低,或者由于购买者的利益较低而对价格敏感,或者顾客能够向后实行联合,购买者的讨价还价能力就会加强。

(5) 供应商讨价还价能力加强的威胁。如果创业企业的供应商能够提价或者降低产品和服务的质量,或者减少供应数量,那么该细分市场就会没有吸引力。如果供应商集中或有组织,或者替代产品少,或者供应的产品是重要的投入要素,或者转换成本高,或者供应商可以向前实行联合,那么供应商的讨价还价能力就会较强大。因此,与供应商建立良好关系和开拓多种供应渠道才是防御上策。

3. 符合创业企业目标和能力

某些细分市场虽然有较大吸引力,但不能推动创业企业实现发展目标,甚至分散创业企业的精力,使之无法完成其主要目标,这样的市场应考虑放弃。此外,创业企业还应考虑自身的资源条件是否适合在某一细分市场经营。只有选择那些创业企业有条件进入、能充分发挥其资源优势的市场作为目标市场,创业企业才会立于不败之地。

(二) 目标市场选择战略

1. 根据各细分市场的独特性和创业企业自身的目标进行划分

(1) 无差异性目标市场战略。该战略是把整个市场作为一个大目标开展营销,强调消费者的共同需要,忽视其差异性。

(2) 差异性目标市场战略。该战略通常是把整体市场划分为若干细分市场作为其目标市场,针对不同目标市场的特点,分别制订出不同的营销计划,按计划生产目标市场所需要的商品,满足不同消费者的需要。

(3) 集中性目标市场战略。该战略是选择一个或几个细分化的专门市场作为营销目标,集中创业企业的优势力量,对某细分市场采取攻势营销战略,以取得市场上的优势地位。

2. 根据目标市场进行划分

(1) 产品——市场集中化战略。该战略是指创业企业的目标市场无论从市场(顾客)或是从产品角度,都集中于一个细分市场的战略。创业企业选择该战略,意味着创业企业只生产一种标准化产品,只供应某一顾客群。

(2) 产品专业化战略。该战略是指创业企业面对所有的细分市场只生产经营一种产品,当然,由于面对不同的顾客群,产品在档次、质量或样式等方面会有所不同的战略。

(3) 选择性专业化战略。该战略是指创业企业有选择地进入多个细分市场,并向这些细分市场分别提供不同类型产品的战略。

(4) 市场专业化战略。该战略是指创业企业向同一细分市场提供不同类型产品的战略。

(5) 全面覆盖战略。该战略是指创业企业全方位进入各细分市场,为所有细分市场提供它们所需要的不同类型产品的战略。

三、创业市场定位

市场定位是企业及其产品确定在目标市场上所处的位置。市场定位是由美国营销学家艾·里斯和杰克·特劳特在1972年提出的,其含义是指企业根据竞争者现有产品在市场上所处的位置,针对顾客对该类产品某些特征或属性的重视程度,为本企业产品塑造与众不同的,给人印象鲜明的形象,并将这种形象生动地传递给顾客,从而使该产品在市场上确定适当的位置。

拓展案例 10-3

星巴克的定位

我们已经找到了"第三类场所"。
我真的相信这会使我们联系在一起。
第三类场所既不是公司也不是家。
这里是顾客的避风港。

——南希·欧索里尼(星巴克区域经理)

星巴克咖啡改变了其传统角色,即个人意义上的每天习惯性的"奢侈"仪式——咖啡文化的价格为 3 美元/杯。有趣的是,这样建立的咖啡馆,其咖啡销售是次要的,重要的是人们认为这里是介于家庭和工作之间的社会场所,人们到这里来放松或振奋精神——这就是星巴克的定位。咖啡店现在分为两种风味:本地咖啡店和星巴克。星巴克品牌的体验包括自

己的群体、语言和文化。虽然咖啡依然是体验的中心,但是星巴克的品牌价值源于其热爱咖啡的黑围裙员工和忠实的客户——它秉承"一切皆重要"的理念并创造了一种情境,公司的产品已经远远超出咖啡,如音乐氛围等。星巴克回避大众媒体的广告,而只是依靠消费者在"咖啡馆"的口碑,在世界各地传播品牌、标志和它的故事。

(一) 市场定位的步骤

市场定位的关键是企业要设法在自己的产品上找出比竞争者更具有竞争优势的特性。竞争优势一般有两种基本类型:一是价格竞争优势,就是在同样的条件下比竞争者定出更低的价格,这就要求创业企业采取一切努力来降低单位成本。二是偏好竞争优势,即能提供确定的特色来满足顾客的特定偏好,这就要求创业企业采取一切努力在产品特色上下功夫。因此,创业企业市场定位的全过程可以通过以下三大步骤来完成。

1. *分析目标市场的现状,确认本企业潜在的竞争优势*

这一步骤的中心任务是要回答以下三个问题:一是竞争对手产品定位如何?二是目标市场上顾客欲望满足程度如何以及确实还需要什么?三是针对竞争者的市场定位和潜在顾客的真正需要的利益要求企业应该及能够做什么?要回答这三个问题,创业企业市场营销人员必须通过一切调研手段,系统地设计、搜索、分析并报告有关上述问题的资料和研究结果。通过回答上述三个问题,创业企业就可以从中把握和确定自己的潜在竞争优势在哪里。

2. *准确选择竞争优势,对目标市场初步定位*

竞争优势表明企业能够胜过竞争对手的能力,这种能力既可以是现有的,也可以是潜在的。选择竞争优势实际上就是创业企业与竞争者各方面实力相比较的过程。比较的指标应是一个完整的体系,只有这样,才能准确地选择相对竞争优势。通常的方法是分析、比较创业企业与竞争者在经营管理、技术开发、采购、生产、市场营销、财务和产品七个方面究竟哪些是强项,哪些是弱项,借此选出最适合创业企业的优势项目,以初步确定创业企业在目标市场上所处的位置。

3. *显示独特的竞争优势和重新定位*

这一步骤的主要任务是创业企业要通过一系列的宣传促销活动,将其独特的竞争优势准确传播给潜在顾客,并在顾客心目中留下深刻印象。为此,首先,创业企业应使目标顾客了解、知道、熟悉、认同、喜欢和偏爱其市场定位,在顾客心目中建立与该定位相一致的形象;其次,创业企业通过各种努力强化目标顾客形象,保持目标顾客的了解,稳定目标顾客的态度和加深目标顾客的感情来巩固与市场相一致的形象;最后,创业企业应注意目标顾客对其市场定位理解出现的偏差或由于创业企业市场定位宣传上的失误而造成的目标顾客模糊、混乱和误会,及时纠正与市场定位不一致的形象。

(二) 市场定位的原则

各个企业经营的产品不同,面对的顾客不同,所处的竞争环境也不同,因而市场定位所依据的原则也不同。总的来讲,市场定位所依据的原则有以下四点。

1. *根据具体的产品特点定位*

构成产品内在特色的许多因素都可以作为市场定位所依据的原则,如所含成分、材料、质量、价格等。

2. 根据特定的使用场合及用途定位

为老产品找到一种新用途,是为该产品创造新的市场定位的好方法。

3. 根据顾客得到的利益定位

产品提供给顾客的利益是顾客最能切实体验到的,也可以用作定位的依据。

4. 根据使用者类型定位

企业常常试图将其产品指向某一类特定的使用者,以便根据这些顾客的看法塑造恰当的形象。

(三) 市场定位的策略

1. 避强定位

避强定位是指企业力图避免与实力最强的或较强的其他企业直接发生竞争,而将自己的产品定位于另一市场区域内,使自己的产品在某些特征或属性方面与最强或较强的对手有比较显著的区别。避强定位的优点在于能使创业企业较快地在市场上站稳脚跟,并能在消费者或用户中树立形象,风险较小。但是,避强往往意味着创业企业必须放弃某个最佳的市场位置,很可能使创业企业处于较差的市场位置。

2. 迎头定位

迎头定位是指企业根据自身的实力,为占据较佳的市场位置,不惜与市场上占支配地位的、实力最强或较强的竞争对手发生正面竞争,而使自己的产品进入与对手相同的市场位置。迎头定位的优势在于竞争过程中往往相当惹人注目,甚至产生所谓轰动效应,创业企业及其产品可以较快地为消费者或用户所了解,易于达到树立市场形象的目的。但是,该策略具有较大的风险性。

3. 创新定位

创新定位是指寻找新的尚未被占领但有潜在市场需求的位置,填补市场上的空缺,生产市场上没有的、具备某种特色的产品。采用这种定位方式时,创业企业应明确创新定位所需的产品在技术上、经济上是否可行,有无足够的市场容量,能否为本企业带来合理而持续的盈利。

4. 重新定位

重新定位是指企业在选定了市场定位目标后,如定位不准确或虽然开始定位得当,但市场情况发生变化时,如遇到竞争者定位与本企业接近,侵占了本企业部分市场,或由于某种原因消费者或用户的偏好发生变化,转移到竞争者方面时,就应考虑重新定位。重新定位是以退为进的策略,目的是为了实施更有效的定位。

(四) 市场定位的方法

市场定位的核心是与众不同,即差异化,所以市场定位战略可以理解为差异化战略,差异化可表现为许多方面。

1. 产品差异化

产品差异化可以表现为质量差异化、价格差异化、款式差异化、功能差异化、顾客群体差异化、使用场合差异化、分销渠道差异化、促销方式的差异化等。产品差异化可以说是多种多样,对于创业企业来说,要将各种差异化进行有效的组合,如对产品质量、价格、款式、功能、顾客群体、使用场合、分销渠道、促销方式等方面进行有效的整合。而产品质量和价格定位是企业运用最普遍的,也是消费者最熟悉的定位。

2. 服务差异化

服务差异化是创业企业向目标市场提供与竞争对手不同的优质服务。现代企业的竞争,既是产品的竞争,又是服务的竞争。以家庭用品来说,电冰箱、电视机、音响、空调、手机、微波炉等技术复杂的产品,很强调服务。消费者特别重视厂家及商家提供的相应服务。在当今市场上,各个企业生产的产品,同价格水平的产品,其质量并无多大区别,比的是产品服务水平。如果一个企业提供的服务不理想,很可能影响消费者的再一次购买,消费者就会将这种不满意传播给其他的消费者,也会影响到其他顾客的购买。创业企业打造服务差异化,可以从及时、准确地传递产品各方面信息、订货的方便性、交货及时与方便性,帮助顾客安装调试、为客户提供培训、客户咨询、维修等方面进行考虑。

3. 企业形象差异化

企业形象泛指企业的厂容厂貌、建筑、设备、产品、员工、经营理念、价值观念、广告等。企业形象在消费者的心目中是一个总体的印象,消费者购买了企业形象好的产品,买后感到放心。创业企业需要树立良好的企业形象和形成良好的企业文化。

 拓展案例 10-4

苹果公司的战略分析——以 iPhone 为例

苹果公司由乔布斯、斯蒂夫·沃兹尼亚克和 RonWayn 在 1976 年 4 月 1 日创立,总部位于美国加利福尼亚丘珀蒂诺市,处于硅谷的中心地带。1975 年春天,Apple Ⅰ 由 Wozon 设计,并被一家名为 Byte Shop 的电脑商店购买了 50 台,当时单台售价为 666.66 美元。1977 年,苹果正式注册成为公司,并启用了沿用至今的新苹果标志。1978 年,苹果公司准备股票上市,施乐公司预购了苹果 100 万美元的股票,并允许苹果公司工程师们研究早已被施乐公司视为垃圾的 PARC 操作系统的图形界面。但苹果公司的工程师化腐朽为神奇,并将图形界面带进了一个崭新的时空。

苹果公司的口号为"Switch(变革)"。苹果公司每次推出新产品,总能引起市场的变革。苹果公司的主要产业包括电脑硬件、电脑软件、手机和掌上娱乐终端等方面。苹果公司现在主要经营五条生产线:Mac、iPod、iPhone、iPad、iTunes。苹果公司的 Apple Ⅱ 于 1970 年助长了个人电脑革命,其后的 Macintosh 接力于 20 世纪 80 年代持续发展。最知名的产品是其出品的 Apple Ⅱ、Macintosh 电脑、iPod 数位音乐播放器和 iTunes 音乐商店,它在高科技企业中以创新而闻名。如今 iPhone 的横空出世很有可能将引发手机的新一轮革命。

iPhone 手机由苹果公司首席执行官乔布斯在 2007 年 1 月 9 日举行的 Macworld 宣布推出,2007 年 6 月 29 日在美国上市,将创新的移动电话、可触摸宽屏 iPod 以及具有桌面级电子邮件、网页浏览、搜索和地图功能的突破性因特网通信设备这三种产品完美地融为一体。iPhone 还开创了移动设备软件尖端功能的新纪元,重新定义了移动电话的功能。

手机智能化是移动电话市场的发展趋势,也是苹果公司的机会。2007 年 1 月,苹果公司首次公布 iPhone,正式涉足手机领域。苹果公司将 iPhone 定位于搭载了 iPod 功能及网络浏览器的移动电话。2008 年 6 月,苹果公司发布 iphone 3G,软件上的革命使其成为业界标杆。智能手机市场的原有格局在 iPhone 的冲击下完全瓦解。

资料来源：赵鑫.苹果公司战略管理分析——以产品 iphone 为例［EB/OL］.（2018-11-29）[2020-08-12].https://wenku.baidu.com/view/c3adaf2468eae009581b6bd97f1922791788be54.html.

第四节　创业营销组合战略

10-4　创业营销组合战略

市场营销组合是指企业在选定的目标市场上，综合考虑环境、能力、竞争状况对企业自身可以控制的因素，加以最佳组合和运用，以完成企业的目的与任务。市场营销组合是制定企业营销战略的基础，做好市场营销组合工作可以保证企业从整体上满足消费者的需求。市场营销组合是企业对付竞争者强有力的手段，是合理分配企业营销预算费用的依据。经典的营销组合是由美国市场营销专家麦卡锡教授于 1960 年提出的"4P"组合，包括产品（product）、渠道（place）、价格（price）和促销（promotion）。本节亦将在这个框架下探讨创业企业应采取的相应策略。

一、产品策略

所谓产品策略，是指企业在制定经营战略时，先要明确企业能提供什么样的产品和服务去满足消费者要求的策略。它是市场营销组合策略的基础，从一定意义上讲，企业成功与发展的关键在于产品满足消费者的需求的程度以及产品策略正确与否。

（一）产品整体的概念

所谓产品，是指能够提供给市场，用于满足人们某种欲望和需求的任何事物。它包括实物、服务、场所、组织、思想、主意等。产品整体的概念包括五个基本层次，如图 10-2 所示。

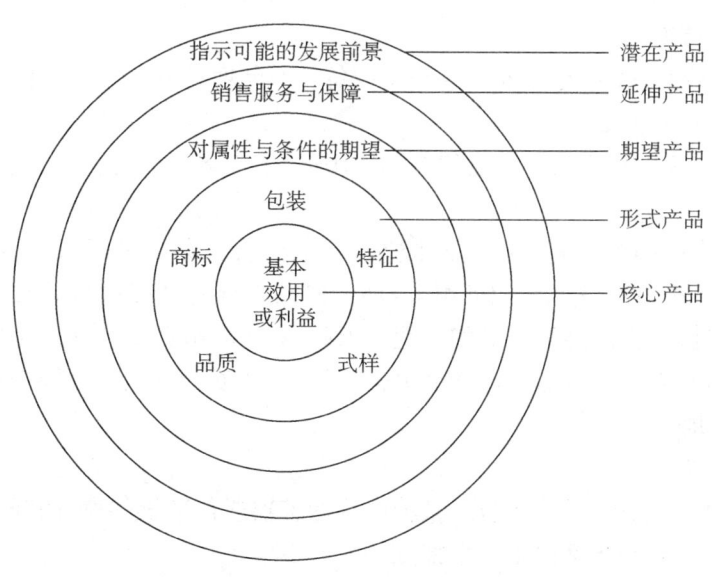

图 10-2　产品整体的概念

1. 核心产品

核心产品是指向顾客提供的产品的基本效用或利益。从根本上来说,每一种产品实质上都是为解决某个问题而提供的服务。

2. 形式产品

形式产品是指核心产品借以实现的形式或目标市场对某一需求的特定满足形式。

3. 期望产品

期望产品是指购买者在购买产品时期望得到的与该产品密切相关的一系列属性和条件。

4. 延伸产品

延伸产品是指顾客购买形式产品和期望产品时,附带获得的各种利益的总和。它包括产品说明书、保证、安装、维修、送货、技术培训等。

5. 潜在产品

潜在产品是指现有产品包括所有附加产品在内的,可能发展成为未来最终产品的潜在状态的产品。

(二) 产品组合策略

产品组合是指某一企业所生产或销售的全部产品线和产品项目。其中,产品项目即产品大类中各种不同品种、规格、质量的特定产品,企业产品目录中列出的每一个具体的品种就是一个产品项目;产品线是许多产品项目的集合,这些产品项目之所以组成一条产品线,是因为这些产品项目具有功能相似、用户相同、分销渠道同一、消费上相连带等特点。

产品组合具体是指创业企业生产经营的全部产品线、产品项目的组合方式,即产品组合的宽度、长度、深度和关联度。

1. 产品组合的宽度

产品组合的宽度是指一个企业的产品组合中所拥有的产品线的数目。

2. 产品组合的长度

产品组合的长度是指一个企业的产品组合中产品项目的总数。

3. 产品组合的深度

产品组合的深度是指一个企业产品线中的每一产品项目有多少个品种。

4. 产品组合的关联度

产品组合的关联度是指各条产品线在最终用途、生产条件、分销渠道或其他方面相互关联的程度。

上述产品组合的四个维度为创业企业选择产品组合策略提供了依据,创业企业可以根据上述维度采取四种方法发展其业务组合:加大产品组合的宽度;增加产品组合的长度;加强产品组合的深度;加强产品组合的相关性。因此,对产品组合的决策就是创业企业根据市场需求,竞争形势和企业自身能力对产品组合的长度、宽度、深度和关联性方面做出的决策。

(三) 包装策略

1. 包装的含义

所谓包装,就是企业的某些人员对某种产品的容器或包装物的设计和制造活动。

一般认为,产品包装包括以下三个部分:

(1) 首要包装,即产品的直接的包装,如牙膏皮、啤酒瓶等。

（2）次要包装，即保护首要包装的包装物，如包装一定数量的牙膏的纸盒或纸板箱。

（3）装运包装，即为了便于储运、识别某些产品的外包装。

2. 包装策略

（1）类似包装策略。创业企业对其生产的产品采用相同的图案、近似的色彩、相同的包装材料和相同的造型进行包装，便于顾客识别出本企业产品。对于忠实于本企业的顾客，类似包装无疑具有促销的作用，创业企业还可因此而节省包装的设计、制作费用。但类似包装策略只能适宜于质量相同的产品，对于品种差异大、质量水平悬殊的产品则不宜采用。

（2）配套包装策略。按各国消费者的消费习惯，创业企业将数种有关联的产品配套包装在一起成套供应，便于消费者购买、使用和携带，同时还可扩大产品的销售。在配套产品中，如创业企业加进某种新产品，可使消费者不知不觉地习惯使用新产品，有利于新产品上市和普及。

（3）再使用包装策略。再使用包装是指包装内的产品使用完后，还有其他用途的包装物。例如，各种形状的香水瓶可作装饰物，精美的食品盒也可被再利用等。这种包装策略可使消费者感到一物多用而引起其购买欲望，而且包装物的重复使用也起到了对产品的广告宣传作用。

（4）附赠包装策略。附赠包装策略是指在商品包装物内附赠奖券或实物，或包装本身可以换取礼品，吸引顾客的惠顾效应，导致重复购买的策略。

（5）改变包装策略。改变包装策略是指改变和放弃原有的产品包装策略，改用新的包装的策略。由于包装技术、包装材料的不断更新，消费者的偏好不断变化，采用新的包装以弥补原包装的不足，企业在改变包装的同时必须配合好宣传工作，以消除消费者以为产品质量下降或其他的误解。

（6）绿色包装策略。随着消费者环保意识的增强，绿色环保成为社会发展的主题，伴随着绿色产业、绿色消费而出现的绿色概念营销方式成为企业经营的主流。因此，在包装设计时，创业企业选择可重复利用或可再生、易回收处理、对环境无污染的包装材料，容易赢得消费者的好感与认同，也有利于环境保护和与国际包装技术标准接轨，从而为企业的发展带来良好的前景。

（7）系列式包装策略。系列式包装策略是指企业生产经营的产品都用相同或相似包装的策略。

（8）等级式包装策略。由于消费者在经济收入、消费习惯、文化程度、审美眼光、年龄等方面存在差异，其对包装的需求心理也有所不同。一般来说，高收入者、文化程度较高的消费层，比较注重包装设计的制作审美、品味和个性化；而低收入消费层则更偏好经济实惠、简洁便利的包装设计。因此，创业企业可以将同一商品针对不同层次的消费者的需求特点制定不同等级的包装策略，以此来争取不同层次的消费群体。

（四）品牌策略

David A. Aaker 认为，品牌资产是这样一种资产，它能够为企业和顾客提供超越产品或服务本身利益之外的价值；同时，品牌资产又是与某一特定的品牌紧密联系的；如果说品牌文字、图形作改变，附属于品牌之上的财产将会部分或全部丧失。

品牌策略是一系列能够产生品牌积累的企业管理与市场营销方法,包括"4P"组合与品牌识别在内的所有要素。其主要包括品牌化决策、品牌使用者决策、品牌名称决策、品牌战略决策。

1. 品牌化决策

品牌化决策是指企业决定是否给产品起名字、设计标志的决策。创业企业使用品牌的好处有:有利于订单处理和对产品的跟踪;保护产品的某些独特特征被竞争者模仿;为吸引忠诚顾客提供了机会;有助于市场细分;有助于树立产品和创业企业形象。尽管品牌化是商品市场发展的大趋向,但对于单个创业企业而言,是否要使用品牌还必须考虑产品的实际情况,因为在获得品牌带来的上述好处的同时,建立、维持、保护品牌也要付出巨大成本,如包装费、广告费、标签费和法律保护费等。

2. 品牌使用者决策

品牌使用者决策是指企业决定使用本企业(制造商)的品牌,还是使用经销商的品牌,或两种品牌同时兼用的决策。

在一般情况下,品牌是制造商的产品标记,制造商决定产品的设计、质量、特色等。享有盛誉的制造商还将其商标租借给其他中小制造商,收取一定的特许使用费。近年来,经销商的品牌日益增多。西方国家许多享有盛誉的百货公司、超级市场、服装商店等都使用自己的品牌,有些著名商家(如美国的沃尔玛)经销的90%商品都用自己的品牌。同时,强有力的批发商中也有许多使用自己的品牌,以增强对价格、供货时间等方面的控制能力。

3. 品牌名称决策

品牌名称决策是指企业决定所有的产品使用一个或几个品牌,还是不同产品分别使用不同品牌的决策。其有以下四种决策模式:

(1) 个别品牌名称。即企业决定每个产品使用不同的品牌。采用个别品牌名称,为每种产品寻求不同的市场定位,有利于增加销售额和对抗竞争对手,还可以分散风险,使企业的整个声誉不致因某种产品表现不佳而受到影响。

(2) 对所有产品使用共同的家族品牌名称。即企业的所有产品都使用同一种品牌。对于那些享有高声誉的著名企业而言,全部产品采用统一品牌名称策略可以充分利用其名牌效应,使企业所有产品畅销;同时,企业宣传介绍新产品的费用开支也相对较低,有利于新产品进入市场。

(3) 各大类产品使用不同的家族品牌名称。企业使用这种决策模式,一般是为了区分不同大类的产品,一个产品大类下的产品再使用共同的家族品牌,以便在不同大类产品领域中树立各自的品牌形象。

(4) 个别品牌名称与企业名称并用。即企业决定其不同类别的产品分别采取不同的品牌名称,且在品牌名称之前都加上企业的名称。企业多把此种决策模式用于新产品的开发。在新产品的品牌名称上加上企业名称,可以使新产品享受企业的声誉,而采用不同的品牌名称,又可使各种新产品显示出不同的特色。

4. 品牌战略决策

(1) 产品线扩展策略。产品线扩展是指企业现有的产品线使用同一品牌,当增加该产品线的产品时,仍沿用原有的品牌。这种新产品往往都是现有产品的局部改进,如增加新的功能、包装、式样和风格等。通常,厂家会在这些商品的包装上标明不同的规格,不同的功能特色或不同的使用者。产品线扩展的原因是多方面的,如可以充分利用过剩的生产能力;满足新的消费者的需要;率先成为产品线全满的企业以填补市场的空隙,与竞争者推出的新产品竞争或为了得到更多的货架位置。产品线扩展的优点有:扩展产品的存活率高于新产品,而通常新产品的失败率在80%～90%;满足不同细分市场的需求;完整的产品线可以防御竞争者的袭击。产品线扩展的缺点有:它可能使品牌名称丧失它特定的意义,随着产品线的不断加长,会淡化品牌原有的个性和形象,增加消费者认识和选择的难度;有时因为原来的品牌过于强大,致使产品线扩展造成混乱,加上销售数量不足,难以冲抵它们的开发成本和促销成本;如果消费者未能在心目中区别出各种产品时,会造成同一种产品线中新老产品自相残杀的局面。

(2) 多品牌策略。在相同产品类别中引进多个品牌的策略称为多品牌策略。证券投资者往往同时投资多种股票,一个投资者所持有的所有股票集合就是所谓证券组合,为了减少风险增加赢利机会,投资者必须不断优化股票组合。同样,一个企业建立品牌组合,实施多品牌战略,往往也是基于同样的考虑,并且这种品牌组合的各个品牌形象相互之间是既有差别又有联系的,不是大杂烩,组合的概念蕴含着整体大于个别的意义。

(3) 新品牌策略。为新产品设计新品牌的策略称为新品牌策略。当企业在新产品类别中推出一个产品时,它可能发现原有的品牌名不适合于它,或是对新产品来说有更好、更合适的品牌名称,企业需要设计新品牌。

(4) 合作品牌策略。合作品牌也称为双重品牌,是指两个或更多的品牌在一个产品上联合起来。每个品牌都期望另一个品牌能强化整体的形象或购买意愿。合作品牌的形式有多种。一种形式是中间产品合作品牌,如富豪汽车公司的广告说,它使用米其林轮胎。另一种形式是同一企业合作品牌,如摩托罗拉公司的一款手机使用的是"摩托罗拉掌中宝","掌中宝"也是公司注册的一个商标。还有一种形式是合资合作品牌,如日立公司的一种灯泡使用"日立"和"GE"联合品牌。

(五) 产品生命周期策略

产品生命周期(product life cycle,PLC),是产品的市场寿命,即一种新产品从开始进入市场到被市场淘汰的整个过程。

1. 产品生命周期的不同阶段

典型的产品生命周期一般可以分成四个阶段,即引入期、成长期、成熟期和衰退期,如图10-3所示。

(1) 引入期。新产品投入市场,便进入引入期。此时,顾客对产品还不了解,只有少数追求新奇的顾客可能购买,所以销售量很低。为了拓展销路,需要大量的促销费用来对产品进行宣传。在这一阶段,由于技术方面的原因,产品不能大批量生产,因而成本高,销售额增长缓慢,企

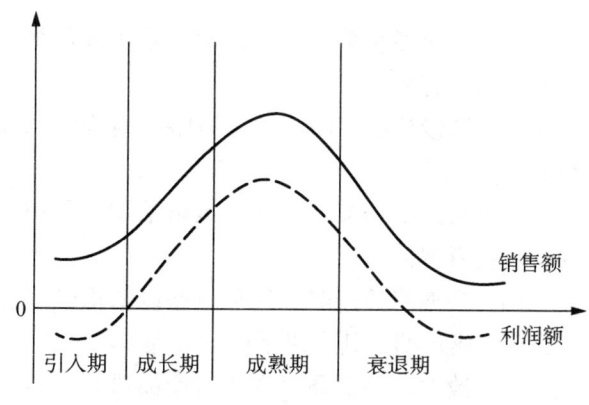

图10-3 典型的产品生命周期

业不但得不到利润,反而可能亏损。

(2) 成长期。当产品在引入期的销售取得成功后,便进入成长期。这时顾客对产品已经熟悉,大量的新顾客开始购买,市场逐步扩大。产品已具备大批量生产的条件,生产成本相对降低,企业的销售额迅速上升,利润也迅速增长。在这一阶段,竞争者看到有利可图,将纷纷进入市场参与竞争,使同类产品供给量增加,价格随之下降,企业利润增长速度逐步减慢。

(3) 成熟期。经过成长期以后,市场需求趋于饱和,潜在的顾客已经很少,销售额增长缓慢直至转而下降,标志着产品进入了成熟期。在这一阶段,竞争逐渐加剧,产品售价降低,促销费用增加,利润开始下降。

(4) 衰退期。随着科学技术的发展,新产品或新的替代品出现,将使顾客的消费习惯发生改变,转向其他产品,从而使原来产品的销售额和利润迅速下降。于是,产品进入了衰退期。

2. 产品生命周期的不同营销策略

(1) 引入期。引入期开始于新产品首次出现在市场上普遍销售之时。新产品进入引入期以前,需要经历开发、研制、试销等过程。进入引入期的产品的市场特点是:产品销售量少,促销费用高,制造成本高,销售利润常常很低甚至为负值。在这一阶段,促销费用很高,支付费用的目的是要建立完善的分销渠道。促销活动的主要目的是介绍产品,吸引消费者试用。

在引入期,价格、促销、地点等因素可以组合成各种不同的营销策略,若仅仅考察促销和价格两个因素,则至少有以下四种营销策略,如图10-4所示。

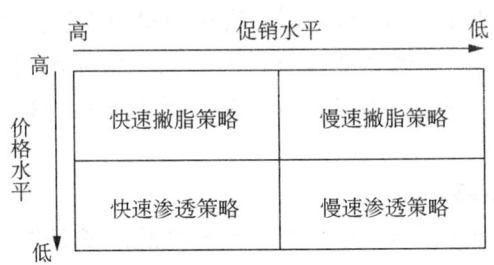

图10-4 产品生命周期引入期的营销策略

一是快速撇脂策略。这种策略采用高价格、高促销费用,以求迅速扩大销售量,取得较高的市场占有率。

二是缓慢撇脂策略。这种策略以高价格、低促销费用的形式进行经营,以求得到更多的利润。

三是快速渗透策略。这种策略采用低价格、高促销费用,迅速打入市场,取得尽可能高的市场占有率。

四是慢速渗透策略。这种策略以低价格、低促销费用来推出新产品。

(2) 成长期。其有以下四种策略:

一是改善产品品质。企业对产品进行改进,如增加新的功能、改变产品款式等,可以提高产品的竞争能力,满足顾客更广泛的需求,吸引更多的顾客。

二是寻找新的子市场。通过市场细分,企业可以找到新的尚未满足的子市场,根据其需要组织生产,迅速进入这一新的市场。

三是改变广告宣传的重点。企业可以把广告宣传的重心从介绍产品转到建立产品形象上来,树立产品品牌,维系老顾客,吸引新顾客,使产品形象深入人心。

四是降价。企业在适当的时机,可以采用降价策略,以激发那些对价格比较敏感的消费者产生购买动机和采取购买行动。

(3) 成熟期。其有以下三种营销策略。

一是调整市场。这种策略不是要调整产品本身,而是发现产品的新用途或改变推销方式等,以使产品销售量得以扩大。

二是调整产品。这种策略是以产品自身的调整来满足顾客的不同需要,吸引有不同需求的顾客。整体产品概念的任何一层次的调整都可视为产品在推销。

三是调整营销组合。这种策略是通过对产品、定价、渠道、促销四个营销组合因素加以综合调整,刺激销售量的回升。

(4) 衰退期。其有以下四种营销策略。

一是继续策略。企业可以继续采用过去的策略,仍按照原来的子市场,使用相同的分销渠道、定价及促销方式,直到这种产品完全退出市场为止。

二是集中策略。企业可以把能力和资源集中在最有利的子市场和分销渠道上,从中获取利润。这样有利于缩短产品退出市场的时间,同时又能为企业创造更多的利润。

三是收缩策略。企业可以大幅度降低促销水平,尽量降低促销费用,以增加目前的利润。这样可能导致产品在市场上的衰退加速,但也能从忠实于这种产品的顾客中得到利润。

四是放弃策略。对于衰退比较迅速的产品,企业应该当机立断,放弃经营。企业既可以采取完全放弃的形式,如把产品完全转移出去或立即停止生产;也可以采取逐步放弃的方式,使其所占用的资源逐步转向其他产品。

二、渠道策略

渠道策略是整个营销系统的重要组成部分,是规划中的重中之重。它对降低创业企业成本和提高创业企业竞争力具有重要意义。随着市场发展进入新阶段,企业的营销渠道不断发生新的变革,旧的渠道模式已不能适应形势的变化。创业企业营销渠道的选择将直接影响到其他的营销决策,如产品的定价。它同产品策略、定价策略、促销策略一样,也是创业企业是否能够成功开拓市场、实现销售及经营目标的重要手段。

渠道策略是指企业为了使其产品进入目标市场所进行的路径选择活动和管理过程。它关系到企业在什么地点、什么时间、由什么组织向消费者提供商品和劳务。企业应选择经济、合理的分销渠道,把商品送到目标市场。分销渠道因素包括渠道的长短、宽窄决策,中间商和选择以及分销渠道的分析评价和变革等内容。

(一) 分销渠道的类型

分销渠道可根据其渠道层次的数目来分类。在产品从生产者转移到消费者的过程中,任何一个对产品拥有所有权或负有销售责任的机构,都称为一个渠道层次。市场营销学以中间机构层次的数目来确定渠道的长度,如图10-5所示。

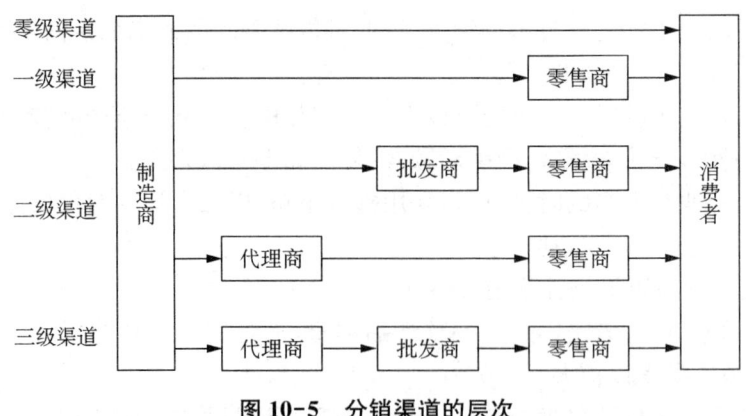

图 10-5 分销渠道的层次

零级渠道通常称为直接分销渠道。直接分销渠道是指产品从生产者流向最终消费者的过程中不经过任何中间商转手的分销渠道。直接分销渠道主要用于分销产业用品。当然，某些消费品有时也通过直接分销渠道分销。

一级渠道含有一个销售中介机构。在消费者市场，这个中介机构通常是零售商；在产业市场，则可能是代理商或佣金商。

二级渠道含有两个销售中介机构。在消费者市场，通常是批发商和零售商；在产业市场，则通常是代理商和零售商。

三级渠道含有三个销售中介机构。肉食类食品及包装类产品的制造商通常采用这种渠道分销其产品。

更高层次的分销渠道较少见。从生产者角度来看，随着渠道层次的增多，控制渠道所需解决的问题也会增多。

（二）影响分销渠道设计的因素

1. 产品

不同的产品适用于不同的分销渠道，有许多产品的特性会对渠道产生影响：不易保存的产品（如易腐烂的海鲜产品）要求直接渠道；体积大的产品（如建筑材料）运输距离不宜太远、转卖次数不宜太多；非标准产品（如定做的机器设备和商用表格等）因中间商缺少必要的专业知识，一般由企业代理商直接销售；需要安装和维修服务的产品一般由企业的特许经销商销售；单位价值高的产品也常由企业的销售队伍直接销售。

2. 顾客

分销渠道选择深受顾客人数、地理分布、购买频率、平均购买数量以及对不同营销方式的敏感性等因素的影响。当顾客人数多时，生产者倾向于利用每一层次都有许多中间商的长渠道。但购买者人数的重要性又受到地理分布程度的修正。购买者的购买方式又会对购买者人数及其地理分布产生影响。如果顾客经常小批量购买，则需采用较长的营销渠道为其供货。同时，这些相同的制造商也可能越过批发商而直接向那些订货量大且订货次数少的大顾客供货。此外，顾客对不同营销方式的敏感性也会影响企业分销渠道的选择。

3. 中间商

不同的中间商在执行分销任务时，其从事沟通、谈判、储存、交际和信用等方面的能力不同,各自具有一定的优势和劣势,企业在设计分销渠道时应充分考虑不同中间商的特性。

4. 竞争者

设计分销渠道还必须考虑竞争者使用什么分销渠道,企业可以选择进入和竞争者一样或接近的销售点,也可以选择和竞争者不一样或远离竞争者的分销渠道。

5. 企业

企业自身的能力和特点也对分销渠道的选择产生影响。企业总体规模决定了它的市场规模、分销规模以及在选择中间商过程中的地位;企业的财务、营销资源决定了它所能承担的销售费用、营销职能及对中间商可能提供的财务支持;企业的产品组合影响分销渠道的类型,产品组合越广,企业直接向客户出售产品的能力就越强;产品组合越深,采用独家经销或少量的中间商就越有利;产品组合的关联性越强,所采用的分销渠道也就越相似。企业过去的渠道经验和现行的营销政策也会影响渠道的设计。

6. 环境

企业的分销渠道设计还与其所面临的外部环境有关。不同国家地区的分销系统各具特色,政府有关产品流通的政策、法规也限制了企业分销渠道的选择。

(三) 分销渠道的设计

一般来讲,创业企业要设计一个有效的渠道系统,必须经过如下步骤:确定渠道目标与限制;明确各种渠道方案;评估各种可能的渠道方案。

1. 确定渠道目标与限制

明确企业在特定阶段的分销目标,是开展销售渠道的第一步。分销目标的设定是在创业企业整体营销目标架构之下完成的。作为联系生产企业与消费者的通道与纽带,分销渠道的目标最先考虑的应是最终购买者的服务与需求。销售渠道可以被认为是一个顾客价值的传递系统,在这个系统里,每一个渠道成员都要为顾客增加价值,一家企业的成功不仅依赖于其自己的行动,而且依赖于其整个分销渠道与其他竞争对手的分销渠道进行竞争的状况。

2. 明确各种渠道方案

在研究了渠道的目标与限制之后,渠道设计的下一步工作就是明确各种不同的渠道方案。渠道方案主要涉及以下四个基本因素:

(1) 中间商的基本类型。

(2) 每一个分销层次所使用的中间商的数目。

(3) 各中间商特定的市场营销任务。

(4) 生产者与中间商的交易条件和相互责任。

3. 评估各种可能的渠道方案

每一个渠道方案都是企业产品送达最终顾客的可能路线。生产者所要解决的问题,就是从那些看起来似乎很合理但又相互排斥的方案中选择一种最能满足企业长期目标实现的方案。因此,企业必须对各种渠道方案进行评估。评估的标准有经济性、控制性和适应性三个。

(1) 经济性。企业的最终目的在于获取最佳经济效益,因此,企业要考虑每一条渠道的销售额与成本的关系。

(2) 控制性。在对渠道的控制力方面，企业自销当然比利用销售代理更有利。

(3) 适应性。面对市场需求和由此产生的各方面的变化，企业要有一定的适应能力。

三、价格策略

价格策略是市场营销组合中一个十分关键的组成部分。价格既是影响交易成败的重要因素，又是市场营销组合中最难以确定的因素。创业企业定价的目标是促进销售，获取利润。这要求创业企业既要考虑成本的补偿，又要考虑消费者对价格的接受能力，从而使价格策略具有买卖双方双向决策的特征。此外，价格还是市场营销组合中最灵活的因素，它可以对市场做出灵敏的反映。

（一）影响定价的因素

1. 定价目标

任何企业都不能孤立地确定价格，而是必须按照创业企业的目标市场战略及市场定位战略的要求来进行。创业企业的定价目标主要有以下几种：

(1) 维持企业生存。大部分刚建立的企业没有足够的实力与大企业竞争，因为其定价的主要目标只是维持企业运转，不至于倒闭。只要产品定价能弥补可变成本和一些固定陈本，企业的生存便可得以维持。

(2) 当期利润最大化。有些企业希望确定一个能使当期利润最大化的价格，可以先估计需求和成本，然后据此选择一种价格，使之能产生最大的当期利润、现金流量或投资回报率。

(3) 市场占有率最大化。有些企业想通过定价来取得控制市场的地位，使企业市场占有率最大化。因为，企业确信赢得最高的市场占有率之后将享有最低的成本和最高的长期利润，所以企业确定尽可能低的价格来追求市场占有率的领先地位。

(4) 产品质量最优化。企业也可以考虑产品质量领先这样的目标，并在生产和市场营销过程中始终贯穿产品质量最优化的指导思想。这就要求用高价格来弥补高质量和研究开发的高成本。

2. 产品成本

产品价格中有一部分是成本，大部分企业定价时，首要考虑的便是弥补平均总成本，而平均总成本又包含平均固定成本和平均变动成本。如果企业的目标是为了获得利润，则先得弥补平均总成本；如果仅是为了暂时维持企业运转，则维持弥补平均变动成本即可。

3. 市场和需求的性质

该产品处于何种市场结构？是完全竞争、完全垄断、垄断竞争还是寡头垄断？产品处于完全竞争市场结构下，企业要考虑市场普遍的价格；产品处于完全垄断市场结构下，企业则主要根据企业自身目标来制定价格；产品处于垄断竞争市场结构下，企业不但要考虑市场上相近产品的价格，同时也得考虑自身产品差异化优势；产品处于寡头垄断市场结构下，企业则主要考虑几个寡头之间的价格制定策略，同时价格要与市场需求相协调，寻找一个价格与需求的平衡点，为自身产品制定一个最优价位。

（二）定价方法

定价方法是企业在特定的定价目标指导下，依据对成本、需求及竞争等状况的研究，运用价格决策理论,对产品价格进行计算的具体方法。定价方法主要包括成本导向、竞争导向、顾客导向定价法三种类型。

1. 成本导向定价法

以产品单位成本为基本依据,再加上预期利润来确定价格的成本导向定价法,是中外企业最常用、最基本的定价方法。成本导向定价法又衍生出了总成本加成定价法、目标收益定价法、边际成本定价法、盈亏平衡定价法等具体的定价方法。

(1) 总成本加成定价法。这种定价方法把所有为生产某种产品而发生的耗费均计入成本的范围,计算单位产品的变动成本,合理分摊相应的固定成本,再按一定的目标利润率来决定价格。

(2) 目标收益定价法。目标收益定价法又称投资收益率定价法,是指根据企业的投资总额、预期销量和投资回收期等因素来确定价格的定价方法。

(3) 边际成本定价法。边际成本是指每增加或减少单位产品所引起的总成本变化量。由于边际成本与变动成本比较接近,而变动成本的计算更容易一些,所以在定价实务中,我们多用变动成本替代边际成本,而将边际成本定价法称为变动成本定价法。

(4) 盈亏平衡定价法。在销量既定的条件下,企业产品的价格必须达到一定的水平才能做到盈亏平衡、收支相抵。既定的销量就称为盈亏平衡点,这种制定价格的方法就称为盈亏平衡定价法。科学地预测销量和已知固定成本、变动成本,是盈亏平衡定价法的前提。

2. 竞争导向定价法

在竞争十分激烈的市场上,企业通过研究竞争对手的生产条件、服务状况、价格水平等因素,依据自身的竞争实力,参考成本和供求状况来确定商品价格。这种定价方法就是通常所说的竞争导向定价法。竞争导向定价法主要包括随行就市定价法、产品差别定价法和密封投标定价法。

(1) 随行就市定价法。在垄断竞争和完全竞争的市场结构条件下,任何一家企业都无法凭借自己的实力而在市场上取得绝对的优势,为了避免竞争特别是价格竞争带来的损失,大多数企业都采用随行就市定价法,即将本企业某产品的价格保持在市场平均价格水平上,利用这样的价格来获得平均报酬。此外,企业若采用随行就市定价法,就不必去全面了解消费者对不同价差的反应,也不会引起价格波动。

(2) 产品差别定价法。产品差别定价法是指企业通过不同营销努力,使同种同质的产品在消费者心目中树立起不同的产品形象,进而根据自身特点,选取低于或高于竞争者的价格作为本企业产品价格的定价法。因此,产品差别定价法是一种进攻性的定价法。

(3) 密封投标定价法。在国内外,许多大宗商品、原材料、成套设备和建筑工程项目的买卖和承包以及出售小型企业等,往往采用发包人招标、承包人投标的方式来选择承包者,确定最终承包价格。一般来说,招标方只有一个,处于相对垄断地位,而投标方有多个,处于相互竞争地位。标的物的价格由参与投标的各个企业在相互独立的条件下来确定。在买方招标的所有投标者中,报价最低的投标者通常中标,它的报价就是承包价格。这样一种竞争性的定价方法就称密封投标定价法。

3. 顾客导向定价法

现代市场营销观念要求企业的一切生产经营必须以消费者的需求为中心,并在产品、价

格、分销和促销等方面予以充分体现。根据市场需求状况和消费者对产品的感觉差异来确定价格的方法称为顾客导向定价法,又称市场导向定价法、需求导向定价法。顾客导向定价法主要包括理解价值定价法、需求差异定价法和逆向定价法。

(1) 理解价值定价法。所谓理解价值,是指消费者对某种商品价值的主观评判。理解价值定价法是指企业以消费者对商品价值的理解度为定价依据,运用各种营销策略和手段,影响消费者对商品价值的认知,形成对企业有利的价值观念,再根据商品在消费者心目中的价值来制定价格的定价法。

(2) 需求差异定价法。所谓需求差异定价法,是指产品价格的确定以需求为依据,强调先要适应消费者需求的不同特性,而将成本补偿放在次要地位的定价法。这种定价方法对同一商品在同一市场上制定两个或两个以上的价格,或使不同商品价格之间的差额大于其成本之间的差额。其好处是可以使企业定价最大限度地符合市场需求,促进商品销售,有利于企业获取最佳的经济效益。

(3) 逆向定价法。这种定价方法主要不是考虑产品成本,而是重点考虑需求状况,依据消费者能够接受的最终销售价格,逆向推算出中间商的批发价和生产企业的出厂价格。逆向定价法的特点是:价格能反映市场需求情况,有利于加强与中间商的良好关系,保证中间商的正常利润,使产品迅速向市场渗透,并可根据市场供求情况及时调整,定价比较灵活。

(三) 定价策略

1. 新产品定价

(1) 撇脂定价法。新产品上市之初,企业将价格定得较高,在短期内获取厚利,尽快收回投资,就像从牛奶中撇取所含的奶油一样,取其精华,这种定价方法称为撇脂定价法。这种方法适合需求弹性较小的细分市场。其优点包括:①新产品上市,顾客对其无理性认识,利用较高价格可以提高身价,适应顾客求新心理,有助于开拓市场。②主动性大,产品进入成熟期后,价格可分阶段逐步下降,有利于吸引新的购买者。③价格高,限制需求量过于迅速增加,使其与生产能力相适应。但这种定价方法的缺点是:获利大,不利于扩大市场,并很快招来竞争者,会迫使价格下降,好景不长。

(2) 渗透定价法。在新产品投放市场时,价格定得尽可能低一些,其目的是获得最高销售量和最大市场占有率。当新产品没有显著特色、竞争激烈、需求弹性较大时,企业宜采用渗透定价法。其优点包括:①产品能迅速为市场所接受,打开销路,增加产量,使成本随生产发展而下降。②低价薄利,使竞争者望而却步,减缓竞争,获得一定市场优势。

对于企业来说,对新产品是采取撇脂定价法还是渗透定价法,需要综合考虑市场需求、竞争、供给、市场潜力、价格弹性、产品特性、企业发展战略等因素。

2. 心理定价

心理定价是指根据消费者的消费心理进行定价。

(1) 尾数定价或整数定价。许多商品的价格,企业宁可将其定为0.98元或0.99元,而不定为1元,是适应消费者购买心理的一种取舍,尾数定价使消费者产生一种"价廉"的错觉,比定为1元反应积极,促进销售;相反,有的商品不定价为9.8元,而定为10元,同样使消费者产生一种错觉,迎合消费者"便宜无好货,好货不便宜"的心理。

（2）声望性定价。此种定价法有两个目的：一是提高产品的形象，以价格说明其名贵名优；二是满足购买者的地位欲望，适应购买者的消费心理。

（3）习惯性定价。某种商品由于同类产品多，在市场上形成了一种习惯性价格，个别生产者难于改变，降价易引起消费者对品质的怀疑，涨价则可能受到消费者的抵制。

3. 折扣定价

大多数企业通常都酌情调整其基本价格，以鼓励顾客及早付清货款、大量购买或增加淡季购买。这种价格调整叫做价格折扣和折让。

（1）现金折扣。现金折扣是指企业对及时付清账款的购买者的一种价格折扣。例如，"2/10，N/30"，表示付款期是30天，如果在成交后10天内付款，给予2%的现金折扣。

（2）数量折扣。数量折扣是指企业给那些大量购买某种产品的顾客的一种折扣，以鼓励顾客购买更多的货物。大量购买能使企业降低生产、销售等环节的成本费用。

（3）职能折扣。职能折扣也称贸易折扣，是指制造商给予中间商的一种额外折扣，使中间商可以获得低于目录价格的价格。

（4）季节折扣。季节折扣是指企业鼓励顾客在淡季购买的一种减让，旨在使企业的生产和销售一年四季能保持相对稳定。

（5）推广津贴。推广津贴是指生产企业为扩大产品销路向中间商提供的促销津贴。例如，零售商为企业产品刊登广告或设立橱窗，生产企业除负担部分广告费外，还在产品价格上给予其一定优惠。

4. 差别定价

企业往往根据不同顾客、不同时间和场所来调整产品价格，实行差别定价（也称歧视定价），即对同一产品或劳务定出两种或多种价格，但这种差别不反映成本的变化。差别定价主要有以下几种形式：

（1）对不同顾客群定不同的价格。

（2）对不同的花色品种、式样定不同的价格。

（3）对不同的区域定不同的价格。

（4）对不同时间定不同的价格。

实行差别定价的前提条件是：市场必须是可细分的，且各个细分市场的需求强度是不同的；商品不可能转手倒卖；高价市场上不可能有竞争者削价竞销；不违法；不引起顾客反感。

四、促销策略

促销策略是市场营销组合的基本策略之一。促销策略是指企业如何通过人员推销、广告、公共关系和销售促进（营业推广）等促销方式，向消费者或用户传递产品信息，引起他们的注意和兴趣，激发他们的购买欲望和购买行为，以达到扩大销售的目的的策略。

（一）促销策略的类型

根据促销手段的出发点与作用的不同，促销策略可分为推式策略和拉式策略两种。

1. 推式策略

推式策略是指企业以直接方式，运用人员推销手段，把产品推向销售渠道的促销策略。其作用过程为：企业的推销员把产品或劳务推荐给批发商，再由批发商推荐给零售商，最后由零售商推荐给最终消费者。该策略适用于以下几种情况：

（1）企业经营规模小，或无足够资金用以执行完善的广告计划。

（2）市场较集中，分销渠道短，销售队伍大。

（3）产品具有很高的单位价值，如特殊品、选购品等。

（4）产品的使用、维修、保养方法需要进行示范。

2. 拉式策略

拉式策略是指企业采取间接方式，通过广告和公共宣传等措施吸引最终消费者，使消费者对企业的产品或劳务产生兴趣，从而引起需求，主动去购买商品的策略。其作用路线为：企业将消费者引向零售商，将零售商引向批发商，将批发商引向生产企业。这种策略适用于以下几种情况：

（1）市场广大，产品多属便利品。

（2）商品信息必须以最快速度告知广大消费者。

（3）对产品的初始需求已呈现出有利的趋势，市场需求日渐上升。

（4）产品具有独特性能，与其他产品的区别显而易见。

（5）能引起消费者某种特殊情感的产品。

（6）有充分资金用于广告。

（二）促销策略的影响因素

1. 产品性质

对于不同性质的产品，企业采用的促销方式应有所不同。一般来说，消费品买主数量众多，地理区域分散，对技术性能要求不高，产品售价较低，最适宜的促销方式首先是广告，其次分别为销售促进（营业推广）、人员推销和公共关系中的宣传报道。相比之下，工业品市场的买主数量较少，地理分布集中，对产品的技术性能要求不一，产品价值又高，人员推销则是主要的促销方式。企业推销人员可以与工业客户面对面直接对话，介绍产品性能、特点，进行现场示范，解答客户问题，说服客户购买企业产品。在这种情况下，广告通常作为配合人员推销的一种促销辅助方式。

2. 市场性质

企业要根据市场的性质来设计销售促进策略，即应按照市场的类型、规模及地区分布情况等，有侧重地选用不同的销售促进手段。一般来说，对于家庭、个人等分布广泛、潜在数量很大的消费者，企业应当以广告、销售促进（营业推广）为主要促销形式，充分发挥广告宣传范围广，销售促进（营业推广）能够激发购买行为等特长，来吸引广大的购买者；而对于消费者是企业、经销商等相对集中、数量有限的目标市场，则应以人员推销为主要销售促进手段，发挥其介绍情况详细，可直接解答技术问题，并能保持良好关系等优势，来吸引目标顾客，同时辅之以广告、销售促进（营业推广）等形式促销。公共关系对各种市场都适用，尤其是在购买者比较集中、数量有限的情况下，其作用更加显著。

3. 产品生命周期

企业对处在生命周期不同阶段的产品，促销活动的目标与侧重点往往不同，促销方式的组合也不一样。一般来说，在产品处于引入期时，企业的促销目标主要是提高产品的知名度，因而，促销方式以广告为主，辅以相应的宣传报道，为了鼓励消费者试用产品，可在销售地点进行适度的销售促进(营业推广)活动;当产品进入成长期后,促销目标是要增加消费者的兴趣,促使他们购买企业产品,因此,广告仍是企业促销活动的主要手段,但在内容与形式上应有所改变,比如以说服型广告为主;在产品的成熟期,促销目标是要培养消费者对企业品牌的偏好,增加产品的使用量,广告促销作用有所下降,销售促进(营业推广)作用逐步增强;当产品处于衰退期时,促销目标是要维持市场销量,因而销售促进(营业推广)是企业促销活动的主要方式,广告促销作为辅助手段起到提醒消费者购买的作用。

4. 促销费用

企业为了在国际市场上销售产品,必然为开展销售促进活动而花费必要的费用。销售促进费用预算的多少,直接影响销售促进方式的选择,因为有的方式费用较高,而有的则较低,而且不同的销售促进方式在不同时期的促销效果也是不同的。一般来说,人员推销费用最高,广告次之,公共关系、销售促进(营业推广)因具体方式不同,其费用也有高有低。企业应在促销费用总额既定的情况下,选用适当的促销手段,把有限的财力用好,达到最佳组合效果。

(三) 广告策略

广告策略是指广告策划者在广告信息传播过程中,为实现广告战略目标所采取的对策和应用的方法、手段。

1. 广告策略的表现形式

(1) 配合产品策略而采取的广告策略,即广告产品策略。

(2) 配合市场目标采取的广告策略,即广告市场策略。

(3) 配合营销时机而采取的广告策略,即广告发布时机策略。

(4) 配合营销区域而采取的广告策略,即广告区域策略。

(5) 配合广告表现而采取的广告策略,即广告表现策略。

广告策略必须围绕广告目标,因商品、因人、因时、因地而异,还应符合消费心理。

2. 广告策略的主要类型

(1) 生活信息广告策略。这种广告策略主要是针对理智购买的消费者而采用的广告策略,通过类似新闻报道的手法,让消费者马上能够获得有益于生活的信息。

(2) 塑造企业形象广告策略。这种广告策略一般来说适合于老厂、名厂的传统优质名牌产品,主要是强调企业规模的大小及其历史性,从而诱使消费者依赖其商品服务形式,也有的是针对其产品在该行业同类产品中的领先地位,为在消费者心目中树立领导者地位而采取的一种广告策略。

(3) 象征广告策略。这种广告策略主要是为了调动心理效应而制定的,企业或商品通过借用一种东西、符号或人物来代表商品,以此种形式来塑造企业的形象,给予人们以情感上的感染,唤起人们对产品质地、特点、效益的联想;同时,由于把企业和产品的形象高度概括和集中在某一象征上,能够有益于记忆,扩大影响。

(4) 承诺式广告策略。这种广告策略是企业为使其产品赢得用户的依赖而在广告中做出某种承诺式保证的广告策略。值得提出的是,承诺式广告策略的应用,在老产品与新产品上的感受力度和信任程度有所不同的。承诺式广告策略的真谛是:所做出的承诺,必须确实能够达到;否则,就变成欺骗广告了。

（5）推荐式广告策略。企业与商品自卖自夸的保证，未必一定能说服人。于是，企业就需要另辟蹊径，采用第三者向消费者强调某商品或某企业的特征的推荐式广告策略，以取得消费者的信赖。所以这种推荐式广告策略又称为证言形式。对于某种商品，专家权威的肯定，科研部门的鉴定，历史资料的印证，科学原理的论证，都属于有力的证言，可以产生"威信效应"，从而导致信任。在许多场合，人们产生购买动机，是因为接受了有威信的宣传。

（6）比较性广告策略。这种广告策略针对竞争对手而采用，即将两种商品同时并列，加以比较。欧美的一些国家广告较多地运用了这种广告策略。"不怕不识货，就怕货比货。"比较，可以体现产品的特异性能，是调动信任的有效方法。

（7）打击伪冒广告策略。这种广告策略针对伪冒者而采用，鉴于市场上不断出现伪冒品，为避免鱼目混珠，维护企业名牌产品的信誉，企业就需在广告中提醒消费者注意其名牌产品的商标，以防上当。

（8）人性广告策略。这种广告策略把人类心理上变化万千的感受加以提炼和概括，结合商品的性能、功能和用途，以喜怒哀乐的感情在广告中表现出来。其最佳的表现手法是塑造消费者使用该产品后的欢乐气氛，通过表现消费者心理上的满足，来保持该产品的长期性好感。

（9）猜谜式广告策略。这种广告策略不直接说明是什么商品，而是将商品渐次地表现出来，让消费者因好奇而加以猜测，然后一语道破。这种策略适宜于尚未发售之前的商品。猜谜式广告策略看起来似乎延缓了广告内容的出台时间，其实却延长了人们对广告的感受时间，通过悬念的出现，使原来呈纷乱状态的顾客心理指向，在一定时间内围绕特定对象集中起来，为顾客接受广告内容创造了比较好的感受环境和心理准备，为顾客以后更有效地接受广告埋下了伏笔。

（10）如实广告策略。这种广告策略貌似否定商品，实际强化商品形象，争取消费者信任，与竭力宣传本商品各种优点、唯恐令人不信的广告有很大区别。如实广告就是针对消费者不了解商品的情况，如实告诉消费者应当了解的情况。

3. 制定广告策略的程序

（1）确定广告目标。企业广告一般用来发展和增强企业的形象，也是为了销售商品，这一般是指大的目标，而广告活动可以达到的具体目标是比较多的。例如，企业可以加强新产品宣传，使新产品能迅速进入目标市场；提高零售店或产品的知名度，以配合人员推销活动；介绍新产品的用途或老产品的新用途；在销售现场起提示性作用，促进消费者的直接购买行动等。

（2）形成广告信息。广告信息解决了向顾客说什么的问题。大多数的企业广告信息传播周期短，强调一种即时的效果，这就要求信息内容要抓住顾客的注意力。而且，企业要对广告信息进行评价和选择，确定信息的表达方式和形式。广告信息必须真实可靠，具有独特性和艺术性，这是非常有必要的。

（3）确定产品目标市场。首先，企业要研究产品的目标市场在哪里；其次，研究怎样运用广告宣传手段和宣传策略，有的放矢地进行策略宣传。

（4）对媒体的选择。在形成了广告信息后，企业应决定如何选择恰当的媒体将这些信息传递给顾客。企业广告所使用的媒体包括报纸、杂志、广播、电视、户外广告、直接邮寄、海报等。每种媒体都有其优点和局限性,企业除要了解各种主要媒体在广告受众人数、广告频率和广告效果方面的差异外,还应根据商品的定位和特点来选择有效的媒体,并考虑目标顾客的媒体习惯、零售店经营的性质、成本、媒体影响力等因素的影响。

(5)广告信息传播时机。要选择最佳广告媒介,企业不仅需要了解各种广告媒介的优点和缺点,而且需要确定所考虑的各种媒介的可达范围、有效范围和广告宣传的频率。这就需要采用相应的时限策略和广告频率决策。

(6)广告预算。制定广告预算决策,即为企业的各种产品制定的广告预算。其依据可以是广告的销售反应,以便估算不同的广告预算战略的获利结果;也可以根据历史数据资料及新的情报,求出销售反应函数的估计参数作为确定新的广告预算的依据。此外,企业对竞争者的广告支出情况也应加以考虑。两个竞争者运用适当方法在不同领域分配其广告预算,可利用对方的失策来获得最大优势。

(7)广告效果的测定。企业测定检验广告效果,有助于加强销售能力,可以用来争取犹豫不决的企业。广告效果的测定包括沟通和销售两个方面内容的测定。一是沟通效果的测定,主要包括广告的事前测试和广告的事后测试。事前测试的主要方法有直接评分法、组合测试法、实验室测试法;事后测试主要用来评价在媒体刊播出广告信息之后实际产生的沟通效果,常用的方法有回忆测试、识别测试。二是销售效果的测定,其测定方法有历史分析法和实验设计分析法。

(四)人员推销策略

人员推销是指企业通过派出销售人员与一个或一个以上可能成为购买者的人交谈,作口头陈述,以推销商品,促进和扩大销售。人员推销策略是指销售人员帮助和说服购买者购买某种商品或劳务的策略。

1. 人员推销的特点

(1)销售的针对性。与顾客的直接沟通是人员推销的主要特点。由于是双方直接接触,相互间在态度、气氛、情感等方面都能捕捉和把握,销售人员能有针对性地做好沟通工作,解除顾客的各种疑虑,引导其购买欲望。

(2)销售的有效性。人员推销的又一特点是提供产品实证,销售人员通过展示产品,解答质疑,指导产品使用方法,使目标顾客能当面接触产品,从而确信产品的性能和特点,易于消费者引发购买行为。

(3)密切买卖双方关系。销售人员与顾客直接打交道,交往中会逐渐产生信任和理解,加深双方感情,建立起良好的关系,容易培育出忠诚顾客,稳定企业销售业务。

(4)信息传递的双向性。在推销过程中,销售人员一方面把企业信息及时、准确地传递给目标顾客,另一方面把市场信息、顾客的要求、意见和建议反馈给企业,为企业调整生产和营销策略提供依据。

2. 人员推销方案的设计

(1)确定推销队伍任务。其具体包括以下五个方面:

一是挖掘和培养新顾客。销售人员首要的任务是不间断地寻找企业的新顾客,包括寻找潜在顾客和吸引竞争对手的顾客,积聚更多的顾客资源,这是企业市场开拓的基础。

二是培育企业忠实顾客。销售人员应该通过努力与老顾客建立莫逆之交的关系,使企业始终保持一批忠实顾客,这是企业市场稳定的基石。

三是提供服务。销售人员应该为顾客提供咨询、技术指导、迅速安全交货、售后回访、售后系列服务等任务,以服务来赢得顾客的信任。

四是沟通信息。销售人员应该熟练地传递企业各种信息,说服、劝导顾客购买本企业产品。在信息传递的过程中,关注顾客对企业产品的信息反馈,主动听取顾客对产品、企业的意见和建议。

五是产品销售。销售人员努力的最终成果,应该是源源不断地给企业带来订单,把企业产品销售出去,实现企业的销售目标。

(2) 构建推销队伍结构。其具体包括以下四个方面:

一是按地区划分的结构。即按地理区域配备推销人员,设置销售机构,推销人员在规定的区域负责销售企业的各种产品。这种划分结构的优点是责任明确、有助于与顾客建立牢固的关系、可以节省推销费用。它适用于产品品种简单的企业。

二是按产品划分的结构。即按产品线配备推销人员,设置销售机构,每组推销人员负责一条产品线,在所有地区市场的销售。它适用于产品技术性强、品种多且其相关性不强的企业。

三是按顾客类别划分的结构。即按某种标准(如行业、客户规模)把顾客分类,再据此配备推销人员,设置销售结构。这种划分结构的优点是能满足不同用户需求,提高推销成功率,缺点是推销费用增加和难以覆盖更广市场。

四是复合式的结构。即将上述三种结构结合起来,或按"区域—产品",或按"区域—顾客",或按"区域—产品—顾客"来组建销售机构或分配推销人员。通常当大企业拥有多种产品且销售区域相当广阔时适宜采取这种结构。

(3) 销售人员的激励。其具体包括固定工资加奖金、提成制工资、固定工资加提成等。

(4) 销售人员的考核。

(5) 销售人员的培养。其具体包括必备的道德品质、良好的个人修养、宽领域的知识结构、全面的销售能力等。

(五) 销售促进和公共关系策略

1. 销售促进策略

销售促进又称为营业推广,它是指企业运用各种短期诱因鼓励消费者和中间商购买、经销企业产品和服务的促销活动。

(1) 销售促进的分类。销售促进这种有效的促销工具有许多分类方式,包括:针对消费者市场的促销工具(如样品、折价券、以旧换新、减价、赠券、竞赛、商品示范等),针对产品市场的促销工具(如折扣、赠品、特殊服务等),针对中间商的促销工具(如免费货品、商品推广津贴、合作广告、推销金、经销商销售竞赛等),以及针对销售人员的促销工具(如红利、竞赛、销售集会等)。

(2) 销售促进策略的主要内容包括确定目标、选择工具、确定方案、预试方案、实施和控制方案、评估结果等。

2. 公共关系策略

公共关系是指企业为改善与社会公众的关系,促进公众对企业的认识、理解及支持,达到树立良好企业形象、促进商品销售的目的的一系列公共活动。

公共关系的基本特征有五个方面：

（1）形象至上。在公众中塑造、建立和维护企业的良好形象是公共关系活动的根本目的，而这种形象既与企业有关，也与公众的状态和变化趋势直接相连。这就要求企业必须有合理的经营决策机制、正确的经营理念和创新精神，并根据公众、社会的需要及其变化，及时调整和修正自己的行为，不断地改进产品和服务，以便在公众面前树立良好的形象。

（2）沟通为本。在现代社会，企业与公众打交道，实际上是通过信息双向交流和沟通来实现的。正是通过这种双向交流和信息共享过程，才形成了企业与公众之间的共同利益和互动关系。

（3）互惠互利。对于一个企业而言，当然应该追求自身利益的最大化，但很多企业在这一过程中却发生了迷失。企业的公共关系工作之所以有成效、之所以必要，恰恰在于它能协调双方的利益，通过公共关系，可以实现双方利益的最大化，这也是具备公关意识的企业和不具备公关意识的企业的最大区别。

（4）真实真诚。追求真实是现代公共关系工作的基本原则，自从"现代公关之父"美国人艾维·莱德拜特·李(Ivy Ledbetter Lee)提出讲真话的原则以来，告诉公众真相便一直是公关工作的不二信条。因此，公共关系强调真实原则，公关人员应实事求是地向公众提供真实信息，以取得公众的信任和理解。

（5）长远观点。由于公共关系是通过协调沟通、树立企业形象、建立互惠互利关系的过程，这个过程既包括向公众传递信息的过程，也包括影响并改变公众态度的过程，甚至还包括企业转型，如改变现有形象、塑造新的形象的过程。所有这一切，都不是一朝一夕就能完成的，必须经过长期艰苦的努力。因此，在公共关系工作中，企业和公关人员不应计较一城一池之得失，而要着眼于长远利益，只要持续不断地努力，付出总有回报。

拓展案例 10-5

华为手机的崛起

2015年，华为手机出货突破1.08亿部，成为首个跻身亿部俱乐部的国产品牌，也成为中国首个跻身全球手机第一阵营的品牌，与三星、苹果并列的"三巨头"。

2011—2014年，中国手机出尽风头的企业是小米，凭借多年的IT行业积累和做互联网投资的积累，雷军率先把握手机换代的行业先机，并率先引入苹果的营销推广模式，然后通过价格策略，迅速获得了一飞冲天的业绩，2011—2014年实现了惊人的发展速度，4年时间其销量骤升到6 112万台，创造了一个惊人的业绩，也登上了它的巅峰时刻。但是，当走向巅峰的时候，也是危险开始的时候。2013—2014年，在小米的浮华之下，危机已经显现，因为华为在这2年完成了三个突破：一是用荣耀产品实现了运营推广的演练，成功完成B2B向B2C传播推广的转型；二是用P6成功打开了终端市场，并一下子为华为赢得了良好口碑，拉开了此前与小米同样位于中低端形象的距离；三是用Mate7成功打开中高端市场，再次将华为的口碑大幅拉升，与小米的形象也再次拉开。这三个突破对于华为与小米的竞争有着极为重要的作用，一方面完成了华为手机营销推广转型，另一方面完成了产品线的突破，成功实现覆盖中低端、中端、中高端三个市场。

短短5年，华为手机从国内10名开外走到了国产第一，这一过程中它是如何一步步做到的？它究竟做对了什么？

华为手机在运作的过程中，也是从补短板开始，在推广上、产品上、渠道上等一块一块补短板，然后又把短板一块一块变成了长板，变成了自己的竞争优势，超越了竞争对手。华为手机在其发展历程中有两个关键事件：一是业务拆分、成为战略重点；二是选一个优秀操盘手。2011年，华为公司进行内部业务拆分，变成运营商、企业业务和终端消费者业务三大板块，手机业务正式被独立出来，这同时意味着该业务成为华为公司的战略重点之一。余承东在任正非的力挺之下掌管手机业务，并在其领导下对手机业务战略进行了大胆改进：从以前针对运营商的"机海战略"转为针对客户的"精品战略"，从运营商贴牌机市场退出，全面向自主品牌和中高端产品加速转型。

学习小米手机的营销推广——完成从B2B到B2C的营销推广模式转型

2012年，华为公司一度要和奇虎360公司合作推特供机，但是关键时刻被任正非叫停。这个考虑还是很长远的，一旦介入特供机，对华为公司将来的品牌形象会有不良影响，任正非对华为公司的定位可不是只做一个中低端品牌，因为华为公司在通信上一直都居国际前沿地位，而我们看到的这个叫停非常具有战略性，华为公司已经形成高中低都有布局的产品矩阵，而且定位高端的产品也获得了国际认同！2012年，在和奇虎360分手后，华为公司加速了对小米手机的复制，从高性价比的产品到营销，都进行了复制。

（1）在产品方面，紧逼1 999元的小米手机，推出了1 888元的荣耀4；荣耀3C紧逼红米，红米799元，荣耀3C定价798元；而当小米公司出了699元的红米1S后，华为公司出了599元的荣耀畅玩。

（2）在营销传播上，华为公司也加大了宣传力度，小米公司所有的方法也多数被其所复制。

在华为公司的努力下，华为手机知名度大大提升，包括上面提到的每一次对标小米价格的炒作等，逐渐让华为公司的大众消费者品牌目标落地。而像小米手机所采用的预约购买方式，也被华为公司娴熟运用，加上产品特有的品质，华为手机的荣耀4X也创下单日过百万部、3天224万部的记录，同时这些新闻的传播进一步提升了华为手机的品牌。不仅是对于互联网媒体的传播运用日趋娴熟，而对微博等SNS媒体的运用，华为公司也远超不少同行，目前余承东、子品牌荣耀的微博粉丝都超过300万，华为终端公司微博超过400万，也极好地利用了新媒体。同时，华为公司也打造了自己的粉丝团队——花粉，目前因为华为手机品质的卓越和良好的形象，这一粉丝也不断壮大。

华为手机开始创新自己的特色

如果说2012年华为手机还在学习小米手机，到了2013年，华为手机开始形成自己的特色，用产品技术驱动模式矫正手机行业，此时，华为公司多年积累的技术优势和人才优势、运营优势也开始发力。商业竞争是综合实力的竞争，而不是某一方面、某一要素的竞争，是"产品力、推广力、团队、企业文化"的综合实力的竞争。相对而言，小米公司在营销推广上优势比较大，一度在业内具有较高的地位，但是当华为公司娴熟运用营销推广后，开始把自己的产品驱动的优势、人才储备优势、企业文化优势的综合实力优势发挥出来后，也意味着行业领导者的位子要发生更迭了,行业新的领军企业诞生了!

首先,华为手机在产品线成功实现了突破——成功打开中端、中高端市场,与小米手机之间开始大幅拉开差距。其次,在渠道上成功回避线上、线下互博——独立电商品牌,回避线上线下问题,用子品牌攻打小米手机。再次,构建品牌阵列——实现低、中、高多层次消费者的覆盖。最后,华为公司的产品、人才优势开始发力——构建领先的科技形象,占领行业制高点。

在短短4年的时间里,华为手机从10名开外成为全球第三,也成功实现了转型,从一个运营商品牌转型成一个有非常强影响力的大众消费品品牌,再次显示了华为公司这家中国最国际化最成功科技公司的实力。狼性进取精神、与时俱进的学习能力、较强的产品力、营销推广力、品牌运营能力使得华为手机成为国产手机的新旗帜。华为手机崛起过程中的这一切,它所做对的那些,在推广、产品、渠道上所下的苦功和创新精神,特别是对技术驱动的信奉,对技术领先的积累和追求精神,也是它之所以成为国际通信第一、成为国产手机品牌第一的奥秘。

资料来源:于建民.华为手机成为第一真相[EB/OL]. (2016-07-19)[2020-08-17].https://www.sohu.com/a/106569984_167484.

本章小结

市场营销战略作为企业战略的重要组成部分,日益在企业中起到越来重要的作用。尤其对于创业企业而言,如何和顾客建立起"亲密的关系"将是决定企业成败的重要标准。本章旨在帮助创业者认识创业营销的重要性,学习如何使用各种营销工具和营销手段来帮助创业企业在市场上站稳脚跟。

实践环节

1. 实训目标

了解新创企业营销的重点内容。

2. 实训内容

阅读案例,启迪思维。

内蒙古蒙牛乳业有限公司推出的蒙牛"幼儿奶"

内蒙古蒙牛乳业有限公司是内蒙大型的乳品公司,其推出的蒙牛"幼儿奶"是为2~7岁的幼儿专门生产的高品质牛奶,除牛奶的营养外,还加入了易吸收的钙和维生素等成分,设计上要求符合幼儿的心理,能吸引他们的注意,同时体现牛奶的特点。

其包装设计打破传统乳品的包装概念,采用鲜艳活泼的色彩,非常符合幼儿的心理,卡通化的小牛造型使包装更加生动活泼,包装将设计元素简化,不但色彩非常突出,而且非常容易辨认,便于记忆和陈列。

3. 实训要求

（1）阅读上述案例，谈谈你的感受。

（2）假设你新创的企业是一家广告公司，受某手机生产厂家委托，为其即将推出的面向当地大学生群体设计的一款手机设计外壳包装，要求手机色彩、造型、包装等符合大学生的审美观点，能够吸引他们的注意力，同时体现出手机的时尚特点。请写一份不少于300字的设计方案，完成后交任课教师，教师选出较好的具有代表性的方案予以分析。

重点思考

1. 创业营销与传统营销的区别是什么？
2. 创业营销规划包括哪些方面的内容？
3. 创业营销战略的定位步骤是什么？
4. 4P营销理论的主要内容是什么？

课后分析案例

宝洁公司和一次性尿布

宝洁（P&G）公司以其寻求和明确表达顾客潜在需求的优良传统，被誉为在面向市场方面做得最好的美国公司之一。其婴儿尿布的开发就是一个例子。

1956年，该公司开发部主任维克·米尔斯在照看其出生不久的孙子时，深切感受到一篮篮脏尿布给家庭主妇带来的烦恼。洗尿布的责任给了他灵感。于是，米尔斯就让手下几个最有才华的人研究开发一次性尿布。

一次性尿布的想法并不新鲜，事实上，当时美国市场上已经有好几种牌子了。但市场调研显示：多年来这种尿布只占美国市场的1%。原因首先是价格太高；其次是父母们认为这种尿布不好用，只适合在旅行或不便于正常换尿布时使用。调研结果还表明，一次性尿布的市场潜力巨大。美国和世界许多国家正处于战后婴儿出生高峰期，将婴儿数量乘以每日平均需换尿布次数，可以得出一个大得惊人的潜在销量。

宝洁公司产品开发人员用了1年的时间，力图研制出一种既好用又对父母有吸引力的产品。产品的最初样品是在塑料裤衩里装上一块打了褶的吸水垫子。但在1958年夏天现场试验结果，除了父母们的否定意见和婴儿身上的痱子以外，一无所获。于是一次性尿布的研制又回到图纸阶段。

1959年3月，宝洁公司重新设计了它的一次性尿布，并在实验室生产了37 000个样子相似于现在的产品，拿到纽约州去做现场试验。这一次，有2/3的试用者认为该产品胜过布尿布。行了！然而，接踵而来的问题是如何降低成本和提高新产品质量。为此要进行的工序革新比产品本身的开发难度更大。一位工程师说它是"公司遇到的最复杂的工作"。生产方法和设备必须从头搞起。不过到1961年12月，这个项目进入了能通过验收的生产工序和产品试销阶段。

公司选择地处美国中部的城市皮奥里亚试销这个后来被定为"娇娃"(Pampers)的产品。发现皮奥里亚的妈妈们喜欢用"娇娃",但不喜欢10美分一片尿布的价格。因此,价格必须降下来。降多少呢?在6个地方进行试销的结果进一步表明,定价为6美分一片,就能使这类产品畅销,使其销售量达到零售商的要求。宝洁公司的几位制造工程师找到了解决办法,用来进一步降低成本,并把生产能力提高到使公司能以该价格销售"娇娃"尿布的水平。

"娇娃"尿布终于成功推出,直至今天仍然是宝洁公司的拳头产品之一。它表明,企业对市场真正需求的把握需要通过直接的市场调研来论证,通过潜在用户的反应来指导和改进新产品开发工作。企业各职能部门必须通力合作,不断进行产品试用和调整定价。最后,公司做成了一桩全赢的生意:一种减轻了每个做父母的最头疼的一件家务的产品,一个为宝洁公司带来收入和利润的重要新财源。

资料来源:吴健安.宝洁公司和一次性尿布[EB/OL].(2017-10-01)[2020-08-17].https://zhidao.baidu.com/question/416529453.html.

问题:你对宝洁公司开发一次性尿布的过程有什么感想?

参考文献

[1] 李蔚,牛永革.创业市场营销[M].北京:清华大学出版社有限公司,2005.
[2] 李建军,陆淳鸿.创业营销[M].厦门:厦门大学出版社,2012.
[3] 姚飞.创业营销理论与案例[M].北京:经济科学出版社,2013.
[4] 张涛.创业管理[M].3版.北京:清华大学出版社,2016.